1·2차 ▶▶▶ www.정석120.kr
4단계시스템 + mp3 = 120시간

정석 공인중개사 Ⅱ

부동산공시법, 세법, 실무, 공법

김 강 주

이책을 내면서

　학문에 왕도(王道)란 없다. 그러나 시험을 위한 공부에는 정도(正道)가 있다.
　공인중개사의 자격시험을 준비하는 사람이라면 이 간단한 글귀가 간단찮게 여겨질 거라는 생각이 든다. 해마다 많은 사람들이 공인중개사의 자격시험을 꿈꾸고 시작한다. 그들이 처음으로 느끼는 좌절은 너무 지나치게 두꺼운 책과, 구체적으로 다가오지 않는 용어들의 벽이다. 그래서 사람들은 이 공부를 정복할 수 없는 엄청난 학문으로 단정짓게 되고 두려워한다. 그러나 우리가 먼저 알아야할 것은 이것은 학문이아니라, 자격을 부여하는 단지 시험이라는 사실이다. 그러므로 우리에게 필요한 것은 학문의 왕도가 아니라, 시험에 합격하기 위한 정도(正道)와, 그에 맞는 정확한 전략을 터득하는 일인 셈이다.

　사람들은 저자가 1, 2차 6개 과목을 혼자 강의하고, 그것을 토대로 마침내 이 책을 출간하게 된 것에 대해 경외심을, 좀 더 솔직히 말하자면 어쩌면 의심을 품는다는 것도 사실이다. 일반적인 상식으로 보자면 불가능에 가까운 일일 수도 있다. 그러나 본인은 이에 대한 남다른 확신과 혁명적인 발상의 전환을 제시하고자 한다는 점을 먼저 밝혀두고자 한다.

　흔히 산을 오르는 사람들은 정상에 오르는 기쁨과 성취감에대해 이야기한다. 정상에 오르고 나서야 앞서 걸어온 길을 내려다보며 스스로를 돌아다본다. 때론 확신없이 걸어온 한걸음 한걸음을 짚어보고, 정리해보고, 새로운 길을 모색해보기도 한다. 그러나 분명한 것은 그 돌아봄은 모든 가능한 길을 시도해보고, 수정해보고, 그래서 마침내 정상에 오른 연후에야만 가능하다는 사실이다. 본인 역시 6개의 영역을 엄밀히 분석하고 연구하는 과정에서, 크고 작은 어려움을 겪었다. 이를테면, 주요이론에 구체적인 사례를 어떻게 유기적으로 접목시켜 스스로에게 납득시킬 수 있을까 하는 문제점, 암기가 반드시 필요한 세부사항을 보다 효율적으로 터득하는 방법모색　같은 점들이었다.

　그러나 일단 6개의 길을 따라 정상에 오르고 나서 깨달은 바는 놀랍게도 모든길이 하나로 통하고 있다는 사실이었다. 다시말해서, 그 6개의 영역을 다 아는 사람만이 적절한 힘의 분배와 중요성을 가를 수 있고, 그리하여 가장 빠르고 효과적인 길로 인도할 수 있다는 사실이었다. 힘의 적절한 안배는 합격전략을 짜는데 있어서 가장 핵심적이고 중요한 요소임은 이미 시도해본 많은 사람들이 공감해 마지않을 사항일 것이다.

　따라서, 본인이 이 책을 쓰게 된 이유는 명백하다. 이 시험에 뛰어들지만 그러나 이내 길을 잃게 되는 많은 사람들에게 내가 터득하게 된 옳은 길, 빠른 길을 보여주기 위함이다. 많은 군더더기를 줄이고 전혀 색다르고 효율적인 구성으로 시험합격의 지름길을 제시하고자한다.

본서 정석 공인중개사는 다음과 같은 4단계로 구성되어있다.
1단계: 기본용어 해석
2단계: 기본이론 및 조문해석
3단계: 판례 및 인용지문해석
4단계: 기출문제 적용 연습

1차 과목은 개론과 민법 2개과목만으로 구성되어있으나, 학습분야가 넓고 포괄적이다. 경제학이론과 법논리 중심으로 철저한 이해와 응용력 신장이 핵심이며, 따라서 학습시간의 60%가량을 할애하는 전략이 필요하다. 2차 과목은 공시법, 세법, 실무, 공법 4개과목이며, 핵심논점을 포함한 부분의 정확한 이해를 토대로 반복학습을 통한 세부사항의 암기에 바탕을 두고 있다. 얼핏 지나치게 광범위하게 보일 수 있으나, 희망적인 것은 출제되는 문제의 80% 이상이 이미 알려져 있다는 것이다. 문제의 유형에도 큰 변화가 없이, 단지 약간의 관점을 달리 할 뿐이다. 따라서 본서의 이론분야를 5회 정도 반복하며 논제를 파악한다면, 합격은 누구에게나 무난할 것이라고 확신한다.

그 간에 이 책을 쓰는 과정에서 많은 성원과 격려를 보내주었던 칠곡법학원 수강생들에게 이 자리를 빌어 깊은 감사를 전하고 싶다. 교재의 구성이 학원의 강의를 바탕으로 한 만큼 보다 생생한 설명과 구체적 의미전달을 원하는 여러 사람을 위해 이번 5월 중순부터 강의내용을 총120시간 mp3파일로 전송한다는 점도 미리 약속드리고 싶다.

뜻을 이루고자 노력하는 모든 이에게 큰 보탬이 될 수 있으리라 기대하며, 모든 편견에도 불구하고 강건한 소신인으로 우뚝 선 나에게 스스로 큰 박수와 격려를 보낸다.

칠곡법학원 저자 김 강 주

'정석공인중개사'는 합격의 약속입니다.

여러분이 오늘 이 책 '정석공인중개사'를 만나야 할 이유는 명백합니다. 이 책은 바로 여러분께 드리는 합격의 약속이기 때문입니다.

'정석공인중개사'는 요약본이 아닙니다. 총5단계의 시스템을 갖춘 이상적인 완결편입니다.
1단계: 기본용어 해석 ▶▶ 2단계: 기본이론 및 조문해석 ▶▶ 3단계: 판례및 인용지문 해석
▶▶ 4단계: 최근5개년 기출문제 적용연습 ▶▶ 5단계: mp3파일 강의로 구성되어있습니다.
(www.정석120.kr에서 mp3파일을 제공합니다)

'정석공인중개사'는 약속드립니다.

▶ 하나. 체계적입니다.
용어풀이에서 기출문제 적용연습까지 체계적이고 자연스러운 흐름으로 진행됩니다.

▶ 둘. 빠릅니다.
전 과목 총 120시간 강의내용이 빠른 속도로 전체의 핵심을 파악하게 해드립니다.

▶ 셋. 명쾌합니다.
어떤 강의에서도 경험하지 못한 구체적인 실례를 들어 명쾌한 이미지를 심어드립니다.

▶ 넷. 반복할 수 있습니다.
정확한 핵심만을 책과 mp3 파일에 담아서 수차례의 반복학습의 시간적 여유를 드렸습니다.

▶ 다섯. `시험문제는 바로 이것이다'를 보여드립니다.
지난 5개년간의 기출문제를 적용시켜 '문제는 이렇게 나옵니다'를 짚어드립니다.

오늘 여러분의 생각과 방법이 어제와 같다면, 여러분의 내일도 어제와 같습니다.
www.정석120.kr은 자기주도적인 여러분을 위한 만남의 장이 될것을 기대합니다.

목 차

측량·수로조사 및 지적에 관한 법률

지적법 용어풀이

지적	국가가 토지에 대한 물리적 현황(소재, 지번, 지목, 면적, 경계, 좌표)과 법적권리관계(소유관계)등을 공적장부에 등록, 공시하고 그 변경사항을 영구적으로 관리하는 사무를 말한다.
도해지적	토지의 경계를 도면(지적도, 임야도)에 선으로 등록하는 것
수치(좌표)지적	토지의 경계점을 수학적인 좌표인 평면 직각 종횡선 수치(X, Y)로 표시하는 지적제도
지적국정주의	지적에 관한 사항(지번, 지목, 경계, 좌표, 면적 등)은 국가만이 결정할 수 있다는 원칙
지적형식등록주의	국가의 모든 지적에 관한 사항 즉 토지의 지번, 지목, 경계, 좌표 등을 반드시 지적공부에 등록(형식)을 갖추어야 공식적인 효력이 있다.
지적공개주의	지적에 관한 사항을 일반국민에게 신속 정확하게 공개하여 정당하게 이용될 수 있도록 해야 한다는 이념
실질적심사주의	소관청이 지적공부에 새로이 등록하는 사항이나, 이미 등록된 사항의 변경등록을 지적법이 정한 절차상의 적법성 뿐만 아니라, 실체법상의 사실관계까지도 조사하여 지적공부에 등록한다는 이념
직권등록주의	국가의 모든 영토를 필지단위로 구획하여 국가기관인 소관청이 강제적으로 지적에 관한 사항을 등록, 공시하여야 한다는 개념
지적공부	토지대장, 임야대장, 공유지 연명부, 대지권등록부(대장), 지적도, 임야도(도면) 및 경계점좌표등록부와 지적공부에 등록할 사항을 전산정보처리조직에 의하여 자기디스크, 자기테이프, 그 밖에 이와 유사한 매체에 기록, 저장 및 관리하는 집합물을 말한다.
소관청	국가기관으로서의 지적공부를 관리하는 시, 군, 구청장(단, 특별시장, 광역시장 및 구를 두고 있는 수원, 고양, 부천, 안양시장은 소관청이 아니다)
필지	토지의 등록단위(소유권이 미치는 범위)
토지의 표시	지적공부에 소재, 지번, 지목, 면적, 경계, 좌표를 등록한 것
지번	필지에 부여하며 지적공부에 등록한 번호
지번부여지역	지번을 부여하는 단위지역 동·리 또는 이에 준하는 지역(법정 동·리를 말한다)
지목	주된 용도에 따라 토지 종류 구분(현재 28가지)
면적	지적공부에 등록한 필지의 수평면상의 넓이
경계	필지별로 경계점간은 직선으로 연결하여 지적공부에 등록한 선
경계점	필지를 구획하는 선의 굴곡점과 경계점 좌표 등록부에 등록하는 평면직각종횡선 수치의 교차점 즉 토지경계의 모서리
좌표	지적 측량기준점 또는 경계점 위치를 평면직각종횡선수치(X, Y)로 표시한 것
토지의 이동	토지의 표시를 새로이 정하거나 변경 또는 말소하는 것
신규등록	새로이 조성된 토지 및 등록이 누락되어 있는 토지를 지적공부에 등록하는것

지적법 용어풀이

등록전환	임야대장 및 임야도에 등록된 토지를 토지대장 및 지적도에 옮겨 등록하는것
분할	지적공부에 등록된 1필지를 2필지 이상으로 나누어 등록하는것
합병	지적공부에 등록된 2필지 이상을 1필지로 합하여 등록하는 것(측량 ×)
지목변경	지적공부에 등록된 지목을 다른 지목으로 바꾸어 등록하는것
축척변경	지적도에 등록된 경계점의 정밀도를 높이기 위하여 작은 축척을 큰 축척으로 변경하여 등록하는것
지적측량 기준점	지적삼각점, 지적삼각보조점, 지적도근점, 지적위성기준점으로 세부측량을 실시하는데 필요한 기준점의 역할을 한다.
지역전산본부	특·광·도 또는 시·군·자치구별로 전산처리된 지적공부를 관리 운영하는 조직
지적확정측량	도시개발사업등의 공사가 준공된 경우에 토지의 표시사항을 지적공부에 새로이 등록하기 위하여 하는 측량
지적측량 수행자	지적측량업자, 대한지적공사
지적측량업자	지적측량업의 등록을 하고 지적측량업을 영위하는자
양입지	다른 1필지의 성립요건은 갖추었으나 별 필지로 획정하지 않고 주된용도의 토지에 편입되어 1필지로 획정되는 종된토지
도곽선	도면 1매의 범위를 구획하기 위한 선
일람도	지적도 및 임야도의 배치나 그에 관한 접속관계를 한눈에 알 수 있도록 지번부여지역마다 대략적인 지적내용을 표시한 보조도면
지번색인표	원하는 지번의 토지가 어느 지적도에 등록되어 있는가를 용이하게 알 수 있도록 정리해 놓은 표
전	물을 상시적으로 이용하지 아니하고, 곡물, 원예작물(과수류제외), 약초, 뽕나무, 감나무, 묘목, 관상수 등의 식물을 주로 재배하는 토지와 죽순을 재배하는 토지
답	물을 상시적으로 직접 사용하여 벼, 연, 미나리, 왕골등의 식물을 주로 재배하는 토지
과수원	사과, 배, 밤 등 과수류를 집단적으로 재배하는 토지와 이에 부수된 저장고 등 부속시설물, 다만 주거용 건축물 부지는 "대" 로 한다.
임야	산림 및 원야를 이루고 있는 수림지, 죽림지, 암석지, 자갈땅, 모래땅, 습지, 황무지등의 토지(간석지 제외)
주차장	자동차 등의 주차에 필요한 독립적인 시설을 갖춘 부지와 주차전용 건축물 및 이에 접속된 부속시설물 부지(제외 : 노상주차장 및 부설주차장, 자동차 판매목적 물류장)
도로	일반공중의 교통운수를 위하여 보행 또는 차량운행에 일정한 설비 또는 형태를 갖추어 이용되는 토지 / 도로법등의 관계법령에 의하여 개설된 토지 / 고속도로 안의 휴게소 부지 / 2필지 이상에 진입하는 통로로 이용되는 토지

지적법 용어풀이	
구거	용수, 배수를 위하여 일정한 형태를 갖춘 인공적인 수로, 둑 및 그 부속물 부지와 자연유수가 있거나 있을 것으로 예상되는 소규모 수로
유지	물이 고여있거나, 상시적으로 물을 저장하고 있는 댐, 저수지, 소류지 호수 연못 등의 토지와 연, 왕골등이 자생하는 배수가 잘 되지 아니하는 토지
공원	일반공중의 보건, 휴양 및 정서생활에 이용하기 위한 시설을 갖춘 토지로서 국토계획 및 이용에 관한 법률에 의하여 공원 또는 녹지로 결정고시된 토지(도시공원 및 녹지 등에 관한 법률에 의한 묘지공원은 묘지이고, 자연공원법에 의한 국립, 도립, 시립공원은 제외 : 임야)
체육용지	종합운동장, 실내체육관, 야구장, 골프장, 스키장, 승마장, 경륜장 등 (제외 : 영속성과 독립성이 미흡한 정구장, 골프연습장, 실내수영장, 체육도장, 유수를 이용한 요트장, 카누장, 산림을 이용한 야영장)
유원지	수영장, 유선장, 낚시터, 어린이놀이터, 동물원, 식물원, 민속촌, 경마장
잡종지	갈대밭, 실외에 물건을 쌓아두는곳, 돌을 케내는곳, 흙파내는 곳, 야외시장, 비행장, 공동우물, 변전소, 송신소, 수신소, 송유시설, 도축장, 자동차 운전학원, 쓰레기 오물처리장, 예비군훈련장, 비행장내 골프장(제외 : 원상회복 조건으로 허가된 토지)

측량·수로조사 및 지적에 관한 법률

올해 구 "지적법"이 측량·수로 조사 및 지적에 관한 법률로 개정되었다. (개정법률 반영)

측량·수로조사 및 지적에 관한 법률은 부동산 사실관계를 평면적으로 규정한 법률이다.

특별한 논점이 없고 기본적인 사항에 대한 암기만이 있을 뿐이다.

지적공부, 토지표시사항, 측량 등의 일부사항은 암기가 필수적이다.

본서의 내용으로도 100% 파악할 수 있다. 항상 출제문제는 반복된다.

기출문제를 통한 논점파악이 되면 효율적인 학습이 될 것이다.

측량·수로조사 및 지적에 관한 법률

1. 지적의 정의

1. 전국토를 필지단위로 구획하고 이에 대한 물리적 현황과 법적 권리관계를 공적장부에 공시하고 이용, 관리, 활용하는 행위

2. 측량·수로조사 및 지적에 관한 법은 측량 및 수로조사의 기준 및 절차와 지적공부의 작성 및 관리 등에 관한 사항을 규정함으로써 국토의 효율적인 관리와 해상교통의 안전 및 국민의 소유권 보호에 기여함을 목적으로 한다.

3. 발달순서 : 세지적 > 법지적 > 다목적지적

4. 측량방법 : 도해지적, 수치지적

5. 수평지적

6. 우리나라 : 법지적, 도해지적, 수치지적, 2차원지적, 적극적 지적 채택

7. 지적법의 5대 이념 : 지적국정주의, 지적형식주의(지적등록주의), 지적공개주의, 직권등록주의, 실질적 심사주의

2. 용어의 정의

1. 대장 : 토지대장, 임야대장, 공유지연명부, 대지권등록부, 지적도, 임야도, 경계점좌표등록부, 지적파일

2. 토지의 표시 : 소재, 지번, 지목, 면적, 경계(좌표)를 등록하는 것을 말한다.

3. 토지의 이동 : 토지의 표시를 새로이 정하거나 변경 또는 말소하는 것을 말한다.
   (신규등록, 등록전환, 분할, 합병, 지목변경, 축척변경)

4. 측량 : 1) 지적측량기준점 ~ 지적삼각점, 삼각보조점, 도근점, 위성기준점
   2) 지적측량수행자 ~ 지적측량업자와 대한지적공사
   3) 지적측량업자 ~ 지적측량업의 등록을 하고 지적측량업을 영위하는 자

5. 기타 : 1) 소관청 ~ 지적공부를 관리하는 국가기관으로서 시장, 군수, 구청장
   2) 지번부여지역 ~ 지번을 부여하는 단위지역으로 동·리 또는 준하는 지역
   3) 경계점 ~ 지적공부에 등록하는 필지를 구획하는 선의 굴곡점과 경계점 좌표등록부에 등록하는 평면직각종횡선수치와의 교차점

4) 필지 ~ 토지의 등록단위

5) 지역전산본부 ~ 시·도, 시·군·구별로 전산정보처리조직에 의한 지적공부를
   관리·운영하는 조직

Memo

✓ 지적의 3요소

협의의 3요소 : 토지, 지적공부, 등록
광의의 3요소 : 소유자, 권리, 필지

6. **필지** : 소유권이 미치는 범위로 공시단위

   1) 성립요건 : a. 소유자가 동일할 것

                b. 지번부여지역이 동일

                c. 지목이 동일

                d. 지반이 연속

                e. 축척이 동일

                f. 등기여부가 동일(반드시 권리관계가 동일할 필요는 없다(지상권, 임차권 등)

   2) 양입지 : 주된 용도의 토지에 편입되어 1필지로 확정되는 종된 토지

      ① 요건 : 주된 용도의 편의를 위해 설치된 도로·구거등이 있는 부지일 것

              주된 용도에 접속되어 다른 용도로 사용되고 있는 토지일 것

      ② 제한 : 종된 용도의 지목이 대(垈)인 경우

              주된 토지면적의 10% 초과하는 경우

              토지면적이 330㎡을 초과하는 경우

3. 토지의 등록

1. 지번

   1) 의의 : 필지에 부여하여 지적공부에 등록하는 번호

   2) 방법

      (1) 지번은 아라비아 숫자로 표시. 임야대장·임야도는 숫자앞에 '산'자를 붙인다.

      (2) 본번과 부번으로 구성(33, 산33-1) · '-'는 '의'로 읽는다.

      (3) 소관청이 북서에서 남동으로 순차적으로 부여한다.

      (4) 본번만으로 구성된 지번 : 단식지번(33)

          본번과 부번으로 구성된 지번 : 복식지번(57-1)

   3) 지번부여방식

      (1) 설정단위 : 지역단위법 – 면적이 작고 지적도 매수가 적을 경우

                    도엽단위법 – 면적이 넓고 지적도 매수가 많을 경우

                    단지단위법 – 시가지계획지구, 경지정리지구 등에 사용

      (2) 기번하는 위치 : 북서 기번법(북서 ▶ 남동)

      (3) 진행방향 : 사행식 – 토지배열이 불규칙한 농촌지역

                    단지식 – 단지지역, 도시개발사업, 택지개발사업 시행지역

                    기우식 – 도로등을 중심으로.... 시가지 지역(교호식)

✓ 직권에 의한 등록 절차
　① 토지이동조사 계획 수립 : 시·군·구 별로 수립하되 부득이한 경우 읍·면·동별로
　　　　　　　　　　　　　　 수립할 수 있다.
　② 토지이동조사부 작성
　③ 지적공부정리 : "측량, 수로조사 및 지적에 관한 법률"에 따른 직권 정리라고 기재
　　　　　　　　　　한다.
　④ 지적 공부 수수료 납부 통지

✓ 지적재조사 사업 : 효율적 토지관리

✓ 토지등록의 원칙
　① 국정주의　② 직권등록주의　③ 의무등록주의　④ 물적편성주의

✓ 토지등록의 효력 : 구속력, 공정력, 확정력(불가쟁력, 불가변력). 강제력

4) 토지이용에 따른 지번의 부여방법

신규등록 등록전환	원칙	인접토지에 본번에 부번을 붙여서 부여
	예외	*최종본번의 다음순번으로 본번으로 부여 ① 대상토지가 당해지번부여 지역내 최종지번 토지에 인접 ② 대상토지가 이미 등록된 토지와 멀리 떨어져 있어 　부번을 붙이는 것이 불합리한 경우 ③ 대상토지가 여러필지일 경우
분할	원칙	분할 후 1필지 지번을 분할 전 지번으로 하고 나머지 필지의 지번을 본번의 최종 부번 다음 순번으로 부번부여
	예외	분할되는 필지에 주거, 사무실 등의 건축물이 있는 지번을 분할 전 지번으로 우선 부여하여야 한다.
합병	원칙	합병대상 지번 중 선순위 지번으로 부여. 본번 있을시 본번
	예외	토지소유자가 건축물이 있는 지번을 합병 후의 지번으로 신청하는 때에는 그 지번을 합병후의 지번으로 한다 소유자가 원하는 경우 부번도 가능하다
도시개발 사업완료	원칙	도시개발사업이 완료됨에 따라 지적확정측량을 실시한 지역에서는 종전지번 중 본번만으로 부여 단, 사업시행지역의 경계에 걸치는 지번과 사업시행지역 안의 지번과 밖의 지번이 같은 경우 제외
	예외	지번수가 부족한 경우 * 블럭단위로 본번부여 한 후 필지별로 부번부여 * 당해지번부여 지역의 최종 본번의 다음 순번부터 본번으로 하여 　지번부여
도시개발 사업준공전	원칙	도시개발사업이 준공되기 전 사업시행자가 지번부여를 신청하는 경 우 제출한 사업계획도에 의한다. (단, 도시개발사업 등의 시행에 따른 지번부여 방법을 준용한다)

* 지번부여 지역안의 지번변경 하는 때, 행정구역변경에 따른 지번부여, 축척변경, 도시개
　발사업 시행지역안의 지번부여방식은 지적확정측량 실시한 지역의 지번부여 방식을 준용
* 지번 변경 : 시·도지사 대도시시장 승인사항

2. 지목

1) 지목설정원칙 : 용도지목

(1) 1필 1목 원칙

(2) 주 지목 추종의 원칙

(3) 영속성의 원칙

(4) 지목 법정주의 : 28개 지목

　　(차 문자 : 주차장, 공장용지, 하천, 유원지)

Memo

✓ 임야에 간석지는 포함되지 않는다.(등록대상제외)

✓ 토지 등의 매매에서 특별한 사정이 없는 한 지적 공부상의 경계와 지적표시에 의하여 소유권 범위가 확정된다.(현실경계×)
다만 지적도를 작성함에 있어서 기술적인 착오 등 특별한 사정이 있다면 실제 경계에 의해야 한다.

✓ 도로명, 건물번호 : 지적소관청은 지번으로 위치를 찾기 어려운 지역의 도로와 건물에 도로명과 건물번호를 부여하는 때에는 이를 지적도, 지형도 등을 기초로 하여 도로명, 건물번호도면을 작성·관리 하여야 한다.

① 새주소는 시설사업이 완료된 지역부터 해당 시·군·구청장이 순차적으로 부여하고 건축물 등의 소유자나 점유자에게 회송우편이나 직접송달 등을 통해 고지된다.

② 도로마다 도로명을 부여하고 도로의 진행 방향에 따라 왼쪽 건축물에 홀수번호, 오른쪽건축물에 짝수번호를 부여하여 주소를 정한다.

③ 새주소는 특·광·도·시·군·구·읍·면·도로명·건축번호 및 상세 주소순으로 한다.

④ 동 또는 공동주택의 명칭은 참고항목으로 주소 끝부분에 괄호 안에 기재한다.

⑤ 상세주소란 공동주택 등의 동번호·호수 또는 층수를 말한다.

예) 서울특별시 마포구 늘푸른길 42(신수동)

서울특별시 마포구 늘푸른1길 14 11동 105호(신수동, 보람아파트)

✓ 지번변경절차(시, 도시자, 대도시 시장 승인 : 도시개발사업 지번 부여 방법)

① 승인 신청서 제출 ② 심사 및 결과 통지 ③ 소유자 변경사항 통지 및 등기 촉탁

※ 승인신청서 제출 시 지번변경 사유와 지번, 지목, 면적, 소유자, 지적도, 임야도 사본첨부하여, 시·도지사 , 대도시 시장에게 제출

3. **경계** : 경계점간 직선으로 연결한선. 경계점 및 좌표는 측량에 의한다

  1) 원칙 : (1) 경계국정주의

           (2) 경계직선주의

           (3) 경계불가분의 원칙

           (4) 축척종대의 원칙

           (5) 경계 부동성의 원칙

  2) 경계 설정기준

    (1) 연접토지에 고저가 없는 경우 : 중앙

    (2) 연접토지에 고저가 있는 경우 : 하단부

    (3) 절토된 부분 : 상단부

    (4) 수면에 접하는 경우 : 최대만조・만수위

    (5) 제방 : 바깥쪽 어깨선

    * 지상경계는 지상건축물을 걸리게 해서는 아니된다. 다음의 경우는 그러하지 아니하다.

      a. 법원의 확정판결

      b. 공공사업등으로 인한 분할(학교, 도로, 철도용지 등)

      c. 도시개발사업 등의 시행자가 경계 결정 분할 경우

      d. 도시관리계획선에 따라 토지를 분할하고자 하는 경우

4. **면적** : 단위 - ㎡

  1) 지적공부(대장)에 등록된 필지의 수평면상의 넓이

  2) 도해지적(도면)에 등록된 면적 - 도면상 측정된 것

  3) 경계점 좌표등록부 비치지역 - 좌표로 계산

  4) 면적측정대상 : (1) 지적공부 복구

              (2) 신규등록

              (3) 등록전환

              (4) 분할

              (5) 도시개발 사업으로 새로이 경계를 확정하는 경우

              (6) 축척변경 하는 경우

              (7) 면적・경계 정정하는 경우

              (8) 경계복원측량, 지적현황측량에 의해 면적측정이 수반시

  5) 면적측정대상× : (1) 합병

              (2) 지목변경

              (3) 지번변경

              (4) 도면 재작성

              (5) 토지경계의 위치정정

              (6) 경계복원측량, 지적현황측량(원칙적으로 면적측량×)

* 면적의 결정방법

	최소등록단위	면적의 결정방법(오사 오입)
1/500, 1/600 경계점좌표 등록부 지적확정 측량	0.1㎡ 소수점 첫째 도시개발사업 완료후	앞의 수 0.짝 - 버림 앞의 수 홀수 - 올림
1/1000, 1/1200 1/2400, 1/3000 1/6000	1㎡ 자연수	앞의 수 0.짝 - 버림 앞의 수 홀수 - 올림

예제) 1/500

425.55㎡(홀수) : 올림...425.6㎡

327.45㎡(짝수) : 버림...327.4㎡

291.46㎡(초과) : 반올림...291.5㎡

234.44㎡(미만) : 내림...234.4㎡

Memo

✓ 경계점 좌표등록부 비치지역의 토지분할시 면적 결정

① 분할 후 필지의 면적합계가 분할 전 면적보다 많은 경우에는 구하고자 하는 끝자리의 다음 숫자가 작은 것부터 순차적으로 버려서 정하되 분할 전 면적과 증감이 없도록 한다.

② 분할 후 필지의 면적 합계가 분할 전 면적보다 적은 경우에는 구하고자하는 끝자리의 다음 숫자가 큰 것부터 순차적으로 올려서 정하되 분할 전 면적에 증감이 없도록 하어야 한다.

✓ 면적이 5천㎡이상인 필지를 분할하는 경우 분할 후의 면적이 분할 전 면적의 8할 이상이 되는 필지의 면적을 먼저 측정한 후 전 면적에서 그 측정된 면적을 빼는 방법에 의할 수 있다. 다만 동일한 측량 결과도에서 측정할 수 있는 경우와 좌표면적계산법에 의하여 면적을 측정하는 경우는 그러하지 아니하다.

✓ 지목의 기능

① 주된 용도 표시 ② 과세기준 참고 ③ 국토이용계획 기초자료

④ 토지 용도별 통계자료 및 정책자료

✓ 면적 측정 방법

① 전자 면적 측정기 : 도상에서 2회 측정하여, 교차가 허용면적 이하인 때에는 그 평균치를 측정 면적으로 한다. (1/1000제곱미터까지 계산하여 1/10제곱미터 단위)

② 좌표면적 계산법 : 경위의 측량방법으로 세부측량한 지역은 경계점 좌표에 의한다. (1/1000 제곱미터까지 계산하여 1/10제곱미터 단위)

4. 지적 공부

1. **의의** : 지적 공부란 토지에 대한 물리적 현황과 소유자 등을 조사·측량하여 결정한 성과
   를 최종적으로 등록하여 토지에 대한 물권이 미치는 한계와 그 내용을 공시하는
   장부

2. **종류**
   1) 가시적 장부 : (1) 대장 - 토지대장, 임야대장, 공유지연명부, 대지권등록부
                   (2) 도면 - 지적도, 임야도
                   (3) 경계점 좌표등록부
   2) 불가시적 장부 : 지적 파일

3. **지적공부의 보관·반출**
   1) 보관 : 시·군·구 지적서고에 영구보관
            다만, 지적파일은 지적서고에 보관하지 않을수 있다.
   2) 반출 : (1) 천재지변 그밖에 이에 준하는 재난을 피하기 위해 필요한 경우
            (2) 시·도지사·대도시시장 승인을 얻은 경우

4. **지적파일의 보관·반출**
   1) 보관 : 지역전산본부에 영구보관.
            국토해양부장관은 멸실·훼손에 대비해 지적공부복제 관리 시스템을 구축해야 한다.
   2) 반출 : (1) 천재지변 등 이에 준하는 사태
            (2) 국토해양부장관의 사전 승인

5. **지적공부의 열람 및 등본교부**
   1) 신청 : 소관청(전산정보처리조직에 의한 지적공부는 다른 소관청에서 신청○)
   2) 수수료 납부 (국토해양부 : 수입인지, 시·도지사, 소관청 : 수입증지)

Memo

✓ 지상경계의 위치 표시

① 토지의 지상 경계는 둑·담장이나 그 밖에 구획의 목표가 될 만한 구조물 및 경계점 표지등으로 표시한다.

② 지적소관청은 토지의 이동에 따라 지상경계를 새로 정한 경우에는 국토해양부령으로 정하는 바에 따라 지상경계점 등록부를 작성·관리해야 한다.

✓ 지상경계점 등록부 등록사항

① 소재   ② 지번   ③ 경계점 좌표(경계점 좌표 등록부 시행지역에 한한다)

④ 경계점위치 설명도   ⑤ 경계점에 대한 사진파일

✓ 경계의 기능

① 소유권의 범위표시   ② 면적측정 기준   ③ 경계복원측량 기준

④ 지적공부에 등록되는 토지의 경계는 인위적으로 구획된다.

✓ 국토해양부 장관은 지적공부의 효율적인 관리 및 활용을 위하여 지적정보 전담 관리기구를 설치·운영한다. (과세나 부동산 정책자료 등으로 주민등록전산자료, 가족관계 전산자료, 부동산 등기 전산자료, 공시지가 전산자료 등을 요청하면 관계기관장은 특별사정이 없는 한 응해야 한다.)

✓ 지적 공부 수수료

열람 : 대장, 경계점좌표등록부 1필지당 300원, 도면 1장당 400원

등본교부 : 대장, 경계점좌표등록부 1필지당 500원, 도면 1장당 700원

6. 지적공부 등록사항

소재, 지번, 지목<정식명칭(토지, 임야대장), 부호(지적도, 임야도)>

경계, 좌표, 면적, 축척, 소유자 성명, 소유자별 지분, 고유번호(도면×), 장번호

1) 토지대장, 임야대장 : 소재, 지번, 지목, 면적, 고유번호(19자리), 도면번호, 축척, 토지 소유자, 개별공시지가와 기준일, 장번호

2) 공유지연명부 : 소재, 지번, 소유자성명, 고유번호, 소유권지분

3) 대지권등록부 : 소재, 지번, 소유자성명, 소유권지분, 고유번호, 대지권비율, 전유부분건물 표시, 건물명칭

4) 도면 : 소재, 지번, 지목, 경계, 축척, 도면색인도, 도곽선수치

5) 경계점좌표등록부 : 소재, 지번, 좌표, 고유번호, 도면번호, 부호, 부호도, 장번호

※ 일람도 : 도면의 배치나 접속관계를 쉽게 알 수 있도록 지번부여지역마다 작성한 도면 (검은색 : 도로·취락·건물, 붉은색 : 철도, 남색 : 하천·구거·수도용지)

Memo

✓ 고유번호 19자리는 행정구역표시, 대장표시, 지번표시로 구성되어 있다.
대장표시에 토지대장1, 임야대장2, 경계점좌표등록부3으로 표시한다.

✓ 경계점좌표등록부를 비치하는 지역 내의 지적도에는 도면의 제명 끝에 '좌표'라고 표시하고, 도곽선 오른쪽 아래 끝에 '이 도면에 의해 측량할 수 없음'이라고 기재해야 한다.

✓ 도곽선의 도면 윗 방향은 항상 북쪽이어야 한다.

✓ 지적도의 도곽크기는 가로 40cm 세로30cm로 한다.

✓ 임야도의 도곽크기는 가로 50cm 세로 40cm로 한다.

✓ 이미 작성된 지적공부에 토지의 이동사항을 정리할 수 있는 합병, 지목변경의 경우 새로 지적공부를 작성하지 않아도 된다.

✓ 토지표시의 복구자료

① 소유자 : 부동산등기부, 법원의 확정 판결

② 토지표시 : ⅰ) 등기부 등본, 등기사실을 증명하는 서류

ⅱ) 법원의 확정 판결서 정본 또는 사본

ⅲ) 지적공부등본, 측량결과도

ⅳ) 토지이동 정리 결의서

ⅴ) 지적공부등록내용 증명서류

ⅵ) 전산정보처리조직에 의한 지적공부

5. 토지의 이동

1. **신규등록** : 지적공부에 등록되지 않은 새로이 조성된 토지 및 등록이 누락된 토지를 새로이
지적공부에 등록하는 것

  1) 대상

    ① 미등록토지　② 공유수면 매립지　③ 등록되지 않은 섬　④ 방조제건설

  2) 신청

    ① 사유발생일부터 60일 이내에 지적소관청에 신규등록

    ② 미등록공공용토지 및 기타 미등록토지(작은섬)의 신규등록은 사유발생일이 불분명하
므로 신청기한 적용 제외

    ③ 시행당시 도시계획 구역안의 토지로서 지적공부에 등록되지 아니한 토지에 대하여
는 관할 지자체장이 기획재정부 장관과의 협의를 거쳐 당해 지자체 명의로 신규 등
록할 수 있다.

    ※ 신규등록시 토지 표시에 관한 사항은 지적소관청이 결정하기 때문에 측량성과도는
첨부하지 않는다.

  3) 정리방법

    ① 토지표시사항 및 소유자는 지적소관청이 조사·측량하여 지적공부에 등록한다.

    ② 소유자는 법원의 확정 판결 또는 관계법령에 의하여 소유권을 취득한 자로 등록한다.

    ③ 무주의 부동산은 "국" 으로 등록한다.

    ④ 축척은 인접토지와 동일한 축척으로 한다.

    ⑤ 공유수면매립의 소유권 변동일자는 준공일로 한다.

    ⑥ 지번을 인접토지 본번에 부번 부여가 원칙이다.

    ⑦ 경계와 면적은 지적측량에 의한다.

    ⑧ 등기촉탁×

2. **등록전환** : 임야대장·임야도에서 토지대장·지적도에 바꾸어 등록하는 것 (도면의 정밀
성과 토지이용도를 높인다.)

  1) 대상토지

    ① 임야대장, 임야도에 등록된 토지가 산지관리법, 건축법 등에 의하여 토지의 형질변경
또는 건축물의 사용승인 등으로 인하여 지목을 변경하여야 할 토지로 한다.

    ② 지목변경을 수반하지 않는 경우

     ⅰ) 대부분 등록전환되어 나머지 토지를 임야도에 계속 존치하는 것이 불합리한 경우

     ⅱ) 임야도에 등록된 토지가 사실상 형질변경 되었으나, 지목변경을 할 수 없는 경우

     ⅲ) 도시관리계획선에 따라 분할하는 경우

  2) 처리절차

    ① 지번부여는 인접토지 본번에 부번을 붙인다.

    ② 등록전환 시 지적소관청은 등록전환 측량성과도에 의하여 토지의 표시사항을 새로이
정하여 토지대장에 등록하는데 오차허용범위가 초과하는 경우 임야 대장상의 면적과

경계를 직권정정 한 후 토지대장에 등록한다.
③ 지적소관청은 등기소에 등기촉탁하고 등기필증 교부받은 날부터 15일 이내 토지소유
자에게 통지한다.

Memo

✓ 지적전산자료 이용 시 신청자는 신청서에 의하여 관계중앙행정기관장에게 먼저 심사를
  신청해야 한다. 다만 지자체장이 승인을 신청하는 경우 중앙행정기관장의 심사를 받지 아
  니한다. 이 경우 지적전산자료는 필요한 최소한의 범위에 한하여야 하며, 지적공부형식으
  로 복제하거나 지적공부자체의 제공은 신청할 수는 없다.

✓ 전산자료이용신청시 기재사항
  ① 자료의 이용 또는 활용목적 및 근거
  ② 자료의 범위 및 내용
  ③ 개인의 사생활 침해 여부에 대한 판단자료 및 근거
  ④ 자료의 제공방식, 보관기관 및 안전관리대책 등

✓ 전국단위 전산자료: 국토해양부장관
  시·도 단위: 시·도지사
  시·군·구 : 소관청

✓ 사용료는 국토해양부장관은 수입인지, 시·도지사·소관청은 수입증지

✓ 합병에는 첨부서류가 없다. 다만 소유권에 관한 사항은 지적소관청에서 토지 등기부를 열
  람하고, 합병 여부를 판단한다.

3. 분할

1) 신청 : 1필지 일부가 형질 변경 등으로 용도가 변경된 경우에는 60일이내 분할신청하여야 한다.

　　※ 분할 신청시 지목변경 신청서를 함께 제출해야 한다.

2) 정리방법

　　① 새로이 측량하여 분할 측량 성과도를 토대로 대장을 작성하고 도면을 정리한다.

　　② 지번은 분할 후 1필지의 지번은 분할 전 지번으로 하고 나머지 필지의 지번은 최종 부번 다음 순번으로 순차적으로 부여한다.

4. 합병

1) 대상토지 : 주택법에 따른 공동주택부지, 도로, 제방, 하천, 구거, 유지 등 대통령령으로 정하는 토지는 사유발생일로부터 60일이내 합병신청해야 한다.

2) 합병제한

　　① 추가적 공동저당

　　② 토지 구획정리 구역 안과 밖 토지

　　③ 소유권, 지상권, 전세권, 임차권 및 승역지에 관한 지역권 등기 외의 등기가 있는 경우

3) 신청

　　① 소유자 필요에 의해 합병하고자 하는 토지는 신청기한이 없다.

　　② 합병신청의무가 부과되는 경우에도 토지소유자가 합병신청하지 않는 경우에 지적소관청은 직권 합병 할 수 없다.

4) 첨부서류 : 합병에는 첨부서류는 없다. 다만 소유권에 관한 사항은 지적소관청에서 토지등기부를 열람하고 합병여부를 판단한다.

5) 정리방법

　　① 경계말소, 면적합산 이때 단수 처리하지 않는다.

　　② 합병요건 충족여부 확인 후 토지 이동조사 실시

　　③ 토지이동 정리 결의서 작성 후 지적 공부 정리

5. 지목변경 : 사유 발생일부터 60일이내 지적소관청에 지목변경 신청

　　※ 개발행위허가, 농지전용허가, 보전산지전용허가 등 지목변경과 관련된 규제를 받지 아니하는 토지의 지목변경이거나 전·답·과수원 상호간의 지목변경일 경우에는 관련서류첨부를 생략할 수 있다.

1) 정리방법

　　① 지적측량은 필요없다.

　　② 토지이동조사실시(명백한 경우 생략가능)

　　③ 등록전환 하여야 할 토지 중 목장용지, 과수원 등 일단의 면적이 크거나 토지대장등록지로부터 거리가 멀어서 등록전환하는 것이 부적당하다고 인정되는 경우 임야대장 등록지에서 지목 변경할 수 있다.

Memo

✓ 분할시 첨부서류

① 토지분할허가 대상인 토지는 그 허가서 사본

② 법원의 확정판결에 의한 경우 확정판결서 정본 또는 사본

③ ①, ②의 경우 그 서류를 소관청이 관리하는 경우 지적 소관청의 확인으로 서류제출을 갈음한다.

④ 관계 법령에 의하여 인·허가를 받아 전용한 경우 준공검사필증 등의 사본

⑤ 1필지 일부가 형질변경 등으로 용도가 다르게 분할되는 경우 지목변경 신청서.

✓ 관계법령 시행이전에 건축·개간 및 형질 변경 등이 된 경우에는 담당공무원의 조사복명에 의하여 토지의 용도에 부합되도록 지목변경할 수 있다.

✓ 지목변경시 첨부서류

ⅰ) 지목변경신청서

ⅱ) 관계법령에 의한 토지 형질변경 등의 공사가 준공되었음을 증명하는 서류 사본

ⅲ) 국유지·공유지 경우 용도 폐지 되었거나, 사실상 공공용으로 사용되고 있지 아니함을 증명하는 서류 사본

ⅳ) 토지·건축물이 용도변경되었음을 증명하는 서류사본

(ⅱ)ⅲ)ⅳ) 서류는 지적 소관청 확인으로 서류제출에 갈음할 수 있고, 전·답·과수원 지목변경 등에서는 생략할 수 있다.)

6. 바다로 된 토지의 등록말소 : 하천에 인접한 토지가 하천부지로 된 경우 등록말소대상은
아니다.
  1) 신청
      ① 소유자에게 등록말소 신청 통지
      ② 90일이내 신청 없을 시 직권 말소
  2) 등록말소토지의 회복
      ① 지형변화로 회복된 경우 다시 회복 등록할 수 있다.
      ② 지적소관청은 회복등록하려면 지적측량성과 및 등록말소 당시의 지적 공부 등 관계
        자료에 따라야 한다.
  3) 정리방법
      ① 등기촉탁
      ② 1필지 일부는 측량, 1필지 전부는 측량 ×
      ③ 공부정리 수수료, 지적측량수수료 ×

7. 도시개발사업등의 신고 : 사업시행자 외의 자는 토지이동을 신청할 수 없다.
  1) 신고
      ① 첨부서류 : 사업인가서, 지번별조서, 사업계획도
      ② 도시개발사업의 착수, 변경, 완료 사실신고는 사유발생일로부터 15일 이내 신청
      ③ 토지이동 신청은 그 신청대상 지역이 환지를 수반하는 경우에는 사업완료신고로써
        이에 갈음한다. 이 경우 사업완료 신고서에 토지이동신청을 갈음한다는 뜻을 기재해
        야 한다.
  2) 토지이동 : 지적형식주의에 따라 지적공부에 등록할 때 효력이 발생하는 것이 원칙이다.
      예외)
            ① 행정구역명칭 변경은 명칭 변경 된 때
            ② 축적변경 시행지역안 토지는 확정공고일
            ③ 도시개발사업, 농어촌정비사업 들은 공사가 준공된 때

Memo

✓ 주택법에 따른 주택건설사업의 시행자가 파산 등의 이유로 토지이동신청을 할 수 없을 때에는 그 주택의 시공을 보증한 자 또는 입주 예정자가 신청할 수 있다.

8. 축척변경 : 지적도에 등록된 경계점의 정밀도를 높이기 위해 작은 축척을 큰 축척으로 변경 등록하는 것

1) 시·도지사·대도시 시장의 승인 사항
　① 잦은토지이동으로 1필지의 규모가 작아서 소축척으로는 지적측량성과의 결정이나 토지이동에 따른 정리가 곤란한 경우
　② 하나의 지번부여지역에 서로 다른 축척의 지적도가 있는 경우
2) 시·도지사·대도시 시장의 승인 필요 없는 사항
　① 합병하려는 토지가 축척이 다른 지적도 각각 등록되어 있어 축척변경하는 경우
　② 도시개발사업등의 시행지역안에 있는 토지로서 당해사업시행에서 제외된 토지에 대하여 축척 변경하는 경우
3) 승인 심사 후 지적소관청에 통지
4) 시행공고(20일 이상) 사항
① 축척변경 목적, 시행지역, 기간
② 시행에 관한 세부계획
③ 청산방법
④ 토지소유자 등의 협조에 관한 사항
5) 면적결정 : 축척변경 측량 결과도에 따른다.
　※ 변경 전 후 면적이 허용범위 내이면 변경전의 면적으로 하고 허용범위 초과이면 변경 후 면적으로 한다.
6) 지번별 조서 작성
7) 지적측량등의 정지 : 축척변경시행지역의 지적공부정리와 경계복원측량은 축척변경 확정 공고일까지 정지한다. (단, 축척변경위원회 의결이 있는 때에는 그러하지 아니하고, 경계점표지 설치를 위한 경계복원 측량은 할 수 있다.)
8) 청산절차 : 소관청은 시행공고일 현재 지번별 ㎡당 금액을 미리조사하여 축척변경위원회에 제출, 지적소관청도 15일이상 공고
9) 청산금차액은 지자체 수입 또는 부담으로 한다.
10) 공고 후 20일이내 납부고지(3월) 또는 수령 통지(6월) 한다.
11) 1월 이내 이의신청 1월이내 인용여부 통지
12) 축척변경확정공고 : 이때 토지 이동이 있는 것으로 본다.
〈공고사항〉
① 토지 소재 및 지역명
② 변경전후 면적 대비 지번별 조서
③ 청산금 조서
④ 지적도 축척
13) 등기촉탁(등기필증 도착 후 15일 이내 소유자 통지)
　토지대장은 지번별 조서에 의하고, 도면 및 경계점 좌표 등록부 작성은 확정 측량결과도 또는 경계점 좌표에 의한다.

※ 축척 변경 절차

　토지소유자2/3 이상 동의, 시·도지사·대도시 시장 승인

　→ 20일 이상 공고 → 30일이내 경계점 설치 → 측량 → 청산금 정리 → 15일이상

　공고 →20일이내 납부고지(3월) 수령통지(6월)

※ 축척 변경 위원회는 5인이상 10인이하 위원으로 구성하되 위원의 1/2이상은 토지
　소유자로 한다. 소유자가 5인 이하일때 전원을 위원으로 위촉한다.

Memo

✓ 축척 변경 시 첨부서류

　㉠ 축척변경사유서

　㉡ 토지소유자동의서

　㉢ 축척변경위원회 의결서 사본

　㉣ 지적도 사본

　㉤ 지번 등 명세

　㉥ 축척변경 승인을 위하여 시·도지사·대도시시장이 필요하다고 인정하는 서류

✓ 시·도지사의 승인을 받지 않고 축척을 변경하는 때에는 각 필지별 지번·지목 및 경계는
　종전 지적공부에 따르고, 면적만 새로 정하여야 한다.

9. 등록사항정정 : 지적공부에 오류가 있는 경우 직권 또는 토지소유자 신청에 의하여 등록
　　　　　　　　사항 정정
　1) 직권정정
　　　① 등록사항 잘못발견시 직권 조사·측량하여 정정할 수 있다.
　　　② 정정이 완료 될 때까지 지적측량을 정지 시킬 수 있다. 단, 잘못 표시된 사항의 정정
　　　　을 위한 지적 측량은 그러하지 아니한다.
　　　③ 토지이동 정리 결의 절차를 거쳐 공부정리하고, 등기촉탁 등기필증 접수일로부 15일
　　　　이내 소유자 통지
　　　④ 직권 정정사항 제한 : 경계 또는 면적의 변경을 가져 오는 경우 소유자 승낙서, 이에
　　　　대항 할 수 있는 확정 판결서 정본을 첨부해야 한다.
　2) 첨부서류 : 등록사항 정정 측량성과도
　3) 직권정정사유
　　　① 토지이동 정리 결의서와 다르게 정리된 경우
　　　② 면적 증감없이 경계의 위치만 잘못 된 경우
　　　③ 면적은 일치되지만 경계 접합이 불일치 한 경우 지상 경계에 맞추어 정정 할 경우
　　　④ 지적공부 작성·재작성 당시 잘못정리된 경우
　　　⑤ 지적측량 적부 심사 청구에 따른 정정
　　　⑥ 지적공부 등록 사항을 잘못 입력한 경우
　　　⑦ 토지합필 등의 신청 각하에 따른 등기관의 통지가 있는 경우
　　　⑧ 면적환산이 잘못 된 경우
　4) 지적공부 정리 : 등록사항 정정 측량성과도를 작성하고, 토지이동 정리 결의서를 작성
　　　　　　　　한 후 대장 사유란에 "등록사항 정정대상토지" 라고 적고 토지소유자에게
　　　　　　　　신청할 수 있도록 통지한다. 직권 정정 경우 통지하지 아니할 수 있다. 열람
　　　　　　　　이나 등본 발급시에는 "등록사항정정 대상토지" 라고 적은 부분을 흑백의
　　　　　　　　반전으로 표시하거나 붉은 색으로 적어야 한다.

10. 소유자 정정
　1) 등기된 토지 : 직권 정정 또는 소유자 신청서류제출(등기필증, 등기부 등·초본, 등기전
　　　　　　　　산자료)
　2) 미등기 토지 : 토지소유자 신청만 허용 서류제출(가족관계 등록부, 주민등록 초본)

11. 지적공부정리
　1) 정리대상 : 이미 작성된 지적공부에 정리할 수 없을 때에는 새로 작성해야 한다.
　　　① 지번변경　② 지적공부복구
　　　③ 신규등록, 등록전환, 분할, 합병, 지목변경 등 토지 이동
　2) 정리방법
　　　·토지이동 : 토지이동정리 결의서 작성

· 소유자 변동 : 소유자 정리 결의서 작성
3) 소유자 변동일자
　① 기등기지 : 등기접수일자
　② 미등기지 : 소유자 정리결의일자
　③ 공유수면매립준공 신규등록 : 매립준공일자
4) 부합여부조사 : 소관청은 등기부를 열람하여 지적 공부와 등기부의 일치여부를 조사·
　　　　　　　　확인하여야 하며 불일치 발견 시 직권정리하거나, 신청요구 할 수 있다.
5) 통지 : 등기부에 적혀있는 토지 표시가 지적공부와 일치하지 아니하면 토지 소유자를
　　　　정리할 수 없다. 이 경우 토지의 표시와 지적공부가 일치하지 아니하다는 사실
　　　　을 관할 등기관서에 통지해야 한다.

Memo

✓　토지이동에 따른 지적공부정리는 이동사유가 완성되기 이전에는 할 수 없다.

　(형질변경의 원인이면 공사 등이 준공된 때 사유가 완성된 것으로 본다.)

✓　단, 이동사유가 완성되기 전이라도 경계점 표지를 기준으로 지적공부를 정리할 수 있다.

　ⅰ) 도시계획결정고시 및 지적 고시지역에 있어서 주관부서가 실지 경계점 표지를 설치한
　　경우

　ⅱ) 사업시행자가 사업지구경계 결정을 위한 분할일 경우경계점 좌표를 설치한 경우

✓　국유재산법에 의한 관리청이 지적공부에 소유자 없는 부동산에 대한 소유자 등록을 신
　청하는 경우 지적 소관청은 지적공부에 해당토지의 소유자가 등록되지 아니한 경우에만
　등록할 수 있다.

✓　토지표시 변경에 관한 등기 촉탁 시 토지표시변경등기촉탁대장에 기록해야 한다.

✓　지적소관청은 지적공부에 등록하거나 등기촉탁한 경우 토지 소유자에게 통지하여야 한다.
　그러나, 토지소유자가 신청한 사항은 통지하지 아니한다.

6. 지적공부복구

1) 의의 : 지적소관청(정보처리시스템에 따른 지적공부 경우 시·도지사, 시장·군수·구청장)은 지적공부의 전부 또는 일부가 멸실되거나 훼손된 경우에는 대통령령으로 정하는 바에 따라 지체 없이 이를 복구하여야 한다.

1) 복구자료

  ① 소유자 : 부동산 등기부, 법원의 확정판결

  ② 토지표시 : 부동산 등기부등본 등 등기사실을 증명하는 서류 법원의 확정 판결서 정본 또는 사본

    지적공부등본

    측량 결과도

    토지이동정리결의서

    지적 소관청이 작성하거나 발행한 지적 공부의 등록내용을 증명하는 서류

    복제하여 지역 전산 본부가 아닌 안전한 장소에 보관된 전산정보 처리조직에 의한 지적공부

  ② 복구절차

    복구자료조사 → 복구자료조사서·자료도작성 → 복구측량 → 경계점 표시 설치 → 복구대상토지게시(15일 이상)→ 이의신청 → 대장 또는 도면 복구

    ※ 작성된 복구 자료도에 따라 측정한 면적과 지적 복구자료조사서의 조사된 면적의 증감이 허용범위를 초과하거나 복구자료도를 작성할 복구자료가 없는 경우 복구측량을 하여야 한다.

    ※ 복구 측량을 한 결과 복구자료와 부합하지 아니한 때에는 토지 소유자 및 이해관계인의 동의를 받아 경계 면적을 조정 할 수 있다.(이 경우 경계를 조정할 때에는 경계점 표지를 설치하여야 한다.)

    ※ 토지대장, 임야대장 또는 공유지 연명부가 복구되고 지적도면이 복구되지 아니한 토지가 축척변경시행 지역이나 도시개발사업 등의 시행지역에 편입된 때에는 지적 도면을 복구하지 아니할 수 있다.

    ※ 이미 작성된 지적공부에 토지의 이동사항을 정리할 수 있는 합병이나 지목변경의 경우 새로이 지적공부를 작성하지 않아도 된다.

Memo

✓ 지적공부복구절차
복구자료조사→지적복구자료조사서와 복구 자료도 작성→복구측량→시·군·구 게시판에
15일 이상 게시→지적공부작성

✓ 일람도의 축척은 도면 축척의 1/10로 하고, 도면 장수가 4장 미만일 때에는 일람도 작성을
하지 아니할 수 있다.

✓ 경계점 좌표 등록부를 갖춰두지 아니하는 지역을 경계점 좌표 등록부를 갖춰 두는 지역
으로 축척 변경하는 경우에는 그 필지의 경계점을 평판 측량방법이나 전자평판측량방법
으로 지상에 복원시킨 후 경위의 측량방법 등으로 경계점 좌표를 구한다.

✓ 축척변경시행 기간 중에는 지적공부 정리와 경계복원측량은 확정공고일까지 정지하여야
한다. (다만, 축척변경위원회 의결이 있는 때에나, 경계점 표지 설치를 위한 경계 복원 측
량은 할 수 있다.)

✓ 지적소관청은 토지표시가 잘못되었음을 발견한 때에는 지체없이 등록사항 정정에 필요한
서류와 등록사항정정 측량 성과도를 작성하고, 토지이동정리 결의서를 작성 한 후 대장
사유란에 "등록사항 정정대상 토지"라고 적고 소유자에게 신청할 수 있도록 사유통지
(직권정정 경우 통지×)한다. 이 경우 대장 열람이나 등본 발급 시 "등록사항 정정대상
토지"라고 흑백 표시나 붉은색으로 적어야 한다.

✓ 등록전환하여야 할 토지 중 목장용지, 과수원 등 일단의 면적이 크거나 토지대장 등록지
로부터 거리가 멀어서 등록전환하는 것이 부적당 하다고 인정되는 경우에는 임야대장 등
록지에서 지목변경할 수 있다.

✓ 소유자 정리 시 대장에 기재하는 소유자변동일자
① 등기부에 의한 경우: 등기 접수일자
② 미등기 토지: 소유자 정리 결의 일자 기재
③ 공유수면매립에 의한 신규등록: 매립준공일자

✓ 소관청은 토지의 이동이 있는 경우 토지 이동 정리 결의서를 작성해야 하며, 이는 토지대
장, 임야대장, 경계점좌표등록부별로 구분하여 작성하여야 한다.

✓ 소관청은 토지의 표시에 잘못이 있음을 발견한 때에는 지체없이
① 등록사항정정 측량성과도를 작성하고 ② 토지이동 정리 결의서를 작성한 후 ③ 대장
의 사유란에 '등록사항 정정 대상토지'라고 기재하고 ④ 토지소유자에게 등록사항 정
정 신청을 할 수 있도록 그 사유를 통지하여야 한다.
다만, 소관청이 직권으로 정정할 수 있는 경우에는 토지소유자에게 통지를 아니할 수
있다.

✓ 지적정리 통지시기
① 변경등기가 필요한 경우 : 등기 통지서 접수일로 부터 15일 이내
② 변경 등기가 필요 없는 경우 : 지적공부 등록일 부터 7일 이내

✓ 지적수수료는 공부정리일로부터 30일이내 납부한다.

7. 지적측량

1) 지적 기준점 표지의 설치, 관리

　① 지적삼각점 표지거리 : 2km~5km 이하

　② 지적삼각보조점 표지거리 : 1km~3km 이하

　　(다만, 다각망도선법에 의한 경우 0.5km~1km이하)

　③ 지적도근점 표지의 거리 : 50m~300m이하

　　(다만, 다각망도선법에 의한 경우 500m 이하)

2) 지적 기준점 성과관리

　① 지적삼각점 성과 관리 : 시·도지사

　② 지적 삼각보조점, 지적도근점 : 소관청

3) 지적측량의 구분

　① 기초측량 : 지적기준점을 정하기 위한 측량

　② 세부측량 : 1필지의 경계와 면적을 정하는 측량

4) 지적측량실시 기준

　① 지적 삼각점, 지적삼각 보조점 측량 사항

　　ⅰ) 측량 지역의 지형상 지적삼각점이나 지적삼각보조점 설치, 재설치가 필요한 경우

　　ⅱ) 지적도근점의 설치·재설치를 위하여 지적삼각점이나 지적삼각 보조점 설치가 필요한 경우

　　ⅲ) 세부측량을 위하여 지적 삼각점이나 지적삼각보조점 설치가 필요한 경우

　② 지적도근점 측량 사항

　　ⅰ) 축척변경을 위한 측량

　　ⅱ) 도시개발사업 등으로 지적확정 측량하는 경우

　　ⅲ) 국계법에 의한 도시 지역 세부 측량

　　ⅳ) 측량지역의 면적이 해당지적도 1장에 해당하는 면적이상인 경우

　　ⅴ) 세부측량을 위해 특히 필요한 경우

　③ 세부 측량 사항

　　ⅰ) 지적 기준점을 정하는 경우

　　ⅱ) 지적측량성과를 검사하는 경우

　　ⅲ) 경계점은 지상에 복원하는 경우

　　ⅳ) 그 밖에 대통령령으로 정하는 경우

5) 지적측량방법의 계산

　　ⅰ) 지적삼각점 측량 : 평균계산법, 망평균 계산법

　　ⅱ) 지적삼각보조점 측량 : 교회법, 다각망 도선법

　　ⅲ) 지적도근점 측량 : 도선법·교회법, 다각망도선법

Memo

✓ 지적 소관청이 지적 삼각점을 설치하거나 변경하였을 때에는 그 측량성과를 시·도지사에게 통보해야 한다.

✓ 위성측량의 방법 및 절차 등에 관하여 필요한 사항은 국토해양부장관이 따로 정한다.

✓ 기초측량

  ⅰ) 지적삼각점 측량 : 미리 삼각점표지를 설치하고, 소재지역 특·광·도·자치도의 명칭 중 두 글자를 선택하고, 시·도 단위로 일련번호를 붙여서 정한다.

  ⅱ) 지적삼각보조점 측량 : 미리 삼각보조점 표지를 설치하고, 지역별로 설치순서에 따라 일련번호를 부여하되, 영구표지를 설치하는 경우에는 시·군·구 별로 일련번호를 부여한다. 이 경우 일련번호 앞에 "보"자를 붙인다.

  ⅲ) 지적도근점 측량 : 미리도근점 표지를 설치하고, 번호는 영구표지를 설치하는 경우 시·군·구 별로 하고, 영구표지를 설치하지 아니하는 경우에는 시행지역별로 설치순서에 따라 일련번호를 부여한다. 이 경우 번호 앞에 "교"자를 붙인다.

✓ 지적위성기준점

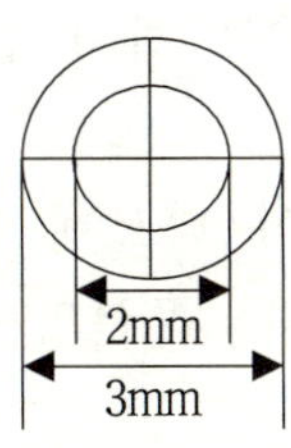

✓ 지적삼각점

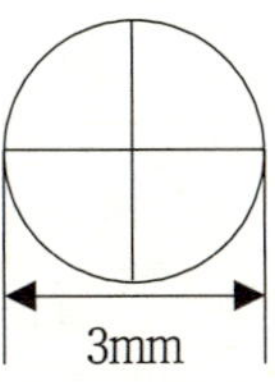

✓ 지적삼각보조점

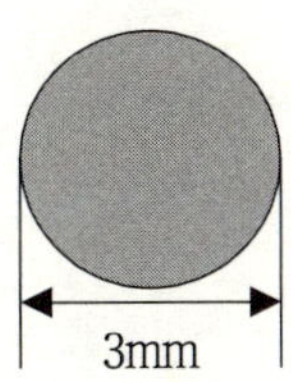

✓ 지적도근점

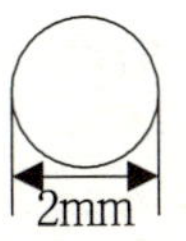

6) 지적 기준점 측량 절차

ⅰ) 계획의 수립 ⅱ) 준비 및 현지 답사 ⅲ) 선점 및 조표

ⅳ) 관측 및 계산과 성과표의 작성

7) 세부측량의 기준 및 방법

ⅰ) 평판 측량 방법에 따른 세부측량 기준

① 거리측정단위는 지적도에서는 5cm, 임야도 50cm

② 측량결과도는 등록된 도면과 동일한 축척으로 작성

③ 세부측량 기준이 되는 기준점이 부족한 경우 보조점을 설치 활용할 것

④ 경계점은 기지점을 기준으로 하여 지상 경계선과 도상경계선의 부합여부를 현형법, 도상원호교회법, 지상원호교회법, 거리비교확인법 등으로 확인 할 것

ⅱ) 경위의 측량 방법에 따른 세부측량 기준

① 거리 측정단위는 1cm로 할 것

② 측량 결과도는 토지의 지적도와 동일한 축척으로 할 것

(도시개발지역 1/500, 농지구획정리지역 1/1000로 하되 필요시 시·도지사 승인 후 1/6000작성 가능)

③ 토지 경계가 곡선인 경우 가급적 현재 상태와 다르게 되지 아니하도록 경계점을 측정하여 연결할 것 이 경우 직선으로 연결하는 곡선의 중앙 종거 길이는 5cm이상 10cm이하로 한다.

8) 지적측량 대상

① 지적 기준점을 정하는 경우

② 지적 측량성과를 검사하는 경우

③ 지적 공부를 복구 하는 경우

④ 토지를 신규 등록하는 경우

⑤ 등록전환하는 경우

⑥ 분할하는 경우

⑦ 등록말소하는 경우

⑧ 축척변경하는 경우

⑨ 등록사항 정정하는 경우

⑩ 도시개발 사업등의 시행 지역에서 토지 이동이 있는 경우

⑪ 경계점을 지상에 복원하는 경우

⑫ 지적현황 측량

Memo

✓   세부 측량 시 지적소관청은 지적측량 수행자가 제출한 지적측량수행 계획서에 따라 지적측량을 하려는 지역의 지적도·임야도 및 토지대장·임야대장에 대한 전산자료를 지적측량수행자에게 제공해야 한다.

✓   지적 측량 수행자는 측량준비파일로 지적측량성과를 결정할 수 없는 경우에는 지적소관청에 지적측량성과의 연혁자료를 요청할 수 있다.

9) 지적측량 절차

　① 지적측량의뢰 : 지적측량수행자
　② 지적측량수행계획서 제출: 다음날 까지 소관청에 제출
　③ 측량 기간 : 동지역 5일 읍·면지역 7일
　　검사기간 : 동지역 4일 읍·면지역 5일
　④ 지적측량기준점 설치 : 15개이하 4일
　　15개 초과시 4개마다 1일 추가
　　(측량기간과 검사기간이 같다)
　⑤ 지적측량의뢰인과 지적측량 수행자가 합의할 경우 측량기간은 전체 기간의 3/4, 검사기간은 1/4로 한다.

10) 지적측량성과 검사 : 지적 소관청

　※ 지적삼각점 측량성과 및 경위의 측량법에 따른 지적 확정 측량성과는 시·도지사에게 검사 (시·도지사 검사 후 소관청에 통지)

11) 열람 및 등본 교부

　지적삼각점 : 시·도지사
　지적 삼각 보조점, 지적 도근점 : 소관청

12) 지적측량 적부심사

　① 관할 시·도지사에게 적부 심사 청구(심사청구서에 측량성과와 심사 청구 경위서 첨부)
　② 30일이내 지방지적 위원회 회부
　　(조사사항)
　　ⅰ) 다툼이 있는 측량경위 및 성과
　　ⅱ) 해당 토지의 토지 이동 및 소유권 변동 연혁
　　ⅲ) 해당 토지 주변의 측량 기준점, 경계, 주요구조물 등 현황 실측도
　③ 60일이내 심의 의결 (30일 연장 가능)
　④ 지체없이 시·도지사 송부 (7일 이내 청구인 서면 통지)
　⑤ 90일이내 국토해양부장관에게 재심청구 가능
　⑥ 시·도지사는 90일이내 재심청구가 없으면, 의결서 사본을 지적소관청에 보내야 한다.

13) 지적측량적부 재심사

　① 국토해양부장관은 30일이내 중앙지적 위원회회부
　② 60일이내 심의, 의결(30일 연장가능)
　③ 의결 후 국토해양부장관에게 송부 → 국토해양부장관은 시·도지사에게 송부 → 국토해양부 장관은 7일이내 청구인 및 이해 관계인에게 의결서 통지
　④ 소관청은 지적 공부 정리

Memo

✓ 지적측량성과와 검사성과의 연결교차 허용범위

　　ⅰ) 지적삼각점 0.20m　　　　　　ⅱ) 지적삼각보조점 0.25m

　　ⅲ) 지적도근점 경계점표등록부 시행지역 0.15m, 그 밖의 지역 0.25m

　　ⅳ) 경계점 : 경계점좌표등록부 시행지역 0.10m 그 밖의 지역 10분의 3M 밀리미터(M은
　　　축척분모)

✓ 검사 받지 아니한 지적측량성과도는 측량의뢰인에게 발급할 수 없다.

8. 지적전산자료

1) 지적 정보 센터

① 지적전산자료　② 주민등록 전산 자료　③ 공시지가 전산자료

④ 지적위성기준점 관측자료

2) 지적 전산 자료

① 전국단위전산자료 : 국토해양부 장관(수입인지)

② 시·도 단위 : 시·도지사 (수입증지)

③ 시·군·구 단위 : 지적 소관청(수입증지)

※ 미리 관계 중앙행정기관장 심사 받아야 한다.

(단, 중앙행정기관장 그 소속기관장 지자체장 등은 그러하지 아니하다)

3) 절차

① 전산자료는 최소 범위이며 지적 공부형식 복제나 자체 제공 금지

② 신청서 기재 사항

ⅰ) 자료의 이용 및 활용목적, 근거

ⅱ) 자료의 범위 및 내용

ⅲ) 자료의 제공방식, 보관기관 및 안전 관리 대책

③ 중앙행정기관장 심사 사항

ⅰ) 신청 내용의 타당성, 적합성, 공익성

ⅱ) 개인의 사생활 침해 여부

ⅲ) 자료의 목적 외 사용방지 및 안전관리 대책

④ 승인 신청 할 때 심사결과를 제출해야 한다.

(단, 중앙행정기관장이 승인 신청시 예외)

⑤ 국토해양부장관 시·도지사·소관청 심사 사항

ⅰ) 신청내용의 타당성·적합성 및 공익성

ⅱ) 개인의 사생활 침해여부

ⅲ) 자료목적 외 사용방지 및 안전관리 대책

ⅳ) 신청사항의 전산 정보처리 가능 여부

ⅴ) 신청사항의 지적업무수행의 지장 여부

⑥ 사용료 납부 : 인쇄물 1필지당 30원

전산매체 1필지당 20원

⑦ 지적전산 정보시스템 담당자 등록(사용자 비밀번호 6자리부터 16자리)

Memo

✓ 중앙지적위원회 : 위원장 1명, 부위원장 1명 포함하여 5명이상 10명 이하, 회의 개최 5일
전까지 각 위원에게 서면 통지.

지적법 지문풀이

- 지적사무는 국가 사무이므로 지적사무의 수행에 있어서 소관청은 지방자치단체장이 아닌 국가기관으로서의 지위이다.

- 분할의 경우 주거, 사무실 등의 건축물이 있는 필지에 대하여는 분할된 지번을 우선하여 부여하여야 한다.

- 토지 소유자가 합병전의 필지에 주거, 사무실 등의 건축물이 있어서 그 건축물이 위치한 지번을 합병 후의 지번으로 신청하는 때에는 그 지번을 합병 후의 지번으로 부여하여야 한다.

- 소관청이 지번 변경의 필요성이 있을 때에는 시, 도지사, 대도시 시장의 승인을 얻어야 한다.

- 지번변경의 경우 지적확정측량을 실시한 지역안의 지번부여 방법에 관한 규정을 준용한다.

- 주차장법 제19조 제4항에 의하여 시설물 부지 인근에 설치된 부설주차장은 주차장으로 한다.

- 국민의 건강증진 등을 위한 체육활동에 적합한 시설과 형태를 갖춘 종합운동장, 실내체육관, 야구장, 골프장, 스키장, 승마장, 경륜장 등 체육시설의 토지와 이에 접속된 부속시설물의 부지는 체육용지로 한다.

- 일반 공중의 위락, 휴양 등에 적합한 시설물을 종합적으로 갖춘 수영장, 낚시터, 어린이 놀이터, 동물원, 식물원, 민속촌, 경마장 이에 부속한 시설물은 유원지로 한다.

- 학교용지, 공원, 종교용지 등 다른 지목으로 된 토지안에 있는 기념물 등을 보호하기 위하여 구획된 토지는 사적지로 아니한다.

- 원상회복을 조건으로 돌과 흙을 파내는 곳은 잡종지로 아니한다.

- 세부측량을 하는 경우에는 필지마다 면적을 측정하여야 한다. 다만, 경계복원측량 및 지적현황측량의 경우에는 그러하지 아니하다.

- 토지대장, 임야대장에 등록하는 면적은 지적도나 임야도에 도면상으로 측정된 것이나, 경계점 좌표등록부 비치 지역에서 토지대장에 등록하는 면적은 좌표에 의하여 계산한 것이다.

- 1필지의 성립요건은 소유자가 동일할 것, 등기여부가 동일한 것, 축척이 동일할 것, 지번부여지역이 동일할 것, 지목이 동일할 것, 지반이 연속할 것 이다.

- 양입지에 제한 요건은 종된 토지가 대가 아닐 것, 330㎡를 초과하지 않을 것. 주된 토지 면적의 10%를 초과하지 말아야 할 것.

- 신규등록, 등록전환의 지번부여방법은 인접토지 본번에 부번을 붙여서 지번을 부여한다.

- 합병은 지적 측량이 필요없다.

- 분할의 경우에는 분할 후의 필지 중 1필지의 지번을 분할 전의 지번으로 하고 나머지 필지의 지번은 본번의 최종 부번의 다음 순번으로 부번을 부여한다.

- 소관청은 도시개발사업등이 준공되기 전에 지번을 부여하는 때에는 도시개발사업신고시 제출한 사업계획도에 의하되, 도시개발 사업등이 완료됨에 따라 지적확정측량을 실시한 지역의 지번부여 방법이 의한다.

- 지적확정측량, 축척변경, 지번변경에 따른 토지이동의 경우에는 폐쇄 또는 말소된 지번(결번된 지번)을 다시 사용할 수 있다.

- 문화재로 지정된 역사적인 유적, 고적, 기념물 등을 보존하기 위하여 구획된 토지는 사적지로 한다.

- 지적공부에 등록한 필지의 면적은 수평면상의 넓이를 말한다.

- 토지분할 전, 후의 면적차이가 오차의 허용범위를 초과하는 경우에는 지적공부상의 분할 전 토지의 면적 및 경계를 정정하여야 한다.

- 고유번호는 행정구역에 관한 번호(10자리) 대장구분번호(1자리), 지번에 관한 번호(8자리)로 구성. (도면에는 기재되지 않는다.)

- 도면의 수가 4장 미만일 때에는 일람도의 작성을 생략할 수 있다.

- 결번대장은 영구보존한다.

- 전산지적공부는 지적공부의 멸실, 훼손시 복구자료로 활용할 수 있도록 매 분기 말을 기준으로 지적공부를 복제하여 지역전산본부가 아닌 안전한 장소에 이를 보관하여야 한다.

- 지적전산자료를 이용 또는 활용하고자 하는 자는 관계중앙행정기관장의 심사를 거쳐 국토해양부장관, 시, 도지사 또는 소관청의 승인을 얻어야 한다. (지자체장은 관계중앙행정기관장 심사 제외)

- 지적 전산자료는 필요한 최소범위로 한정해야 한다. 지적공부자체의 복제나, 전산지적공부 자체 제공은 금지한다.

- 지적전산자료 사용료는 국토해양부 장관인 경우 수입인지, 시·도지사, 소관청은 수입증지로 납부한다. 전자화폐, 전자결제방식으로도 할 수 있다.

- 지적공부 복구에 있어 소유자에 관한 사항은 등기부 등본이나 법원의 확정판결에 의한다.

- 소관청은 복구측량이 완료되어 지적공부를 복구하는 때에는 시, 군, 구 게시판에 15일이상 게시하여야 한다.

- 대장이 복구되고 도면이 복구되지 아니한 토지가 축척변경시행지역이나 도시개발사업 등의 시행지역에 편입된 때에는 도면을 복구하지 아니할 수 있다.

- 지적도, 임야도에서는 고유번호와 장번호가 등록되지 않는다.

- 공유지연명부나 대지권등록부에서는 도면번호가 기재되지 않는다.

- 주택법에 의한 공동주택부지와 도로, 하천, 제방, 구거, 유지, 공장용지, 학교용지, 철도용지, 수도용지, 공원, 체육용지 등의 지목으로서 2필지 이상의 토지가 동일용도로 활용하는 토지인 경우 그 날로부터 60일 이내 합병 신청 의무있으나, 과태료는 없다.

- 합병은 측량은 필요 없으나, 토지이동조사는 해야 한다.

- 지목변경 경우 측량은 필요 없으나, 토지이동 조사는 해야 한다.

- 합병하고자 하는 토지가 축척이 다른 지적도에 각각 등록되어 있어 축척변경을 하는 경우와 도시개발사업지구 안에 있는 토지로서 당해 사업시행에서 제외된 토지의 축척변경을 하는 경우 축척변경위원회의 의결 및 시·도지사, 대도시 시장의 승인을 거치지 아니한다.

- 축척변경위원회의 의결 및 시·도지사, 대도시 시장의 승인을 요하지 아니하는 축척변경의 경우에는 각 필지의 지번, 지목, 경계는 종전의 지적공부에 의하고 면적만 새로이 정하여야 한다.

- 소관청은 축척변경시행 기간 중에는 축척변경 시행 지역 안의 지적공부 정리와 경계복원 측량을 축척변경 확정 공고일까지 정지하여야 한다.

- 청산금 조서를 작성 후 결정은 15일이상 공고해야 한다.

- 청산금 이의에 대해서는 1월 이내 소관청에 이의신청한다. 소관청은 이의신청이 있는 때에는 1월 이내에 축척변경위원회의 심의, 의결을 거쳐 그 인용 여부를 결정한 후, 지체 없이 이의 신청인에게 통지해야 한다.

- 도시개발사업, 농어촌정비사업 그 밖에 대통령령이 정하는 토지 개발사업 등으로 인하여 토지의 이동이 있는 때에는 사업시행자가 소관청에 토지이동을 신청하여야 한다.

- 주택법 규정에 의한 주택건설사업의 경우에 있어서 시행자가 파산 등의 이유로 토지이동 신청을 할 수 없는 때에는 그 주택의 시공을 보증한 자 또는 입주 예정자 등이 신청할 수 있다.

- 도시개발사업 등으로 인한 토지의 이동은 토지형질변경 등의 공사가 준공된 때 토지이동이 있는 것으로 본다.

- 도시개발사업 등의 시행자는 그 사업의 착수, 변경, 완료사실을 발생한 날부터 15일 이내

소관청에 신고해야 한다.

- 도시개발사업 등의 사업시행자에 의한 토지의 이동 신청은 그 신청대상지역이 환지를 수 반하는 경우에는 사업완료 신고로써 이를 갈음한다.

- 국유재산법에 의한 총괄청 또는 관리청이 지적공부에 소유자가 등록되지 아니한 토지를 소유자 등록 신청하는 경우 소관청은 이를 등록신청 할 수 있다.

- 신규등록, 등록전환, 지목변경을 위한 분할, 지목변경은 사유발생일로부터 60일 이내 신청, 과태료 부과사유이다.

- 축척변경 시 청산금에 대한 이의 신청은 소관청에 한다.

- 토지 소유자변동에 관해서는 소유자 정리 결의서를 작성한다.

- 관련법령의 규제를 받지 아니하는 토지의 지목변경은 그 원인을 증명하는 서류가 없더라 도 실제 상태와 부합되도록 지목변경을 할 수 있다.

- 소관청은 시행공고일 현재를 기준으로 ㎡당 금액을 조사하여 축척변경위원회에 제출하여 야 한다.

- 경계변경의 경우 면적변경시 토지소유자의 승낙서 또는 확정판결서 정본을 제출하여야 한 다. (단순한 위치정정은 직권정정)

- 등록말소 경우 90일 이내신청, 신청 없을 시 소관청은 직권말소 하고 소유자 및 공유수면 관리청에 통지한다.

- 세부측량은 지적측량 기준점을 기초로 하여 지적도나 임야도를 작성하거나, 등록하기 위해 1필지를 중심으로 경계나 면적을 정하는 측량을 말한다.

- 직권 측량의 경우 공부 정리한 날로부터 30일이내 비용 납부 않을시 지방세 체납처분 한다.

- 지적삼각점 측량성과와 경위의 측량방법으로 실시한 지적확정측량성과인 경우 시·도지사 의 검사를 받아야 하고, 검사결과 소관청에 통지한다.

- 지적측량의 편의를 위하여 대한지적공사가 지적측량 기준표지를 설치한 경우 지적측량기 준점 성과를 소관청이 인정한 때에는 이를 지적측량 기준점 표지로 본다.

- 소관청이 토지소유자나 공사시행자의 신청에 의하여 지적측량 기준점 표지를 이전하거나 그 상태를 변경하는 때에는 보수비용을 신청인으로부터 징수해야 한다. 다만, 사유지에 설 치된 경우 비용을 징수하지 아니한다.

- 대한지적공사의 정관변경은 국토해양부장관의 인가사항이다.

- 대한지적공사는 지적법에 규정된 것을 제외하고 민법 중 재단법인에 관한 규정을 준용한다.

- 지적측량업 등록증 교부받은 날부터 10일이내 보증보험가입

- 국토해양부장관은 지적전산자료, 주민등록전산자료, 공시지가 전산자료, 지적위성기준점 관측자료 등의 효율적인 관리 및 활용을 위하여 지적 정보센터를 설치, 운용한다.

- 중앙(지적)지적위원회는 위원장, 부위원장 각 1인을 포함하여 5인 이상 10이 이내의 위원으로 구성한다.

- 회의소집은 5일 전까지 각 위원에게 서면 통지한다.

- 시·도지사는 지적적부심사 의결서 송부 받은 날로부터 7일 이내 청구인에게 통지하고, 통지한 때에는 90일 이내 재심사 청구할 수 있음을 서면으로 알려야 한다.

- 지적에 관한 과태료 처분은 10일이상의 기간을 정하여 구두 혹은 서면으로 의견진술의 기회를 주어야 한다.

- 과태료의 징수 절차에 관해서는 국고금 관리법 시행규칙을 준용한다.

- 지적공부라 함은 토지대장, 임야대장, 지적도, 임야도, 경계점좌표등록부, 공유지연명부, 대지권등록부, 전산정보처리조직에 의한 집합물을 말한다.

- 부동산 등기법은 토지등기부와 건물등기부를 다루고 있으나 지적법은 토지만을 대상으로 한다.

- 토지의 고유번호는 도면에 기재하지 않는다.

- 지적도상 행정구역의 경계는 0.4㎜, 동 또는 리는 0.2㎜, 필지별 경계는 0.1㎜로 제도한다.

- 경계점 좌표등록부 시행지역의 지적도에서는 좌표에 의해 계산된 경계점간의 거리를 지적도에 등록하여야 한다.

- 공유지연명부에서는 지목이나 면적이 등록되지 않는다.

- 지적도, 임야도에서는 지목은 부호로 기재한다.

- 신규등록시 측량성과도를 첨부하지 않는다.

- 대부분의 토지가 등록 전환되어 나머지 토지를 계속해서 임야도에 존치하는 것이 불합리한 경우에는 지목변경절차 없이 등록전환을 신청할 수 있다.

- 청산금은 1월 이내 소관청에 이의신청하면, 축척변경위원회에서 1월 이내 심사, 의결하고 소관청은 지체 없이 이의신청인에게 통지한다.

- 청산금의 지급이 완료되면 확정공고하고, 확정 공고일에 토지이동이 있는 것으로 본다.

- 축척변경의 경우 축척변경위원회 의결서 정본으로 이해관계 있는 제3자의 승낙에 갈음한다.

- 바다로 된 토지를 말소하는 경우 측량수수료나 지적정리 수수료는 징수하지 아니한다.

- 직권으로 지적을 정리하기 위해서는 시, 군, 구 별로 토지이동 현황조사 계획을 수립해야 한다. (부득이한 경우 읍, 면, 동 단위로 수립할 수 있다.)

- 지적위원회의 의결서에 의하여 지적을 정리하는 경우 이해관계인의 승낙서는 첨부할 필요가 없다.

- 주택법에 의한 공동주택부지와 일정한 지목의 공공용지로서 연접한 토지는 60일이내에 합병신청의무가 있으나 과태료제재는 없다.

- 합병과 지목변경은 측량대상이 아니다.

- 합병하고자 하는 토지가 등기원인 및 그 연월일과 접수번호가 동일한 창설적 공동저당일 경우 합병이 가능하다.

- 청산금의 결정은 소관청이 아니라, 축척변경위원회에서 결정한다.

- 소관청은 시행공고일 현재 기준으로 축척변경시행지역 안의 토지에 대하여 지번별 제곱미터 당 금액을 미리 조사하여 축척변경위원회에 제출한다.

- 청산금의 차액 중 부족분과 초과분 모두 지자체 수입, 부담으로 한다.

- 공유수면 매립으로 인한 토지의 신규등록효력은 지적공부 등록한 때 효력이 생긴다. 이는 지적형식주의에 의한다.

- 신규등록, 등록전환, 분할 신청 시 측량성과도 첨부는 필요 없다. (행정 간소화) 다만, 등록사항의 정정으로 인한 경계 또는 면적의 변경을 가져오는 정정을 신청하고자 하는 때에는 등록사항 정정 측량 성과도를 첨부한다.

- 도면에 등록되어 있는 경계와 지적공부에 등록될 당시의 원래의 지상경계를 찾아내어 지표상에 복원시키는 측량을 경계복원측량이라 한다. 이는 물권의 객체인 토지의 경계와 한계를 명시한다.

- 기초측량은 지적측량 기준점을 설치하기 위한 측량을 말한다.

- 지적현황 측량이란 지상 건축물 등의 현황을 지적도 또는 임야도에 등록된 경계와 대비하여 표시하는 데에 필요한 측량을 말한다.

- 지적 삼각측량과 경위의로 실시한 지적 확정측량의 경우 시, 도지사의 검사를 받아야 한다.

- 구속력이란 지적측량이 법정요건을 갖추어 행하여지는 경우에는 그 내용에 따라 소관청과 소유자 및 이해관계인을 구속하는 효력을 말한다.

- 공정력이란 지적측량에 하자가 있더라도 그 하자가 절대무효인 경우를 제외하고는 권한 있는 기관에 의하여 취소될 때까지 효력을 갖는 것을 말한다.

- 강제력이란 법원의 힘을 빌리지 않고도 행정청이 자력으로 집행할 수 있는 힘이나, 적법한 변경이 있을 때까지는 그 집행을 중단하지 않을 수 있는 힘을 말한다.

- 지목변경을 위한 토지이동조사는 소관청의 고유권한 이므로 측량을 대행하는 대한지적공사가 할 수 없다.

- 지적측량업자는 경계점좌표등록부가 비치된 지역에서의 지적측량 및 도시개발사업 등의 지적확정측량만 할 수 있다.

- 삼각보조점이나 도근점 관리는 소관청이 행한다. 시·도지사 통보사항이 아니다.

- 지적공부와 부동산등기부의 부합여부를 조사 확인하여 부합하지 않은 사항이 있는 때에는 소관청이 토지소유자와 그 밖의 이해관계인에게 부합에 필요한 신청을 구할 수도 있으며, 이를 직권으로 정정하는 것도 가능하다.

- 토지 소유권의 등기명의인이 1월 이내에 변경등기를 신청하지 아니하면 불부합 통지서에 의하여 등기관이 직권으로 변경등기를 하여야 한다.

- 공유수면 매립지의 경우 토지이동이 완성된 시기는 매립준공일이나 신규등록의 효력은 지적공부에 등록한 때 발생한다.

- 소관청의 직권정정사항은 소유자에게 통지하여야 하며, 소유자 신청에 의한 경우 통지하지 아니한다.

- 경계변경, 좌표변경, 소유자 변경, 신규등록은 등기 촉탁사유가 아니다.

- 지적측량 적부심사 의결서에 불복하는 자는 90일 이내 국토해양부장관을 거쳐 중앙지적위원회에 재심사를 청구할 수 있다.
  (지방 지적위원회 회부는 30일 이다. : 7일 이내 관계인에게 통지)

- 과태료 처분에 대한 이의신청은 60일 이내 당해 소관청에 제기한다.

- 토지대장과 임야대장에는 대지권의 비율이 등록되지 않는다.

- 지목과 축척은 토지대장, 임야대장, 지적도, 임야도에만 등록된다.

- 소유권 지분은 공유지연명부, 대지권등록부에만 기재된다.

- 행정구역의 변경 등으로 1장의 도면에 2이상의 동·리가 등록되어 있는 경우에는 도면을 재작성 할 수 있다.

- 신규등록은 등기 촉탁대상이 아니다.

- 신규등록하는 토지의 소유자는 소관청이 조사하여 등록한다.

- 대부분의 등록전환은 축척변경과 지목변경을 수반하나, 이는 등록전환의 내용으로서 수반될 뿐이므로, 이를 따로 축척변경이나 지목변경으로 분류하지 않는다.

- 등록전환에 따른 면적차이가 허용범위를 초과하는 경우 임야대장의 면적, 임야도의 경계는 소관청이 직권으로 정정한다.
- 일필지의 일부가 형질 변경 등으로 용도가 다르게 된 때에는 60일이내 지목변경과 함께 분할신청, 해태시 과태료.
- 지적정리 통지는 변경 등기가 필요한 경우 등기만료 통지서 접수한 날로부터 15일 이내, 변경등기 필요치 않는 경우 등록한 날부터 7일 이내 통지 한다.
- 수수료 : 신규등록, 등록전환, 분할, 도시개발사업 : 필지당 1,400원
  합병, 지목변경 : 필지당 1,000원

측량·수로조사 및 지적에 관한 법률 기출문제

1. 지적법령에서 규정하고 있는 내용에 관한 설명 중 틀린 것은?
   ① 지적공부에 관리에 관한 사항
   ② 토지에 관련된 정보의 지적공부 등록에 관한 사항
   ③ 지적공부에 등록된 정보의 제공에 관한 사항
   ④ 국토계획 및 도시환경의 개선에 관한 사항
   ⑤ 토지에 관련된 정보의 조사·측량에 관한 사항

2. 「지적법」의 주요 이념으로 타당하지 않은 것은?
   ① 국정주의
   ② 형식주의
   ③ 공개주의
   ④ 형식적 심사주의
   ⑤ 직권등록주의

3. 「지적법」상 용어의 정의로 틀린 것은?
   ① '신규등록'이라 함은 임야대장 및 임야도에 등록된 토지를 토지대장 및 지적도에 옮겨 등록하는 것을 말한다.
   ② '토지의 표시'라 함은 지적공부에 토지의 소재·지번·지목·면적·경계 또는 좌표를 등록한 것을 말한다.
   ③ '지번부여지역'이라 함은 지번을 부여하는 단위지역으로 동·리 또는 이에 준하는 지역을 말한다.
   ④ '면적'이라 함은 지적공부에 등록한 필지의 수평면상 넓이를 말한다.
   ⑤ '지적측량기준점'이라 함은 지적삼각점·지적삼각보조점·지적도근점 및 지적위성기준점을 말한다.

4. 「지적법」의 목적으로 가장 타당한 것은?
   ① 토지의 개발 및 등록절차
   ② 토지이용계획수립 및 토지관리
   ③ 토지를 지적공부에 등록하여 효율적인 토지 및 소유권 관리
   ④ 정확한 지적측량 및 공부정리
   ⑤ 토지소유권 설정으로 국민재산권 관리

5. 대장과 등기부와의 관계에 대한 기술 중 틀린 것은?
   ① 등기부는 표시란에 기재되는 사항에 대하여 대장의 기재를 기초로 하고 등기부를 이에 따르게 한다.

② 등기명의인의 표시변경 등기는 우선 등기부의 기재를 기초로 하고 대장은 이에 따르게 된다.
③ 권리 그 자체의 변동에 관한 사항은 대장의 기재를 기초로 하고 등기부는 이를 따르게 한다.
④ 소유권보존등기는 우선 대장을 기초로 하여 등기부를 개설하게 된다.
⑤ 등기는 당사자의 신청주의에 의한다.

6. 다음 중 국가가 지적재조사사업을 하고자하는 목적으로 가장 적합한 것은?
① 지적전산화 작업의 기반 조성
② 정확한 과세 부과
③ 행정구역의 합리적 조정
④ 효율적인 토지관리
⑤ 토지소유권 공시에 대한 국민의 신뢰제고

7. 필지의 성립요건에 해당하는 것을 모두 고르면?

> ㉠ 소유자가 동일할 것
> ㉡ 용도가 동일할 것
> ㉢ 지번부여지역이 인접될 것
> ㉣ 도면의 축척이 동일
> ㉤ 지반이 물리적으로 연속될 것
> ㉥ 등기된 토지일 것

① ㉠, ㉡, ㉣, ㉥　　　　② ㉠, ㉡, ㉢, ㉣
③ ㉠, ㉡, ㉣, ㉤　　　　④ ㉠, ㉡, ㉢, ㉣, ㉤
⑤ ㉠, ㉡, ㉢, ㉣, ㉤, ㉥

8. 지번에 대한 설명 중 옳은 것은?
① 도시개발 및 경지정리지구에 적합한 지번부여단위는 도엽단위법이다.
② 필지의 배열이 불규칙한 농촌지역에서는 많이 이용되는 지번부여방법은 교호식이다.
③ 지번은 아라비아 숫자로 표기하고 임야대장은 숫자 앞에 '산'자를 붙여 표기한다.
④ 지번은 항상 본번과 부번으로 이루어진다.
⑤ 지번을 부여하는 기본은 북동기번법이다.

9. 토지의 이동에 따른 지번부여방법에 관한 설명 중 틀린 것은?
① 등록전환 대상토지가 여러 필지로 되어 있는 경우 그 지번부여지역의 최종본번의 다음 순번부터 본번으로 하여 순차적으로 지번을 부여할 수 있다.
② 분할의 경우 분할 후의 필지 중 주거·사무실 등의 건축물이 있는 필지에 대하여는 분할전의 지번을 우선하여 부여하여야 한다.

③ 신규등록의 경우로서 대상토지가 그 지번부여지역 안의 최종지번의 토지에 인접한 경우 그 지번부여지역 안의 최종본번의 다음 본번에 부번을 붙여서 부여하여야 한다.

④ 합병의 경우 합병 전의 필지에 주거·사무실 등의 건축물이 있는 경우 토지소유자가 건축물이 위치한 지번을 합병 후의 지번으로 신청하는 때에는 그 지번을 합병 후 의 지번으로 부여하여야 한다.

⑤ 축척변경시행지역 안의 필지에 지번을 새로이 부여하는 때에는 도시개발사업 등이 완료됨에 따라 지적확정측량을 실시한 지역 안의 지번부여 방법을 준용한다.

10. 지목설정의 원칙에 해당되지 아니하는 것은?
① 1필지 1지목의 원칙
② 용도경중의 원칙
③ 영속성의 원칙
④ 사용목적추종의 원칙
⑤ 인접지목추종의 원칙

11. 지목의 설정에 대한 다음의 설명 중 틀린 것은?
① 실외에 기능교육장을 갖춘 자동차운전학원의 부지는 '잡종지'이다.
② 경부고속철도와 접속하여 민간자본으로 건축된 역사(驛舍)의 부지는 '대'로 한다.
③ 일반 공중의 위락휴양 등에 적합한 시설물을 종합적으로 갖춘 어린이놀이터는 '유원지'로 한다.
④ 「주차장법」 제19조 제4항의 규정에 의하여 시설물의 부지인근에 설치된 부설주차장은 '주차장'으로 한다.
⑤ 육상에 수산생물 양식을 위하여 인공적으로 설치한 시설물의 부지는 '양어장'으로 한다.

12. 토지에 대한 지상경계를 새로이 결정하고자 하는 경우의 기준으로 틀린 것은?
(단, 지상경계의 구역을 형성하는 구조물 등의 소유자가 다른 경우는 제외)
① 연접되는 토지사이에 고저가 없는 경우에는 그 구조물 등의 중앙
② 연접되는 토지사이에 고저가 있는 경우에는 그 구조물 등의 하단부
③ 공유수면매립지의 토지 중 제방 등을 토지에 편입하여 등록하는 경우에는 안쪽 하단부분
④ 토지가 해면 또는 수면에 접하는 경우에는 최대만조위 또는 최대만수위가 되는 선
⑤ 도로·구거 등의 토지에 절토된 부분이 있는 경우에는 그 경사면의 상단면

13. 경계점좌표등록부의 토지면적 측정결과 430.55㎡가 산출되었다. 이 경우 토지대장에 등록할 면적은?

① 430.6㎡	② 430㎡	③ 431㎡
④ 430.5㎡	⑤ 430.55㎡	

14. 지적법령상 지적공부에 등록하는 토지의 표시사항에 대한 설명으로 틀린 것은?

① 등록전환하여 토지의 지번을 부여할 때 그 지번부여지역 안에서 인접토지의 본번에 부번을 붙이는 것이 원칙이다.

② 소관청이 직권으로 토지표시의 이동현황을 조사하여 지목 등을 결정할 때에는 토지이용현황조사계획을 수립한다.

③ 지목은 일필일지목의 원칙, 주지목추종의 원칙, 일시변경불변의 원칙을 적용하여 설정한다.

④ 면적단위는 제곱미터로 하며, 경계점좌표등록부에 등록하는 지역의 토지면적은 제곱미터 이하 한 자리 단위이다.

⑤ 도로 및 구거 등의 토지에 절토된 부분이 있는 경우에는 그 경사면의 상단부를 지상경계로 결정한다.

15. 다음 중 지목을 주유소용지로 설정할 수 없는 것은?

① 석유·석유제품의 판매를 위하여 일정한 설비를 갖춘 시설물의 부지

② 저유소의 부지

③ 액화석유가스의 판매를 위하여 일정한 설비를 갖춘 시설물의 부지

④ 송유시설의 부지

⑤ 원유저장소의 부지

16. 지번에 관한 설명으로 옳은 것은?

① 지번은 아라비아 숫자로 표기하되, 임야대장 및 임야도에 등록하는 토지의 지번은 숫자 앞에 '임'자를 붙인다.

② 지번은 소관청이 지번부여지역별로 남동(南東)에서 북서(北西)로 순차적으로 부여한다.

③ 합병의 경우에는 합병대상 지번 중 선순위의 지번을 그 지번으로 하되, 본번으로 된 지번이 있는 때에는 본번 중 최종순위의 지번을 합병 후의 지번으로 하는 것을 원칙으로 한다.

④ 등록전환의 경우에는 그 지번부여지역 안에서 인접토지의 본번에 부번을 붙여서 지번을 부여하는 것을 원칙으로 한다.

⑤ 소관청은 도시개발사업 시행 등의 사유로 지번에 결번이 생긴 때에는 지체없이 그 사유를 지번대장에 기재하여 영구히 보존하여야 한다.

17. 지목에 관한 설명으로 틀린 것은?

① 1필지가 2 이상의 용도로 활용되는 경우에는 주된 용도에 따라 지목을 설정하여야 한다.

② 토지가 일시적으로 또는 임시적인 용도로 사용되는 때에는 지목을 변경하지 아니한다.

③ 물이 고이거나 상시적으로 물을 저장하고 있는 댐·소류지·연못 등의 토지는 지목을 '유지'로 한다.

④ 용수 또는 배수를 위하여 일정한 형태를 갖춘 인공적인 수로의 지목은 '하천'으로 한다.

⑤ 「국토의 계획 및 이용에 관한 법률」등 관계법령에 의한 택지조성공사가 준공된 토지는 지목을 '대'로 한다.

18. 지목이 잡종지로 되어 있는 것이 아닌 것은?
① 갈대밭, 실외에 물건을 쌓아두는 곳
② 공동우물, 영구적 건축물 중 변전소
③ 자동차운전학원
④ 야외시장, 돌을 캐내는 곳
⑤ 저유소, 황무지

19. 지적측량에 의하여 필지의 면적을 측정하여야 하는 대상으로 틀린 것은?
① 임야대장등록지를 토지대장등록지로 옮기는 경우
② 축척이 다른 토지의 합병을 위해 축척변경을 하는 경우
③ 미터법의 시행으로 면적을 환산하여 등록하는 경우
④ 경계침범부분을 시정하기 위해 분할등록하는 경우
⑤ 미등록된 토지를 새로이 지적공부에 등록하는 경우

20. 다음 중 토지대장과 임야대장의 등록사항이 아닌 것은?
① 개별공시지가와 그 기준일
② 토지의 소재와 토지의 이동사유
③ 토지소유자가 변경된 날과 등기접수의 번호
④ 각 필지를 구별하기 위하여 필지마다 붙이는 고유번호
⑤ 당해 토지가 등록된 도면번호와 필지별 대장의 장번호 및 축척

21. 다음은 지적도와 임야도에 대한 설명이다. 옳지 않은 것은?
① 토지대장과 임야대장에 등록된 토지에 관한 사항을 알기 쉽도록 도면으로 표시한 지적공부를 말한다.
② 경계는 각 굴곡점을 잇는 직선으로 표시하고, 경계점좌표등록부에서는 좌표의 연결로 경계가 등록된다.
③ 지목은 정식명칭이 아닌 부호가 기재하여야 하고, 지번은 각 필지의 경계선 안에 아라비아숫자로 표기한다.
④ 도면에는 면적, 고유번호, 좌표는 등록하지 않는다.
⑤ 경계점좌표등록부를 비치하는 지역 내의 임야도에는 도면의 제명 끝에 '경계점좌표'라고 표시하고 도곽선의 오른쪽 아래 끝에 "이 도면에 의하여 측량을 할 수 없음" 이라고 기재하여야 한다.

22. 다음은 지적전산자료에 대한 설명이다. 옳지 않은 것은?
① 지적전산자료를 이용 또는 활용하고자 하는 자는 관계중앙행정기관의 장의 심사를 거쳐 전국단위의 지적전산자료는 국토해양부장관의 승인을 얻어야 한다.
② 지적전산자료를 이용하고자 하는 자가 지방자치단체의 장인 경우에는 관계중앙행정기관의 장의 심사를 받지 아니한다.

③ 지적전산자료의 이용 또는 활용에 관한 승인을 얻고자 하는 자는 승인신청을 할 때에 지적전산자료의 심사결과를 제출하여야 한다.

④ 중앙행정기관의 장이 승인을 신청하는 경우에는 지적전산자료의 심사결과를 제출하지 아니할 수 있다.

⑤ 신청할 수 있는 지적전산자료는 필요한 모든 사항이며, 지적공부의 형식으로 복제하거나 지적파일 자체의 제공을 요구하는 내용의 신청은 할 수 없다.

23. 「지적법」에서 규정하고 있는 지적공부로만 나열된 것은?
① 임야대장 · 공유지연명부 · 부동산등기부
② 건축물대장 · 색인도 · 지번도
③ 대지권등록부 · 토지대장 · 행정구역도
④ 토지대장 · 임야대장 · 경계점좌표등록부
⑤ 지적도 · 임야도 · 일람도

24. 이떤 토지의 고유번호가 4371031022-20023-0003이다. 이에 관한 설명으로 옳지 않은 것은?
① 이 토지는 임야대장에 등록되어 있다.
② 고유번호는 대장과 경계점좌표등록부에 등록된다.
③ 이 토지의 지번은 산23-3임을 알 수 있다.
④ 이 토지의 면적을 측정한 결과 550.6㎡가 산출되었다면 대장에는 551㎡로 등록된다.
⑤ 이 필지의 지목은 임야임을 알 수 있다.

25. 다음 지적도에 대한 설명으로 틀린 것은?

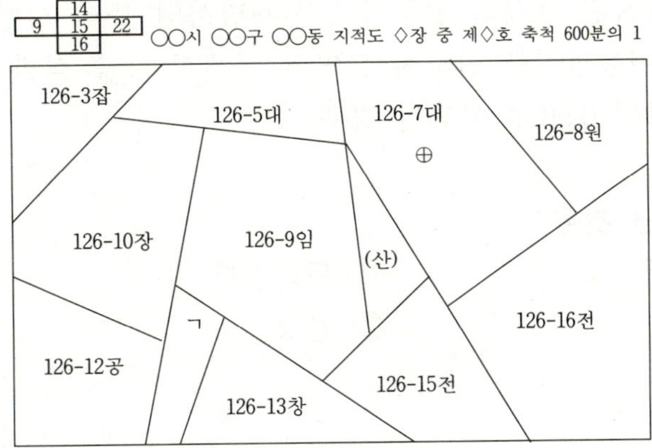

① 지적도의 도면번호는 제15호이다.
② 126-10의 지목은 공장용지이다.
③ 126-7에 제시된 '⊕'은 지적삼각점 위치의 표시이다.
④ (산)으로 표기된 토지는 임야대장등록지이다.
⑤ 126-9의 동쪽 경계는 0.2mm 폭으로 제도한다.

26. 지적공부의 등록사항에 대한 설명으로 틀린 것은?

① 토지대장에 등록하는 토지의 고유번호는 행정구역, 지번, 지목 등을 코드화하여 전체 19자리로 구성되어 있다.

② 공유지연명부의 등록사항으로는 토지의 소재, 지번, 소유권 지분, 토지의 고유번호 등이 있다.

③ 경계점좌표등록부를 비치하는 지역의 지적도면에는 좌표에 의하여 계산된 경계점 간의 거리를 등록한다.

④ 지적도면에는 건축물 및 구조물 등의 위치를 등록한다.

⑤ 경계점좌표등록부를 비치하는 지역 안의 지적도에는 도면의 제명 끝에 '(좌표)'라고 표시하고, 도곽선의 오른쪽 아래 끝에 "이 도면의 의하여 측량을 할 수 없음"이라고 기재하여야 한다.

27. 국토해양부장관은 토지관련자료의 효율적인 관리 및 활용을 위하여 지적정보센터'를 설치하여 운영하고 있다. 이 센터에서 관리하고 있는 토지관련자료가 아닌 것은?

① 지적전산자료

② 공시지가전산자료

③ 주민등록전산자료

④ 지적위성기준점관측자료

⑤ 주택가격전산자료

28. 다음 중 지적도 및 임야도를 재작성하여야 할 경우가 아닌 것은?

① 지번부여지역의 일부가 행정구역 개편으로 지번을 새로이 정할 때

② 장기간 사용으로 도면이 손상되어 토지의 등록사항이 분명하지 아니한 경우

③ 1장의 도면에 등록된 토지의 일부가 도시개발사업 등의 시행지역에 편입된 경우

④ 토지의 빈번한 이동정리로 인하여 도면의 경계선 등을 식별하기 곤란한 경우

⑤ 도곽선의 신축량이 0.5mm 이상인 경우

29. 토지의 이동이 아닌 것은?

① 토지소유자 변경　　　　② 등록전환

③ 분할　　　　　　　　　④ 합병

⑤ 지목변경

30. 신규등록에 관한 설명 중 틀린 것은?

① '신규등록'이라 함은 새로 조성된 토지 및 등록이 누락되어 있는 토지를 지적공부에 등록하는 것을 말한다.

② 신규등록할 토지가 있는 때에는 60일 이내 소관청에 신청하여야 하며, 이를 게을리 한 자는 10만원 이하의 과태료에 처한다.

③ 토지소유자의 신청에 의하여 신규등록을 한 경우 소관청은 토지표시에 관한 사항을 지체없이 등기관서에 그 등기를 촉탁하여야 한다.

④ 공유수면매립에 의거 신규등록을 신청하는 때에는 신규등록사유를 기재한 신청서에 「공유수면매립법」에 의한 준공인가필증 사본을 첨부하여 소관청에 제출하여야 한다.

⑤ 신규등록신청시 첨부해야 하는 서류를 소관청이 관리하는 경우에는 그 소관청의 확인으로써 서류의 제출에 갈음할 수 있다.

31. 등록전환에 관한 다음 기술 중 틀린 것은?

① 임야대장 및 임야도에 등록된 토지를 토지대장 및 지적도에 옮겨 등록하는 행정처분을 말한다.

② 등록전환을 하게 되면 등록의 정밀도가 높아진다.

③ 지적측량에 의하여 새로운 경계와 면적이 결정된다.

④ 등록전환을 할 때에는 이미 등록된 인접 토지와 동일한 축척으로 등록하여야 한다.

⑤ 임야도에 등록된 토지가 사실상 형질변경되었으나 지목변경을 할 수 없는 경우에는 등록전환을 할 수 없다.

32. 갑 소유의 토지 300㎡의 일부를 을에게 매도하기 위하여 분할하고자 하는 경우에 관한 설명으로 틀린 것은?

① 갑이 분할을 위한 측량을 의뢰하고자 하는 경우 지적측량수행자에게 하여야 한다.

② 매도할 토지가 분할허가 대상인 경우에는 갑이 분할사유를 기재한 신청서에 허가서 사본을 첨부하여야 한다.

③ 분할측량을 하는 때에는 분할되는 필지마다 면적을 측정하지 않아도 된다.

④ 분할에 따른 지상경계는 지상건축물을 걸리게 결정하지 않는 것이 원칙이다.

⑤ 분할측량을 하고자 하는 경우에는 지상경계점에 경계점표지를 설치한 후 측량할 수 있다.

33. 토지합병신청을 할 수 있는 요건이 아닌 것은?

① 합병되는 각 필지의 소유권 이외의 권리관계가 같을 때

② 합병되는 각 필지가 기등기지와 미등기지인 때

③ 합병되는 각 필지의 지목을 같을 때

④ 합병되는 각 필지의 축척이 같을 때

⑤ 합병되는 각 필지의 지반이 연속되어 있을 때

34. 해안가의 토지가 지형의 변화 등으로 인해 바다로 되었을 경우 지적공부의 등록말소에 관한 설명 중 옳은 것은?

① 국토해양부장관의 신청이 있어야 한다.

② 토지소유자의 신청이 있어야만 말소할 수 있다.

③ 공유수면관리청의 신청에 의해서 말소할 수 있다.

④ 지적공부의 등록사항을 말소한 때에는 그 정리결과를 토지소유자에게만 통지하여야
한다.

⑤ 토지소유자가 정해진 기한 내에 등록말소신청을 하지 않을 때에는 소관청이 직권으로
지적도상 경계를 말소하여야 한다.

35. 「지적법」에 의하여 소관청에 토지소유자가 하여야 할 신청을 대위할 수 없는 자는?

① 「주택법」에 의한 공동주택의 부지의 경우에는 「집합건물의 소유 및 관리에 관한
법률」에 의한 관리인

② 농지의 대리경작자

③ 하천, 수도용지, 철도용지 등의 지목으로 된 토지의 사업시행자

④ 「민법」 제404조 규정에 의한 채권자

⑤ 국가 또는 지방자치단체가 취득하는 토지의 경우에는 그 토지를 관리할 국가기관 또는
지방자치단체의 장

36. 지적법령상 축척변경에 대한 설명이다. 올바르지 못한 것은?

① 소관청은 축척변경이 필요하다고 인정된 때에는 축척변경위원회의 의결을 거친 후
시·도지사의 승인을 얻어 시행할 수 있다.

② 합병하고자 하는 토지가 축척이 다른 지적도에 각각 등록되어 있어 축척변경을 하는
경우에는 축척변경위원회의 의결, 시·도지사의 승인절차를 거치지 아니한다.

③ 소관청은 시·도지사로부터 축척변경승인을 얻은 때에는 지체없이 축척변경의 목적
등을 20일 이상 공고하여야 한다.

④ 소관청은 청산금의 결정을 공고한 날부터 15일 이내에 토지소유자에게 청산금의 납부
고지 또는 수령통지를 하여야 한다.

⑤ 축척변경위원회는 5인 이상 10인 이내의 위원으로 구성하되, 위원의 1/2 이상을 토지
소유자로 하여야 한다.

37. 지적공부의 토지소유자 정리 등에 관한 설명으로 틀린 것은?

① 신규등록을 제외한 토지소유자의 변경사항은 등기관서에서 등기한 것을 증명하는 등
기필통지서, 등기필증, 등기부등·초본 또는 등기관서에서 제공한 등기전산정보자료에
의하여 정리한다.

② 「국유재산법」에 의한 총괄청 또는 관리청이 지적공부에 소유자가 등록되지 아니한
토지에 대하여 소유자등록신청을 하는 경우 소관청은 이를 등록할 수 있다.

③ 등기부에 기재된 토지의 표시가 지적공부와 부합하지 아니하는 때에는 지적공부의 토지
소유자를 정리할 수 없다.

④ 소관청 소속공무원이 지적공부와 부동산등기부의 부합 여부를 확인하기 위하여 등기
부를 열람하거나 등기부등·초본의 교부를 신청하거나 등기전산정보자료의 제공을 요

청하는 경우 그 수수료는 무료로 한다.
⑤ 소관청은 토지소유자의 변동 등에 따른 지적공부를 정리하고자 하는 경우에는 토지이동정리결의서를 작성하여야 한다.

38. 소관청이 직권으로 지적공부에 등록된 사항을 정정할 수 있는 경우가 아닌 것은?
① 등기부에 기재된 토지의 표시가 지적공부와 부합되지 아니하는 경우
② 측량성과와 다르게 정리된 경우
③ 지적공부의 작성 또는 재작성 당시 잘못 작성된 경우
④ 도면에 등록된 필지가 면적의 증감 없이 경계의 위치만 잘못 등록된 경우
⑤ 토지이동정리결의서의 내용과 다르게 정리된 경우

39. 다음 중 소관청이 토지표시의 변경에 관한 등기촉탁을 관할 등기소에 하지 않아도 되는 경우는?
① 분할을 할 경우
② 합병을 할 경우
③ 신규등록을 할 경우
④ 지목변경을 할 경우
⑤ 등록전환을 할 경우

40. 토지의 신규등록에 관한 다음 설명 중 옳지 못한 것은?
① 신규등록할 토지가 생긴 경우에는 토지소유자는 그 사유가 발생한 날로부터 60일 이내에 소관청에 신규등록을 신청하여야 한다.
② 신규등록을 할 때에는 지적측량을 하여 경계 및 면적을 정하여야 한다.
③ 지번은 지번부여지역 안의 인접 토지의 본번에 부번을 붙여 부여하는 것을 원칙으로 한다.
④ 신규등록하는 토지소유자에 관한 사항은 관할 등기소의 등기필통지에 의하여 등록한다.
⑤ 신규등록의 경우에는 관할 등기소에 등기를 촉탁하지 아니한다.

41. 합병사유가 발생한 경우 토지소유자가 합병신청의 기한의무가 있는 지목으로 옳은 것은?
① 주유소용지
② 묘지
③ 유원지
④ 학교용지
⑤ 주차장

42. 축척변경에 관한 설명으로 틀린 것은?

① 청산금의 납부 및 지급이 완료된 때에는 소관청은 지체없이 축척변경의 확정공고를 하여야 하며, 확정공고일에 토지의 이동이 있는 것으로 본다.

② 청산금의 납부고지 또는 수령통지된 청산금에 관하여 이의가 있는 자는 납부고지 또는 는 수령통지를 받은 날부터 60일 이내에 소관청에 이의신청을 할 수 있다.

③ 축척변경시행지역 안의 토지소유자 또는 점유자는 시행공고가 있는 날부터 30일 이내에 시행공고일 현재 점유하고 있는 경계에 경계점표지를 설치하여야 한다.

④ 소관청은 청산금의 결정을 공고한 날부터 20일 이내에 토지소유자에게 청산금의 납부 고지 또는 수령통지를 하여야 한다.

⑤ 청산금의 납부고지를 받은 자는 그 고지를 받은 날부터 3월 이내에 청산금을 소관청에 납부하여야 한다.

43. 지적공부에 등록된 등록사항에 오류가 있는 경우 소관청의 직권 또는 소유자의 신청에 의하여 등록사항을 정정할 수 있다. 이때 소관청이 직권으로 정정할 수 없는 사항은 어느 것인가?

① 지적측량이 잘못된 경우

② 지적공부의 등록사항이 잘못 입력된 경우

③ 지적공부의 작성 또는 재작성 당시 잘못 작성된 경우

④ 도면에 등록된 필지가 면적의 증감 없이 경계의 위치만 잘못 등록된 경우

⑤ 지적공부정리결의서의 내용과 다르게 정리된 경우

44. 다음은 소관청이 관할 등기소에 등기를 촉탁할 수 있는 경우이다. 틀린 것은?

① 행정구역의 개편으로 새로이 지번을 설정한 때

② 토지소유자의 신청에 따라 토지를 지적공부에 신규등록한 때

③ 소관청이 직권으로 지목변경 한 때

④ 지번을 변경한 때

⑤ 축척변경을 시행한 때

45. 다음은 「지적법」상 지적측량을 하여야 하는 경우이다. 옳지 않은 것은?

① 토지의 분할이나 합병시

② 경계를 지표상에 복원할 때

③ 지상구조물 등을 공부와 대비하여 표시할 때

④ 토지구획정리사업 등으로 토지의 이동이 있을 때

⑤ 지적측량기준점의 표지 및 표석을 설치할 때

46. 지적측량기준점표지의 설치·관리에 관한 설명 중 틀린 것은?

① 소관청은 대한지적공사와 합동으로 연 1회 이상 지적측량기준점표지의 이상 유무를 조사하고, 망실되거나 훼손된 지적측량기준점표지를 계속 보존할 필요가 없는 때에는 폐기할 수 있다.

② 대한지적공사가 지적측량기준점표지를 설치한 경우 그 지적측량기준점성과를 소관청이 인정한 때에는 지적측량기준점으로 본다.

③ 소관청은 지적측량기준점을 설치하기 위하여 필요한 때에는 타인의 토지·건축물 또는 구조물 등에 지적측량기준점표지를 설치·관리할 수 있다.

④ 소관청 또는 대한지적공사가 관리하는 지적측량기준점표지가 망실되거나 훼손된 때에는 소관청 또는 지적공사가 각각 이를 재설치하거나 보수하여야 한다.

⑤ 소관청은 지적측량의 편의를 위하여 대한지적공사에 지적삼각점표지의 관리를 위탁할 수 있다.

47. 공인중개사 A는 1필지에 대한 경계복원측량을 지적측량수행자에게 의뢰하였다. 아래 내용일 경우 검사기간을 제외한 측량기간의 계산으로 옳은 것은?

> 공인중개사 A가 측량을 의뢰한 토지소재지는 동(洞)지역이며, 지적측량기준점 16점을 설치하여 경계복원측량을 실시하여야 함.

① 5일   ② 7일   ③ 10일
④ 12일   ⑤ 14일

48. 지적측량을 하는 자가 지적측량을 위하여 장애물을 제거한 경우 발생한 손실보상에 관한 설명 중 틀린 것은?

① 특정인을 위한 지적측량이 아닌 경우 측량행위자가 속한 소관청 또는 지적측량수행자가 손실을 보상해야 한다.

② 손실보상에 대한 관할 토지수용위원회의 재결에 대하여 이의가 없는 경우 국토해양부장관의 결정에 따른다.

③ 손실보상에 관하여 그 손실을 보상하여야 할 자는 그 손실을 입은 자와 협의하여야 한다.

④ 손실보상에 관한 협의가 성립되지 않을 경우 관할 토지수용위원회에 재결을 신청할 수 있다.

⑤ 지적측량이 특정인을 위한 것인 경우에는 그로 인한 손실은 그 특정인이 보상하여야 한다.

49. 지적측량의 적부심사에 관한 다음 설명 중 틀린 것은?

① 적부심사청구서를 관할 시·도지사에게 제출하면 15일 이내에 지방지적위원회에 회부하여야 한다.

② 지적측량적부심사청구사안을 회부받은 지방지적위원회는 회부받은 날부터 30일 이내 심의·의결하여야 한다.

③ 지방지적위원회의 의결에 불복하는 때에는 의결서를 송부받은 날부터 90일 이내에 국토해양부장관을 거쳐 중앙지적위원회에 재심사를 청구할 수 있다.

④ 시·도지사는 지방지적위원회로부터 의결서를 송부받은 날부터 7일 이내에 적부심사청구인에게 통지하여야 한다.

⑤ 지방지적위원회가 지적측량적부심사의결을 한 때에는 의결서를 작성하여 시·도지사에게 송부하여야 한다.

50. 지적법령상 지적측량업의 등록을 할 수 없는 결격사유가 아닌 것은?
　① 금치산자 또는 한정치산자
　② 파산자로서 복권되어 아니한 자
　③ 금고 이상의 실형을 선고받고 그 집행이 종료되거나 집행이 면제된 날로부터 3년이
　　 경과되지 아니한 자
　④ 형의 집형유예의 선고를 받고 그 유예기간이 경과되지 아니한 자
　⑤ 지적측량업의 등록이 취소된 후 2년이 경과되지 아니한 자

**51. 지적측량업자가 중개대상토지에 대한 경계복원측량을 시행하면서 고의 또는 과실로 측
　　 량성과의 잘못을 범하여 지적측량의뢰인에게 손해를 끼친 경우에 배상책임을 보장하기
　　 위하여 보증보험에 가입해야 하는 최저금액으로 옳은 것은?**
　① 5천만원 이상　　　　　　　　　② 1억원 이상
　③ 3억원 이상　　　　　　　　　　④ 5억원 이상
　⑤ 10억원 이상

52. 지적측량을 실시하여야 할 대상이 아닌 것은?
　① 지적측량기준점표지를 설치하기 위한 측량
　② 지적공부를 복구하기 위한 측량
　③ 건설공사의 시공을 위한 주요지형측량
　④ 경계점을 지상에 복원하기 위한 측량
　⑤ 지적측량수행자가 실시한 측량을 검사하기 위한 측량

53. 지적측량에 관한 설명으로 틀린 것은?
　① 지적현황측량은 지상건축물 등의 현황을 지적도면에 등록된 경계와 대비하여 표시하
　　 기 위해 실시하는 측량을 말한다.
　② 지적측량수행자는 지적측량의뢰가 있는 경우 지적측량을 실시하여 그 측량성과를 결
　　 정하여야 한다.
　③ 지적측량수행자가 경계복원측량을 실시한 때에는 시ㆍ도지사 또는 소관청에게 측량성
　　 과에 대한 검사를 받아야 한다.
　④ 지적측량은 기초측량 및 세부측량으로 구분하며, 측판측량, 경위의 측량, 전파기 측량,
　　 위성측량 등의 방법에 의한다.
　⑤ 지적측량은 토지를 지적공부에 등록하거나 지적공부에 등록된 경계점을 지상에 복원할
　　 목적으로 소관청 또는 지적측량수행자가 각 필지의 경계 또는 좌표와 면적을 정하는
　　 측량으로 한다.

54. 지적위원회 및 지적측량적부심사 등에 대한 설명으로 옳은 것은?
　① 지방지적위원회는 지적기술자의 징계에 대한 심의ㆍ의결을 할 수 있으며 시ㆍ도에 둔다.

② 지적측량적부심사청구사항의 심의·의결을 위하여 국토해양부에 중앙지적위원회를 둔다.

③ 중앙지적위원회 위원장은 위원회의 회의를 소집하는 때에는 회의일시·장소 및 심의
안건을 회의 5일 전까지 각 위원에게 서면으로 통지하여야 한다.

④ 지적측량적부심사를 청구하고자 하는 토지소유자 또는 이해관계인은 지적측량을 의뢰
하여 측량을 실시한 후 재심사청구서에 그 측량성과와 재심사청구경위서를 첨부하여
시·도지사에게 제출하여야 한다.

⑤ 지적측량적부심사의결서를 통지받은 자가 지방지적위원회의 의결에 불복하는 때에
는 의결서를 통지받은 날부터 90일 이내에 국토해양부장관에게 재심사를 청구할 수
있다.

55. 지적측량의뢰인이 지적측량에 따른 손해배상금으로 보험을 지급받으려고 보험회사에 청구하여야 하는 서류로서 옳은 것은?

① 지적측량수행자가 소관청에 제출한 지적측량수행계획서

② 지적측량손해배상 대상토지의 개별공시지가확인서

③ 지적측량의뢰인이 제출한 지적측량적부심사청구서 사본

④ 지적측량수행자가 시행한 지적측량방법에 대한 의견서

⑤ 지적측량의뢰인과 지적측량수행자간의 손해배상합의서

56. 지적측량업자에 대한 설명 중 옳은 것은?

① 지적측량업자는 휴업 또는 폐업하거나 휴업 후 다시 업무를 개시하게 된 때에는 그
사실을 15일 이내에 국토해양부장관에게 신고하여야 한다.

② 지적측량업자는 검사측량을 제외한 모든 측량업무를 행한다.

③ 지적측량업의 등록을 하고자 하는 자는 지적기술사 1인 또는 지적기사자격을 취득한
자로서 10년 이상의 측량경력이 있는 2인을 포함한 7인 이상의 지적기술자를 확보하
여야 한다.

④ 지적측량수행자는 지적측량수수료 외에는 어떠한 명목으로도 그 업무과 관련된 대가를
받아서는 아니되고, 이를 위반한 경우에는 과태료에 처하게 된다.

⑤ 지적측량업자의 지위를 승계한 자는 그 승계사유가 발생한 날로부터 30일 이내에 소
관청에 신고하여야 한다.

57. 다음 중 「지적법」상 행정형벌대상이 아닌 것은?

① 지적측량업등록증을 다른 사람에게 빌려준 경우

② 시·도지사에게 등록을 하지 아니하고 지적편집도를 간행·판매한 경우

③ 지적측량수행자가 자기·배우자 또는 직계존·비속의 소유토지에 대하여 지적측량을
한 경우

④ 지적기술자가 아닌 자가 지적측량을 한 경우

⑤ 지적측량수행자가 지적측량수수료 외에 업무과 관련된 대가를 받은 경우

58. 「지적법」상의 과태료에 대한 설명이다. 타당하지 않은 것은?

① 과태료는 관할 소관청 또는 국토해양부장관이 부과·징수한다.

② 과태료 처분에 대하여 불복하는 자는 처분의 고지를 받은 날로부터 30일 이내에 국토
해양부장관 또는 소관청에게 이의신청이 가능하다.

③ 이의신청기간 내에 이의신청을 하지 아니하고 과태료를 납부하지 아니한 경우에는 국세
또는 지방세체납 예에 의하여 강제징수한다.

④ 소관청 등은 과태료 부과시 10일 이상의 기간을 정하여 과태료 처분대상자에게 의견
진술의 기회를 주어야 한다.

⑤ 통보받은 관할법원은 「비송사건절차법」에 의하여 과태료에 대한 재판을 한다.

등 기 법

공인중개사 용어정리 (등기법)

성립요건주의	민법 186조에서는 "부동산에 관한 법률행위로 인한 물권의 득실변경은 등기하여야 그 효력이 생긴다"고 규정하여 등기하지 아니하면 당사자 사이에서도 물권변동이 발생하지 아니한다.
종국등기	등기 본래의 효력인 물권변동을 일으키는 등기
가등기	장래 물권변동을 일어나게 할 청구권을 미리 보전하기 위하여 본등기의 준비로서 하는 등기
예고등기	등기원인의 무효 또는 취소로 인하여 등기의 말소 또는 회복의 소가 제기된 경우에 수소법원의 촉탁에 의하여 행하여지는 등기
기입등기	새로운 등기원인의 발생에 의해 등기부에 새로이 기입하는 등기
변경등기	등기가 경료된 후, 후발적인 사정으로 등기된 사항의 일부에 변경이 발생하여 등기가 실체관계와 불일치하게 된 경우 그 불일치를 제거하기 위한 등기 (부동산 표시변경등기, 등기명의인 표시변경등기, 권리변경등기, 대지권 변경등기)
경정등기	등기된 사항에 착오, 유루가 있어 등기된 사항의 일부가 실체관계와 원시적으로 불일치하게 된 경우에 이를 일치시키고자 할 때 하는 등기
멸실등기	등기된 부동산 전부가 멸실한 경우에 하는 등기 (단, 일부 멸실은 변경등기)
말소등기	등기 전부가 원시적 또는 후발적 이유로 인하여 실체관계와 부합하지 않게 된 경우에 등기사항 전부를 소멸시키기 위하여 하는 등기
말소회복등기	등기의 전부 또는 일부가 부적법하게 말소된 경우에 이를 회복하기 위하여 하는 등기
멸실회복등기	등기부의 전부 또는 일부가 멸실된 경우에 이를 회복하기 위하여 하는 등기
주등기	등기할 때마다 독립된 번호를 주면서 하는 등기
부기등기	등기 그 자체로는 독립된 표시, 순위번호를 갖지 않고, 기존의 어떤 주등기의 순위번호는 그대로 사용하여 부기형식으로 행하는 등기 (소유권이외 권리이전등기, 환매권등기, 전세권, 지상권을 목적으로 하는 저당권설정등기, 일부말소회복등기, 가등기이전등기 등)
공시의원칙	물권변동은 언제나 외부에서 인식할 수 있는 공시방법을 수반하여야 한다는 원칙(부동산은 등기, 동산은 점유)
공신의원칙	물권에 관한 공시방법을 신뢰한 제3자를 보호하여야 한다는 원칙
점유적 효력	민법 245조 제2항 "부동산의 소유자로 등기한자가 10년간 소유의 의사로 평온, 공연하게 선의이며 과실없이 그 부동산을 점유한 때에는 소유권을 취득한다.
후등기 저지력	비록 무효의 등기라도 형식적으로 존재하는 한 이와 양립 할 수 없는 등기는 할 수 없다.
등기의 추정력	어떠한 등기가 있으면 그에 대응하는 실체적 권리관계가 존재하는 것으로 추정되는 효력(민법규정은 없으나, 통설과 판례로 인정)
모두생략등기	미등기건물을 등기할 때에 소유권을 원시취득자 앞으로 소유권 보존등기를 한 다음에 이를 양수한 자 앞으로 이전등기 함이 원칙이나, 당사자 사이에 합의에 따라 승계 취득자 앞으로 소유권 보존등기를 경료하게 되었다면 이는 실체적 권리관계가 일치되어 적법한 등기로서 효력을 가진다.

공인중개사 용어정리 (등기법)

중간생략등기	미등기 전매
권리능력없는 사단, 재단	사단, 재단법인으로서의 실체는 갖고 있으나, 단지 법인격이 없는 단체
실체법상 등기권리자	등기청구권이라 함은 "등기신청의 협력을 구할 수 있는 권리"를 말하며 이러한 등기 청구권을 가지는 자
절차법상 등기 권리자	등기부상 권리를 얻거나 이익을 보는 자
등기신청권	국가기관인 등기소에 일정한 등기를 요구하는 절차법상의 권리(공권)
상속인에 의한 등기신청	등기원인은 이미 발생하였으나, 그에 따른 등기 신청을 하지 아니하고 있는 사이에 등기 의무자 또는 등기권리자에게 상속이 개시된 경우에 그 상속인이 하는 등기 신청
채권자 대위신청	채무자가 가지는 등기신청권을 채권자가 자기의 이름으로 행사하여 채무자 명의의 등기를 신청하는 것
등기원인증서	등기할 권리 변동의 원인된 법률행위 기타 법률사실의 성립을 증명하는 서면 (기재사항: 부동산 표시, 등기원인, 원인일자, 목적, 당사자 표시와 날인)
신청정보 부본	등기원인을 증명하는 서면이 처음부터 없거나, 또는 이를 제출할 수 없는 경우에는 등기필증작성용으로 신청서 부본을 제출한다
등기필증	등기관이 등기완료 후 등기원인을 증명하는 서면 또는 신청서 부본에 신청서의 접수 연월일, 접수번호, 순위번호와 등기완료의 뜻을 기재하고 등기소인을 찍어 등기권리자에게 교부한 등기완료증명서
농지취득자격증명서	농지취득자격이 있다는 것을 증명하는 것일 뿐 농지취득의 원인이 되는 법률행위(매매등)의 효력을 발생시키는 요건은 아니다.
등기신청의 보정	신청서의 흠결을 정정, 보충시키는 것
등기신청의 취하	등기신청인이 등기가 완료되기 전에 등기신청을 철회하는 것을 말한다.
등기신청의 각하	등기관이 당사자가 신청한 등기에 대하여 등기부에의 기록을 거부하는 처분행위
교합	등기관이 등기부에 기재된 사항이 정확한 것임을 최종적으로 확인한 후 기재 말미에 날인하는 것
소유권 보존등기	미등기 부동산에 대하여 최초로 이루어지는 등기
유증	유언자가 유언에 의하여 자기의 재산을 수증자에게 사후에 무상으로 양도하는 단독행위
진정명의회복	등기부상 등기명의인이 무권리자인 경우에 진정한 소유자가 자기의 명의로 등기를 회복하는 방법은 원칙적으로 무권리자 명의의 등기를 말소하는 것이지만, 무권리자로부터 직접소유권이전등기의 절차를 취하는 것을 말한다. (등기원인을 진정명의 회복, 원인일자 X)
토지수용	특정한 공익사업을 위하여 법률이 정한 바에 의하여 토지소유권 등을 강제적으로 취득하는 것으로서 기업자가 재결 후 수용 시 까지 손실보상금을 지급 또는 공탁함으로써 그 권리를 원시 취득한다.
신탁	위탁자와 수탁자의 특별한 신임관계에 기하여 위탁자가 특정의 재산권을 수탁자에게 이전하거나 기타의 처분을 하고 수탁자로 하여금 일정한 자(수익자)의 이익을 위하여 또는 특정의 목적을 위하여 그 재산권을 관리 처분하게 하는 법률관계

공인중개사 용어정리 (등기법)	
구분건물	1동의 건물을 구조상, 이용상의 독립성을 갖추어 내부적으로 구분하여 독립한 소유권 기타 권리의 목적이 되는 건물 부분
대지사용권	구분소유자가 전유부분을 소유하기 위하여 건물의 대지에 대하여 가지는 권리
대지권	구분건물의 소유자가 전유부분을 소유하기 위하여 건물의 대지에 갖는 대지 사용권 중에서 전유부분과 분리 처분할 수 없는 권리
권리질권	저당권은 다른 권리의 목적으로 될 수 있는데 저당권으로 담보한 채권을 질권의 목적으로 한 때에는 그 저당권 등기에 부기등기 함으로서 그 효력이 저당권에도 미친다(채권양도의 방법을 취한다)
전자신청	전산정보 처리조직을 이용한 등기신청(전자 문서를 송신)
소극적부당	등기신청을 각하하거나, 해태한 경우 신청인은 이의신청 가능
적극적부당	각하하여야 함에도 불구하고 이를 간과하여 등기를 실행한 경우 (55조 3호 이후는 이의신청 X)
가압류	금전채권이나 금전으로 환산할 수 있는 채권에 대하여 동산 또는 부동산에 대한 장래의 강제 집행을 가능하게 하기 위한 제도
가처분	금전채권 이외의 청구권에 대한 집행을 보전하기 위하여 또는 다투어지고 있는 권리 관계에 대해 임시의 지위를 정하기 위해 법원이 행하는 일시적인 명령을 말한다.
설정	용익물권이나 담보물권과 같은 제한 물권을 새로 발생시키는 행위
전유부분	구분소유권의 목적인 건물 부분

등 기 법

2009년 등기법이 일부 개정되었다. (개정법률 반영)

등기법은 민법의 권리를 절차적으로 규정한 것에 불과하다.

12문제가 출제된다. 등기법 총론에서의 기본적인 등기의미와 절차법인 규정이 출제 방향의 대부분이다. 각론에서는 기본적인 등기 특징만 이해하면 된다.

등기법의 정확한 이해는 민법의 이해도를 10%정도 상향 시킨다고 본다.
등기법으로서의 중요성보다 민법의 안전판역할을 한다고 본다.

이 과목은 민법의 이해가 없이는 공부자체가 비효율적이다.
반드시 민법의 이해가 선행되고 등기법을 본다면, 이해가 쉽고, 무난한 공부가 될 것이다.(민법자체에 도움이 된다.)

본서는 기본적인 등기내용과 인용지문이 모두 수록되어 있어 더 이상 추가적인 학습이 필요치 않다고 본다.

등기법

1. 우리나라 등기제도의 특징

1) 물적편성주의 : 1부동산 1등기용지 주의

2) 신청주의 : 출석, 공동, 서면신청

3) 성립요건주의 : 민법 186조. 부동산에 관한 법률행위는 등기함으로써 성립.

4) 형식적 심사주의 : 예외 - 집합건물 (필요시)

5) 공신력 불인정

6) 국가배상책임 : 등기관의 고의, 과실 - 국가 배상법에 규정

　　　　　　　　　　　등기관의 고의, 중과실(등기관에게 국가 구상권)

7) 토지와 건물의 등기부 이원화

8) 등기부와 대장의 이원화

2. 등기부의 종류

1) 등기사항 : 사실등기(표제부), 권리등기(갑구, 을구)

2) 효력 : 종국등기 - 기입등기, 변경등기, 경정등기, 말소등기, 멸실등기, 회복등기, 처분제
　　　　　　　　　한등기

　　　　예비등기 - 가등기, 예고등기

3) 형식 : 주등기　- 표제부등기(사실등기, 부동산표시등기), 독립된 권리관계형성

　　　　부기등기　- 독립된 권리관계형성X, (동일, 연장)

　　　　소유권에 관한것 : 주등기

　　　　소유권 이외 : 부기등기

　　　　설정 : 주등기, 단, 전세권·지상권을 목적으로 저당권설정 (부기등기)

　　　　이전 : 소유권 이전등기 : 주등기

　　　　　　　　소유권 이외의 모든 이전등기 : 부기등기

　　　　말소등기 : 항상 주 등기

　　　　소유권 가압류, 가처분 : 주등기

　　　　소유권 이외 가압류, 가처분 : 부기등기

　　　　(권리)변경, 경정등기 : 원칙 - 부기등기

　　　　　　　　　　　예외 - 이해관계인 승낙서 첨부 - 부기등기
　　　　　　　　　　　　　　　이해관계인 승낙서 첨부× - 주등기

　　　　저당권을 목적으로 하는 권리질권 : 항상 부기등기

4) 내용 : 기입등기 - 설정, 보존, 이전(새로운 내용을 기입)

　　　　변경등기 - 실체관계 ≒ 등기 일부 후발적 불일치

경정등기 - 실체관계 ≒ 등기 일부 원시적 불일치
말소등기 - 실체관계 ≒ 등기 전부 원시적, 후발적 불일치
회복등기 - 말소회복등기 : 부적법하게 전부 또는 일부말소(권리관계)
　　　　　　멸실회복등기 : 등기부 전부 또는 일부멸실
멸실등기 - 부동산 전부 멸실

Memo

✓ 등기부와 대장 사이에 부동산 표시의 불일치가 발생한 경우 그 소유자가 대장을 기초로 부동산 표시 변경등기를 하지 않으면 다른 등기를 신청할 수 없다.

✓ 등기부와 대장사이에 소유자 표시의 불일치가 발생한 경우에는 그 소유자가 등기부를 기초로 대장상 소유자 표시에 대한 변경등록을 하지 않으면 다른 등기를 신청 할 수 없다.

✓ 소유권 등기 명의인에게 1월이내에 부동산 표시 변경등기를 신청하도록 의무를 부과하고 있으며, 이를 게을리 한 때에는 건물의 경우 과태료 부과 사유로 하고있다.

✓ 토지의 경우 지적공부상 토지 표시에 변동이 있는 경우 소관청이 토지표시 변경 등기를 촉탁한다.

✓ 소유권에 관한 등기를 완료한 때에는 대장소관청에 등기필통지를 한다.

3. 등기할 사항

1) 등기할 사항인 물건 : 독립성, 정착성, 영구성
   ＊하천등기 : 소유권, 저당권 - 대상○
              지상권 지역권, 전세권, 임차권 - 대상×
   ＊공동주택의 지하실은 통상적으로 구조상공용부분이나 예외적으로 구분소유의 대상으로 전유부분으로 등기할 수 있다.

2) 등기사항인 권리
   (1) 법률행위에 의한 물권변동 : 민법 186조
   (2) 법률규정에 의한 물권변동 : 민법 187조 (처분시 등기하여야 한다)
                            상속, 공용징수, 판결(형성), 경매

3) 공시의 원칙과 공신의 원칙

4. 등기의 효력

1) 종국등기의 효력 : 물권변동의 효력(권리 변동)
               대항요건의 효력
               점유적 효력(등기부 취득시효)
               순위 확정적 효력
               후등기 저지력
               등기의 추정력(단, 점유의 추정력×)

2) 예비등기의 효력
   (1) 가등기 : 순위 보전적 효력만. 본 등기시 순위는 가등기순위로 한다.
             물권변동 시기는 본등기시 발생한다.
   (2) 예고등기 : 소제기 시(말소 또는 말소회복)
             등기원인이 무효 또는 취소
             제 3자에게 대항(제3자 보호규정×) : 절대적 무효
             권리의 등기에만 적용(표시등기×)
             제 3자에게 경고적 효력만 있다.(실체법상 효력×)

Memo

✓ 담보가등기: 채권을 담보하기 위하여 그 불이행이 있는 때에는 채무자에게 속하는 소유권 기타 권리를 채권자에게 이전하기로 하는 대물변제예약 등을 체결하고 그 계약에 의한 채권자의 권리를 보전하기 위해서 행하여지는 가등기(실체법상의 효력이 있다.)

✓ 실체법상의 등기사항: 등기를 필요로 하는 사항(민법 186조)

✓ 절차법상의 등기사항: 법률상 등기 할 수 있는 사항(등기허용사항)

✓ 특정유증은 등기해야 물권변동의 효력이 생긴다(포괄유증×)

✓ 형성판결: 공유물 분할 판결, 사해행위 취소판결, 상속재산분할판결 등 판결로서 새로운 법률 관계의 변동의 효과가 발생한다.
형성판결에 대해서도 등기의 단독신청 특례는 인정되지 않는다.(단, 공유물 분할 판결에 대해서는 예외)

5. 등기의 유효요건

1) 등기의 실체적 유효요건 : 등기에 일치하는 실체관계가 존재하여야 한다.
   (1) 표시등기는 사회통념상 동일성 혹은 유사성이 인정되면 유효
   (2) 권리의 주체, 객체, 종류를 그르친 등기는 무효
   (3) 모두생략등기나 중간생략등기는 유효(단, 토지거래허가구역 제외)
   (4) 권리등기 유용(제3자×)은 가능하나, 사실등기의 유용은 불가

2) 형식적 유효요건(절차적 유효요건)
   (1) 관할위반등기(55조 1항) : 당연무효, 직권말소, 이의신청 대상
   (2) 등기능력이 있을것(55조 2항) : 당연무효, 직권말소, 이의신청 대상
   (3) 나머지 부분은 실체관계와 일치하면 유효

3) 중복등기 : 1부동산 1등기용지주의 위배
   (1) 표제부 : 실체관계 고려하여 결정
   (2) 사항란(갑구, 을구) : 등기명의인이 동일인 – 후등기 무효
                     등기명의인 동일인× – 선등기 무효 아닌한 후등기무효

6. 등기소와 등기관

1) 등기소 관할지정 : 상급법원장
2) 관할 전속 : 행정구역 변경 또는 등기소의 신설 등으로 인하여 어느 부동산의 관할이
              변경되는 경우를 말한다.(서류이송)
3) 등기사무정지 : 대법원장
              정지지간(천재지변) 중 등기는 55조 2항에 해당, 당연무효, 직권말소, 이의
              신청
4) 등기관 : 지방법원장·지원장이 지정(법원서기관, 등기사무관, 주사, 주사보)
5) 등기관의 고의·중과실에 대해서는 사인(私人)은 국가배상과 민사책임을 선택적 청구
(등기법이 아닌 국가배상법에 규정)

Memo

✓ 이행판결 : 원고의 이행 청구권의 존재를 확정하고 피고에게 일정한 급부내지 의무이행을
　　　　　　　명하는 판결
　　　　　　　등기신청을 단독으로 할 수 있는 특칙은 있지만, 물권변동은 판결이 확정된
　　　　　　　때가 아니라, 등기가 이루어진 때이다.

✓ 확인판결 : 기존의 권리나 법률관계의 존부 또는 법률관계를 증명하는 서면의 진부를 확
　　　　　　　인하는 효력만은 가질 뿐 법률관계의 변동이나 등기의 단독 신청의 특칙은
　　　　　　　인정되지 아니한다.

7. 등기부

: 부동산 표시에 관한 사항과 권리관계를 기재한 공적장부

전산정보처리조직에 의한 보조기억장치(전산정보처리조직에 의한 경우)

1) 종류 : 토지등기부, 건물 등기부, 폐쇄등기부, 공동인명부, 도면편철장

　　　　신탁원부 편철장, 공동담보목록편철장(5개이상), 신청서편철부

2) 등기용지 : 표제부 - 표시란, 표시번호

　　　　　　갑구 - 사항란, 순위번호

　　　　　　을구 - (소유권이외의 권리) 사항란, 순위번호

　　　　　　등기번호란에 지번을 적고, 전산등기부에는 등기번호란이 없다.

3) 구분건물등기부

　　(1) 1동 건물 표제부 : 1동건물 표시, 대지권의 목적인 토지의 표시

　　(2) 전유부분 표제부 : 전유부분 건물 표시, 대지권 표시

　　(3) 등기부 양식(일반건물, 구분건물)

표제부 (일반건물)	표시번호란	표시란에 등기한 순서 기재	
	표시란	a. 신청서 접수 연월일 b. 부동산표시 및 변경에 관한 사항 　(소재, 지번, 지목, 면적, 건물구조) c. 도면편철장책수, 면수	
구분건물 표제부	표시번호란	표시란에 등기한 순서 기재	
	표시란	1동 건물 표제부	a. 신청서 접수 연월일 b. 건물의 소재, 지번, 구조, 면적, 종류 c. 수동의 건물이 있을때 건물번호 d. 건물의 명칭 e. 도면 편철장 책수와 면수 　대지권의 목적인 토지의 일련번호 　소재, 지번, 지목, 면적, 등기 연월일
		전유부분 건물의 표제부	a. 신청서 접수 연월일 b. 구조, 면적 c. 도면 편철장의 책수와 면수 　*소재, 지번 기재× a. 대지권의 종류 b. 대지권의 비율 c. 등기원인 및 연월일 　등기실행 연월일 　해당 구분건물만에 관한 토지등기부에 　별도 등기가 있다는 취지 　규약상 공용부분의 취지의등기

　* 저당권, 전세권, 담보가등기등에 기한 경매개시결정등기는 갑구에 기재한다.

　* 임차권설정등기 청구권인 경우라 하더라도 그 청구권을 보존하기 위한

　　처분금지 가처분(소유권에 대한)은 갑구에 기재한다.

Memo

8. 폐쇄 등기부 : 신등기 용지에 이기함으로써 폐쇄

1) 보존 : 30년 경과후 마이크로 필름녹화, 폐기

2) 폐쇄사유 : (1) 합필, 합병
            (2) 구분건물이 아닌 건물이 구분건물이 되었을 때
            (3) 멸실등기 시
            (4) 보존등기를 말소 했을때(단, 구분건물 일부는 제외)
            (5) 등기용지 매수 과다로 신등기 용지에 이기한 경우
            (6) 중복등기 말소하는 경우

3) 효력 : 현재 효력은 없으나, 잠정적 효력은 있다. (열람, 예고등기 가능)

4) 부활 : 착오로 폐쇄한 경우 직권 또는 신청으로 부활 가능

9. 장부 보존, 관리

1) 보존기간 : 영구보존 - 주요등기부
            10년 - 결정원본 편철장, 폐쇄공동담보목록편철장,
            5년 - 신청서 편철부   1년 - 각종 통지송부부

2) 폐기 : 등기부 - 지방법원장인가 다음연도 3월말까지
        전산정보처리조직 - 법원행정처장인가 다음연도 3월말까지

3) 등기부 이동금지 : 등기부와 그 부속서류는 전쟁, 천재지변 기타 이에 준하는 사태 외에는
                등기소 밖으로 이동금지
   * 예외 - 신청서, 기타부속서류는 가능
   (멸실 회복등기 기간내에는 새로운 등기신청이 있은 경우 :
   신청서 편철부에 편철한 신청서는 신등기 용지에 이기하기전에는
   법원의 송부명령 또는 촉탁이 있는 경우에도 등기소 밖으로 옮기지 못함)

4) 멸실방지 처분 : 지방법원장이 대법원장에게 보고
              멸실방지처분 권한은 대법원장이 지방법원장에게 위임

5) 열람 : (1) 등기부 - 모두가 교부, 열람가능
        (2) 부속서류 - 이해관계인(대리권 증명서면필요), 열람은 가능하나, 교부 청구×

6) 사실증명

　　(1) 미등기 사실증명×

　　(2) 등기사항에 변경없다는 사실 또는 어떤 사항의 등기가 없다는 사실증명 가능

　　(3) 등기부 등·초본의 기재사항에 변경이 없다는 사실의 증명을 신청하는자는 신청서와
　　　등기부 등·초본을 제출하여야 한다.

Memo

✓ 10년 보존 장부 : 부동산 등기 신청서 접수장, 기타문서 접수장, 폐쇄공동담보(전세)목록
　　　　　　　　　편철장, 결정 원본 편철장, 이의신청 서류 편철장

✓ 5년 보존 장부 : 신청서 부속서류편철장, 신청서편철부, 신청서 기타부속서류송부부

✓ 1년 보존 장부 : 등기필통지부, 각종 통지부, 과세자료 송부부, 열람 신청서류편철장, 사
　　　　　　　　　건지연처리부, 제증명신청서류편철장

등기 신청 절차

1. 원칙 : 신청주의

2. 예외 : 1) 촉탁 : 관공서

        2) 직권 :

① 보존등기 : 가압류

              가처분

              강제경매개시 등기

              임차권 등기명령

② 변경등기 : 등기명의인의 표시변경등기(소유권이전등기시)

              행정구역 명칭변경

              지적불부합통지에 의한 직권변경

③ 경정등기 : 이해관계인이 없을시 직권 경정

④ 말소등기 : 수용 (소유권이전등기후의 제반권리의 직권말소)

              등기법 55조 1항, 2항 사유

              예고등기(원고승소)

              환매등기 (환매등기 실행으로 권리의 취득후 환매등기 직권말소)

              대지권등록전 토지와 건물에 있는 저당권설정시 대지권등기후 토지의 저
               당권 직권말소

              장기간 방치된 권리의 등기

              말소등기시 말소 권리를 목적으로 하는 제3자 등기(승낙서 첨부)

              중간처분등기의 말소(가등기시 본등기할 때)

⑤ 말소회복등기 : 반드시 직권말소는 직권으로 회복/촉탁말소는 촉탁으로 회복

⑥ 지역권 : 요역지에 관한 등기

⑦ 대지권취지의 등기 : 대지권등기후 토지등기부에 해당구 사항란에 대지권취지의 등기

⑧ 추가 공동담보목록 표시

3. 법원의 명령에 의한 등기

: 결정하기전에 등기관에게 가등기 혹은 이의가 있다는 취지의 부기등기를 명할 수 있다.

4. 등기 신청 적격

: 자연인, 법인, 비법인, 자연부락인 동·리, 전통사찰법에 의한 전통사찰
  (태아, 민법상 조합, 학교×)

Memo

5. 등기 의무자, 등기 권리자

1) 실체법상 등기 권리자 : 등기청구권이라 함은 등기신청의 협력을 구할 수 있는 권리

2) 절차법상 등기 권리자 : 등기가 실행되면 등기부상 이익을 보는자

(예, 전세권말소 시 전세권설정자)

＊ 등기 청구권은 사권이지만, 등기 신청권은 공권이다.

6. 단독신청

: 등기의 진정성을 확보할 수 있을 때(사실의등기, 관공서 촉탁등기)

1) 판결에 의한 등기 : 이행판결을 의미한다. (단순한 확인판결, 형성판결×)

단, 공유물 분할판결이나, 사해행위 취소판결은 형성판결이 확정된 때 단독으로 신청이 가능

확정판결을 받았다면 확정시기가 언제인가와 상관없이 (10년 경과해도) 판결에 기한 소유권이전등기신청 가능

2) 판결에 의한 등기신청 절차

(1) 승소한 등기 권리자

(2) 승소한 등기 의무자 : 반드시 등기필증 첨부

(3) 공유물 분할판결 : 승소한자, 패소한자 모두 신청가능

(4) 등기원인과 그 연월일

구분	등기원인	원인증서	원인일자
소유권 이전등기를 명하는 판결	매매, 교환 등	판결서	법률 행위 일자
진정명의회복을 위한 소유권이전등기	진정 명의 회복	판결서	기재×
말소, 회복등기를 명하는 판결	확정 판결	판결서	확정 판결 선고일

(5) 첨부서면 : 판결정본, 등기필증(×) 단, 승소한 등기 의무자는 제출

등기원인에 대한 제3자의 허가・동의 승낙서는 등기원인을 증명하는 서면이 집행력 있는 판결일때에는 제3자 허가등의 존부가 재판과정에서 이미 확인 되었으므로 필요치 않다. 그러나, 등기신청이 소유권이전등기인 경우는 등기 원인에 대하여 행정관청의 허가・동의 승낙서 등의 현존사실이 기재된 경우라도 허가서를 제출하여야 한다.

(6) 신청인의 주소지 증명서면 :

소유권 이전등기시 등기권리자, 등기의무자 공동신청인 경우 각자 주소 증명서면을 제출하여야 한다.

판결, 공매, 관공서 촉탁의 경우 등기 권리자만 주소증명 서면 제출

Memo

✓ 단독신청의 판결은 확정판결을 의미하여, 등기 신청 시에 판결정본과 확정증명을 첨부해야 한다.

✓ 판결에 준하는 화해로서 인낙조서, 조정조서도 판결에 준하여 단독신청 할 수 있다. 다만, 공정증서는 이에 해당되지 않는다.

✓ 이행판결의 경우 등기원인은 법률행위자체를 기재하고, 그 연월일은 법률행위발생연월일을 기재한다.

✓ 형성 판결의 경우 등기원인은 확정판결로 기재하고, 그 연월일은 확정판결 선고일을 기재한다.

✓ 등기원인 증서는 이행판결, 형성판결 모두 판결정본이다.

✓ 부동산일부 지분에 대한 소유권등기가 무효이어서 일부말소 판결을 받은 경우에는 말소등기를 신청할 수는 없고 일부말소의미의 경정 등기를 신청해야 한다.

7. 상속인에 의한 등기

	상속등기	상속인에 의한 등기
신청	단독 신청	공동 신청
등기	처분요건	성립요건
원인증서	×(원인 : 상속)	법률행위당시계약서
제출서면	재적, 호적등본	재적, 호적등본(상속증명서면)
등기필증	×	○
인감증명서	×	○(상속인)
농.취.증	×	○
등기실행	×(처분요건)	상속 등기없이 피상속인 ▶ 상대방

8. 채권자 대위 신청

1) 요건 : (1) 채무자가 등기권리자로서 신청한 등기를 채권자가 대위신청할 수 있으며 채
          무자에게 불리한 등기는 대위 신청할 수 없다.
      (2) 청구권은 채권적 청구권이든, 물권적 청구권이든 상관 없다. (이전등기, 말소등기)
      (3) 채무자에게 다른 재산이 있어도 대위신청 가능하다.
      (4) 일반 금전 채권자도 가능.
      (5) 채권자의 채권자도 대위가능
      (6) 표제부 등기도 대위가능.
      (7) 채무자로부터 채권자 자신으로의 등기를 동시에 신청하지 않아도 가능

2) 첨부서면 :
      (1) 대위증명서면 – 매매 계약서, 설정계약서, 판결 정본, 압류조서, 재결서, 가압류처분
          결정서
      (2) 피대위자 주소지 증명서면

3) 등기완료 : 대위 채권자에게 등기필증 교부. 채무자에게 등기필 통지

Memo

✓ 상속인에 의한 등기 신청이란 등기원인은 이미 존재하고 있었으나, 그에 따른 등기신청은 하지 아니한 상태에서 상속이 개시된 경우에는 등기권리자나 등기의무자의 지위를 승계한 상속인이 피상속인에 갈음하여 행하는 등기 신청을 말한다.

✓ 소유권 이전 가등기의 권리자가 사망한 때에는 그 상속인은 상속등기를 하지 않고 직접 상속인 명의로 가등기에 기한 본등기를 신청할 수 있다.

✓ 채권자 대위 신청: 채권자는 자기의 채권을 보전하기 위하여 채무자의 권리를 행사할 수 있는 바 이에 따라 채권자는 자기이름으로 채무자의 등기를 대위 신청할 수 있다.

✓ 채권자대위권의 요건

   1) 채권자의 채무자에 대한 채권이 유효하게 존재해야 한다.
     (금전채권, 특정채권, 공법상 권리 불문)

   2) 금전채권의 원칙은 무자력을 요건으로 하나(판례), 특정채권(등기청구권)인 경우 무자력이 요건이 아니다.

   3) 채권이 이행기에 도래해야 한다. 그러나 보전행위(보존등기)는 그러하지 아니하다.

   4) 일신전속적인 권리가 아닐 것

   5) 채무자가 권리 행사를 아니할 것

9. 등기신청시 필요한 서면

1) 신청서 기재사항 : 부동산의 표시

　　　　　　　　　등기원인

　　　　　　　　　등기원인 일자

　　　　　　　　　등기의 목적

　　　　　　　　　신청인 : 의무자 : 성명, 주소, 주민번호

　　　　　　　　　　　　　권리자 : 성명, 주소, 주민번호

　　＊ 1건 1신청 주의

　　＊ 동일한 관할등기소, 당사자, 등기원인, 등기목적 : 일괄신청 가능

2) 등기원인 증명서면

　　(1) 부동산 표시 기재

　　(2) 등기사항 기재 : 목적, 원인, 원인일자 기재

　　(3) 당사자표시와 날인

　　＊ 구분건물과 대지권이 함께 등기신청의 목적인 경우 그 원인 증서에는 대지권에 관한
　　　사항을 함께 기재하지 않더라도 대지권이 포함된 취지는 기재하여야 한다.

　　＊ 등기 원인 증서가 아닌 경우:

　　상속재산 분할 협의서, 주민등록 등·초본, 매매계약서 사본

　　사인증여증서, APT분양사실 증명서, 소장 등·초본, 매매계약서 사본

3) 신청정보 부본 : 등기원인을 증명하는 서면이 처음부터 없거나 이를 제출할 수 없는 경
　　　　　　　　　우에는 등기필증작성용으로 신청정보부본을 제출한다.

　　　　　　　　　(등기필증작성용, 등기필통지용, 과세자료 송부용)

4) 계약을 원인으로 하는 소유권 이전등기와 검인 계약서

　　(1) 검인을 받는 경우 :

　　　a. 계약을 원인으로 하는 소유권 이전등기

　　　b. 소유권이전을 내용으로 하는 판결서, 화해조서, 인낙조서, 조정조서

　　　c. 신탁계약서와 명의신탁해지 약정서

　　　d. 공유물 분할 계약서

　　　e. 공공용지 취득 협의서에 의한 소유권이전

　　　f. 가등기에 기한 본등기시

　　　g. 재산분할판결에 의한 지분에 기한 소유권이전등기 신청서

　　　h. 미등기 건물에 대한 APT 분양계약서

　　　I. 무허가 건물 매매계약서

　　　j. 양도담보 계약서

(2) 검인을 받지 않는 경우 :
  a. 국가, 지방자치단체가 당사자인 경우
  b. 토지수용
  c. 매매 예약의 가등기인 경우
  d. 매매계약 해제증서
  e. 매매원인이 계약이 아닌 경우 (경매, 공매, 상속, 시효취득, 진정명의회복)
  f. 토지거래 허가구역에서 허가받았을 때, 부동산 실거래신고필증, 주택거래신고필증
     교부시 검인의제
(3) 검인절차
  a. 지체없이 검인
  b. 2개 이상 시, 군, 구 ▸ 1개 시, 군, 구에 신청가능
  c. 부동산 소유권이전 받을 것을 내용으로 계약을 체결한 자가 다시 제3자가 계약당
     사자의 지위이전계약을 체결하고자 하는 경우
     먼저 체결된 계약의 계약서에 검인을 받아야 한다.

Memo

✓ 소송제기 증명서면은 단순히 소송이 제기 되었음을 증명하는 서면에 불과하므로 이는 대
  위증명서면에 해당되지 않는다.

✓ 등기의무자도 수인이고, 등기 권리자도 수인인 경우는 일괄 신청할 수 없다.

✓ 비법인사단·재단이 등기 명의인 경우 대표자 또는 관리인에 관한 사항은 등기부에 기재
  된다.

✓ 채권자 대위신청의 경우 채권자 성명, 주소, 대위원인이 기재된다.

✓ 대리인 또는 법인 대표기관의 성명, 주소는 등기부에 기재되지 않는다.

✓ 이혼재산 분할 협의서는 등기원인증서가 된다.(상속재산 분할 협의서 ×)

✓ 계약을 원인으로 소유권이전등기 신청 시 계약서원본 또는 확정판결정본(화해, 인낙, 조정
  조서 등)에 검인을 받아야 한다.

✓ 등기원인증서(분양계약서) 원본이 분실된 경우 그 부본에 당사자 확인 및 날인을 거쳐서
  등기할 수 있다.

✓ 신청정보부본에는 신청인의 날인이 없어도 유효하다.

✓ 등기필통지는 대장소관청에 등기필의 정보를 전송함으로써 신청정보부본의 송부에 갈음
  한다.

5) 등기필증 : 등기의무자의 권리에 관한 등기필증

전산정보 처리조직에서는 등기필정보의 제공으로 등기필증 갈음

등기필증이 교부된 경우 신청내용에 따라 등기한 것으로 추정되나 공신력은 없다.

등기필증은 어떠한 경우라도 재발행되지 않으며, 등기의무자의 진정성을 확보하여 부실,
무효등기의 발생을 예방하기 위함이다.

(1) 적격성이 있는 경우

　a. 권리에 관한 등기필증

　b. 근저당권이 이전한 경우에는 근저당권등기필증을 제출할 필요가 없고 근저당권 이
　　　전 등기필증을 제출하여야 한다.

　c. 가등기명의인의 가등기말소등기는 가등기명의인의 가등기필증 제출

　d. 가등기에 기해 본등기 신청시에는 가등기 당시 본등기의무자의 등기필증제출

　e. 구분건물의 소유권 보존등기 후 교부받은 등기필증을 제출하면 족하고 별도로 토
　　　지에 관한 등기필증을 제출하지 않아도 된다.

(2) 적격성이 없는 경우

　a. 사실등기의 등기필증

　b. 등기명의인의 표시변경, 경정등기 후 받은 등기필증

　c. 채권자 대위신청의 경우 채권자가 갖는 등기필증

(3) 등기필증의 제출을 요하지 않는 경우

　a. 단독신청 : 소유권보존등기, 부동산 표시변경등기, 경정등기
　　　　　　　　　　등기명의인의 표시변경등기, 경정등기(등기 의무자×)

　b. 상속

　c. 관공서

　e. 가등기 신청시 실무상 가등기 의무자 등기필증 필요. 단, 판결에 의해 단독신청,
　　　가등기가처분명령에 의한 단독신청시 등기필증 제출×

(4) 등기필증이 멸실된 경우

　　출석(등기의무자, 법정대리인) 확인조서

　　확인서면 2통 : 변호사, 법무사(등기의무자의 인감증명서)

　　공증서 부본 1통 등기의무자 본인 자신이 작성한 것임을 공증(변호사, 법무사, 일반
　　대리×)(등기의무자의 인감증명서)

6) 제3자의 허가·동의 승낙을 증명하는 서면 : 신청서에 기명·날인하면 그 서면에 갈음할
수 있다.

(1) 토지거래 허가서 : 소유권, 지상권의 유상이전, 예약(가등기) 시

(2) 학교, 재단, 공익 법인의 기본재산 처분시 : 주무관청의 허가서
　　(매매, 교환, 임대차, 담보제공, 제한물권설정…)

(3) 등기원인 증명서면 : 집행력 있는 판결문 (허가서 제출×)
　　다만, 소유권 이전등기시 : 허가서 제출(판결문에 기재되어 있더라도 제출해야 한다)

＊농지취득자격증명은 농지취득 자격이 있다는 것을 증명하는 것 일뿐
농지취득의 원인이 되는 법률행위(매매 등)의 효력을 발생시키는 원인은 아니다.(효력
요건×)

Memo

✓ 계약 후 등기 신청 전이면 언제든지 검인을 받을 수 있으므로 반드시 준공 또는 보존등기가 경료된 이후에 받아야 하는 것은 아니다.

✓ 등기원인이 실제와 다른 경우에도 검인 신청은 거부할 수 없다(형식적 심사)

✓ 소유권 이전을 내용으로 하는 동일한 계약서를 가등기 및 이에 터 잡은 본등기 양쪽에 원인 증서로 제출한 경우에는 본등기를 완료하고 그 등기필증을 작성함에 있어 ‘가등기에 기한 본등기 필’의 취지를 기재해야 한다.

✓ 공유물 분할을 원인으로 한 소유권 이전등기에 의하여 소유권을 취득한자가 등기의무자가 되어 그 부동산에 대하여 다시 소유권이전등기를 신청하는 경우에는 종전에 공유자로서 지분을 취득한 당시에 교부받은 최초의 등기필증과 공유물 분할 등기 후에 교부받은 등기필증을 모두 제출하여야 한다.

✓ 근저당권 이전등기 후 말소 시 근저당권 이전등기필증을 제출해야 한다.

✓ 근저당권인 경우 계약인수 또는 확정채무 인수 시 채무자가 변경된 때에는 근저당권 변경 등기를 하여야 하는 바 근저당권 설정자가 소유권 취득당시에 교부 받은 등기필증을 제출해야 한다.

7) 부동산 등기용 등록번호(등기권리자의 제출)

　　국가, 지자체, 국제기관, 외국정부 – 국토해양부장관

　　법인(외국법인 포함) – 주된 사무소 소재지 관할등기소 등기관

　　재외 국민 – 서울 지방법원 등기과 등기관

　　법인 아닌 사단, 재단 – 시장, 군수, 구청장

　　외국인 – 체류지를 관할하는 출입국관리사무소장

8) 주소지 증명서면

　　＊ 소유권 보존등기

　　＊ 소유권 이전등기 – 공동신청 : 쌍방 주소증명 서면

　　　　　　　　　　　　　　판결·경매·공매·관공서 촉탁 : 권리자 주소증명 서면

　　＊ 판결문상 주소가 등기부상 등기의무자의 주소와 다른 경우 동일인임을 증명하는 자
　　　료로서 등기의무자의 주소증명서면 필요

　　＊ 보존·이전등기 제외하고 주민등록증사본으로 갈음 가능

9) 대장(부동산 표시증명서면)

　　＊ 소유권 보존등기

　　＊ 소유권 이전등기

　　＊ 부동산 멸실등기

　　＊ 부동산 변경등기

10) 건물의 도면 또는 지적도

　　＊ 부동산 일부 – 용익물권과 임차권 설정시

　　＊ 부동산 일부 – 용익물권과 임차권 설정된 부동산의 분필등기시

　　＊ 구분건물과 수동의 건물 – 소유권 보존등기시

Memo

✓ 환지된 토지에 대한 소유권이전 등기 신청 시에는 환지등기에 대한 등기필증을 첨부하는 것이 아니라 환지 전 토지에 대한 등기필증을 제출해야 한다.

✓ 등기원인에 요구되는 제3자의 허가·동의·승낙서는 매매·증여와 같은 등기원인 자체에 이를 첨부하지 아니하면 그 등기원인 자체가 무효·취소 또는 대항력을 갖지 못하는 경우를 말한다.

✓ 등기상 이해관계인의 승낙서는 어떤 등기가 실행 됨으로써 제3자에게 불측의 손해를 주는 것을 방지하기 위하여 첨부하는 것이다.

✓ 제3자의 허가·동의·승낙서가 없는 경우

　ⅰ) 무효사유 : 학교법인의 기본재산 처분에 대한 관할 관청의 허가

　ⅱ) 취소사유 : 무능력자의 법률행위에 대한 법정대리인 동의

　ⅲ) 대항력이 없는 경우 : 임차권양도에 있어 임대인의 승낙서

✓ 등기원인에 대한 제 3자의 허가·동의·승낙서와 권리변경등기, 경정등기, 말소등기, 말소회복등기에 있어서 등기상이해 관계인과는 구별해야 한다.

11) 인감 증명서 : 등기의 진정성 확보
　(1) 서명 : 신청서의 서명은 인감증명이 필요치 않은 경우에 한한다.
　(2) 인감증명(×) : (5)의 ④⑤⑥이 공정증서인 경우, 단독신청일 경우, 환매특약등기 신청
　　　　　　　　　경우
　(3) 유효기간 : 3개월
　(4) 내용 : 대한민국 국민 - 본인 인감증명
　　　　　　　법인 - 대표자 인감증명
　　　　　　　법인 아닌 사단, 재단 - 대표자, 관리인의 인감증명
　　　　　　　외국인 (인감증명이 있는자) - 인감증명
　　　　　　　(인감증명이 없는자) - 본국 관공서의 증명이나 공증
　　　　　　　제외국민 - 최후 주소지(본적)의 인감증명서
　(5) 제출 필요
　　① 소유권등기명의인이 등기 의무자로 등기 신청시 인감증명
　　② 소유권에 관한(지상권, 전세권×) 가등기명의인이 가등기 말소를 신청할 때 가등기
　　　명의인의 인감증명
　　③ 등기필증대신 확인서면 또는 공증서부본 첨부시 등기의무자의 인감증명
　　④ 1필 토지일부에 용익물권이 설정되어 있는 토지의 분할신청등기시 용익물권자 인
　　　감증명
　　⑤ 협의분할에 의한 상속등기시 분할협의서에 날인한 상속인 전원의 인감증명
　　⑥ 제3자의 동의·승낙시 그들의 인감증명
　　⑦ 법정대리인에 의한 등기신청시 법정대리인의 인감증명
　　⑧ 등기신청포기 각서를 판결문과 함께 1심 법원 제출시(예고등기시)

12) 거래신고필증과 매매목록 : 매매계약서를 원인증서로 소유권이전등기신청의 경우
　(1) 신고필증 : 거래신고 일련번호, 거래당사자, 거래가액, 목적부동산의 표시
　(2) 매매목록 : a. 매매목록이 필요한 경우 - 1개신고서에 2이상 부동산 거래시
　　　　　　　　b. 1개 부동산이라도 수인과 수인의 매매시
　(3) 거래가액의 등기
　　a. 매매목록의 제출이 필요없는 경우 : 등기부 갑구 기타 사항란
　　b. 매매목록이 첨부된 경우에는 등기부에 매매목록번호를 기재하고 구체적인 가액을
　　　등기부에 기재하지 않는다. 매매목록에 기재되어 있음.

Memo

✓ 법정상속분에 의한 상속등기시 상속인의 인감증명은 첨부하지 않는다.

✓ 증여·교환 등 매매외의 원인으로 인한 소유권이전등기신청의 경우에는 부동산 매도용 인감증명을 첨부할 필요는 없다.

등기 신청에 대한 등기관의 처분

1. 접수

1) 접수 : 의무적

2) 접수효과 : 접수장에 기재했을때 ×

　　　　　　　 등기관이 신청서를 받았을때(○)

　　　　　　　 전산정보처리조직 - 전자적으로 기록될 때 접수된 것으로 본다.

3) 접수번호 : 1년마다 새로이 부여

　　　　　　　 사건수 많을때 : 지방법원장 허가 ▶ 1개월 마다

4) 동일한 부동산 - 동시에 수개의 신청 ▶ 동일한 접수번호 기재

5) 동시 신청 : 신탁등기와 신탁으로 인한 소유권이전등기(같은 신청서)

　　　　　　　 환매등기와 소유권이전등기 별개 신청서 ▶ 부기등기

　　　　　　　 구분건물 중 일부의 소유권 보존등기 신청시 구분건물의 표시에 관한 등기

　　　　　　　 건물신축으로 비구분건물이 구분건물로 된 경우(신축건물의 보존등기, 종전

　　　　　　　 건물의 표시변경등기)

　　　　　　　 본안 소송의 승소시 소유권이전(말소) 등기시 가처분이후 경료된 제3자의

　　　　　　　 소유권이전등기 말소

2. 심사

1) 심사의 기준시기 : 등기부에 기재하려고 하는때(○)

　　　　　　　　　　 등기서류 제출시×

2) 심사 : 원칙 - 형식적 검사

　　　　　 예외 - 실질적 검사 : 1동 건물의 구분 건물(구조상, 이용상 독립 확인)

3. 보정

: 신청서의 흠결을 정정, 보충

1) 기간 : 당일까지(등기신청에 대한 조사가 완료되어 보정할 사항이 명확하게 된날)

2) 방법 : 보정의무(×), 등기관 면전에서 보정하여야 한다.

　　　　　 등기신청의 흠결에 대한 보정 - 본인, 대리인, 사무원

　　　　　 흠결이 있는 경우 - 당일보정가능 : 당일보정 ▶ 보정 후 등기

　　　　　 당일보정×, 보정기간 내 보정× ▶ 등기신청 각하

Memo

✓ 수개의 등기신청이 동시에 신청된 경우 이 경우 동시신청이라고 주서해야 한다.
이러한 등기는 동일한 접수번호 및 순위번호로 등기한다.
그러나 내용이 모순되어 양립할 수 없는 경우에는 모두 접수하여 모두 각하하여야한다.

✓ 수령증은 등기필증을 교부할 때 회수한다.

✓ 등기신청의 취하는 반드시 서면에 의해야 한다.

✓ 소유권 이외의 권리이전등기를 하는 경우에 종전권리자는 주말하여야 한다.
소유권이전 등기 시 종전 소유자는 주말하지 않는다.

✓ 등기 명의인이 신청하지 않은 채권자 대위 등기, 직권보존등기, 승소한 등기 의무자의 신청서에 의한 등기는 등기필정보를 작성하지 않는다.

✓ 관공서가 등기를 촉탁한 경우는 등기필정보는 작성하지 않으나, 관공서가 등기권리자를 위하여 등기 촉탁하는 경우 그러하지 아니하다.

✓ 등기관이 등기를 완료한때에는 신청서에 첨부하여 제출한 등기의무자의 등기필증에 등기필의 뜻을 기재하고 등기소인은 찍어 등기의무자에게 반환해야 한다.

✓ 등기관이 등기를 마친 경우 그 등기는 접수한 때부터 효력이 발생한다.

4. 등기신청의 취하

: 완료되기전에 등기신청을 철회하는것
　1) 시기 : 등기완료전(날인하기 전), 각하처분이 있기전까지 취하가능

　2) 방법 : 반드시 서면
　　　일괄하여 동일한 신청서라도 일부 부동산의 취하가능
　　　수수료 반환 : 등기수입증지 첨부된 등기신청서 환부
　　　* 등기신청 취하 : 등기신청서, 부속서류 환부
　　　* 등기신청 각하 : 등기신청서 제외한 부속서류 환부

5. 등기 신청각하

　1) 각하사유(55조)
　　　55조 1호 : 관할등기위반　　┐실체관계 부합여부 불문
　　　　　2호 : 등기할 사항이 아닐때 ┘당연무효, 직권말소, 이의신청
　　　　　3호
　　　　　　-　　실체관계 부합
　　　　　　-　　　(유효)　　　　　: 직권말소, 이의신청×
　　　　　13호

　2) 등기할 사항인 권리
　　　(1) 소유권 일부에 대한 이전등기
　　　(2) 소유권 일부에 대한 저당권 설정등기
　　　(3) 부동산 일부에 대한 용익물권 설정등기
　　　(4) 채권적 청구권보전을 위한 가등기
　　　(5) 가등기 이전금지 가처분
　　　(6) 소유권 이전등기 청구권 가등기에 기한 본등기 청구권 가압류
　　　(7) 수인의 가등기권리자 중 일부의 자가 자기 지분만의 본등기신청
　　　(8) 가등기 가처분
　　　(9) 가등기 이후 본등기 이전의 새로운 등기신청
　　　(10) 공동상속인 중 일부의 자가 신청한 공유자 전원명의의 보존등기
　　　(11) 공유자 중 일부의 자가 신청한 공유자 전원명의의 보존등기
　　　(12) 공유지분 이전등기
　　　(13) 예고등기 후 새로운 등기신청
　　　(14) 농경지를 목적으로 한 저당권설정
　　　(15) 수증자가 수인인 포괄유증의 경우 수증자 전원이 공동으로 신청한 유증을 원인으로
　　　　　한 소유권 이전등기

(16) 수증자가 수인인 포괄유증의 경우 각 수증자가 자기 지분만에 대하여 신청한 유증을
     원인으로 한 소유권 이전등기
(17) 대지권이 소유권일 때 토지 또는 건물만의 용익물권설정
(18) 대지권이 전세권, 임차권, 지상권일 때 소유권이전, 저당권 설정

Memo

3) 등기할 사항이 아닌 권리

   (1) 유치권, 점유권, 질권(동산)

   (2) 부동산 특정 일부에 대한 이전등기

   (3) 부동산 특정 일부에 대한 저당권 설정

   (4) 소유권 일부에 대한 용익물건

   (5) 물권적 청구권보전을 위한 가등기

   (6) 가등기상의 권리행사 금지 가처분(가등기에 기한 본등기금지 가처분)

   (7) 가등기 권리자중 1인이 공유물 보존행위에 준하여 부동산 전부에 신청한 본등기

   (8) 상속인 중 일부의 자가 신청한 자기 상속분에 대해 신청한 등기

   (9) 공유자 중 일부가 자기지분만에 관한 보존등기

   (10) 합유지분의 이전(상속)등기

   (11) 예고등기에 대한 말소등기 신청

   (12) 농경지를 목적으로 하는 전세권

   (13) 유언자 생존중에 한 가등기 신청

4) 등기완료 통지

구분	등기필증 교부	등기완료 통지
승소한 등기의무자의 단독 신청	승소한 등기의무자	등기권리자
채권자 대위신청	대위 채권자	등기권리자(채무자)
처분제한 등기시 직권 소유권보존등기	등기필증 작성(×)	등기 권리자

✱ 등기필증교부 : 원칙 - 등기권리자

          (예외) 등기필통지서<등기필증 갈음>

          대위신청(대위채권자에게 등기필증)

          처분제한등기(미등기부동산 : 등기필증×)

          승소한 등기의무자(등기필증)

5) 대장 소관청에 등기필 통지

   : 소유권 보존, 이전, 변경, 말소, 말소회복등기

6) 과세 자료 송부

Memo

✓ 등기필증작성 : 등기관이 등기를 마쳤을 때에는 등기원인을 증명하는 서면 또는 신청 정보의 부본에 신청 정보의 접수 년월일, 접수번호, 순위번호와 등기완료의 뜻의 적고 등기소인을 찍어 등기권리자에게 발급한다.

✓ 신청정보에 첨부한 등기필증, 등기필증이 멸실되어 확인서면 중 1통이나 공증서면부본 또는 확인조서 등본에는 등기완료 뜻을 적고 등기소인을 찍어 이를 등기의무자에게 반환하거나 발급하여야 한다. 그러나 등기 명의인이 2인 이상인 경우에 그 일부가 등기 의무자이면 등기의무자의 성명 또는 명칭도 적어야 한다.

✓ 오전 제출된 사건은 다음날 18시 까지 오후 제출된 사건은 그 다음날 12시 까지 등기필증을 교부하여야 한다.

각종 권리에 관한 등기절차

1. 소유권 보존등기

: 미등기 부동산에 최초로 이루어지는 등기

1) 등기법 : 소유자가 단독 신청하고, 신청의무는 부과하지 않는다.

2) 등기 특별 조치법 : 아래와 같은 신청의무가 있다.(등록세 5배 이하 과태료)

   (1) 미등기 상태, 이전계약 - 계약 체결일로부터 60일 이내
     소유권보존등기 후 이전등기

   (2) 이전계약 체결 후 - 보존등기 신청할 수 있게 된 날로부터 60일이내 보존등기

3) 등기부 개설절차 : 등기연월일, 등기원인 기재×

4) 소유권 보존등기를 하는 경우

   (1) 대장상 최초로 등록하는 경우(등기 촉탁 의무×)

   (2) 판결에 의해 소유권증명(확인, 이행, 형성 판결)
     : 건물(시·군·구 상대), 토지(국가상대)

   (3) 서면에 의해(시, 구, 읍, 면장의 사실확인서에 의해 소유권증명 : 건물만 해당)

   (4) 수용으로 인한 원시취득(사업시행자-형식은 소유권 이전)
     : 미등기 경우 직접 보존등기 가능

   (5) 원시 취득

   (6) 멸실회복 기간중 신청없는 때

   (7) 미등기 부동산에 소유권의 처분제한 촉탁시(직권 보존등기)

   (8) 규약상 공용부분인 취지의 등기말소시 공용부분의 취득자 명의로 보존등기

5) 첨부 서면 : (1) 신청인의 소유권을 증명하는 서면

       a. 소유권보존등기 - 대장 등본, 상속을 증명하는 서면

       b. 판결에 의한 경우 - 판결정본 및 확정정본

       c. 토지수용의 경우 - 협의성립 확인서, 재결서등본

       d. 관공서 촉탁인 경우 - 보존등기시 소유권증명서면 첨부

   (2) 신청인 주소지증명서면

   (3) 대장등본

   (4) 신청정보 부본 : 원인증서가 없으므로 등기필증 작성용

   (5) 등록세 영수증

   (6) 구분건물 : 1동건물의 소재도, 평면도, 구분건물 평면도

   (7) 대지상 수개의 건물이 있는 경우 : 건물의 소재도

Memo

2. 소유권 이전등기(매매)

  1) 매매로 인한 소유권이전등기

    (1) 신청정보 - 등기원인 : 계약, 원인일자 : 계약체결일자

    (2) 등기원인증서 : 매매계약 - 거래신고필증

    (3) 매도인 등기필증

    (4) 제3자의 허가 · 동의 · 승낙

    (5) 주소지 증명서면 - 등기의무자, 등기권리자

                   - 단, 판결, 상속, 경매, 관공서촉탁…등기권리자

    (6) 매도인의 인감증명

    (7) 대장등본

    (8) 국민주택채권 매입증명 - 소유권보존(토지만)

                    - 소유권이전, 지상권설정, 지상권이전

  2) 상속에 의한 소유권 이전 등기

    (1) 피상속인의 사망으로 개시

        물권변동 - 피상속인이 사망한때

    (2) 신청인 - 등기권리자 ▶ 단독신청

            - 이전등기신청

            - 1인이 자기지분등기×, 1인이 전원위한등기○

    (3) 등기원인 : 상속 또는 협의분할에 의한 상속

    (4) 등기원인일자 : 피상속인이 사망일

        상속인중 1인 사망 ▶ 순차등기×   ▶ 최후의 상속인에게 직접등기

    (5) 첨부서면 : a. 상속을 증명하는 서면 (가족관계 기록에 관한 증명서)

                  b. 주소지 증명서면 : 주민등록증 · 초본

                  c. 부동산등기용 등록번호 (기재되어져야 할 권리자)

                  d. 재산분할 협의시 (협의서 첨부, 날인한 전원의 인감증명서)

  3) 유증을 원인으로 한 소유권 이전등기 : 유언집행자와 수증자가 공동신청

      농 · 취 · 증 첨부(특정유증. 단, 포괄유증×)

      미등기 부동산(상속인명의의 보존등기 후 유증으로 소유권이전등기)

      수증자가 수인 : 수증자 전원 공동신청, 각자 자기지분만 신청 둘다 가능.

Memo

✓ 유증을 원인으로 한 소유권 이전등기가 포괄유증이든, 특정유증이든 모두 상속등기를 거치지 않고 직접수증자 명의로 등기신청한다.
다만 유증의 목적부동산이 미등기인 경우에는 직접 수증자 명의로 소유권 보존등기를 신청할 수 없고 유언집행자가 상속인 명의로 소유권 보존등기를 한 다음 유증으로 인한 소유권이전등기를 신청하여야 한다.

✓ 유증의 경우 등기의무자의 등기필증은 첨부해야 한다.

✓ 건물보존등기는 국민주택채권을 건축허가 받을 때 매입하기 때문에 다시 매입하지 않는다.

✓ 소유권의 일부이전이란 단독소유를 공유로 하거나 공유지분 또는 그 일부를 이전 하는 것을 말한다.

✓ 등기관이 소유권의 일부에 관한 이전등기를 할 때에는 이전되는 지분을 기록하여야 한다. 이 경우 등기원인에 약정이 있을 때에는 그 약정에 관한 사항도 기재해야 한다.

✓ 약정의 변경등기는 공유자 전원이 공동신청 하여야 한다.

✓ 유증 : 수증자에게 사후에 무상으로 양도하는 단독행위

첨부서면) ㉠ 유언집행자의 자격증명서면 ㉡ 유언검인조서
㉢ 신청정보부본 ㉣ 유언자 사망 증명서면 ㉤ 등기필증 ㉥ 포괄유증(농취증 ×)·상속인 이외 특정유증(농취증 ○)

3. 진정명의 회복

1) 원인은 진정명의 회복, 원인일자×, 등기목적 : 소유권이전

   진정한 소유권자 - 자기 앞으로 소유권을 표상하는 등기가 되어 있던 자

2) 공동신청으로 이전등기 신청한다(원인 : 진정명의회복, 원인일자는 없다, 목적: 소유권 이전)

   등기의무자의 인감증명서(매도용 인감이 아니어도 된다)

3) 등기권리자의 상속인도 신청할 수 있다

4) 판결에 의하는 경우 판결정본이 원인서면

   공동신청의 경우 원인서면이 없으므로 신청정보 부본을 제출한다

5) 토지거래 허가증, 농취증, 검인 필요 없다.

4. 환매특약등기

1) 등기 : 동시신청으로 하나 별개의 신청서 작성(접수번호 동일)

2) 부기등기 형식

3) 환매권자는 매도인에 국한되므로 제3자를 환매권리자로 하는 환매특약등기는 할 수 없다.

4) 환매등기의 의무자: 등기부상 소유권자가 아니므로 등기필증, 인감증명×

5) 환매특약등기 후 제3취득자가 환매의 목적물을 취득한 경우

   제3취득자가 환매권 실행등기의 의무자가 된다

6) 필요적 기재사항 : 매매대금, 매매비용

7) 환매특약 중 환매기간은 5년을 초과하지 못한다.

8) 환매권 행사 후 환매권자에게 소유권이전등기 한 경우 : 환매특약 등기 직권말소

5. 신탁등기

: 신탁의 등기를 한 경우에만 제3자에게 대항

1) 동시신청 : 신탁등기와 소유권이전등기는 동일한 서면으로 신청

2) 신탁등기가 경료된 토지에 대하여 합필의 등기는 신청할 수 없다.

3) 신탁법 19조(신탁재산처분으로 인한 신탁), 38조(신탁재산 회복으로 인한 신탁) 수탁자
   단독신청, 수익자 또는 위탁자는 대위신청할 수 있다.

4) 수 개의 부동산에 관하여 하나의 신청서에 의하여 신탁의 등기를 신청하는 경우

   매 부동산마다 별개의 신탁원부를 제출

5) 등기원인증서 : 신탁계약서 검인받아야 한다.

Memo

✓ "진정명의 회복"의 등기를 신청하는 경우에도 등록세는 납부하여야 하며, 국민 주택 채권도 매입해야 한다.

✓ 토지수용으로 인한 소유권 이전:

① 사업시행자인 등기권리자가 단독신청, 관공서가 사업시행자인 경우 소유권 이전등기 촉탁, 사업시행자는 등기명의인 또는 상속인에 갈음하여 토지의 표시 등기명의인 표시변경 또는 상속으로 인한 소유권이전 등기 대위.

② 첨부서면 : 토지수용 재결서 정본, 협의 성립에 의한 수용일 경우 협의 성립확인서, 보상금 수령증원부 또는 공탁서 원본첨부(등기의무자 등기필증 ×)

③ 원인은 토지수용, 원일일자는 수용 개시일

④ 원시취득이나 실무상 이전 등기 형식

✓ 환매권리자는 매도인에 국한 되므로, 제3자를 환매권자로 하는 환매특약등기는 할 수 없다.

✓ 신탁재산은 수탁자 명의로 등기되지만, 수탁자 개인 재산으로부터 분리되어 독립성이 인정되고, 수탁자의 상속인에게 이전되지 않는다.

각종 등기 절차

1. 변경등기

: 등기후 등기의 일부가 실체관계와 불일치 할 경우 그 불일치를 제거하기 위하여 실체관계
와 부합되게 바로잡는 등기

1) 부동산표시 변경등기

   (1) 신청 : 건물명칭 변경, 건물·대지 지번변경, 건물소유권명의인이 1월 이내 신청
   (2) 직권 : 행정구역 변경
   (3) 촉탁 : 소관청이 토지이동에 대한 조사, 결정한 때

2) 부동산의 변경등기

   (1) 대상 : 토지 분합
   (2) 대장등록이 선행 : 대장 변경등록 후 대장등본에 의해 변경등기
   (3) 신청의무 : 토지 변경등기 신청을 해태한 경우 처벌규정이 없으나 건물 변경등기를
                  해태한 경우 5만원 이하 과태료 처분
   (4) 대장소관청의 불일치 통지에 대한 직권등기
       등기소가 소관청으로부터 불일치 통지를 받은 경우 1월이내 등기신청이 없는때에는
       등기관이 직권으로 통지서의 기재내용에 따른 변경등기를 하고 그 취지를 소관청과
       소유권등기 명의인에게 통지해야 한다.
   (5) 합필의 제한 : 소유권, 지상권, 전세권, 임차권, 승역지에 관하여 하는 지역권등기 이
                  외의 권리가 있는 등기는 합필이 제한된다(단, 창설적 공동저당가능)

3) 대지권 변경등기 : 1월 이내 등기 명의인이 토지대장 첨부하여 대지권 변경등기를 신청
               하여야 하며 해태시 과태료 규정

4) 등기명의인의 표시변경등기 : 항상 부기등기로 하고 주말한다.

5) 권리의 변경등기

   (1) 부기등기 : 등기상 이해관계인이 없거나 이해 관계있는 제3자의 승낙서 또는 이에
              대항할 수 있는 재판의 등본을 첨부한 때에는 부기등기 한다. 부기등기
              시 변경 전 사항은 주말한다.
   (2) 주등기 : 권리변경등기에 이해관계인이 존재하고 그의 승낙서 또는 재판의 등본을
            첨부하지 못하여 이해관계인의 등기보다 후순위가 되는 주등기로 변경등기
            하는 때에는 등기사항은 주말하지 않는다.

Memo

✓ 소유권 이전 등기 청구권을 가진 상태에서 대지를 점유 사용하는 경우 그 점유 사용권도 대지 사용권에 해당한다.

✓ 대지사용권의 지분비율은 전유부분의 면적비율에 의하나, 규약으로 달리 정할 수 있다.

✓ 대지권등기는 각 구분 소유자가 단독으로 신청하되, 1동건물 구분소유자 전원이 신청하거나, 일부가 다른 구분 건물 소유자를 대위하여 일괄신청하여야 한다.

✓ 대지사용권의 분리처분금지는 그 취지를 등기하지 않으면 선의의 제3자에게 대항하지 못한다.

✓ 대지권이란 구분건물소유자가 전유부분을 소유하기위하여 건물의 대지에 갖은 대지 사용권 중에서 전유부분과 분리 처분할 수 없는 권리를 말한다.

✓ 대지권을 등기한 건물에 소유권에 관한 등기를 신청하는 경우에는 신청정보에 대지권을 적어야 한다. 다만, 건물만에 관한 등기를 신청하는 경우에는 그러하지 아니하다.

2. 경정등기

: 등기가 완료된 후 등기절차상 착오나 유루가 발생하여 등기내용의 일부가 실체관계와 원시
적으로 불일치하는 경우 바로잡기 위한 등기
    1) 부기등기 : 등기상 이해 관계인이 존재하지 아니 하거나 존재하더라도 그 의 승낙서 또는
            재판등본이 있을때에는 부기등기(경정사항은 주말)

    2) 주등기 : 위의 경우가 아닐 경우 주등기. 경정사항은 주말하지 아니한다.

    3) 직권 경정등기 : 등기관이 착오·유루시 지체없이 직권 경정하여야 한다.
             다만, 등기상 이해관계가 있는 제3자가 있는 경우 그러하지 아니하다.
             경정등기 하였을 때에는 그 뜻을 지방법원장에게 보고하고 등기권리자
             와 등기의무자에게 통지해야 한다.
             등기권리자와 등기의무자가 2인 이상인 경우 1인에게 통지함.
             등기관은 직권 경정등기 전에 등기권리자와 등기의무자에게 그 뜻을
             통지할 필요는 없다.
             판례) 공유지분이전에서 지분초과 소유권이전일 경우 직권말소할 수는
             없고 판결에 의하여 일부말소 이행 후 경정등기를 하여야 한다.

3. 말소등기

: 등기사항 전부가 부적법한 경우 기존등기 전부를 소멸시킬 목적
    1) 단독신청 : 판결에 의한 말소등기신청
             소유권 보존등기 말소
             등기한 권리가 어떤 자의 사망으로 권리소멸
             등기의무자의 행방불명으로 공동신청할 수 없을 경우
             가등기 명의인에 의한 가등기의 말소등기
             이해관계인도 가등기명의인의 승낙서를 첨부하여 가등기 단독말소
             혼동에 의한 말소

    2) 직권말소
        사건이 등기소 관할위반(55조 1항)
        사건이 등기할 것이 아닌때(55조 2항)
        원고의 승소의 경우 예고등기는 직권말소
        가등기에 기한 본등기를 행한 경우 본등기와 양립할 수 없는 중간처분등기
        환매권행사 후 환매특약의 등기
        토지수용에 의한 소유권이전등기 후의 그 부동산의 등기 중 소유권이외의 권리
        말소등기시 등기상 이해관계인의 승낙서가 있는 경우의 그 제3자의 등기
        장기간 방치된 저당권 말소

Memo

✓ 지상권 등기의 필요적 기재사항

  i) 지상권설정의 목적과 범위(토지 일부인 경우 지적도 첨부)

✓ 지역권등기의 필요적 기재사항

  i) 지역권 설정의 목적과 범위, 요역지 표시, 승역지 일부지역권인 경우 도면

✓ 지역권은 요역지 소유권이 이전되면 당연히 이전되며, 요역지 소유권이 이전되면 지역권의 이전 등기 없이도 지역권 이전의 효력이 생긴다.

✓ 승역지의 소유권을 목적으로한 지역권설정등기는 주등기로 하나, 승역지의 지상권을 목적으로 한 등기는 부기등기로 한다.

✓ 전세권의 필요적 기재사항

  i) 전세금과전세권의 목적인 범위(토지·건물의 일부인 경우 지적도 건물도면 첨부)

✓ 전세권이전등기는 부기등기에 의하고, 부기등기 후 종전 전세권자의 표시는 등기관이 직권으로 주말한다. 등기관이 전세금 반환채권의 일부양도를 원인으로 한 전세권 일부 이전 등기를 할 때에는 양도액을 기록한다.

✓ 전세권 일부양도는 부기등기로 한다.(다른 공동전세권자의 동의×)

3) 촉탁 : 경매신청등기, 낙찰 후 낙찰자가 인수하지 않는 등기
            원고 패소시 예고등기
            체납처분에 의한 압류 해제시

4) 처분금지 가처분권리자가 본안사건승소후 이전등기하는 경우 가처분이후 경료된등기
   (1) 소유권이전등기 : 단독신청
   (2) 소유권이전등기 이외의 등기 : 단독신청
   (3) 가처분 등기 : 촉탁말소

5) 처분금지 가처분권리자 본안사건 승소 후 소유권 말소등기시
   가처분 이후 경료된 등기
   (1) 소유권이전등기 : 단독신청
   (2) 소유권 이외 : 직권말소
   (3) 가처분등기 : 직권말소
   * 말소등기는 항상 주등기로 한다.

4. 말소회복등기

: 등기의 전부 또는 일부가 부적법하게 말소된 경우에 그 말소된 등기를 회복하고 말소당시
  에 소급하여 말소가 없었던 것과 동일한 효과를 발생하는 등기.
  1) 회복등기로 제3자에게 불측의 손해를 주어서는 안된다
    (제3자의 승낙서·재판등본 없이는 회복등기 불가)
  2) 판단시기 : 말소등기시가 아니라 회복등기시이다.
  3) 이해관계인의 성립에 관해서는 회복등기와 양립할 수 없는 등기는 회복의 전제로 말소
    의 대상이 될 뿐 그 등기 명의인이 회복등기 절차의 이해당사자는 아니다.

5. 가등기

: 등기법상 등기대상이 되는 권리의 설정·이전·변경·소멸의 청구권을 보전할 목적으로 하
  는 예비등기(물권적 청구권은 가등기 대상×)
  1) 보존등기·처분제한등기는 보전할 청구권이 존재하지 않기 때문에 가등기 대상×
  2) 보전하고자 하는 청구권은 시기부·정지조건부이기 때문에
    종기부·해제 조건부 청구권은 가등기 대상이 아니다.
  3) 가등기 형식은 본등기 형식에 따라 결정된다.
  4) 가등기 효력 : 청구권 보전, 순위 보전 (어떠한 권리추정력도 없다.),
    물권변동의 효력은 본등기 때 발생하고, 그 순위는 가등기 순위에 의한다.
  5) 가등기의무자의 소유권이 이전된 경우에도 가등기 의무자는 변하지 않는다.
  6) 가등기에 기한 본등기시 순위는 가등기 순위에 의하므로 가등기와 본등기 사이에 양립
    할 수 없는 중간처분등기는 등기관이 직권말소한다.

Memo

✓ 　전세금의 반환과 전세권설정등기의 말소 및 전세권 목적물의 인도와는 동시이행관계에 있으므로 전세권이 존속기간만료로 인하여 소멸된 경우에도 당해 전세권 설정 등기도 전세금 반환채권을 담보하는 범위 내에서는 유효한 것이기 때문에 전세권의 이전 등기는 가능하다. 다만, 전전세는 전세권의 존속기간 내에서만 타인에게 양도할 수 있기 때문에 전세권의 존속기간이 만료된 건물전세권에 대한 전전세권 등기의 이전등기는 할 수 없다.

✓ 　전세계약은 그 존속기관 만료로서 종료하게 되는 것이므로 갱신계약 등 다른 사유가 없는 한, 그 전세권 설정 등기가 말소되지 않았다하여 전세권이 유효하게 존속하는 것은 아니다.

6. 예고등기

: 등기원인이 무효 또는 취소로 인한 등기의 말소 또는 회복의 소가 제기된 경우 이를 제3자
에게 경고하기 위하여 수소법원의 촉탁에 의해 행하는 등기
등기원인은 등기부에 기재된 것만 의미하지 않으며 실질적 원인이면 모두 해당
따라서 원인기재가 없는 보존등기도 말소의 소가 제기되면 예고등기 대상

1) 본등기·가등기 : 예고등기 가능

2) 본소·반소 모두 해당

3) 원고 재심의 소는 가능하나 피고 재심의 소는 불가

4) 폐쇄등기부는 신등기부에 이기한 후 예고등기

5) 진정명의회복은 이전등기기 때문에 예고등기 대상×

6) 권리에 관한 등기만을 의미하고 부동산 표시등기×

7) 갑구 내지 을구에 기재되는 등기명의인 표시등기에 대한 말소 소송이 제기된 경우에도
   예고등기 대상

8) 절대적 무효인 경우만 대상(제3자 보호규정 대상×)

9) 예고등기의 말소

   (1) 1심 법원의 촉탁말소 : 소를 각하한 재판·원고패소·소취하·청구포기, 화해가 있
       을 때, 원소 승소했으나 등기신청을 포기한 경우(인감○)
   (2) 직권말소 : 원고승소, 청구인낙, 무효·취소를 확인하는 화해성립
   (3) 예고등기 말소 소송×

10) 부동산의 일부나 미등기 부동산에 대한 예고등기×

7. 부기등기

1) 사항란에 관한 것 이어야 한다.(권리의 순위와 관계없는 표제부 표시란×)

2) 이해관계인의 승낙을 얻어야 부기등기 가능

3) 소유권 이외의 권리의 이전등기

4) 지상권, 전세권을 목적으로 하는 저당권 설정등기

5) 저당권부 채권의 권리질권등기

6) 등기명의인 표시 변경등기·경정등기

7) 권리변경·경정등기 (이해관계인의 승낙서 또는 재판등본 첨부시)

8) 환매 특약등기

9) 일부 말소회복등기(전부 말소회복등기는 주등기)

10) 소유권가등기의 이전등기

11) 부기등기만의 말소등기는 원칙적으로 인정되지 않는다
   (주등기 말소시 부기등기는 직권말소)
12) 소유권이외의 제한물권이나 가등기가 이전된 경우 그이전의 원인만이 무효 또는 취소
   되거나 해제된 경우 부기등기만이 말소대상이 될 수 있다.
13) 저당권이 이전된 후 저당권을 말소하는 경우에는 저당권이 이전등기된 부기등기를 말
   소하는 것이 아니라 주등기인 저당권설정등기를 말소하고 그 저당권이전의 부기등기는
   주말한다.

Memo

전산정보 처리 조직에 의한 등기사무처리

1. 의의

: 대법원장이 지정고시하는 등기소의 등기사무의 전부·일부를 전산정보 처리조직에 의해 처리할 수 있다. 이 경우 보조기억장치(자기디스크, 자기테이프)를 등기부로 본다.

2. 적용제외

1) 등기부의 행정구역별 별책보존규정

2) 등기용지의 지방법원장 직인날인 규정

3) 미등기 부동산 소유권 보존등기시 등기번호규정

4) 가등기 기재시 여백규정

5) 공동인명부, 공동담보 목록편철장, 등기부책보존부를 따로 작성하지 않을 수 있다.

6) 등기관 면전에서의 열람규정

7) 부기등기 할 때 주등기 순위번호 아래 부기번호 기재한다는 규정

3. 전산등기부 종류

1) 말소사항 포함 등기부초본

2) 현재 유효사항 등기부등본

3) 특정인 지분 등기부초본

4) 현재 소유현황 등기부초본

5) 지분 취득이력 등기부초본

4. 등기전산 정보자료의 이용

: 관계 중앙행정기관장 심사, 법원행정처장 승인

1) 심사내용 : (1) 신청내용의 타당성·적합성·공익성

(2) 개인의 사생활 침해 가능성·위험성 여부

(3) 자료의 목적 외 사용방지를 위한 안전관리 대책

5. 등기신청

1) 당사자 또는 대리인(법무사, 변호사)는 전자신청해야 한다.

2) 전자신청은 자연인, 법인, 대리인(법무사, 변호사)

3) 전자신청서 송신 때 공인인증서를 함께 송신

(관공서가 촉탁시 대법원 예규가 정하는 전자 인증서 송신)

4) 사용자등록(유효기간 3년, 만료 3개월전 연장)

5) 전자신청 : 전자적으로 기록된 때 등기 신청서 접수

6) 24시간이내 등기필 정보 송신 및 등기 완료사실 통지

7) 정보취득이 1분내 이루어지지 않는 경우 나중에 접수된 것을 먼저 처리할 수 있다.

Memo

✓ 지정등기소의 등기관은 지정당시 현존하는 등기용지의 등기 중 현재 효력이 있는 사항에 한하여 전산이기 한다. 다만 대법원 예규에서 전산 정보처리조직에 의하여 처리하기 적당하지 아니한 것으로 정한 경우에는 그러하지 아니하다.

✓ 관공서가 등기 촉탁을 한 때에는 등기필 정보를 정하지 아니한다. 다만 등기권리자를 위하여 소유권 보존, 이전등기를 촉탁한 경우에는 그러하지 아니하다.

✓ 등기권리자와 등기 의무자가 공동으로 신청한 경우에는 등기완료통지는 등기 권리자에게만 통지한다. 다만, 등기의무자가 통지요청한다는 내용을 기재한 때에는 의무자에게도 통지 한다.

등기관 처분에 대한 이의신청

1. 의의

: 등기관의 처분이 위법, 부당하다고 하는 자는 관할 지방법원에 이의신청(○)
(이의신청 방법으로 민사소송이나 행정소송의 방법으로 시정을 구할 수 없다)
단, 이의 신청서는 당해 등기소에 제출하여야 한다

2. 결정 또는 부당처분

1) 소극적 부당 : 등기신청을 각하하거나, 해태한 경우 이의 신청할 수 있다.

2) 적극적 부당 : 각하 하여야 함에도 불구하고 실행된 경우 55조1, 2호일 경우 이의신청
대상이며 직권말소대상, 그 외는 신청할 수 없다.

3) 부당판단 시점 : 처분·결정을 내린 당시

3. 이의신청기간은 제한이 없으므로 이익이 있는 한 언제라도 이의신청(단, 이의가 있다 해도 집행부정지 효력)

4. 등기관의 조치

1) 이의가 이유 없다고 인정한 경우 : 3일 이내 의견서 첨부, 관할 지방법원송부

2) 이의가 이유 있다고 인정한 경우 : 등기신청

Memo

✓ 이의 신청에 대한 지방법원 결정까지는 상당한 시일이 소요되는 반면 이의는 집행 정지의 효력이 없는 바 이의 신청에 대해 결정하기 전에 등기관에게 가등기 또는 이의 있다는 뜻의 부기등기를 명할 수 있다.

✓ 부동산 등기특별조치법, 등기법

① 미등기 전매 : 3년이하 1억이하

② 등기원인 허위기재 : 3년이하 1억이하

③ 검인신청 의무 위반 : 1년이하 3천만이하

④ 등기필 정보의 작성관리에 관한 비밀누설 : 2년이하 1천만이하

등기법 지문풀이

- 등기부상에 기재되더라도 부동산 표시나 권리관계와는 직접적인 관계가 없는 단순한 절차적 기재에 지나지 않는 것(등기번호, 표시번호, 등기관의 날인 등)은 등기가 아니다.

- 등기신청의 접수효과는 등기관이 신청서를 받았을 때 발생하고, 등기는 등기부에 등기사항을 기입하고 날인함으로써 완성되나, 그 날인이 누락되었다 하여 그 등기가 무효가 된다고 할 수 없다.

- 등기관이 등기신청을 수리하고 나아가 등기필증을 교부한 경우에도 등기관의 과실로 인하여 등기부에 기재되어 있지 않은 경우에는 등기가 있다고 할 수 없다.

- 등기는 물권변동의 효력발생요건이지 효력존속요건이 아니므로 등기부가 멸실되었다 하더라도 실체법상의 권리가 소멸하는 것은 아니다.

- 상가 건물의 경우에는 구조상의 독립성이 미흡하더라도 이용상의 독립성이 있으면 구분소유권의 객체로 인정한다.

- 대지권에 대한 등기로서 효력있는 등기와 대지권의 목적인 토지의 등기용지 중 해당구 사항란에 한 등기의 전후는 접수번호에 의한다.

- 전산등기부에는 등기번호란(지번)이 없고 우측상단에 고유번호가 기재되어 있다.

- 규약상 공용부분은 전유부분 표제부에 둔다.

- 표제부에는 접수연월일은 기재하되, 접수번호는 기재하지 않는다.

- 1동건물 표제부에는 소재, 지번을 기재하고, 전유부분 표제부에 기재하지 않는다.

- 등기부는 인터넷 열람대상이나, 부속서류는 대상이 아니다.

- 상속, 공용징수, 판결, 경매 기타 법률규정에 의한 부동산 물권취득은 등기를 요하지 않는다. (187조) 단, 등기하지 않으면 처분하지 못한다.

- 절차법상의 등기사항은 실체법상의 등기사항을 모두 포함한다.

- 등기전후는 동구에서는 순위번호에 의하고, 별구에서는 접수번호에 의한다.

- 위조문서, 사자명의의 등기라도 실체관계와 일치하면 유효하다.

- 3자간 합의가 없었더라도 이미 중간생략등기가 적법한 등기원인에 의하여 성립되어 있다면, 3자간의 합의가 없었다는 이유로 중간생략등기의 무효를 주장하지 못하고, 그 말소를 청구할 수도 없다.

- 사실등기 유용은 불가하나, 권리등기유용은 가능하다.

- 건물대지의 일부가 관할 전속으로 인하여 2개 이상의 등기소 관할에 걸치게 된 때에는 종전 관할 등기소에서 관할한다.

- 등기관의 책임규정은 등기법에 규정되어 있지 않고, 국가배상법에 규정되어 있다.

- 폐쇄등기부에 등재된 등기사항에 대하여 예고등기의 촉탁이 있는 때에는 그 등기 사항을 신등기 용지에 이기한 후 예고등기를 하여야 한다.

- 인터넷에 의한 열람의 경우 신청서 제출은 요하지 아니하고, 수수료 면제에 관한 규정은 적용하지 아니한다.

- 미등기 사실 증명은 청구할 수 없으나, 등기부상에 변경이 없다는 사실, 어떤 사항에 대한 등기가 없다는 사실 등은 청구할 수 있다.

- 공동인명부, 공동담보목록, 신탁원부 또는 도면은 신청서에 신청취지가 기재되어 있는 경우만 이를 등사한다.

- 전산 정보처리 조직에 따라 등기를 마친 경우에 등기관은 등기필 정보의 통지로 등기필증의 교부를 대신한다.

- 등기부의 일부로 보지 않는 장부로써 등기부책 보존부는 영구 보존한다.

- 전산정보처리조직에 의해 관리되는 자료는 종료되는 연도의 다음연도 3월말 까지 법원 행정처장의 인가를 받아 폐기한다.

- 사실관계는 대장을 기준으로 등기촉탁하고, 권리관계는 등기부를 기준으로 대장을 고친다. (등기필 통지)

- 등기부에 기재된 부동산 표시가 대장과 일치하지 아니한 경우 부동산 표시변경등기를 하지 아니하면 다른 등기를 신청할 수 없다. 또한 등기부에 기재된 등기명의인 표시가 대장과 일치하지 아니한 경우 등기명의인은 등록명의인 표시 변경 등록을 하지 아니하면 당해 부동산에 대하여 다른 등기를 신청할 수 없다.

- 권리변경등기의 경우 등기상 이해관계인이 없거나 이해관계인의 승낙서 또는 재판의 등본을 첨부한 경우에는 부기등기로 하고, 이해관계인의 승낙서 또는 재판의 등본을 첨부하지 못한 경우는 독립등기(주등기)로 한다.

- 모두 생략등기는 실체관계에 부합하는 한 유효하다.

- 등기용지가 폐쇄된 경우 설사 그 폐쇄가 위법하게 이루어진 것이라도 소송의 방법으로 그 회복절차의 이행을 청구할 수 없다.

- 등기를 전산정보처리조직에 의하여 처리하는 경우에는 등기부 부본에 의하여 등기부를 복구할 수 있기 때문에 신청서 편철부를 비치하지 아니할 수 있다.

- 등기부 등초본 교부에 있어서 미등기인 경우 수수료를 반환하여야 하나, 열람을 신청한 경우 수수료를 반환하지 아니한다.

- 자격자 대리인(변호사, 법무사)이 아닌 자는 다른 사람을 대리하여 전자신청 할 수 없다.

- 미등기 부동산이 국·공유 재산인 경우에는 소유권 보존등기를 관공서가 촉탁한다. 이 경우 소유권을 증명하는 서면과 부동산 표시 증명서면을 첨부해야 한다.

- 건물대지의 지번 변경등기는 부동산 표시의 변경등기이지만, 건축물 대장 등본을 첨부하여 건물표시 변경등기를 신청하여야 한다.

- 신청서에 서명할 수 있는 등기신청은 인감증명을 제출할 필요가 없는 경우에 한한다.

- 신청정보 부본이란 신청의 목적 이외의 목적으로 사용하기 위하여 신청서 정본과 동일한 내용으로 작성하는 서면을 말한다.

- 전자신청 등기소에서는 등기필증이 등기필 정보로 대체되어 등기필증을 작성하지 아니하므로 신청정보 부본은 필요 없다.

- 소유권 보존, 이전등기는 60일 이내 신청, 해태시 등록세 5배. 처분권자 관할시장, 군수, 구청장

- 관공서가 등기를 촉탁하는 경우에는 등기부와 대장상의 표시가 부합되지 아니하더라도 그 등기촉탁을 수리하여야 한다.

- 채권자 대위신청은 채권자 자신의 이름으로 채무자 명의의 등기를 신청하는 것을 말한다.

- 채권자가 채무자를 대위하여 등기를 신청하는 경우에는 채무자로부터 채권자 자신으로의 등기를 동시에 신청하지 않더라도 이를 수리한다.

- 1동건물에 속하는 일부만에 관하여 소유권 보존등기를 신청하는 경우에는 그 나머지 구분건물에 관하여는 표시에 관한 등기를 동시에 신청해야 한다.

- 동일한 등기소의 관할에 속하는 수 개의 부동산에 관한 등기를 신청하는 경우 등기원인과 목적이 동일한 때에는 하나의 신청서로 일괄신청이 허용된다.

- 신청서가 여러 장인 경우 간인은 권리의무자가 다수인 경우에도 1인만의 간인이 가능하나, 정정할 때에는 전원이 날인하여야 한다.

- 상속재산분할협의서는 등기원인일자 등이 기재되어 있지 않으므로 등기원인 증서가 될 수 없고, 따라서 등기필증 작성용으로 신청정보 부본을 제출해야 한다.

- 등기필증은 공동신청의 경우 등기의무자에게 제출을 요하는 것이며, 멸실 시에도 재교부되지 않는다.

- 등기필증을 제출하여야 하는 경우 전자신청을 하기 위해서는 등기필 정보를 등기소에 송신하여야 하고, 등기필 정보가 없는 경우에는 자격자 대리인(변호인, 법무사)이 신청서상의 등기의무자 또는 그 법정대리인으로부터 위임을 받으면서 주민등록증, 여권 또는 운전면허증에 의하여 본인임을 확인 하였다는 정보를 등기소에 송신하여야 한다.

- 판결이나 가등기 가처분 결정에 의하여 가등기를 단독 신청하는 경우에는 진정성이 보장되어 있으므로 등기의무자의 등기필증을 제출할 필요가 없다.

- 관공서가 등기의무자 또는 등기권리자로서 등기촉탁 하는 경우에는 진정성이 보장되어 있으므로 등기의무자의 등기필증을 제출할 필요가 없다.

- 소유권 이외의 권리의 등기 명의인이 등기필증을 멸실하여 확인서면이나 공증서면 부본을 제출하는 방법에 의하여 등기를 신청하는 경우에는 등기필증을 멸실한 등기의무자의 인감증명도 첨부해야 한다.

- 등기신청서가 제출된 때에는 의무적으로 접수해야 하며 이를 거절할 수 없다. 등기신청의 접수효과는 등기관이 신청서를 받은 때 즉시 발생한다.

- 등기 신청의 흠결은 당일 보정이 가능한데 등기관의 의무는 아니다.

- 전산이기한 등기기록은 종전의 등기용지를 폐쇄한 때부터 전산정보처리조직에 의한 등기부의 등기기록으로 본다.

- 물권변동을 위한 전자 신청이 있는 경우에는 기존의 등기필증 대신 일련번호(12자리)와 비밀번호(50개)로 구성된 등기필 정보를 작성하여야 한다.

- 이의신청은 관할지방법원을 대상으로 하지만, 이의신청서는 관할등기소에 제출한다.

- 이의신청의 기간에는 제한이 없다.

- 전자신청을 하고자 하는 당사자 또는 자격자 대리인은 공인인증서를 발급받아 등기소에 직접 제출하여 미리 사용자 등록을 하여야 한다.

- 소유권보존, 이전등기는 신청인의 주소 증명서면 제출을 요한다.

- 발급일자가 누락된 인감증명은 수리할 수 없다.

- 행정구역 명칭은 약기할 수 없다.

- 사용자 등록의 유효기간은 3년이다.

- 등기신청의 각하결정에 대해서는 등기권리자, 의무자에 한하여 이의 신청할 수 있다. 제3자는 불가하다.

- 이미 실행한 등기는 이의가 있다는 취지를 부기한 경우에도 다른 등기절차를 진행할 수 있다. (이의는 집행정지 효력이 없기 때문이다)

- 유증의 경우 포괄유증이던 특정유증이던 유언집행자(또는 상속인)를 등기의무자로 수증자를 등기권리자로 하여 공동 신청한다.

- 등기상 이해관계인의 승낙서는 관공서가 등기권리자로서 촉탁하는 경우에는 제출하여야 하나, 등기의무자로서 촉탁하는 경우에는 제출할 필요가 없다.

- 소유권 이전 등기의 말소청구 소송을 제기하여 승소판결을 받은자가 그 판결에 기한 등기신청을 아니한 경우 패소한 등기 의무자가 그 판결에 기하여 직접 말소등기를 신청하거나, 대위신청할 수 없다.

- 위조된 토지대장에 의해 소유권 보존등기가 경료되고 그 후 순차 소유권 이전등기가 경료된 경우에 형사재판에 의하여 위 토지대장의 위조사실이 판명되었다 하더라도 등기공무원이 직권으로 등기를 말소할 수 없다.

- 신청서에 가등기 명의인이 승낙서 또는 이에 대항할 수 있는 재판의 등본을 첨부한 때에는 이해관계인도 가등기에 말소를 신청할 수 있다.

- 대위원인을 증명하는 서면은 공문서, 사문서라도 무방하다.

- 채권자 대위에서는 대위채권자에게 등기필증을 교부한다.

- 소유권이전 등기시 주소변경사실이 명백한 때에는 등기관이 직권으로 등기명의인 표시 변경등기를 하여야 한다.

- 소유권보존등기는 원인과 연월일을 기재하지 아니한다.

- 등기원인 증명서면이 집행력 있는 판결인 때에는 등기의무자의 등기필증 제출은 요하지 않는다. 그러나 승소한 등기의무자인 경우 등기필증의 제출을 요한다.

- 수개의 부동산에 관한 등기신청을 일괄하여 동일한 신청서에 의하여 한 경우 그 중 일부의 부동산에 대하여 등기신청을 취하할 수 있다.

- 매매예약을 원인으로 한 소유권이전 청구권 가등기에 기한 본등기를 신청하는 때에는 매매계약서를 원인증서로 제출하지 않는다하더라도 거래가액은 등기해야 한다.

- 관공서가 등기를 촉탁한 경우에는 등기필 정보를 작성하지 아니한다. 다만, 관공서가 등기권리자를 위해 소유권보존 또는 이전등기를 촉탁한 경우에는 등기필 정보를 작성하여야 한다.

- 등기상 이해관계인이 있거나 당사자의 신청착오에 의한 경우는 등기관이 직권으로 경정할 수 없다.

- 등기관이 직권 경정 시 사후보고 해야 한다.

- 공유 부동산은 1인 단독 명의의 소유권 회복등기를 한 것이 불법이라 하더라도 그 지분에 관한한 실체관계에 부합하는 등기이므로 일부 말소의미의 경정등기를 실행해야 한다.

- 단독소유를 공유로 경정등기를 한 때에는 그 부동산을 목적으로 하는 용익물권의 등기는 직권으로 말소한다. (단, 소유권 경정등기 신청서에 지상권자의 승낙서 또는 이에 대항할 수 있는 재판의 등본이 첨부되어야 한다.)

- 소유권 경정등기는 반드시 부기등기로 하여야 한다. (단, 등기상 이해관계인이 있는 경우 승낙서 또는 재판 등본을 첨부해야 한다.)

- 소유권 경정등기를 한 때에는 그 부동산을 목적으로 하는 저당권등기는 직권으로 경정한 다. (단, 저당권자의 승낙서 또는 재판등본을 첨부해야 한다.)

- 멸실등기는 제3자의 승낙이 필요없지만, 등기 후 통지한다.

- 말소회복등기는 부적법한 말소등기에 대하여 행하여지는 것으로, 자발적인 말소등기의 경우 는 불가하다.

- 가등기에 기한 본등기 경우 당해 가등기상의 권리를 목적으로 하는 가압류 등기는 직권말소의 대상이 아니다.

- 예고등기의 무효, 취소사유가 있는 등기원인은 등기부에 기재되어 있지 않아도 무방하다. 예컨대 소유권 보존등기의 말소의 소를 제기한 경우에도 소유권 보존등기에는 등기원인의 기재가 있을 수 없지만, 예고등기가 가능하다.

- 예고등기는 권리등기에만 가능하다. 가등기도 예고등기 대상이다.

- 지적법에 따른 토지 합병 절차를 마친 후 합필등기를 하기전에 합필대상인 필지 중 일부 필지에 관한 소유권이전 등기가 있는 경우에도 해당토지의 소유자들도 이해관계인의 승낙 서를 첨부하여 합필후의 토지를 공유로 하는 합필등기를 공동으로 신청할 수 있다.

- 지적법에 따른 토지 합병 절차를 마친 후 합필등기를 하기 전에 합필대상인 필지 중 일부 필지에 대하여 저당권이 설정되어 있는 등 합필등기를 제한하는 권리의 등기가 있는 경우 에도 해당토지의 소유자는 이해관계인의 승낙서를 첨부하여 그 권리의 목적물을 합필후의 토지에 관한 지분으로 하는 합필등기를 신청할 수 있다.

- 직권경정등기는 항상 부기등기 방식으로 한다.

- 가등기권리자는 가등기 필증을 첨부하여 단독으로 가등기를 말소할 수 있다. (가등기 명의인의 인감증명 첨부)

- 저당권이 이전된 후 저당권을 말소하는 경우에는 저당권이 이전등기 된 부기등기를 말소하는 것이 아니라, 주등기인 저당권 설정등기를 말소한 후 그 주등기와 함께 저당권 이전의 부기등기를 주말한다.

- 토지의 멸실 등기는 반드시 대장등본을 첨부해야 하나, 건물의 멸실 등기의 경우에는 반드시 대장등본을 첨부해야 되는 것은 아니다.

- 가등기가 담보가등기인지 순위보전을 위한 가등기인지의 여부는 등기부상 형식적으로 기재된 등기원인에 의할 것이 아니라, 실제상 어떠한 목적으로 한 것인지 실질적으로 판단한다.

- 원고 패소로 예고등기가 촉탁말소된 후에 원고가 다시 재심의 소를 제기한 경우에도 예고등기의 대상이 된다.

- 당사자 신청에 의한 예고등기 말소는 인정되지 않는다.

- 말소회복 등기 시 이해관계인의 판정시기는 회복등기시를 기준으로 한다.

- 공동 소유자 중 일부 지분 만에 관한 말소 회복등기는 신청할 수 없다.

- 소유권 보존등기의 무효 주장 소송의 예고등기는 가능하다.

- 종전의 등기가 등기관의 직권 또는 법원의 촉탁에 의하여 말소된 경우에는 그 회복등기도 등기관의 직권 또는 법원의 촉탁에 의하여 행하여져야 되므로 그 회복등기도 소로서 구할 수는 없다.

- 말소회복등기와 양립할 수 없는 등기는 회복의 전제로서 말소의 대상이 될 뿐이고 이해관계 있는 제3자로 보기 어렵다. 그래서 그 등기명의인을 상대로 말소회복등기에 대한 승낙의 의사표시를 구하는 청구는 당사자 적격이 없는 자에 대한 청구로써 부적합하다.

- 가등기에 기한 본등기의 실체법상 효력은 본등기 한 때 발생하는 것이지 가등기한 때 소급하는 것은 아니다.(순위는 가등기순위에 의한다.)

- 소유권에 기한 가등기를 말소하는 경우에는 가등기필증 이외에 인감증명도 첨부해야 한다.

- 가등기 가처분 명령에 의한 가등기는 가등기권리자가 가등기가처분 명령정본을 첨부하여 단독 신청한다.

- 가등기에 기한 본등기 의무자는 원래 가등기의무자이다.

- 가등기를 마친 후 가등기 권리자가 사망한 경우 가등기권리자의 상속인은 상속등기 없이

상속을 증명하는 서면을 첨부하여 가등기 의무자와 공동으로 본등기를 신청할 수 있다.

- 물권적 청구권 보존을 위한 가등기나, 소유권 보존등기의 가등기는 할 수 없다.

- 시, 구, 읍, 면장의 서면은 건물의 소유권보존등기 서면은 되나 토지는 안된다.

- 상속인들이 법정지분에 의하여 상속등기를 한 이후에도 상속인 전원이 참가하여 상속재산 분할 협의서를 작성하면 이에 따른 상속등기를 할 수 있다. 이 때 상속재산 분할의 효력은 사망 시로 소급하므로 소유권 경정등기를 신청하여야 한다.

- 소유권이전등기 말소소송의 패소 확정 판결은 그 후 제기된 진정명의 회복을 원인으로 한 소유권이전등기 청구 소송에도 기판력이 미친다.

- 말소소송의 승소확정판결에 기하여 이전등기를 신청하는 것은 불가능하고, 이전 소송의 승소확정 판결에 기하여 소유권말소등기 신청도 불가능하다.

- 진정명의 회복을 원인으로 한 소유권이전등기 신청서에는 등기원인을 '진정명의회복'이라고 기재하나, 등기원인 일자는 기재하지 않는다.

- 환매등기에서 매매대금과 매매비용은 필요적 기재사항이나 환매기간은 임의적 기재사항이다.

- 부동산이 5개 이상인 때에는 공동담보 목록을 첨부해야 한다. 이는 등기부의 일부로 보며, 신청인은 표지에 기명날인해야 하며, 용지에는 면수를 기재하고 간인해야 한다.

- 대지 사용권 이전등기를 분양자와 현재의 구분소유자가 공동신청하며, 중간생략등기가 가능하고, 등기원인증서와 주소증명서면의 제출이 필요 없다.

- 대지사용권이전등기와 대지권등기(현재의 구분소유자 단독신청)를 동시 신청한다.

- 토지(임야)대장 등본에 의하여 소유권 보존등기를 신청할 수 있는 자는 원칙적으로 토지(임야)대장에 최초의 소유자로 등록되어 있는 자이어야 하나 멸실 회복기간내에 회복등기를 신청하지 못한 자나 지적공부상 '국'으로부터 이전등록을 받은자는 가능하다.

- 소유권 보존등기를 신청하는 경우에는 등기원인을 증명하는 서면, 등기의무자의 등기필증, 등기의무자의 인감증명, 등기원인에 대하여 제3자의 허가 등의 승낙을 증명하는 서면은 첨부하지 아니한다.

- 미등기 부동산의 유증에 있어서는 유언집행자가 상속인 명의로 소유권보존등기를 한 다음 유증으로 인한 소유권 이전등기를 신청하여야 한다.

- 수용등기 신청시에는 등기의무자의 등기필증과 인감증명은 필요 없다.

- 환매등기와 소유권이전 등기 신청서는 반드시 별개로 작성하나, 동일한 접수번호이다.

- 환매권 행사 때 환매특약등기는 직권 말소한다.

- 신탁등기에 있어서 신탁재산은 공동수탁자간의 합유로 한다.

- 신탁행위에 의한 신탁은 소유권이전등기와 동일한 신청서로 공동 신청한다. (신탁원부는 부동산마다 별개로 작성한다.)

- 지상권의 설정목적이 건물소유인 경우 건물 종류를 구체적으로 기재하여야 한다.

- 지상권이 토지의 일부인 경우 지적도를 첨부하여야 한다.

- 전세권 이전등기는 부기등기에 의하고, 전세권의 양도인 표시는 등기관이 직권으로 주말한다.

- 건물 전세권의 경우에는 법정갱신이 인정되므로 존속기간이 만료되어도 전세권 변경 등기나 전세권의 저당권 설정등기 가능하다. (전세권 변경등기가 선행돼야 함)

- 근저당에서 채권 최고액은 단일하게 기재하여야 하고 채권자 또는 채무자가 수인인 경우에도 각 채권자 또는 채무자 별로 채권 최고액을 구분하여 기재할 수 없다.

- 전유부분과 처분의 일체성을 가지는 대지사용권을 대지권이라 한다.

- 처분의 일체성은 이를 배제하는 내용의 규약이나 공정증서가 작성되지 않음으로써 족하며 반드시 대지권 등기가 경료 되어 있음을 요하지 않는다.

- 판결에 의한 소유권보존 등기를 신청하는 경우에도 부동산 표시를 증명하는 대장등본을 첨부하여야 한다.

- 도시재개발로 조성된 토지의 경우에는 소유권보존등기한다.

- 등기권리자도 수인이고, 등기의무자도 수인인 경우 등기신청은 의무자별로 권리자별로 신청서를 별건으로 작성한다. (일괄신청×)

- 부동산의 소유권자가 저당권설정의 원인무효 또는 부존재를 주장할 때에 그 원인무효 또는 는 부존재의 저당권이 이전된 경우에는 그 이전된 현재의 등기명의인에 대하여 그 설정등기의 말소등기 절차이행을 청구하여야 한다.

- 저당권의 효력은 저당목적물의 부합물과 종물에 별도의 특약이 없는 한 당연히 미치므로 저당권 변경등기를 신청할 필요가 없다.

등기법 기출문제

1. 부동산등기의 의의에 관한 다음 설명 중 틀린 것은?

① 등기란 등기부라는 일종의 공적 장부에 일정한 사항을 기재하는 것 또는 그러한 기재 자체를 말한다.

② 일정한 사항이란 부동산의 현황과 그에 대한 권리관계에 관한 사항을 의미한다.

③ 등기는 등기부에 실제로 기재되고 등기관의 날인이 있어야 그 효력이 발생한다.

④ 등기는 등기관의 과실 등으로 그 실행이 없으면 등기필증이 교부되었더라도 등기의 효력은 발생하지 않는다.

⑤ 등기는 법률행위로 인한 부동산물권변동의 효력발생요건이다.

2. (   )에 들어갈 단어가 순서대로 짝지어진 것은?

> 이미 종료된 등기의 절차에 착오 또는 유루가 있어 원시적으로 등기 일부와 실체관계 사이에 불일치가 생긴 경우, 이를 시정하기 위하여 하는 등기를 (   )라 한다. 이는 불일치 사유가 원시적이라는 점에서, 후발적 사유에 의하여 그 일부만을 보정하는 (   )와 구별된다. 한편, 일단 유효하게 성립한 등기의 전부가 후에 부적법하게 된 경우에는 (   )를 하게 되며, 건물의 일부가 멸실한 때에는 (   )의 형식으로 등기부에 구현된다.
>
> ㉠ 말소등기　　　　　　㉡ 경정등기　　　　　　㉢ 변경등기
> ㉣ 멸실등기　　　　　　㉤ 회복등기

① ㉤, ㉡, ㉣, ㉢　　　　　　　② ㉡, ㉢, ㉠, ㉢

③ ㉢, ㉡, ㉠, ㉣　　　　　　　④ ㉡, ㉢, ㉣, ㉠

⑤ ㉤, ㉡, ㉢, ㉣

3. 등기의 효력에 관한 다음의 설명 중 타당한 것으로만 짝지어진 것은?

> ㉠ 등기에는 물권변동의 효력이 있다.
> ㉡ 우리나라에서는 등기의 대항적 효력이 없다.
> ㉢ 판례에 의하면 소유권이전등기의 등기명의자는 제3자에게뿐만 아니라 전소유자에 대해서도 적법한 등기원인에 의하여 소유권을 이전받은 것으로 추정된다.
> ㉣ 등기에는 점유적 효력이 있다.
> ㉤ 등기에는 공신력이 인정된다.
> ㉥ 등기에는 순위확정적 효력이 있다.

① ㉠, ㉢, ㉣, ㉥　　　　　　　② ㉠, ㉡, ㉣, ㉥

③ ㉠, ㉡, ㉢, ㉤　　　　　　　④ ㉠, ㉣, ㉤, ㉥

⑤ ㉠, ㉢, ㉣, ㉤

4. 부동산의 일부 또는 권리의 일부에 대하여 등기할 수 있는 것으로 옳은 것은?
   ① 토지일부에 대한 저당권 설정, 토지지분에 대한 지상권 설정
   ② 건물일부에 대한 전세권 설정, 토지일부에 대한 소유권 이전
   ③ 토지일부에 대한 소유권 이전, 토지지분에 대한 저당권 설정
   ④ 토지일부에 대한 전세권 설정, 토지지분에 대한 저당권 설정
   ⑤ 건물일부에 대한 소유권 이전, 건물지분에 대한 전세권 설정

5. 부기등기 형식으로 행하는 등기가 아닌 것은?
   ① 환매특약의 등기
   ② 전전세권 설정등기
   ③ 지상권을 목적으로 한 저당권 설정등기
   ④ 소유권에 대한 가처분등기
   ⑤ 이해관계 있는 제3자의 승낙을 얻은 저당권변경등기

6. 다음은 등기의 효력 중 추정력에 대한 설명이다. 옳지 않은 것은?
   ① 등기가 있으면 실체적 권리관계가 존재하는 것으로 추정되는 것을 말한다.
   ② 반증에 의하면 추정을 뒤집을 수 있으며 입증책임은 주장하는 자에게 있다.
   ③ 담보물권의 등기는 담보물권 뿐 아니라 피담보채권에도 존재한다고 추정된다.
   ④ 등기원인을 증명하는 서면을 첨부하므로 권리의 등기와 부동산표시등기의 추정력이
      인정된다.
   ⑤ 판례는 권리변동의 당사자 간에도 추정력을 인정한다.

7. 등기의 효력에 관한 설명 중 틀린 것은? (다툼이 있으면 판례에 의함)
   ① 등기는 물권의 존속요건이므로 등기가 원인 없이 말소되면 물권은 상실된다.
   ② 등기가 형식적으로 존재하는 사실 자체로 그 등기에 표시된 실체적 권리관계가 존재
      하는 것으로 추정된다.
   ③ 말소회복등기는 말소된 종전등기와 동일한 효력을 가진다.
   ④ 등기절차나 과정에 하자가 있으나 그 등기가 실체적 권리관계에 부합하는 한 유효한
      등기로 본다.
   ⑤ 등기에는 추정력이 있으므로 무효를 주장하는 측에서 그 사유를 입증하여야 한다.

8. 등기소의 관할을 달리 하는 3필지의 토지 위에 건물을 신축하였다. 이 경우 보존등기는
   어느 등기소에 신청하여야 하는가?
   ① 등기신청인의 편의에 따라 신청하면 된다.
   ② 등기소장이 결정한 등기소에 신청하여야 한다.
   ③ 위임을 받은 등기소에 신청하여야 한다.
   ④ 건물의 주된 지역의 관할 등기소에 신청하여야 한다.
   ⑤ 관할 지정권자가 지정한 등기소에 신청하여야 한다.

9. 1동의 건물을 구분한 건물의 등기부 양식에 관한 다음 설명 중 틀린 것은?

① 1동의 건물에 속하는 전부에 대하여 1용지를 사용한다.

② 등기번호란에는 건물대지의 지번을 기재한다.

③ 1동의 건물에 대하여는 표제부만을 둔다.

④ 1동의 건물을 구분한 각 건물마다 표제부 및 각 구를 둔다.

⑤ 공용부분에 관한 용지는 표제부와 갑구를 둔다.

10. 등기소의 관할에 관한 설명 중 바르지 않은 것은?

① 등기할 권리의 목적이 부동산의 소재지를 관할하는 지방법원·지방법원지원 또는 등기소가 관할 등기소이다.

② 관할의 전속으로 이미 등기된 건물이 2개 이상의 등기소의 관할에 속하게 된 경우에는 종전의 관할 등기소에서 계속 관할한다.

③ 대법원장은 어느 등기소의 관할에 속하는 사무를 다른 등기소에 위임할 수 있다.

④ 1동의 건물이 수개의 관할 구역에 걸쳐 있는 때에는 대법원장이 관할 등기소를 지정한다.

⑤ 등기관은 관할의 위반을 발견한 때에는 소정의 절차를 밟아서 이를 직권말소하여야 한다.

11. 집합건물의 등기에 관한 설명으로 틀린 것은?

① 집합건물의 등기는 건물등기부에 대지권이 표시되므로 토지등기부와 건물등기부의 이원화 문제를 다소나마 해결하고 있다.

② 규약상 공용부분에 대한 등기용지에는 표제부만을 둔다.

③ 1동 건물의 표제부는 '1동의 건물의 표시란'과 '대지권의 목적인 토지의 표시란'으로 구성되어 있다.

④ 전유부분에 대한 표제부에는 공용부분에 대한 면적의 합계가 함께 등기되어 구분 소유자의 소유면적을 알 수 있다.

⑤ 1동 건물을 구분한 건물은 1동에 속하는 전부에 대하여 1용지를 사용한다.

12. 다음은 등기부의 등본 또는 초본의 등기부의 열람 등에 관한 설명이다. 바르지 못한 것은?

① 누구든지 수수료를 납부하고 어느 부동산에 대하여 등기가 되어 있지 않다는 사실에 대한 증명서의 교부를 신청할 수 있다.

② 누구든지 수수료를 납부하고 등기부의 열람과 등·초본의 교부를 신청할 수 있다.

③ 수수료 외에 우송료를 납부하고 등·초본의 송부를 신청할 수 있다.

④ 등기부 열람의 경우에 당해 부동산이 등기가 되어 있지 않더라도 수수료는 반환받을 수 없다.

⑤ 공동인명부, 공동담보목록, 신탁원부 또는 도면은 등본교부신청서에 이의 교부를 신청하는 취지의 기재가 있는 경우에만 이를 등사한다.

13. 등기명의인이 될 수 없는 것은?
① 재단법인 갑학원에서 운영하는 을고등학교
② 김포시
③ 병주식회사
④ 권리능력 없는 사단법인 정종중 무공파
⑤ 미성년자

14. 다음 중 등기신청을 등기권리자가 단독으로 할 수 있는 경우가 아닌 것은?
① 상속에 의한 등기신청　　② 판결에 의한 등기신청
③ 멸실회복등기신청　　　　④ 권리변경등기신청
⑤ 보존등기신청

15. 채권자대위권에 의한 대위등기신청에 관한 다음 설명 중 틀린 것은?
① 채권자가 대위신청할 수 있는 등기는 채무자가 등기권리자로서 신청할 등기 또는 채무자의 권리에는 영향이 없는 등기에 한한다.
② 채권자가 대위신청하는 경우에는 신청서에 대위원인을 적어야 한다.
③ 채권자가 대위신청하는 경우에는 신청서에 대위원인을 증명하는 서면을 첨부하여야 한다.
④ 채권자의 채권자는 채권자의 대위권을 다시 대위하여 등기신청을 할 수 없다.
⑤ 채권자의 대위신청에 의하여 등기관이 등기를 완료한 때에는 등기권리자인 채무자에게 등기필의 뜻을 통지하여야 한다.

16. 다음 중 등기신청서의 필요적 기재사항이 아닌 것은?
① 부동산의 소재지와 지번
② 신청인이나 대리신청인의 주소·성명
③ 토지의 지목·면적
④ 등기원인과 연월일
⑤ 권리의 소멸에 관한 약정

17. 계약서 등의 검인에 관한 다음 설명 중 옳지 않은 것은?
① 계약을 원인으로 한 소유권이전등기신청시에는 검인계약서를 제출하여야 한다.
② 경매 또는 공매를 원인으로 한 소유권이전등기를 할 경우에는 검인을 받을 필요가 없다.
③ 「국토의 계획 및 이용에 관한 법률」의 규정에 의하여 토지거래허가증을 교부받아 소유권이전등기신청을 하는 경우에는 별도로 검인을 받을 필요가 없다.
④ 매매계약을 체결하였으나 매도인이 소유권이전등기신청에 협력하지 아니하여 소유권이전등기를 명하는 판결을 받은 경우에는 검인을 받을 필요가 없다.
⑤ 계약의 일방 당사자가 지방자치단체인 경우에는 검인을 받을 필요가 없다.

18. 등기필증이 멸실된 경우 등기필증의 제출에 갈음할 수 있는 방법이 아닌 것은?
① 2인 이상의 성년자에 의한 인감증명을 첨부한 보증서의 제출
② 등기소에 등기의무자가 출석
③ 등기소에 등기의무자의 법정대리인이 출석
④ 대리인(변호사 또는 법무사에 한함)이 위임받았음을 확인하는 서면 2통의 제출
⑤ 등기신청서 또는 위임장 중 등기의무자 작성부분에 관한 공증서면부본 1통의 제출

19. 다음은 인감증명에 관한 설명이다. 틀린 것은?
① 부동산소유권이전등기신청의 경우에 매도인이 제출하여야 할 인감증명은 발행일로부터 3월 이내의 것이어야 한다.
② 소유권에 관한 가등기명의인이 가등기말소신청을 하는 경우에는 가등기명의인의 인감증명을 제출할 필요가 없다.
③ 등기의무자의 법정대리인이 등기신청할 때에는 그 법정대리인의 인감증명을 제출하여야 한다.
④ 관공서가 등기의무자인 경우에는 인감증명의 제출을 요하지 아니한다.
⑤ 소유권의 등기명의인이 등기의무자로서 등기를 신청할 때에는 인감증명을 제출하여야 한다.

20. 다음 중 등기신청의 각하사유가 아닌 것은?
① 신청서에 필요적 기재사항을 기재하지 아니한 때
② 당사자 또는 대리인이 출석하지 아니한 때
③ 신청서에 기재된 사항이 등기원인을 증명하는 서면과 부합하지 아니한 때
④ 신청서에 기재된 등기권리자의 표시가 등기부와 부합하지 아니한 때
⑤ 토지표시변경등기신청서에 기재된 사항이 토지대장등본과 부합하지 아니한 때

21. 다음은 등기신청의 취하에 대한 기술이다. 올바른 것은?
① 등기신청의 취하는 구술로 할 수 있다.
② 변호사가 등기신청인의 대리인인 경우에는 취하에 대한 특별수권이 없어도 취하할 수 있다.
③ 등기를 공동으로 신청한 경우에도 등기권리자는 단독으로 취하할 수 있다.
④ 등기관이 등기사항을 기입하였더라도 등기완료 전에는 취하할 수 있다
⑤ 등기신청을 전부 취하한 경우에도 등기신청서는 절대로 환부할 수 없다.

22. 다음 중 사항란에 기재할 등기사항이 아닌 것은?
① 신청서의 접수번호 및 접수연월일
② 등기권리자가 법인 아닌 재단인 경우 그 대표자의 성명·주소·주민등록번호
③ 대위신청에 의한 경우에는 채권자의 표시와 대위원인
④ 건물의 등기용지에 대지권의 등기를 한 경우 그 권리의 목적인 토지에 하는 대지권인 뜻
⑤ 구분건물에 대지권이 있는 경우 그 권리의 표시에 관한 사항

23. 다음 중 등기의 당사자능력이 없는 존재는?
① 재단법인 '소백장학회'
② 학교법인 '백두' 산하의 압록고등학교
③ '청주 한씨' 종중
④ 사단법인 '전국부동산중개업협회'
⑤ 「전통사찰보존법」에 의해 불교단체로 등록된 '연불사'

24. 갑이 을에게 자신의 부동산을 매도한 다음 그에 따른 등기를 하기 이전에 사망하였다. 이
경우 을 명의로 상속인에 의한 소유권이전등기를 신청하는 방법에 관한 설명 중 틀린 것은?
① 신청서에 기재한 등기의무자의 표시가 등기부와 부합되지 아니하면 각하한다.
② 갑의 상속인과 을이 공동으로 등기를 신청한다.
③ 갑의 상속인 앞으로 상속등기를 할 필요가 없다.
④ 등기원인은 매매이다.
⑤ 「부동산등기법」에 이 상속인에 관한 등기에 관한 특별규정이 있다.

25. 판결에 의하여 자기의 소유권을 증명하는 자는 소유권보존등기를 신청할 수 있다. 다음
중 틀린 것은?
① 신청인에게 소유권이 있음을 증명하는 확인판결
② 건물에 대하여 국가를 상대로 한 소유권 확인 판결
③ 당해 부동산이 보존등기신청인의 소유임을 이유로 소유권보존등기의 말소를 명한 판결
④ 신청인에게 소유권이 있음을 증명하는 화해조서
⑤ 판결이유 중에서 신청인의 소유임을 확정하는 이행판결

26. 아래 등기 중 등기명의인이 단독신청을 할 수 있는 경우를 전부 표시한 것은?

<table>
<tr><td>㉠ 상속에 의한 소유권이전등기</td><td>㉡ 판결에 의한 소유권이전등기</td></tr>
<tr><td>㉢ 소유권보존등기</td><td>㉣ 수용으로 인한 소유권이전등기</td></tr>
<tr><td>㉤ 유증에 의한 소유권이전등기</td><td></td></tr>
</table>

① ㉠, ㉡
② ㉠, ㉡, ㉢
③ ㉠, ㉡, ㉣
④ ㉠, ㉡, ㉢, ㉣
⑤ ㉠, ㉡, ㉢, ㉣, ㉤

27. 등기신청시 서명이 허용되는 자는?
① 협의분할에 의한 상속등기신청시 공정증서가 아닌 분할협의서에 날인한 상속인 전원
② 등기필증멸실시 등기의무자인 저당권자가 대리인에게 위임하였음을 확인한 서면 2통을
첨부하여 등기신청하는 경우의 저당권자
③ 소유권의 등기명의인이 등기의무자로서 등기신청시의 등기명의인
④ 소유권에 관한 가등기명의인의 가등기말소등기신청시 가등기명의인
⑤ 전세권말소등기신청시 전세권자

28. 등기원인증서의 검인에 관한 설명으로 옳은 것은?

① 등기원인증서가 집행력 있는 판결서인 경우에는 검인을 받을 필요가 없다.

② 무허가건물에 대한 매매계약서나 미등기 아파트에 대한 분양계약서는 검인을 받아야 한다.

③ 신탁해지약정서를 원인서면으로 첨부하여 소유권이전등기를 신청하는 경우에는 검인을 받을 필요가 없다.

④ 매매계약 해제로 인한 소유권이전등기의 말소등기신청시 그 등기원인증서인 매매계약 해제증서에 검인을 받아야 한다.

⑤ 토지거래허가구역 내에서 동일 지번상의 토지 및 건물에 대한 일괄 소유권이전등기를 신청할 경우, 건물에 대해서는 별도로 검인을 받아야 한다.

29. 등기신청을 할 때 인감증명서를 제출하여야 하는 경우로 틀린 것은?

① 소유권상속등기
② 소유권이전등기
③ 저당권설정등기
④ 지상권설정등기
⑤ 임차권설정등기

30. 자기명의로 소유권보존등기를 신청할 수 없는 자는?

① 토지대장등본에 의하여 대장에 자기 또는 피상속인이 최초의 소유자로 등록되어 있음을 증명하는 자

② 미등기토지의 지적공부상 '국'으로부터 소유권이전등록을 받은 자

③ 토지대장등본에 의하여 대장상 소유권이전등록을 받은 사실을 입증한 소유명의인 및 그 상속인

④ 시·구·읍·면장의 서면에 의하여 자기의 미등기건물에 관한 소유권을 증명하는 자

⑤ 등기부가 멸실되었으나 등기부상의 소유자로서 멸실회복등기 기간 내에 회복등기를 신청하지 못한 자

31. 진정명의회복을 원인으로 하는 소유권이전등기절차에 관한 설명 중 틀린 것은?

① 이미 자기 앞으로 소유권을 표상하는 등기가 되어 있었던 자가 현재의 등기명의인을 상대로 진정명의회복을 원인으로 한 소유권이전등기절차의 이행을 명하는 판결을 받아 소유권이전등기신청을 한 경우에는 그 등기신청은 수리하여야 한다.

② 이미 자기 앞으로 소유권을 표상하는 등기가 되어있었던 자로서 소유권보존등기를 신청할 수 있는 자가 현재의 등기명의인과 공동으로 진정명의회복을 등기원인으로 하여 소유권이전등기신청을 한 경우에도 위 ①과 같다.

③ 등기권리자의 상속인도 위① 및 ②의 등기를 신청할 수 있다.

④ 진정명의회복을 원인으로 한 소유권이전등기를 신청하는 경우 신청서에 등기원인일자를 기재하고 등기필증을 제출하여야 한다.

⑤ 진정명의회복을 원인으로 한 소유자이전등기신청시에는 토지거래허가증, 토지거래신고 필증의 제출을 요하지 아니한다.

32. 근저당권등기에 관한 설명으로 옳지 않은 것은?
① 근저당권의 이전등기는 부기등기에 의한다.
② 근저당권설정등기신청서에는 채권최고액을 반드시 적어야 한다.
③ 채권최고액에는 이자가 포함된 것으로 본다.
④ 대지권인 취지의 등기를 한 토기의 등기용지에는 대지권을 목적으로 하는 근저당권설
　정등기를 하지 못한다.
⑤ 채권자가 수인인 경우 각 채권자별로 채권최고액을 구분하여 적어야 한다.

33. 미등기 토지에 대하여 자기 명의로 소유권보존등기를 신청할 수 없는 자는?
① 토지대장상 최초 소유자의 상속인
② 시·구·읍·면장의 서면에 의하여 소유권을 증명하는 자
③ 판결에 의하여 자기의 소유권을 증명하는 자
④ 수용으로 인하여 소유권을 취득하였음을 증명하는 자
⑤ 미등기토지의 지적공부상 '국'(國)으로부터 소유권이전등록을 받은 자

34. 부동산소유권이전등기에 관한 설명 중 옳은 것은?
① 대지권을 등기한 건물에 관하여 그 건물만의 소유권이전등기도 가능하다.
② 소유권이전등기는 권리변경의 등기로서 기입등기, 주등기, 종국등기에 속한다.
③ 1필지 토지의 특정 일부에 대한 소유권이전등기를 할 수 있다.
④ 토지수용으로 인한 소유권이전등기는 반드시 등기의무자와 등기권리자의 공동신청에
　의하여야 한다.
⑤ 매매계약 후 소유권이전등기신청 전에 매도인이 사망한 경우에는 반드시 상속등기를
　필한 후에 매수인 앞으로 매매를 원인으로 한 소유권이전등기를 하여야 한다.

35. 지역권등기에 관한 설명으로 틀린 것은?
① 승역지의 지상권자도 지역권설정자로서 등기의무자가 될 수 있다.
② 승역지의 전세권자가 지역권을 설정해 주는 경우, 그 지역권설정등기는 전세권등기에
　부기등기로 한다.
③ 지역권설정등기는 지역권자가 등기권리자, 지역권설정자가 등기의무자로서 공동으로
　신청함이 원칙이다.
④ 지역권설정등기 신청서에는 부동산의 표시 등 일반적 기재사항 이외에 지역권설정의
　목적과 범위를 기재하여야 한다.
⑤ 요역지의 소유권이 이전된 경우, 지역권 이전의 효력이 발생하기 위해서는 원칙적으로
　지역권이전등기를 하여야 한다.

36. 갑 소유의 부동산에 대하여 을 명의의 근저당권설정등기, 병 명의의 소유권이전등기가
    순차적으로 경료된 후에 갑과 을 사이의 근저당권설정등기를 (1) 피담보채권의 변제 또는
    (2) 원인무효를 이유로 말소하고자 하는 경우에 관한 설명이다. 옳은 것만으로 묶인 것은?

> ㉠ (1)의 경우, 갑은 실체법상 말소등기청구권을 갖지 못한다.
> ㉡ (2)의 경우, 갑은 말소등기의 등기권리자가 될 수 없다.
> ㉢ (1)의 경우, 갑 또는 병은 을과 공동으로 그 말소등기를 신청할 수 있다.
> ㉣ (2)의 경우, 을은 단독으로 그 말소등기를 신청할 수 있다.

① ㉠, ㉡   ② ㉠, ㉣   ③ ㉡, ㉢
④ ㉡, ㉣   ⑤ ㉢, ㉣

37. 대지권의 등기에 관한 설명 중 바르지 못한 것은?
① 대지권은 구분건물의 소유자가 그 대지에 대하여 갖는 자기명의로 된 소유권·지상권
   등을 말한다.
② 건물의 등기용지 표제부에 등기하고 그 권리의 목적인 토지의 등기용지 중 해당구사
   항란에 대지권의 뜻의 등기를 한다.
③ 대지권인 뜻의 등기를 한 때에는 그 토지의 등기용지에 저당권설정등기를 하지 못한다.
④ 대지권등기를 한 때에는 이후 권리에 관한 등기는 건물의 등기용지에만 등기하고 토
   지등기부에는 등기를 하지 않아도 건물등기의 효력이 토지에까지 미친다.
⑤ 토지의 소유권이 대지권인 경우에 그 뜻의 등기를 한 때에는 그 토지의 등기용지에는
   소유권 이전의 등기만을 한다.

38. 다음 중 경정등기와 변경등기를 설명한 것으로 맞는 것은?
① 경정등기는 직권으로 실행하는 것이 원칙이나, 변경등기는 신청에 의하는 것이 원칙이다.
② 경정등기는 부분적인데 대하여, 변경등기는 전체적이다.
③ 양자 모두 등기와 실체관계의 원시적인 불일치를 시정하기 위하여 인정되고 있다.
④ 등기의 신청은 양자 모두 신청주의를 원칙으로 하고 있다.
⑤ 경정등기는 부기등기가 원칙이나, 변경등기는 독립등기가 원칙이다.

39. 말소등기에 관한 다음설명으로 타당한 것은?
① 등기사항의 전부는 물론 일부가 부적법한 때에도 말소등기가 허용된다.
② 말소등기의 말소등기도 허용된다.
③ 말소등기를 신청하는 경우에는 말소에 관하여 이해관계 있는 제3자의 승낙서 또는 이
   에 대항할 수 있는 재판의 등본이 있어야 한다.
④ 말소등기는 등기권리자와 등기의무자의 공동신청에 의할 필요가 없다.
⑤ 등기관이 직권으로 말소등기를 하는 경우는 없다.

40. 말소회복등기에 관한 설명으로 바르지 않은 것은?

① 말소회복등기는 실질관계에 대응하는 어떤 등기의 전부 또는 일부가 부적법하게 말소된 경우에 그 말소된 등기를 회복시키는 등기이다.

② 말소등기를 신청하는 경우에 등기상 이해관계 있는 제3자가 있는 때에는 승낙서를 첨부하거나 또는 그 제3자에게 대항할 수 있는 재판의 등본을 첨부하여야 한다.

③ 말소회복등기에 의하여 회복된 종전의 등기의 순위는 종전과 동일한 순위를 보유한다.

④ 어떤 등기의 전부가 말소된 경우는 물론 일부의 기재사항만이 말소된 경우에도 그 등기사항의 회복은 부기등기에 의하고 그 말미에 말소된 등기사항을 등기한다.

⑤ 당사자가 자발적으로 말소등기를 신청한 때에는 말소회복등기의 대상이 될 수 없다.

41. 다음중 가등기에 기한 본등기를 한 경우 가등기 후 본등기 전에 경료된 등기로서 직권 말소 되지 아니하는 등기는?

① 가처분등기

② 근저당권설정등기

③ 경매개시결정등기

④ 가등기의무자의 사망으로 인한 상속등기

⑤ 가등기상의 권리를 목적으로 하는 가압류등기

42. 가등기에 관한 다음 설명 중 옳은 묶음은?

㉠ 가등기에 의거하여 본등기를 하면 그 본등기의 순위는 가등기의 순위에 의한다.

㉡ 가등기는 권리의 설정, 이전, 변경 또는 소멸의 청구권을 보전하기 위하여 할 수 있으나, 그 청구권이 장래에 확정될 것인 때에는 허용되지 않는다.

㉢ 가등기 후 가등기권자가 사망한 경우, 가등기권자의 상속인은 상속등기를 생략하고 가등기의무자와 공동으로 직접 본등기를 신청할 수 있다.

㉣ 가등기 후 본등기의무자가 사망한 경우, 가등기의무자의 상속인은 상속등기를 생략하고 가등기권리자와 공동으로 직접 본등기를 신청할 수 있다.

㉤ 판례는 가등기에 의하여 순위 보전의 대상이 되어 있는 물권변동청구권이 양도된 경우에, 그 가등기상의 권리의 이전등기를 가등기에 대한 부기등기의 형식으로 경료할 수 있다고 한다.

㉥ 판례는 소유권보존등기의 가등기를 인정한다.

① ㉠, ㉡, ㉣, ㉥   ② ㉢, ㉣, ㉤, ㉥   ③ ㉠, ㉢, ㉣, ㉤

④ ㉠, ㉡, ㉢   ⑤ ㉡, ㉢, ㉤

43. 예고등기에 관한 설명으로 옳지 않은 것은?

① 예고등기는 '권리'에 대한 등기에 대해서만 가능하다.

② 예고등기의 요건인 '등기원인'의 무효나 취소는 등기부에 등기원인으로서 기재된 것의 무효나 취소에 한하지 않는다.

③ 등기무효가 선의의 제3자에 대항할 수 없는 경우에는 예고등기를 하지 않는다.

④ 소가 원고의 불이익으로 종국된 경우에는 법원의 촉탁에 의하여 예고등기를 말소한다.

⑤ 예고등기는 당사자나 이해관계인의 신청에 의하여도 말소할 수 있다.

44. 직권에 의한 경정등기에 관한 다음 설명 중 틀린 것은?

① 등기된 사항에 착오 또는 유루가 있을 것

② 착오 또는 유루는 등기관의 과오일 것

③ 지방법원장의 허가를 얻을 것

④ 등기상 이해관계가 있는 제3자가 없어야 한다.

⑤ 직권경정등기를 한 경우에는 그 뜻을 등기권리자와 등기의무자에게 통지하여야 한다.

45. 가등기에 기한 본등기에 대한 설명으로 틀린 것은?

① 가등기에 기한 본등기신청의 등기의무자는 가등기를 할 때의 소유자이며, 가등기 후에 제3자에게 소유권이 이전된 경우에도 본등기의무자는 변동되지 않는다.

② 가등기에 기한 본등기도 등기권리자와 등기의무자의 공동신청이 원칙이다.

③ 가등기 후에 제3자에게 소유권이 이전된 경우 본등기를 함에 있어서 그 제3자의 승낙이 필요하다.

④ 본등기신청시 가등기의 등기필증은 첨부를 요하지 아니하고, 등기의무자의 권리에 관한 등기필증을 첨부하여야 한다.

⑤ 가등기된 권리 중 일부 지분에 관하여도 본등기를 할 수 있다.

46. 가등기에 관련된 설명 중 옳은 것은?

① 가등기에 기한 본등기를 하면 가등기와 본등기 사이에 행하여진 등기로서 본등기와 양립할 수 없는 등기를 직권말소한다.

② 가등기에 기한 본등기의 실체법상 효력은 가등기한 날로 소급하여 발생한다.

③ 가등기에 기한 소유권이전의 본등기를 한 경우 가등기 후에 경료된 당해 가등기에 대한 가압류 등기는 직권말소된다.

④ 소유권에 관한 가등기명의인이 가등기말소등기를 신청하는 경우 가등기명의인의 인감증명을 첨부할 필요가 없다.

⑤ 가등기가처분명령에 의한 가등기는 가등기가처분의 명령법원이 이를 촉탁한다.

47. 가등기에 관한 설명으로 옳은 것만을 묶은 것은?

┌─
　㉠ 가등기된 권리 중 일부지분에 관하여 가등기에 기한 본등기신청을 할 수 있다.
　㉡ 부동산임차권의 변동을 목적으로 하는 청구권을 보전하기 위하여 가등기를 신청할 수 있다.
　㉢ 가등기상 권리를 제3자에게 양도하는 경우에 그 이전등기는 부기등기가 아닌 주등기의 형식으로 한다.
　㉣ 토지거래계약허가 대상인 토지에 대하여 소유권이전등기청구권보전의 가등기를 신청할 경우에는 토지거래계약허가서를 첨부할 필요가 없다.
└─

① ㉠, ㉡　　　　　　② ㉠, ㉢　　　　　　③ ㉡, ㉢
④ ㉡, ㉣　　　　　　⑤ ㉢, ㉣

48. 예고등기에 관한 설명으로 옳은 것은?

① 예고등기가 있으면 당해 등기가 무효라는 추정이나 권리보전의 효력이 인정된다.
② 불공정한 법률행위를 이유로 소유권이전등기말소의 소가 제기된 경우에는 예고등기를 할 수 없다.
③ 진정명의 회복을 원인으로 하는 소유권이전등기절차의 이행을 구하는 소가 제기된 경우에는 예고등기를 하여야 한다.
④ 말소촉탁의 사유가 상고심에서 발생한 경우에는 예고등기의 말소촉탁은 제1심법원이 하여야 한다.
⑤ 부동산에 관한 권리의 일부에 대하여는 예고등기를 할 수 없다.

49. 등기관의 결정 또는 처분에 대한 이의신청에 관한 설명으로 틀린 것은?

① 등기관의 결정 또는 처분을 부당하다고 하는 자는 관할 지방법원에 이의신청을 할 수 있다.
② 이의신청은 구술로는 할 수 없고 이의신청서를 관할 지방법원에 제출하여 이의를 하여야 한다.
③ 이의는 집행정지의 효력이 없다.
④ 이의는 새로운 사실이나 증거방법으로써 이를 하지 못한다.
⑤ 관할 지방법원은 이의에 대하여 결정을 하기 전에 등기관에게 가등기가 이의가 있다는 뜻의 부기등기를 명할 수 있다.

50. 「부동산등기법」에 의한 과태료의 제재를 받게 되는 경우가 아닌 것은?

① 토지합필의 등기를 해태한 경우
② 건물의 구조를 변경한 후 등기하지 않은 때
③ 부속건물을 신축한 후 등기하지 않은 때
④ 대지권의 변경·소멸의 등기를 하지 않은 때
⑤ 건물의 합병등기를 게을리 한 때

세 법

부동산 세법 용어풀이	
국세	국가의 재정수요 충당에 필요한 재원을 마련하기 위해 국가에서 과세하는 조세 : 소득세, 종부세, 농어촌특별세 등
지방세	각 지방자치단체가 자치행정에 소요되는 재정수요 충당 : 취득세(도), 등록세(도), 재산세(시·군·구), 공동시설세(도), 지역개발세(도), 도시계획세(특·광·시·군), 지방교육세(도), 사업소세(시·군·구) 등
보통세	일반적인 운영 경비에 필요한 자금 조달
목적세	특정 경비목적 충당
물세	납세의무자의 납세능력과 관계없이 특정한 과세물건에 대하여 과세하는 조세(취득세, 등록세, 재산세)
인세	소득이나 재산이 귀속되는 사람을 중심으로 납세능력과 인적사항을 고려하여 과세하는 조세 (양도소득세, 종합부동산세, 종합합산토지, 별도합산토지)
종가세	과세표준이 금액
종량세	과세표준이 수량 또는 면적, 건수
독립세	독자적인 과세 표준에 의해 과세되는 조세
부가세	본세에 부가하여 과세하는 조세
면세점	일정금액 이하 과세하지 않는다고 정할 때 그 금액(취득세, 취득가액 50만원이하)
소액부징수	징수할 세액이 일정금액에 미달할 경우 징수하지 아니하는 것(2,000원 미만)
보통징수	납세고지서 발부 (정부: 정부부과방식)
신고납부	신고납세
특별징수	원천징수
가산금	세금을 납부기한까지 납부하지 아니한때에는 고지세액에 가산하여 징수하는 금액(연체이자성격) (세금은 아니다) ① 일반가산금 : 3% ② 중가산금 : 국세 100만원 이상, 지방세 30만원 이상 (매월 1.2% 60개월 한도)
당해세	그 재산에 부과된 국세. 지방세 (종부세, 재산세, 도시계획세, 공동시설세) ※ 저당권 설정일자와 관계없이 국세, 지방세가 우선한다.
가산세	신고의무 등 협력의무를 성실히 이행하도록 본세에 가산하여 징수하는 금액(가산금은 포함되지 않는다)가산세는 세금으로 본다(본세납세 의무성립때 성립된다)
제척기간	조세는 부과할 수 있는 날까지 부과하지 않는 경우 이를 부과할 수 없다.
취득관련조세	취득세, 상속세, 증여세, 인지세, 농어촌특별세, 부가가치세, 지방교육세 등
보유관련과세	재산세, 종합 부동산세, 도시계획세, 공동시설세, 소득할주민세, 지방교육세, 농어촌특별세, 인지세, 부가가치세, 종합소득세(임대 등)

부동산 세법 용어풀이	
양도관련 조세	양도소득세, 법인세, 종합소득세(부동산매매업), 인지세, 농어촌특별세, 소득할주민세, 부가가치세 등
비례세율	과세표준과 관계없이 일정한 세율을 적용하는 세율 (단일비례세율, 차등비례세율(과세대상에 따라 차등적용)
누진세율	과세표준금액이 커짐에 따라 적용되는 세율이 높아지는 세율구조 (단순누진세율, 초과누진세율(초과분에만 높은세율 적용)

세 법

2009년 일부개정 (개정법률 반영)

조세총론(1~2문제), 취득세(2~3문제), 등록세(1문제),
재산세(2~3문제), 종합부동산세(1문제), 목적세(1문제),
양도세(6문제) 등 총 16문항이 출제된다.

지금까지 평범한 문제가 반복 출제되고 있다. 20회 일부문제가
평상시 출제 경향에서 일탈했으나, 문제될 것은 없다고 본다.

비효율적인 공부로 시간낭비하지 말기를 바란다.

조세의 개념

1. **과세요건** : 납세의무자, 과세물건, 과세표준, 세율

2. **목적세** : - 국세 : 교육세, 교통·에너지환경세, 농어촌특별세
    - 지방세 : 도시계획세, 지방교육세, 사업소세, 공동시설세, 지역개발세

3. **계산단위에 따른 분류** - 종가세 : 과세표준을 과세물건 가액으로 나타내는 조세
    - 종량세 : 과세표준을 수량, 건수로 나타내는 조세(등록세)

4. 독립된 세원에 따른 분류 - 독립세 : 본세
    - 부가세 : 본세 기준으로 부가적으로 과세하는 조세

5. **가산세** : 세법에 규정하는 의무의 성실한 이행을 확보하기 위하여 이행하지 않을 경우 세
    법에 의하여 산출한 세액에 가산하여 징수한다. 다만, 가산금을 포함하지 않는다.
    - 신고불성실 가산세 : 20%
    - 납부 불성실 가산세 : 1일 3/10,000

6. **가산금** : 납부기한까지 납부하지 아니한 때 고지세액에 가산하여 징수하는 세액(일반가산
    금), 납기경과 후 일정기한까지 납부하지 아니 한 때에 그 금액에 다시 가산하는
    금액(중가산금)
    - 일반가산금 : 3/100
    - 중가산금 : 1.2%, 60개월, 지방세 30만원미만(X)
                국세 100만원 미만(X)

7. **연대납세의무자, 제2차 납세의무자**

8. **비례세율, 누진세율, 초과누진세율**

9. **면세점** : 취득세 취득가액이 50만원 이하

10. **소액부 징수 :** 2,000원 미만(재산세, 도시계획세, 공동시설세)

11. **과세 최저한 :** 과세 표준이 일정금액에 미달하여 부과하지 아니할 때
                (상속세 중에서 과세 표준이 50만원 미만)

Memo

12. 납세의무의 성립시기

   ① 취득세 : 과세물건을 취득하는 때(사실 과세, 등기, 등록과 관계없다)

   ② 등록세 : 등기·등록하는 때(형식과세)

   ③ 재산세, 도시계획세, 공동시설세 : 과세기준일(6/1) 현재 사실상 소유자

   ④ 지방교육세 : 본세의 납세의무가 성립하는 때

   ⑤ 종합부동산세 : 과세기준일(6/1)

   ⑥ 소득세 : 과세기간 (1/1~ 12/31)이 종료하는 때

   ⑦ 상속세 : 상속을 개시하는 때

   ⑧ 증여세 : 증여에 의하여 재산을 취득하는 때

   ⑨ 부가가치세 : 과세기간이 종료하는 때

   ⑩ 농어촌특별세 : 본세의 납세의무가 성립하는 때

   ⑪ 가산세 : 국세·지방세 납세의무가 성립하는 때

13. 납세의무의 확정

   ① 신고납세제도 : 소득세, 법인세, 부가세, 취득세, 등록세

   ② 부과과세제도 : 종부세, 상속세, 증여세

14. 납세의무 소멸

   ① 시효중단 : 납세고지, 압류, 교부청구

   ② 시효정지 : 분납기간, 징수유예기간, 연부연납기간, 소송기간

15. 당해세 : 당해 재산에 부과된 국세 또는 가산금은 그 저당권 등의 설정시기에 상관없이
        항상 피담보 채권보다 우선 징수한다.
        국세 중 상속세, 증여세, 종부세, 지방세중 재산세, 도시계획세 공동시설세, 자
        동차세, 지방교육세(재산세와 자동차세에만 해당)

16. 부동산 관련 부가세

본세	부가세	부가세 세율
취득세	농어촌특별세(납부세액)	10%
	농어촌특별세(감면세액)	20%
등록세	지방교육세(납부세액)	20%
	농어촌특별세(감면세액)	20%
재산세	지방교육세	20%
종합부동산세	농어촌특별세	20%
양도소득세	소득 할 주민세	10%
	농어촌특별세(감면세액)	20%

Memo

17. 부동산 관련조세

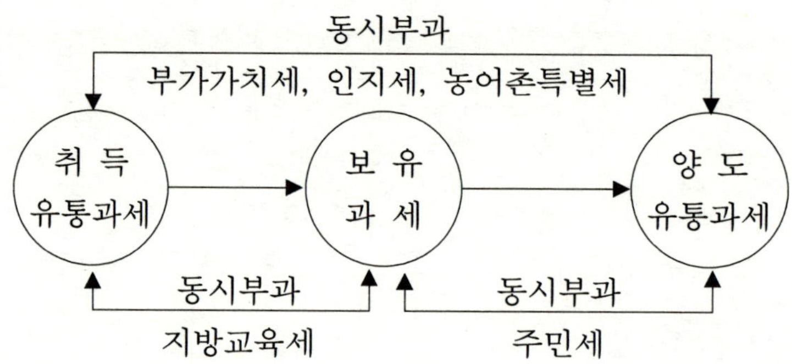

(취득)	(보유)	(양도)
취득세+농어촌특별세	재산세+지방교육세	양도소득세+소득할주민세
등록세+지방교육세	종합부동산세+농어촌특별세	+농어촌특별세
+농어촌특별세		법인세+소득할주민세
상속세	부가가치세	+농어촌특별세
증여세	인지세	부가가치세
부가가치세	종합소득세+소득할주민세	인지세
인지세	+농어촌특별세	종합소득세+소득할주민세

Memo

취득세

1. 특·광·도세

2. 유통세

3. 행위세

4. 등기·등록과 관계없이 사실상의 취득을 취득으로 보아 과세하는 실질과세원칙

5. 취득의 범위
   취득 - 사실상취득 - 토지
                   - 건축물
                   - 선박
                   - 차량, 기계장비, 항공기
                   - 광업권, 어업권
                   - 시효취득
                   - 매매, 교환, 현물출자, 연부취득
                   - 상속, 증여
        - 간주취득 - 지목변경
                   - 증축
                   - 차량, 기계장비, 선박 : 종류변경
                   - 과점주주: 50% 초과 (법인설립시 제외)

6. 취득시기 : 취득일로부터 30일이내 신고납부
   ① 사실상 잔금 지급일 : 국가, 지자체로부터 취득, 외국으로부터 수입, 판결문, 법인장
      부로 가격이 입증되는 취득, 경매·공매에 의한 취득 : 믿을 수 있는 경우(단, 판결
      문 중 화해, 포기, 인낙, 의제자백 제외)
   ② ①제외 계약서상 잔금지급일(단, 계약상 잔금지급일이 명시되지 않은 경우 계약일로
      부터 30일이 경과 되는 날)
   ③ 취득일 전에 등기·등록한 경우 그 등기·등록일에 취득한 것으로 본다.
   ④ 연부취득 : 사실상 연부금 지급일
   ⑤ 건축 : 사용승인서 교부일, 사실상 사용일
   ⑥ 도시 개발법, 주거환경정비법 : 환지처분공고일 다음날, 소유권 이전 고시일 다음날,
      사실상 사용일
   ⑦ 차량, 기계장비, 항공기, 선박 : 최초의 승계취득일(원시취득X)
   ⑧ 차량, 기계장비, 선박 종류변경 : 사실상 변경된 날, 공부상 입증 된 날
   ⑨ 지목변경 : 사실상 변경된 날, 공부상 변경된 날, 사실상 사용한 날
   ⑩ 수입 : 수입신고필증 교부일
   ⑪ 매립, 간척 : 공사 준공 인가일, 사실상 사용일

Memo

7. 납세 의무자
　　① 사실상 취득자
　　② 주체 구조부 취득자
　　③ 과점주주가 된 자 : 50% 초과
　　ⓐ 법인 설립 시 과점주주(X)
　　ⓑ 최초 과점 주주가 된 때 과점주주가 소유한 지분 전부 취득한 것으로 본다.
　　ⓒ 그 후는 증가분마다 취득세 부과
　　ⓓ 증가된 후 주식 또는 지분의 비율이 증가 된 날을 기준으로 5년내 지분의 최고 비율
　　　보다 증가된 부분만 과세한다.
　　④ 수입하는 자
　　⑤ 상속인 : 연대납세의무
　　⑥ 시설대여업자 : 등기·등록과 관계없이 시설대여업자가 납부의무자

8. **과세물건** : 토지, 건축물, 선박, 항공기, 차량, 기계장비, 광업권, 어업권, 입목, 골프회원권,
　　　　　　승마회원권, 콘도회원권, 종합체육시설회원권

9. **과세표준**
　　① 원칙 : 신고가액 (부가가치세 제외)
　　② 시가표준액 : 신고하지 아니한 때, 신고가액이 시가표준액에 미달할 때.
　　　　　　　　증여·기부 등 무상 취득 때
　　③ 사실상 취득가액 : 국가, 지자체로부터 취득, 외국수입, 판결문, 법인장부, 공매, 경매
　　　　　　　　공인중개사법에 의한 검증이 이루어진 취득

10. **세율**
　　① 표준세율 : 2% (50% 범위 내 가감조정)
　　② 주택에 대한 유상이전 50% 감면
　　③ 중과세율
　　ⓐ 5배 중과세율 : 별장, 골프장(원시취득), 고급주택, 고급오락장, 고급선박
　　ⓑ 3배 중과세율 : "수도권 정비계획법" 규정에 의한 과밀 억제권역에서의 본점 또
　　　　　　　　는 주 사무소의 사업용 부동산 취득과 과밀 억제권역 안에서 공장
　　　　　　　　의 신·증설을 위한 (승계취득X) 사업용 부동산의 취득(5년 내 취
　　　　　　　　득하는 차량, 기계장비 포함)

Memo

11. 비과세

① 국가, 지자체, 외국정부의 취득

② 국가, 지자체에 기부체납조건으로 취득

③ 용도 구분에 의한 비과세 (5배 중과세율 적용제외)

   ⓐ 제사, 종교, 학술, 기예 등 공익사업목적으로 사용하는 비영리사업자가 취득하는 부동산

   ⓑ 주민공동체의 공동소유의 부동산, 선박

   ⓒ 별정 우체국 사업 부동산

   ⓓ 1년 초과하지 않는 임시용 건축물(1년초과 과세)

④ 천재 등 대체취득 : 2년이내

⑤ 토지 수용으로 인한 대체 취득 : 1년이내

   단, 가액초과나, 5배 중과세율, 부재부동산 제외

⑥ 형식적인 소유권의 취득 : 신탁법에 의한 신탁, 환매권 행사 취득

⑦ 상속으로 인한 취득 : 1가구 1주택 및 그 부속토지, 자경농민의 농지취득

⑧ 법인의 합병 : 단, 중과세율 적용 제외

⑨ 건축물 이전 : 단, 가액초과는 제외

⑩ 협의 이혼에 따른 재산분할로 인한 취득

12. 부과징수

① 납세지 : 취득물건 소재지 도에서 부과

② 징수방법 : 신고납부(취득한 날부터 30일이내, 상속, 실종 6월, 외국에 주소 둔 경우 9월)

③ 물건소재지 시장·군수에게 신고 납부

④ 신고 납부하지 않을 때 가산세를 합한 금액으로 부과징수

⑤ 기한 후 신고 : 신고기한 만료일로부터 30일 경과하지 아니한 경우로서 보통 징수방법으로 부과고지 받기 전에 신고 할 수 있다.

   (신고불성실 가산세 50% 감면)

⑥ 면세점 : 취득가액 50만원 이하

⑦ 부가세 : 납부세액의 10% 농어촌 특별세

        감면세액의 20% 농어촌 특별세

Memo

등록세

1. **납세의무자** : 재산권 기타 권리의 취득, 이전, 변경 또는 소멸에 관한 사항을 공부에 등기 또는 등록을 하는 경우 등기·등록을 받는 자에게 부과하는 형식적인 조세이다.

2. **도세 · 종가세 · 종량세 · 형식과세**

3. **과세표준**
　　① 원칙 : 신고가액
　　② 부동산 가액에 의한 과세표준 : 소유권, 가등기, 지상권
　　③ 채권금액에 의한 과세표준 : 저당권, 경매신청, 가압류, 가처분
　　④ 건수(종량세)에 의한 과세표준 : 말소등기, 지목변경, 구조변경, 합병
　　⑤ 전세권 : 전세금액
　　⑥ 지역권 : 요역지 가액
　　⑦ 임차권 : 월임대차 금액
　　⑧ 시가표준액 : 신고가 없거나, 신고가액이 시가 표준액에 미달하는 경우.
　　⑨ 사실상 취득가액 : 국가, 지자체로부터 취득, 외국 수입, 판결문, 법인 장부에서 취득 가격이 입증되는 경우 경매, 공매에 의한 취득, 공인중개사 법에 의해 검증된 취득

4. **세율**
　　① 표준세율

구분	내용	과세표준	세율
소유권	상속	부동산가액	농지 3/1,000 농지 외 8/1,000
	증여	부동산가액	비영리사업자 8/1,000 영리사업자 15/1,000
	유상취득(매매)	부동산가액	농지 10/1,000 농지외 20/1,000
	소유권 보존	부동산가액	8/1,000
	공유, 합유, 분할	부동산가액	3/1,000
소유권 외	지상권	부동산가액	2/1,000
	가등기	부동산가액	2/1,000
	지역권	요역지가액	2/1,000
	전세권	전세금액	2/1,000
	임차권	월임대차금액	2/1,000
	경매신청, 가압류, 가처분	채권금액	2/1,000
	그 외	건당	3,000원(최소3,000원)

Memo

② 감면 : 주택의 유상거래 이전 납부세액의 50% 경감
③ 증축은 보존등기로 본다.
④ 중과세
  ⓐ 3배 중과세 : 과밀억제권역 내 법인설립(영리, 비영리 모두 포함)과 지점, 분사무소
                의 설치에 따른 등기
                본점. 주 사무소의 전입에 따른 등기도 법인설립으로 본다. (5년이내
                일체의 부동산 등기 모두 포함)
                단, "산업집적 활성화 및 공장설립에 관한 법률" 의 적용을 받은
                유치지역과 "국토계획 및 이용에 관한 법률" 의 공업지역 제외
                도시형공장 제외
⑤ 비과세
  ⓐ 국가 등에 대한 비과세
  ⓑ 용도구분에 의한 비과세
    ㉠ 제사, 종교 자선, 학술, 기예 등 공익사업목적 비영리사업자가 그 사업에 사용하기
       위한 부동산 등기
    ㉡ 주민공동체 공동 소유 부동산, 선박 등기
    ㉢ "사립 학교법" 학교법인, 사회복지법인
    ㉣ 사단법인 외교협회의 자녀기숙사용 부동산 등기
    ㉤ 공부상 지목이 묘지인 토지에 관한 등기
    ㉥ 도서관에 관한 등기 "도서관 및 독서 진흥법"
    ㉦ 대체취득 등기에 대한 비과세
    ㉧ 형식적인 소유권에 대한 비과세 : 신탁, 환매(단 개인환매 제외)
    ㉨ 회사 정리 특별 청산에 관한 법원 촉탁 등기
⑥ 부과징수
  ⓐ 부동산 소재지 도에서 부과한다
  ⓑ 신고납부 – 신고불성실 가산세 20%
             – 납부불성실 가산세 1일 3/10,000
⑦ 부가세
   지방교육세(납부세액) 20%
   농어촌특별세(감면세액) 20%

재산세

1. 과세권자 : 시, 군, 구세(보통징수, 시가표준액×공정시장가액 비율=과세표준)

2. 납세의무자 :
   ① 원칙 : 사실상소유자(과세기준일 6/1)
   ② 공부상 소유자
   ③ 주된 상속자(상속등기전)
   ④ 매수 계약자 : 국가, 지자체로부터 사용권을 무상으로 부여 받은 자(유상×)
   ⑤ 위탁자
   ⑥ 사업시행자 : 도시개발법(체비지, 보류지)
   ⑦ 사용자 : 미리 통지한다.(과세기준일 10일이내 신고)

3. 과세대상
   토지, 건축물, 주택, 선박, 항공기

4. 토지에 대한 구분
 1) 분리 과세 대상
    ⓐ 저율분리과세 : 공장용지, 전, 답, 과수원, 목장용지
                 산림의 보호육성이 필요한 임야, 종중소유 임야
    ⓑ 고율분리과세 : 골프장용, 고급오락장용 토지
    ⓒ 기타 분리 과세가 필요한 토지
   ① 공장용지
    ⓐ 읍·면지역
    ⓑ "산업입지 및 개발에 관한 법률" 에 의한 산업단지
    ⓒ "국토계획 및 이용에 관한 법률" 공업단지

읍·면 지역	기준면적이내		분리과세
	기준면적초과		종합합산과세
시 지역	산업단지, 공업지역	기준면적 초과	종합합산과세
		기준면적 이내	분리과세
	주거지역, 상업지역	기준면적 이내	별도합산과세
		기준면적 초과	종합합산과세

Memo

② 전, 답, 과수원(농지)
　ⓐ 자경농지

군지역		분리과세
시지역	개발제한구역, 녹지지역	분리과세
	주거, 상업, 공업지역	종합합산

　ⓑ "농지법"에 의한 농업법인이 소유하는 농지로서 과세기준일 현재 실제 영농에
　　사용되고 있는 농지
　ⓒ "한국농촌공사 및 농지관리 기금법"에 의한 농가에 공급하기 위해 소유하는 농지
　ⓓ 법인이 매립, 간척에 의해 취득한 농지로서 과세 기준일 현재 실제 영농에 사용되고
　　있는 농지
　ⓔ 종중이 소유하는 농지
③ 목장용지

도시지역 밖 목장 용지	기준면적 이내	분리과세
도시지역 내 개발제한구역, 녹지지역	기준면적 이내	분리과세
도시지역 내의 모든 목장용지(단, 개발제한구역, 녹지지역제외)		종합합산

④ 분리과세 하여야 할 상당한 이유가 있는 토지
　ⓐ 특정 법에 의한 공급용 토지
　ⓑ 자동차, 화물터미널용 토지

2) 별도 합산 과세 대상 토지 : 사업용으로 사용하는 토지
　건축물 바닥면적에 적용 배율을 곱해서 기준면적이내 별도합산 과세, 기준면적 초과 종
　합합산과세
　단, 골프장, 고급오락장용 토지 안의 건축물 부속토지(분리과세), 건축물의 시가표준액이
　당해부속토지의 시가표준액의 3%미달 토지(종합합산) 제외
　① 차고용 토지
　② 자동차 운전 학원용 토지
　③ 주차장법 시행령에 따른 토지
　④ "장사 등에 관한 법률"에 따른 법인 묘지용 토지로서 지적공부상 묘지인 토지

Memo

3) 종합 합산 과세 대상 토지

① 종합합산과세 대상 공장용지

   ⓐ 읍·면 지역 기준면적 초과 토지

   ⓑ 특·광·시 지역 산업단지, 공업지역 내 공장용지 입지기준면적 초과 토지

   ⓒ 특·광·시 지역 주거지역, 상업지역의 공장용지 입지기준면적 초과 토지

② 종합합산과세대상 농지

   ⓐ 영농에 사용치 않는 개인소유농지

   ⓑ 분리과세 대상에 속하지 않는 법인농지

   ⓒ 도시지역안의 주거·상업·공업 지역에 위치한 농지

③ 종합합산과세 대상 목장용지

   ⓐ 도시지역안의 주거·상업·공업지역의 법인·개인 소유 모든 목장용지

   ⓑ 도시지역 밖과 도시지역 안의 개발제한구역 및 녹지지역의 목장용지 중 기준면적 초과 토지

④ 분리과세 대상 제외 임야

⑤ 일반영업용 건축물의 부속토지 중 기준면적 초과 토지

⑥ 지상정착물이 없는 대지 (토지시가 표준액 3%이내 건축물이 있는 대지)

⑦ 지목이 잡종지로 비과세 감면 제외 토지

과세표준 : 시가표준액 X 공정시장가액비율

세율 : 초과누진세율

5. 건축물에 대한 과세구분

① 골프장, 고급오락장용 건축물 4%(토지 4%)

② 특·광·시 지역 내 지정된 주거지역 및 조례로 정한 지역 내 공장 0.5%

③ 기타 건축물 0.25%

6. 주택에 대한 과세구분

① 별장 4%

② 기타 : 4단계 초과 누진 세율

선박에 대한 과세표준

① 고급선박 5%

② 기타선박 0.3%

항공기에 대한 과세표준 0.3%

7. 중과세율

과밀억제권역 안에서 공장 신·증설에 해당하는 경우 당해 건축물에 대한 재산세의 세율은 과세 기준일부터 5년간 5배 중과세 (1.25%)

Memo

8. 세부담 상한 : 원칙 150% (직전년도 기준) (주택특례)
　　① 주택공시가격 3억원 이하 105%
　　② 주택공시가격 6억원 이하 110%
　　③ 주택공시가격 6억원 초과 130%

9. 비과세
　　① 국가, 지자체, 외국정부 비과세
　　② 용도구분 비과세
　　　ⓐ 제사, 주민 등 공익사업용 비영리사업자 부동산
　　　ⓑ 마을 공동소유 부동산
　　　ⓒ 별정 우체국 부동산
　　　ⓓ 대통령령이 정하는 도로, 하천, 제방, 구거, 유지, 사적지, 묘지 등 공공용지
　　　ⓔ 기타개별법에 의해 상당한 이유가 있는 토지
　　　　단, 군사 통제보호구역내 전·답·과수원·대지는 과세, 임야는 비과세
　　　ⓕ 재산세 부과 당해 년도 철거 예정 건축물

10. 부과징수
　　① 과세기준일 : 6/1
　　② 납기
　　　ⓐ 토지 : 매년 9/16~9/30
　　　ⓑ 건축물 : 매년 7/16~7/31
　　　ⓒ 주택 : 산출세액의 1/2은 7/16~7/31
　　　　나머지 1/2은 9/16~9/30
　　　　(단, 5만원이하는 7/16~7/31 일시부과 가능)
　　　ⓓ 선박 7/16~7/31
　　　ⓔ 항공기 7/16~7/31

11. 납세지 : 부동산 소재지 관할 시·군·구

12. 징수방법 등
　　① 보통징수
　　② 납기 개시 5일전 발부
　　③ 소액 부징수 : 2,000원 미만
　　④ 도시 계획세, 공동시설세, 병기 납부 가능
　　⑤ 납세의무자가 아닌 자 과세기준일로부터 10일 이내 신고

13. 물납 : 1천만원 초과 관할 구역내 부동산
　　　ⓐ 납부기한 10일전 까지 신청
　　　ⓑ 받은 날로부터 5일 이내 서면 통지
　　　ⓒ 통지 받은 날로부터 10일이내 변경허가 가능

14. 분납 : 500만원 초과 45일이내 분납

15 부가세 : 납부세액의 20% 지방교육세

Memo

목적세

1. **도시계획세** : 도시계획사업에 필요한 비용충당 목적
   ① 특·광·시·군세
   ② 과세물건 : 도시지역 안 토지·건축물·주택 대상
   　(단, 전·답·과수원·목장용지·임야 제외)
   ③ 표준세율 : 0.15% (0.23% 초과X)
   ④ 기타규정 : 재산세 준용 (과세기준일, 소액부징수, 납기 등)
   　(재산세와 병기고지가능)

2. **공동시설세** : 공동시설에 필요한 비용 충당
   ① 도세
   ② 소방 공동 시설세, 기타공동 시설세
   ③ 세율 : 체차누진세율
   ④ 기타규정 : 재산세 준용(과세기준일 , 소액부징수, 납기 등)
   　(재산세와 병기납부 가능)

3. **사업소세** : 환경개선 및 정비에 필요한 비용 충당 목적
   ① 시·군·구·세
   ② 납세의무자 : 사업주 - 재산 할 사업소세 (건축주 : 2차 납세의무자)
   　　　　　　　　　 - 종업원 할 사업소세
   ③ 세율 : 제한세율 - 재산 할 : ㎡당 250원
   　　　　　　　　 - 종업원할 : 인당 0.5/100
   ④ 과세기준일 : - 재산할 7/1
   　　　　　　　　 - 종업원 할 매월 말일
   ⑤ 면세점 - 재산 할 330㎡ 이하
   　　　　　 - 종업원할 50인 이하

4. **지역 개발세** : 지역의 균형발전 및 수질개선과 수자원보호 재원 충당
   ① 도세
   ② 신고납부 (예외 : 보통징수, 특별징수가능)
   ③ 소액부징수

5. **지방교육세** : 지방교육재정 확충
   ① 도세
   ② 신고납부 (등록세), 보통징수(재산세)

종합부동산세

목적 : 과세형평과 지방재정 확충(국세)

① 특징 : 인별합산, 분리과세 대상(X), 사업용건물 제외(X)

구분	1차 재산세	2차 종부세
주택	물건별과세	소유자별 전국 합산 공시가격 6억원 초과과세(1세대 1주택자 3억 추가 공제)
종합합산과세대상	인별 시·군·구 합산과세	소유자별 전국합산 공시가격 5억원 초과분 과세
별도합산과세대상	인별 시·군·구 합산과세	소유자별 전국합산 공시가격 80억원 초과분 과세

② 과세표준 : 납세 의무자별 공시가격 X 공정시장가액 비율
③ 세율 :
  ⓐ 주택 : 5단계 초과 누진세율
    단, 1세대 주택자에 대해서는 3억 추가공제 외 연령별, 보유기간별 추가공제(만 60세이상 만 65세 10%, 만 65세이상 만 70세 20%, 만 70세이상 30%, 5년이상 10년미만 20%, 10년이상 40% 중복공제 가능)
  ⓑ 토지 : 3단계 초과누진세율 (별도합산과세, 종합합산과세)
④ 세부담 상한 : 주택·토지 공히 직전년도의 150%
⑤ 과세 기준일 : 재산세 과세 기준일 6/1
⑥ 납세지 : 소득세법 규정에 의한 납세의무자 소재지 세무서
⑦ 납부기한 : 12/1~12/15 (5일 전까지 발부)
⑧ 정부부과방식이나 신고 납부 병행
⑨ 물납 : 1천만원 초과
ⓐ 신고기한까지 물납허가 신청서 제출 → 14일 이내 서면 통지(30일 연장가능)
  → 허가 후 20일이내 수납일 지정(1회 20일이내 다시지정가능) 납부
⑩ 분납 : 500만원 초과, 납부기한경과 2개월 이내 분납
⑪ 부가세 : 납부세액의 20% 농어촌 특별세

소득세 및 양도소득세

1. **소득세** : 개인이 납세의무자 (법인: 법인세)

   1) 과세기간 : 1/1 ~ 12/31

   2) 종합소득세 : 이자, 배당, 부동산 임대소득, 사업소득, 근로소득, 연금소득, 기타

   3) 분류과세 : 퇴직소득, 양도소득

   4) 구분 : 거주자(국내1년 이상 주소, 거소) : 무제한과세 (국내+국외)

   　　　　비거주자 : 제한과세(국내소득)

   　　　　양도소득세 경우 국내5년 이상 주소, 거소자만 해당

   5) 부동산 임대소득 :

   　① 부동산(미등기 포함), 부동산권리대여소득(저당권)

   　　단, 지상권, 지역권 제외(기타소득)

   　② 공장재단, 광업재단 대여소득

   　③ 광업권자, 조광권자 또는 덕대가 채굴에 관한 권리 대여

   6) 비과세 임대소득 :

   　① 작물 생산에 이용케한 전·답의 임대소득

   　② 1개 이하 주택 임대 소득

   7) 사업소득

   　① 주거용 건물 개발 및 공급업 : 주택을 건설하여 판매하는 사업

   　② 겸용주택

구분	사례	주택범위	과세
하나의 매매단위	상가면적<주택면적	전부 주택	주거용 건물 개발 및 공급업
	상가면적≧주택면적	주택만 주택	부동산 매매업 또는 주거용 건물개발 및 공급업
각각의 매매단위	상가면적≦주택 10%	전체주택	주거용 건물 개발 및 공급업
	상가면적>주택 10%	주택만 주택	부동산 매매업 또는 주거용 건물개발 및 공급업

   　③ 세율 : 초과누진세율만 적용 : 중과세 규정 X

Memo

2. 양도소득세 : 사업성없이 개인이 세법에 열거된 자산을 양도함으로써 얻은 가치 상승분에
대한 과세(비경상적 소득)

1) 과세기간 : 1/1~12/31(성립시기 : 과세기간 종료일)

2) 과세지 : 양도자 주소지 관할 세무서 신고 납부

3) 국세

4) 산출과정

   ① 양도가액 - 취득가액 - 필요경비 = 양도차익

   ② 양도차익 - 장기보유특별공제(토지, 건물만 해당) =양도소득금액

   ③ 양도소득금액 - 양도소득기본공제 = 과세표준

   ④ 과세표준 X 세율 = 산출세액

   ⑤ 예정신고

5) 과세대상

   ① 토지 · 건축물

   ② 부동산에 관한 권리

부동산을 이용할 수 있는 권리	부동산을 취득할 수 있는 권리
지상권 전세권 등기된 부동산 임차권	아파트 당첨권 주택상환채권 토지상환채권 부동산 매매계약서에서 계약금만 지불한 상태에서 양도하는 권리 주택청약예금 통장 공유수면매립 면허권

   ④ 비상장 주식

   ⑤ 대주주거래 상장 주식 - 벤처기업 : 지분율 3%(50억)

                     - 일반기업 : 지분율 5%(100억)

   ⑥ 기타자산

     ㉠ 특정주식 ⓐ 토지, 건물, 부동산에 관한 권리 50%이상

              ⓑ 주주, 1인과 기타 관계주주 50%이상

              ⓒ 50%이상 양도 (3년동안)

     ㉡ 부동산과다법인 주주

              ⓐ 토지, 건물, 부동산에 관한 권리 80%이상

              ⓑ 골프장, 스키장, 콘도 중 1개 운영

              ⓒ 단, 1주라도 과세

     ㉢ 사업용 고정자산과 함께 양도하는 영업권

     ㉣ 특정시설물 이용권 : 골프, 콘도, 헬스 이용권

Memo

6) 양도로 보는 경우 : 사실상 유상 이전(등기, 등록과 관계 없다.)
　　① 매매　　　② 교환　③ 법인에 대한 현물출자　④ 대물변제
　　⑤ 부담부증여 ⑥ 공매　⑦ 수용　　⑧ 조세물납　⑨ 위자료 현물 지급

7) 양도로 보지 않는 경우
　　① 무상이전
　　② 양도담보
　　③ 환지처분
　　④ 공유물 단순분할 ⑤ 이혼재산 분할
　　⑥ 배우자, 직계 존비속간 양도 : 증여추정(입증시 양도)
　　⑦ 매매원인 무효 소송으로 소유권환원
　　⑧ 환매권 행사

8) 양도 및 취득시기
　　① 일반적인 거래 : 사실상 대금 청산일
　　② 대금 청산일 분명치 않는 경우 : 등기 등록일
　　③ 대금청산전 소유권 이전 등기 시 : 등기 등록일
　　④ 장기 할부 조건 : 소유권이전 등기 접수일, 인도일, 사용수익일 중 빠른 날
　　⑤ 자가 건설 건축물 : 사용검사필증교부일, 사실상사용일
　　⑥ 상속 : 상속개시일
　　⑦ 증여 : 증여 받은 날
　　⑧ 이용상 미확정 자산 : 완성 또는 확정된 날
　　⑨ 환지 처분 시 : 환지 전 토지 취득일(증환자, 감환지 : 환지처분공고일 다음날)
　　⑩ 취득시효 : 점유개시한 날
　　⑪ 법원의 무효 판결로 환원된 자산 : 당초 취득일
　　⑫ 취득시기의제 -토지·건물·부동산에 관한 권리 : 85. 1. 1
　　　　주식 : 86. 1. 1
　　⑬ 부동산에 관한 권리 : 사실상 잔금 지급일
　　⑭ 조건부 매매 : 조건성취일
　　⑮ 경락 : 경락대금 완납일
　　⑯ 교환 : 차액청산일
　　⑰ 명의신탁 : 타인명의로 취득한 시기 (단, 법원의 확정 판결로 확인된 경우)
　　⑱ 수용 : 대금청산일, 수용개시일, 등기접수일 중 빠른 날

Memo

10) 비과세 양도소득
  ① 파산선고
  ② 농지교환, 분합 : 범위 고액토지, 저액토지는 고액 토지가액 X¼까지 비과세
    예외) ㉠ 도시지역 내 주, 상, 공에 포함된지 3년이 지난 농지
          ㉡ 환지 예정지 지정(타용도) 3년 경과
  ③ 1세대 1주택 : 3년 보유(서울과천, 5대신도시 3년 보유, 2년 거주요건)
    예외) 고가주택(9억 초과 부분만 과세)
        미등기 상태 양도

11) 보유기간 계산
  ① 일반적인 경우 : 취득일 - 양도일까지
  ② 동일세대원간 소유권 변동 시 : 세대전체 기준
  ③ 주택을 배우자에게 증여 후 양도 : 보유기간합산
  ④ 이혼 위자료 : 부인의 보유기간만 계산
  ⑤ 재산분할 청구 : 이혼자의 당초취득일부터 양도일 까지
  ⑥ 증여받은 1주택을 이혼 후 양도 : 증여 받은 날 (등기접수일)부터 계산
  ⑦ 주택을 상속받은 경우 : 피상속인의 사망일부터 계산
  ⑧ 재개발, 재건축 사업에 참여 한자가 사업시행 기간 중 다른 주택 취득 1년이상 거주
    다시 재건축주택이사 : 보유기간의 제한은 받지 않으나. 완공된 주택 사용 검사일부터
    2년내 양도해야 비과세 규정 적용

12) 보유기간특례(3년이상X, 1세대 1주택요건구비)
  ① 건설임대주택 : 거주5년
  ② 공공사업용 양도(잔존주택, 부수토지 2년내 양도 시)
  ③ 국외이주 : 보유기간X, 거주기간X (단, 2년내 양도)
  ④ 부득이한 사유(1년 거주 요건 충족)
    ㉠ 취학 : 고등학교 이상
    ㉡ 근무형편 (단, 사업상 형편X)
    ㉢ 질병요양 (1년이상 치료)

13) 1세대 1주택에 대한 비과세 특례
  ① 주거이전목적 : 종전주택 2년내 양도
  ② 상속 : 일반주택 양도시
  ③ 직계존속 동거봉양 (60세) : 5년내 양도 (장기저당담보주택 제외)
  ④ 혼인 : 5년내
  ⑤ 농어촌 주택 : 상속(5년), 이농(5년), 귀농(3년) 주택
  ⑥ 문화재 주택

Memo

✓ 농지소재지 　① 농지가 소재하는 시·군·구

　　　　　　　② 연접한 시·군·구

　　　　　　　③ 농지부터 직선거리 20km 이내지역

✓ 농지의 교환·분합은 농지의 합리적인 관리를 위해서 행하는 조치이며 양도세를 과세하지 않는다.(단, 쌍방토지가액의 차액≤가액이 큰편의 $\frac{1}{4}$) : 경작상 필요한 경우 : 3년 경작요

14) 겸용주택 및 부수토지

구분	건물분 비과세	토지분 비과세
주택>비주택	전부주택	도시지역 5배, 그 외 10배
주택≦비주택	주택부분만 비과세	① 5배, 10배 ② 토지면적 × $\dfrac{주택면적}{전체면적}$ ①, ② 중 작은 것 비과세

15) 양도 소득세 감면
   ① 대토 (1년내 취득, 3년 경작) : 면적 ½이상 혹은 가액⅓이상 인 경우
   ② 자경농민감면 : 8년자경(부재지주라도 8년자경 입증되면 가능)
     자경기간 계산) ㉠ 상속 : 상속인도 최소한 3년 자경
              ㉡ 증여 : 수증자 기간만 계산
              ㉢ 환지 : 환지 전 자경기간 포함
              ㉣ 교환농지 : 교환 후 경작기간 계산

16) 양도가액 산정
   ① 원칙 : 실거래가
   ② 예외 : 추계방법 (매매가 → 감정가 → 환산가 → 기준시가)

17) 필요경비 : 매매가액, 취·등록세, 중개수수료, 법무사비용, 컨설팅비용, 소송비용. 화해
           비용 현재가치 할인 차금(필요경비 산입시 제외) 매각차손, 대금지급방법에
           따라 이자상당액 (단, 본인귀책사유로 지연이자 제외), 자본적지출액
           (단, 수익적 지출액, 재산세, 종부세 등 보유관련 조세 제외)

18) 이월과세 : 거주자가 양도일부터 소급하여 5년이내 배우자 및 직계 존비속으로부터 증
           여받은 토지, 건물, 특정시설물 이용권 등의 양도차익을 계산함에 있어 양도
           가액에서 공제할 필요경비는 당초증여자의 취득 당시 실지필요 경비에 의
           한다.
           이는 증여로 증여세의 배우자 공제를 받은 후 양도하여 결국 증여세와 양
           도 소득세를 회피하는 행위를 예방하기 위한 것으로 이 경우 거주자가 증
           여 받은 자산에 대하여 납부하였거나 납부 할 증여세 상당액은 필요경비에
           산입한다.

Memo

✓ 공동상속주택 : 1세대 1주택의 규정에서 공동상속 주택외의 다른 주택을 양도하는 때에는 당해 공동상속 주택은 당해 거주자의 주택으로 보지아니한다.

다만, 상속지분이 가장 큰 상속인은 그러하지 아니하며, 이 경우 상속지분이 가장 큰 상속인 2인 이상인 때에는 아래 순서에 의한다.

① 당해 주택의 거주자　② 최연장자

✓ 상속받은 농지의 경작기간을 계산함에 있어서 피상속인이 취득하여 경작한 기간은 피상속인이 배우자로부터 상속받아 경작한 사실이 있는 경우에는 피상속인의 배우자가 경작한 기간은 상속인이 이를 경작한 기간으로 한다.

19) 추계 방법 시 필요 경비 개산 공제
　　① 토지, 건물, 기준시가 3% (미등기 0.3%)
　　② 지상권, 전세권, 등기된 부동산 임차권 : 7%
　　③ 기타 : 1%

20) 장기보유특별공제 : 3년이상, 토지, 건물만 대상, 배제되는 경우 미등기, 중과세 대상
　　① 　공제율 : 매년 3% (양도차익 X 매년 3%) : 3년은 10%로 본다.
　　② 공제율 : 매년 8% : 1세대 1주택 고가(실가 9억 초과) 주택 대상

21) 양도소득기본공제
　　주식, 주식 외 각 소득별 250만원

22) 양도소득세율 : 미등기 70%, 1년이내 50%, 1년 ~ 2년 40%, 2년이상 일반세율, 주식(중
　　　　　　　　　소기업 10%, 일반 20%, 대주주(1년미만) 30%)

23) 탄력세율적용 : 지정지역 일반세율에서 10% 추가 적용

24) 부가세 : 소득 할 주민세 10%, 감면세액의 20%, 농어촌 특별세

25) 미등기 : 양도차익 = 과세표준, 세율 70%
　　① 등기의제 : ㉠ 장기할부조건
　　　　　　　　 ㉡ 법률규정으로 미등기
　　　　　　　　 ㉢ 농지, 교환 분합으로 발생하는 비과세 감면 토지
　　　　　　　　 ㉣ 양도당시 8년 자경농지
　　　　　　　　 ㉤ 건축법에 의해 등기 불가능한 주택
　　　　　　　　 ㉥ 상속에 의한 소유권이전 없이 "공취법" 에 의해 수용된 경우
　　　　　　　　 ㉦ 도시개발법에 따른 사업종료 전 미등기 양도
　　　　　　　　 ㉧ 도시개발법에 따른 체비지 환지처분공고 전 양도

26) 부당행위 계산부인 규정 : 적용자산의 제한이 없다.

27) 예정신고, 납부기한
　　① 부동산 : 양도일이 속하는 달의 말일부터 2개월 이내
　　② 주식 : 양도일이 속하는 분기 말일부터 2개월 이내
　　③ 토지거래허가 대상 : 허가일이 속하는 달의 말일부터 2개월 이내

Memo

28) 확정신고 : 양도소득이 발생한 다음 연도 5/1~5/31까지

29) 확정신고 불이행시 :
　① 일반무신고 20% 부당무신고 40%
　② 일반과소신고 10% 부당과소신고 40%
　③ 납부불성실 매일 3/10,000

30) 확정신고 경정 : 법정신고기한 경과 후 3년 이내, 관할 세무서

31) 물납 : 공공용지 보상 채권(1천만원 초과, 확정신고기한 10일전까지 신청)

32) 분납 : 1천만원 초과 납부기한 경과 후 2개월 이내

33) 정부부과방식 : 납부기한 경과 후 3월내 징수

34) 결정, 경정에 따른 추가 납부 : 통지한 날부터 30일 이내 징수

35) 국외자산 양도 소득 : 국내 5년이상 주소, 거소둔자
　과세대상 : 등기불문, 장기보유특별공제 미적용, 양도소득 기본공제적용
　세율 일반세율(중과세율이 없다), 물납(X)

Memo

세법 지문풀이

- 소득세의 납세의무 성립 시기는 과세기간(1/1-12/31)이 종료하는 때이다.

- 종부세, 재산세, 도시계획세, 공동시설세의 납세의무성립일은 6월1일이다. 사업소세는 7월 1일 이다.

- 부동산의 취득, 보유, 양도 단계 모두 해당하는 조세는 부가가치세, 농어촌특별세, 인지세 이다.

- 종부세는 토지와 주택에 대하여 과세기준금액을 초과하는 경우에 부과하므로 건물분 재산 세는 종부세 과세대상이 아니다.

- 국세의 당해세는 종부세. 상속세, 증여세. 지방세의 당해세는 재산세, 도시계획세, 공동시설세, 자동차세, 지방교육세(재산세와 자동차세의 부가세)이다.

- 등록세는 형식과세이므로 등기, 등록시에만 부과하고, 취득세는 실질과세이므로 사실상 취 득에 따라 부과된다.

- 상속, 증여의 무상취득은 취, 등록세 모두 부과한다.

- 과점주주의 주식취득은 간주취득으로 취득세 부과한다.(법인설립시 제외)

- 취득세의 비과세, 감면 후에 다시 과세대상이 된 때에는 당초 취득일이 아니라, 사유발생 일에 납세의무가 성립한다.

- 지방세 부과권의 제척기간 : 사기, 기타 부정한 방법 10년, 무신고, 과소신고는 5년이다.

- 중가산금은 매월 1.2%씩 60개월간 가산된다.(지방세 30만원, 국세 100만원 이상)

- 재산세는 1천만원 초과시 50%이하 금액 분납 가능하다. (취, 등록세는 해당 없다.)

- 취, 등록세는 물납, 분납 제도가 없다.

- 이의신청은 당해처분이 있는 것을 안 날부터 90일 이내 해야 하며, 심사청구 또는 심판청 구는 당해 처분이 있는 것을 안 날 또는 이의신청 결정 통지를 받은 날로부터 90일 이내 이다.

- 재산세의 과세대상은 토지, 건축물, 주택, 선박, 항공기이다.

- 도시계획세는 특, 광, 시, 군 세로 보통징수 방법에 의해 부과징수 하는 목적세이다.

- 도시계획세는 독립세이다.(다만, 부과징수를 재산세와 병기고지 가능하다.)

- 취, 등록세의 신고 불성실 가산세는 20%이나, 지방교육세의 신고불성실 가산세는 10%이다.

- 취득세의 납세의무 성립시기는 취득세 과세물건을 취득하는 때이다.

- 국세의 목적세는 교육세, 교통에너지환경세, 농어촌특별세이다.

- 지방세의 목적세는 지방교육세, 도시계획세, 지역개발세 공동시설세, 사업소세이다.

- 주민세는 보유, 양도시에 부과되는 지방세이다.

- 소액부징수의 기준금액은 2,000원 미만이다.

- 사업의 양도, 양수가 있는 경우에 양도일 이전에 양도인의 납세의무가 확정된 당해 사업에 관한 국세, 가산금과 체납 처분비를 양도인의 재산으로 충당 하여도 부족이 있는 때에는 사업장별로 그 사업에 관한 모든 권리와 의무를 포괄적으로 승계한 사업의 양수인은 그 부족액에 대하여 2차 납세의무를 가진다.

- 토지에 대한 재산세 납기는 매년 9월 16일부터 9월 30일 까지이다.

- 가산세는 세금이며, 가산금이 포함되지 않는다.

- 도시계획세는 도시지역 내에 있는 전,답, 과수원, 목장용지, 임야는 과세대상에서 제외된다.

- 도시계획세는 개발제한구역으로 지정된 토지 중 지상건축물, 골프장, 유원지 기타 이용시설이 있는 토지는 과세된다.

- 소방공동시설세는 화재위험 건축물에 대해서는 2배 중과세 한다.(단, 주거용 건축물 제외)

- 지목변경이나 건축물 개수에 대해서는 간주취득으로 본다.(단, 건축물 용도 변경은 해당되지 않는다.)

- 신탁법에 의한 신탁은 비과세에 해당된다.

- 법인설립 시 과점주주는 취득에 해당되지 않는다.

- 명의신탁 개시와 해지 모두 취득세 부과한다.

- 차량, 선박, 기계장비, 항공기는 원시취득에는 해당하지않고, 승계취득 시에만 취득세를 부과한다.

- 중개법에 의하여 신고서를 제출하여 검증이 이루어진 취득은 계약서상 잔금 지급일에 취득한 것으로 본다.

- 무상승계취득은 계약일, 상속은 상속 개시일에 취득한 것으로 본다.

- 취득세의 과세대상 토지는 지적법 규정에 의한 토지로 되어 있으나, 재산세 과세대상 토지는 모든 토지로 되어있다.

- 취득가격에는 일체의 비용을 포함하거나, 개인인 경우 연체료 및 할부이자는 제외한다.(단, 법인은 포함한다.)

- 취득세 일반세율은 2%, 과밀억제권역 내 공장의 신설, 증설은 3배 중과세이다.(개인,법인구별없다.) 별장, 골프장, 고급오락장, 고급선박, 고급주택은 5배 중과세이다.

- 별장이란 주거용 건축물로서 상시 주거용으로 사용하지 아니하고 휴양, 피서 또는 위락용으로 사용하는 것을 말한다.

- 골프장의 경우 원시 취득의 경우만 중과세 한다.(5배, 승계취득 제외)

- 고급주택의 경우 엘리베이터, 에스컬레이터, 풀장 중 1개 이상이 설치된 주거용 건축물(공동주택 제외)과 그 부속 토지는 시가 표준액 6억원 초과 규정이 적용되지 않는다.

- 지방세법상 고급주택은 시설기준이 적용되는 주택 이외의 주택은 취득당시 시가 표준액이 6억원을 초과하는 경우로 한정하여 판단한다.

- 대도시내 법인의 본점, 주사무소 부동산의 취득(신축, 증축)하는 경우 3배 중과세이나 개인은 대상이 아니다.

- 토지나 건축물의 경우 취득 후 5년이 지나면(5년 이내 공장의 신·증설, 본점, 주사무소의 사업용 부동산이 된 때 중과세 대상) 중과세 대상이 아니다. (건물 신축 시 중과세 대상이 된다.)

- 비영리사업자가 그 사업에 사용하기 위하여 취득하는 부동산만 비과세되고 차량 등은 과세대상이다.(취득세)

- 토지수용에 대한 대체취득의 비과세대상은 부동산, 선박, 광업권, 어업권 등 4가지 범위이다.

- 상속으로 인한 1가구 1주택 및 그 부속 토지 취득세 비과세 규정은 고급주택은 제외한다.(2주택 경우 전체가 과세된다.)

- 취득세 2년 내 신고납부 없이 매각한 경우 산출세액의 80% 중과세 적용한다.

- 취득세의 면세점은 취득가액 50만원 이하이다. 세금은 2%, 1만원이 된다.

- 취득세는 비과세 감면받은 후 당해물건이 추징대상이 된 경우에는 사유발생일로부터 30일 이내 신고 납부해야 한다.

- 취득세는 상속, 실종된 경우 6월 내 신고, 납부해야하며, 국외거주시 9월이다.

- 취득세의 겸용주택은 각각의 용도에 따라 결정한다.

- 민법상 시효취득의 취득세 취득 시기는 등기일이다.

- 취득세 기한 후 신고 시 신고불성실 가산세 50% 경감한다.

- 1구의 공동주택 연면적(공용부분제외)이 245㎡(복층 경우 274㎡)를 초과하고 시가표준액이 6억원을 초과하는 공동주택과 부수 토지는 고급주택이다.

- 재산세는 취득한 재산이 내장하고 있는 수익력에 착안하여 과세하는 응익 과세이다.

- 판결문에 의해 취득가격이 입증되는 유상승계취득은 사실상 잔금 지급일에 취득한 것으로 보나 화해, 포기, 인낙 또는 의제 자백에 의한 것은 제외한다.

- 취득세의 과세대상은 부동산(토지 및 건축물), 선박, 광업권, 어업권, 차량, 기계장비, 입목, 골프회원권, 승마 회원권, 콘도회원권, 종합 체육시설이용 회원권 이다.

- 토지에 대한 시가표준액은 부동산가격공시 및 감정평가에 관한 법률에 의한 개별공시지가 이다.

- 취득세 과세 표준에 부가가치세는 제외된다.

- 무상취득은 시가표준액이 과세표준이 된다.

- 취득세 중과세 대상 중 표준세율(2%)의 3배 : 대도시 안에서 본점, 주사무소의 사업용 부동산, 대도시 안에서 공장을 신, 증설할 때 사업용 부동산 및 차량, 기계장비.

- 소유자 이외의 자가 주택을 임차하여 별장으로 사용하는 경우에도 중과세 대상이다.

- 존속기간 1년을 초과하지 않는 임시용 건축물의 취득세는 비과세 한다.

- 취득세 비과세 대상이라도 취득일부터 1년(비영리사업자 3년)이내에 정당한 사유 없이 그 용도에 직접 사용하지 아니한 경우 또는 그 사용일로부터 2년이상 그 용도에 사용하지 아니하고 매각하는 경우 과세대상이 된다.

- 취득세 중과세 대상 공장규모는 생산설비를 갖춘 연면적 500㎡이상인 경우이다.

- 등기, 등록이 원인 무효되어 말소되었다 하더라도 등록세 부과처분에는 아무런 영향이 없다.

- 등록세의 납세 의무자는 은행이다. 즉 채무자는 은행과의 약정에 의해 금융비용을 부담하는 것이지 납세의무자로서 등록세를 부과하는 것은 아니다.

- 증여의 납세 의무자는 수증자이다.

- 대위등기에 의한 납세의무자는 보존등기 명의인이다.

- 공정증서에 의해 확인되는 거래는 객관적인 거래에 해당하지 않으므로 사실상 거래가액이 적용되지 않는다.

- 증축은 등록세에서는 보존등기로 본다. (0.8%)

- 이혼에 의해 재산분할 청구권 행사로 부동산을 취득하는 경우 무상승계취득으로 본다. (공유물 분할X)

- 등록세에서는 5배 중과세 규정이 없다.

- 취, 등록세에서의 대도시란 수도권 과밀억제권역을 말한다.

- 등록세의 중과세대상은 일체의 부동산이 아니라, 법인의 본점, 주사무소, 지점, 분사무소 용도로 직접 사용하기 위하여 취득하는 부동산 등기를 말한다.

- 동일 채권을 담보하기 위하여 2이상의 저당권의 등기, 등록에 있어서는 이를 하나의 등기, 등록으로 보아 처음 등기, 등록하는 소재지 도에서 부과한다.

- 신고를 하지 않았더라도 등기, 등록하기 전까지 납부한 때에는 신고불성실 가산세를 부과하지 아니한다.(등록세)

- 등록세 납세지가 불분명 한 때에는 등기, 등록관청 소재지를 납세지로 한다.

- 취, 등록세 중과규정은 설립 후 5년 이내에만 해당된다.

- 지방세 체납처분으로 인한 그 소유권이 국가 또는 지자체에 넘어가는 경우에도 채권자 대위에 의한 것으로 보아 그 소유자가 납세의무가 있다.

- 도시형 업종은 대도시내에서 행하는 부동산 등기와 법인등기 모두 중과세 하지 않는다.(취득세도 일반과세)

- 취득세는 취득한 날로부터 30일 이내 신고 납부(상속, 실종 6월 국외거주 9월) 의무.

- 등록세는 등기, 등록 전까지 신고 납부한다.

- 재산세에서 별장은 토지, 건축물 구분 없이 주택 분 재산세로 구분하여 4% 비례세율을 적용한다.

- 재산세의 원칙적인 납세의무자는 과세기준일 현재 사실상 소유자이다.

- 재산세에서 상속등기 이전에는 주된 상속자가 납세의무를 가진다.

- 회원제 골프장은 원시취득, 승계취득 구별 없이 재산세는 모두 분리 과세한다.
  (토지, 건축물 4%)

- 아파트 등 주거용 건축물과 부속토지는 건축물과 부속토지를 통합하여 주택분 재산세로 과세한다.

- 터미널용 토지는 분리과세대상이다.

- 무허가 건축물의 부속 대지는 종합합산 대상이다.

- 건축물의 시가표준액이 토지의 시가표준액의 3% 미달 토지는 종합합산과세 대상 토지이다.

- 주택분 재산세는 4단계 초과 누진세율을 적용한다.

- 비주거용 건축물 재산세는 0.25%이다.

- 대도시 내에서 공장을 포괄승계 취득한 경우에 취득세는 중과세되지 않고, 등록세, 재산세 (건축물만 대상)는 5년 이내 경우에만 중과세가 적용된다.

- 국가, 지자체, 지자체조합이 1년이상 공용, 공공용 사용 재산은 비과세 한다. (단, 유료사용은 제외)

- 군사 통제 보호구역 안에 있는 전, 답, 과수원 대지는 재산세 과세대상 토지이며, 임야는 비과세이다.

- 재산세는 500만원 초과 분납가능 (45일 이내)

- 겸용주택의 경우 주거용 면적이 50%이상인 경우 주택으로 본다. (재산세)

- 주택의 부속 토지 경계가 불분명한 경우 바닥면적의 10배에 해당하는 토지를 부속토지를 본다.(도시, 비도시 구분 없다.)(단, 양도세는 도시지역 5배, 비도시지역 10배)

- 다가구 주택의 경우에는 1세대가 독립하여 구분사용 할 수 있도록 구획된 부분을 1구의 주택으로 본다. (재산세)

- 소유권이 변동 된 경우 과세기준일로부터 10일이내 신고해야 한다.(재산세)

- 종부세 과세대상은 재산세 과세대상 중 종합합산 과세대상과 별도합산 과세대상, 별장을 제외한 주택분 재산세를 대상으로 한다. (종합합산 5억 초과, 별도합산 80억 초과, 주택 6억 초과 - 1세대 1주택 3억 추가공제-)

- 주택에 대한 종부세는 과세표준에 5단계 초과 누진세율 적용한다.(0.5%~2%)

- 종부세 대상은 모두 인별 합산한다(세대별 X)

- 종부세 대상 주택에 있어서 1세대 1주택인 경우 연령별, 보유기간별 추가 공제한다. (기간 (5~10년): 20%, 10년 이상: 40%)

- 종부세는 당해연도 12월 1일부터 12월 15일까지 부과 징수 한다.
  (정부부과방식, 신고 납부방식 병행)

- 종부세 세부담 상한은 전년대비 150%이다.

- 종부세 1천만원 초과 물납 가능하다.(전국 부동산)

- 거주자는 1년이상 국내에 주소를 두거나 거소를 둔 자를 말한다.(그 외는 비거주자.), (거주
  자는 무제한 과세, 비거주자는 제한 과세)

- 주소는 국내에서 생계를 같이하는 가족 및 국내 소재하는 자산의 유무 등 생활관계의 객
  관적 사실에 따라 판정하며, 거소는 주소지 외의 장소 중 상당기간에 걸쳐 거주하는 장소
  로서 주소와 같이 밀접한 생활관계가 형성되지 아니한 장소를 말한다.

- 양도 소득세의 양도란 사실상 유상이전을 의미한다. (양도담보, 공유물 분할, 이혼재산분할
  청구는 양도가 아니다.)

- 부담부증여에서 인수채무 상당액은 양도로 보나 나머지는 증여로 본다.

- 장기 할부조건의 경우 등기접수일, 인도일, 사용수익일 중 빠른 날을 양도 및 취득 시기로
  한다.

- 상속받은 자산을 양도하는 경우 취득 시기는 상속 개시일(피상속인 사망일)로 한다. (증여는
  증여받은 날, 환지는 환지전 토지 취득일)

- 양도일 현재 특, 광, 시지역에 있는 농지 중 국토계획 및 이용에 관한 법률에 의한 주거지역,
  상업지역, 공업지역 안의 농지로서 이 지역에 편입 된지 3년이 지난 농지는 비과세 농지에서
  제외한다.

- 농지의 교환, 분합은 쌍방 토지 가액의 차액이 가액이 큰 편의 1/4이하이어야 한다.

- 보유기간, 거주기간을 계산함에 있어 거주, 보유 중에 소실, 노후로 인하여 재건축한 주택의
  경우 멸실된 주택과 재건축한 주택에 대한 기간을 통산한다.(단, 공사기간 제외)

- 주택과 부속 토지의 소유자가 다른 경우 동일한 세대원인 경우 모두 비과세 하고, 동일한
  세대원이 아닌 경우 주택은 비과세하지만, 부속 토지는 비과세 하지 않는다.

- 양도세에서 주택 판정은 건물정착면적이 도시지역 안 5배, 도시지역 밖 10배 이내를 부수
  토지로 한다.

- 상속주택 1개와 일반주택 1개를 소유한 경우에 일반주택을 양도한 경우는 1주택의 예외로
  본다.

- 귀농주택은 연고지에 소재하며, 고가주택이 아니고 대지면적 660㎡이내이며, 1,000㎡ 이상

농지 소유한 자가 귀농 후 3년이상 영농에 종사면서 거주하는 주택일 것.

- 국내에 1주택을 소유한 1세대가 2주택을 양도하기 전에 조합원 입주권을 취득함으로써 일시적으로 1주택과 1조합원 입주권을 소유한 경우 취득한 날로부터 2년 이내에 비과세 요건을 충족한 주택을 양도한 경우 이를 1세대 1조합원 입주권을 소유한 경우 취득한 날로부터 2년 이내에 비과세 요건을 충족한 주택을 양도한 경우 이를 1세대 1주택으로 본다.

- 1세대 1주택 경우 해외 이주는 보유기간, 거주기간의 제한을 받지 아니한다.
  (단, 2주택 경우 X)

- 양도가액과 환산가액을 확인할 수 없는 경우
  매매가 → 감정가 → 환산가 → 기준시가 순서로 한다.
  (단, 환산가액은 취득가액에만 적용한다.)

- 수익적 지출과 임대소득 금액 계산 시 필요경비에 산입한 것은 취득가액에 포함 시키지 않는다.

- 1세대 1주택 고가주택의 경우 장기 보유특별공제율은 8%이다. (10년이면 80%)
  (일반적인 장기보유 특별공제율은 연3%, 30%한도)

- 현재 중과세율이 적용되는 1세대 2주택, 1세대 3주택, 비사업용 토지는 장기보유 특별공제를 적용하지 않는다.

- 1세대 1주택 3년 보유 고가주택인 경우 9억 초과분만 과세한다.(나머지는 비과세 적용)

- 양도소득 기본공제는 주식과 주식외의 소득별 구분한다.

- 거주자가 양도일부터 소급하여 5년 이내에 그 배우자 또는 직계존비속으로부터 증여받은 자산은 증여자가 당초 자산을 취득한 날에 당해자산의 취득일로 본다.

- 주식 양도 소득세율은 비례세율이다.

- 2010년 12월 말 까지 60% 세율을 적용하지 않고 일반세율에 10%를 가산한 세율을 적용한다.
  1. 지정지역 안에 1세대 3주택 이상
  2. 지정지역 안에 1세대가 주택과 조합원 입주권 합이 3이상
  3. 지정지역 안에 비사업용 토지
  4. 그 밖에 가격이 급등하거나 급등할 우려가 있어 가격안정이 필요한 경우 대통령령으로 정하는 부동산

- 미등기 양도자산에 대해서는 장기보유 특별공제, 양도소득 기본공제에는 해당이 없고, 세율은 양도차익의 70%가 적용된다. (필요경비 개산공제 0.3% 적용한다.)

- 양도세에서는 납부세액 1,000만원 초과 시 분납, 물납 가능하다.(분납은 2개월 이내, 물납은 공공용지 보상채권으로 한다.)

- 양도세 확정 신고는 다음연도 5월 1일부터 5월 31일 까지 신고해야 한다.

- 양도세의 납세지는 거주자의 주소지 관할 세무서 이다.

- 대주주가 양도하는 상장주식의 양도차익에 대해서는 과세한다.

- 양도세 예정신고를 한 자는 당해 소득에 대해 확정 신고를 아니할 수 있다. (다만, 당해 연도에 누진세율의 적용대상자산에 대한 예정신고를 2회이상 하는 경우 확정 신고를 하여야 한다.)

- 국내에 국외자산 양도일 까지 계속 5년이상, 주소 또는 거소를 둔 거주자가 국외 자산 양도에 대한 납세의무자 이다.

- 국외자산 양도에 있어 장기보유공제, 미등기개념이 없으며 중과세 규정도 없다. 세율은 일반세율이다. (단, 양도소득 기본공제는 있다.)

- 부동산의 매매 또는 중개를 사업목적으로 부동산을 판매하거나, 사업상의 목적으로 부가가치세법상 과세 기간 내에 1회이상 부동산을 취득하고, 2회이상 판매하는 경우 부동산 매매업에 해당된다.

- 배우자간 또는 직계존비속간의 부담부 증여에 대해서 수증자가 증여자의 채무를 인수한 경우에도 당해 채무액은 수증자에게 채무가 인수되지 않은 것으로 추정한다. (단, 객관적으로 인정되는 경우 그러하지 아니하다.)

- 민법상 점유로 인하여 부동산 소유권을 취득한 경우, 양도 및 취득 시기는 당해 부동산의 점유를 개시한 날로 한다.

- 법원의 무효판결로 소유권이 환원되는 경우 취득 시기는 당초 취득일이 된다.

- 완성 또는 확정되지 아니한 자산을 완성 또는 확정된 날을 양도일 또는 취득일로 본다.

- 양도소득세의 양도, 취득 시기는 원칙적으로 대금청산일로 보며, 대금 청산일이 분명하지 않은 경우 등기접수일이다.

- 상속은 상속개시일, 환지처분은 환지 전 토지 취득일(단, 증환지, 감환지는 환지처분 공고일의 다음날)을 취득시기로 본다.

- 부당행위 계산 : 조세의 부담을 부당하게 감소시킨 것으로 인정되는 때란 시가와 거래가액의 차액이 3억원 이상 이거나, 시가의 5%에 상당한 금액 이상인 경우에 한하여 적용한다.

- 보유기간 1년 미만인 등기된 토지, 건물, 부동산에 관한 권리의 세율은 50%이다. (1~2년 40%)

- 보유기간이 2년 이상인 경우는 일반세율이다. (4단계 초과 누진세율)

- 기타자산에 대한 세율은 보유기간과 관계없이 일반세율이다.

- 예정신고는 부동산 양도일이 속하는 달의 말일부터 2월이지만, 토지거래허가구역에서는 허가일이 속하는 달의 말일부터 2월로 한다.

- 양도소득금액에서 발생하는 결손금은 주식과 주식 외로 통산하지 아니한다.

- 양도세에 있어서 신고불성실 가산세 20%
  부당무신고 가산세 40%
  과소신고 가산세 10%
  부당과소신고 가산세 40% 적용한다.

- 지상권, 지역권 대여로 인하여 발생하는 소득은 부동산 임대소득이 아니고, 기타소득이다.

세법 기출문제

1. 다음은 부동산관련 세목의 법정신고기한 또는 납부기간에 관한 설명이다. 틀린 것은?
　① 납세자가 국내에 주소를 둔 경우 부동산의 상속으로 인한 취득세의 법정신고기한은 상속개시일부터 6개월 이내이다.
　② 토지에 대한 재산세의 납부기한은 매년 9월 1일부터 9월 15일까지이다.
　③ 등록세의 법정신고기한은 등기 또는 등록을 하기 전까지이다.
　④ 건물에 대한 양도소득세의 과세표준 확정신고기한은 양도소득이 있는 연도의 다음 연도 5월 31일이다.
　⑤ 종합부동산세의 법정신고기한은 납세의무자가 신고납부방식을 택하는 경우 해당연도 12월 15일이다.

2. 주택의 취득 또는 보유시 부과될 수 있는 지방세가 아닌 것은?
　① 지역개발세
　② 지방교육세
　③ 재산세
　④ 등록세
　⑤ 도시계획세

3. 다음 중 부동산을 취득할 때에 납부하는 조세에 해당되지 않는 것은?
　① 농어촌특별세
　② 주민세
　③ 지방교육세
　④ 등록세
　⑤ 취득세

4. 다음은 부동산세법의 세율구조에 대한 내용이다. 틀린 것은?
　① 취득세 : 비례세율
　② 재산세 : 비례세율과 초과누진세율
　③ 등록세 : 비례세율
　④ 양도소득세 : 비례세율과 초과누진세율
　⑤ 종합부동산세 : 비례세율과 초과누진세율

5. 다음 자료에 의하여 거주자 갑이 납부한 금액을 계산하면?

| ㉠ 세목 : 재산세 | ㉡ 고지세액 : 1,000,000원 |
| ㉢ 납부기한 : 2009. 7. 31 | ㉣ 실제납부일 : 2009. 10. 31 |

① 1,030,000원
② 1,054,000원
③ 1,066,000원
④ 1,090,000원
⑤ 1,100,000원

6. 다음은 납세의무의 성립·확정시기에 대한 설명이다. 옳은 것은?
① 부가가치세는 과세기간이 종료하는 때(수입재화의 경우에는 세관장에게 수입신고를 하는 때)에 납세의무가 성립하고, 납세의무자가 과세표준과 세액을 정부에 신고하는 때에 확정된다.
② 소득세는 소득이 발생하는 때에 납세의무가 성립하고, 납세의무자가 과세표준과 세액을 정부에 신고하는 때에 확정된다.
③ 상속세는 상속을 개시하는 때에 납세의무가 성립하고, 납세의무자가 과세표준과 세액을 정부에 신고하는 때에 확정된다.
④ 등록세는 재산권 등을 등기 또는 등록하는 때에 납세의무가 성립하고, 납세의무자가 신고가 있더라도 지방자치단체가 과세표준과 세액을 결정하는 때에 확정된다.
⑤ 재산세는 재산을 취득하는 때에 납세의무가 성립하고, 납세의무자가 과세표준과 세액을 지방자치단체에 신고하는 때에 확정된다.

7. 다음은 납세의무의 소멸사유이다. 옳은 것은?
① 압류·충당
② 소멸시효의 완성·충당
③ 교부청구·납세자의 사망
④ 체납처분의 유예·공매의 중지
⑤ 부과취소·부과철회

8. 다음 중 취득세가 부과되지 않는 경우는 어느 것인가?
① 차량·기계장비를 원시취득하는 경우
② 차량을 사실상 승계취득하였지만 등록을 하지 아니한 경우
③ 보유토지의 지목이 임야에서 대지로 변경되어 토지의 평가액이 증가한 경우
④ 연부로 부동산을 취득한 경우
⑤ 상속으로 인하여 상속인이 부동산(1가구 1주택과 자경농지 제외)을 취득하는 경우

9. 다음은 취득세의 취득시기에 대한 설명이다. 틀린 것은?
① 개인 간의 매매계약에 의한 부동산의 취득의 시기는 그 계약서상의 잔금지급일이다. 다만, 계약서상 잔금지급일 전에 등기를 이행한 경우에는 등기일이 된다.

② 법인 간의 매매계약에 의한 부동산의 취득의 시기는 법인 장부상 취득가액이 입증되는 경우 그 사실상의 잔금지급일이다.

③ 개인 간의 증여계약에 의하여 부동산을 취득한 경우에는 그 계약일로부터 30일이 경과 되는 날을 취득의 시기로 본다.

④ 상속으로 인하여 부동산을 취득한 경우에는 상속개시일에 취득한 것으로 본다.

⑤ 건축허가를 받지 아니하고 건축하는 건축물에 있어서는 그 사실상의 사용일에 취득한 것으로 본다.

10. 갑은 본인 소유 대지에 거주용 단독주택을 신축하였다. 신축대지에 대한 갑의 신고가액이 1억원이고, 시가표준액이 8천만원인 경우 「지방세법」 상 취득세는?

① 500,000원

② 550,000원

③ 1,000,000원

④ 2,000,000원

⑤ 3,000,000원

11. 다음은 취득세의 중과세율에 대한 내용이다. 틀린 것은?

① 과밀억제권역 내 서울특별시 이외의 지역에서 서울특별시 내로의 공장을 전입하는 경우에는 중과세를 적용하지 않는다.

② 과밀억제권역 내에서 비도시형 업종의 공장을 신설 또는 증설하기 위하여 사업용 과세대상물을 취득하는 경우에는 표준세율의 3배로 중과세한다.

③ 과밀억제권역 안에서의 본점·주사무소용 부동산을 취득하는 경우에는 표준세율의 3배로 중과세되지만, 지점·분사무소용 부동산을 취득할 경우에는 취득세를 중과세하지 않는다.

④ 과밀억제권역 안에서 공장을 신설 또는 증설하기 위하여 사업용 과세물건을 취득하는 경우에는 표준세율의 3배로 중과세한다.

⑤ 과밀억제권역 내 산업단지에서 과밀억제권역 내 산업단지 이외의 지역으로 공장을 전입하는 경우에는 표준세율의 3배로 중과세한다.

12. 다음은 취득세가 비과세되는 경우이다. 틀린 것은?

① 제사·종교·자선·학술·기예 기타 공익사업을 목적으로 하는 비영리사업자가 수익사업에 사용하기 위하여 부동산을 취득하는 경우

② 마을회 등 주민공동체의 주민공동소유를 위하여 부동산을 취득하는 경우

③ 대한민국정부기관의 취득에 대하여 비과세하는 외국정부가 취득하는 경우

④ 임시흥행장 등 존속기간이 1년을 초과하지 아니하는 임시용 건축물을 취득하는 경우

⑤ 「별정우체국법」에 의하여 별정우체국사업에 사용하기 위한 부동산의 취득

13. 다음은 취득세의 신고납부에 대한 설명이다. 틀린 것은?

① 과세객체를 취득한 날로부터 30일 이내에 신고하고 납부하여야 한다.

② 상속으로 인한 경우는 상속개시일로부터 6개월 이내에 신고하고 납부하여야 한다.

③ 증여로 인한 경우는 증여일로부터 3개월 이내에 신고하고 납부하여야 한다.

④ 유증으로 인한 경우는 상속개시일로부터 6개월 이내에 신고하고 납부하여야 한다.

⑤ 비과세 대상인 자산이 과세로 전환된 경우는 그 사유가 발생한 날로부터 30일 이내에 신고하고 납부하여야 한다.

14. 개인 갑이 을로부터 A주택(고급주택 및 서민주택이 아님)을 매입하여 법정기한 내에 관련세액을 신고납부하였다. 다음의 자료를 기초로 한 경우 개인 갑이 부담한 취득세와 그 부가세의 세액으로 옳은 것은?

> (갑의 A주택 매입 및 신고 관련자료)
> ㉠ 취득가액(신고가액) : 1억원
> ㉡ 시가표준액 : 8천만원
> ㉢ 유상 거래시 취득세의 50%를 세액감면 받는 것 이외에는 별도의 비과세 및 감면은 없는 것으로 가정함

	취득세	농어촌특별세	지방교육세
①	200만원	20만원	-
②	100만원	30만원	-
③	200만원	40만원	40만원
④	200만원	30만원	-
⑤	100만원	30만원	40만원

15. 「지방세법」상 취득세에 관한 설명이다. 틀린 것은?

① 취득세의 표준세율은 2%이며, 취득가액이 50만원 이하인 경우에는 취득세를 부과하지 아니한다.

② 차량·기계장비·항공기 및 주문에 의하여 건조하는 선박은 원시취득에 한하여는 납세의무가 있다.

③ 유상거래를 원인으로 취득하는 주택 중 표준세율이 적용되는 주택에 대한 취득세는 산출세액의 50%를 경감한다.

④ 상속으로 인하여 취득세 과세물건을 취득한 자는 상속개시일로부터 6개월(납세자가 외국에 주소를 둔 경우에는 9개월) 이내에 취득세를 신고·납부하여야 한다.

⑤ 취득세를 신고기한까지 신고하지 아니한 자는 그 신고기한 만료일로부터 30일이 경과하지 아니한 경우로서 해당 취득세를 보통징수의 방법으로 부과고지 받기 전에는 기한 후 신고를 할 수 있다.

16. 다음은 「지방세법」 상 취득세 납세의무에 관한 설명이다. 틀린 것은?

① 부동산의 취득에 있어서는 관계법령에 의한 등기를 이행하지 아니한 경우라도 사실상 취득한 때에는 이를 취득한 것으로 본다.

② 법인 설립시에 발행하는 주식을 취득함으로써 과점주주가 된 때에는 해당 법인의 부동산 등을 취득한 것으로 본다.

③ 외국인 소유의 선박을 직접 사용할 목적으로 임차하여 수입하는 경우는 수입자가 이를 취득한 것으로 본다.

④ 토지의 지목을 사실상 변경함으로써 그 가액이 증가한 경우는 이를 취득으로 본다.

⑤ 「주택법」에 의한 주택조합이 조합원용으로 취득하는 조합주택용 부동산은 그 조합원이 취득한 것으로 본다.

17. A회사는 다음과 같은 내용으로 B회사로부터 건물을 취득하였다. 이때 A회사의 취득세 과세표준은 얼마가 되어야 하나?

> ○ 아래의 금액들은 A회사의 원장 등의 법인장부에 의해 확인되는 금액임
> ○ 계약내용(계약대상은 건물만 해당)
>   - 계약총액 110,000,000원(부가가치세 10,000,000원 포함)
>   - 2009년 5월 1일 계약금 20,000,000원 지급
>   - 2009년 5월 31일 잔금 90,000,000원 지급
> ○ A회사가 건물취득과 관련하여 지출한 비용
>   - 해당 건물의 취득과 관련하여 건설자금에 충당한 금액의 이자 5,000,000원
>   - 공인중개사에게 지급한 중개수수료 1,000,000원 (부가가치세 제외)

① 80,000,000원   ② 105,000,000원

③ 106,000,000원   ④ 110,000,000원

⑤ 116,000,000원

18. 아래의 자료를 기초로 제조업을 영위하고 있는 비상장 A법인의 주주인 갑이 과점주주가 됨으로써 과세되는 취득세(비과세 또는 감면은 고려하지 않음)의 과세표준은 얼마인가?

> ○ A법인의 증자 전 자산가액 및 주식발행 현황
>   - 증자 전 자산가액(「지방세법」 상 취득세 과세표준임)
>   · 건물 : 4억원
>   · 토지 : 5억원
>   · 차량 : 1억원
>   - 주식발행 현황
>   · 2007. 3. 10. 설립시 발행주식 총수 : 50,000주
>   · 2009. 10. 5. 증자 후 발행주식 총수 : 100,000주
> ○ 갑의 A법인 주식취득 현황
>   - 2007. 3. 10. A법인 설립시 20,000주 취득
>   - 2009. 10. 5. 증자로 40,000주 추가 취득

① 2억원 　　　　　② 4억원 　　　　　③ 5억 1천만원
④ 6억원 　　　　　⑤ 10억원

19. 다음은 「지방세법」 상 취득세가 비과세되는 경우이다. 틀린 것은?
　① 종교 및 제사를 목적으로 하는 비영리단체가 그 사업에 사용하기 위한 부동산의 취득
　② 마을주민의 복지증진을 도모하기 위하여 마을주민만으로 구성된 마을회 등 주민공동체의 주민공동소유를 위한 부동산의 취득
　③ 「별정우체국법」 에 의하여 별정우체국사업에 사용하기 위한 부동산의 취득
　④ 영리법인이 임시흥행장, 공사현장사무소 등 존속기간이 1년을 초과하는 임시용건축물의 취득
　⑤ 「정당법」 에 의하여 설립된 정당이 그 사업에 사용하기 위하여 위하여 부동산의 취득

20. 개인 갑이 을로부터 A주택(고급주택 및 서민주택이 아님)을 매입하여 법정기한 내에 관련세액을 신고납부하였다. 다음의 자료를 기초로 한 경우 개인 갑이 부담한 취득세와 그 부가세의 세액으로 옳은 것은?

> (갑의 A주택 매입 및 신고 관련자료)
> ㉠ 취득가액(신고가액) : 2억원
> ㉡ 시가표준액 : 1억 8천만원
> ㉢ 유상 거래시 취득세의 50%를 세액감면 받는 것 이외에는 별도의 비과세 및 감면은 없는 것으로 가정함

	취득세	농어촌특별세	지방교육세
①	200만원	60만원	-
②	100만원	30만원	-
③	200만원	40만원	40만원
④	200만원	30만원	-
⑤	100만원	30만원	40만원

21. 다음은 「지방세법」 상 등록세의 과세표준에 관한 설명이다. 틀린 것은?
　① 부동산에 관한 등록세의 과세표준은 등기 당시의 신고가액으로 한다.
　② 신고가액이 시가표준액에 미달하는 경우에는 원칙적으로 시가표준액을 과세표준으로 한다.
　③ 공매방법에 의한 토지 취득의 경우에는 토지의 시가표준액을 과세표준으로 한다.
　④ 채권금액에 의하여 과세액을 정하는 경우 일정한 채권금액이 없을 때에는 채권의 목적이 된 것 또는 처분의 제한이 목적이 된 금액을 그 채권금액으로 본다.
　⑤ 감가상각의 사유로 변경된 가액을 과세표준으로 할 경우에는 등기·등록일 현재의 법인장부 또는 결산서에 의하여 입증되는 가액을 과세표준으로 한다.

22. 다음은 부동산등기와 관련된 등록세의 과세표준과 세율에 대한 설명이다. 옳은 것은?

① 상속으로 인한 주택소유권의 취득등기시 등록세의 세율은 일률적으로 부동산가액의 1,000분의 3이다.

② 소유권보존등기시 등록세의 세율은 부동산가액의 1,000분의 8이다.

③ 증여로 소유권의 취득등기시 등록세의 세율은 부동산가액의 1,000분의 10이다.

④ 경매신청·가압류·가처분 등기시 등록세의 세율은 부동산가액의 1,000분의 2이다.

⑤ 가등기시 등록세의 세율은 채권금액의 1,000분의 2이다.

23. 다음은 부동산등기에 대한 등록세의 세율에 관한 내용이다. 틀린 것은?

① 상속으로 인한 소유권이전등기는 부동산가액의 1,000분의 8(농지 : 1,000분의 3)이다.

② 소유권의 보존등기는 부동산가액의 1,000분의 8이다.

③ 공유물의 분할등기는 분할로 인하여 받은 부동산가액의 1,000분의 3이다.

④ 임차권의 말소등기는 월임대차금액의 1,000분의 2이다.

⑤ 도지사는 조례로 정하는 바에 의하여 등록세의 세율을 표준세율의 100분의 50의 범위 안에서 가감 조정할 수 있다.

24. 다음은 「지방세법」 상 등록세가 비과세되는 경우에 대한 내용이다. 틀린 것은?

① 「사립학교법」에 의한 학교법인이 법령이 정하는 수익사업에 사용하기 위하여 취득하는 부동산의 등기

② 「신탁법」에 의한 신탁으로서 신탁등기가 병행된 것으로 위탁자로부터 수탁자에게 이전하는 경우의 재산권 취득의 등기

③ 지방자치단체가 자기를 위하여 하는 부동산의 등기

④ 「공익사업을 위한 토지 등의 취득 및 보상에 관한 법률」에 의한 환매권의 행사로 매수하는 부동산의 등기

⑤ 지방자치단체조합에 귀속 또는 기부채납을 조건으로 취득하는 부동산의 등기

25. 다음 자료에 의하여 2009년 재산세 납세의무자로 맞는 것은?(단, 공부상 소유자는 과세 기준일로부터 10일 이내에 사실상 소유자를 신고한 것으로 가정한다)

㉠ 매도인 : 갑 ㉡ 매수인 : 을	
㉢ 계약금 지급일 : 2009. 4. 25 ㉣ 사실상 잔금지급일 : 2009. 5. 31	

① 갑

② 을

③ 갑 50%와 을 50%

④ 1월 1일부터 4월 25일까지는 갑, 4월 26일부터 12월 31일까지 을

⑤ 1월 1일부터 5월 31일까지는 갑, 6월 1일부터 12월 31일까지 을

26. 다음은 재산세의 토지·건축물·주택에 대한 과세표준의 적용에 대한 내용이다. 옳은 것은?
 ① 법인·개인 구분 없이 모든 과세대상물이 과세기준일 현재의 시가표준액을 과세표준
    으로 한다.
 ② 감정평가원의 감정가격을 과세표준으로 한다.
 ③ 법인·개인 구분 없이 모두 과세기준일 현재 시가표준액에 과세표준액적용비율을 곱한
    가액을 과세표준으로 한다.
 ④ 법인은 장부가액을 개인은 시가표준액을 과세표준으로 한다.
 ⑤ 취득당시의 신고가액을 과세표준으로 한다.

27. 다음은 법인이 소유한 농지로서 분리과세대상에 해당하는 것이다. 틀린 것은?
 ① 「한국농촌공사 및 농지관리기금법」에 의하여 설립된 한국농촌공사가 동법의 규정에
    의하여 농가에 농지를 공급하기 위하여 소유하는 농지
 ② 「농지법」에 따른 농업법인이 소유하는 농지로서 과세기준일 현재 실제 영농에 사용
    되고 있는 농지
 ③ 농산물 가공을 주업으로 하는 법인이 소유하고 있는 농지
 ④ 관계법령 규정에 의한 사회복지사업자가 복지시설의 소비용에 사용하기 위하여 취득
    하여 소유하는 농지
 ⑤ 매립·간척에 의하여 취득한 농지로서 과세기준일 현재 직접 경작하는 농지

28. 다음은 「지방세법」 상 재산세 과세대상 토지(비과세 또는 면제대상이 아님)중 과세표준이
    증가함에 따라 재산세 부담이 누진적으로 증가할 수 있는 것이다. 틀린 것은?
 ① 과세기준일 현재 군 지역에서 실제 영농에 사용되고 있는 개인이 소유하고 있는 농지
 ② 「건축법」 등 관계법령의 규정에 따라 허가를 받아야 할 건축물로서 허가를 받지 아
    니한 건축물의 부속토지
 ③ 공장용 건축물과 주거용 건축물 이외의 건축물로서 건축물의 시가표준액이 부속토지
    시가표준액의 3%에 미달하는 건축물의 부속토지
 ④ 과세기준일 현재 납세의무자가 소유하고 있는 시·군·구의 일반 건축물의 부속토지
    중 건축물 바닥면적에 용도지역별적용배율을 곱하여 산정한 면적 이내의 토지
 ⑤ 대도시 주거지역이나 상업지역에 소재하는 공사용 건축물 부속토지로 공장입지기준면
    적을 초과하는 토지

29. 다음은 재산세와 종합부동산세에 대한 설명이다. 틀린 것은?
 ① 재산세와 종합부동산의 과세기준일은 동일하다.
 ② 주택 이외의 건축물에 대한 재산세의 납부기간은 매년 7월 16일부터 7월 31일까지 이다.
 ③ 주택에 대한 종합부동산세의 과세표준은 납세의무자별로 주택의 공시가격을 합한금액
    (과세기준일 현재 세대원 중 1인이 해당 주택을 단독으로 소유하는 경우에는 그 합산
    한 금액에서 3억원을 공제한 금액)에서 6억원을 공제한 금액에 부동산 시장의 동향과

재정 여건 등을 고려하여 100분의 60부터 100분의 100까지의 범위에서 정하는 공정시
장가액비율을 곱한 금액으로 한다.

④ 종합합산과세대상인 토지의 경우에는 국내에 소재하는 해당 과세대상토지의 공시가격을 합
한 금액이 5억원을 초과하는 자는 해당 토지에 대한 종합부동산세를 납부할 의무가 있다.

⑤ 종합부동산세는 국내에 소재하는 토지에 대하여 「지방세법」의 규정에 의한 종합합
산과세대상·별도합산과세대상 및 분리과세대상으로 구분하여 과세한다.

30. 다음은 재산세의 납세의무자에 대한 설명이다. 옳은 것은?

① 갑이 을에게 토지를 매도한 후 을이 소유권 이전등기를 이행하지 않았더라도 사실상
소유자는 을이므로 갑의 소유권 변동신고 여부에 관계없이 재산세 납세의무자는 을이다.

② 상속이 개시된 토지는 상속등기의 이행 여부나 사실상의 소유자 신고 여부에 관계없이
법정상속인이 연대하여 재산세 납세의무를 진다.

③ 등기부상 갑 개인 소유로 등재되어 있는 토지는 갑이 사실상 종중 소유임을 과세관청에
신고하더라도 재산세 납세의무자는 갑이다.

④ 지방자치단체와 재산세 과세대상 토지를 연부로 매매계약을 체결하고 그 토지의 사용
수익권을 무상으로 부여받은 경우에 재산세 납세의무자는 매수계약자이다.

⑤ 「신탁법」에 의하여 수탁자 명의로 등기된 토지의 재산세 납세의무자는 수탁자이다.

**31. 갑이 소유한 부동산을 아래와 같이 을에게 양도하였을 경우 재산세의 납세의무자로 옳은
것은?**

> ㉠ 계약일 : 2009년 4월 24일
> ㉡ 사실상 잔금지급일 : 2009.년 5월 25일
> ㉢ 등기접수일 : 2009년 5월 25일

① 갑이 납부하여야 한다.

② 을이 납부하여야 한다.

③ 세액 50%는 갑이, 세액 50%는 을이 납부하여야 한다.

④ 과세관청이 납세의무자를 지정한다.

⑤ 갑, 을이 각각 보유한 기간에 따라 안분하여 납부하여야 한다.

**32. 「지방세법」상 재산세 과세대상 토지(비과세 또는 면제대상이 아님) 중 과세표준이 증
가함에 따라 재산세 부담이 누진적으로 증가할 수 있는 것은?**

① 과세기준일 현재 군 지역에서 실제 영농에 사용되고 있는 개인이 소유하고 있는 과수원

② 「건축법」등 관계법령의 규정에 따라 허가를 받아야 할 건축물로서 허가를 받지 아
니한 건축물의 부속토지

③ 1980. 5. 1.부터 종중이 소유하고 있는 임야

④ 회원제 골프장용 토지로서 「체육시설의 설치·이용에 관한 법률」의 규정에 의한 등
록대상이 되는 토지

⑤ 고급오락장으로 사용되는 건축물의 부속토지

33. 다음은 지방세의 물납을 설명한 것이다. 틀린 것은?

① 불허가 통지를 받은 납세의무자가 그 통지를 받은 날로부터 10일 이내에 다른 부동산
으로 변경 신청하는 경우에는 변경하여 허가할 수 있다.

② 물납허가를 받은 부동산을 물납한 때에는 납부기간 내에 납부한 것으로 본다.

③ 재산세와 취득세에 대하여는 물납이 인정되나 등록세는 물납이 인정되지 아니한다.

④ 납부세액이 1천만원을 초과하는 경우에 납세의무자의 신청을 받아 물납을 허가할 수
있으며, 이에는 「지방세법」 중 재산세만 해당된다.

⑤ 물납신청을 받은 부동산이 관리·처분상 부적당하다고 인정되는 경우에는 허가를 하지
아니할 수 있다.

**34. 다음 중 취득세·재산세·도시계획세·공동시설세에 공통적으로 과세대상이 될 수 있는
것은?**

① 토지
② 건축물
③ 선박
④ 항공기
⑤ 차량

35. 다음은 종합부동산세에 대한 내용이다. 틀린 것은?

① 주택에 대한 종합부동산에 과세시에 「임대주택법」 제6조의 규정에 의하여 임대사업
자가 임대사업용으로 등록한 임대주택으로서 법정요건을 갖춘 주택은 종합부동산세가
제외된다.

② 종합부동산세는 주택에 대한 종합부동산세액과 토지에 대한 종합부동산세액을 합산한
금액을 그 세액으로 한다.

③ 과세기준일(매년 6월 1일) 현재 과세기준금액을 초과하는 주택과 토지를 사실상 보유
한 자를 종합부동산세 납세의무자로 한다.

④ 재산세가 부과된 토지 중 「지방세법」 규정에 의한 분리과세대상 토지는 종합부동산
세가 부과된다.

⑤ 과세기준일 현재 주택분 재산세의 납세의무자로서 국내에 있는 재산세 과세대상인 주
택의 공시가액을 합한 금액이 6억원을 초과하는 자는 종합부동산세를 납부할 의무가
있다.

36. 다음은 종합부동산세의 과세대상과 납세의무자(거주자)에 대한 설명이다. 틀린 것은?

① 개인별로 전국의 개별주택가액을 합산한 주택의 공시가격을 합한 금액이 6억원을 초
과한 경우에 종합부동산세의 과세대상이 된다.

② 재산세의 종합합산과세대상인 토지는 개인별로 전국 종합합산과세대상 토지의 공시가
격을 합한 금액이 5억원을 초과한 경우에 종합부동산의 과세대상이 된다.

③ 재산세의 과세대상인 건축물은 개인별로 전국 건축물의 공시가격을 합한 금액이 80억
  원을 초과한 경우에 종합부동산세의 과세대상이 된다.
④ 주택에 대한 종합부동산세의 과세기준인 주택과세표준에 「임대주택법」에 의한 임대
  주택으로서 일정기준을 충족하는 주택과 사원용 주택 및 주택건설사업자의 미분양주
  택, 가정보육시설용주택, 수도권 외 지역에 소재하는 1주택 등은 종합부동산세의 과세
  표준에서 제외한다.
⑤ 재산세가 부과된 토지 중 「지방세법」 규정에 의한 분리과세대상 토지는 종합부동산
  세가 부과되지 않는다.

37. 다음은 종합부동산세에 관한 설명이다. 틀린 것은?
① 개인의 경우 종합부동산세의 납세자는 「소득세법」 상의 규정을 준용하여 정한다.
② 주택분 과세표준 금액에 대하여 해당 과세대상 주택의 주택분 재산세로 부과된 세액
  은 주택분 종합부동산세액에서 이를 공제한다.
③ 「지방세법」 상 별도합산과세대상 토지에 대한 해당연도 종합부동산세의 세부담상한
  액은 직전연도에 부과된 종합부동산세의 300%로 한다.
④ 종합합산과세대상인 토지에 대한 종합부동산세의 과세표준은 납세의무자별로 해당 과
  세대상 토지의 공시가격을 합한 금액에서 5억원을 공제한 금액에 부동산 시장의 동향
  과 재정 여건 등을 고려하여 100분의 60부터 100분의 100까지의 범위에서 정하는 공
  정시장가액비율을 곱합 금액으로 한다.
⑤ 종업원(법령에서 정하는 사용자의 친족 기타 특수관계인 또는 법인의 과점주주가 아
  님)에게 무상이나 저가로 제공하는 사용자 소유의 주택으로서 국민주택규모 이하의
  주택은 주택분 종합부동산세 과세표준 합산의 대상이 되는 주택의 범위에 포함되지
  아니한다.

38. 다음은 우리나라의 부동산 관련 세제에 관한 설명이다. 틀린 것은?
① 현행 제도상 보유과세인 재산세는 기초자치단체의 지방세이며, 종합부동산세는 국세이
  다.
② 주택분 종합부동산세는 주택 과다 보유자에 대한 중과세를 위하여 개인별로 보유한
  모든 주택의 가치를 합산하여 산정한 과세표준에 대해 부과된다.
③ 부동산 거래세에는 취득세와 등록세가 있으며, 모두 지방세이다.
④ 부동산에 대한 양도소득세는 자본이득에 대한 과세의 성격을 지니는데, 현행 제도상
  종합소득세와 분류하여 과세된다.
⑤ 관할 세무서장은 종합부동산세로 납부하여야 할 세액이 500만원을 초과하는 경우에는
  그 세액의 일부를 납부기한이 경과한 날부터 2개월 이내에 분납하게 할 수 있다.

39. 다음은 종합부동산세와 재산세에 관한 설명이다. 틀린 것은?

① 주택 외의 건축물에 대해서는 종합부동산세를 납부할 의무가 없다.

② 주택분 재산세의 납세의무자로서 주택분 과세기준금액을 초과하는 자는 종합부동산세뿐만 아니라 재산세도 세대별로 합산하여 과세된다.

③ 별장(법령상의 농어촌주택과 그 부속토지 제외)에 대한 재산세는 단일세율을 적용한다.

④ 주택에 대한 재산세 및 종합부동산세는 「부동산 가격공시 및 감정평가에 관한 법률」에 의하여 공시된 가액을 기초로 과세표준을 산정함이 원칙이다.

⑤ 국가·지방자치단체 및 지방자치단체조합이 1년 이상 무상으로 공공용에 사용하는 재산에 대하여는 재산세를 부과하지 아니한다.

40. 다음 중 「소득세법」 상 부동산임대소득에 해당하지 않는 것은?

① 토지·건물 등 부동산의 대여로 인하여 발생하는 소득

② 지상권의 대여로 인하여 발생하는 소득

③ 공장재단 또는 광업재단의 대여로 인하여 발생하는 소득

④ 부동산매매업자 또는 건설업자가 판매목적 부동산을 일시적으로 대여하고 얻은 소득

⑤ 광고용으로 토지·가옥의 옥상 또는 측면 등을 사용하게 하고 받는 대가

41. 「소득세법」 상 부동산 관련 사업에 대한 설명이다. 틀린 것은?

① 부동산매매를 사업목적으로 「부가가치세법」 상 1과세기간 내에 1회 이상 부동산을 취득하고 2회 이상 판매하는 경우에는 부동산매매업에 해당된다.

② 토지를 개발하여 주택지·상가 등으로 분할 판매하는 경우에는 부동산매매업에 해당한다.

③ 자기의 토지 위에 상가를 신축하여 판매할 목적으로 건축 중인 「건축법」에 의한 건물과 토지를 제3자에게 양도한 경우에는 부동산매매업에 해당한다.

④ 주택신축판매사업자로서 1동의 주택을 1년에 1회 신축하여 판매하는 경우에는 부동산매매업에 해당한다.

⑤ 묘지를 개발하여 분묘기지권을 설정하고 분묘설치자로서 지료 등을 받은 경우에는 부동산임대업에 해당한다.

42. 「소득세법」 상 양도소득에 해당되는 않는 것은?

① 부동산을 취득할 수 있는 권리의 양도로 인하여 발생하는 소득

② 전세권 및 등기된 부동산임차권의 양도로 인하여 발생하는 소득

③ 지상권의 양도로 인하여 발생하는 소득

④ 행정관청으로부터 인가·허가·면허 등을 받음으로써 발생한 영업권의 단독 양도로 인하여 발생하는 소득

⑤ 시설물을 배타적으로 이용하거나 일반이용자에 비하여 유리한 조건으로 시설물을 이용할 수 있는 권리가 부여된 주식의 양도로 인하여 발생하는 소득

43. 다음과 같은 경우 양도소득세의 양도 및 취득시기로 옳은 것은?

> ㉠ 계약일 : 2009년 3월 5일
> ㉡ 중도금 지급일 1차 : 2009년 4월 5일
>   2차 : 2009년 5월 20일
> ㉢ 계약상 잔금지급일 : 2009년 6월 30일
> ㉣ 사실상 대금청산일 : 2009년 6월 25일
> ㉤ 등기부에 기재된 등기접수일 : 2009년 6월 20일

① 2009년 3월 5일
② 2009년 4월 5일
③ 2009년 6월 20일
④ 2009년 6월 25일
⑤ 2009년 6월 30일

44. 다음은 양도소득세의 양도 및 취득시기에 대한 설명이다. 옳은 것은?

① 상속에 의하여 취득한 자산에 대하여는 상속에 따른 소유권이전 등기접수일
② 「도시개발법」 기타 법률에 따른 환지처분으로 취득한 토지의 취득시기는 환지처분 공고일의 다음날
③ 장기할부조건의 경우에는 소유권이전등기접수일·인도일 또는 사용수익일 중 빠른 날
④ 「민법」 제245조 제1항의 규정에 따라 20년간의 점유로 취득한 토지의 경우에는 해당 토지에 대한 소유권이전등기접수일
⑤ 자가 건설한 건축물에 있어서 사용검사 전에 사실상 사용하는 경우 사용검사증명서교부일

45. 다음 중 양도소득세의 과세대상이 되는 것은?

① 1세대 2주택 중 1주택은 멸실하고 양도한 나머지 주택(3년 보유 2년 거주)
② 서울특별시에 새로운 주택을 매입한 후 2년 이내에 구리시 소재 구주택(3년 보유)을 양도한 1세대 2주택
③ 1세대 1주택 소유자가 해외이주를 위하여 세대전원이 3년 보유 1년 거주 요건을 충족하지 못한 상태에서 출국일로부터 2년 이내에 양도한 경우
④ 1년 이상 요양이 필요한 질병으로 인하여 인천광역시 강화군으로 이사하고 서울특별시에서 1년 거주한 주택을 양도한 경우의 서울주택
⑤ 3년 이상 보유한 연립주택을 재건축하기 위하여 재건축조합을 결성하여 주택을 철거하였으나, 재건축사업이 무산되어 나대지 상태로 양도하게 된 경우

46. 다음은 소득세법령상 1세대 1주택에 대한 양득소득세의 비과세 적용요건 중 보유기간 및 거주기간의 제한을 받지 아니하는 경우를 나열한 것이다. 이에 해당하는 않는 것은?

① 「임대주택법」에 따른 건설임대주택을 취득하여 양도하는 경우로서 해당 건설임대주택의 임차일부터 양도일까지의 거주기간 5년 이상인 경우

② 「해외이주법」에 따른 해외이주로 세대전원이 출국함으로써 양도하는 경우

③ 주택 및 그 부수토지의 전부 또는 일부가 「공익사업을 위한 토지 등의 취득 및 보상에 관한 법률」에 따른 협의매수·수용되는 경우

④ 「도시 및 주거환경정비법」에 따른 주택재건축사업의 정비사업조합의 조합원으로 참여한 자가 그 사업시행기간 중 다른 주택을 취득하여 1년 이상 거주하다가 사업계획에 따라 취득하는 주택으로 세대전원이 이사하면서 그 다른 주택을 양도하는 경우

⑤ 취득 후 1년간 보유한 주택을 사업상의 형편으로 세대전원이 다른 시(도농복합형태의 시의 읍·면 지역 포함)·군으로 주거를 이전함으로써 양도하는 경우

47. 다음과 같은 건물을 취득한 후 건물을 3년 이상 보유하여 1세대 1주택의 요건을 갖춘 자가 그 건물을 양도하였을 경우 양도소득세의 과세범위는 얼마인가?(단, 주택정착면적은 50㎡라고 가정한다)

> ㉠ 대지면적 : 400㎡
> ㉡ 건물 연면적 : 200㎡
> ㉢ 주거용으로 사용되는 건물면적 : 50㎡
> ㉣ 상업용으로 사용되는 건물면적 : 150㎡
> ㉤ 해당 건물은 도시지역 내에 존재한다.

① 대지 200㎡, 건물 100㎡　　② 대지 100㎡, 건물 50㎡
③ 모두 과세된다.　　④ 모두 비과세된다.
⑤ 대지 300㎡, 건물 150㎡

48. 「소득세법」상 국내자산의 양도시 양도소득금액을 감소시킬 수 있는 항목에 해당하지 않는 것은?
① 자산의 취득에 사용된 실지거래가액
② 자산을 양도하기 위하여 직접 지출한 비용
③ 장기보유특별공제액
④ 양도소득기본공제액
⑤ 본래의 용도를 변경하기 위한 개조를 위한 비용

49. 다음 실지거래가액방식에 따른 양도차익의 산정에 있어서 취득가액에 대한 설명이다. 틀린 것은?
① 취득에 관한 쟁송이 있는 자산에 대하여 그 소유권확보를 위하여 직접 소요된 소송비용(다만, 지출한 연도의 각 소득금액 계산상 필요경비에 산입된 것은 제외)도 취득가액에 포함된다.
② 「소득세법」상의 부당행위계산에 따른 시가초과액은 취득가액에 포함되지 않는다.
③ 당사자 약정에 의한 대금지급방법에 따라 취득원가에 이자상당액을 가산하여 거래가액을 확정하는 경우에는 해당 이자상당액도 취득원가에 포함된다.

④ 양도자산의 보유기간 중에 그 자산의 감가상각비로서 부동산임대소득금액의 계산시에
　　필요경비로 산입한 금액은 취득가액에 포함되지 않는다.
⑤ 매입시 기업회계기준에 따라 발생한 현재가치할인차금 중 보유기간 동안 사업소득의
　　필요경비로 산입된 것은 취득가액에 포함된다.

**50. 다음 주어진 자료를 이용하여 등기된 토지를 양도시 양도소득세의 양도차익과 양도소득
금액의 계산으로 옳은 것은? (단, 사업용 토지라 가정한다.)**

㉠ 취득시 실지거래가액	100,000,000원
㉡ 양도시 실지거래가액	200,000,000원
㉢ 자본적 지출액	20,000,000원
㉣ 양도간접비용	4,000,000원
㉤ 양도자산의 보유기간은 10년이다.	

	양도차익	양도소득금액
①	76,000,000원	53,200,000원
②	76,000,000원	50,700,000원
③	80,000,000원	56,000,000원
④	80,000,000원	53,500,000원
⑤	76,000,000원	64,600,000원

51. 다음 자료에 의한 양도소득금액 계산시 장기보유특별공제액을 계산하면?

㉠ 양도가액 : 100,000,000원	㉡ 취득가액 : 70,000,000원
㉢ 필요경비 : 5,000,000원	㉣ 보유기간 : 6년
㉤ 건물로 등기된 자산이다.	

① 30,000,000원		② 25,000,000원	
③ 3,750,000원		④ 4,500,000원	
⑤ 3,000,000원			

**52. 다음과 같은 조건으로 상속받은 주택을 양도하였다. 이에 대한 양도소득세의 설명으로
틀린 것은?**

㉠ 피상속인의 보유기간 : 2년 10개월	
㉡ 상속인의 보유기간 : 5개월	
㉢ 상속에 대한 등기를 이행하였다.	
㉣ 상속주택 이외에 다른 주택을 보유하지 않는다고 가정한다.	

① 양도 당시 1주택인 경우 비과세를 적용받을 수 없다.
② 실지거래가액으로 양도차익을 계산하는 경우 상속개시일 현재의 「상속세 및 증여세
　　법」의 규정에 의하여 평가한 가액을 취득 당시 실지거래가액으로 본다.

③ 장기보유특별공제는 적용받을 수 없다.
④ 양도소득기본공제는 적용받을 수 있다.
⑤ 50%의 세율을 적용하여 산출세액을 계산한다.

53. 다음은 양도소득세에 관한 설명이다. 틀린 것은?
① 토지의 양도가액은 원칙적으로 양도 당시의 양도자와 양수인 간에 실제로 거래한 가액으로 한다.
② 「소득세법」상 갑이 특수관계가 없는 을에게 무상으로 고가주택을 이전한 경우에는 양도소득세 과세대상이 아니다.
③ 배우자 또는 직계존비속이 아닌 자 간의 부담부증여에 있어서 수증자가 증여자의 채무를 인수하는 경우 그 채무액 상당부분은 양도소득세 과세대상이 아니다.
④ 파산선고에 의한 처분으로 인하여 발생하는 소득은 양소소득세 비과세대상이다.
⑤ 미등기 자산(법령이 정하는 자산은 제외)의 양도에 대해서는 양도소득기본공제가 적용되지 아니한다.

54. 법령의 규정에 따라 경작상 필요에 의해 갑 소유의 A농지(가액 10억원)를 을 소유의 B 농지(가액 Y)와 교환하는 경우 양도소득세가 비과세되는 것은? (단, A 농지가액은 B보다 크며, 농지를 3년 이상 농지소재지에 거주하면서 경작한다고 가정함)
① 2억원 〈 (10억원 − Y원) ≦ 2억 5천만원
② 2억 5천만원 〈 (10억원 − Y원) ≦ 3억원
③ 3억원 〈 (10억원 − Y원) ≦ 3억 5천만원
④ 3억 5천만원 〈 (10억원 − Y원) ≦ 4억원
⑤ 4억원 〈 (10억원 − Y원) ≦ 4억 5천만원

55. 다음은 양도소득세가 과세되는 경우이다. 옳은 것은 ?
① 1세대 1주택으로 2년 동안 보유한 주택을 세대전원이 해외로 이주함에 따라 출국일로부터 2년 이내에 양도한 경우
② 과천시 소재 1주택(보유기간 3년)에 6개월간 거주한 1세대가 종전주택을 양도하기 전에 새로운 주택을 취득한 후 2년 이내에 종전주택을 양도한 경우
③ 1주택을 상속받아 2주택을 보유한 1세대가 상속받지 않은 주택(보유기간 및 거주기간 3년)을 양도한 경우
④ 1세대 1주택으로서 주택의 면적이 주택 외의 면적보다 큰 복합건물을 3년 이상 보유하다 양도한 경우
⑤ 1세대 1주택으로서 3년 동안 임차하여 거주한 건설임대주택을 취득하여 2년 6개월 동안 거주하다 양도한 경우

56. 다음은 양도소득세의 계산과정 순서이다. 옳은 것은?
① 양도가액 ⇨ 양도차익 ⇨ 양도소득금액 ⇨ 양도소득과세표준
② 양도차익 ⇨ 양도소득금액 ⇨ 양도가액 ⇨ 양도소득과세표준
③ 양도가액 ⇨ 양도차익 ⇨ 양도소득과세표준 ⇨ 양도소득금액
④ 양도가액 ⇨ 양도소득금액 ⇨양도소득과세표준 ⇨ 양도차익
⑤ 양도차익 ⇨ 양도소득금액 ⇨ 양도소득과세표준 ⇨ 양도가액

57. 소득세법령상 실지거래가액에 의한 양도차익 계산시 양도가액에서 공제하는 필요경비로 인정되지 않은 것은?
① 취득 후 본래의 용도를 유지하기 위해 소요된 수익적 지출액
② 토지를 취득함에 있어서 법령 등의 규정에 따라 매입한 토지개발채권을 만기 전에 양도함으로써 발생하는 매각차손
③ 양도자산을 취득한 후 쟁송이 있는 경우 그 소유권을 확보하기 위하여 직접 소요된 소송비용·화해비용 등으로서 그 지출한 연도의 각 소득금액계산에 있어서 필요경비에 산입된 것을 제외한 금액
④ 자산을 양도하기 위하여 직접 지출한 계약서 작성비용·공증비용·인지대·소개비
⑤ 해당 양도자산의 취득가액과 취득세·등록세 등 취득부대 비용

58. 갑은 「국토의 계획 및 이용에 관한 법률」의 규정에 거래계약허가구역의 토지에 대하여 2009. 1. 30. 을과 매매계약을 체결하고, 2009. 2. 28. 매매대금을 모두 수령하며 2009. 5. 30. 토지거래계약허가를 받는다고 가정한다. 이 경우 갑의 양도소득세예정신고 기한으로 옳은 것은? (단, 신고기한은 공휴일이 아님)
① 2009. 4. 30   ② 2009. 5. 31
③ 2009. 7. 31   ④ 2009. 8. 31
⑤ 2009. 2. 29

중개업법령 및 실무

중개업법령 용어풀이	
중개업법 목적	이 법은 부동산중개업을 건전하게 지도육성하고 공정하고 투명한 거래질서를 확립함으로써 국민경제에 이바지함을 목적으로 한다.
중개업자	이 법에 의해 중개사무소의 개설 등록을 한 자
중개업	다른 사람의 의뢰에 의하여 일정한 보수를 받고, 중개를 업으로 행하는 것을 말한다.
공인중개사	이법에 의해 공인중개사 자격을 취득한 자를 말한다.
중개	법정 중개 대상물에 대하여 거래당사자간의 매매, 교환, 임대차 그 밖의 권리 득실 변경에 관한 행위를 알선하는 것을 말한다. (수수료는 요건이 아니다)
중개 보조원	공인중개사가 아닌 자로서 중개업자에 소속되어 중개대상물에 대한 현장안내 및 일반서무 등 중개업자의 중개 업무와 관련된 단순한 업무를 보조하는 자로 중개업무는 수행 할 수 없다.
사용인	소속공인중개사와 중개보조원을 포함하는 개념.
소속 공인중개사	중개업자에 소속된 공인중개사로서 중개업무를 수행하거나, 중개업자의 중개업무를 보조하는 자를 말한다.
입주권	아파트의 분양 예정자로 선정될 수 있는 지위 (중개대상물이 아니다)
중개대상물	토지, 건물, 입목, 공장재단, 광업재단.
실무교육	부동산 전문직업인으로서의 직업윤리의식 및 부동산관련지식을 기르기 위한 내용(32-44시간) 시·도지사 실시
연수교육	중개업자 등의 자질과 업무수행 능력향상·국토장·시·도지사. 등록관청 실시(7일 전까지 통지)
강제경매	집행권원에 기초하여 채무자 소유의 부동산을 압류, 환가하여 채권의 만족을 얻는 경매절차
임의 경매	담보권 실행을 위한 경매
인수주의	경락이 되더라도 소멸되지 않고 경락자에게 그대로 인수·인계 된다는 의미

중개업법령 및 실무

중개업법령 공부는 시중 참고서가 오히려 장애가 된다고 본다.

숙지해야 할 조문이 몇 개(20개정도)되지 않기 때문에 기출문제의
분석이 무엇보다 중요하다. 참고서보다는 조문자체의 정확한 암기와
기출문제와의 비교를 통한 논점파악이 중요하다. 단기간에 고득점이
가능하다. 별도시간 투자는 무의미하다.

본서는 기본적인 법령사항과 중개업 실무의 일부법률을
일목요연하게 수록하였다.

중개법 법령 및 실무 기본 정리

1. 중개사무소 개설등록절차

1) 필요서류
   ① 공인중개사 자격증 사본
   ② 실무교육 수료확인증 사본
   ③ 반명함판 사진
   ④ 건축물대장에 기록된 건물에 중개사무소를 확보하였음을 증명하는 서류

2) 등록신청수수료 납부

3) 등록통지 : 7일내 서면통지

4) 등록증 교부 : 보증설정 확인 후 등록증 교부

5) 협회통보 : 다음달 10일까지

6) 중개사무소에 게시하여야 할 사항
   ① 중개사무소 등록증
   ② 중개수수료 실비의 요율 및 한도액표
   ③ 중개업자 및 소속공인중개사 자격증
   ④ 보증의 설정은 증명할 수 있는 서류

7) 업무개시 전 인장등록 (변경등록 7일 이내)

8) 분사무소 설치 절차 (주된 사무소 소재지 제외한 시·군·구별 1개소)
   ① 필요서류
      ⓐ 분사무소 책임자 공인중개사 자격증사본
      ⓑ 분사무소 책임자 실무교육수료확인증 사본
      ⓒ 보증설정 증명서류 (중개 사무소 개설등록부×)
      ⓓ 건축물 대장에 기재된 건물에 분사무소를 확보하였음을 증명하는 서류
   ② 설치신고 : 주된 사무소 소재지 등록관청
   ③ 신고필증 교부 : 7일 이내
   ④ 통보 : 신고필증 교부 후 지체없이 분사무소 설치 예정지역 시·군·구청장에게 통보

9) 중개사무소 이전 (10이내 이전신고)
   ① 필요서류 (이전 후 등록관청에 신고)
      ⓐ 중개사무소등록증
      ⓑ 건축물 대장에 기재된 건물에 중개사무소를 확보하였음을 증명하는 서류

② 관할구역 내 이전 : 기재사항 변경·수수료×

③ 관할구역 외 이전 : 등록증 재교부. 처리기간 7일내

10) 분사무소 이전

　① 이전신고 : 이전한 날로부터 10일 이내 주된 사무소 등록관청에 신고

　② 분사무소 설치 신고필증 재교부

　　ⓐ 관할구역 내 : 기재변경

　　ⓑ 관할구역 외 : 신고필증 재교부

　　　　　　(서류송부는 없으며, 사무소 이전사실만 통보하면 된다.)

Memo

✓ 중개업자의 결격사유

① 미성년자

② 금치산자 또는 한정치산자

③ 파산선고 받고 복권되지 않은 자

④ 금고이상의 실형을 받고 그 집행이 종료되거나 집행이 면제된 날로부터 3년이 경과되지 아니한 자.

⑤ 금고 이상의 형의 집행유예를 받고 그 유예 기간 중에 있는 자

⑥ 이법에 의해 공인중개사 자격 취소가 된 후 3년이 경과되지 아니한 자

⑦ 이법에 의해 개설등록이 취소된 후 3년이 경과되지 아니한 자

⑧ 이법에 위반하여 벌금형을 선고 받고 3년이 경과되지 아니한 자

⑨ 소속공인중개사 자격 정지 중·중개업자 업무 정지 기간 중·중개법인 업무정지 사유 발생당시의 임원, 사원이었던 자는 정지기간 중 결격이다.

⑩ 법인의 임원, 무한 책임사원 중 결격에 해당되는 자가 있는 법인

2. 거래계약서 작성

1) 필요적 기재사항(9가지)
　① 거래당사자의 인적사항
　② 물건의 표시
　③ 계약일
　④ 거래금액·계약금액 및 그 지급일자 등 지급에 관한 사항
　⑤ 물건의 인도일시
　⑥ 권리이전의 내용
　⑦ 계약의 조건이나 기한이 있는 경우에는 그 조건 또는 기한
　⑧ 중개대상물 확인, 설명서 교부일자
　⑨ 그 밖의 약정 내용

2) 중개업자 서명·날인(당해 중개행위를 한 소속공인중개사도 서명·날인 의무)

3) 거래계약서 사본 : 5년간 보존

3. 부동산 거래 신고 의무

1) 신고대상 : 부동산 또는 부동산을 취득할 수 있는 권리
　① 토지 또는 건축물
　② 도시 및 주거환경정비법에 따른 관리처분 계획인가로 인하여 취득한 입주자로 선정된 지위(입주권)
　③ 주택법 규정에 따른 사업계획승인을 얻어 건설공급하는 주택의 입주자로 선정된 지위(분양권)

2) 매매계약 : 매매계약에만 신고의 의무가 있다. 따라서 교환계약, 증여계약, 지상권설정계약 등은 신고대상이 아니다. 또한 상속, 경매, 공매, 판결 등은 계약이 아니라 법률규정에 의한 소유권 취득이므로 신고대상이 아니다.

3) 신고절차 및 방법
　① 원칙 : 부동산거래계약신고서에 공동으로 서명 또는 날인하여 거래당사자 중 일방이 신고관청에 제출(공동신고 : 개인간 거래)
　② 예외 : 1인 거부시 단독신청 가능
　③ 중개업자가 거래계약서 작성·교부시 중개업자에게만 신고의무 부과(거래당사자의 부당한 요구는 500만원 이하 과태료)
　④ 신고관청 : 부동산 소재지 시·군·구 (중개사무소×)

Memo

✓ 법인인 중개업자의 업무범위

① 상업용 건축물 및 주택의 임대 관리 등 부동산의 관리대행

② 부동산의 이용 개발 및 거래에 관한 상담

③ 중개업자를 대상으로 한 중개업의 경영기법 및 경영정보의 제공

④ 주택 및 상가의 분양 대행

⑤ 중개업에 부수되는 업무로 대통령령이 정하는 업무

(중개 의뢰인의 의뢰에 따른 도배이사 업체의 소개등 주거이전에 부수되는 용역의 알선)

⑤ 신고방법
  ⓐ 방문신고 : 거래당사자 혹은 중개업자가 신고서 작성 서명·날인 제출
  ⓑ 전자문서 : 거래당사자 혹은 중개업자가 전자인증 방법으로 서명·날인 신고
        단, 거래당사자 중 일방이 신고거부시 거부사유와 거래계약서 사본을
        첨부해서 신고관청에 제출하여야 하므로 전자문서신고는 할 수 없다.
⑥ 신고기한 : 거래계약체결일로부터 60일 이내(주택거래신고지역은 15일 이내)
⑦ 신고사항
  ⓐ 매수인, 매도인 인적사항
  ⓑ 계약일, 중도금지급일, 잔금지급일
  ⓒ 거래대상 부동산의 소재, 지번, 지목
  ⓓ 부동산 종류 및 계약대상 면적
  ⓔ 실제 거래가격
  ⓕ 조건이나 기한
  ⓖ 중개업자의 인적사항 및 중개사무소 개설등록에 관한 사항 (단, 중개업자 작성시)
  ⓗ 거래대상 주택의 자금조달 계획(주택거래신고지역에서 실가 6억 초과 경우)
  ⓘ 거래대상 주택의 입주 계획(주택거래신고 지역에서 실가 6억 초과 경우)
⑧ 계약변경신고는 가능하나, 계약대상 면적 변경없이 물건거래금액을 변경하는 경우
   거래계약서 사본 첨부해야 한다.
⑨ 거래계약 해제 : 해제신고는 임의사항이나, 신고하는 경우에는 해제신고서에 거래 당
   사자의 서명 또는 날인을 받아 두어야 한다.

4. 중개수수료

1) 주택의 중개수수료 (매매·교환 0.9%, 임대차 0.8%, 시·도조례)
  ① 주택의 판단 : 주택의 형상을 갖추고 있는 것으로, 사실상 주거용 사용
  ② 복합건물 : 주택면적이 ½이상인 경우 주택규정 적용
             주택면적이 ½미만인 경우 주택 외 규정 적용

2) 주택 외 중개수수료 (0.9% 이내 국토해양부령)

3) 보증금의 차임이 있는 경우
  ① 5,000만원 미만 (환산보증금)은 70을 곱한다.
  ② 5,000만원 이상은 100을 곱한다.

4) 교환의 경우 거래금액이 큰 중개대상물 가액을 거래금액으로 한다.

5) 동일 중개대상물에 대한 동일 당사자간 거래는 매매계약에 관한 금액을 적용한다.

6) 분양권 경우 향후 납부해야 할 금액은 제외시키고, 프리미엄은 포함한다.

7) 권리금은 중개수수료 규정을 적용하지 않는다.

8) 주택과 주택 외 의 중개대상물 교환시 적용 : 수수료율이 높은 것

Memo

5. 확인·설명서 서식 : 특히 입지조건 숙지할 것

6. 행정처분·행정형벌

1) 절대적 등록취소사유

① 사망, 법인해산   ② 부정등록 (3년 2천)

③ 결격사유 (임원 2월내 해소X)   ④ 이중등록 (1년 1천)

⑤ 이중소속 (1년 1천)   ⑥ 등록증 양도 또는 대여 (1년 1천)

⑦ 업무 정지 중 중개업, 자격 정지중 소·공업무하게 함.

⑧ 1년에 2회이상 업무정지 + 업무정지 사유 발생

2) 임의적 등록취소 사유

① 등록기준 미달   ② 2중 사무소(1년 1천)

③ 임시 시설물 설치(1년 1천)   ④ 겸업위반

⑤ 6월 초과 휴업   ⑥ 금지행위

⑦ 전속 중개 계약 시 정보공개 위반

⑧ 거래 계약서 거짓 기재, 2중 계약서 작성

⑨ 보증 미설정 업무 개시

⑩ 1년 3회이상 업무정지 또는 과태료 + 업무정지, 과태료

3) 업무정지

① 결격 사용인 고용 (2개월내 해소X)

② 인장 미등록 후 미등록 인장 사용

③ 전속 중개계약서, 미사용, 미보존

④ 중개대상물 정보 거짓공개, 거래 완성 시 미통보

⑤ 확인설명의무 위반, 3년보존의무 위반

⑥ 거래계약서 작성교부, 5년 보존의무 위반

⑦ 중개업자 확인설명서, 거래계약서 날인 의무위반

⑧ 감독명령위반

⑨ 임의적 등록 취소사유

⑩ 업무지역위반 부칙 6조2항 중개업자

(1) 양벌규정

① 법인 사원, 임원, 소속공인 중개사, 중개보조원이 행정 형벌 ↔ 중개업자 벌금형

② 행정질서벌이나 행정처분에는 적용이 없다.

Memo

✓ 자격 취소 사유
   ⅰ) 부정한 방법으로 자격을 취득한 자
   ⅱ) 자격증을 양도, 대여한 자(1년, 1천만원)
   ⅲ) 이법 위반으로 징역형 선고 받은 자

✓ 교부시도와 관할 시도가 다른 경우 청문은 관할 시도가 하며, 교부시도에 통보하면 자격 취소 처분은 교부시도가 한다.

✓ 자격취소처분 받은 날부터 7일 이내 교부한 시도에 자격증 반납, 자격 취소된 날부터 3년 이내에는 자격 취득 불가

✓ 시도지사는 자격취소처분한 때에는 5일이내 국토장에게 보고, 다른 시·도지사에게 통보 해야 한다.

✓ 중개업자의 업무정지는 소속공인중개사의 자격정지와 같다.

✓ 확인 설명서 입지조건
   ⅰ) 주거용 : 도로, 대중교통, 주차장, 교육시설, 판매 및 의료시설
   ⅱ) 비주거용 : 도로, 대중교통, 주차장
   ⅲ) 토지용 : 도로, 대중교통
   ⅳ) 입목, 광업재단, 공장재단 : ×

✓ 최근 1년이내 2회이상 임의적 등록취소사유에 해당하는 행위를 한 경우 필수적 등록 취소 처분 대상

4) 행정형벌

　① 3년이하 2천만원 이하 벌금

　　ⓐ 무등록 중개업자

　　ⓑ 거짓 그 밖에 부정한 방법으로 개설등록한 자

　　ⓒ 양도, 알선이 금지된 증서 중개 또는 매매

　　ⓓ 직접거래, 쌍방대리

　　ⓔ 미등기 전매 등 투기조장 행위

　② 1년 이하 1천만원 이하 벌금

　　ⓐ 자격증 양도, 양수 한 자

　　ⓑ 공인중개사 혹은 유사명칭 사용자

　　ⓒ 이중등록·이중소속

　　ⓓ 2개 이상의 중개사무소를 둔자

　　ⓔ 임시중개시설물 설치한 자

　　ⓕ 중개업자가 아닌자로서 '공인중개사사무소', '부동산중개' 등 유사명칭 사용자

　　ⓖ 거래정보사업자(의뢰받은 정보 이외 공개, 다르게 공개, 차별공개)

　　ⓗ 비밀누설(반의사 불벌죄)

　　ⓘ 중개대상물의 매매를 업으로 하는 자

　　ⓙ 무등록중개업자의 사실을 알면서 그를 통해 중개의뢰 받거나, 그에게 자기 명의를 이용케 한 자

　　ⓚ 초과수수료

　　ⓛ 중요사항에 관해 거짓된 언행으로 판단을 그르치게 한 자

　③ 양벌규정 (단, 사용인에 의한 벌금형 양벌규정은 등록취소사유는 아니다)

5) 행정 질서벌

　① 2천만원 이하 과태료 사유 : 거래대금 지급 증명자료 미제출 및 필요조치를 이행하지 아니한 자

　② 500만원 이하

　　ⓐ 거래정보망 규정 위반 운영, 승인, 변경승인 받지 아니한 자

　　ⓑ 부동산 거래신고 아니한 자(공동신고 거부한 자 포함)

　　ⓒ 중개업자로 하여금 부동산 거래신고를 아니하게 하거나 거짓된 내용을 신고하도록 요구한 자

　　ⓓ 부동산 거래신고를 하지 아니하거나, 게을리 한 자

　　ⓔ 거래대금 지급 증명자료외의 자료를 제출하지 아니하거나, 거짓으로 자료를 제출한 자

　　ⓕ 거래정보사업자(자료제출, 조사, 검사거부, 거짓보고)

　　ⓖ 공인중개사협회(공제사업운용실적 미공시, 시정명령위반, 자료제출거부, 거짓보고)

② 100만원 이하

    ⓐ 등록증 미게시

    ⓑ 옥외광고물 표기 불량

    ⓒ 중개사무소 이전 신고 아니한 자

    ⓓ 휴업기간 변경신고 아니한 자

    ⓔ 손해배상책임 미설명·관계증서사본 미교부

    ⓕ 공인중개사 자격증 반납하지 아니한 자

    ⓖ 등록증 반납 아니한 자

④ 취득세 3배(권리의 경우 취득가액의 5/100)이하 과태료 : 부동산 거래신고를 거짓으로 한자

⑤ 토지, 건물 취득할 수 있는 권리 경우 거짓 신고 : 취득가액의 5%이하 과태료

Memo

✓ 업무정지기간은 1/2 범위 내 가중·감경 할 수 있으나, 6월을 초과할 수 없다.

✓ 업무정지처분의 시효제도 : 업무정지 처분 사유 발생일로부터 3년이 경과하면 이를 할 수 없다.

✓ 업무정지, 과태료처분의 위반행위를 사유로 인한 행정처분의 효과는 그 처분일로부터 1년간 재등록 중개업자에게 승계된다.

✓ 거래정보사업자, 공인중개사 협회에 대한 과태료는 국토장이 부과 징수한다.

✓ 자격 취소 시 자격증 미반납자에 대한 과태료는 시·도지사가 부과 징수한다.

✓ 중개업자에 대한 과태료는 등록관청이 부과 징수한다..

✓ 법인의 분사무소의 과태료처분 권한은 주된 사무소를 관할하는 등록관청에 있다.

7. 공인중개사 협회(비영리사단법인, 인가주의, 설립등기주의)

1) 목적 : 중개업자인 공인중개사는 그 자질향상 및 품위유지, 중개업에 관한 제도의 개선
및 운용에 관한 업무를 효율적으로 수행하기 위해 공인중개사 협회를 설립할 수
있다.(협회는 법인으로 한다)

2) 설립절차 :
① 회원 300인이상의 발기인의 정관작성
② 창립 총회 결의 :600인 이상 출석 과반수 동의
(서울시 100인이상, 광역시·도 각 20인이상)
③ 국토해양부장관의 인가
④설립등기

3) 조직
① 주된 사무소 : 서울특별시에 둔다
② 지부 : 시·도에 둘 수 있다. (사후신고)
③ 지회 : 시·군·구에 둘수 있다 (사후신고)

4) 위탁업무 :
① 실무교육위탁 : 시·도지사 위탁 (협회, 대학, 공기업, 준정부기관)

5) 고유업무
① 회원의 품위유지를 위한 업무
② 부동산 중개제도의 연구 · 개선
③ 회원자질향상을 위한 지도 · 교육 · 연수 업무
④ 회원의 윤리 헌장 제정 및 실천업무
⑤ 부동산정보 제공에 관한 업무
⑥ 공제사업

Memo

✓ 부동산거래신고의무에 위반한 거래당사자 또는 중개업자에 대한 과태료는 신고 받은 관청이 부과 징수한다. 신고 관청이 중개업자에게 과태료를 부과하는 경우에 10일 이내에 중개사무소를 관할하는 등록관청에 부과사실을 통보하여야 한다.

✓ 과태료 부과에 대한 이의제기는 처분을 고지 받은 날로부터 30일 이내 국토장, 시·도지사, 등록관청, 신고관청에 이의제기를 할수 잇다.

8. 부동산 거래정보망

1) 목적 : 중개업자 상호간의 중개대상물의 중개에 관한 정보교환

2) 지정요건 :
    ① 중개업자 1천명이상, 10이상 시·도·자치도에서 각각 30명 이상
    ② 정보처리기사 2인 이상
    ③ 공인중개사 2인 이상
    ④ 국토해양부장관이 정하는 용량 및 성능을 갖춘 컴퓨터 설비 확인
    ⑤ 전기통신사업법에 따른 부가통신사업자

2) 지정과정 :
    ① 지정신청 받은날로부터 30일내 지정
    ② 지정받은날로부터 3월이내 운영규정 승인(국토해양부장관)
    ③ 1년이내 설치운영

9. 포상금 규정(1건당 50만원, 지급결정일로부터 1월이내 지급)

1) 신고대상 : ① 중개 사무소의 개설등록 없이 중개업을 한 자.
            ② 거짓·부정한 방법으로 중개사무소 개설 등록한 자.
            ③ 자격증 양도·대여, 양수·대여 받은 자

2) 지급조건 : 행정기관에 발각되기 전에 등록관청이나 수사기관에 신고, 또는 고발
            (검사가 공소제기 또는 기소유예 결정한 경우)

공인중개사의 업무 및 부동산 거래신고에 관한 법률
[일부개정 2009.4.1 법률 제9596호]

제1장 총칙

제1조(목적) 이 법은 부동산중개업을 건전하게 지도·육성하고 공정하고 투명한 부동산거래 질서를 확립함으로써 국민경제에 이바지함을 목적으로 한다.

제2조(정의) 이 법에서 사용하는 용어의 정의는 다음과 같다.
1. "중개" 라 함은 제3조의 규정에 의한 중개대상물에 대하여 거래당사자간의 매매·교환· 임대차 그 밖의 권리의 득실변경에 관한 행위를 알선하는 것을 말한다.
2. "공인중개사" 라 함은 이 법에 의한 공인중개사자격을 취득한 자를 말한다.
3. "중개업" 이라 함은 다른 사람의 의뢰에 의하여 일정한 보수를 받고 중개를 업으로 행하는 것을 말한다.
4. "중개업자" 라 함은 이 법에 의하여 중개사무소의 개설등록을 한 자를 말한다.
5. "소속공인중개사" 라 함은 중개업자에 소속된 공인중개사(중개업자인 법인의 사원 또는 임원으로서 공인중개사인 자를 포함한다)로서 중개업무를 수행하거나 중개업자의 중개업무를 보조하는 자를 말한다.
6. "중개보조원" 이라 함은 공인중개사가 아닌 자로서 중개업자에 소속되어 중개대상물에 대한 현장안내 및 일반서무 등 중개업자의 중개업무와 관련된 단순한 업무를 보조하는 자를 말한다.

제3조(중개대상물의 범위) 이 법에 의한 중개대상물은 다음 각 호와 같다.
1. 토지
2. 건축물 그 밖의 토지의 정착물
3. 그 밖에 대통령령이 정하는 재산권 및 물건

제2장 공인중개사

제4조(자격시험) ① 공인중개사가 되려는 자는 특별시장·광역시장·도지사 ·특별자치도지사(이하 "시·도지사" 라 한다)가 시행하는 공인중개사자격시험에 합격하여야 한다.〈개정 2008.6.13〉
②국토해양부장관은 공인중개사자격시험 수준의 균형유지 등을 위하여 필요하다고 인정하는 때에는 대통령령이 정하는 바에 따라 직접 시험문제를 출제하거나 시험을 시행할 수 있다.〈개정 2008.2.29〉
③공인중개사자격시험의 시험과목·시험방법 및 시험의 일부면제 그 밖에 시험에 관하여 필요한 사항은 대통령령으로 정한다.

제4조의2(공인중개사시험위원회) ① 제4조제1항 및 제2항에 따른 공인중개사자격의 취득과 관련한 다음 각 호의 사항을 심의하기 위하여 국토해양부에 공인중개사시험위원회를 둘 수 있다.
1. 공인중개사의 시험과목 등 시험에 관한 사항
2. 시험선발인원의 결정에 관한 사항

3. 그 밖에 공인중개사자격의 취득과 관련한 중요 사항
　②공인중개사시험위원회의 구성 및 운영 등에 관하여 필요한 사항은 대통령령으로 정한다.
　③제1항에 따라 공인중개사시험위원회에서 공인중개사자격시험에 관한 사항을 정하는 경우에는 시·도지사는 이에 따라야 한다.
[본조신설 2008.6.13]

제5조(자격증의 교부 등) ①제4조제1항 및 제2항의 규정에 의하여 공인중개사자격시험을 시행하는 시험시행기관의 장은 공인중개사자격시험의 합격자가 결정된 때에는 이를 공고하여야 한다.
　②시·도지사는 제1항의 규정에 의한 합격자에게 국토해양부령이 정하는 바에 따라 공인중개사자격증을 교부하여야 한다.〈개정 2008.2.29〉
　③제2항의 규정에 의하여 공인중개사자격증을 교부받은 자는 공인중개사자격증을 잃어버리거나 못쓰게 된 경우에는 국토해양부령이 정하는 바에 따라 시·도지사에게 재교부를 신청할 수 있다.〈개정 2008.2.29〉

제6조(결격사유) 제35조제1항의 규정에 의하여 공인중개사의 자격이 취소된 후 3년이 경과되지 아니한 자는 공인중개사가 될 수 없다.

제7조(자격증 대여 등의 금지) ①공인중개사는 다른 사람에게 자기의 성명을 사용하여 중개업무를 하게 하거나 자기의 공인중개사자격증을 양도 또는 대여하여서는 아니된다.
　②누구든지 다른 사람의 공인중개사자격증을 양수하거나 대여받아 이를 사용하여서는 아니된다.

제8조(유사명칭의 사용금지) 공인중개사가 아닌 자는 공인중개사 또는 이와 유사한 명칭을 사용하지 못한다.

제3장 중개업 등

제9조(중개사무소의 개설등록) ① 중개업을 영위하려는 자는 국토해양부령이 정하는 바에 따라 중개사무소(법인의 경우에는 주된 중개사무소를 말한다)를 두려는 지역을 관할하는 시장(구가 설치되지 아니한 시의 시장과 특별자치도 행정시의 시장을 말한다. 이하 같다)·군수 또는 구청장(이하 "등록관청"이라 한다)에게 중개사무소의 개설등록을 하여야 한다.〈개정 2008.2.29, 2008.6.13〉
　②공인중개사(소속공인중개사를 제외한다) 또는 법인이 아닌 자는 제1항의 규정에 의한 중개사무소의 개설등록을 신청할 수 없다.
　③제1항의 규정에 의한 중개사무소 개설등록의 기준은 대통령령으로 정한다.

제10조(등록의 결격사유 등) ①다음 각 호의 어느 하나에 해당하는 자는 중개사무소의 개설등록을 할 수 없다.
1. 미성년자
2. 금치산자 또는 한정치산자
3. 파산선고를 받고 복권되지 아니한 자
4. 금고 이상의 실형의 선고를 받고 그 집행이 종료(집행이 종료된 것으로 보는 경우를 포함한다)되거나 집행이 면제된 날부터 3년이 경과되지 아니한 자
5. 금고 이상의 형의 집행유예를 받고 그 유예기간 중에 있는 자

6. 제35조제1항의 규정에 의하여 공인중개사의 자격이 취소된 후 3년이 경과되지 아니한 자
7. 제36조제1항의 규정에 의하여 공인중개사의 자격이 정지된 자로서 자격정지기간중에 있는 자
8. 제38조제1항제2호·제4호 내지 제8호, 동조제2항제2호 내지 제10호에 해당하는 사유로 중개사무소의 개설등록이 취소된 후 3년(제40조제3항의 규정에 의하여 등록이 취소된 경우에는 3년에서 동항제1호의 규정에 의한 폐업기간을 공제한 기간을 말한다)이 경과되지 아니한 자
9. 제39조의 규정에 의하여 업무정지처분을 받고 제21조의 규정에 의한 폐업신고를 한 자로서 업무정지기간(폐업에 불구하고 진행되는 것으로 본다)이 경과되지 아니한 자
10. 제39조의 규정에 의하여 업무정지처분을 받은 중개업자인 법인의 업무정지의 사유가 발생한 당시의 사원 또는 임원이었던 자로서 당해 중개업자에 대한 업무정지기간이 경과되지 아니한 자
11. 이 법을 위반하여 벌금형의 선고를 받고 3년이 경과되지 아니한 자
12. 사원 또는 임원 중 제1호 내지 제11호의 어느 하나에 해당하는 자가 있는 법인
②제1항제1호 내지 제11호의 어느 하나에 해당하는 자는 소속공인중개사 또는 중개보조원이 될 수 없다.

제11조(등록증의 교부 등) ① 등록관청은 제9조의 규정에 의한 중개사무소의 개설등록을 한 자에 대하여 국토해양부령이 정하는 바에 따라 중개사무소등록증을 교부하여야 한다.〈개정 2008.2.29〉
②제5조제3항의 규정은 중개사무소등록증의 재교부에 관하여 이를 준용한다.

제12조(이중등록의 금지 등) ①중개업자는 이중으로 중개사무소의 개설등록을 하여 중개업을 할 수 없다.
②중개업자·소속공인중개사·중개보조원 및 중개업자인 법인의 사원·임원(이하 "중개업자등"이라 한다)은 다른 중개업자의 소속공인중개사·중개보조원 또는 중개업자인 법인의 사원·임원이 될 수 없다.

제13조(중개사무소의 설치기준) ①중개업자는 그 등록관청의 관할 구역안에 중개사무소를 두되, 1개의 중개사무소만을 둘 수 있다.
②중개업자는 천막 그 밖에 이동이 용이한 임시 중개시설물을 설치하여서는 아니된다.
③제1항의 규정에 불구하고 법인인 중개업자는 대통령령이 정하는 기준과 절차에 따라 등록관청에 신고하고 그 관할 구역 외의 지역에 분사무소를 둘 수 있다.
④ 제3항의 규정에 의하여 분사무소 설치신고를 받은 등록관청은 그 신고내용이 적합한 경우에는 국토해양부령이 정하는 신고필증을 교부하고 지체 없이 그 분사무소설치예정지역을 관할하는 시장·군수 또는 구청장에게 이를 통보하여야 한다.〈개정 2008.2.29〉
⑤제5조제3항의 규정은 제4항의 규정에 의한 신고필증의 재교부에 관하여 이를 준용한다.
⑥중개업자는 그 업무의 효율적인 수행을 위하여 다른 중개업자와 중개사무소를 공동으로 사용할 수 있다.
⑦중개사무소의 설치기준 및 운영 등에 관하여 필요한 사항은 대통령령으로 정한다.

제14조(중개업자의 겸업제한 등) ①법인인 중개업자는 다른 법률에 규정된 경우를 제외하고는 중개업 및 다음 각 호에 규정된 업무와 제2항에 규정된 업무 외에 다른 업무를 함께 할 수 없다.〈개정 2009.4.1〉
1. 상업용 건축물 및 주택의 임대관리 등 부동산의 관리대행
2. 부동산의 이용·개발 및 거래에 관한 상담

3. 중개업자를 대상으로 한 중개업의 경영기법 및 경영정보의 제공
4. 상업용 건축물 및 주택의 분양대행
5. 그 밖에 중개업에 부수되는 업무로서 대통령령이 정하는 업무
　②중개업자는 「민사집행법」에 의한 경매 및 「국세징수법」 그 밖의 법령에 의한 공매
대상 부동산에 대한 권리분석 및 취득의 알선과 매수신청 또는 입찰신청의 대리를 할 수
있다.
　③중개업자가 제2항의 규정에 따라 「민사집행법」에 의한 경매대상 부동산의 매수신청
또는 입찰신청의 대리를 하고자 하는 때에는 대법원규칙이 정하는 요건을 갖추어 법원에
등록을 하고 그 감독을 받아야 한다.

제15조(중개업자의 사용인의 신고 등) ① 중개업자는 소속공인중개사 또는 중개보조원을 고
용하거나 해고한 때에는 국토해양부령이 정하는 바에 따라 등록관청에 신고하여야 한다.
〈개정 2008.2.29〉
　②소속공인중개사 또는 중개보조원의 업무상 행위는 그를 고용한 중개업자의 행위로 본다.

제16조(인장의 등록) ① 중개업자 및 소속공인중개사는 국토해양부령이 정하는 바에 따라 중
개행위에 사용할 인장을 등록관청에 등록하여야 한다. 등록한 인장을 변경한 경우에도 또
한 같다.〈개정 2008.2.29〉
　②중개업자 및 소속공인중개사는 중개행위를 함에 있어서는 제1항의 규정에 의하여 등록
한 인장을 사용하여야 한다.

제17조(중개사무소등록증 등의 게시) 중개업자는 중개사무소등록증·중개수수료 요율표 그
밖에 국토해양부령이 정하는 사항을 당해 중개사무소 안의 보기 쉬운 곳에 게시하여야
한다.〈개정 2008.2.29〉

제18조(명칭) ①중개업자는 그 사무소의 명칭에 "공인중개사사무소" 또는 "부동산중개"라는
문자를 사용하여야 한다.
　②중개업자가 아닌 자는 "공인중개사사무소", "부동산중개" 또는 이와 유사한 명칭을 사
용하여서는 아니된다.
　③중개업자가 「옥외광고물 등 관리법」 제2조제1호의 규정에 따른 옥외광고물을 설치하
는 경우 중개사무소등록증에 표기된 중개업자(법인의 경우에는 대표자, 법인 분사무소의
경우에는 제13조제4항의 규정에 따른 신고필증에 기재된 책임자를 말한다)의 성명을 표기
하여야 한다.〈신설 2006.12.28〉
　④제3항의 규정에 따른 중개업자 성명의 표기방법 등에 관하여 필요한 사항은 국토해양
부령으로 정한다.〈신설 2006.12.28, 2008.2.29〉
　⑤등록관청은 제1항 내지 제3항의 규정을 위반한 사무소의 간판 등에 대하여 철거를 명
할 수 있다. 이 경우 그 명령을 받은 자가 철거를 이행하지 아니하는 경우에는 「행정대
집행법」에 의하여 대집행을 할 수 있다.〈개정 2006.12.28〉

제19조(중개사무소등록증 대여 등의 금지) ①중개업자는 다른 사람에게 자기의 성명 또는 상
호를 사용하여 중개업무를 하게 하거나 자기의 중개사무소등록증을 양도 또는 대여하는
행위를 하여서는 아니된다.
　②누구든지 다른 사람의 성명 또는 상호를 사용하여 중개업무를 하거나 다른 사람의 중
개사무소등록증을 양수 또는 대여받아 이를 사용하는 행위를 하여서는 아니된다.

제20조(중개사무소의 이전신고) ① 중개업자는 중개사무소를 이전한 때에는 이전한 날부터

10일 이내에 국토해양부령이 정하는 바에 따라 등록관청에 이전사실을 신고하여야 한다. 다만, 중개사무소를 등록관청의 관할 지역 외의 지역으로 이전한 경우에는 이전 후의 중개사무소를 관할하는 시장·군수 또는 구청장(이하 이 조에서 "이전후 등록관청"이라 한다)에게 신고하여야 한다.〈개정 2008.2.29〉
②제1항 단서의 규정에 의하여 신고를 받은 이전후 등록관청은 종전의 등록관청에 관련 서류를 송부하여 줄 것을 요청하여야 한다. 이 경우 종전의 등록관청은 지체없이 관련 서류를 이전후 등록관청에 송부하여야 한다.
③제1항 단서의 규정에 의한 신고 전에 발생한 사유로 인한 중개업자에 대한 행정처분은 이전후 등록관청이 이를 행한다.

제21조(휴업 또는 폐업의 신고) ① 중개업자는 3월을 초과하는 휴업(중개사무소의 개설등록 후 업무를 개시하지 아니하는 경우를 포함한다. 이하 같다), 폐업 또는 휴업한 중개업을 재개하고자 하는 때에는 등록관청에 그 사실을 신고하여야 한다. 휴업기간을 변경하고자 하는 때에도 또한 같다.〈개정 2008.2.29, 2008.6.13〉
②제1항의 규정에 의한 휴업은 6월을 초과할 수 없다. 다만, 질병으로 인한 요양등 대통령령이 정하는 부득이한 사유가 있는 경우에는 그러하지 아니하다.
③제1항의 규정에 의한 신고의 절차 등에 관하여 필요한 사항은 대통령령으로 정한다.〈개정 2008.6.13〉

제22조(일반중개계약) 중개의뢰인은 중개의뢰내용을 명확하게 하기 위하여 필요한 경우에는 중개업자에게 다음 각 호의 사항을 기재한 일반중개계약서의 작성을 요청할 수 있다.
1. 중개대상물의 위치 및 규모
2. 거래예정가격
3. 거래예정가격에 대하여 제32조의 규정에 의하여 정한 중개수수료
4. 그 밖에 중개업자와 중개의뢰인이 준수하여야 할 사항

제23조(전속중개계약) ①중개의뢰인은 중개대상물의 중개를 의뢰함에 있어서 특정한 중개업자를 정하여 그 중개업자에 한하여 당해 중개대상물을 중개하도록 하는 계약(이하 "전속중개계약"이라 한다)을 체결할 수 있다.
② 제1항의 규정에 의한 전속중개계약은 국토해양부령이 정하는 계약서에 의하여야 하며, 중개업자는 전속중개계약을 체결한 때에는 당해 계약서를 국토해양부령이 정하는 기간 동안 보존하여야 한다.〈개정 2008.2.29〉
③중개업자는 전속중개계약을 체결한 때에는 제24조의 규정에 의한 부동산거래정보망 또는 일간신문에 당해 중개대상물에 관한 정보를 공개하여야 한다. 다만, 중개의뢰인이 비공개를 요청한 경우에는 이를 공개하여서는 아니된다.
④전속중개계약의 유효기간, 공개하여야 할 정보의 내용 그 밖에 필요한 사항은 대통령령으로 정한다.

제24조(부동산거래정보망의 지정 및 이용) ① 국토해양부장관은 중개업자 상호간에 부동산매매 등에 관한 정보의 공개와 유통을 촉진하고 공정한 부동산거래질서를 확립하기 위하여 부동산거래정보망을 설치·운영할 자를 지정할 수 있다.〈개정 2008.2.29〉
②제1항의 규정에 의하여 지정을 받을 수 있는 자는 「전기통신사업법」의 규정에 의한 부가통신사업자로서 국토해양부령이 정하는 요건을 갖춘 자로 한다.〈개정 2008.2.29〉
③제1항의 규정에 의하여 지정을 받은 자(이하 "거래정보사업자"라 한다)는 지정받은 날부터 3월 이내에 부동산거래정보망의 이용 및 정보제공방법 등에 관한 운영규정(이하 "운영규정"이라 한다)을 정하여 국토해양부장관의 승인을 얻어야 한다. 이를 변경하고자 하

는 때에도 또한 같다.<개정 2008.2.29>
④거래정보사업자는 중개업자로부터 공개를 의뢰받은 중개대상물의 정보에 한하여 이를 부동산거래정보망에 공개하여야 하며, 의뢰받은 내용과 다르게 정보를 공개하거나 어떠한 방법으로든지 중개업자에 따라 정보가 차별적으로 공개되도록 하여서는 아니된다.
⑤국토해양부장관은 거래정보사업자가 다음 각 호의 어느 하나에 해당하는 경우에는 그 지정을 취소할 수 있다.<개정 2008.2.29>
1. 거짓 그 밖의 부정한 방법으로 지정을 받은 경우
2. 제3항의 규정을 위반하여 운영규정의 승인 또는 변경승인을 받지 아니하거나 운영규정을 위반하여 부동산거래정보망을 운영한 경우
3. 제4항의 규정을 위반하여 정보를 공개한 경우
4. 정당한 사유 없이 지정받은 날부터 1년 이내에 부동산거래정보망을 설치·운영하지 아니한 경우
5. 개인인 거래정보사업자의 사망 또는 법인인 거래정보사업자의 해산 그 밖의 사유로 부동산거래정보망의 계속적인 운영이 불가능한 경우
⑥국토해양부장관은 제5항제1호 내지 제4호의 규정에 의하여 거래정보사업자 지정을 취소하고자 하는 경우에는 청문을 실시하여야 한다.<개정 2008.2.29>
⑦중개업자는 부동산거래정보망에 중개대상물에 관한 정보를 거짓으로 공개하여서는 아니되며, 당해 중개대상물의 거래가 완성된 때에는 지체 없이 이를 당해 거래정보사업자에게 통보하여야 한다.
⑧거래정보사업자의 지정절차, 운영규정에 정할 내용 그 밖에 필요한 사항은 국토해양부령으로 정한다.<개정 2008.2.29>

제25조(중개대상물의 확인·설명) ①중개업자는 중개를 의뢰받은 경우에는 중개가 완성되기 전에 다음 각 호의 사항을 확인하여 이를 당해 중개대상물에 관한 권리를 취득하고자 하는 중개의뢰인에게 성실·정확하게 설명하고, 토지대장·등기부등본등 설명의 근거자료를 제시하여야 한다.
1. 당해 중개대상물의 상태·입지 및 권리관계
2. 법령의 규정에 의한 거래 또는 이용제한사항
3. 그 밖에 대통령령이 정하는 사항
②중개업자는 제1항의 규정에 의한 확인·설명을 위하여 필요한 경우에는 중개대상물의 매도의뢰인·임대의뢰인 등에게 당해 중개대상물의 상태에 관한 자료를 요구할 수 있다.
③중개업자는 중개가 완성되어 거래계약서를 작성하는 때에는 제1항의 규정에 의한 확인·설명사항을 대통령령이 정하는 바에 따라 서면으로 작성하여 거래당사자에게 교부하고 대통령령이 정하는 기간 동안 그 사본을 보존하여야 한다.
④제3항의 규정에 의한 확인·설명서에는 중개업자(법인인 경우에는 대표자를 말하며, 법인에 분사무소가 설치되어 있는 경우에는 분사무소의 책임자를 말한다)가 서명 및 날인하되, 당해 중개행위를 한 소속공인중개사가 있는 경우에는 소속공인중개사가 함께 서명 및 날인하여야 한다.<개정 2009.4.1>

제26조(거래계약서의 작성 등) ①중개업자는 중개대상물에 관하여 중개가 완성된 때에는 대통령령이 정하는 바에 따라 거래계약서를 작성하여 거래당사자에게 교부하고 대통령령이 정하는 기간 동안 그 사본을 보존하여야 한다.
②제25조제4항의 규정은 제1항의 규정에 의한 거래계약서의 작성에 관하여 이를 준용한다.
③중개업자는 제1항의 규정에 의하여 거래계약서를 작성하는 때에는 거래금액 등 거래내용을 거짓으로 기재하거나 서로 다른 2 이상의 거래계약서를 작성하여서는 아니된다.

제27조(부동산거래의 신고) ① 거래당사자(매수인 및 매도인을 말한다. 이하 이 조에서 같다)
는 다음 각 호의 어느 하나에 해당하는 부동산 또는 부동산을 취득할 수 있는 권리에 관
한 매매계약을 체결한 때에는 부동산 등의 실제 거래가격 등 대통령령이 정하는 사항을
거래계약의 체결일부터 60일 이내에 매매대상부동산(권리에 관한 매매계약의 경우에는 그
권리의 대상인 부동산) 소재지의 관할 시장·군수 또는 구청장에게 공동으로 신고하여야
한다. 다만, 거래당사자 중 일방이 신고를 거부하는 경우에는 국토해양부령으로 정하는
바에 따라 상대방이 단독으로 신고할 수 있다.〈개정 2006.12.28, 2008.6.13〉
1. 토지 또는 건축물
2. 「도시 및 주거환경정비법」 제48조의 규정에 따른 관리처분계획의 인가로 인하여 취득한
   입주자로 선정된 지위
3. 「주택법」 제16조의 규정에 따른 사업계획승인을 얻어 건설공급하는 주택의 입주자로 선
   정된 지위
   ②중개업자가 제26조제1항의 규정에 의하여 거래계약서를 작성·교부한 때에는 제1항의
   규정에 불구하고 당해 중개업자가 제1항의 규정에 의한 신고를 하여야 한다.
   ③제1항 또는 제2항의 규정에 의하여 신고를 받은 시장·군수 또는 구청장은 그 신고내
   용을 확인한 후 신고필증을 신고인에게 즉시 교부하여야 한다.
   ④ 중개업자 또는 거래당사자가 제3항에 따른 신고필증을 교부받은 때(제1항 단서에 따라
   매도인이 신고필증을 교부받은 때를 포함한다)에는 매수인은 「부동산등기 특별조치법」
   제3조제1항에 따른 검인을 받은 것으로 본다.〈개정 2008.6.13〉
   ⑤거래당사자는 중개업자로 하여금 제2항의 규정에 의한 부동산거래신고를 하지 아니하
   게 하거나 거짓된 내용을 신고하도록 요구하여서는 아니된다.
   ⑥「주택법」 제80조의2에 따른 주택거래신고지역의 주택에 대하여 중개업자가 주택거래
   계약서를 작성하여 교부한 경우에는 중개업자가 제1항 및 제2항에 따라 신고하여야 한다.
   이 경우 제1항에도 불구하고 그 신고기간은 주택거래계약의 체결일부터 15일 이내로 한
   다.〈개정 2008.6.13〉
   ⑦제6항에 따라 중개업자가 주택거래계약서를 작성하여 교부한 경우에 그 계약을 체결한
   당사자에게는 「주택법」 제80조의2제1항을 적용하지 아니한다.〈신설 2008.6.13〉
   ⑧「주택법」 제80조의2제1항에 따른 주택거래신고를 한 경우(이 법 제27조제6항에 따라
   신고하여야 하는 경우를 제외한다)에는 제1항 및 제2항을 적용하지 아니한다.〈신설
   2008.6.13〉
   ⑨제1항·제2항 및 제6항에 따른 신고의 절차 그 밖에 필요한 사항은 국토해양부령으로
   정한다.〈개정 2008.2.29, 2008.6.13〉

제27조의2(신고내역 조사) 시장·군수 또는 구청장은 제27조의 규정에 따른 신고사항이 누락
   되어 있거나 정확하지 아니하다고 판단되는 경우 신고인에게 신고내용을 보완하게 하거
   나 신고한 사항의 사실여부를 확인하기 위하여 소속 공무원으로 하여금 거래당사자 또는
   중개업자에게 계약서, 거래대금지급을 증명할 수 있는 서면 등 관련 자료의 제출을 요구
   하는 등 필요한 조치를 취할 수 있다.〈개정 2008.6.13〉
   [본조신설 2006.12.28]

제28조(부동산거래 신고가격의 검증 등) ① 국토해양부장관은 공정하고 투명한 부동산거래질
   서를 확립하기 위하여 제27조의 규정에 의하여 신고를 받은 부동산거래내용 및 「부동산
   가격공시 및 감정평가에 관한 법률」에 의하여 공시된 토지 및 주택의 가액 그 밖의 부
   동산가격정보를 활용하여 부동산거래가격 검증체계를 구축·운영하여야 한다.〈개정
   2008.2.29〉
   ②시장·군수 또는 구청장은 제27조의 규정에 의한 신고를 받은 때에는 제1항의 규정에

의한 부동산거래가격 검증체계에 의하여 그 적정성을 검증하여야 한다.
  ③시장·군수 또는 구청장은 제2항의 규정에 의한 검증결과를 당해 부동산 소재지 관할
세무관서의 장에게 통보하여야 하며, 통보받은 세무관서의 장은 당해 신고사항을 국세 또
는 지방세 부과를 위한 과세자료로 활용할 수 있다.

제29조(중개업자등의 기본윤리) ①중개업자 및 소속공인중개사는 전문직업인으로서의 품위를
  유지하고 신의와 성실로써 공정하게 중개 관련 업무를 수행하여야 한다.
  ②중개업자등은 이 법 및 다른 법률에 특별한 규정이 있는 경우를 제외하고는 그 업무상
알게 된 비밀을 누설하여서는 아니된다. 중개업자등이 그 업무를 떠난 후에도 또한 같다.

제30조(손해배상책임의 보장) ①중개업자는 중개행위를 함에 있어서 고의 또는 과실로 인하
  여 거래당사자에게 재산상의 손해를 발생하게 한 때에는 그 손해를 배상할 책임이 있다.
  ②중개업자는 자기의 중개사무소를 다른 사람의 중개행위의 장소로 제공함으로써 거래당
사자에게 재산상의 손해를 발생하게 한 때에는 그 손해를 배상할 책임이 있다.
  ③중개업자는 업무를 개시하기 전에 제1항 및 제2항의 규정에 의한 손해배상책임을 보장
하기 위하여 대통령령이 정하는 바에 따라 보증보험 또는 제42조의 규정에 의한 공제에
가입하거나 공탁을 하여야 한다.
  ④제3항의 규정에 의하여 공탁한 공탁금은 중개업자가 폐업 또는 사망한 날부터 3년 이
내에는 이를 회수할 수 없다.
  ⑤중개업자는 중개가 완성된 때에는 거래당사자에게 손해배상책임의 보장에 관한 다음
각 호의 사항을 설명하고 관계 증서의 사본을 교부하거나 관계 증서에 관한 전자문서를
제공하여야 한다.
1. 보장금액
2. 보증보험회사, 공제사업을 행하는 자, 공탁기관 및 그 소재지
3. 보장기간

제31조(계약금등의 반환채무이행의 보장) ①중개업자는 거래의 안전을 보장하기 위하여 필요
  하다고 인정하는 경우에는 거래계약의 이행이 완료될 때까지 계약금·중도금 또는 잔금
(이하 이 조에서 "계약금등"이라 한다)을 중개업자 또는 대통령령이 정하는 자의 명의로
금융기관, 제42조의 규정에 의하여 공제사업을 하는 자 또는 「자본시장과 금융투자업에
관한 법률」에 따른 신탁업자 등에 예치하도록 거래당사자에게 권고할 수 있다.〈개정
2007.8.3〉
  ②제1항의 규정에 의하여 계약금등을 예치한 경우 매도인·임대인 등 계약금등을 수령할
수 있는 권리가 있는 자는 당해 계약을 해제한 때에 계약금등의 반환을 보장하는 내용의
금융기관 또는 보증보험회사가 발행하는 보증서를 계약금등의 예치명의자에게 교부하고
계약금등을 미리 수령할 수 있다.
  ③제1항의 규정에 의하여 예치한 계약금등의 관리·인출 및 반환절차 등에 관하여 필요
한 사항은 대통령령으로 정한다.

제32조(중개수수료 등) ①중개업자는 중개업무에 관하여 중개의뢰인으로부터 소정의 수수료
  를 받는다. 다만, 중개업자의 고의 또는 과실로 인하여 중개의뢰인간의 거래행위가 무
효·취소 또는 해제된 경우에는 그러하지 아니하다.
  ②중개업자는 중개의뢰인으로부터 제25조제1항의 규정에 의한 중개대상물의 권리관계 등
의 확인 또는 제31조의 규정에 의한 계약금등의 반환채무이행 보장에 소요되는 실비를
받을 수 있다.
  ③ 주택(부속토지를 포함한다. 이하 이 항에서 같다)의 중개에 대한 수수료와 제2항에 따

른 실비의 한도 등에 관하여 필요한 사항은 국토해양부령이 정하는 범위 안에서 특별시·광역시·도 또는 특별자치도(이하 "시·도"라 한다)의 조례로 정하고, 주택 외의 중개대상물의 중개에 대한 수수료는 국토해양부령으로 정한다.〈개정 2008.2.29, 2008.6.13〉

제33조(금지행위) 중개업자등은 다음 각 호의 행위를 하여서는 아니된다.
1. 제3조의 규정에 의한 중개대상물의 매매를 업으로 하는 행위
2. 제9조의 규정에 의한 중개사무소의 개설등록을 하지 아니하고 중개업을 영위하는 자인 사실을 알면서 그를 통하여 중개를 의뢰받거나 그에게 자기의 명의를 이용하게 하는 행위
3. 사례·증여 그 밖의 어떠한 명목으로도 제32조제3항의 규정에 의한 수수료 또는 실비를 초과하여 금품을 받는 행위
4. 당해 중개대상물의 거래상의 중요사항에 관하여 거짓된 언행 그 밖의 방법으로 중개의뢰인의 판단을 그르치게 하는 행위
5. 관계 법령에서 양도·알선 등이 금지된 부동산의 분양·임대 등과 관련 있는 증서 등의 매매·교환 등을 중개하거나 그 매매를 업으로 하는 행위
6. 중개의뢰인과 직접 거래를 하거나 거래당사자 쌍방을 대리하는 행위
7. 탈세 등 관계 법령을 위반할 목적으로 소유권보존등기 또는 이전등기를 하지 아니한 부동산이나 관계 법령의 규정에 의하여 전매 등 권리의 변동이 제한된 부동산의 매매를 중개하는 등 부동산투기를 조장하는 행위

제34조(중개업자등의 교육) ① 제9조의 규정에 의하여 중개사무소의 개설등록을 신청하려는 자(법인의 경우에는 사원·임원을 말하며, 제13조제3항에 따라 분사무소의 설치신고를 하려는 경우에는 분사무소의 책임자를 말한다)는 등록신청일(분사무소 설치신고의 경우에는 신고일을 말한다)전 1년 이내에 시·도지사가 실시하는 실무교육을 받아야 한다. 다만, 폐업신고 후 1년 이내에 중개사무소의 개설등록을 다시 신청하려는 자는 그러하지 아니하다.〈개정 2008.2.29, 2008.6.13〉
②국토해양부장관은 제1항에 따라 시·도지사가 실시하는 실무교육의 전국적인 균형유지를 위하여 필요하다고 인정하면 실무교육지침을 마련하여 시행할 수 있다.〈신설 2009.4.1〉〈종전 제2항은 제3항으로 이동 2009.4.1〉
③국토해양부장관, 시·도지사 또는 등록관청은 중개업자등의 자질과 업무수행능력의 향상을 위한 연수교육을 실시할 수 있다.〈개정 2008.2.29〉〈제2항에서 이동, 종전 제3항은 제4항으로 이동 2009.4.1〉
④제1항부터 제3항까지의 규정에 따른 교육 및 실무교육지침에 관하여 필요한 사항은 대통령령으로 정한다.〈개정 2009.4.1〉〈제3항에서 이동 2009.4.1〉

제4장 지도·감독

제35조(자격의 취소) ①시·도지사는 공인중개사가 다음 각 호의 어느 하나에 해당하는 경우에는 그 자격을 취소하여야 한다.
1. 부정한 방법으로 공인중개사의 자격을 취득한 경우
2. 제7조제1항의 규정을 위반하여 다른 사람에게 자기의 성명을 사용하여 중개업무를 하게 하거나 공인중개사자격증을 양도 또는 대여한 경우
3. 제36조의 규정에 의한 자격정지처분을 받고 그 자격정지기간 중에 중개업무를 행한 경우(다른 중개업자의 소속공인중개사·중개보조원 또는 법인인 중개업자의 사원·임원이 되는 경우를 포함한다)
4. 이 법을 위반하여 징역형의 선고를 받은 경우

②시·도지사는 제1항의 규정에 의하여 공인중개사의 자격을 취소하고자 하는 경우에는 청문을 실시하여야 한다.
③ 제1항의 규정에 의하여 공인중개사의 자격이 취소된 자는 국토해양부령이 정하는 바에 따라 공인중개사자격증을 시·도지사에게 반납하여야 한다.〈개정 2008.2.29〉
④분실 등의 사유로 인하여 제3항의 규정에 따라 공인중개사자격증을 반납할 수 없는 자는 제3항의 규정에 불구하고 자격증 반납을 대신하여 그 이유를 기재한 사유서를 시·도지사에게 제출하여야 한다.〈신설 2005.12.7〉

제36조(자격의 정지) ①시·도지사는 공인중개사가 소속공인중개사로서 업무를 수행하는 기간 중에 다음 각 호의 어느 하나에 해당하는 경우에는 6월의 범위 안에서 기간을 정하여 그 자격을 정지할 수 있다.〈개정 2009.4.1〉
1. 제12조제2항의 규정을 위반하여 2 이상의 중개사무소에 소속된 경우
2. 제16조의 규정을 위반하여 인장등록을 하지 아니하거나 등록하지 아니한 인장을 사용한 경우
3. 제25조제1항의 규정을 위반하여 성실·정확하게 중개대상물의 확인·설명을 하지 아니하거나 설명의 근거자료를 제시하지 아니한 경우
4. 제25조제4항의 규정을 위반하여 중개대상물확인·설명서에 서명 및 날인을 하지 아니한 경우
5. 제26조제2항의 규정을 위반하여 거래계약서에 서명 및 날인을 하지 아니한 경우
6. 제26조제3항의 규정을 위반하여 거래계약서에 거래금액 등 거래내용을 거짓으로 기재하거나 서로 다른 2 이상의 거래계약서를 작성한 경우
7. 제33조 각 호에 규정된 금지행위를 한 경우
②등록관청은 공인중개사가 제1항 각 호의 어느 하나에 해당하는 사실을 알게 된 때에는 지체 없이 그 사실을 시·도지사에게 통보하여야 한다.
③제1항의 규정에 의한 자격정지의 기준은 국토해양부령으로 정한다.〈개정 2008.2.29〉

제37조(감독상의 명령 등) ① 국토해양부장관, 시·도지사 및 등록관청(법인인 중개업자의 분사무소 소재지의 시장·군수 또는 구청장을 포함한다)은 다음 각 호의 어느 하나의 경우에는 중개업자 또는 거래정보사업자에 대하여 그 업무에 관한 사항을 보고하게 하거나 자료의 제출 그 밖에 필요한 명령을 할 수 있으며, 소속 공무원으로 하여금 중개사무소(제9조의 규정에 의한 중개사무소의 개설등록을 하지 아니하고 중개업을 하는 자의 사무소를 포함한다)에 출입하여 장부·서류 등을 조사 또는 검사하게 할 수 있다.〈개정 2008.2.29, 2009.4.1〉
1. 삭제〈2009.4.1〉
2. 삭제〈2009.4.1〉
3. 부동산투기 등 거래동향의 파악을 위하여 필요한 경우
4. 이 법 위반행위의 확인, 공인중개사의 자격취소·정지 및 중개업자에 대한 등록취소·업무정지 등 행정처분을 위하여 필요한 경우
② 제1항에 따라 출입·검사 등을 하는 공무원은 국토해양부령으로 정하는 증표를 지니고 상대방에게 이를 내보여야 한다.〈개정 2008.2.29, 2009.4.1〉

제38조(등록의 취소) ①등록관청은 중개업자가 다음 각 호의 어느 하나에 해당하는 경우에는 중개사무소의 개설등록을 취소하여야 한다.
1. 개인인 중개업자가 사망하거나 중개업자인 법인이 해산한 경우
2. 거짓 그 밖의 부정한 방법으로 중개사무소의 개설등록을 한 경우
3. 제10조제1항제2호 내지 제6호·제11호·제12호의 규정에 의한 결격사유에 해당하게 된 경

우. 다만, 동항제12호의 규정에 의한 결격사유에 해당하는 경우로서 그 사유가 발생한 날
부터 2월 이내에 그 사유를 해소한 경우에는 그러하지 아니하다.
4. 제12조제1항의 규정을 위반하여 이중으로 중개사무소의 개설등록을 한 경우
5. 제12조제2항의 규정을 위반하여 다른 중개업자의 소속공인중개사·중개보조원 또는 중개
   업자인 법인의 사원·임원이 된 경우
6. 제19조제1항의 규정을 위반하여 다른 사람에게 자기의 성명 또는 상호를 사용하여 중개업
   무를 하게 하거나 중개사무소등록증을 양도 또는 대여한 경우
7. 업무정지기간 중에 중개업무를 하거나 자격정지처분을 받은 소속공인중개사로 하여금 자
   격정지기간 중에 중개업무를 하게 한 경우
8. 최근 1년 이내에 이 법에 의하여 2회 이상 업무정지처분을 받고 다시 업무정지처분에 해
   당하는 행위를 한 경우
   ②등록관청은 중개업자가 다음 각 호의 어느 하나에 해당하는 경우에는 중개사무소의 개
   설등록을 취소할 수 있다.
1. 제9조제3항의 규정에 의한 등록기준에 미달하게 된 경우
2. 제13조제1항의 규정을 위반하여 2 이상의 중개사무소를 둔 경우
3. 제13조제2항의 규정을 위반하여 임시 중개시설물을 설치한 경우
4. 제14조제1항의 규정을 위반하여 겸업을 한 경우
5. 제21조제2항의 규정을 위반하여 계속하여 6월을 초과하여 휴업한 경우
6. 제23조제3항의 규정을 위반하여 중개대상물에 관한 정보를 공개하지 아니하거나 중개의뢰
   인의 비공개요청에도 불구하고 정보를 공개한 경우
7. 제26조제3항의 규정을 위반하여 거래계약서에 거래금액 등 거래내용을 거짓으로 기재하거
   나 서로 다른 2 이상의 거래계약서를 작성한 경우
8. 제30조제3항의 규정에 의한 손해배상책임을 보장하기 위한 조치를 이행하지 아니하고 업
   무를 개시한 경우
9. 제33조 각 호에 규정된 금지행위를 한 경우
10. 최근 1년 이내에 이 법에 의하여 3회 이상 업무정지 또는 과태료의 처분을 받고 다시 업
    무정지 또는 과태료의 처분에 해당하는 행위를 한 경우(제1항제8호에 해당하는 경우를 제
    외한다)
    ③등록관청은 제1항제2호 내지 제8호 및 제2항 각 호의 사유로 중개사무소의 개설등록을
    취소하고자 하는 경우에는 청문을 실시하여야 한다.
    ④제1항 또는 제2항의 규정에 의하여 중개사무소의 개설등록이 취소된 자는 국토해양부
    령이 정하는 바에 따라 중개사무소등록증을 등록관청에 반납하여야 한다.〈개정 2008.2.29〉

제39조(업무의 정지) ①등록관청은 중개업자가 다음 각 호의 어느 하나에 해당하는 경우에는
   6월의 범위 안에서 기간을 정하여 업무의 정지를 명할 수 있다. 이 경우 법인인 중개업자
   에 대하여는 법인 또는 분사무소별로 업무의 정지를 명할 수 있다.〈개정 2008.2.29,
   2009.4.1〉
1. 제10조제2항의 규정을 위반하여 동조제1항제1호 내지 제11호의 어느 하나에 해당하는 자
   를 소속공인중개사 또는 중개보조원으로 둔 경우. 다만, 그 사유가 발생한 날부터 2월 이
   내에 그 사유를 해소한 경우에는 그러하지 아니하다.
2. 제16조의 규정을 위반하여 인장등록을 하지 아니하거나 등록하지 아니한 인장을 사용한
   경우
3. 제23조제2항의 규정을 위반하여 국토해양부령이 정하는 전속중개계약서에 의하지 아니하
   고 전속중개계약을 체결하거나 계약서를 보존하지 아니한 경우
4. 제24조제7항의 규정을 위반하여 중개대상물에 관한 정보를 거짓으로 공개하거나 거래정보
   사업자에게 공개를 의뢰한 중개대상물의 거래가 완성된 사실을 당해 거래정보사업자에게

통보하지 아니한 경우
5. 제25조제1항의 규정을 위반하여 성실·정확하게 중개대상물의 확인·설명을 하지 아니하
거나 설명의 근거자료를 제시하지 아니한 경우
6. 제25조제3항의 규정을 위반하여 중개대상물확인·설명서를 교부하지 아니하거나 보존하지
아니한 경우
7. 제25조제4항의 규정을 위반하여 중개대상물확인·설명서에 서명 및 날인을 하지 아니한
경우
8. 제26조제1항의 규정을 위반하여 적정하게 거래계약서를 작성·교부하지 아니하거나 보존
하지 아니한 경우
9. 제26조제2항의 규정을 위반하여 거래계약서에 서명 및 날인을 하지 아니한 경우
10. 제37조제1항의 규정에 의한 보고, 자료의 제출, 조사 또는 검사를 거부·방해 또는 기피
하거나 그 밖의 명령을 이행하지 아니하거나 거짓으로 보고 또는 자료제출을 한 경우
11. 제38조제2항 각 호의 어느 하나에 해당하는 경우
12. 최근 1년 이내에 이 법에 의하여 2회 이상 업무정지 또는 과태료의 처분을 받고 다시 과
태료의 처분에 해당하는 행위를 한 경우
13. 그 밖에 이 법 또는 이 법에 의한 명령이나 처분을 위반한 경우
②제1항의 규정에 의한 업무의 정지에 관한 기준은 국토해양부령으로 정한다.〈개정 2008.
2.29〉
③제1항의 규정에 따른 업무정지처분은 동항 각 호의 어느 하나에 해당하는 사유가 발생
한 날부터 3년이 경과한 때에는 이를 할 수 없다.〈신설 2005.12.7〉

제40조(행정제재처분효과의 승계 등) ①중개업자가 제21조의 규정에 의한 폐업신고후 제9조
의 규정에 의하여 다시 중개사무소의 개설등록을 한 때에는 폐업신고 전의 중개업자의
지위를 승계한다.
②제1항의 경우 폐업신고 전의 중개업자에 대하여 제39조제1항 각 호, 제51조제1항 각
호, 동조제2항 각 호 및 동조제3항 각 호의 위반행위를 사유로 행한 행정처분의 효과는
그 처분일부터 1년간 다시 중개사무소의 개설등록을 한 자(이하 이 조에서 "재등록 중개
업자"라 한다)에게 승계된다.
③제1항의 경우 재등록 중개업자에 대하여 폐업신고 전의 제38조제1항 각 호, 동조제2항
각 호 및 제39조제1항 각 호의 위반행위에 대한 행정처분을 할 수 있다. 다만, 다음 각
호의 어느 하나에 해당하는 경우를 제외한다.
1. 폐업신고를 한 날부터 다시 중개사무소의 개설등록을 한 날까지의 기간(이하 제2호에서 "
폐업기간"이라 한다)이 3년을 초과한 경우
2. 폐업신고 전의 위반행위에 대한 행정처분이 업무정지에 해당하는 경우로서 폐업기간이 1
년을 초과한 경우
④제3항의 규정에 의하여 행정처분을 함에 있어서는 폐업기간과 폐업의 사유 등을 고려
하여야 한다.

제5장 공인중개사협회

제41조(협회의 설립) ①중개업자인 공인중개사(부칙 제6조제2항의 규정에 의하여 이 법에 의
한 중개사무소의 개설등록을 한 것으로 보는 자를 포함한다)는 그 자질향상 및 품위유지
와 중개업에 관한 제도의 개선 및 운용에 관한 업무를 효율적으로 수행하기 위하여 공인
중개사협회(이하 "협회"라 한다)를 설립할 수 있다.
②협회는 법인으로 한다.

③협회는 회원 300인 이상이 발기인이 되어 정관을 작성하여 창립총회의 의결을 거친 후 국토해양부장관의 인가를 받아 그 주된 사무소의 소재지에서 설립등기를 함으로써 성립한다.〈개정 2008.2.29〉
④협회는 서울특별시에 주된 사무소를 두고 정관이 정하는 바에 따라 시·도에 지부를, 시(구가 설치되지 아니한 시와 특별자치도의 행정시를 말한다)·군·구에 지회를 둘 수 있다.〈개정 2008.6.13〉
⑤협회의 설립 및 설립인가의 신청 등에 관하여 필요한 사항은 대통령령으로 정한다.

제42조(공제사업) ①협회는 제30조의 규정에 의한 중개업자의 손해배상책임을 보장하기 위하여 공제사업을 할 수 있다.
②협회는 제1항의 규정에 의한 공제사업을 하고자 하는 때에는 공제규정을 제정하여 국토해양부장관의 승인을 얻어야 한다. 공제규정을 변경하고자 하는 때에도 또한 같다.〈개정 2008.2.29〉
③제2항의 공제규정에는 대통령령이 정하는 바에 따라 공제사업의 범위, 공제계약의 내용, 공제금, 공제료, 회계기준 및 책임준비금의 적립비율 등 공제사업의 운용에 관하여 필요한 사항을 정하여야 한다.
④협회는 공제사업을 다른 회계와 구분하여 별도의 회계로 관리하여야 하며, 책임준비금을 다른 용도로 사용하고자 하는 경우에는 국토해양부장관의 승인을 얻어야 한다.〈개정 2008.2.29〉
⑤협회는 대통령령이 정하는 바에 따라 매년도의 공제사업 운용실적을 일간신문·협회보 등을 통하여 공제계약자에게 공시하여야 한다.
⑥국토해양부장관은 협회가 이 법 및 공제규정을 준수하지 아니하여 공제사업의 건전성을 해할 우려가 있다고 인정되는 경우에는 이에 대한 시정을 명할 수 있다.〈개정 2008.2.29〉
⑦「금융위원회의 설치 등에 관한 법률」에 의한 금융감독원의 원장은 국토해양부장관으로부터 요청이 있는 경우에는 협회의 공제사업에 관하여 검사를 할 수 있다.〈개정 2008.2.29〉

제43조(민법의 준용) 협회에 관하여 이 법에 규정된 것 외에는 「민법」중 사단법인에 관한 규정을 적용한다.

제44조(지도·감독 등) ① 국토해양부장관은 협회와 그 지부 및 지회에 대하여 감독상 필요한 때에는 그 업무에 관한 사항을 보고하게 하거나 자료의 제출 그 밖에 필요한 명령을 할 수 있으며, 소속 공무원으로 하여금 그 사무소에 출입하여 장부·서류 등을 조사 또는 검사하게 할 수 있다.〈개정 2008.2.29〉
②제1항의 규정에 의하여 출입·검사 등을 하는 공무원은 국토해양부령이 정하는 증표를 지니고 상대방에게 이를 내보여야 한다.〈개정 2008.2.29〉

제6장 보칙

제45조(업무위탁) 국토해양부장관, 시·도지사 또는 등록관청은 대통령령이 정하는 바에 따라 그 업무의 일부를 협회 또는 대통령령이 정하는 기관에 위탁할 수 있다.〈개정 2008.2.29〉

제46조(포상금) ①등록관청은 다음 각 호의 어느 하나에 해당하는 자를 등록관청이나 수사기관에 신고 또는 고발한 자에 대하여 대통령령이 정하는 바에 따라 포상금을 지급할 수

있다.
1. 제9조의 규정에 의한 중개사무소의 개설등록을 하지 아니하고 중개업을 한 자
2. 거짓 그 밖의 부정한 방법으로 중개사무소의 개설등록을 한 자
3. 중개사무소등록증 또는 공인중개사자격증을 다른 사람에게 양도·대여하거나 다른 사람으로부터 양수·대여받은 자
　②제1항의 규정에 의한 포상금의 지급에 소요되는 비용은 대통령령이 정하는 바에 따라 그 일부를 국고에서 보조할 수 있다.

제47조(수수료) ① 다음 각 호의 어느 하나에 해당하는 자는 당해 지방자치단체의 조례가 정하는 바에 따라 수수료를 납부하여야 한다. 다만, 공인중개사자격시험을 제4조제2항의 규정에 따라 국토해양부장관이 시행하는 경우 제1호에 해당하는 자는 국토해양부장관이 결정·공고하는 수수료를 납부하여야 한다.〈개정 2008.2.29〉
1. 제4조의 규정에 의한 공인중개사자격시험에 응시하는 자
2. 제5조제3항의 규정에 의하여 공인중개사자격증의 재교부를 신청하는 자
3. 제9조제1항의 규정에 의하여 중개사무소의 개설등록을 신청하는 자
4. 제11조제2항의 규정에 의하여 중개사무소등록증의 재교부를 신청하는 자
5. 제13조제3항의 규정에 의하여 분사무소설치의 신고를 하는 자
6. 제13조제5항의 규정에 의하여 분사무소설치신고필증의 재교부를 신청하는 자
　②제4조의 규정에 의한 공인중개사자격시험 또는 제5조제3항의 규정에 의한 공인중개사자격증 재교부업무를 제45조의 규정에 따라 위탁한 경우에는 당해 업무를 위탁받은 자가 위탁한 자의 승인을 얻어 결정·공고하는 수수료를 각각 납부하여야 한다.

제7장 벌칙

제48조(벌칙) 다음 각 호의 어느 하나에 해당하는 자는 3년 이하의 징역 또는 2천만원 이하의 벌금에 처한다.
1. 제9조의 규정에 의한 중개사무소의 개설등록을 하지 아니하고 중개업을 한 자
2. 거짓 그 밖의 부정한 방법으로 중개사무소의 개설등록을 한 자
3. 제33조제5호 내지 제7호의 규정을 위반한 자

제49조(벌칙) ①다음 각 호의 어느 하나에 해당하는 자는 1년 이하의 징역 또는 1천만원 이하의 벌금에 처한다.
1. 제7조의 규정을 위반하여 다른 사람에게 자기의 성명을 사용하여 중개업무를 하게 하거나 공인중개사자격증을 양도·대여한 자 또는 다른 사람의 공인중개사자격증을 양수·대여받은 자
2. 제8조의 규정을 위반하여 공인중개사가 아닌 자로서 공인중개사 또는 이와 유사한 명칭을 사용한 자
3. 제12조의 규정을 위반하여 이중으로 중개사무소의 개설등록을 하거나 2 이상의 중개사무소에 소속된 자
4. 제13조제1항의 규정을 위반하여 2 이상의 중개사무소를 둔 자
5. 제13조제2항의 규정을 위반하여 임시 중개시설물을 설치한 자
6. 제18조제2항의 규정을 위반하여 중개업자가 아닌 자로서 "공인중개사사무소", "부동산중개" 또는 이와 유사한 명칭을 사용한 자
7. 제19조의 규정을 위반하여 다른 사람에게 자기의 성명 또는 상호를 사용하여 중개업무를 하게 하거나 중개사무소등록증을 다른 사람에게 양도·대여한 자 또는 다른 사람의 성

명·상호를 사용하여 중개업무를 하거나 중개사무소등록증을 양수·대여받은 자
8. 제24조제4항의 규정을 위반하여 정보를 공개한 자
9. 제29조제2항의 규정을 위반하여 업무상 비밀을 누설한 자
10. 제33조제1호 내지 제4호의 규정을 위반한 자
　②제29조제2항의 규정에 위반한 자는 피해자의 명시한 의사에 반하여 벌하지 아니한다.

제50조(양벌규정) 소속공인중개사·중개보조원 또는 중개업자인 법인의 사원·임원이 중개업무에 관하여 제48조 또는 제49조의 규정에 해당하는 위반행위를 한 때에는 그 행위자를 벌하는 외에 그 중개업자에 대하여도 해당 조에 규정된 벌금형을 과한다. 다만, 그 중개업자가 그 위반행위를 방지하기 위하여 해당 업무에 관하여 상당한 주의와 감독을 게을리하지 아니한 경우에는 그러하지 아니하다.〈개정 2009.4.1〉

제51조(과태료) ① 제27조의2를 위반하여 거래대금지급증명자료를 제출하지 아니하거나 그 밖의 필요한 조치를 이행하지 아니한 자에게는 2천만원 이하의 과태료를 부과한다.
② 다음 각 호의 어느 하나에 해당하는 자에게는 500만원 이하의 과태료를 부과한다.
1. 제24조제3항을 위반하여 운영규정의 승인 또는 변경승인을 얻지 아니하거나 운영규정의 내용을 위반하여 부동산거래정보망을 운영한 자
2. 제27조제1항 또는 제2항을 위반하여 부동산거래의 신고를 하지 아니한 자(공동신고를 거부한 자를 포함한다)
3. 제27조제5항을 위반하여 중개업자로 하여금 부동산거래신고를 하지 아니하게 하거나 거짓된 내용을 신고하도록 요구한 자
4. 제27조제6항을 위반하여 부동산거래의 신고를 하지 아니하거나 게을리 한 자
5. 제27조의2를 위반하여 거래대금지급증명자료 외의 자료를 제출하지 아니하거나 거짓으로 자료를 제출한 자
6. 제37조제1항에 따른 보고, 자료의 제출, 조사 또는 검사를 거부·방해 또는 기피하거나 그 밖의 명령을 이행하지 아니하거나 거짓으로 보고 또는 자료제출을 한 거래정보사업자
7. 제42조제5항을 위반하여 공제사업 운용실적을 공시하지 아니한 자
8. 제42조제6항에 따른 시정명령을 이행하지 아니한 자
9. 제44조제1항에 따른 보고, 자료의 제출, 조사 또는 검사를 거부·방해 또는 기피하거나 그 밖의 명령을 이행하지 아니하거나 거짓으로 보고 또는 자료제출을 한 자
　③다음 각 호의 어느 하나에 해당하는 자에게는 100만원 이하의 과태료를 부과한다.
1. 제17조를 위반하여 중개사무소등록증 등을 게시하지 아니한 자
2. 제18조제1항 또는 제3항을 위반하여 사무소의 명칭에 "공인중개사사무소", "부동산중개"라는 문자를 사용하지 아니한 자 또는 옥외 광고물에 성명을 표기하지 아니하거나 거짓으로 표기한 자
3. 제20조제1항을 위반하여 중개사무소의 이전신고를 하지 아니한 자
4. 제21조제1항을 위반하여 휴업, 폐업, 휴업한 중개업의 재개 또는 휴업기간의 변경 신고를 하지 아니한 자
5. 제30조제5항을 위반하여 손해배상책임에 관한 사항을 설명하지 아니하거나 관계 증서의 사본 또는 관계 증서에 관한 전자문서를 교부하지 아니한 자
6. 제35조제3항 또는 제4항을 위반하여 공인중개사자격증을 반납하지 아니하거나 공인중개사자격증을 반납할 수 없는 사유서를 제출하지 아니한 자 또는 거짓으로 공인중개사자격증을 반납할 수 없는 사유서를 제출한 자
7. 제38조제4항을 위반하여 중개사무소등록증을 반납하지 아니한 자
　④제27조제1항·제2항 또는 제6항을 위반하여 부동산거래의 신고를 거짓으로 한 자에게는 해당 토지 또는 건축물에 대한 취득세(취득세가 비과세·면제·감경되는 경우에는 비

과세·면제·감경되지 아니하는 경우에 납부하여야 할 취득세의 상당액을 말한다)의 3배
(토지 또는 건축물을 취득할 수 있는 권리의 경우에는 권리 취득가액의 100분의 5) 이하
에 상당하는 금액의 과태료를 부과한다.
⑤제2항제1호 및 제6호부터 제9호까지에 따른 과태료는 국토해양부장관이, 제3항제6호에
따른 과태료는 시·도지사가, 제1항·제2항제2호부터 제5호까지 및 제4항에 따른 과태료
는 제27조제1항에 따라 신고를 받는 관청(이하 이 조에서 "신고관청"이라 한다)이, 제3
항 제1호부터 제5호까지 및 제7호에 따른 과태료는 등록관청이 대통령령으로 정하는 바
에 따라 각각 부과·징수한다.
⑥ 삭제<2009.4.1>
⑦ 삭제<2009.4.1>
⑧ 삭제<2009.4.1>
⑨ 삭제<2009.4.1>
⑩제5항에 따라 신고관청이 중개업자에게 과태료를 부과하는 경우에는 부과일부터 10일
이내에 중개사무소(법인의 경우에는 주된 중개사무소를 말한다)를 관할하는 등록관청에
과태료 부과사실을 통보하여야 한다.
[전문개정 2008.6.13]

공인중개사의 업무 및 부동산 거래신고에 관한 법률 시행령
[(타)일부개정 2009.12.14 대통령령 제21881호]

제1장 총칙

제1조(목적) 이 영은 「공인중개사의 업무 및 부동산 거래신고에 관한 법률」에서 위임된 사항과 그 시행에 관하여 필요한 사항을 규정함을 목적으로 한다.

제2조(중개대상물의 범위) 「공인중개사의 업무 및 부동산 거래신고에 관한 법률」(이하 "법 "이라 한다) 제3조제3호의 규정에 따른 중개대상물은 다음 각 호와 같다.
1. 「입목에 관한 법률」에 따른 입목
2. 「광업재단저당법」에 따른 광업재단
3. 「공장저당법」에 따른 공장재단

제2장 공인중개사

제3조(국토해양부장관이 시행하는 자격시험 〈개정 2008.2.29〉) 국토해양부장관이 법 제4조제2항에 따라 직접 공인중개사자격시험(이하 "시험"이라 한다)의 시험문제를 출제하거나 시험을 시행하려는 경우에는 법 제4조의2에 따른 공인중개사시험위원회(이하 "시험위원회"라 한다)의 의결을 미리 거쳐야 한다.〈개정 2008.2.29, 2008.9.10〉

제4조(시험위원회의 구성 및 운영 〈개정 2008.9.10〉) ① 시험위원회는 위원장 1명을 포함한 5명 이상 7명 이하의 위원으로 구성한다.〈개정 2008.9.10〉
②위원장은 국토해양부의 고위공무원단에 속하는 공무원 중에서 국토해양부장관이 지명하는 자가 되고, 위원은 부동산 관련 분야에 학식과 경험이 풍부한 자 또는 시민단체(「비영리민간단체 지원법」 제2조에 따른 비영리민간단체를 말한다)에서 추천한 자 중에서 국토해양부장관이 위촉한다.〈개정 2008.9.10〉
③삭제〈2008.9.10〉
④위원장은 시험위원회를 대표하고 시험위원회의 업무를 총괄하며, 시험위원회의 회의를 소집하고, 그 의장이 된다.
⑤시험위원회의 회의는 재적위원 과반수의 출석으로 개의하고, 출석위원 과반수의 찬성으로 의결한다.
⑥시험위원회에 출석한 위원에 대하여는 예산의 범위 안에서 수당 및 여비를 지급할 수 있다. 다만, 공무원인 위원이 소관 업무와 직접적으로 관련되어 출석하는 경우에는 그러하지 아니하다.
⑦제1항·제2항 및 제4항부터 6항까지에 규정된 것 외에 시험위원회의 운영에 관하여 필요한 사항은 시험위원회의 의결을 거쳐 위원장이 정한다.〈개정 2008.9.10〉

제5조(시험방법 및 시험의 일부면제) ①시험은 제1차시험 및 제2차시험으로 구분하여 시행한다. 이 경우 제2차시험은 제1차시험에 합격한 자를 대상으로 시행한다.
②제1항에도 불구하고 법 제4조제1항 또는 같은 조 제2항에 따라 시험을 시행하는 특별시장·광역시장·도지사·특별자치도지사(이하 "시·도지사"라 한다) 또는 국토해양부장관(이하 "시험시행기관장"이라 한다)이 필요하다고 인정하는 경우에는 제1차시험과 제2차

시험을 구분하되 동시에 시행할 수 있으며, 이 경우 제2차시험의 시험방법은 제4항에 따른다.〈개정 2008.2.29, 2008.9.10〉
③제2항의 규정에 따라 제1차시험과 제2차시험을 동시에 시행하는 경우에는 제1차시험에 불합격한 자의 제2차시험은 무효로 한다.
④제1차시험은 선택형으로 출제하는 것을 원칙으로 하되, 주관식 단답형 또는 기입형을 가미할 수 있다.
⑤제2차시험은 논문형으로 출제하는 것을 원칙으로 하되, 주관식 단답형 또는 기입형을 가미할 수 있다.
⑥제1차시험에 합격한 자에 대하여는 다음 회의 시험에 한하여 제1차시험을 면제한다.

제6조(시험과목) 제1차시험 및 제2차시험의 시험과목은 별표 1과 같다.

제7조(시험의 시행·공고) ①시험은 매년 1회 이상 시행한다. 다만, 시험시행기관장은 시험을 시행하기 어려운 부득이한 사정이 있는 경우에는 시험위원회의 의결을 거쳐 당해연도의 시험을 시행하지 아니할 수 있다.
②시험시행기관장은 법 제4조의 규정에 따라 시험을 시행하고자 하는 때에는 예정 시험일시·시험방법 등 시험시행에 관한 개략적인 사항을 매년 2월 28일까지 관보 및 「신문등의 자유와 기능보장에 관한 법률」 제2조제1호가목의 규정에 따른 일반일간신문(이하 "일간신문"이라 한다)에 공고하여야 한다.〈개정 2008.12.3〉
③시험시행기관장은 제2항의 규정에 따른 공고 후 시험을 시행하고자 하는 때에는 시험일시, 시험장소, 시험방법, 합격자 결정방법 및 응시수수료의 반환에 관한 사항 등 시험의 시행에 관하여 필요한 사항을 시험시행일 60일 전까지 관보 및 일간신문에 공고하여야 한다.

제8조(응시원서 등) ①시험에 응시하고자 하는 자는 국토해양부령이 정하는 바에 따라 응시원서를 제출하여야 한다.〈개정 2008.2.29〉
②시험시행기관장은 응시수수료를 납부한 자가 응시 의사를 철회하는 경우에는 국토해양부령이 정하는 바에 따라 응시수수료의 전부 또는 일부를 반환하여야 한다.〈개정 2008.2.29〉

제9조(시험의 출제 및 채점) ①시험시행기관장은 부동산중개업무 및 관련 분야에 관한 학식과 경험이 풍부한 자 중에서 시험문제의 출제·선정·검토 및 채점을 담당할 자(이하 이 조 및 제11조에서 "출제위원"이라 한다)를 임명 또는 위촉한다.
②제1항의 규정에 따라 출제위원으로 임명 또는 위촉된 자는 시험시행기관장이 요구하는 시험문제의 출제·선정·검토 또는 채점상의 유의사항 및 준수사항을 성실히 이행하여야 한다.
③시험시행기관장은 제2항의 규정을 위반함으로써 시험의 신뢰도를 크게 떨어뜨리는 행위를 한 출제위원이 있는 때에는 그 명단을 다른 시험시행기관장 및 그 출제위원이 소속하고 있는 기관의 장에게 통보하여야 한다.
④국토해양부장관 또는 시·도지사는 제3항의 규정에 따라 시험시행기관장이 명단을 통보한 출제위원에 대하여는 그 명단을 통보한 날부터 5년간 시험의 출제위원으로 위촉하여서는 아니 된다.〈개정 2008.2.29〉

제10조(시험의 합격자 결정) ①제1차시험에 있어서는 매과목 100점을 만점으로 하여 매과목 40점 이상, 전과목 평균 60점 이상 득점한 자를 합격자로 한다.
②제2차시험에 있어서는 매과목 100점을 만점으로 하여 매과목 40점 이상, 전과목 평균 60점 이상 득점한 자를 합격자로 한다. 다만, 시험시행기관장이 공인중개사의 수급상 필요하다고 인정하여 시험위원회의 의결을 거쳐 선발예정인원을 미리 공고한 경우에는 매

과목 40점 이상인 자 중에서 선발예정인원의 범위 안에서 전과목 총득점의 고득점자순으로 합격자를 결정한다.
③제2항 단서 및 제5항의 규정에 따라 합격자를 결정함에 있어서 동점자로 인하여 선발예정인원을 초과하는 경우에는 그 동점자 모두를 합격자로 한다.
④시험시행기관장은 응시생의 형평성 확보 등을 위하여 필요하다고 인정하는 경우에는 시험위원회의 의결을 거쳐 최소선발인원 또는 응시자 대비 최소선발비율을 미리 공고할 수 있다.
⑤제4항의 규정에 따라 최소선발인원 또는 최소선발비율을 공고한 경우 제2차시험에서 매과목 40점 이상, 전과목 평균 60점 이상 득점한 자가 최소선발인원 또는 최소선발비율에 미달되는 경우에는 매과목 40점 이상인 자 중에서 최소선발인원 또는 최소선발비율의 범위 안에서 전과목 총득점의 고득점자순으로 합격자를 결정한다.

제11조(시험수당 등의 지급) 출제위원 및 시험시행업무 등에 종사하는 자에 대하여는 예산의 범위 안에서 수당 및 여비를 지급할 수 있다.

제12조(시험부정행위자에 대한 제재 등) 시험시행기관장은 시험에서 부정한 행위를 한 응시자에 대하여는 그 시험을 무효로 하고, 그 시험시행일부터 5년간 시험응시자격을 정지한다. 이 경우 시험시행기관장은 지체 없이 이를 다른 시험시행기관장에게 통보하여야 한다.

제3장 중개업 등

제13조(중개사무소 개설등록의 기준 등) 법 제9조제3항에 따른 중개사무소 개설등록의 기준은 다음 각 호와 같다. 다만, 다른 법률의 규정에 따라 부동산중개업을 할 수 있는 경우에는 다음 각 호의 기준을 적용하지 아니한다.〈개정 2008.9.10, 2009.7.1〉
1. 공인중개사가 중개사무소를 개설하고자 하는 경우
가. 법 제34조제1항의 규정에 따른 실무교육을 받았을 것
나. 건축물대장에 기재된 건물에 중개사무소를 확보(소유·전세·임대차 또는 사용대차 등의 방법에 의하여 사용권을 확보하여야 한다)할 것
2. 법인이 중개사무소를 개설하려는 경우
가. 「상법」상 회사로서 자본금이 5천만원 이상일 것
나. 법 제14조에 규정된 업무만을 영위할 목적으로 설립된 법인일 것
다. 대표자는 공인중개사이어야 하며, 대표자를 제외한 임원 또는 사원(합명회사 또는 합자회사의 무한책임사원을 말한다. 이하 이 조에서 같다)의 3분의 1 이상은 공인중개사일 것
라. 대표자, 임원 또는 사원 전원 및 분사무소의 책임자(법 제13조제3항에 따라 분사무소를 설치하려는 경우에만 해당한다)가 법 제34조제1항에 따른 실무교육을 받았을 것
마. 건축물대장에 기재된 건물에 중개사무소를 확보(소유·전세·임대차 또는 사용대차 등의 방법에 의하여 사용권을 확보하여야 한다)할 것

제14조(등록사항 등의 통보) 시장(구가 설치되지 아니한 시의 시장과 특별자치도의 행정시장을 말한다. 이하 같다)·군수 또는 구청장(이하 "등록관청"이라 한다)은 다음 각 호의 어느 하나에 해당하는 때에는 그 사실을 국토해양부령이 정하는 바에 따라 법 제41조에 따른 공인중개사협회에 통보하여야 한다.〈개정 2008.2.29, 2008.9.10〉
1. 법 제11조제1항의 규정에 따라 중개사무소등록증을 교부한 때
2. 법 제13조제3항·법 제20조제1항 또는 법 제21조제1항의 규정에 따른 신고를 받은 때

3. 법 제15조제1항에 따라 소속공인중개사 또는 중개보조원의 고용이나 해고의 신고를 받은 때
4. 법 제38조 또는 법 제39조에 따른 행정처분을 한 때

제15조(분사무소의 설치) ①법 제13조제3항에 따른 분사무소는 주된 사무소의 소재지가 속한 시(구가 설치되지 아니한 시와 특별자치도의 행정시를 말한다. 이하 이 조에서 같다)·군·구를 제외한 시·군·구별로 설치하되, 시·군·구별로 1개소를 초과할 수 없다.〈개정 2008.9.10〉
②제1항의 규정에 따른 분사무소에는 공인중개사를 책임자로 두어야 한다. 다만, 다른 법률의 규정에 따라 중개업을 할 수 있는 법인의 분사무소인 경우에는 그러하지 아니하다.
③법 제13조제3항에 따라 분사무소의 설치신고를 하려는 자는 국토해양부령이 정하는 분사무소설치신고서에 다음 각 호의 서류를 첨부하여 주된 사무소의 소재지를 관할하는 등록관청에 제출하여야 한다. 이 경우 등록관청은 「전자정부법」 제21조제1항에 따른 행정정보의 공동이용을 통하여 법인등기부 등본을 확인하여야 하며, 신고인이 확인에 동의하지 아니하는 경우에는 이를 첨부하도록 하여야 한다.〈개정 2006.6.12, 2008.2.29, 2008.9.10〉
1. 분사무소 책임자의 공인중개사 자격증 사본
2. 삭제〈2006.6.12〉
3. 분사무소 책임자의 법 제34조제1항의 규정에 따른 실무교육의 수료확인증 사본
4. 제25조의 규정에 따른 보증의 설정을 증명할 수 있는 서류
5. 건축물대장에 기재된 건물에 분사무소를 확보(소유·전세·임대차 또는 사용대차 등의 방법에 의하여 사용권을 확보하여야 한다)하였음을 증명하는 서류

제16조(중개사무소의 공동사용) 법 제13조제6항의 규정에 따라 중개사무소를 공동으로 사용하고자 하는 중개업자는 법 제9조의 규정에 따른 중개사무소의 개설등록 또는 법 제20조의 규정에 따른 중개사무소의 이전신고를 하는 때에 그 중개사무소를 사용할 권리가 있는 다른 중개업자의 승낙서를 첨부하여야 한다.

제17조(법인인 중개업자의 업무) ①삭제〈2009.7.1〉
②법 제14조제1항제5호에서 "대통령령이 정하는 업무"라 함은 중개의뢰인의 의뢰에 따른 도배·이사업체의 소개 등 주거이전에 부수되는 용역의 알선을 말한다.

제18조(휴업 또는 폐업의 신고 등) ①중개업자는 법 제21조제1항의 규정에 따라 3월을 초과하는 휴업(중개사무소의 개설등록 후 업무를 개시하지 아니하는 경우를 포함한다. 이하 같다), 폐업, 휴업한 중개업의 재개 또는 휴업기간의 변경을 하고자 하는 때에는 국토해양부령이 정하는 신고서에 중개사무소등록증을 첨부(휴업 또는 폐업의 경우에 한한다)하여 등록관청에 미리 신고(부동산중개업재개·휴업기간 변경신고의 경우에는 전자문서에 의한 신고를 포함한다)하여야 한다. 법인인 중개업자의 분사무소의 경우에도 또한 같다.〈개정 2008.2.29〉
②제1항의 규정에 따른 중개사무소재개신고를 받은 등록관청은 반납을 받은 중개사무소등록증을 즉시 반환하여야 한다.
③법 제21조제2항에서 "대통령령이 정하는 부득이한 사유"라 함은 다음 각 호의 어느 하나에 해당하는 사유를 말한다.
1. 질병으로 인한 요양
2. 징집으로 인한 입영
3. 취학
4. 그 밖에 제1호 내지 제3호에 준하는 부득이한 사유

제19조(일반중개계약) 국토해양부장관은 법 제22조의 규정에 따른 일반중개계약의 표준이 되
는 서식을 정하여 그 사용을 권장할 수 있다.<개정 2008.2.29>

제20조(전속중개계약) ①법 제23조제1항의 규정에 따른 전속중개계약의 유효기간은 3월로 한
다. 다만, 당사자간에 다른 약정이 있는 경우에는 그 약정에 따른다.
②전속중개계약을 체결한 중개업자가 법 제23조제3항의 규정에 따라 공개하여야 할 중개
대상물에 관한 정보의 내용은 다음 각 호와 같다.
1. 중개대상물의 종류, 소재지, 지목 및 면적, 건축물의 용도·구조 및 건축연도 등 중개대상
물을 특정하기 위하여 필요한 사항
2. 벽면 및 도배의 상태
3. 수도·전기·가스·소방·열공급·승강기 설비, 오수·폐수·쓰레기 처리시설 등의 상태
4. 도로 및 대중교통수단과의 연계성, 시장·학교 등과의 근접성, 지형 등 입지조건, 일조(日
照)·소음·진동 등 환경조건
5. 소유권·전세권·저당권·지상권 및 임차권 등 중개대상물의 권리관계에 관한 사항. 다만,
각 권리자의 주소·성명 등 인적 사항에 관한 정보는 공개하여서는 아니 된다.
6. 공법상의 이용제한 및 거래규제에 관한 사항
7. 중개대상물의 거래예정금액 및 공시지가. 다만, 임대차의 경우에는 공시지가를 공개하지
아니할 수 있다.

제21조(중개대상물의 확인·설명) ①법 제25조제1항의 규정에 따라 중개업자가 확인·설명하
여야 하는 사항은 다음 각 호와 같다.
1. 중개대상물의 종류·소재지·지번·지목·면적·용도·구조 및 건축연도 등 중개대상물에
관한 기본적인 사항
2. 소유권·전세권·저당권·지상권 및 임차권 등 중개대상물의 권리관계에 관한 사항
3. 거래예정금액·중개수수료 및 실비의 금액과 그 산출내역
4. 토지이용계획, 공법상의 거래규제 및 이용제한에 관한 사항
5. 수도·전기·가스·소방·열공급·승강기 및 배수 등 시설물의 상태
6. 벽면 및 도배의 상태
7. 일조·소음·진동 등 환경조건
8. 도로 및 대중교통수단과의 연계성, 시장·학교와의 근접성 등 입지조건
9. 중개대상물에 대한 권리를 취득함에 따라 부담하여야 할 조세의 종류 및 세율
②중개업자는 매도의뢰인·임대의뢰인 등이 법 제25조제2항의 규정에 따른 중개대상물의
상태에 관한 자료요구에 불응한 경우에는 그 사실을 매수의뢰인·임차의뢰인 등에게 설
명하고, 제3항의 규정에 따른 중개대상물확인·설명서에 기재하여야 한다.
③중개업자는 국토해양부령이 정하는 중개대상물확인·설명서에 제1항 각 호의 사항을
기재하여 거래당사자에게 교부하고 그 사본을 3년간 보존하여야 한다.<개정 2008.2.29>

제22조(거래계약서 등) ①법 제26조제1항의 규정에 따른 거래계약서에는 다음 각 호의 사항
을 기재하여야 한다.
1. 거래당사자의 인적 사항
2. 물건의 표시
3. 계약일
4. 거래금액·계약금액 및 그 지급일자 등 지급에 관한 사항
5. 물건의 인도일시
6. 권리이전의 내용

7. 계약의 조건이나 기한이 있는 경우에는 그 조건 또는 기한
8. 중개대상물확인·설명서 교부일자
9. 그 밖의 약정내용
　②법 제26조제1항에서 "대통령령이 정하는 기간"이라 함은 5년을 말한다.
　③국토해양부장관은 중개업자가 작성하는 거래계약서의 표준이 되는 서식을 정하여 그
사용을 권장할 수 있다.〈개정 2008.2.29〉

제23조(부동산거래의 신고) ① 법 제27조제1항·제2항 및 제6항에 따라 부동산 또는 부동산
　을 취득할 수 있는 권리에 관한 매매계약에 관하여 신고하여야 하는 사항은 다음 각 호
　와 같다.〈개정 2008.12.9〉
1. 매수인 및 매도인의 인적사항
2. 계약일, 중도금 지급일 및 잔금 지급일
3. 거래대상 부동산(부동산을 취득할 수 있는 권리에 관한 매매계약의 경우에는 그 권리의
　종류 및 그 권리의 대상인 부동산을 말한다. 이하 제4호에서 같다)의 소재지·지번 및 지
　목
4. 거래대상 부동산의 종류 및 계약대상 면적
5. 실제 거래가격
6. 계약의 조건이나 기한이 있는 경우에는 그 조건 또는 기한
7. 중개업자의 인적 사항 및 중개사무소 개설등록에 관한 사항(중개업자가 거래계약서를 작
　성·교부한 경우에만 해당한다)
8. 거래대상 주택의 취득에 필요한 자금의 조달계획(「주택법」 제80조의2에 따른 주택거래
　신고지역에서의 주택거래로서 제5호의 실제 거래가격이 6억원을 초과하는 경우에만 해당
　한다)
9. 거래대상 주택에의 입주계획(「주택법」 제80조의2에 따른 주택거래신고지역에서의 주택
　거래로서 제5호의 실제 거래가격이 6억원을 초과하는 경우에만 해당한다)
　②제1항제8호의 자금조달계획과 같은 항 제9호의 입주계획은 주택거래계약을 체결하는
　매수인이 작성하여 해당 주택거래를 중개한 중개업자에게 제공하여야 한다. 이 경우 매수
　인은 제1항제8호의 자금조달계획이 중개업자에게 공개되는 것을 원하지 아니하는 경우에
　는 봉인 등 필요한 조치를 할 수 있다.
[전문개정 2008.9.10]

제23조의2(거래대금지급을 증명할 수 있는 서면) 시장·군수 또는 구청장은 법 제27조의2에
　따라 거래대금지급을 증명할 수 있는 다음 각 호의 서류를 제출하도록 요구할 수 있다.
1. 거래대금의 지급을 확인할 수 있는 입금표 또는 통장 사본
2. 매수인이 거래대금의 지급을 위한 대출, 정기예금 등의 만기수령 또는 해약, 주식·채권
　등의 처분을 증명할 수 있는 서류
3. 매도인이 매수인으로부터 받은 거래대금을 예금 외의 다른 용도로 지출한 경우 이를 증명
　할 수 있는 서류
4. 그 밖에 거래당사자 간에 거래대금을 주고받은 것을 증명할 수 있는 서류
　[본조신설 2008.9.10]

제23조의3(부동산거래 신고가격의 검증체계 구축·운영) 국토해양부장관은 법 제28조제1항에
　따른 부동산거래가격 검증체계의 구축·운영을 위하여 시장·군수 또는 구청장에게 법
　제27조의2에 따른 신고내역의 조사결과 또는 법 제28조제2항에 따른 신고가격의 검증결
　과 등에 관한 자료의 제출을 요구할 수 있다.
　[본조신설 2008.9.10]

제24조(손해배상책임의 보장) ①중개업자는 법 제30조제3항에 따라 다음 각 호에 해당하는 금액을 보장하는 보증보험 또는 공제에 가입하거나 공탁을 하여야 한다.〈개정 2008.9.10〉
1. 법인인 중개업자 : 2억원 이상. 다만, 분사무소를 두는 경우에는 분사무소마다 1억원 이상을 추가로 설정하여야 한다.
2. 법인이 아닌 중개업자 : 1억원 이상
②중개업자는 중개사무소 개설등록을 한 때에는 업무를 시작하기 전에 제1항의 규정에 따른 손해배상책임을 보장하기 위한 조치(이하 이 조 및 제25조에서 "보증"이라 한다)를 한 후 그 증명서류를 갖추어 등록관청에 신고하여야 한다. 다만, 보증보험회사 · 공제사업자 또는 공탁기관(이하 "보증기관"이라 한다)이 보증사실을 등록관청에 직접 통보한 경우에는 신고를 생략할 수 있다.
③「농업협동조합법」 제12조제1항 및 동법 제57조제1항제2호 바목의 규정에 따라 지역농업협동조합이 부동산중개업을 하는 때에는 중개업무를 개시하기 전에 보장금액 1천만원 이상의 보증을 보증기관에 설정하고 그 증명서류를 갖추어 등록관청에 신고하여야 한다.

제25조(보증의 변경) ①제24조의 규정에 따라 보증을 설정한 중개업자는 그 보증을 다른 보증으로 변경하고자 하는 경우에는 이미 설정한 보증의 효력이 있는 기간 중에 다른 보증을 설정하고 그 증명서류를 갖추어 등록관청에 신고하여야 한다.
②보증보험 또는 공제에 가입한 중개업자로서 보증기간이 만료되어 다시 보증을 설정하고자 하는 자는 그 보증기간 만료일까지 다시 보증을 설정하고 그 증명서류를 갖추어 등록관청에 신고하여야 한다.
③제24조제2항 단서의 규정은 제1항 또는 제2항의 규정에 따른 신고에 관하여 이를 준용한다.

제26조(보증보험금의 지급 등) ①중개의뢰인이 손해배상금으로 보증보험금 · 공제금 또는 공탁금을 지급받고자 하는 경우에는 그 중개의뢰인과 중개업자간의 손해배상합의서 · 화해조서 또는 확정된 법원의 판결문 사본 그 밖에 이에 준하는 효력이 있는 서류를 첨부하여 보증기관에 손해배상금의 지급을 청구하여야 한다.
②중개업자는 보증보험금 · 공제금 또는 공탁금으로 손해배상을 한 때에는 15일 이내에 보증보험 또는 공제에 다시 가입하거나 공탁금 중 부족하게 된 금액을 보전하여야 한다.

제27조(계약금등의 예치 · 관리 등) ①법 제31조제1항에서 "대통령령이 정하는 자"라 함은 다음 각 호의 자를 말한다.〈개정 2008.7.29〉
1. 「은행법」에 따른 금융기관
2. 「보험업법」에 따른 보험회사
3. 「자본시장과 금융투자업에 관한 법률」에 따른 신탁업자
4. 「우체국예금 · 보험에 관한 법률」에 따른 체신관서
5. 법 제42조의 규정에 따라 공제사업을 하는 자
6. 부동산 거래계약의 이행을 보장하기 위하여 계약금 · 중도금 또는 잔금(이하 이 조에서 "계약금등"이라 한다) 및 계약 관련서류를 관리하는 업무를 수행하는 전문회사
②중개업자는 거래당사자가 법 제31조제1항의 규정에 따라 계약금등을 중개업자의 명의로 금융기관 등에 예치할 것을 의뢰하는 경우에는 계약이행의 완료 또는 계약해제 등의 사유로 인한 계약금등의 인출에 대한 거래당사자의 동의 방법, 법 제32조제3항의 규정에 따른 반환채무이행 보장에 소요되는 실비 그 밖에 거래안전을 위하여 필요한 사항을 약정하여야 한다.
③중개업자는 제2항의 규정에 따라 거래계약과 관련된 계약금등을 자기 명의로 금융기관

등에 예치하는 경우에는 자기 소유의 예치금과 분리하여 관리될 수 있도록 하여야 하며, 예치된 계약금등은 거래당사자의 동의 없이 인출하여서는 아니 된다.
④중개업자는 제2항의 규정에 따라 계약금등을 자기 명의로 금융기관 등에 예치하는 경우에는 그 계약금등을 거래당사자에게 지급할 것을 보장하기 위하여 예치대상이 되는 계약금등에 해당하는 금액을 보장하는 보증보험 또는 법 제42조의 규정에 따른 공제에 가입하거나 공탁을 하여야 하며, 거래당사자에게 관계증서의 사본을 교부하거나 관계증서에 관한 전자문서를 제공하여야 한다.

제28조(중개업자의 교육 등) ①법 제34조제1항의 규정에 따른 실무교육은 부동산중개 전문직업인으로서의 직업윤리의식 및 부동산 관련 전문지식을 기르기 위한 내용으로 구성하고, 교육시간은 32시간 이상 44시간 이하로 한다.
② 국토해양부장관이 법 제34조제2항에 따라 실무교육지침을 수립할 때에는 실무교육의 전국적 균형유지에 필요한 교육대상, 교육내용, 교육방법 등에 관한 기준과 절차를 포함하여야 한다.〈신설 2009.7.1〉
③국토해양부장관, 시·도지사 또는 등록관청은 법 제34조제3항에 따른 연수교육을 실시하려는 때에는 교육일 7일전까지 교육일시·교육장소 및 교육내용을 교육대상자에게 통지하여야 한다.〈개정 2008.2.29, 2009.7.1〉

제4장 지도 · 감독

제29조(공인중개사의 자격취소 또는 자격정지) ①법 제35조의 규정에 따른 공인중개사의 자격취소처분 및 법 제36조의 규정에 따른 자격정지처분은 그 공인중개사자격증(이하 "자격증"이라 한다)을 교부한 시·도지사가 행한다.
②자격증을 교부한 시·도지사와 공인중개사 사무소의 소재지를 관할하는 시·도지사가 서로 다른 경우에는 공인중개사 사무소의 소재지를 관할하는 시·도지사가 자격취소처분 또는 자격정지처분에 필요한 절차를 모두 이행한 후 자격증을 교부한 시·도지사에게 통보하여야 한다.
③시·도지사는 공인중개사의 자격취소처분을 한 때에는 5일 이내에 이를 국토해양부장관에게 보고하고 다른 시·도지사에게 통지하여야 한다.〈개정 2008.2.29〉

제5장 공인중개사협회

제30조(협회의 설립) ①법 제41조제1항의 규정에 따른 공인중개사협회(이하 "협회"라 한다)를 설립하고자 하는 때에는 발기인이 작성하여 서명·날인한 정관에 대하여 회원 600인 이상이 출석한 창립총회에서 출석한 회원 과반수의 동의를 얻어 국토해양부장관의 설립인가를 받아야 한다.〈개정 2008.2.29〉
②제1항에 따른 창립총회에는 서울특별시에서는 100인 이상, 광역시·도 및 특별자치도에서는 각각 20인 이상의 회원이 참여하여야 한다.〈개정 2008.9.10〉
③협회의 설립인가신청에 필요한 서류는 국토해양부령으로 정한다.〈개정 2008.2.29〉

제31조(협회의 업무) 협회는 법 제41조제1항의 규정에 따른 목적을 달성하기 위하여 다음 각호의 업무를 수행할 수 있다.
1. 회원의 품위유지를 위한 업무
2. 부동산중개제도의 연구·개선에 관한 업무

3. 회원의 자질향상을 위한 지도 및 교육·연수에 관한 업무
4. 회원의 윤리헌장 제정 및 그 실천에 관한 업무
5. 부동산 정보제공에 관한 업무
6. 법 제42조의 규정에 따른 공제사업. 이 경우 공제사업은 비영리사업으로서 회원간의 상호
   부조를 목적으로 한다.
7. 그 밖에 협회의 설립목적 달성을 위하여 필요한 업무

제32조(협회의 보고의무) ①협회는 총회의 의결내용을 지체 없이 국토해양부장관에게 보고하
   여야 한다.<개정 2008.2.29>
   ②협회가 그 지부 또는 지회를 설치한 때에는 그 지부는 시·도지사에게, 지회는 등록관
   청에 신고하여야 한다.

제33조(공제사업의 범위) 법 제42조제1항의 규정에 따라 협회가 할 수 있는 공제사업의 범위
   는 다음 각 호와 같다.
1. 법 제30조의 규정에 따른 손해배상책임을 보장하기 위한 공제기금의 조성 및 공제금의 지
   급에 관한 사업
2. 공제사업의 부대업무로서 공제규정으로 정하는 사업

제34조(공제규정) 법 제42조제3항의 규정에 따라 공제규정에는 다음 각 호의 사항을 정하여
   야 한다.
1. 공제계약의 내용 : 협회의 공제책임, 공제금, 공제료, 공제기간, 공제금의 청구와 지급절차,
   구상 및 대위권, 공제계약의 실효 그 밖에 공제계약에 필요한 사항을 정한다. 이 경우 공
   제료는 공제사고 발생률, 보증보험료 등을 종합적으로 고려하여 결정한 금액으로 한다.
2. 회계기준 : 공제사업을 손해배상기금과 복지기금으로 구분하여 각 기금별 목적 및 회계원
   칙에 부합되는 세부기준을 정한다.
3. 책임준비금의 적립비율 : 공제사고 발생률 및 공제금 지급액 등을 종합적으로 고려하여
   정하되, 공제료 수입액의 100분의 10이상으로 정한다.

제35조(공제사업 운용실적의 공시) 협회는 법 제42조제5항에 따라 다음 각 호의 사항을 매
   회계연도 종료 후 3개월 이내에 일간신문 또는 협회보에 공시하고 협회의 인터넷 홈페이
   지에 게시하여야 한다.<개정 2008.9.10>
1. 결산서인 요약 대차대조표, 손익계산서 및 감사보고서
2. 공제료 수입액, 공제금 지급액, 책임준비금 적립액
3. 그 밖에 공제사업의 운용과 관련된 참고사항

제6장 보칙

제36조(업무의 위탁) ①시·도지사는 법 제45조에 따라 법 제34조제1항에 따른 실무교육에
   관한 업무를 위탁하는 때에는 다음 각 호의 기관 또는 단체 중 국토해양부령으로 정하는
   인력 및 시설을 갖춘 기관 또는 단체를 지정하여 위탁하여야 한다.<개정 2007.6.26,
   2008.2.29, 2008.9.10>
1. 「고등교육법」에 따라 설립된 대학 또는 전문대학 중 부동산 관련 학과가 개설된 학교
2. 협회
3. 「공공기관의 운영에 관한 법률」 제5조제3항에 따른 공기업 또는 준정부기관
   ②시험시행기관장은 법 제45조에 따라 법 제4조에 따른 시험의 시행에 관한 업무를 「공

공기관의 운영에 관한 법률」 제5조제3항에 따른 공기업, 준정부기관 또는 협회에 위탁할
수 있다.<개정 2007.6.26>
　③시·도지사 또는 시험시행기관장은 제1항 및 제2항에 따라 업무를 위탁한 때에는 위탁
받은 기관의 명칭·대표자 및 소재지와 위탁업무의 내용 등을 관보에 고시하여야 한다.
<개정 2008.2.29, 2008.9.10>

제37조(포상금) ①법 제46조제1항의 규정에 따른 포상금은 1건당 50만원으로 한다.
　②제1항의 규정에 따른 포상금은 법 제46조제1항 각 호의 어느 하나에 해당하는 자가 행
정기관에 의하여 발각되기 전에 등록관청이나 수사기관에 신고 또는 고발한 자에게 그
신고 또는 고발사건에 대하여 검사가 공소제기 또는 기소유예의 결정을 한 경우에 한하
여 지급한다.
　③법 제46조제2항의 규정에 따라 포상금의 지급에 소요되는 비용 중 국고에서 보조할 수
있는 비율은 100분의 50이내로 한다.
　④그 밖에 포상금의 지급방법 및 절차 등에 관하여 필요한 사항은 국토해양부령으로 정
한다.<개정 2008.2.29>

제7장 벌칙

제38조(과태료의 부과·징수) ① 법 제51조제1항부터 제4항까지 및 법 제7638호 부칙 제6조
제5항에 따른 과태료의 부과기준은 별표 2와 같다.
　② 국토해양부장관, 시·도지사, 법 제27조제1항에 따라 신고를 받는 관청(이하 "신고관청"
이라 한다) 또는 등록관청은 위반행위의 동기·결과 및 횟수 등을 고려하여 제1항에 따른
과태료부과기준금액의 2분의 1(법 제51조제1항 및 같은 조 제4항 위반의 경우에는 5분의
1)의 범위에서 가중 또는 감경할 수 있다. 이 경우 가중 또는 감경하여 부과하는 경우에도
과태료 부과금액은 500만원[법 제51조제1항 위반의 경우에는 2천만원, 법 제51조제3항 또
는 법 제7638호 부칙 제6조제5항 위반의 경우에는 100만원, 법 제51조제4항 위반의 경우에
는 그 토지 또는 건축물에 대한 취득세의 3배(토지 또는 건축물을 취득할 수 있는 권리의
경우에는 권리 취득가액의 100분의 5)에 상당하는 금액을 말한다]을 초과할 수 없다.
[전문개정 2008.9.10]

공인중개사의 업무 및 부동산 거래신고에 관한 법률 시행규칙
[일부개정 2009.12.31 국토해양부령 제204호]

제1장 총칙

제1조(목적) 이 규칙은 「공인중개사의 업무 및 부동산 거래신고에 관한 법률」 및 동법 시행령에서 위임된 사항과 그 시행에 관하여 필요한 사항을 규정함을 목적으로 한다.

제2장 공인중개사

제2조(응시원서) ① 「공인중개사의 업무 및 부동산 거래신고에 관한 법률 시행령」(이하 "영"이라 한다) 제8조제1항의 규정에 따른 공인중개사자격시험(이하 "시험"이라 한다)의 응시원서는 별지 제1호서식에 따른다.
②영 제8조제2항의 규정에 따른 응시수수료(이하 "수수료"라 한다)의 반환기준은 다음 각호와 같다.
1. 수수료를 과오납한 경우에는 그 과오납한 금액의 전부
2. 시험시행기관의 귀책사유로 시험에 응하지 못한 경우에는 납입한 수수료의 전부
3. 응시원서 접수기간 내에 접수를 취소하는 경우에는 납입한 수수료의 전부
4. 응시원서 접수마감일의 다음 날부터 7일 이내에 접수를 취소하는 경우에는 납입한 수수료의 100분의 60
5. 제4호에서 정한 기간을 경과한 날부터 7일 이내에 접수를 취소하는 경우에는 납입한 수수료의 100분의 50
③수수료의 반환절차 및 반환방법 등은 영 제7조제3항의 규정에 따른 시험시행공고에서 정하는 바에 따른다.

제3조(자격증의 교부 및 재교부) ①특별시장·광역시장·도지사·특별자치도지사(이하 "시·도지사"라 한다)는 「공인중개사의 업무 및 부동산 거래신고에 관한 법률」(이하 "법"이라 한다) 제5조제1항에 따른 시험합격자의 결정 공고일부터 1개월 이내에 시험합격자에 관한 사항을 별지 제2호서식의 공인중개사자격증교부대장에 기재한 후, 시험 합격자에게 별지 제3호서식의 공인중개사자격증을 교부하여야 한다.〈개정 2008.9.12〉
②법 제5조제3항의 규정에 따라 공인중개사자격증의 재교부를 신청하는 자는 별지 제4호서식의 재교부신청서를 자격증을 교부한 시·도지사에게 제출하여야 한다.
③제1항의 공인중개사자격증교부대장은 전자적 처리가 불가능한 특별한 사유가 없으면 전자적 처리가 가능한 방법으로 작성·관리하여야 한다.〈신설 2007.12.13〉

제3장 중개업 등

제4조(중개사무소 개설등록의 신청) ①법 제9조제1항에 따라 중개사무소의 개설등록을 하려는 자는 별지 제5호서식의 부동산중개사무소 개설등록신청서에 다음 각 호의 서류를 첨부하여 중개사무소(법인의 경우에는 주된 중개사무소를 말한다)를 두고자 하는 지역을 관할하는 시장(구가 설치되지 아니한 시와 특별자치도의 행정시의 시장을 말한다. 이하 같다)·군수 또는 구청장(이하 "등록관청"이라 한다)에게 신청하여야 한다. 이 경우 담당 공

무원은 「전자정부법」 제21조제1항에 따라 행정정보의 공동이용을 통하여 법인등기부 등본(신청인이 법인인 경우에만 해당한다)과 건축물대장을 확인하여야 한다.〈개정 2006.8.7, 2008.9.12, 2009.7.14〉
1. 공인중개사자격증 사본
2. 삭제〈2006.8.7〉
3. 법 제34조제1항의 규정에 따른 실무교육의 수료확인증 사본
4. 반명함판 사진
5. 건축물대장에 기재된 건물에 중개사무소를 확보(소유·전세·임대차 또는 사용대차 등의 방법에 의하여 사용권을 확보하여야 한다)하였음을 증명하는 서류
6. 다음 각 목의 서류(외국인이나 외국에 주된 영업소를 둔 법인의 경우에 한한다)
가. 법 제10조제1항 각 호의 어느 하나에 해당되지 아니함을 증명하는 외국 정부 그 밖에 권한 있는 기관이 발행한 서류 또는 공증인이 공증한 신청인의 진술서로서 「재외공관공증법」에 따라 그 국가에 주재하는 대한민국공관의 영사관이 확인한 서류
나. 「상법」 제614조의 규정에 따른 영업소의 등기를 증명할 수 있는 서류
　②제1항의 규정에 따라 중개사무소 개설등록의 신청을 받은 등록관청은 다음 각 호의 중개업자의 종별에 따라 구분하여 개설등록을 하고, 개설등록 신청을 받은 날부터 7일 이내에 등록신청인에게 서면으로 통지하여야 한다.
1. 법인인 중개업자
2. 공인중개사인 중개업자
　③제2항의 규정에 따라 중개사무소의 개설등록을 한 중개업자가 제2항 각 호의 종별을 달리하여 업무를 하고자 하는 경우에는 제1항의 규정에 따라 등록신청서를 다시 제출하여야 한다. 이 경우 종전에 제출한 서류 중 변동사항이 없는 서류는 제출하지 아니할 수 있으며, 종전의 등록증은 이를 반납하여야 한다.

제5조(등록증의 교부 및 재교부) ①등록관청은 중개사무소의 개설등록을 한 자가 영 제24조제2항의 규정에 따른 보증(이하 "보증"이라 한다)을 설정하였는지 여부를 확인한 후 법 제11조제1항의 규정에 따라 별지 제6호서식의 중개사무소등록증을 지체 없이 교부하여야 한다.
　②제1항에 따라 등록관청이 중개사무소등록증을 교부하는 때에는 별지 제7호서식의 부동산중개사무소등록대장에 그 등록에 관한 사항을 기록한 후 중개사무소등록증을 교부하여야 한다.
　③법 제11조제2항의 규정에 따른 중개사무소등록증의 재교부신청은 별지 제4호서식에 따른다.
　④중개업자가 등록증의 기재사항의 변경으로 인하여 다시 등록증을 교부받고자 하거나, 법 제7638호 부칙 제6조제2항의 규정에 따라 이 법에 따른 중개사무소의 개설등록을 한 것으로 보는 자가 공인중개사 자격을 취득하여 그 등록관청의 관할구역 안에서 공인중개사인 중개업자로서 업무를 계속하고자 하는 경우에는 별지 제4호서식의 신청서에 이미 교부받은 등록증과 변경사항을 증명하는 서류를 첨부하여 등록증의 재교부를 신청하여야 한다.
　⑤제2항의 부동산중개사무소등록대장은 전자적 처리가 불가능한 특별한 사유가 없으면 전자적 처리가 가능한 방법으로 작성·관리하여야 한다.〈신설 2007.12.13〉

제6조(등록사항 등의 통지) 등록관청은 영 제14조의 규정에 따라 매월 중개사무소의 등록·행정처분 및 신고 등에 관한 사항을 별지 제8호서식의 중개사무소등록·행정처분등통지서에 기재하여 다음달 10일까지 공인중개사협회에 통보하여야 한다.

제7조(분사무소설치신고서의 서식 등) ①영 제15조제3항의 규정에 따른 분사무소설치신고서
는 별지 제9호서식에 따른다.
②법 제13조제4항의 규정에 따른 분사무소설치신고필증은 별지 제10호서식에 따른다.
③법 제13조제5항의 규정에 따른 분사무소설치신고필증의 재교부신청은 별지 제4호서식
에 따르되, 분사무소설치신고필증의 기재사항의 변경으로 인하여 재교부를 받고자 하는
때에는 분사무소설치신고필증을 첨부하여야 한다.

제8조(중개업자의 사용인의 신고) ①중개업자는 소속공인중개사 또는 중개보조원을 고용하거
나 해고한 때에는 법 제15조제1항의 규정에 따라 고용일 또는 해고일부터 10일 이내에
등록관청에 신고하여야 한다.
②제1항의 규정에 따른 소속공인중개사 또는 중개보조원의 고용ㆍ해고신고는 별지 제11
호서식에 따른다.

제9조(인장등록 등) ①중개업자 및 소속공인중개사는 법 제16조제1항의 규정에 따라 업무를
개시하기 전에 중개행위에 사용할 인장을 등록관청에 등록하여야 한다.
②제1항의 규정에 따라 등록한 인장을 변경한 경우에는 중개업자 및 소속공인중개사는
변경일부터 7일 이내에 그 변경된 인장을 등록관청에 등록하여야 한다.
③제1항 및 제2항에 따라 중개업자 및 소속공인중개사가 등록하여야 할 인장은 공인중개
사인 중개업자, 법 제7638호 부칙 제6조제2항에 규정된 중개업자 및 소속공인중개사의 경
우에는 「가족관계의 등록 등에 관한 법률」에 따른 가족관계등록부 또는 「주민등록
법」에 따른 주민등록표에 기재되어 있는 성명이 나타난 인장으로서 그 크기가 가로ㆍ세
로 각각 7밀리미터 이상 30밀리미터 이내인 인장이어야 하며, 법인인 중개업자의 경우에
는 「상업등기규칙」에 따라 신고한 법인의 인장이어야 한다. 다만, 분사무소에서 사용할
인장의 경우에는 「상업등기규칙」 제36조제4항에 따라 법인의 대표자가 보증하는 인장
을 등록할 수 있다.<개정 2009.7.14, 2009.12.31>
④법인인 중개업자의 제1항 및 제2항에 따른 인장 등록은 「상업등기규칙」에 따른 인감
증명서의 제출로 갈음한다.<개정 2009.7.14, 2009.12.31>

제10조(중개사무소등록증 등의 게시) 법 제17조에서 국토해양부령이 정하는 사항이란 다음
각 호의 사항을 말한다.<개정 2008.3.14, 2009.7.14>
1. 중개사무소등록증 원본(법인인 중개업자의 분사무소의 경우에는 분사무소설치신고필증 원
본을 말한다)
2. 중개수수료ㆍ실비의 요율 및 한도액표
3. 중개업자 및 소속공인중개사의 공인중개사자격증 원본(해당되는 자가 있는 경우로 한정한
다)
4. 보증의 설정을 증명할 수 있는 서류

제10조의2(성명의 표기방법 등) 중개업자는 법 제18조제3항에 따라 옥외광고물을 설치하는
경우 「옥외광고물 등 관리법 시행령」 제3조에 따른 옥외광고물 중 가로형간판, 세로형
간판, 돌출간판 또는 옥상간판에 중개업자(법인의 경우에는 대표자, 법인 분사무소의 경우
에는 법 제13조제4항에 따른 신고필증에 기재된 책임자를 말한다)의 성명을 인식할 수 있
는 정도의 크기로 표기하여야 한다.
[전문개정 2008.9.12]

제11조(중개사무소의 이전신고 등) ①법 제20조제1항의 규정에 따라 중개사무소의 이전신고
를 하고자 하는 자는 별지 제12호서식의 중개사무소이전신고서에 다음 각 호의 서류를

첨부하여 등록관청(분사무소의 경우에는 주된 사무소의 소재지를 관할하는 등록관청을 말한다. 이하 이 조에서 같다)에 제출하여야 한다.
1. 중개사무소등록증(분사무소의 경우에는 분사무소설치신고필증을 말한다)
2. 건축물대장에 기재된 건물에 중개사무소를 확보(소유·전세·임대차 또는 사용대차 등의 방법에 의하여 사용권을 확보하여야 한다)하였음을 증명하는 서류
②제1항의 규정에 따라 중개사무소의 이전신고를 받은 등록관청은 그 내용이 적합한 경우에는 중개사무소등록증 또는 분사무소설치신고필증을 재교부하여야 한다. 다만, 중개업자가 등록관청의 관할지역 내로 이전한 경우에는 등록관청은 중개사무소등록증 또는 분사무소설치신고필증에 변경사항을 기재하여 이를 교부할 수 있다.
③등록관청은 분사무소의 이전신고를 받은 때에는 지체 없이 그 분사무소의 이전 전 및 이전 후의 소재지를 관할하는 시장·군수 또는 구청장에게 이를 통보하여야 한다.
④법 제20조제2항의 규정에 따라 관련서류를 송부하여 줄 것을 요청받은 종전의 등록관청이 이전 후의 등록관청에 송부하여야 하는 서류는 다음 각 호와 같다.
1. 이전신고를 한 중개사무소의 부동산중개사무소등록대장
2. 부동산중개사무소 개설등록 신청서류
3. 최근 1년간의 행정처분 및 행정처분절차가 진행 중인 경우 그 관련서류

제12조(부동산중개업휴업신고서 등의 서식) 영 제18조제1항의 규정에 따른 부동산중개업휴업(폐업·재개·휴업기간변경)신고서는 별지 제13호서식에 따른다.

제13조(일반중개계약서의 서식) 영 제19조의 규정에 따른 일반중개계약서는 별지 제14호서식에 따른다.

제14조(전속중개계약서의 서식 등) ①법 제23조제2항의 규정에 따른 전속중개계약서는 별지 제15호서식에 따른다.
②법 제23조제2항에서 "국토해양부령이 정하는 기간"이라 함은 3년을 말한다.〈개정 2008.3.14〉

제15조(거래정보사업자의 지정 등) ①법 제24조제1항에 따라 부동산거래정보망을 설치·운영할 자로 지정받으려는 자는 별지 제16호서식의 거래정보사업자지정신청서에 다음 각 호의 서류를 첨부하여 국토해양부장관에게 제출하여야 한다. 이 경우 담당 공무원은 「전자정부법」 제21조제1항에 따라 행정정보의 공동이용을 통하여 법인등기부 등본(신청인이 법인인 경우로 한정한다)을 확인하여야 한다.〈개정 2006.8.7, 2007.6.29, 2008.3.14, 2009.7.14, 2009.12.31〉
1. 삭제〈2006.8.7〉
2. 제2항제1호에 따른 수 이상의 중개업자로부터 받은 별지 제17호서식의 부동산거래정보망 가입·이용신청서 및 그 중개업자의 중개사무소등록증 사본
3. 정보처리기사 자격증 사본
4. 공인중개사 자격증 사본
5. 주된 컴퓨터의 용량 및 성능 등을 확인할 수 있는 서류
6. 「전기통신사업법」에 따라 부가통신사업신고서를 제출하였음을 확인할 수 있는 서류
②제1항에 따라 부동산거래정보망을 설치·운영할 자로 지정받으려는 자는 다음 각 호의 요건을 갖추어야 한다.〈개정 2008.3.14, 2008.9.12, 2009.12.31〉
1. 그 부동산거래정보망의 가입·이용신청을 한 중개업자의 수가 1천인 이상이고 10개 이상의 특별시·광역시·도 및 특별자치도(이하 "시·도"라 한다)에서 각각 30인 이상의 중개업자가 가입·이용신청을 하였을 것

2. 정보처리기사 2인 이상을 확보할 것
3. 공인중개사 2인 이상을 확보할 것
4. 부동산거래정보망의 가입자가 이용하는데 지장이 없는 정도로서 국토해양부장관이 정하는
   용량 및 성능을 갖춘 컴퓨터설비를 확보할 것
   ③국토해양부장관은 제1항의 규정에 따라 지정신청을 받은 때에는 지정신청을 받은 날부
   터 30일 이내에 이를 검토하여 지정기준에 적합하다고 인정되는 경우에는 거래정보사업
   자로 지정하고, 다음 각 호의 사항을 별지 제18호서식의 거래정보사업자지정대장에 기재
   한 후에 별지 제19호서식의 거래정보사업자지정서를 교부하여야 한다.〈개정 2008.3.14〉
1. 지정 번호 및 지정 연월일
2. 상호 또는 명칭 및 대표자의 성명
3. 사무소의 소재지
4. 주된 컴퓨터설비의 내역
5. 전문자격자의 보유에 관한 사항
   ④법 제24조제3항의 규정에 따른 운영규정에는 다음 각 호의 사항을 정하여야 한다.
1. 부동산거래정보망에의 등록절차
2. 자료의 제공 및 이용방법에 관한 사항
3. 가입자에 대한 회비 및 그 징수에 관한 사항
4. 거래정보사업자 및 가입자의 권리 · 의무에 관한 사항
5. 그 밖에 부동산거래정보망의 이용에 관하여 필요한 사항
   ⑤ 제3항의 거래정보사업자지정대장은 전자적 처리가 불가능한 특별한 사유가 없으면 전
   자적 처리가 가능한 방법으로 작성 · 관리하여야 한다.〈신설 2007.12.13〉

제16조(중개대상물의 확인 · 설명서의 서식) 영 제21조제3항에 따른 중개대상물 확인 · 설명서
   는 다음 각 호의 구분에 따른다.
1. 중개대상물 확인 · 설명서[Ⅰ](주거용건축물) : 별지 제20호서식
2. 중개대상물 확인 · 설명서[Ⅱ](비주거용 건축물) : 별지 제20호의2서식
3. 중개대상물 확인 · 설명서[Ⅲ](토지) : 별지 제20호의3서식
4. 중개대상물 확인 · 설명서[Ⅳ](입목 · 광업재단 · 공장재단) : 별지 제20호의4서식
[전문개정 2007.10.30]

제17조(부동산거래의 신고절차 등) ① 법 제27조제1항 본문에 따라 부동산거래의 신고를 하
   려는 거래당사자는 별지 제21호서식의 부동산거래계약 신고서에 공동으로 서명 또는 날
   인(전자인증의 방법을 포함한다. 이하 제3항 및 제4항에서 같다)하여 거래당사자 중 일방
   이 시장 · 군수 또는 구청장(이하 이 조에서 "신고관청"이라 한다)에게 제출(전자문서에 의
   한 제출을 포함한다. 이하 제3항 및 제4항에서 같다)하여야 한다.
   ② 법 제27조제1항 단서에 따라 단독으로 부동산거래의 신고를 하려는 자는 별지 제21호
   서식의 부동산거래계약 신고서에 단독으로 서명 또는 날인을 한 후 상대방이 신고를 거
   부하는 사유서와 거래계약서 사본을 첨부하여 신고관청에 제출하여야 한다. 이 경우 담당
   공무원은 사유서의 사실여부를 확인하여야 한다.
   ③ 법 제27조제2항에 따라 부동산거래의 신고를 하려는 중개업자는 별지 제21호서식의
   부동산거래계약 신고서에 서명 또는 날인을 하여 신고관청에 제출하여야 한다.
   ④ 법 제27조제6항에 따라 주택거래의 신고를 하려는 중개업자는 별지 제21호의2서식의
   주택거래계약 신고서(영 제23조제1항제8호에 따라 거래대상 주택의 취득에 필요한 자금의
   조달계획을 신고하여야 하는 경우에는 주택거래계약을 체결하는 매수인이 작성한 별지 제
   21호의3서식의 주택취득자금 조달계획서를 포함한다. 전자문서에 의하여 부동산거래계약
   신고서를 제출하는 경우에도 같다)에 서명 또는 날인하여 신고관청에 제출하여야 한다.

⑤ 제1항부터 제4항까지에 따라 부동산거래의 신고 또는 주택거래의 신고를 하려는 자는 주민등록증 등 신고인의 신분을 확인할 수 있는 신분증명서를 신고관청에 내보여야 한다. 다만, 제1항, 제3항 또는 제4항에 따라 전자문서로 신고를 하려는 자는 전자인증의 방법에 따른다.

⑥ 제1항부터 제3항까지에 따라 부동산거래의 신고를 받은 신고관청은 제22호서식에 따른 신고필증을, 제4항에 따라 주택거래의 신고를 받은 신고관청은 별지 제22호의2서식에 따른 신고필증을 각각 교부한다.

⑦ 제1항 및 제2항에 따른 부동산거래계약 신고서의 제출(전자문서에 의한 신고를 제외한다)은 부동산거래계약신고서를 제출하기로 한 자의 위임을 받은 자가 대행할 수 있다. 이 경우 부동산거래계약 신고서의 제출을 대행하는 자는 주민등록증, 운전면허증, 여권 등 신분을 확인할 수 있는 신분증명서(이하 "신분증명서"라 한다)를 신고관청에 내보이고, 부동산거래계약 신고서의 제출을 위임한 거래당사자의 신분증명서 사본이 첨부된 위임장(위임장 및 신분증명서 사본에 해당 거래당사자의 자필서명이 있는 경우로 한정한다)을 제출하여야 한다.〈개정 2009.12.31〉

⑧ 제3항 및 제4항에 따른 부동산거래계약 신고서 또는 주택거래계약 신고서의 제출(전자문서에 의한 신고를 제외한다)은 당해 거래계약을 중개한 중개업자의 위임을 받은 소속공인중개사가 대행할 수 있다. 이 경우 소속공인중개사는 신분증명서를 신고관청에 내보여야 한다.〈개정 2009.12.31〉

⑨ 제1항부터 제3항까지에 따라 부동산거래계약에 관한 내용을 신고한 후 그 거래계약이 무효, 취소 또는 해제(이하 "거래계약 해제등"이라 한다)된 경우에는 거래당사자 또는 중개업자는 별지 제23호서식의 부동산거래계약해제등신고서(전자문서로 된 신고서를 포함한다)에 서명 또는 날인(전자인증의 방법을 포함한다)을 하여 신고관청에 제출할 수 있다. 이 경우 중개업자가 전자문서로 거래계약 해제등을 신고하는 경우에는 부동산거래계약해제등신고서에 거래당사자의 서명 또는 날인을 받아 두어야 한다.

⑩ 제9항에 따른 거래계약 해제등을 신고받은 신고관청은 그 내용을 확인한 후 별지 제24호서식의 부동산거래계약해제등확인서를 신고인에게 즉시 교부하여야 한다.

⑪ 제1항부터 제4항까지에 따라 부동산거래 또는 주택거래에 관하여 신고한 내용 중 잔금 지급일이 변경(주택거래의 신고에 한한다)되거나 다음 각 호의 어느 하나에 해당하는 내용이 잘못 기재된 경우 거래당사자 또는 중개업자는 신고관청에 정정신청(전자문서로 된 신청을 포함한다)을 할 수 있다. 이 경우 정정신청은 발급받은 신고필증에 해당 내용을 정정하여 거래당사자 또는 중개업자가 서명 또는 날인(전자인증의 방법을 포함한다)하여야 한다.

1. 매수인 또는 매도인의 주소, 국적 및 거래 지분
2. 건축물의 종류
3. 소재지의 지목, 토지면적, 대지권 비율
4. 계약대상 면적
5. 중개업자의 사무소 소재지

⑫ 제11항에 따른 정정신청을 받은 신고관청은 정정사항을 확인하였으면 즉시 해당 내용을 수정하고 수정한 내용에 따른 신고필증을 재교부하여야 한다.

⑬ 제1항부터 제3항까지에 따라 부동산거래계약의 신고를 한 후 다음 각 호의 어느 하나에 해당하는 내용이 변경된 경우 「부동산등기법」에 따른 부동산에 관한 등기 신청 전에 별지 제24호의2서식의 부동산거래계약 변경신고서(전자문서로 된 신고서를 포함한다)에 거래당사자 또는 중개업자가 서명 또는 날인(전자인증의 방법을 포함한다)하여 신고관청에 제출할 수 있다. 다만, 제2호의 계약대상 면적의 변경없이 제4호의 물건 거래금액을 변경하는 경우에는 이를 증명할 수 있는 거래계약서 사본 등을 첨부하여야 한다.

1. 거래지분

2. 계약대상 면적
3. 계약의 조건 또는 기한
4. 물건 거래금액
5. 중도금 및 지급일
6. 잔금 및 지급일
7. 공동매수의 경우 매수인의 변경(매수인의 추가 또는 교체의 경우를 제외한다)
8. 다수의 물건을 거래하는 경우 일부 물건의 변경(물건의 추가 또는 교체의 경우를 제외한다)
　⑭ 제13항에 따른 변경신고를 받은 신고관청은 변경사항을 확인하였으면 즉시 해당 내용을 변경하고 변경한 내용에 따른 신고필증을 재교부하여야 한다.
[전문개정 2008.9.12]

제18조(보증의 설정신고) ①영 제24조제2항의 규정에 따른 보증의 설정신고는 별지 제25호서식에 따른다.
　②영 제24조제2항에서 "증명서류"라 함은 다음 각 호의 어느 하나에 해당하는 서류를 말한다.
1. 보증보험증서 사본
2. 공제증서 사본
3. 공탁증서 사본

제19조(보증의 변경신고) 영 제25조의 규정에 따른 보증의 변경신고는 별지 제25호서식에 따른다.

제20조(중개수수료 및 실비의 한도 등) ①법 제32조제3항의 규정에 따른 주택의 중개에 대한 수수료는 중개의뢰인 쌍방으로부터 각각 받되, 그 일방으로부터 받을 수 있는 한도는 매매·교환의 경우에는 거래금액의 1천분의 9이내로 하고, 임대차 등의 경우에는 거래금액의 1천분의 8이내로 한다.
　②법 제32조제3항의 규정에 따른 실비의 한도는 중개대상물의 권리관계 등의 확인 또는 계약금 등의 반환채무이행 보장에 드는 비용으로 하되, 중개업자가 영수증 등을 첨부하여 매도·임대 그 밖의 권리를 이전하고자 하는 중개의뢰인(계약금 등의 반환채무이행 보장에 소요되는 실비의 경우에는 매수·임차 그 밖의 권리를 취득하고자 하는 중개의뢰인을 말한다)에게 청구할 수 있다.
　③제1항 및 제2항의 경우에 중개대상물의 소재지와 중개사무소의 소재지가 다른 경우에는 중개업자는 중개사무소의 소재지를 관할하는 시·도의 조례에서 정한 기준에 따라 수수료 및 실비를 받아야 한다.
　④법 제32조제3항의 규정에 따라 주택 외의 중개대상물에 대한 중개수수료는 중개의뢰인 쌍방으로부터 각각 받되, 거래금액의 1천분의 9이내에서 중개의뢰인과 중개업자가 서로 협의하여 결정한다.
　⑤제1항 및 제4항의 경우 거래금액의 계산은 다음 각 호에 따른다.〈개정 2006.6.15〉
1. 임대차 중 보증금 외에 차임이 있는 경우에는 월 단위의 차임액에 100을 곱한 금액을 보증금에 합산한 금액을 거래금액으로 한다. 다만, 본문의 규정에 따라 합산한 금액이 5천만원 미만인 경우에는 본문의 규정에 불구하고 월 단위의 차임액에 70을 곱한 금액과 보증금을 합산한 금액을 거래금액으로 한다.
2. 교환계약의 경우에는 교환대상 중개대상물 중 거래금액이 큰 중개대상물의 가액을 거래금액으로 한다.
3. 동일한 중개대상물에 대하여 동일 당사자간에 매매를 포함한 둘 이상의 거래가 동일 기회

에 이루어지는 경우에는 매매계약에 관한 거래금액만을 적용한다.

⑥중개대상물인 건축물 중 주택의 면적이 2분의 1이상인 경우에는 제1항의 규정을 적용하고, 주택의 면적이 2분의 1미만인 경우에는 제4항의 규정을 적용한다.

⑦중개업자는 주택 외의 중개대상물에 대하여 제4항의 규정에 따른 중개수수료 요율의 범위 안에서 실제 자기가 받고자 하는 중개수수료의 상한요율을 제10조제2호의 규정에 따른 중개수수료·실비의 요율 및 한도액표에 명시하여야 하며, 이를 초과하여 중개수수료를 받아서는 아니 된다.

제4장 지도·감독

제21조(공인중개사자격증의 반납) 법 제35조제3항의 규정에 따라 공인중개사자격증을 반납하고자 하는 자는 자격취소처분을 받은 날부터 7일 이내에 그 공인중개사자격증을 교부한 시·도지사에게 공인중개사자격증을 반납하여야 한다.

제22조(자격정지의 기준) ①법 제36조제3항의 규정에 따른 자격정지의 기준은 별표 1과 같다.
②시·도지사는 위반행위의 동기·결과 및 횟수 등을 참작하여 제1항의 규정에 따른 자격정지기간의 2분의 1의 범위 안에서 가중 또는 감경할 수 있다. 이 경우 가중하여 처분하는 때에도 자격정지기간은 6월을 초과할 수 없다.

제23조(출입·검사시 공무원의 증표) 법 제37조제2항에서 "국토해양부령이 정하는 증표"라 함은 공무원증 및 별지 제26호서식의 중개사무소조사·검사증명서를 말한다.〈개정 2008.3.14〉

제24조(중개사무소등록증의 반납) ①법 제38조제4항의 규정에 따라 중개사무소등록증을 반납하고자 하는 자는 등록취소처분을 받은 날부터 7일 이내에 등록관청에 그 중개사무소등록증을 반납하여야 한다.
②법 제38조제1항제1호의 규정에 따라 중개사무소의 개설등록이 취소된 경우로서 법인인 중개업자가 해산한 경우에는 그 법인의 대표자이었던 자가 등록취소처분을 받은 날부터 7일 이내에 등록관청에 중개사무소등록증을 반납하여야 한다.

제25조(업무정지의 기준) ①법 제39조제2항 및 법 제7638호 부칙 제6조제7항의 규정에 따른 업무정지의 기준은 별표 2와 같다.
②등록관청은 위반행위의 동기·결과 및 횟수 등을 참작하여 제1항의 규정에 따른 업무정지기간의 2분의 1의 범위 안에서 가중 또는 감경할 수 있다. 이 경우 가중하여 처분하는 경우에도 업무정지기간은 6월을 초과할 수 없다.

제5장 공인중개사협회

제26조(협회의 설립인가신청시 제출서류) 영 제30조제1항의 규정에 따라 공인중개사협회의 설립인가를 신청할 때에 제출하여야 하는 서류는 「국토해양부장관 소관 비영리법인의 설립 및 감독에 관한 규칙」 제3조의 규정에 따른 서류로 한다. 이 경우 "설립허가신청서"는 이를 "설립인가신청서"로 본다.〈개정 2008.3.14〉

제27조(출입·검사시 공무원의 증표) 법 제44조제2항에서 "국토해양부령이 정하는 증표'라

함은 공무원증 및 별지 제27호서식의 공인중개사협회조사·검사증명서를 말한다.<개정 2008.3.14>

제27조의2(실무교육기관의 인력 및 시설 기준) ① 영 제36조제1항에 따라 실무교육에 관한 업무를 위탁받으려는 기관 또는 단체가 갖추어야 할 기준은 다음 각 호와 같다.<개정 2009.7.14>
1. 교육과목별로 다음 각 목의 어느 하나에 해당하는 자를 강사로 확보할 것
가. 실무교육 과목과 관련된 분야의 박사학위 소지자
나. 대학 또는 전문대학의 전임강사 이상으로 실무교육과 관련된 과목을 2년 이상 강의한 경력이 있는 자
다. 실무교육 과목과 관련된 분야의 석사학위 취득 후 연구 또는 실무경험이 3년 이상인 자
라. 변호사 자격이 있는 자로서 국가, 지방자치단체, 공공기관 및 그 밖의 법인 또는 개인사무소에서 법률에 관한 사무에 2년 이상 종사한 자
마. 7급 이상의 공무원으로 6개월 이상 부동산중개업 관련업무를 담당한 경력이 있는 자
바. 그 밖에 공인중개사·감정평가사·주택관리사·건축사·공인회계사·법무사 또는 세무사 등으로서 부동산 관련분야에 3년 이상을 근무한 경력이 있는 자
2. 강의실을 1개소 이상 확보하되 그 면적은 50제곱미터 이상일 것
[본조신설 2008.9.12]

제6장 보칙

제28조(포상금의 지급) ①영 제37조의 규정에 따른 포상금을 지급받고자 하는 자는 별지 제28호서식의 포상금지급신청서를 등록관청에 제출하여야 한다.
②제1항의 규정에 따라 포상금지급신청서를 제출받은 등록관청은 그 사건에 관한 수사기관의 처분내용을 조회한 후 포상금의 지급을 결정하고, 그 결정일부터 1월 이내에 포상금을 지급하여야 한다.
③등록관청은 하나의 사건에 대하여 2인 이상이 공동으로 신고 또는 고발한 경우에는 영 제37조제1항의 규정에 따른 포상금을 균등하게 배분하여 지급한다. 다만, 포상금을 지급받을 자가 배분방법에 관하여 미리 합의하여 포상금의 지급을 신청한 경우에는 그 합의된 방법에 따라 지급한다.
④등록관청은 하나의 사건에 대하여 2건 이상의 신고 또는 고발이 접수된 경우에는 최초로 신고 또는 고발한 자에게 포상금을 지급한다.

[별지 제14호서식] <개정 2009.7.14> (앞쪽)

일반중개계약서

| 의뢰내용 | 매도 · 매수 · 임대 · 임차 · 기타(   ) |

중개의뢰인(갑)은 이 계약서에 의하여 뒤쪽에 표시한 중개대상물의 중개를 중개업자(을)에게 의뢰하고 을은 이를 승낙한다.

1. 을의 의무사항

을은 중개대상물의 거래가 조속히 이루어지도록 성실히 노력하여야 한다.

2. 갑의 권리 · 의무사항

① 갑은 이 계약에 불구하고 중개대상물의 거래에 관한 중개를 다른 중개업자에게도 의뢰할 수 있다.
② 갑은 을이 「공인중개사의 업무 및 부동산 거래신고에 관한 법률」(이하 "법"이라 한다) 제25조에 따른 중개대상물의 확인 · 설명의무를 이행하는데 협조하여야 한다.

3. 유효기간	이 계약의 유효기간은 년 월 일까지로 한다. ※ 유효기간은 3월을 원칙으로 하되, 갑과 을이 합의하여 별도로 정한 경우에는 그 기간에 따른다.
4. 중개수수료	중개대상물에 대한 거래계약이 성립한 경우 갑은 거래가액의 ( )%(또는 원)을 중개수수료로 을에게 지급한다. ※ 뒤쪽 별표의 요율을 넘지 아니하여야 하며, 실비는 별도로 지급한다.
5. 을의 손해배상 책임	을이 다음의 행위를 한 경우에는 갑에게 그 손해를 배상하여야 한다. 1) 중개수수료 또는 실비의 과다수령 : 차액 환급 2) 중개대상물의 확인 · 설명을 소홀히 하여 재산상의 피해를 발생하게 한 경우 : 손해액 배상
6. 그 밖의 사항	이 계약에 정하지 아니한 사항에 대하여는 갑과 을이 합의하여 별도로 정할 수 있다.

이 계약을 확인하기 위하여 계약서 2통을 작성하여 계약 당사자 간에 이의가 없음을 확인하고 각자 서명 또는 날인한 후 쌍방이 1통씩 보관한다.

년   월   일

계약자
  중개의뢰인(갑) : 성명   (서명 또는 인) 주민등록번호/외국인등록번호
           주소/체류지   (전화번호 :   )

  중개업자(을) : 성명(대표자)   (서명 또는 인) 주민등록번호/외국인등록번호
           상호(명칭)   등록번호
           사무소 소재지   (전화번호 :   )

210mm×297mm[일반용지 60g/㎡(재활용품)]

※ 중개대상물의 거래내용이 권리를 이전(매도·임대 등)하고자 하는 경우에는
「Ⅰ.권리이전용(매도·임대 등)」에 기재하고, 권리를 취득(매수·임차 등)하고자 하는 경우
에는 「Ⅱ.권리취득용(매수·임차 등)」에 적습니다.

Ⅰ. 권리이전용(매도·임대 등)

구분	매도·임대·기타( )				
소유자 및 등기명의인	성명		주민등록번호/ 외국인등록번호		
	주소				
중개대상 물의 표시	건축물	소재지			건축연도
		면적 ㎡	구조		용도
	토지	소재지			지목
		면적 ㎡	지역·지구 등		현재용도
	은행융자·권리금·제세공과금 등 (또는 월임대료·보증금·관리비 등)				
권리관계					
거래규제 및 공법상 제한사항					
중개 의뢰금액	원	기타			

Ⅱ. 권리취득용(매수·임차 등)

구분	매수·임차·기타( )	
항목	내용	세부내용
희망물건의종류		
취득희망가격		
희망지역		
그 밖의 희망조건		

〈별표〉 중개수수료 요율표(법 제32조제3항 및 같은 법 시행규칙 제20조의 규정에 따른 요율
표 수록)

※ 해당내용을 요약하여 수록하거나, 별지로 첨부합니다.

[중개업자 위법행위 신고안내] 중개업자가 수수료 과다수령 등 위법행위시 시·군·구 중개
업 담당부서에 신고할 수 있으며, 시·군·구에서는 신고사실을 조사한 후 적정한 조치를
취하게 됩니다.

[별지 제15호서식] 〈개정 2009.7.14〉

<table>
<tr><td colspan="2">전속중개계약서</td></tr>
<tr><td>의뢰내용</td><td>매도 · 매수 · 임대 · 임차 · 기타(　　　　　)</td></tr>
</table>

　중개의뢰인(갑)은 이 계약서에 의하여 뒤쪽에 표시한 중개대상물의 중개를 중개업자(을)에게 의뢰하고 을은 이를 승낙한다.

1. 을의 의무사항

① 을은 갑에게 계약 체결 후 2주일에 1회 이상 중개업무 처리상황을 문서로써 통지하여야 한다.
② 을은 이 전속중개계약 체결 후 7일 이내에 「공인중개사의 업무 및 부동산 거래신고에 관한 법률」(이하 "법' 이라 한다) 제24조의 규정에 따른 부동산거래정보망 또는 일간신문에 중개대상물에 관한 정보를 공개하여야 하며, 중개대상물을 공개한 때에는 지체 없이 갑에게 그 내용을 문서로써 통지하여야 한다. 다만, 갑이 비공개를 요청한 경우에는 이를 공개하지 아니한다. (공개 또는 비공개 여부 :　　　　　)
③ 법 제25조 및 같은 법 시행령 제21조에 따라 중개대상물에 관한 확인 · 설명의무를 성실하게 이행하여야 한다.

2. 갑의 의무사항

　① 다음 각 호의 어느 하나에 해당하는 경우에는 갑은 그가 지불하여야 할 중개수수료에 해당하는 금액을 을에게 위약금으로 지불하여야 한다. 다만, 제3호의 경우에는 중개수수료의 50퍼센트에 해당하는 금액의 범위 안에서 을이 중개행위를 함에 있어서 소요된 비용(사회통념에 비추어 상당하다고 인정되는 비용을 말한다)을 지불한다.
1. 전속중개계약의 유효기간 내에 을 외의 다른 중개업자에게 중개를 의뢰하여 거래한 경우
2. 전속중개계약의 유효기간 내에 을의 소개에 의하여 알게 된 상대방과 을을 배제하고 거래당사자간에 직접 거래한 경우
3. 전속중개계약의 유효기간 내에 갑이 스스로 발견한 상대방과 거래한 경우
② 갑은 을이 법 제25조의 규정에 따른 중개대상물 확인 · 설명의무를 이행하는데 협조 하여야 한다.

<table>
<tr><td>3. 유효기간</td><td>이 계약의 유효기간은　　　년　　월　　일까지로 한다.
※ 유효기간은 3월을 원칙으로 하되, 갑과 을이 합의하여 별도로 정한 경우에는 그 기간에 따른다.</td></tr>
<tr><td>4. 중개수수료</td><td>중개대상물에 대한 거래계약이 성립한 경우 갑은 거래금액의 (　　)%
(또는　　　　원)을 중개수수료로 을에게 지급한다.
※ 뒤쪽 별표의 요율을 넘지 아니하여야 하며, 실비는 별도로 지급한다.</td></tr>
<tr><td>5. 을의 손해배상 책임</td><td>을이 다음의 행위를 한 경우 을은 갑에게 그 손해를 배상하여야 한다.
1) 중개수수료 또는 실비의 과다수령 : 차액 환급
2) 중개대상물의 확인 · 설명을 소홀히 하여 재산상의 피해를 발생하게 한 경우 : 손해액 배상</td></tr>
<tr><td>6. 그 밖의 사항</td><td>이 계약에 정하지 아니한 사항에 대하여는 갑과 을이 합의하여 별도로 정할 수 있다.</td></tr>
</table>

이 계약을 확인하기 위하여 계약서 2통을 작성하여 계약 당사자간에 이의가 없음을 확인하고 각자 서명 또는 날인한 후 쌍방이 1통씩 보관한다.
　　년　　월　　일
계약자
중개의뢰인(갑) : 성명:　　　　　　　　(서명 또는 인)　　주민등록번호/외국인등록번호
　　　　　　　　주소:　　　　　　　　　　　　　　　(전화번호 :　　　　　)
중개업자(을) : 성명(대표자)　　　(서명 또는 인)　　주민등록번호/외국인등록번호
　　　　　　　상호(명칭)　　　　　　　　　　　등록번호
　　　　　　　사무소 소재지　　　　　　　　　　(전화번호　　　　　)

210㎜×297㎜[일반용지 60g/㎡(재활용품)]

※ 중개대상물의 거래내용이 권리를 이전(매도ㆍ임대 등)하고자 하는 경우에는
「Ⅰ.권리이전용(매도ㆍ임대 등)」에 기재하고, 권리를 취득(매수ㆍ임차 등)하고자 하는 경우
에는 「Ⅱ.권리취득용(매수ㆍ임차 등)」에 적습니다.

Ⅰ. 권리이전용(매도ㆍ임대 등)

구분	매도ㆍ임대ㆍ기타( )				
소유자 및 등기명의인	성명		주민등록번호/ 외국인등록번호		
	주소				
중개대상물의 표시	건축물	소재지			건축연도
		면적 ㎡	구조		용도
	토지	소재지			지목
		면적 ㎡	지역ㆍ지구 등		현재용도
	은행융자ㆍ권리금ㆍ제세공과금 등 (또는 월임대료ㆍ보증금ㆍ관리비 등)				
권리관계					
거래규제 및 공법상 제한사항					
중개의뢰금액	원	기타			

Ⅱ. 권리취득용(매수ㆍ임차 등)

구분	매수ㆍ임차ㆍ기타( )	
항목	내용	세부내용
희망물건의종류		
취득희망가격		
희망지역		
그 밖의 희망조건		

<별표> 중개수수료 요율표(법 제32조제3항 및 같은 법 시행규칙 제20조에 따른 요율표 수록)
※ 해당내용을 요약하여 수록하거나, 별지로 첨부합니다.
[중개업자 위법행위 신고안내] 중개업자가 수수료 과다수령 등 위법행위시 시ㆍ군ㆍ구 중개업 담당부서에 신고할 수 있으며, 시ㆍ군ㆍ구에서는 신고사실을 사한 후 적정한 조치를 취하게 됩니다.

[별지 제20호서식] 〈개정 2009.7.14〉

(표지)

<table>
<tr><td rowspan="2">중개대상물 확인·설명서[I]
(주거용 건축물)</td><td colspan="5">□ 단독주택　　□ 공동주택</td></tr>
<tr><td colspan="5">□ 매매·교환　　□ 임대</td></tr>
<tr><td colspan="6">「공인중개사의 업무 및 부동산 거래신고에 관한 법률」 제25조제3항 및 같은 법 시행령 제21조에 따라 중개대상물 확인·설명서를 작성하여 거래 당사자에게 교부합니다. 년　　월　　일 </td></tr>
<tr><td rowspan="4">중개업자(1)</td><td>성　명</td><td colspan="4"> 서명 및 날인 </td></tr>
<tr><td>사무소 명칭</td><td>등록번호</td><td colspan="3"></td></tr>
<tr><td>사무소 소재지</td><td>전화번호</td><td colspan="3"></td></tr>
<tr><td>소속
공인중개사</td><td colspan="4"> 서명 및 날인 </td></tr>
<tr><td rowspan="4">중개업자(2)</td><td>성　명</td><td colspan="4"> 서명 및 날인 </td></tr>
<tr><td>사무소 명칭</td><td>등록번호</td><td colspan="3"></td></tr>
<tr><td>사무소 소재지</td><td>전화번호</td><td colspan="3"></td></tr>
<tr><td>소속
공인중개사</td><td colspan="4"> 서명 및 날인 </td></tr>
<tr><td rowspan="4">중개업자(3)</td><td>성　명</td><td colspan="4"> 서명 및 날인 </td></tr>
<tr><td>사무소 명칭</td><td>등록번호</td><td colspan="3"></td></tr>
<tr><td>사무소 소재지</td><td>전화번호</td><td colspan="3"></td></tr>
<tr><td>소속
공인중개사</td><td colspan="4"> 서명 및 날인 </td></tr>
<tr><td rowspan="2">확인·설명
자료</td><td>확인·설명
근거자료 등</td><td colspan="4">□ 등기권리증　　　□ 등기부등본　　□ 토지대장
□ 건축물관리대장　　□ 지적도　　　　□ 임야도
□ 토지이용계획확인서　□ 기타(　　　　　　　)</td></tr>
<tr><td>대상물건의
상태에 관한
자료요구 사항</td><td colspan="4"></td></tr>
<tr><td rowspan="2">유의사항</td><td>중개업자의
확인·설명
의무</td><td colspan="4">「공인중개사의 업무 및 부동산 거래신고에 관한 법률」 제25조 제1항 및 제2항에 따라 중개업자는 중개대상물에 관한 권리를 취득하려는 중개의뢰인에게 성실·정확하게 설명하고, 토지 대장·등기부등본 등 설명의 근거자료를 제시하여야 합니다.</td></tr>
<tr><td>실제거래가격
신고</td><td colspan="4">「공인중개사의 업무 및 부동산 거래신고에 관한 법률」 제27조 및 같은 법 시행령 제23조제1항제5호의 실제거래가격은 매수인이 매수한 부동산을 양도하는 경우 「소득세법」 제97조제1항 및 제7항과 같은 법 시행령 제163조제11항제2호에 따라 취득 당시의 실제거래가액으로 보아 양도차익이 계산될 수 있음을 유의하시기 바랍니다.</td></tr>
</table>

210mm×297mm[일반용지 60g/㎡(재활용품)]

(제 1 쪽)

①대상 물건의 표시	토 지	소 재 지				
		면 적(㎡)		지 목	공부상 지목 :	
					실제이용 상태 :	
	건축물	전용면적(㎡)			대지지분(㎡)	
		준공년도 (증개축년도)		용 도	건축물대장상 용도	
					실제용도	
		구 조		방 향		
		위반건축물 여부	□ 위반　□ 적법	위반내용		
②권리관계	등기부 기재사항	소유권에 관한 사항			소유권 외의 권리사항	
		토 지			토 지	
		건축물			건축물	
	실제권리관계 또는 공시되지 아니한 물건의 권리 사항					
③토지이용 계획, 공법상이 용제한 및 거래 규제에 관한 사항 (토지)	지역지구	용도지역			건폐율 상한	용적률 상한
		용도지구				
		용도구역			%	%
	도시계획 시설			허가 · 신고 구역 여부	□ 토지거래허가구역 □ 주택거래신고지역	
				투기지역 여부	□ 토지투기지역 □ 주택투기지역 □ 투기과열지구	
	지구단위계획 구역, 그 밖의 도시관리계획			그 밖의 이용 제한 및 거래 규제사항		
④내 · 외부 시설물의 상태 (건축물)	수 도	파손여부	□ 없음		□ 있음(위치:　　　　)	
		용 수 량	□ 정상		□ 부족함(위치 :　　　　)	
	전 기	□ 정상		□ 교체요함(교체할 부분:　　　　)		
	가 스	□ 도시가스		□ 기타(　　　　　　)		
	소 방	소화전	□ 없음		□ 있음(위치:　　　　)	
		비상벨	□ 없음		□ 있음(위치:　　　　)	
	난방방식 및 연료공급	공급방식	□ 중앙공급　□ 개별공급			
		종 류	□ 도시가스　□기름　□프로판가스　□연탄 □기타(　　　　　　)			
		시설작동	□ 정상　　□ 수선요함(　　　　)			
	승강기	□ 있음 (□양호　□ 불량)　　　　□ 없음				
	배 수	□ 정상　　□ 수선요함(　　　　　　)				
	그 밖의 시설물					

⑤벽면 및 도배상태	벽 면	균 열	□ 없음　　　□ 있음(위치:　　　　　　　)		
		누 수	□ 없음　　　□ 있음(위치:　　　　　　　)		
	도 배	□ 깨끗함 □ 보통임　　□ 도배필요			
⑥환경조건	일조량	□ 풍부함　　□ 보통임　　□ 불충분 (이유:　　　　　)			
	소 음	□ 미미함　　□ 보통임　　□ 심한편임			
	진 동	□ 미미함　　□ 보통임　　□ 심한편임			
	비선호시설(1km이내)		□ 없음　□ 있음(종류 및 위치 :　　)		
⑦입지조건	도 로	종 류	(　　m) 접근도로(□포장　　□비포장) (　　m) 이면도로(□포장　　□비포장)		
		접근성	□ 용이함　　　□ 불편함		
	대중교통	버 스	(　　　) 정류장　□ 소요시간:　분		
		지하철	(　　　) 역　　　□ 소요시간:　분		
		기 타			
	주차장	□ 없음 □ 전용주차시설　□ 공동주차시설　　□ 기타 (　　　)			
	교육시설	초등학교	(　　) 학교　□ 소요시간:　분(도보, 차량)		
		중 학 교	(　　) 학교　□ 소요시간:　분(도보, 차량)		
		고등학교	(　　) 학교　□ 소요시간:　분(도보, 차량)		
	판매 및 의료시설	백화점 및 할인매장	(　　　)　　□ 소요시간:　분		
		종합의료시설	(　　　)　　□ 소요시간:　분		
⑧관리에 관한사항	경비실	□ 있음　　　□ 없음			
	관리주체	□ 위탁관리　　□ 자체관리　　□ 기타			
⑨거래예정 금액 등	거래예정금액				
	개별공시지가(㎡ 당)				
	건물(주택)공시가격(㎡ 당)				
⑩취득 시 부담할 조세의 종류 및 세율	취득세	%	농어촌특별세	%	
	등록세	%	지방교육세	%	

⑪중개수수료 및 실비의 금액과 산출내역	중개수수료 : 실　　　비 :	〈산출내역〉 중개수수료 : 실　　　비 :
	계	※중개수수료는 시·도 조례로 정한 요율에 따르거나, 시·도 조례로 정한 요율한도에서 중개의뢰인과 중개업자가 서로 협의하여 결정하도록 한 요율에 따릅니다.

「공인중개사의 업무 및 부동산 거래신고에 관한 법률」 제25조제3항 및 같은 법 시행령 제21조에 따라 매수(임차)인은 중개업자로부터 위 중개대상물에 관하여 설명을 듣고, 중개업자가 작성·교부하는 본 확인·설명서를 수령하며, 매도(임대)인은 중개업자가 작성·교부하는 본 확인·설명서를 수령합니다.

년　　　월　　　일

매도(임대)인	성 명		서명 및 날인	
	주 소			
	주민등록번호		전화번호	
매수(임차)인	성 명		서명 및 날인	
	주 소			
	주민등록번호		전화번호	

(제 3 쪽)

작성방법
(주거용 건축물)

〈작성일반〉
1. "□" 있는 항목은 해당되는 "□" 안에 √로 표시합니다.
2. 세부항목 작성 시 해당 내용을 작성란에 모두 작성할 수 없는 경우에는 별지로 작성하여
    첨부하고, 해당란에는 "별지 참고" 라고 적습니다.

〈표지항목〉
1. 공동중개 시 참여한 중개업자(소속공인중개사를 포함합니다)는 모두 서명·날인하여야
하며, 3인을 초과하는 경우에는 별지로 작성하여 첨부합니다.

2. 「확인·설명자료」 항목의 "확인·설명 근거자료 등" 에는 중개업자가
확인·설명과정에서 제시한 자료를 기재하며, "대상물건의 상태에 관한 자료요구
사항" 에는 매도(임대)의뢰인에게 요구한 사항 및 그 관련자료의 제출여부와 ④내·외부의
시설물 상태(건축물)부터 ⑥환경조건 까지(⑥의 비선호시설은 제외합니다)의 항목을 확인하기
위한 자료의 요구 및 그 불응여부를 적습니다.

〈세부항목〉
1. ①대상물건의 표시는 토지대장 등본 및 건축물관리대장 등본 등을 확인하여 적습니다.

2. ②권리관계의 "등기부기재사항" 은 등기부등본을 확인하여 기재하고, "실제권리관계
또는 공시되지 아니한 물건의 권리에 관한 사항" 은 매도(임대)의뢰인이 고지한
사항(법정지상권, 유치권,
「주택임대차보호법」 에 따른 임대차, 토지에 부착된 조각물 및 정원수 등)을 기재 합니다.
「건축법 시행령」 별표 1 제2호에 따른 공동주택(기숙사는 제외합니다) 중 분양을 목적으로
건축되었으나 분양되지 아니하여 보존등기만 마쳐진 상태인 공동주택에 대하여 임대차
계약을 알선하는 경우에는 이를 임차인에게 설명하여야 합니다.

※ 임대차계약이 있는 경우 임대보증금, 월 단위의 차임액, 계약기간, 장기수선충당금의 처리
등을 확인하고, 근저당 등이 설정된 경우 채권최고액을 확인하여 적습니다. 그 밖에 경매 및
공매 등의 특이사항이 있는 경우 이를 확인하여 적습니다.

3. ③토지이용계획, 공법상 이용제한 및 거래규제에 관한 사항(토지)의 "건폐율 상한 및
용적률 상한" 은 시·군의 조례에 따라 기재하고, "도시계획시설", "지구단위계획구역, 그

밖의 도시관리 계획” 은 중개업자가 확인하여 기재하며, 그 밖의 사항은
토지이용계획확인서의 내용을 확인하고, 공부에서 확인할 수 없는 사항은 부동산종합정보망
등에서 확인하여 적습니다(임대차의 경우에는 생략할 수 있습니다).

4. ④내·외부의 시설물 상태(건축물)부터 ⑥환경조건까지(⑥의 비선호시설은 제외합니다)는
중개대상물에 대하여 중개업자가 매도(임대)의뢰인에게 자료를 요구하여 확인한 사항을
기재하고, ④내·외부의 시설물 상태(건축물)의 “그 밖의 시설물”은 가정자동화 시설(Home
Automation 등 IT 관련 시설)의 설치여부를 적습니다.

5. ⑥환경조건의 “비선호시설”, ⑦입지조건 및 ⑧관리에 관한 사항은 중개업자가 조사하여
적습니다.
6. ⑨거래예정 금액 등의 “거래예정금액”은 중개가 완성되기 전 거래예정금액을,
“개별공시지가” 및 “건물(주택)공시가격”은 중개가 완성되기 전 공시된 공시지가 또는
공시가격을 적습니다(임대차계약의 경우에는 “개별공시지가” 및 “건물(주택)공시가격”을
생략할 수 있습니다). 7. ⑩취득 시 부담할 조세의 종류 및 세율은 중개가 완성되기 전
「지방세법」의 내용을 확인하여 적습니다(임대차의 경우에는 제외합니다).

8. ⑪중개수수료 및 실비의 금액과 산출내역의 “중개수수료”는 거래예정금액을 기준으로
계산하고, “산출내역”은 “거래예정금액(임대차의 경우에는 임대보증금 + 월 단위의
차임액 × 100) × 중개수수료 요율”과 같이 적습니다.

[별지 제20호의2서식] <개정 2009.7.14>

(표지)

중개대상물 확인·설명서[Ⅱ]	□ 업무용 □ 상업용 □ 공업용 □ 기타		
(비주거용 건축물)	□ 매매·교환 □ 임대		

「공인중개사의 업무 및 부동산 거래신고에 관한 법률」 제25조제3항 및 같은 법 시행령 제21조에 따라 중개대상물 확인·설명서를 작성하여 거래 당사자에게 교부합니다.

년   월   일

	성 명		서명 및 날인
중개업자(1)	사무소 명칭	등록번호	
	사무소 소재지	전화번호	
	소속 공인중개사		서명 및 날인
	성 명		서명 및 날인
중개업자(2)	사무소 명칭	등록번호	
	사무소 소재지	전화번호	
	소속 공인중개사		서명 및 날인
	성 명		서명 및 날인
중개업자(3)	사무소 명칭	등록번호	
	사무소 소재지	전화번호	
	소속 공인중개사		서명 및 날인
확인·설명 자료	확인·설명 근거자료 등	□ 등기권리증 □ 등기부등본 □ 토지대장 □ 건축물관리대장 □ 지적도 □ 임야도 □ 토지이용계획확인서 □ 기타( )	
	대상물건의 상태에 관한 자료요구 사항		
유의사항	중개업자의 확인·설명 의무	「공인중개사의 업무 및 부동산 거래신고에 관한 법률」 제25조 제1항 및 제2항에 따라 중개업자는 중개대상물에 관한 권리를 취득하려는 중개의뢰인에게 성실·정확하게 설명하고, 토지 대장·등기부등본 등 설명의 근거자료를 제시하여야 합니다.	
	실제거래가격 신고	「공인중개사의 업무 및 부동산 거래신고에 관한 법률」 제27조 및 같은 법 시행령 제23조제1항제5호의 실제거래가격은 매수인이 매수한 부동산을 양도하는 경우 「소득세법」 제97조제1항 및 제7항과 같은 법 시행령 제163조제11항제2호에 따라 취득 당시의 실제거래가액으로 보아 양도차익이 계산될 수 있음을 유의하시기 바랍니다.	

210mm×297mm[일반용지 60g/㎡(재활용품)]

<table>
<tr><td rowspan="8">①대상
물건의 표시</td><td rowspan="2">토 지</td><td colspan="2">소 재 지</td><td colspan="2"></td></tr>
<tr><td>면 적(㎡)</td><td>지 목</td><td colspan="2">공부상 지목 :
실제이용 상태 :</td></tr>
<tr><td rowspan="6">건축물</td><td colspan="2">전용면적(㎡)</td><td>대지지분(㎡)</td><td></td></tr>
<tr><td rowspan="2">준공년도
(증개축년도)</td><td rowspan="2">용 도</td><td>건축물대장상
용도</td><td></td></tr>
<tr><td>실제용도</td><td></td></tr>
<tr><td>구 조</td><td>방 향</td><td colspan="2"></td></tr>
<tr><td>위반건축물
여부</td><td colspan="3">☐ 위반   ☐ 적법 | 위반내용</td></tr>
<tr><td colspan="5"></td></tr>
<tr><td rowspan="4">②권리관계</td><td rowspan="3">등기부
기재사항</td><td colspan="2">소유권에 관한 사항</td><td colspan="2">소유권 외의 권리사항</td></tr>
<tr><td colspan="2">토 지</td><td>토 지</td><td></td></tr>
<tr><td colspan="2">건축물</td><td>건축물</td><td></td></tr>
<tr><td colspan="5">실제권리관계 또는 공시되지
아니한 물건의 권리 사항</td></tr>
<tr><td rowspan="6">③토지이용
계획,
공법상이
용제한 및
거래 규제에
관한 사항
(토지)</td><td rowspan="3">지역지구</td><td>용도지역</td><td></td><td>건폐율 상한</td><td>용적률 상한</td></tr>
<tr><td>용도지구</td><td></td><td rowspan="2">%</td><td rowspan="2">%</td></tr>
<tr><td>용도구역</td><td></td></tr>
<tr><td rowspan="2">도시계획
시설</td><td rowspan="2"></td><td>허가 · 신고
구역 여부</td><td colspan="2">☐ 토지거래허가구역
☐ 주택거래신고지역</td></tr>
<tr><td>투기지역
여부</td><td colspan="2">☐ 토지투기지역
☐ 주택투기지역
☐ 투기과열지구</td></tr>
<tr><td>지구단위계획
구역, 그
밖의
도시관리계획</td><td></td><td>그 밖의
이용
제한 및
거래
규제사항</td><td colspan="2"></td></tr>
<tr><td rowspan="12">④내 · 외부
시설물의
상태
(건축물)</td><td rowspan="2">수 도</td><td>파손여부</td><td colspan="3">☐ 없음   ☐ 있음(위치:)</td></tr>
<tr><td>용 수 량</td><td colspan="3">☐ 정상   ☐ 부족함(위치 :   )</td></tr>
<tr><td>전 기</td><td colspan="4">☐ 정상   ☐ 교체요함(교체할 부분:)</td></tr>
<tr><td>가 스</td><td colspan="4">☐ 도시가스   ☐ 기타(   )</td></tr>
<tr><td rowspan="2">소 방</td><td>소화전</td><td colspan="3">☐ 없음   ☐ 있음(위치:)</td></tr>
<tr><td>비상벨</td><td colspan="3">☐ 없음   ☐ 있음(위치:)</td></tr>
<tr><td rowspan="3">난방방식 및
연료공급</td><td>공급방식</td><td colspan="3">☐ 중앙공급   ☐ 개별공급</td></tr>
<tr><td>종 류</td><td colspan="3">☐ 도시가스 ☐기름 ☐프로판가스 ☐연탄
☐기타(   )</td></tr>
<tr><td>시설작동</td><td colspan="3">☐ 정상   ☐ 수선요함(   )</td></tr>
<tr><td>승강기</td><td colspan="4">☐ 있음 (☐양호 ☐ 불량)   ☐ 없음</td></tr>
<tr><td>배 수</td><td colspan="4">☐ 정상   ☐ 수선요함(   )</td></tr>
<tr><td>그 밖의
시설물</td><td colspan="4"></td></tr>
</table>

(제 2 쪽)

⑤벽면	벽면상태	균 열	□ 없음　　　□ 있음(위치:　　　　　　　)	
		누 수	□ 없음　　　□ 있음(위치:　　　　　　　)	
⑥입지조건	도 로	종 류	(　　m) 접근도로(□포장　□비포장) (　　m) 이면도로(□포장　□비포장)	
		접근성	□ 용이함　　　　□ 불편함	
	대중교통	버 스	(　　　) 정류장　□ 소요시간: 분	
		지하철	(　　　) 역　　□ 소요시간: 분	
		기 타		
	주차장		□ 없음 □ 전용주차시설 □ 공동주차시설 □ 기타	
⑦관리에 관한사항	경비실		□ 있음　　　□ 없음	
	관리주체		□ 위탁관리　　□ 자체관리　　□ 기타	
⑧거래예정 금액 등	거래예정금액			
	개별공시지가(㎡ 당)			
	건물(주택)공시가격(㎡ 당)			
⑨취득 시 부담할 조세의 종류 및 세율	취득세	%	농어촌특별세	%
	등록세	%	지방교육세	%
⑩중개수수료 및 실비의 금액과 산출내역	중개수수료 : 실　　　비 :	〈산출내역〉 중개수수료 : 실　　　비 : ※중개수수료는 거래금액의 1천분의 9 이내에서 중개의뢰인과 중개업자가 서로 협의하여 결정합니다.		
	계			

「공인중개사의 업무 및 부동산 거래신고에 관한 법률」 제25조제3항 및 같은 법 시행령제 21조에 따라 매수(임차)인은 중개업자로부터 위 중개대상물에 관하여 설명을 듣고, 중개업 자가 작성·교부하는 본 확인·설명서를 수령하며, 매도(임대)인은 중개업자가 작성·교부 하는 본 확인·설명서를 수령합니다.

년　　월　　일

매도(임대)인	성 명		서명 및 날인
	주 소		
	주민등록번호		전화번호
매수(임차)인	성 명		서명 및 날인
	주 소		
	주민등록번호		전화번호

작성방법

(비주거용 건축물)

〈작성일반〉

1. "□" 있는 항목은 해당되는 "□" 안에 √로 표시합니다.

2. 세부항목 작성 시 해당 내용을 작성란에 모두 작성할 수 없는 경우에는 별지로 작성하여 첨부 하고, 해당란에는 "별지 참고" 라고 적습니다.

<표지항목>

1. 공동중개 시 참여한 중개업자(소속공인중개사를 포함합니다)는 모두 서명 · 날인하여야 하며, 3인을 초과하는 경우에는 별지로 작성하여 첨부합니다.

2.「확인 · 설명자료」 항목의 "확인 · 설명 근거자료 등"에는 중개업자가 확인 · 설명과정에서 제시한 자료를 기재하며, "대상물건의 상태에 관한 자료요구 사항"에는 매도(임대) 의뢰인에게 요구한 사항 및 그 관련자료의 제출여부와 ④내 · 외부의 시설물 상태(건축물), ⑤벽면의 항목을 확인하기 위한 자료의 요구 및 그 불응여부를 적습니다.

<세부항목>

1. ①대상물건의 표시는 토지대장 등본 및 건축물관리대장 등본 등을 확인하여 적습니다.

 2. ②권리관계의 "등기부기재사항"은 등기부등본을 확인하여 기재하고, "실제권리관계 또는 공시되지 아니한 물건의 권리에 관한 사항"은 매도(임대)의뢰인이 고지한 사항(「상가건물 임대차보호법」에 따른 임대차, 법정지상권, 유치권, 토지에 부착된 조각물 및 정원수 등)을 적습니다.

※ 임대차계약이 있는 경우 임대보증금, 월 단위의 차임액, 계약기간, 장기수선충당금의 처리 등을 확인하고, 근저당 등이 설정된 경우 채권최고액을 확인하여 적습니다. 그 밖에 경매 및 공매 등의 특이사항이 있는 경우 이를 확인하여 적습니다.

3. ③토지이용계획, 공법상 이용제한 및 거래규제에 관한 사항(토지)의 "건폐율 상한 및 용적률 상한"은 시 · 군의 조례에 따라 기재하고, "도시계획시설", "지구단위계획구역, 그 밖의 도시관리계획"은 중개업자가 확인하여 기재하며, 그 밖의 사항은 토지이용계획확인서의 내용을 확인하고, 공부에서 확인할 수 없는 사항은 부동산종합정보망 등에서 확인하여 적습니다(임대차의 경우에는 생략할 수 있습니다).

4. ④내 · 외부의 시설물 상태(건축물)와 ⑤벽면은 중개대상물에 대하여 중개업자가 매도(임대)의뢰인에게 자료를 요구하여 확인한 사항을 기재하고, ⑥입지조건과 ⑦관리에 관한 사항은 중개업자가 조사하여 기재하며, ④내 · 외부의 시설물 상태(건축물)의 "그 밖의 시설물"은 상업용은 오수 · 정화시설용량, 공업용은 전기용량, 오수정화시설용량, 용수시설 내용을 중개업자가 매도(임대)의뢰인에게 자료를 요구하여 확인한 사항을 적습니다.

5. ⑧거래예정 금액 등의 "거래예정금액"은 중개가 완성되기 전 거래예정금액을, "개별공시지가"와 "건물(주택)공시가격"은 중개가 완성되기 전 공시된 공시지가 또는 공시가격을 적습니다(임대차계약의 경우에는 "개별공시지가" 및 "건물(주택)공시가격"을 생략할 수 있습니다).

6. ⑨취득 시 부담할 조세의 종류 및 세율은 중개가 완성되기 전 지방세법의 내용을 확인하여 적습니다(임대차의 경우에는 제외합니다).

7. ⑩중개수수료 및 실비의 금액과 산출내역의 "중개수수료"는 거래예정금액을 기준으로 계산하고, "산출내역"은 "거래예정금액(임대차의 경우에는 임대보증금 + 월 단위의 차임액 × 100) × 중개수수료 요율"과 같이 적습니다.

[별지 제20호의3서식] 〈개정 2009.7.14〉

(표지)

중개대상물 확인·설명서[I] (토 지)	□ 매매·교환　　　□ 임대		
「공인중개사의 업무 및 부동산 거래신고에 관한 법률」 제25조제3항 및 같은 법 시행령 제21조에 따라 중개대상물 확인·설명서를 작성하여 거래 당사자에게 교부합니다. 년　월　일			

중개업자(1)	성 명		서명 및 날인
	사무소 명칭	등록번호	
	사무소 소재지	전화번호	
	소속 공인중개사		서명 및 날인
중개업자(2)	성 명		서명 및 날인
	사무소 명칭	등록번호	
	사무소 소재지	전화번호	
	소속 공인중개사		서명 및 날인
중개업자(3)	성 명		서명 및 날인
	사무소 명칭	등록번호	
	사무소 소재지	전화번호	
	소속 공인중개사		서명 및 날인

확인·설명 자료	확인·설명 근거자료 등	□ 등기권리증　　　□ 등기부등본　　　□ 토지대장 □ 건축물관리대장　　　□ 지적도　　　□ 임야도 □ 토지이용계획확인서　□ 기타(　　　　　　　)
	대상물건의 상태에 관한 자료요구 사항	

유의사항	중개업자의 확인·설명 의무	「공인중개사의 업무 및 부동산 거래신고에 관한 법률」 제25조 제1항 및 제2항에 따라 중개업자는 중개대상물에 관한 권리를 취득하려는 중개의뢰인에게 성실·정확하게 설명하고, 토지 대장·등기부등본 등 설명의 근거자료를 제시하여야 합니다.
	실제거래가격 신고	「공인중개사의 업무 및 부동산 거래신고에 관한 법률」 제27조 및 같은 법 시행령 제23조제1항제5호의 실제거래가격은 매수인이 매수한 부동산을 양도하는 경우 「소득세법」 제97조제1항 및 제7항과 같은 법 시행령 제163조제11항제2호에 따라 취득 당시의 실제거래가액으로 보아 양도차익이 계산될 수 있음을 유의하시기 바랍니다.

210㎜×297㎜[일반용지 60g/㎡(재활용품)]

(제 1 쪽)

①대상 물건의 표시	토 지	소 재 지			
		면 적(㎡)		지 목	공부상 지목 : 실제이용 상태 :
②권리관계	등기부 기재사항	소유권에 관한 사항		소유권 외의 권리사항	
		토 지		토 지	
	실제권리관계 또는 공시되지 아니한 물건의 권리 사항				

③토지이용 계획, 공법상이 용제한 및 거래 규제에 관한 사항 (토지)	지역지구	용도지역			건폐율 상한	용적률 상한
		용도지구			%	%
		용도구역				
	도시계획 시설			허가구역 여부	□ 토지거래허가구역	
				투기지역 여부	□ 토지투기지역 □ 투기과열지구	
	지구단위계획 구역, 그 밖의 도시관리계획			그 밖의 이용 제한 및 거래 규제사항		

④환경조건	비선호시설(1km이내)	□ 없음　□ 있음(종류 및 위치 :　　)

⑤입지조건	도 로	종 류	(　m) 접근도로(□포장　　□비포장) (　m) 이면도로(□포장　　□비포장)
		접근성	□ 용이함　　　□ 불편함
	대중교통	버 스	(　　　) 정류장　□ 소요시간:　분
		지하철	(　　　) 역　　　□ 소요시간:　분
		기 타	

⑥거래예정 금액 등	거래예정금액	
	개별공시지가(㎡ 당)	

⑦취득 시 부담할 조세의 종류 및 세율	취득세	%	농어촌특별세	%
	등록세	%	지방교육세	%

⑧중개수수료 및 실비의 금액과 산출내역	중개수수료 : 실　　　비 :	〈산출내역〉 중개수수료 : 실　　　비 :
	계	※중개수수료는 거래금액의 1천분의 9 이내 에서 중개의뢰인과 중개업자가 서로 협의하여 결정합니다.

「공인중개사의 업무 및 부동산 거래신고에 관한 법률」 제25조제3항 및 같은 법 시행령 제21조에 따라 매수(임차)인은 중개업자로부터 위 중개대상물에 관하여 설명을 듣고, 중개업자가 작성·교부하는 본 확인·설명서를 수령하며, 매도(임대)인은 중개업자가 작성·교부하는 본 확인·설명서를 수령합니다.

년　　　월　　　일

매도(임대)인	성 명		서명 및 날인
	주 소		
	주민등록번호		전화번호
매수(임차)인	성 명		서명 및 날인
	주 소		
	주민등록번호		전화번호

(제 2 쪽)

작성방법

(토지)

〈작성일반〉

1. "□" 있는 항목은 해당되는 "□" 안에 √로 표시합니다.

2. 세부항목 작성 시 해당 내용을 작성란에 모두 작성할 수 없는 경우에는 별지로 작성하여 첨부 하고, 해당란에는 "별지 참고" 라고 적습니다.

〈표지항목〉

1. 공동중개 시 참여한 중개업자(소속공인중개사를 포함합니다)는 모두 서명·날인하여야 하며, 3인을 초과하는 경우에는 별지로 작성하여 첨부합니다.

2. 「확인·설명자료」 항목의 "확인·설명 근거자료 등" 에는 중개업자가 확인·설명과정에서 제시한 자료를 기재하며, "대상물건의 상태에 관한 자료요구 사항" 에는 매도(임대)의뢰인에게 요구한 사항 및 그 관련자료의 제출여부를 적습니다.

〈세부항목〉

1. ①대상물건의 표시는 토지대장 등본 등을 확인하여 적습니다.

2. ②권리관계의 "등기부기재사항" 은 등기부등본을 확인하여 기재하고, "실제권리관계 또는 공시되지 아니한 물건의 권리에 관한 사항" 은 확인을 요구하여 매도(임대)의뢰인이 고지한 사항(임대차, 지상에 점유권 행사여부, 구축물, 적치물, 진입로, 경작물 등)을 적습니다.

※ 임대차계약이 있는 경우 임대보증금, 월 단위의 차임액, 계약기간 등을 확인하고, 근저당 등이 설정된 경우 채권최고액을 확인하여 적습니다. 그 밖에 경매 및 공매 등의 특이사항이 있는 경우 이를 확인하여 적습니다.

3. ③토지이용계획, 공법상 이용제한 및 거래규제에 관한 사항(토지)의 "건폐율 상한 및 용적률 상한" 은 시·군의 조례에 따라 기재하고, "도시계획시설", "지구단위계획구역, 그 밖의 도시관리계획" 은 중개업자가 확인하여 기재하며, 그 밖의 사항은 토지이용계획확인서의 내용을 확인하고, 공부에서 확인할 수 없는 사항은 부동산종합정보망 등에서 확인하여 적습니다.(임대차의 경우에는 생략할 수 있습니다)

4. ④환경조건과 ⑤입지조건은 중개업자가 조사하여 적습니다.

5. ⑥거래예정 금액 등의 "거래예정금액" 은 중개가 완성되기 전 거래예정금액을, 개별공시지가는 중개가 완성되기 전 공시된 공시가격을 적습니다(임대차계약의 경우에는 "개별공시지가" 를 생략할 수 있습니다).

7. ⑦취득 시 부담할 조세의 종류 및 세율은 중개가 완성되기 전 지방세법의 내용을 확인하여 적습니다(임대차의 경우에는 제외합니다).

8. ⑧중개수수료 및 실비의 금액과 산출내역의 "중개수수료" 는 거래예정금액을 기준으로 계산하고, "산출내역" 은 "거래예정금액(임대차의 경우에는 임대보증금 + 월 단위의 차임액 × 100) × 중개수수료 요율" 과 같이 적습니다.

[별지 제20호의4서식] <개정 2009.7.14>

(표지)

중개대상물 확인·설명서[Ⅳ] (입목·광업재단·공장재단)	☐ 매매·교환　　　☐ 임대		
「공인중개사의 업무 및 부동산 거래신고에 관한 법률」 제25조제3항 및 같은 법 시행령 제21조에 따라 중개대상물 확인·설명서를 작성하여 거래 당사자에게 교부합니다. 년　　월　　일			
중개업자(1)	성　명		서명 및 날인
	사무소 명칭	등록번호	
	사무소 소재지	전화번호	
	소속 공인중개사		서명 및 날인
중개업자(2)	성　명		서명 및 날인
	사무소 명칭	등록번호	
	사무소 소재지	전화번호	
	소속 공인중개사		서명 및 날인
중개업자(3)	성　명		서명 및 날인
	사무소 명칭	등록번호	
	사무소 소재지	전화번호	
	소속 공인중개사		서명 및 날인
확인·설명 자료	확인·설명 근거자료 등	☐ 등기권리증　　　☐ 등기부등본　　　☐ 토지대장 ☐ 건축물관리대장　　☐ 지적도　　　　☐ 임야도 ☐ 토지이용계획확인서　☐ 기타(　　　　　　　　)	
	대상물건의 상태에 관한 자료요구 사항		
유의사항	중개업자의 확인·설명 의무	「공인중개사의 업무 및 부동산 거래신고에 관한 법률」 제25조 제1항 및 제2항에 따라 중개업자는 중개대상물에 관한 권리를 취득하려는 중개의뢰인에게 성실·정확하게 설명하고, 토지 대장·등기부등본 등 설명의 근거자료를 제시하여야 합니다.	
	실제거래가격 신고	「공인중개사의 업무 및 부동산 거래신고에 관한 법률」 제27조 및 같은 법 시행령 제23조제1항제5호의 실제거래가격은 매수인이 매수한 부동산을 양도하는 경우 「소득세법」 제97조제1항 및 제7항과 같은 법 시행령 제163조제11항제2호에 따라 취득 당시의 실제거래가액으로 보아 양도차익이 계산될 수 있음을 유의하시기 바랍니다.	

210mm×297mm[일반용지 60g/㎡(재활용품)]

(제 1 쪽)

①대상 물건의 표시	대상물 종별	□ 입목　　　□ 광업재단　　　□ 공장재단		
	소재지 (등기·등록지)			
②권리관계	등기부 기재사항	소유권에 관한 사항	성명	
			주소	
		소유권 외의 권 리사항		
	실제권리관계 또는 공시되지 아니한 물건의 권리 사항			
③재단목록 또는 입목의 생육 상태				
④그 밖의 참고사항				
⑤거래예정금액 등	거래예정금액			
	개별공시지가(㎡ 당)			
	건물(주택)공시가격(㎡ 당)			

⑥취득 시 부담할 조세의 종류 및 세율	취득세	%	농어촌특별세	%
	등록세	%	지방교육세	%

⑦중개수수료 및 실비의 금액과 산출내역	중개수수료 : 실　　비 :	〈산출내역〉 중개수수료 : 실　　비 :
	계	※중개수수료는 거래금액의 1천분의 9 이내에서 중개의뢰인과 중개업자가 서로 협의하여 결정합니다.

「공인중개사의 업무 및 부동산 거래신고에 관한 법률」 제25조제3항 및 같은 법 시행령 제21조에 따라 매수(임차)인은 중개업자로부터 위 중개대상물에 관하여 설명을 듣고, 중개업 자가 작성·교부하는 본 확인·설명서를 수령하며, 매도(임대)인은 중개업자가 작성· 교부 하는 본 확인·설명서를 수령합니다.

년　　월　　일

매도(임대)인	성　명		서명 및 날인
	주　소		
	주민등록번호		전화번호
매수(임차)인	성　명		서명 및 날인
	주　소		
	주민등록번호		전화번호

작성방법

(입목 · 광업재단 · 공장재단)

〈작성일반〉

1. "□" 있는 항목은 해당되는 "□" 안에 √로 표시합니다.

2. 세부항목 작성 시 해당 내용을 작성란에 모두 작성할 수 없는 경우에는 별지로 작성하여 첨부하고, 해당란에는 "별지 참고" 라고 적습니다.

〈표지항목〉

1. 공동중개 시 참여한 중개업자(소속공인중개사를 포함합니다)는 모두 서명 · 날인하여야 하며, 3인을 초과하는 경우에는 별지로 작성하여 첨부합니다.

2. 「확인 · 설명자료」 항목의 "확인 · 설명 근거자료 등" 에는 중개업자가 확인 · 설명과정에서 제시한 자료를 기재하며, "대상물건의 상태에 관한 자료요구 사항" 에는 매도(임대)의뢰인에게 요구한 사항 및 그 관련자료의 제출여부를 적습니다.

〈세부항목〉

1. ①대상물건의 표시는 대상물건별 등기부등본 등을 확인하여 적습니다.

2. ②권리관계의 "등기부기재사항" 은 등기부등본을 확인하여 기재하고, "실제권리관계 또는 공시되지 아니한 물건의 권리에 관한 사항" 은 확인을 요구하여 매도(임대)의뢰인이 고지한 사항(임대차, 법정지상권, 법정저당권, 유치권 등)을 적습니다.

※ 임대차계약이 있는 경우 임대보증금, 월 단위의 차임액, 계약기간 등을 확인하고, 근저당 등이 설정된 경우 채권최고액을 확인하여 적습니다. 그 밖에 경매 및 공매 등의 특이사항이 있는 경우 이를 확인하여 적습니다.

3. ③재단목록 또는 입목의 생육상태는 공장재단에 있어서는 공장재단목록과 공장재단등기부등본을, 광업재단에서는 광업재단목록과 광업재단 등기부등본을, 입목에서는 입목등록원부와 입목등기부등본을 확인하여 적습니다.

4. ④그 밖의 참고사항은 위의 내용 외의 특이사항 등을 적습니다.

5. ⑤거래예정금액 등의 "거래예정금액" 은 중개가 완성되기 전의 거래예정금액을 기재하며, "개별공시지가 및 건물(주택)공시가격" 은 해당되는 경우에 중개가 완성되기 전공시된 공시지가 또는 공시가격을 적습니다(임대차계약의 경우에는 "개별공시지가 및 건물(주택)공시가격" 을 생략할 수 있습니다).

6. ⑥취득 시 부담할 조세의 종류 및 세율은 중개가 완성되기 전 지방세법의 내용을 확인하여 적습니다(임대차의 경우에는 제외합니다).

7. ⑦중개수수료 및 실비의 금액과 산출내역의 "중개수수료" 는 거래예정금액을 기준으로 작성하며, "산출내역" 은 "거래예정금액(임대차의 경우에는 임대보증금 + 월 단위의 차임액 × 100) × 중개수수료 요율" 과 같이 적습니다.

[별지 제21호서식] 〈개정 2009.7.14〉 (앞 쪽)

<table>
<tr><td colspan="4">부동산거래계약 신고서</td><td colspan="2">처리기간
즉 시</td></tr>
<tr><td>접수일</td><td colspan="3"></td><td>일련번호</td><td></td></tr>
<tr><td rowspan="4">①
매수인</td><td colspan="2">성명(법인명)</td><td></td><td>주민(법인)등록번호</td><td></td></tr>
<tr><td colspan="2">주소(법인인 경우 소재지)</td><td>(거래지분: 분의   )</td><td>국적</td><td></td></tr>
<tr><td colspan="2">전화번호</td><td colspan="3">(이동전화:)</td></tr>
<tr><td colspan="2">외국인의 토지 매수용도</td><td colspan="3">□주택용지(아파트) □주택용지(단독주택) □주택용지(기타)
□레저용지 □상업용지 □공업용지 □기타</td></tr>
<tr><td rowspan="3">②
매도인</td><td colspan="2">성명(법인명)</td><td></td><td>주민(법인)등록번호</td><td></td></tr>
<tr><td colspan="2">주소(법인인 경우 소재지)</td><td>(거래지분: 분의   )</td><td>국적</td><td></td></tr>
<tr><td colspan="2">전화번호</td><td colspan="3">(이동전화:)</td></tr>
<tr><td rowspan="16">신고
사항</td><td colspan="2">계 약 일</td><td>년   월   일</td><td>잔금 지급일</td><td>년   월   일</td></tr>
<tr><td rowspan="5">거래물건</td><td rowspan="2">종 류</td><td colspan="3">③ □토지 □건축물 □토지 및 건축물(   )</td></tr>
<tr><td colspan="3">④ □분양권 □입주권 (분양금액: 원)</td></tr>
<tr><td>⑤ 소재지/지목/면적</td><td colspan="3">(지목:)(토지면적: 제곱미터)(대지권비율: 분의   )
(동   호)</td></tr>
<tr><td>⑥ 계약대상 면적</td><td colspan="3">토지: 제곱미터, 건축물: 제곱미터</td></tr>
<tr><td>⑦ 물건 거래금액</td><td colspan="3">원</td></tr>
<tr><td colspan="2" rowspan="4">실제 거래가격(전체)</td><td>계</td><td colspan="2">원</td><td rowspan="4">중도금 지급일:
년   월   일</td></tr>
<tr><td>계약금</td><td colspan="2">원</td></tr>
<tr><td>중도금</td><td colspan="2">원</td></tr>
<tr><td>잔 금</td><td colspan="2">원</td></tr>
<tr><td rowspan="4">⑧
종전토지</td><td>소재지/지목/면적</td><td colspan="4">(지목:)(토지면적: 제곱미터)(대지권비율: 분의   )</td></tr>
<tr><td>계약대상 면적</td><td colspan="4">제곱미터</td></tr>
<tr><td rowspan="2">물건 거래금액</td><td colspan="4">원(권리가격: 원)</td></tr>
<tr><td colspan="4">계약금: 원, 중도금: 원, 잔금: 원</td></tr>
<tr><td colspan="2">⑨계약의 조건 또는 기한</td><td colspan="4"></td></tr>
<tr><td colspan="2">성명</td><td>상호</td><td>주민(법인)
등록번호</td><td></td></tr>
<tr><td colspan="2">사무소 소재지</td><td colspan="4">(전화:)</td></tr>
<tr><td colspan="2">참고사항</td><td colspan="4"></td></tr>
</table>

「공인중개사의 업무 및 부동산 거래신고에 관한 법률」 제27조 및 같은 법 시행규칙 제17조에 따라 위와 같이 부동산거래계약 내용을 신고합니다.

년   월   일

신고인   매수인   (서명 또는 인)
           매도인   (서명 또는 인)
           중개업자   (서명 또는 인)
           (중개업자가 중개한 경우)

시장·군수·구청장 귀하

210㎜×297㎜[일반용지60g/㎡(재활용품)]

(뒤 쪽)

<table>
<tr><td>유
의
사
항</td><td>1. 「공인중개사의 업무 및 부동산 거래신고에 관한 법률」(이하 "법"이라 한다) 제27조 및 같은 법 시행령 제23조의 실제 거래가격은 매수인이 매수한 부동산을 양도하는 경우 「소득세법」 제97조제1항 및 제7항과 같은 법 시행령 제163조제11항제2호에 따라 취득 당시의 실제거래가격으로 보아 양도차익이 계산될 수 있음을 유의하시기 바랍니다.
2.거래당사자 간 직접거래의 경우에는 공동으로 신고서에 서명 또는 날인을 하여 거래당 사자 중 일방이 신고서를 제출하고, 중개거래의 경우에는 중개업자가 신고서를 제출하여야 합니다.
3.부동산거래계약 내용을 기간 내에 신고하지 아니하거나, 거짓으로 신고하는 경우 법 제 51조제2항 또는 같은 조 제4항에 따라 과태료가 부과됩니다.
4. 담당 공무원이 법 제27조의2에 따라 거래당사자 또는 중개업자에게 계약서, 거래대금지급 증명서면 등 관련 자료의 제출을 요구할 수 있으며, 이 경우 자료를 제출하지 아니하거나, 거짓으로 자료를 제출하거나, 그 밖의 필요한 조치를 이행하지 아니하면 법 제51조제1항 또는 같은 조 제2항에 따라 과태료가 부과됩니다.</td></tr>
</table>

		수수료
작 성 방 법	①·② 거래당사자가 다수인 경우 매수인 또는 매도인의 주소란에 각각의 거래지분을 표시하며, 외국인이 토지를 매수하는 경우 매수용도로 주택용지(아파트), 주택용지(단독주택), 주택용지(기타), 레저용지, 상업용지, 공장용지, 기타 중 하나에 ∨표시를 합니다. ③부동산 매매의 경우 "종류"에는 토지·건축물 또는 토지 및 건축물(복합부동산의 경우)에 ∨표시를 하고, 해당 부동산이 "건축물" 또는 "토지 및 건축물"인 경우에는 ( )에 건축물의 종류를 단독주택, 아파트, 연립주택, 공장, 제2종근린생활시설 등 건축법시행령 별표 1에 따른 용도별 건축물의 종류를 적습니다. ④ 부동산을 취득할 수 있는 권리 매매의 경우, "종류"에는 위 ③의 내용에 추가하여 분양권 또는 입주권에 ∨표시를 하고, 분양금액란에는 분양권의 경우 분양금액을, 입주권의 경우 권리가격과 부담금의 합계금액을 적습니다. ⑤소재지는 지번(아파트 등 집합건물의 경우에는 동·호수까지)까지, 지목/면적은 토지대장상의 지목·면적, 등기부등본상의 대지권 비율을 정확하게 적습니다. ⑥ 계약대상 면적에는 실제 거래면적을 계산하여 적되, 건축물 면적은 집합건축물의 경우 전용면적을 기재하고, 단독건축물의 경우 연면적을 적습니다. ⑦ 물건 거래금액란에는 2 이상의 부동산을 함께 거래하는 경우 각각의 부동산별 거래금액을 적습니다. ⑧ 종전토지란은 입주권 매매의 경우에만 종전 토지에 대해 작성하고, 물건 거래금액란에는 입주권의 실제거래가격에서 부담금을 제외한 금액을 적습니다. ⑨ 계약의 조건 또는 기한은 부동산 거래계약 내용에 계약조건이나 기한을 붙인 경우에 한하여 적습니다. 참고사항에는 거래와 관련한 참고내용을 적습니다. ※다수의 부동산, 관련필지, 매도·매수인, 중개업자 등 기재사항이 복잡한 경우에는 별지로 작성(간인 처리)하여 첨부합니다.	없 음

※ 이 신고서는 아래와 같이 처리됩니다.

신　　고　　인	처리기관(담당부서)
	시장·군수·구청장 (부동산거래업무 담당부서)

신고서 작성·제출	→	접　　수
		↓
		신고내용 확인
		↓
		검토 및 결재
		↓
신고필증 교부	→	신고필증 작성

[별지 제21호의2서식] <개정 2009.7.14>   (앞 쪽)

<table>
<tr><td colspan="4">주택거래계약 신고서</td><td colspan="2">처리기간
즉 시</td></tr>
<tr><td>접수일</td><td colspan="2"></td><td>일련번호</td><td colspan="2"></td></tr>
<tr><td rowspan="3">①
매수인</td><td>성명(법인명)</td><td></td><td colspan="2">주민(법인)등록번호</td><td></td></tr>
<tr><td>주소(법인인
경우 소재지)</td><td colspan="3">(거래지분: 분의   )</td><td>국
적</td></tr>
<tr><td>전화번호</td><td colspan="4">(이동전화:)</td></tr>
<tr><td rowspan="3">②
매도인</td><td>성명(법인명)</td><td></td><td colspan="2">주민(법인)등록번호</td><td></td></tr>
<tr><td>주소(법인인
경우 소재지)</td><td colspan="3">(거래지분: 분의   )</td><td>국
적</td></tr>
<tr><td>전화번호</td><td colspan="4">(이동전화:)</td></tr>
<tr><td rowspan="16">신고
사항</td><td>계 약 일</td><td colspan="2">년 월 일</td><td>잔금 지급일</td><td>년 월 일</td></tr>
<tr><td>③ 주택의 종류</td><td colspan="4">□ 아파트 □ 연립주택 (□ 재건축 □ 재개발)</td></tr>
<tr><td>④ 주택의
소재지 및
지목·면적</td><td colspan="4">(동 호)
(지목:)(토지면적: 제곱미터)(대지권비율: 분의)</td></tr>
<tr><td>⑤ 계약대상 면적</td><td colspan="4">토지   제곱미터, 건축물(주거전용면적)   제곱미터</td></tr>
<tr><td rowspan="4">주택의 거래가격</td><td>계</td><td colspan="2"></td><td>원</td><td rowspan="4">중도금 지급일:
년 월 일</td></tr>
<tr><td>계약금</td><td colspan="2"></td><td>원</td></tr>
<tr><td>중도금</td><td colspan="2"></td><td>원</td></tr>
<tr><td>잔 금</td><td colspan="2"></td><td>원</td></tr>
<tr><td>⑥ 계약의 조건
또는 기한</td><td colspan="4"></td></tr>
<tr><td>⑦ 자금조달계획
(해당자만 기재)</td><td colspan="4">□ 제출 □ 미제출 □ 해당없음</td></tr>
<tr><td>⑧ 해당주택
입주여부
(해당자만 기재)</td><td colspan="4">□ 본인입주 □ 가족(직계존속 포함)입주 □ 임대(전·월세)</td></tr>
<tr><td rowspan="4">중
개
업
자</td><td>성명</td><td>상호</td><td colspan="2">주민(법인) 등록번호</td><td>-</td></tr>
<tr><td>사무소소재지</td><td colspan="4">(전화 :   )</td></tr>
<tr><td>성명</td><td>상호</td><td colspan="2">주민(법인) 등록번호</td><td>-</td></tr>
<tr><td>사무소소재지</td><td colspan="4">(전화 :   )</td></tr>
<tr><td>참고사항</td><td colspan="4"></td></tr>
</table>

「공인중개사의 업무 및 부동산 거래신고에 관한 법률」 제27조제6항 및 같은 법 시행규칙 제17조제4항에 따라 위와 같이 주택거래계약 내용을 신고합니다.

　　　　　　　　　　　　　　　　　　　　　　　　　　　년　　　　월　　　　일

　　　　　신고인　　　　　　중개업자　　　　　　　　　(서명 또는 인)
　　　　　　　　　　　　　　중개업자　　　　　　　　　(서명 또는 인)

　　시장·군수·구청장 귀하

210㎜×297㎜[일반용지60g/㎡(재활용품)]

(뒤 쪽)

유 의 사 항	1. 「공인중개사의 업무 및 부동산 거래신고에 관한 법률」(이하 "법"이라 한다) 제27조 및 시행령 제23조의 실제 거래가격은 매수인이 매수한 부동산을 양도하는 경우 「소득세법」 제97조제1항 및 제7항과 같은 법 시행령 제163조제11항제2호에 따라 취득당시의 실제거래가격으로 보아 양도차익이 계산될 수 있음을 유의하시기 바랍니다. 2.주택거래를 중개한 중개업자는 거래계약 체결일부터 15일 이내에 주택거래계약 내용을 신고하여야 합니다.(이 경우 거래당사자는 신고의무가 없습니다) 3.주택거래계약 내용을 신고기간 내에 신고하지 아니하거나, 거짓으로 신고하는 경우 법 제51조제2항 또는 같은 조 제4항에 따라 과태료가 부과됩니다. 4. 담당공무원이 법 제27조의2에 따라 거래당사자 또는 중개업자에게 계약서, 거래대금지급증명서면 등 관련 자료의 제출을 요구할 수 있으며, 이 경우 자료를 제출하지 아니하거나 거짓으로 자료를 제출하거나 그 밖의 필요한 조치를 이행하지 아니하면 법 제51조제1항 또는 같은 조 제2항에 따라 과태료가 부과됩니다.

작 성 방 법	①·② 거래당사자가 다수인 경우 매수인 또는 매도인의 주소란에 각각의 거래지분을 표시합니다. ③주택의 종류에는 아파트 또는 연립주택에 ∨표시를 하고, 해당 주택이 「도시 및 주거환경정비법」에 따른 주택재건축사업을 위한 정비구역(종전의 주택건설촉진법에 의하여 설립인가를 받은 재건축 포함)안의 주택 또는 주택재개발사업을 위한 정비구역안의 주택의 경우에는 재건축 또는 재개발에 각각 ∨표시를 합니다. ④ 주택의 소재지 및 지목·면적에는 주택 소재지 지번과 단지명(건물명), 동·호수까지 상세히 적고, 토지대장상의 법정지목·면적, 등기부등본상의 대지권 비율을 적습니다. ⑤ 계약대상 면적에는 토지와 건축물(주거전용면적)을 구분하여 실제 거래 면적을 계산하여 적습니다. ⑥ 계약의 조건 또는 기한은 주택의 거래계약내용에 계약조건이나 기한을 붙인 경우에 한하여 적습니다. ⑦ 자금조달계획은 주택의 거래가격이 6억원을 초과하는 경우 별지 제21호의3서식에 따라 매수인이 작성한 내용을 첨부하여야 합니다. ⑧ 해당주택 입주여부는 해당 주택의 거래계약을 체결하는 이후 매수인과 관련된 첫 번째 입주자를 기준으로 적습니다. ※ 매도·매수인, 중개업자 등 기재사항이 복잡한 경우에는 별지로 작성(간인 처리)하여 첨부합니다.	수수료 없 음

※ 이 신고서는 아래와 같이 처리됩니다.

- 289 -

신　　　고　　　인	처리기관(담당부서)
	시장 · 군수 · 구청장 (부동산거래업무 담당부서)
신고서 작성 · 제출　→	접　　　수
	↓
	신고내용 확인
	↓
	검토 및 결재
	↓
신고필증 교부　→	신고필증 작성

[별지 제22호서식] 〈개정 2009.7.14〉 (앞 쪽)

<table>
<tr><td colspan="4" rowspan="2">부동산거래계약 신고필증</td><td>처리기간</td></tr>
<tr><td>즉 시</td></tr>
<tr><td>접수일</td><td colspan="2"></td><td>일련번호</td><td></td></tr>
<tr><td rowspan="3">매수인</td><td>성명(법인명)</td><td colspan="2">주민(법인)등록번호</td><td></td></tr>
<tr><td>주소(법인인
경우 소재지)</td><td colspan="2">(거래지분:　　　분의　　　)</td><td>국
적</td></tr>
<tr><td>전화번호</td><td colspan="3">(이동전화:　　　　　　　　　)</td></tr>
<tr><td rowspan="3">매도인</td><td>성명(법인명)</td><td colspan="2">주민(법인)등록번호</td><td></td></tr>
<tr><td>주소(법인인
경우 소재지)</td><td colspan="2">(거래지분:　　　분의　　　)</td><td>국
적</td></tr>
<tr><td>전화번호</td><td colspan="3">(이동전화:　　　　　　　　　)</td></tr>
<tr><td rowspan="13">신고
사항</td><td colspan="2">계 약 일</td><td>년　월　일　잔금 지급일</td><td>년　월　일</td></tr>
<tr><td rowspan="5">거
래
물
건</td><td>종류</td><td colspan="2">□토지　□건축물　□토지 및 건축물 (　　　　　)
□분양권　□입주권　(분양금액:　　　　　원)</td></tr>
<tr><td>소재지/지목/
면적</td><td colspan="2">(　　동　　호)
(지목:　　)(토지면적:　　제곱미터)(대지권비율:　　분의　　)</td></tr>
<tr><td>계약대상 면적</td><td colspan="2">토지:　　　제곱미터,　건축물:　　　제곱미터</td></tr>
<tr><td>물건 거래금액</td><td colspan="2">원</td></tr>
<tr><td rowspan="4">실제
거래가격(전체)</td><td>계</td><td>원</td><td rowspan="4">중도금 지급일:
년　월　일</td></tr>
<tr><td>계약금</td><td>원</td></tr>
<tr><td>중도금</td><td>원</td></tr>
<tr><td>잔 금</td><td>원</td></tr>
<tr><td colspan="3">계약의 조건
또는 기한</td><td></td></tr>
<tr><td rowspan="2">중
개
업
자</td><td>성명</td><td>상호</td><td>주민(법인) 등록번호　　　-</td></tr>
<tr><td>사무소소재지</td><td colspan="2">(전화 :　　　　　　　　)</td></tr>
<tr><td colspan="3">참고사항</td><td></td></tr>
<tr><td colspan="5">「공인중개사의 업무 및 부동산 거래신고에 관한 법률」 제27조제3항에 따라 부동산거래
계약 신고필증을 교부합니다.

 년　　　　월　　　　일
　　　시장 · 군수 · 구청장직　[인]</td></tr>
<tr><td>유의
사항</td><td colspan="4">입주권 거래신고의 경우에는 입주권 거래가격이 표시된 신고필증과 종전 토지 거
래가격이 표시된 신고필증 등 2부가 발급됩니다. 소유권을 이전하고자 하는 부동
산의 종류에 맞는 신고필증을 부동산등기 신청서에 첨부하시기 바랍니다.</td></tr>
</table>

210mm×297mm[일반용지60g/㎡(재활용품)]

[별지 제22호의2서식] <개정 2009.7.14>   (앞 쪽)

<table>
<tr><td colspan="4">부동산거래계약 신고필증</td><td colspan="2">처리기간</td></tr>
<tr><td colspan="4"></td><td colspan="2">즉　시</td></tr>
<tr><td>접수일</td><td colspan="2"></td><td>일련번호</td><td colspan="2"></td></tr>
<tr><td rowspan="3">매수인</td><td>성명(법인명)</td><td></td><td>주민(법인)등록번호</td><td colspan="2"></td></tr>
<tr><td>주소(법인인
경우 소재지)</td><td colspan="2">(거래지분:　　　분의　　　)</td><td>국
적</td><td></td></tr>
<tr><td>전화번호</td><td colspan="4">(이동전화:　　　　　　　　　　　　　)</td></tr>
<tr><td rowspan="3">매도인</td><td>성명(법인명)</td><td></td><td>주민(법인)등록번호</td><td colspan="2"></td></tr>
<tr><td>주소(법인인
경우 소재지)</td><td colspan="2">(거래지분:　　　분의　　　)</td><td>국
적</td><td></td></tr>
<tr><td>전화번호</td><td colspan="4">(이동전화:　　　　　　　　　　　　　)</td></tr>
<tr><td rowspan="16">신고
사항</td><td>계 약 일</td><td>년　월　일</td><td>잔금 지급일</td><td colspan="2">년　월　일</td></tr>
<tr><td>종류</td><td colspan="4">□ 아파트 □ 연립주택 (□ 재건축　□ 재개발)</td></tr>
<tr><td rowspan="2">주택의 소재지
및 지목·면적</td><td colspan="4">(　　동　　호)</td></tr>
<tr><td colspan="4">(지목:　　)(토지면적:　　　제곱미터)(대지권비율:　　분의　　)</td></tr>
<tr><td>계약대상 면적</td><td colspan="4">토지　　　제곱미터,　건축물(주거전용면적)　　　제곱미터</td></tr>
<tr><td>물건 거래금액</td><td colspan="4">원</td></tr>
<tr><td rowspan="4">주택의 거래가격</td><td>계</td><td>원</td><td colspan="2" rowspan="2">중도금 지급일:
년　월　일</td></tr>
<tr><td>계약금</td><td>원</td></tr>
<tr><td>중도금</td><td>원</td><td colspan="2"></td></tr>
<tr><td>잔　금</td><td>원</td><td colspan="2"></td></tr>
<tr><td>계약의 조건
또는 기한</td><td colspan="4"></td></tr>
<tr><td>자금조달계획
(해당자만 기재)</td><td colspan="4">□ 제출　　□ 미제출　　□ 해당없음</td></tr>
<tr><td>해당주택 입주여부
(해당자만 기재)</td><td colspan="4">□ 본인입주　□ 가족(직계존속 포함)입주　□ 임대(전·월세)</td></tr>
<tr><td colspan="5" rowspan="4">
<table>
<tr><td rowspan="4">중
개
업
자</td><td>성명</td><td>상호</td><td>주민(법인) 등록번호</td><td>-</td></tr>
<tr><td>사무소소재지</td><td colspan="3">(전화 :　　　　　　)</td></tr>
<tr><td>성명</td><td>상호</td><td>주민(법인) 등록번호</td><td>-</td></tr>
<tr><td>사무소소재지</td><td colspan="3">(전화 :　　　　　　)</td></tr>
</table>
</td></tr>
<tr></tr>
<tr></tr>
<tr></tr>
<tr><td>참고사항</td><td colspan="4"></td></tr>
</table>

「공인중개사의 업무 및 부동산 거래신고에 관한 법률」 제27조제3항에 따라 부동산거래
계약 신고필증을 교부합니다.

　　　　　　　　　　　　　　　　　　　　　　　　년　　　　월　　　　일

　　　　　　시장·군수·구청장직　[인]

210㎜×297㎜[일반용지60g/㎡(재활용품)]

Memo

부동산 실무 관련 개별법 및 경매

1. 부동산 등기 특별조치법

	소유권이전등기	소유권보존등기	미등기전매
기 산 일	① 쌍무계약 : 반대급부 이행 완료일(잔금지급일) ② 편무계약 : 효력발생일	① 보존등기가 가능함에도 하지 않고 계약을 체결한 경우 : 그 계약체결일 ② 계약을 체결한 후 보존등기가 가능시 : 보존등기 가능일	먼저 체결된 계약의 이행완료일 또는 효력발생일
기한	60일이내 이전등기신청	60일 이내 보존등기신청	60일 이내 이전등기신청
제 재	등록세의 5배이하 과태료	등록세의 5배이하 과태료	*등록세의 5배 이하 과태료 *(탈세·탈법목적)미등기전매는 3년 이하징역 또는 1억원 이하 벌금 *검인위반(탈세 등 목적아님)은 1년 이하 징역 또는 3천만원 이하 벌금
비 고	① 미등기전매는 형사처벌의 대상이지만, 이를 단속규정으로 보고 있기 때문에, 중간생략 등기의 합의가 있는 경우에는 그 유효성을 인정한다. 또한 합의가 없더라도 이미 중간 생략등기가 실체관계에 부합하고 적법한 등기원인에 기해 성립되어 있는 때에는 유효하다(판례) ② 다만, 토지거래허가구역 내의 토지의 최종매수인이 최초매도인을 매매당사자로 하는 토지거래허가를 받아 중간생략등기를 경료하더라도 그러한 등기는 무효이다.(판례)		

※ 검인대상

검인대상	검인을 요하지 않은 경우
• 매매, 교환, 증여계약서 • 양도담보계약서 • 가등기에 기한 본등기 • 아파트 분양권 매매(전매)계약서 • 판결서, 화해조서, 인락조서, 조정조서 등	• 경매 또는 공매로 인한 소유권이전등기 • 상속, 취득시효, 수용 등 계약이 원인이 아닌 소유권이전등기 • 당사자 일방이 국가·지방자치단체인 경우 • 소유권이전청구권보전의 가등기(예약서) • 입목, 광업재단, 공장재단 등기의 경우 • 토지거래허가/주택거래신고/부동산거래신고 등을 한 경우

※ 토지·건물(분양권)의 매매계약서는 부동산거래신고의 대상이므로 부동산거래신고를 하면, 검인은 받은 것으로 의제된다(즉, 검인을 받을 필요는 없다).

Memo

2. 외국인 토지법

구분		신고기간	위반에 대한 제재
신고제	계약	계약체결일로부터 60일 이내	300만원 이하 과태료
	계약 외	토지를 취득한 날로부터 6월 이내 (상속, 경매, 판결, 환매권 행사)	100만원 이하 과태료
	계속 보유	외국인으로 변경된 날로부터 6월 이내	100만원 이하 과태료
계약의 경우 허가제 (인가성격 유효요건)		*사전허가 1) 허가없이 취득-무효 2) 15일 이내 허가 여부통보	

3. 장사에 관한 법률(국가 설치 묘지 제외)

1) 묘지 등 설치 제한

    ① 도로, 철도, 하천, 하천예정지 : 300m 이상

    ② 20호 이상 민가 밀집지역, 학교, 공장 등 : 500m 이상

2) 면적제한

    ① 가족묘지 100㎡이하   ② 종중, 문중 1000㎡ 이하

    ③ 법인 10만㎡ 이상   ④ 개인 10㎡이하(합장 15㎡이하)

3) 사전매매금지(70세이상, 장기이식법의 뇌사자, 질병으로 6월내 사망 예측자 제외)

4) 분묘설치기간 : 최장 60년

①면적		개인묘지	가족묘지	종중, 문중묘지	법인묘지	기타
신고, 허가		매장후 30일 이내 사후신고 (시, 군, 구청장)	*사전허가(시, 군, 구청장)/(사전신고×)			묘지설치허가를 받으면 입목벌채 등의 허가가 있 는 것으로 본다.
분묘1기의 점유면적		30㎡ 이하	10㎡초과 금지(합장시 15㎡초과 금지)			
설치면적		30㎡ 이하	100㎡ 이하	1,000㎡ 이하	10만㎡ 이상	
분묘 형태	봉분	높이 1m 초과금지				
	평분	높이 50cm초과 금지				

Memo

4. 농지법

1) 농지 취득 자격증명제도(시·구·읍면장/군수제외)
   ・농지 취득 시 발급 받아야 한다.
   예외) ① 국가·지자체 ② 상속 ③ 담보농지 ④ 농지전용협의 마친 농지
         ⑤ 농업법인 합병 ⑥ 시효 완성

   ・농취증 발급받아야 하나, 농업경영계획서 제출하지 않는 경우
         ① 교육법에 의한 실습지
         ② 주말, 체험 영농
         ③ 농지전용허가, 신고한 자
         ④ 농지개발사업 지구 내 농지로서 1,500㎡미만 농지

2) 농지의 소유상한제

① 상속	상속에 의하여 농지를 취득한 자로서 농업경영을 하지 아니하는 자는 그 상속농지중에서 1만㎡ 이내의 것에 한하여 이를 소유할 수 있다.
② 이농	8년 이상 농업경영을 한 후 이농한 자는 이농 당시의 소유농지 중에서 1만㎡ 이내의 것에 한하여 이를 소유할 수 있다.
③ 주말 체험영농	주말·체험영농을 하고자 하는 자는 1천㎡ 미만의 농지에 한하여 이를 소유할 수 있다.(이 경우 면적의 계산은 그 세대원 전부가 소유하는 총면적으로 한다.)

※ 한국농촌공사 그 밖에 대통령령이 정하는 자에게 위탁하여 다음의 어느 하나에 해당하는 농지를 임대하거나 사용대하는 경우 위①, ②의 규정에 불구하고 소유상한을 초과하는 농지라도 그 기간 중에는 이를 계속하여 소유할 수 있다.

ⓐ 상속에 의하여 농지를 취득한 자로서 농업경영을 하지 아니하는 자가 소유상한을 초과하여 소유하고 있는 농지(2만㎡ 이내의 것에 한한다)
ⓑ 8년 이상 농업경영을 한 후 이농한 자가 소유상한을 초과하여 소유하고 있는 농지

Memo

3) 농지 전용 허가·신청

① 농지전용허가(법제36조①)

<table>
<tr><td rowspan="1">(1) 의의
(2) 허가</td><td>농지를 농작물의 경작 또는 다년생식물의 재배 등 농업생산 또는 농업개량 외의 목적에 사용하는 것
농지를 전용하고자 하는 자는 해당 농지의 소재지를 관할하는 시·군·구청장 심사를 거쳐 농림수산식품부장관의 허가를 받아야 한다.
(허가받은 농지의 면적 또는 경계 등 중요사항을 변경하고자 하는 경우에도 또한 같다.)</td></tr>
<tr><td>(3) 농지전용
허가의
제외대상</td><td>다음의 경우에는 농지전용허가를 받지 아니하고도 농지를 전용할 수 있다.
① 다른 법률에 의하여 농지전용허가가 의제되는 협의를 거쳐 농지를 전용하는 경우
② 국토의 계획 및 이용에 관한 법률에 의한 도시지역 또는 계획관리 지역 안에 있는 농지로서 협의를 거친 농지나 협의대상에서 제외되는 농지를 전용하는 경우
③ 농지전용신고를 하고 농지를 전용하는 경우
④ 산지관리법의 규정(제14조·제15조)에 의한 산지전용허가를 받지 아니하거나 산지전용신고를 하지 아니하고 불법으로 개간된 농지를 산림으로 복구하는 경우</td></tr>
<tr><td>(4) 농지전용
허가심사</td><td>① 농지전용의 허가 또는 변경허가를 받고자 하는 자는 농지전용 허가신청서를 시·군·구청장에게 제출 → ② 시장·군수 또는 자치구 구청장은 관할 농지전용허가 신청서 등을 송부받은 때 심사 기준에 따라 심사한 후 그 송부받은 날부터 10일 이내에 시·도지사에게 송부 → ③ 시·도지사는 10일 이내에 이에 대한 종합적인 심사의견서를 첨부하여 농림수산식품부장관에게 제출
※ 농림수산식품부장관은 심사기준에 적합하지 아니한 경우에는 농지의 전용허가를 하여서는 아니된다.</td></tr>
</table>

Memo

5. 주택법상 주택거래신고

   1) 주택거래신고지역의 지정

   소득세법 규정에 의한 지역(투기지역) 중 주택에 대한 투기가 성행하거나 성행할 우려
   가 있다고 판단되는 지역에 국토해양부장관이 주택거래신고지역을 지정할 수 있다.

   2) 주택거래신고의 대상주택

   아파트에 대한 유상 이전 계약(신규건설·공급제외)

   3) 주택거래의 신고

   주택거래신고지역 안에서 주택거래신고의 대상주택에 관한 소유권을 이전하는 계약을
   체결한 당사자는 공동으로 주택거래계약의 체결일로부터 15일 이내에 당해 주택 소재지
   의 관할 시장·군수·구청장에게 신고하여야 한다. 신고한 사항을 변경하는 때에도 또
   한 같다.

   4) 신고사항의 통보

   시장·군수·구청장은 신고필증 교부일부터 15일 이내에 당해 주택 소재지 관할 세무관
   서의 장에게 신고사항을 통보하여야 하며, 통보받은 세무관서의 장은 당해 신고사항을
   국세 또는 지방세 부과를 위한 과세자료로 활용할 수 있다.

   5) 과태료

   납부하여야 할 (취득세액 상당액을 말한다)의 5배 이하의 상당하는 금액의 과태료에 처
   한다.

6. 부동산 실권리자 명의 등기에 관한 법률(특례 : 종중, 배우자)

   ① 2자간 명의신탁 : (약정무효, 등기무효, 물권적 청구권행사, 말소 또는 진정명의 회복
      이전등기)
   ② 3자간 명의신탁 : 약정무효, 등기무효, 말소등기
   ③ 계약명의신탁(위임형 명의신탁)
      ⓐ 매도인이 선의인 경우 : 소유권 이전등기 확정 유효.
         단, 명의신탁 약정은 무효, 소유권이전청구×, 부당이득 반환청구
      ⓑ 매도인이 악의인 경우 : ㉠ 수탁자명의등기 무효, 매매계약 무효, 등기말소청구
                           또는 진정명의 회복 수탁자는 대금반환청구
                        ㉡ 신탁자는 수탁자에게 부당이득 반환청구, 수탁자대위
                           매도인에 매매대금반환청구

Memo

✓ 부동산 실명법에 의해 명의 신탁자의 대위권 행사는 인정한다.
  매도인을 대위하여 명의 수탁자에게 무효인 명의 수탁자의 등기 말소를 구할 수 있다.

✓ 명의 수탁자의 상속인은 수탁된 토지의 소유권자임을 주장 할 수도 없고, 소유권에 대한
  물권적 청구권을 행사 할 수 없다..

✓ 명의 신탁에서 제 3자라 함은 명의 신탁 약정의 당사자 및 포괄승계인 이외의 자로서 명
  의 수탁자가 물권자임을 기초로 그 와의 사이에 직접 새로운 이해관계를 맺은 사람을 말
  한다고 할 것이므로 명의 수탁자의 일반 채권자는 위 조항에서 말하는 제3자에 해당한다
  고 할 수 없다.

✓ 명의 신탁 벌칙
  5년이하 · 2억 이하 : 명의신탁자
  3년이하 · 1억 이하 : 명의수탁자와 그 교사자
  1년이하 · 3천만원 이하 : 방조자
  과징금(부동산 평가금액의 30% 범위 내) : 명의 신탁자
  이행강제금 : 과징금부과일로부터 1년경과시 10%부과 다시 1년경과시 20%부과
  장기 미등기자 : 30% 과징금부과 + 이행강제금 부과

7. 주택 임대차 보호법 상가 임대차 보호법

(최우선 변제 주택)

① 우선변제를 받을 수 있는 보증금의 범위(동법 시행령 제4조)
「 수도권정비계획법에 따른 수도권 중 과밀억제권역 : 6,000만원 이하
├ 광역시(군지역과 인천광역시지역은 제외한다) : 5,000만원 이하
└ 그 밖의 지역 : 4,000만원 이하
② 임차인의 보증금 중 일정액이 주택가액의 2분의 1을 초과하는 경우에는 주택가액의 2분의 1
　 에 해당하는 금액까지만 우선변제권이 있다.
③ 하나의 주택에 임차인이 2명 이상이고, 그 각 보증금 중 일정액을 모두 합한 금액이 주택가
　 액의 2분의 1을 초과하는 경우에는 그 각 보증금 중 일정액을 모두 합한 금액에 대한 각 임
　 차인의 보증금 중 일정액의 비율로 그 주택가액의 2분의 1에 해당하는 금액을 분할한 금액
　 을 각 임차인의 보증금 중 일정액으로 본다.
④ 하나의 주택에 임차인이 2명 이상이고 이들이 그 주택에서 가정공동생활을 하는 경우에는 이
　 들을 1명의 임차인으로 보아 이들의 각 보증금을 합산한다.
⑤ 우선변제를 받을 보증금 중 일정액의 범위
「 수도권정비계획법에 따른 수도권 중 과밀억제권역 : 2천만원 이하
├ 광역시 (군지역과 인천광역시지역은 제외한다) : 1천 700만원 이하
└ 그 밖의 지역 : 1천 400만원 이하

(보증금범위 : 상가)

	보증금의 한도
서울특별시	2억6천만원 이하
수도권정비계획법에 의한 과밀억제권역(서울시 제외)	2억1천만원 이하
광역시 (군지역과 인천광역시 제외)	1억6천만원 이하
기타 지역	1억5천만원 이하

(최우선 변제 : 상가)

구분	우선변제를 받을 임차인의 범위	우선변제를 받을 보증금의 범위
서울특별시	4,500만원 이하	1,350만원
수도권정비계획법에 의한 수도권 중 과밀억제권역(서울특별시 제외)	3,900만원 이하	1,170만원
광역시(인천광역시와 군지역 제외)	3,000만원 이하	900만원
기타 지역	2,500만원 이하	750만원

Memo

구분	주택임대차	상가건물임대차
적용범위	① 주거용 건물의 임대차 ② 사실상의 주된 용도가 주거용이면 적용. (공부 기준×, 일부용도가 다른 용도○, 미등기·무허가건물○, 미등기 전세○) ③ 법인×, 외국인○ ④ 일시사용을 위한 임대차 적용×	① 상가건물의 임대차 ② 대통령령이 정한 보증금(환산보증금) 을 초과하는 임대차는 적용× *서울특별시 : 2억 6천 이하에 적용 *과밀억제권역 : 2억 1천 이하에 적용 *광역시(군×, 인천×) : 1억 6천 이하 적용 *기타지역 : 1억 5천 이하에 적용. ③ 일시사용을 위한 임대차 적용×
대항력	주택의 인도+주민등록(전입신고) • 전입신고 : 동사무소 • 익일 오전 0시부터 대항력 발생	상가건물의 인도+사업자등록 • 사업자등록 : 관할 세무서장 • 익일 오전 0시부터 대항력 발생
우선변제권 (후순위보다 우선배당)	대항력+확정일자 • 확정일자 : 동사무소, 공증인사무소, 등 　기소 • 확정일자로부터 발생	대항력+확정일자 • 확정일자 : 관할 세무서장 • 확정일자로부터 발생
최우선 변제권 (선순위보다 도 우선배당)	대항력+소액보증금(보증금의 일정액 보호) ① 소액보증금 *과밀억제권역 : 6000만원 이하 (2000만원) *광역시(군×인천×) : 5000만원 이하(1700만원) *그 밖의 지역 4,000만원이하 1,400만원 ② 주택가액(배당금액)의 1/2범위내에서 가능	대항력+소액보증금(보증금의 일정액보호) ①소액보증금 *서울특별시 : 4500만원 이하(1350만원) *과밀억제권역 : 3900만원 이하(1170만원) *광역시(군×인천×) : 3000만원이하(900만원) *기타지역 : 2500만원이하(750만원) ② 상가건물가액의 1/3범위내에서 가능
임차권 등기명령신청 제도	계약만료+임대인의 보증금 미반환시(거주이전의 자유를 보장하기 위함) • 임차인 단독으로 법원에 청구 • 등기후 효력 : 대항력·우선변제권 취득 및 유지 • 등기후 새로운 세입자는 최우선변제권 없음	
계약기간 (존속기간)	2년보장 ① 기간의 미정 및 2년 미만 약정시-2년 　보장 ② 임차인은 2년 미만을 주장할 수도 있다 ③ 임대차가 종료한 경우에도 보증금을 　반환받을 때까지는 임대차 존속.	1년 보장 ① 미정 및 1년 미만 약정시-1년 보장 ② 임차인은 1년 미만을 주장할 수도 있다 ③ 임대차가 종료한 경우에도 보증금을 　반환받을 때까지는 임대차 존속.
계약의 갱신	<묵시적 갱신(=법정갱신)> ① 임대인이 계약종료 6월부터 1월전까 　지 갱신거절의 통지를 하지 않고, 임 　차인이 계약종료 1월전까지 계약종료 　통지를 하지 않은 경우. ② 종전과 동일한 조건으로 법정갱신. ③ 단)계약기간은 정함이 없는 것☞2년보장 　(임차인은 해지통보가능☞3월후 해지) ④ 임차인이 2기의 차임액을 연체, 또는 　임차인의 의무를 현저히 위반☞법정 　갱신×	<임차인의 계약갱신요구권> ① 임차인은 기간만료전 6월부터 1월사 　이에 계약갱신을 요구할 수 있고, 임대인 　은 정당한 사유없이 거절 불가. 　(미요구시 종료) 　(*정당한사유 : 임차인이 3기의 차임을 　연체, 고의·중과실로 임차건물의 파손, 　무단 전대차 등) ② 최초 임대차기간을 포함하여 5년의 　범위내에서 갱신요구. ③ (동의받은)전차인은 임차인을 대위하

		여 임차인의 보장기간에서 대위행사 가능.
	<임차권의 승계> ① 상속권자가 없는 경우 　　☞사실혼자 승계 ② 동거 상속인(가정공동생활)☞단독 상속 ③ 비동거 상속인☞2촌이내 친족과 사실혼자가 공동으로 승계.	<묵시적 갱신> ① 임대인이 임차인의 갱신요구기간 내에 갱신철거의 통지를 하지 않은 경우, 종전계약과 동일한 조건으로 법정갱신. ② 단)계약기간은 정함이 없는 것☞1년 보장
보증금 증액 제한	• 1/20(5%) 초과× • 증액후 1년 이내 증액 제함된 • 보증금→월차임 전환:연 14% 초과×	• 9/100(9%) 초과× • 증액후 1년 이내 증액 제한됨 • 보증금→월차임 전환 : 연 15% 초과×
임차인보호	편면적 강행규정(임차인에게 불리한 특약은 무효)	
경매신청	① 임차권에 기해 (임의)경매신청권은 없음	

Memo

8. 경매

(1) 경매절차도

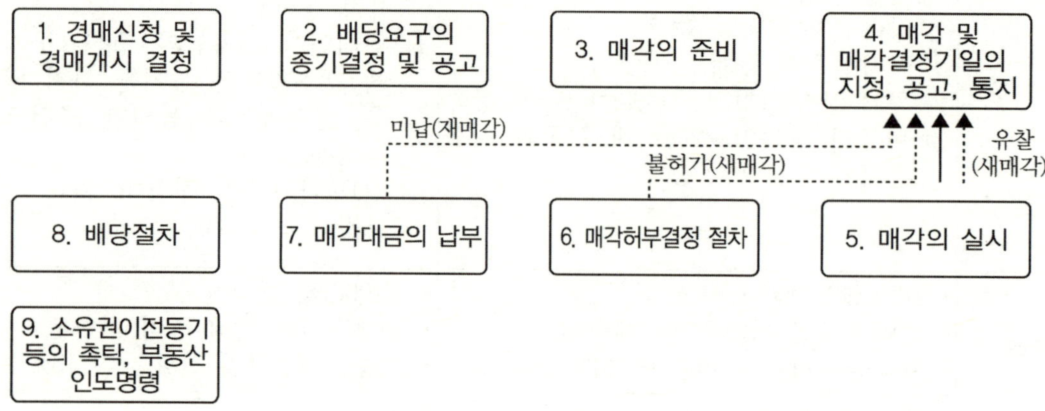

(2) 매수신청 대리인 제도

① 등록절차

ⓐ 등록신청(중개사무소 소재지 관할 지방법원장에게)

(구비서류, 등록신청 수수료-공인중개사 2만원, 중개법인 3만원)

> 〈구비서류〉
> 공인중개사 자격증 사본
> 법인의 등기부등본(중개법인인 경우에 한한다)
> 중개사무소등록증 사본
> 실무교육 이수증 사본
> 반명함판 사진(3㎝×4㎝) 2매
> 보증을 제공하였음을 증명하는 보증보험증서 사본, 공제증서 사본 또는 공탁증서 사본

ⓑ 등록처분(관할 지방법원장, 14일 내)

ⓒ 등록증 교부 및 재교부

ⓓ 업무개시

② 등록요건

ⓐ 공인중개사이거나 중개법인일 것

ⓑ 부동산경매에 관한 실무교육을 이수하였을 것

ⓒ 보증보험 또는 공제에 가입하였거나 공탁하였을 것

③ 매수신청대리권의 범위

ⓐ 매수신청보증의 제공

ⓑ 입찰표의 작성 및 제출

ⓒ 차순위 매수신고

ⓓ 매수신청의 보증을 돌려 줄 것을 신청하는 행위

ⓔ 공유자의 우선매수신고

ⓕ 임차인의 임대주택 우선매수신고

ⓖ 공유자 또는 임대주택 임차인의 우선매수신고에 따라 차순위매수 신고인으로 보게
되는 경우 그 차순위매수신고인의 지위를 포기하는 행위, 인도명령신청행위(×)

④ 매수신청대리행위 방식

  ⓐ 매각장소 및 집행법원에 직접 출석하여야 한다.

  ⓑ 각 대리행위마다 대리권을 증명하는 문서를 제출하여야 한다. 다만 같은 날 같은 장소에서 대리행위를 동시에 하는 경우에는 하나의 서면으로 갈음 할 수 있다.

⑤ 수수료 및 기타

  ⓐ 매각허가 결정이 확정된 경우 : 감정가 1% 또는 최저매각가 1.5% 범위내 합의
                                   (그 외 50만원 범위내 합의)

  ⓑ 사건카드, 확인설명서, 5년간 보관

  ⓒ 실비 30만원내 합의

⑤ 업무정지기간 : 1월이상 2년이하

Memo

✓ 새로운 민사 집행법에서는 법원이 정한 배당요구의 종기까지만 배당 요구할 수 있다(종기는 첫 매각기일 이전의 날로 정한다)

✓ 최초의 매각기일은 공고일로부터 14일 이상의 간격을 둔다.

✓ 집행법원은 매각기일을 지정함과 동시에 매각결정기일을 매각기일로부터 7일 이내로 정한다.

✓ 이해관계인 통지는 등기우편으로 하며, 발송한 때 송달된 것으로 간주한다.

✓ 최저매각 가격의 1/10을 매수신청보증금으로 한다.

✓ 차순위 매수신고 자격은 입찰자 중 최고가 매수신고액에서 보증금을 공제한 금액을 넘는 때에만 할 수 있다.

✓ 매각허가 결정에 대한 항고는 항고장을 제출하고, 항고인은 제출한 날부터 10일내 항고이유서를 원심 법원에 제출해야 한다. (매각대금의 1/10 공탁)

✓ 채무자 및 소유자 외의 자의 항고는 공탁금 반환불가

중개업법령 및 지문풀이

- 이법은 중개업을 건전하게 지도, 육성하고 공정하고 투명한 거래질서를 확립함으로써 국민경제에 이바지함을 목적으로 제정하였다.

- 중개는 권리와 의무와는 관련이 없는 사실행위다.

- 특수법인은 등록기준은 적용받지 않지만, 공인중개사법은 적용되기 때문에 인장 등록의무가 있다.

- 실무교육은 시, 도지사가 행한다.

- 보증관련서류는 등록신청에는 필요하지 않지만 분사무소 신고에는 필요하다.

- 등록증은 보증설정을 해서 신고해야 교부한다.

- 법인의 경우 대표를 제외한 공인중개사 숫자가 1/3이상이 필요하다, 실무교육은 모든 사원과 임원이 받아야 등록신청이 가능하다.

- 일반사면은 받은 즉시 결격사유에서 벗어난다.

- 특별사면은 잔형기를 계산하지 않으므로 3년만 결격사유에 해당한다.

- 법인의 행정처분에 대해 사원이나 임원은 문제되지만 소속공인중개사는 결격사유에 해당되지 않는다.

- 등록관청이 분사무소 설치신고필증을 교부한 때에는 지체 없이 분사무소 소재지를 관할하는 시, 군, 구에 그 사실을 통보한다.

- 분사무소의 인장등록은 주사무소 등록관청에 한다.

- 분사무소의 이전신고는 이전후의 등록관청이 아니라, 주 사무소 등록관청에 한다.

- 품위유지, 신의, 성실 및 공정 중개의무는 업무를 수행하는 사람들의 의무이니 중개업자와 소속공인중개사의 의무이다. (중개보조원X)

- 문자와 성명을 표기하지 아니한 중개업자에 대해서는 철거명령, 100만원 이하 과태료처분 대상이나, 업무정지사유가 아니다.

- 부칙6조2항의 중개업자가 공인중개사 명칭 사용을 한 경우 100만원 이하 과태료 처분대상이다. (1년에 1천만원 아니다.)

- 사용인 때문에 중개업자에게 벌금이 부과된다고 해도 등록취소는 되지 않으며, 다만 중개업자 본인 잘못으로 벌금이 부과되면 이법위반의 결격사유에 해당되며 등록 취소된다.

- 사용인의 고의, 과실이 있어야 중개업자가 책임을 지며, 재산상 피해와 사용인의 행위사이에 인과관계가 없으면 중개업자에게도 손해배상책임이 없다.

- 사용인의 고의, 과실이 있다면, 중개업자는 무과실 책임을 진다.

- 전속중개계약은 반드시 법정서식을 사용해야 한다. (업무정지 사유)

- 정보공개사항에 주소나 성명은 요청여부와 관계없이 공개하여서는 아니된다.

- 거래정보사업자의 지정서는 30일 이내 교부되며, 운영규정은 3월 내 정해야 한다.(지정받은 날로부터 1년 이내 거래정보망 설치, 운영)

- 거래정보사업자의 거짓지정은 취소될 수 있는 사유이나, 형벌이 부과되는 것은 아니다.

- 거래정보사업자는 전국 1,000명, 10개 이상 시, 도에서 각각 30명, 정보처리기사 2인, 공인중개사 2인 이상 방송통신위원회에 부가통신사업자 신고할 것. 국토해양부장관 승인 사항.

- 감독상 명령위반 거래정보사업자는 500만원 이하 과태료부과대상이다.(지정취소 사유는 아니다.)

- 예치로 소용되는 실비는 예치로 이익을 받은 취득의뢰인에게 청구한다.

- 인장변경은 신고가 아니라, 등록이다.

- 분사무소는 책임자의 인장이 아니라, 대표자가 보증하는 인장을 등록할 수 있다.

- 경계, 지형지세는 토지대장이 아니라, 지적도를 확인해야 하며 임장활동의 대상이다.

- 확인, 설명은 권리를 취득하고자 하는 중개의뢰인 일방에게 서면으로 제시하여 설명한다.

- 전속중개업자가 공개할 거래예정가격은 중개의뢰인의 희망가격이지만, 확인 설명 할 가격은 중개업자가 희망가격을 토대로 시세를 반영하여 제시하는 의견가격을 말한다.

- 확인 설명서와 전속중개계약서는 3년이지만, 거래계약서는 5년간 보존해야한다.

- 입지조건은 자료 요청할 것이 아니라, 현장답사를 통해 확인하여 기재해야 한다.

- 휴업기간 중에는 손해를 입힐 염려가 없으니, 보증은 설정하지 않아도 된다.

- 중개업자가 주택거래신고를 하지 않으면 500만원이하 과태료처분대상이다.

- 협회의 지부나 지회는 설치 후 사후 신고한다.

- 협회 감독은 국토해양부 장관이 한다. (지부나 지회의 감독도 국토해양부장관이 한다.)

- 업무정지처분이 3년이 경과되면 할 수 없다. 폐업 후 재등록하는 중개업자는 1년 초과했을

때 행정처분을 할 수 없다.

- 폐업전의 행정처분은 처분 받은 날로부터 1년간 승계된다

- 폐업전의 행정처분이 업무정지이면 3년이 아니라, 1년 초과하면 재등록중개업자에게 대하여 행정처분을 하지 않는다.

- 이중등록은 1년이하 징역, 1천만원이하 벌금대상이다.

- 거래정보사업자가 1년이하 징역, 1천만원이하 벌금대상은 의뢰받지 않은 정보공개, 의뢰받은 내용과 다른 정보공개, 정보 차별 공개한 경우이다.

- 행정형벌은 등록관청이 아니라, 법원 소관이다.

- 중개업자에 대한 과태료 처분은 등록관청 소관업무이고, 국토해양부장관이나 시, 도지사는 할 수 없다.

- 사용인이란 소속공인중개사와 중개보조원을 포함하는 개념이다.

- 등기된 환매권이나 피담보채권과 함께 양도하는 유치권은 중개대상 권리가 된다.

- 경매 부동산의 매수신청 대리업은 중개업이 아니고 중개업자가 대법원 규칙이 정하는 바에 따라 법원에 등록하고 겸업할 수 있는 업무에 속한다.

- 저당권 설정을 중개하는 행위도 중개에 해당한다. (그 밖의 권리득실 변경에 해당)

- 법인의 사원, 임원으로서 소속공인중개사는 실무교육대상이나 기타 소속공인중개사는 실무교육 대상이 아니다.

- 고용신고된 소속공인중개사는 부동산 거래신고업무를 대리할 수 있다.

- 판례에 따르면 건축물의 개수에 대한 판단은 주위건물과 근접정도, 주위상황의 객관적 사정은 물론 건축한 자의 의사와 같은 주관적 사정도 고려하여 판단하여야 한다.

- 어업재단은 중개대상물이 아니다.

- 입목을 목적으로 하는 저당권의 효력은 입목을 벌채한 경우에 그 토지로부터 분리된 수목에도 미친다.

- 공장재단은 토지와 공작물, 공업소유권 등으로 구성되며 해당등기부 상당구 사항란에 공장재단에 속하였다는 취지가 기재된다.

- 증축 부분을 소유자가 구분 등기한 경우 저당권의 효력이 미치지 아니한다.

- 자격증을 교부한 시, 도지사와 공인중개사 사무소 소재지를 관할하는 시, 도지사가 서로

다른 경우 사무소 소재지 관할 시, 도지사가 자격취소, 정지처분에 필요한 절차를 모두 이행한 후 자격을 교부한 시, 도지사에게 통보하여야 한다. (자격취소처분은 부여한 시·도지사가 한다)

- 업무 보증설정과 인장등록은 중개사무소 개설등록을 한 때로부터 업무개시 전까지 하면 된다.

- 구가 설치된 시의 시장은 등록관청이 아니다.

- 법인의 사원(무한책임사원) 또는 임원이 결격사유에 해당하게 된 경우 2개월 이내 해소하지 않으면 등록을 취소하여야 하나, 사용인이 결격사유에 해당하게 된 경우 2개월 이내에 해소하지 않으면 업무정지처분을 할 수 있다.

- 중개사무소를 개설 등록한 중개업자가 종별을 달리하여 업무를 하고 자 하는 경우에는 개설등록 신청서를 제출하여야 한다. 이 경우에는 종전에 제출한 서류 중 변동 사항이 없는 서류는 제출하지 아니할 수 있으며 종전의 등록증을 반납하여야 한다.

- 3월을 초과하여 휴업 시에는 등록증을 첨부하여 등록관청에 신고하여야 하고, 재개신고를 하면 등록관청은 등록증을 반환한다.

- 등록증을 분실 신고한 경우 재교부 신청을 할 때에는 반명함판 사진1매와 시, 군, 구, 조례에 따른 수수료만 제출하면 되고 등록증을 첨부하지 아니한다.

- 지역농업협동조합은 등록규정의 적용이 배제되므로, 중개사무소 개설등록을 하지 않아도 된다.

- 자격정지 처분은 소속공인중개사만 되므로, 중개업자는 대상이 되지 않는다.

- 이 법 뿐만 아니라 다른 법을 위반하여도 금고 이상의 형의 선고를 받고 그 집행이 종료되거나, 집행을 받지 아니하기로 확정된 후 3년이 경과되지 아니한 자는 결격사유에 해당된다.

- 공인중개사법 위반으로 벌금형을 선고받은 경우에는 3년이 경과하여야 결격사유에서 벗어난다.(다른 법률위반은 해당 되지 않는다.)
  : 벌금형 선고 후 3년 결격사유, 취소 후 3년이 아니다.

- 분사무소의 소재가 다른 시,도인 경우 수수료 규정은 분사무소 소재지 시,도의 조례에 따른다.

- 등록관청이 변경되지 않은 경우에는 반드시 재교부해야 하는 것은 아니며, 등록증 또는 분사무소 설치신고 필증에 변경사항을 기재하여 이를 교부할 수 있다.

- 이전 신고시 제출서류는 등록증, 사무소 확보 증명서류이며 송부할 서류는 중개사 사무소 등록대장, 개설 등록 시 제출했던 서류, 행정처분서류이다.

- 분사무소 이전신고를 받은 등록관청은 지체 없이 그분사무소의 이전 전 및 이전후의 소재를 관할하는 등록관청에 이를 통보해야 한다.

- 중개업자가 경매대상인 부동산에 대하여 매수신청, 또는 입찰신청의 대리를 하고 자 하는 때에는 대법원규칙이 정하는 요건을 갖추어 법원에 등록을 하고 그 감독을 받아야 한다.

- 휴업 또는 폐업신고는 전자문서로 할 수 없다. (서류첨부 때문)

- 업무정지에 등록증 반납규정이 없다.

- 전속중개계약서에는 원칙으로 정보를 공개해야하나, 의뢰인의 비공개요청이 있으면 공개하지 않아야 한다.

- 전속중개계약시 전속 중개계약서에 작성하지 않으면, 업무정지사유에 해당된다.

- 전속중개계약에서 정보를 공개하지 아니한 경우 등록이 취소될 수 있다.(거짓공개는 업무정지처분사유)

- 중개업자로부터 공개의뢰 받지 아니한 정보를 공개한 경우는 지정취소 요건이자, 1년이하 징역 1천만원이하 벌금 사유이다.

- 확인 설명서에 대해서는 6월이하 업무정지사유이다.

- 토지거래허가 대상이라도 실거래 신고는 해야한다.

- 중개업자가 중개수수료 청구권은 중개계약이 성립한 때에 발생하고, 거래당사자 간에 거래계약이 성립한 때부터 행사할 수 있다.

- 동일한 중개대상물에 대하여 동일 당사자간에 매매를 포함한 둘 이상의 거래가 동일 기회에 이루어지는 경우에는 매매계약에 관한 거래 금액만 적용한다.

- 토지의 지형은 지적도(임야도)를 통해서 볼 수 있다. (단, 지세는 현장답사)

- 면적은 지적도, 임야도에서 확인할 수 없다.

- 유치권은 매도의뢰인에게 문의하고, 현장답사를 통해 확인한다.

- 인도명령신청은 대금납부일(소유권취득일)부터 6월이내 신청해야 한다.

- 경매개시 결정등기전에 경료 된 담보권자, 임차권등기권리자, 압류등기자, 가압류등기자는 배당요구하지 않아도 배당받을 수 있다.

실무 기출문제

1. 다음 (   )에 들어갈 말을 올바른 순서대로 나열한 것은?

> 공인중개사의 업무 및 부동산 거래신고에 관한 법은 (   )을(를) 건전하게 지도·육성하고 공정하고 투명한 (   )를 확립함으로써 (   )에 이바지함을 목적으로 한다.

① 부동산중개업 - 부동산중개질서 - 국민의 재산권 보호
② 부동산중개업자 - 부동산거래질서 - 국민경제
③ 부동산중개업 - 부동산거래질서 - 국민의 재산권 보호 및 국민경제
④ 부동산중개업자 - 부동산중개질서 - 국민의 재산권 보호 및 국민경제
⑤ 부동산중개업 - 부동산거래질서 - 국민경제

2. 다음 중 중개에 대한 설명으로서 가장 타당한 것은?

① 판례에 따르면 장래에 건축될 건물도 중개대상물이 된다.
② 토지의 정착물은 중개대상물이 될 수 없다.
③ 등기된 환매권은 부동산중개 권리에 해당되지 않는다.
④ 타인이 건설한 아파트를 분양하는 행위는 공인중개사의 업무 및 부동산 거래신고에 관한 법령상 중개업에 해당한다.
⑤ 중개는 사실행위가 아니라 법률행위에 해당한다.

3. 부동산중개에 관한 다음 설명 중 틀린 것은?

① 거래계약의 체결이란 계약서의 작성, 중도금·잔금의 지급, 등기서류의 인도·인수행위를 말한다.
② 부동산중개의 3요소로서 중개대상물, 중개의뢰인, 중개업자를 들 수 있다.
③ 중개와 도급은 모두가 일의 완성을 목적으로 하는 점에서 동일하나, 도급은 일의 완성 후에 하자 여부에 따라 그 보수를 감액할 수 있는 계약이라는 점은 중개와 구별된다.
④ 중개라 함은 중개대상물에 대하여 거래당사자 간의 매매·교환·임대차 기타 권리의 득실·변경에 관한 행위를 알선하는 것을 말한다.
⑤ 중개는 사실행위로써 유상으로 행해지는 반면에 위임은 타인의 사무처리를 위한 계약으로서 신뢰관계를 기초로 하며 무상계약이 원칙이다.

4. 「공인중개사의 업무 및 부동산 거래신고에 관한 법률」상의 중개대상물에 관한 설명 중 옳은 것은? (다툼이 있으면 판례에 의함)

① 아파트 분양예정자로 선정될 수 있는 지위를 가리키는 아파트입주권은 중개대상물인 건물에 해당하는 것으로 보기 어렵다.
② 동·호수를 특정하여 분양계약이 체결된 미완성의 아파트에 대한 거래의 중개는 건물의 중개에 해당하지 않는다.

③ 공장재단을 구성하는 공업소유권 및 시설 등을 각각 분리하여 중개대상물이 된다.

④ 광업재단에 속한 광업권은 독립한 중개대상물이다.

⑤ 가식의 수목이나 암석·토사는 중개대상물이다.

5. 공인중개사의 업무 및 부동산 거래신고에 관한 법령상 중개사무소 개설등록의 결격사유에 해당되는 자는?

① 공인중개사자격을 취득하고 10년이 경과된 자

② 업무정지처분을 받고 폐업신고를 한 자로서 업무정지기간이 경과되지 아니한 자

③ 파산선고를 받고 복권된 후 1년이 경과된 자

④ 금고 이상의 형의 선고유예기간 중에 있는 자

⑤ 도로교통법을 위반하여 벌금형의 선고를 받고 3년이 경과되지 아니한 자

6. 공인중개사의 업무 및 부동산 거래신고에 관한 법령상의 중개업자 등의 결격사유에 대한 설명이다. 옳은 것으로만 짝지어진 것은?

> ㉠ 금고 이상의 형의선고를 받고 가석방된 자는 가석방된 날로부터 3년이 경과하면 결격사유에 해당하지 않는다.
> ㉡ 금고이상의 형의 선고를 받고 일반사면을 받은 자는 중개업자 등이 될 수 있다.
> ㉢ 금고 이상의 형의 선고를 받고 형집행 면제를 받은 날로부터 3년이 경과하지 않은 자는 중개업자 등이 될 수 없다.
> ㉣ 이 법이 아닌 다른 법률을 위반하여 벌금형을 선고받은 경우에는 결격사유에 해당한다.

① ㉠, ㉡   ② ㉡, ㉢

③ ㉢, ㉣   ④ ㉠, ㉢

⑤ ㉡, ㉣

7. 인장의 등록에 내용 중 틀린 것은?

① 중개업자 및 소속공인중개사는 업무를 개시하기 전에 중개행위에 사용할 인장을 등록관청에 등록하여야 한다.

② 등록한 인장을 변경한 경우에는 변경일로부터 10일 이내에 그 변경된 인장을 등록관청에 등록하여야 한다.

③ 인장의 등록은 「인감증명법」과 「상업등기규칙」에 따른 인감증명서의 제출로 갈음한다.

④ 분사무소에서 사용할 인장의 경우 「상업등기규칙」의 규정에 따라 법인의 대표자가 보증하는 인장을 등록할 수 있다.

⑤ 중개업자가 작성한 계약서에 등록된 인장을 사용하지 않으면 업무정지처분을 받을 수 있다.

8. 중개업자 갑과 그가 고용한 중개보조원 을에 관한 설명으로 틀린 것은?
   ① 을이 고의 또는 과실로 중개의뢰인에게 손해를 끼친 경우에 갑은 손해배상책임을 진다.
   ② 을이 업무상 행위로 중개의뢰인에게 손해를 끼친 경우에 갑이 무과실이면 손해배상책임은 당사자인 을에게 한정된다.
   ③ 을로 인하여 손해를 입은 중개의뢰인은 갑과 을에 대하여 연대 또는 선택적으로 손해배상을 청구할 수 있다.
   ④ 을의 과실로 갑이 중개의뢰인에게 손해배상을 하는 경우에는 갑은 을에게 구상권을 행사할 수 있다.
   ⑤ 을이 중개수수료 과다 수수로 벌금형을 선고받았을 경우 갑은 을을 해고하여야 한다.

9. A군에 중개사무소를 두고 있는 공인중개사 갑과 중개법인을, 을법인 분사무소의 책임자 병 및 소속공인중개사 정에 관한 설명 중 옳은 것은?
   ① 갑은 B군에 분사무소를 둘 수 있다.
   ② 갑이 B군에 임시중개시설물을 설치한 경우 등록이 취소될 수 있으며, 3년 이하의 징역 또는 2천만원 이하의 벌금에 처하게 된다.
   ③ 을이 B군에 분사무소를 두고자 할 때는 B군 군수에게 병의 자격증사본 등의 관련 서류를 제출하여야 한다.
   ④ 을은 B군, C군, D군에 각 분사무소 1개소를 설치할 수 있다.
   ⑤ 병과 정은 업무개시 전에 연수교육을 받아야 한다.

10. 공인중개사의 업무 및 부동산 거래신고에 관한 법령상 휴업 등의 신고에 관한 내용 중 틀린 것은?
    ① 중개업자 A는 2월을 휴업하면서 등록관청에 이 사실을 신고하지 않아 과태료 처분을 받았다.
    ② 중개업자 B는 징집에 의한 입영으로 7월의 휴업을 등록관청에 신고하고, 그 후 6월의 휴업기간 변경신고를 하였다.
    ③ 중개업자 C는 질병에 의한 요양으로 10월의 휴업을 등록관청에 신고하였다.
    ④ 중개업자 D는 폐업신고를 하지 않아 20만원의 과태료에 처해졌다.
    ⑤ 중개업자 E는 휴업기간의 변경신고를 등록관청에 전자문서로 하였다.

11. 중개업의 휴업과 폐업에 관한 설명 중 옳은 것은?
    ① 징집으로 인한 입영의 경우에는 6월을 초과하여 휴업할 수 있다.
    ② 휴업과 폐업의 신고는 전자문서에 의하여 할 수 있다.
    ③ 중개법인의 분사무소는 주사무소와 별도로 휴업할 수 없다.
    ④ 휴업기간 중에는 중개사무소를 이전할 수 없다.
    ⑤ 중개업자가 사망한 때에는 그 중개업자와 세대를 같이하고 있는 자가 등록관청에 폐업신고를 하여야 한다.

12. 부동산 중개계약에 관한 내용 중 틀린 것은?

① 중개업자 A는 매도의뢰인 B와 5개월간의 전속중개계약을 체결하였고, B의 요청에 의하여 중개대상물에 대한 정보를 비공개로 하기로 하였다.

② 중개업자 C는 중개의뢰인 D와 일반중개계약서를 작성하였고, 그 계약서에 거래예정가격에 대한 중개수수료를 기재하였다.

③ 등록관청은 국토해양부령에 정하고 있는 전속중개계약서에 의하지 아니하고 전속중개계약을 체결하였다는 이유로 중개업자 E에게 3개월의 업무정지를 명하였다.

④ 중개업자가 전속중개계약을 체결한 때에는 당해 계약서를 3년 동안 보존하여야 한다.

⑤ 중개업자가 임대차를 위한 전속중개계약을 체결할 때 중개대상물이 거래예정금액 및 공시지가는 필수적 정보공개대상에 해당된다.

13. 중개계약에 관한 설명 중 틀린 것은?

① 전속중개계약은 법정서식에 따라야 한다.

② 중개계약시 유상임을 명시하지 않더라도 중개수수료청구권은 인정된다.

③ 우리나라에서는 일반중개계약보다 전속중개계약이 업무범위나 책임소재를 명확히 할 수 있어 주로 이용되고 있다.

④ 순가중개계약을 체결했더라도 법정수수료를 초과하여 받지 않은 경우에는 처벌할 수 없다.

⑤ 국토해양부장관은 일반중개계약의 표준이 되는 서식을 정하여 그 사용을 권장할 수 있다.

14. 부동산거래정보망 등에 대한 설명 중 틀린 것은?

① 부동산거래정보망을 설치·운영할 자의 지정권자는 국토해양부장관이다.

② 전속중개계약을 체결한 중개업자와 일반중개계약을 체결한 중개업자는 거래정보사업자인 공인중개사협회의 부동산거래정보망에 가입하면 차별없이 이용할 수 있다.

③ 공인중개사 2인 이상의 확보는 거래정보사업자의 지정을 받기위한 요건 중 하나이다.

④ 중개업자는 중개대상물의 거래가 완성된 때에는 지체없이 이를 당해 거래정보사업자에게 통보하여야 한다.

⑤ 법인인 거래정보사업자의 해산으로 거래정보망 운영이 불가능한 경우 관할관청은 그 사업자지정을 취소하기 위하여 청문을 실시하여야 한다.

15. 중개의뢰인의 요청에 의하여 작성하는 중개계약의 표준서식에 규정된 기재사항이 아닌 것은?

① 중개대상물의 상태
② 중개대상물의 규모
③ 거래예정가격
④ 거래예정가격에 대한 중개수수료
⑤ 중개업자와 중개의뢰인이 준수하여야 할 사항

16. 갑이라는 부동산중개업자는 중개의뢰인 을과 현행 「공인중개사의 업무 및 부동산 거래 신고에 관한 법률」상 전속중개계약을 체결하고 표준계약서를 작성하였다. 그런데 갑이 당해 중개대상물의 중개를 위하여 중개활동을 열심히 하였으나 전속중개계약의 유효기간 내에 을이 스스로 발견한 상대방과 직접 거래한 경우 중개업자 갑이 중개의뢰인 을에게 청구할 수 있는 비용은 얼마인가? (단, 중개업자 갑은 당해 중개를 위하여 50만원의 비용이 소요되었고, 법정중개수수료는 60만원이다)

① 250,000원 　　　　　　　　　　② 300,000원
③ 500,000원 　　　　　　　　　　④ 600,000원
⑤ 1,100,000원

17. **부동산거래정보사업에 관한 설명으로 옳은 것은?**
① 거래정보사업자는 중개업자 2인 이상과 1급 정보처리기능사 2인 이상을 확보하여야 한다.
② 거래정보사업자로 지정받은 자는 운영규정을 정하여 지식경제부의 승인을 얻어야 한다.
③ 거래정보사업자의 지정 및 취소권자는 국토해양부장관이며 취소처분시에는 청문을 거쳐야 한다.
④ 거래정보사업자는 중개의뢰인으로부터 의뢰받은 중개대상물의 정보에 한하여 이를 공개하여야 한다.
⑤ 전속중개계약일 경우에만 부동산거래정보망에 올릴 수 있다.

18. **다음 중 중개업자가 중개업무수행의 기본원칙으로 삼아야 할 의무라고 생각되는 것은?**
① 거래계약서의 작성·교부의무
② 선량한 관리자의 주의의무
③ 중개대상물에 대한 확인·설명의무
④ 비밀준수의무
⑤ 신의와 성실로써 공정한 중개의무

19. **중개업자 등의 금지행위 중 처벌기준이 다른 것은?**
① 중개대상물의 매매를 업으로 하는 행위
② 중개의뢰인과 직접 거래를 하거나 거래당사자 쌍방을 대리하는 행위
③ 거래상 중요사항에 관하여 거짓된 언행 기타 방법으로 중개의뢰인의 판단을 그르치게 하는 행위
④ 수수료 또는 실비를 초과하여 금품을 받거나 그 외에 사례·증여 기타 명목으로 금품을 받는 행위
⑤ 등록을 하지 아니하고 중개업을 영위하는 자를 통하여 중개를 의뢰받거나 그에게 자기의 명의를 사용하게 하는 행위

20. 중개업자의 금지행위에 해당하지 않는 것은?

① 의뢰인의 토지를 중개하면서 알게 된 정보를 이용하여 그의 토지를 직접 사들였다.

② 의뢰인의 상가를 그의 요구에 맞추어 거래를 성사시켜 준 대가로 법정수수료 상한액을 받고, 별도로 미술작품 1점을 받았다.

③ 업무상 알게 된 개발업자로부터 입수한 확정되지 않은 개발계획을 이용하여 타인에게 그 지역 임야를 매입하도록 권유하여 매매계약을 체결하였다.

④ 매매계약을 중개함에 있어서 매도의뢰인의 급박한 사고로 인해 그의 위임을 받아 매수의뢰인과 매매계약을 체결하였다.

⑤ 의뢰인에게 아파트 매매계약을 체결하게 한 후 이전등기를 하지 아니하고 타인에게 다시 매매계약을 체결하게 하였다.

21. 중개대상물의 확인 · 설명에 관한 내용 중 틀린 것은?

① 중개업자가 중개의뢰를 받은 경우에는 거래당사자 쌍방에게 공인중개사의 업무 및 부동산 거래신고에 관한 법령이 정하는 사항을 확인하여 서면으로 제시하고 성실 · 정확하게 설명하여야 한다.

② 중개업자는 중개대상물의 확인 또는 설명을 위하여 필요한 경우에는 중개대상물의 매도의뢰인, 임대의뢰인 등에게 당해 중개대상물의 상태에 관한 자료를 요구할 수 있다.

③ 중개가 완성되어 거래계약서를 작성한 때에는 소정의 확인 · 설명사항을 서면으로 작성하여 거래당사자 쌍방에게 이를 교부하여야 한다.

④ 중개업자는 거래당사자 쌍방에게 교부하는 중개대상물의 확인설명서에 서명 · 날인하여야 한다.

⑤ 중개업자가 확인 · 설명하여야 할 사항에는 당해 중개대상물에 관한 권리를 취득함에 따라 부담하여야 할 조세에 관한 사항도 포함된다.

22. 중개대상물의 확인 · 설명사항이 아닌 것은?

① 임차권 등 중개대상물의 권리관계에 관한 사항

② 벽면 및 도배의 상태

③ 일조 · 소음 · 진동 등 환경조건

④ 도로 및 대중교통수단과의 연계성

⑤ 권리를 이전함에 따라 부담하여야 할 조세의 종류 및 세율

23. 중개업자 등의 거래계약서 작성에 관한 설명 중 틀린 것은?

① 부동산 매매에 관한 거래계약서에는 권리이전의 내용을 반드시 기재하여야 한다.

② 중개업자는 중개가 완성되어 거래계약서가 작성된 경우에는 그 사본을 5년 동안 보존하여야 한다.

③ 공인중개사 갑은 소속공인중개사로서 중개업무를 수행하면서 거래계약서에 거래금액을 거짓으로 기재하여 당해 도지사로부터 과태료처분을 받았다.

④ 법인인 중개업자의 분사무소에서 거래계약서를 작성하는 경우에는 분사무소의 등록인
   장을 날인하여야 한다.
⑤ 중개업자는 서로 다른 2 이상의 거래계약서를 작성하여서는 아니 된다.

24. 거래당사자가 부동산거래계약신고를 하는 경우 신고하여야 할 사항이 아닌 것은?
① 중개업자의 인적사항 및 중개사무소 개설등록에 관한 사항
② 계약일·중도금지급일 및 잔금지급일
③ 거래대상 부동산의 종류 및 계약대상 면적과 실제 거래가격
④ 계약의 조건이나 기한이 있는 경우 그 조건 또는 기한
⑤ 거래대상 부동산의 소재지·지번 및 지목

25. 부동산거래가격 검증체계의 구축 및 운영주체는?
① 국토해양부장관
② 재정경제부장관
③ 특별시장·광역시장·도지사
④ 국세청장
⑤ 시장·군수·구청장

26. 중개대상물 확인·설명의무에 관한 내용으로 옳은 것은?
① 중개업자는 거래계약이 체결된 때에는 권리를 취득하고자 하는 중개의뢰인에게 중개
   대상물의 확인·설명사항을 서면으로 제시하고 설명할 의무가 있다.
② 중개보조원이 모든 중개업무를 수행하는 경우에는 당해 중개보조원이 중개대상물의
   확인·설명사항을 서면으로 제시하고 설명할 의무가 있다.
③ 중개업자가 매도의뢰인에게 당해 중개대상물의 상태에 관한 자료를 요구한 경우에는
   그러한 사실에 대하여 권리를 취득하고자 하는 중개의뢰인에게 설명할 의무는 없다.
④ 중개업자는 거래계약이 체결된 때에는 거래당사자 쌍방에게 중개대상물의 확인·설명
   사항을 서면으로 제시하고 설명할 의무가 있다.
⑤ 중개업자가 공동으로 중개를 한 경우에는 각각의 중개업자가 원칙적으로 거래당사자
   쌍방에게 중개대상물의 확인·설명사항을 서면으로 제시하고 설명할 의무가 있다.

27. 중개업자가 중개완성시 중개의뢰인(거래당사자) 쌍방에게 교부하는 서류로 묶은 것은?

㉠ 거래계약서	㉡ 실비영수증
㉢ 확인·설명서	㉣ 업무보증관계증서 사본
㉤ 전속중개계약서	㉥ 중개계약서

① ㉠, ㉡, ㉢, ㉣   ② ㉠, ㉢, ㉣
③ ㉠, ㉡, ㉢   ④ ㉠, ㉢, ㉣, ㉥
⑤ ㉡, ㉢, ㉣, ㉤

28. 계약금 등의 반환채무이행의 보장에 대한 설명 중 옳은 것은?

① 중개업자는 거래의 안전을 보장하기 위하여 필요하다고 인정하는 경우 거래계약서의 작성이 완료될 때까지 계약금·중도금 또는 잔금을 예치하도록 권고해야 한다.

② 계약금 등의 반환채무이행을 보장하기 위해 이를 금융기관에 예치하는 경우 중개업자의 명의로는 할 수 없다.

③ 중개업자가 계약금 등의 반환채무이행의 보장에 반하는 행위를 한 경우 중개사무소개설등록을 취소할 수 있다.

④ 「우체국예금·보험에 관한 법률」에 따른 체신관서도 예치기관이 될 수 있다.

⑤ 계약금 등의 예치를 매도인이 중개업자에게 요구한 경우 이를 거절할 수 없다.

29. 중개업자의 중개수수료에 관한 설명으로 틀린 것은?

① 중개업자 갑의 중개행위를 통해 만난 을과 병이 직접 거래를 체결한 경우에도 갑에게 중개수수료청구권은 인정된다.

② 중개가 완성된 후에 중개의뢰인 사정으로 계약이 해지되었다면 중개수수료청구권은 소멸하지 않는다.

③ 상가를 중개하였을 경우 계약금과 권리금을 합한 금액을 기준으로 중개수수료를 산정하여야 한다.

④ 중개법인이 행한 공매 물건에 대한 취득알선의 수수료는 당사자 간 합의로 정할 수 있다.

⑤ 동일한 중개대상물에 대하여 동일 당사자 간에 매매를 포함한 둘 이상의 거래가 동일 기회에 이루어지는 경우에는 매매계약에 관한 거래금액만을 적용한다.

30. 중개업자가 매매대금 1억 5천만원인 아파트거래계약을 중개하였다. 거래당사자로부터 받을 중개수수료의 총액은? (매매·교환의 경우 거래가격이 5천만원 이상 2억원 미만인 경우에는 요율이 1만분의 50이며, 한도액은 80만원이다.)

① 75만원 ② 80만원

③ 150만원 ④ 155만원

⑤ 160만원

31. 중개업자에 행한 지도·감독에 대한 설명 중 옳은 것은 모두 몇 개인가?

㉠ 서울특별시장으로부터 공인중개사 자격증을 발급받고 수원시에 주소를 둔 자가 부정한 방법으로 공인중개사의 자격을 취득하였음을 이유로 하여 서울특별시장이 그 자격을 취소하였다.

㉡ 부산광역시 남구에 주소를 둔 중개업자가 성실·정확하게 중개대상물의 확인·설명을 하지 아니하여 남구청장이 그 자격을 정지하였다.

㉢ 서울특별시 노원구에 사무소를 둔 중개업자가 거짓으로 중개사무소 개설등록한 것을 이유로 하여 노원구청장이 6월의 업무정지처분을 하였다.

㉣ 전라북도 군산시에 사무소를 둔 중개업자가 다른 사람에게 자기의 성명을 사용하여 중개업무를 하게 하여 군산시청이 그 개설등록을 취소하였다.

㉤ 강원도 춘천시에 사무소를 둔 중개업자가 중개사무소등록증 등을 게시하지 아니하여 강원도지사가 500만원의 과태료부과처분을 하였다.

① 1개   ② 2개   ③ 3개
④ 4개   ⑤ 5개

32. 등록관청이 반드시 중개사무소의 개설등록을 취소하여야 하는 것으로 묶은 것은?

> ㉠ 중개법인이 해산하는 경우
> ㉡ 등록관청에 신고하지 아니하고 특별한 사유 없이 6개월을 초과하여 휴업한 경우
> ㉢ 등록증을 다른 사람에게 양도 또는 대여한 경우
> ㉣ 이 법의 규정에 의한 등록기준에 미달하게 된 경우
> ㉤ 중개의뢰인과 직접 거래행위를 한 경우
> ㉥ 업무정지처분기간 중에 업무를 행하거나 다른 중개업자의 소속공인중개사, 중개보
>   조원, 법인의 임원이 되는 경우

① ㉠, ㉢, ㉥   ② ㉠, ㉡, ㉥   ③ ㉢, ㉣, ㉥
④ ㉠, ㉢, ㉤, ㉥   ⑤ ㉠, ㉡, ㉢, ㉤

33. 공인중개사의 업무 및 부동산 거래신고에 관한 법상 중개업자에 대한 벌칙 규정 내용이 바르게 연결된 것으로만 짝지어진 것은?

> ㉠ 거짓 그 밖의 부정한 방법으로 중개사무소의 개설등록을 한 자 - 1년 이하의 징역
>   또는 1천만원 이하의 벌금
> ㉡ 공인중개사가 아닌 자로서 공인중개사 또는 이와 유사한 명칭을 사용한 자 - 500
>   만원 이하의 과태료
> ㉢ 중개의뢰인과 직접 거래를 한 자 - 3년 이하의 징역 또는 2천만원 이하의 벌금
> ㉣ 등록취소 후 중개사무소등록증을 반납하지 아니한 자 - 100만원 이하의 과태료
> ㉤ 이중으로 중개사무소의 개설등록하거나 2 이상의 중개사무소에 소속된 자 - 1년
>   이하의 징역 또는 1천만원 이하의 벌금

① ㉠, ㉡, ㉢   ② ㉠, ㉡, ㉤   ③ ㉠, ㉣, ㉤
④ ㉡, ㉢, ㉣   ⑤ ㉢, ㉣, ㉤

34. 다음 중개업자의 위법행위 중 반드시 등록이 취소되고, 1년 이하의 징역 또는 1천만원 이하의 벌금형에 해당되는 경우는?

① 거짓 그 밖에 부정한 방법으로 등록한 경우
② 2개소 이상의 중개사무소를 설치한 경우
③ 중개사무소 이외 천막 등 임시중개시설물을 설치한 경우
④ 상가건물 매매계약에 대한 중개수수료를 매매대금의 1,000분의 10을 받은 경우
⑤ 다른 중개업자의 소속공인중개사로도 된 경우

35. 공인중개사법령 및 공인중개사제도에 관한 설명으로 틀린 것은?

① 부동산중개사무소 개설등록신청서 서식에서 중개업자 종별로는 법인과 공인중개사만이 있다.

② 무등록중개업자의 중개행위로 인한 부동산매매계약이 당연히 무효인 것은 아니다.

③ 자격정지 처분을 받은 날부터 6월이 경과한 공인중개사는 법인인 중개업자의 임원이 될 수 있다.

④ 법 제 39조(업무의 정지) 제 1항에 따른 등록관청의 업무정지처분은 해당하는 사유가 발생한 날부터 3년이 경과한 때에는 이를 할 수 없다.

⑤ 자격취소처분을 받은 공인중개사인 중개업자는 그 사무소의 소재지를 관할하는 시·도지사에게 자격증을 반납해야 한다.

36. 공인중개사법령상 중개업자의 중개대상이 될 수 있는 권리 및 대상물로서 틀린 항목이 들어 있는 것을 모두 고른 것은?

> ㄱ. 미등기건물, 개인의 공유수면 매립토지, 예고등기가 설정되어 있는 토지
>
> ㄴ. 지상권, 법정저당권, 가등기가 설정되어 있는 토지
>
> ㄷ. 무허가건물, 권리금, 질권
>
> ㄹ. 지상권, 등기된 환매권, 공장저당법에 따른 공장재단
>
> ㅁ. 법정지상권, 특허권, 접도구역에 포함된 사유지

① ㄱ, ㄴ, ㄷ   ② ㄱ, ㄷ, ㄹ   ③ ㄴ, ㄷ, ㅁ

④ ㄴ, ㄹ, ㅁ   ⑤ ㄷ, ㄹ, ㅁ

37. 공인중개사법상 중개업자의 중개행위에 대한 다음 기술 중 맞지 않는 것은?

① 이 법상 중개업자의 중개행위는 거래당사자 간의 법률행위의 성립에 조력하는 보조적 준비행위이다.

② 이 법상 부동산중개는 여러 형태가 있으나, 그 유형에 관계없이 중개행위가 개입될 수 있는 것은 아니다.

③ 중개업자의 중개행위는 중개의뢰인의 사자로서의 행위가 아니라 중개업자의 독자적 행위로 본다.

④ 중개업자가 매각의뢰인 갑과 매수의뢰인 을 간의 계약완성을 위한 중개행위는 중개의뢰인의 대리행위로 본다.

⑤ 이 법상 중개업자의 중개행위는 거래당사자 간의 법률행위의 성립에 조력하는 사실행위이다.

38. 공인중개사법령에서 사용하고 있는 용어의 정의에 관한 설명 중 틀린 것은?

① '중개'라 함은 제3조의 규정에 의한 중개대상물에 대하여 거래당사자간의 매매교환 임대차 및 그 밖의 권리의 득실·변경에 관한 행위를 알선하는 것을 말한다.

② '중개업'이라 함은 다른 사람의 의뢰에 의하여 일정한 보수를 받고 중개를 업으로 행

하는 것을 말한다.
③ '중개업자'라 함은 이 법에 의하여 중개사무소의 개설등록을 한 자를 말한다.
④ '중개보조원'이라 함은 공인중개사로서 중개업자의 중개업무를 보조하는 자를 말한다.
⑤ '소속공인중개사'라 함은 중개업에 소속된 공인중개사(중개업자인 법인의 사원 또는 임원으로서 공인중개사인 자를 포함한다.)로서 중개업무를 수행하거나 중개업자의 중개업무를 보조하는 자를 말한다.

39. 중개행위와 타개념과 비교 설명한 것으로 틀린 것은?
① 고용은 제공된 노무에 의한 일의 완성이나 일정한 결과의 성부는 고려하지 않는다는 점에서, 계약의 성립을 보수지급요건으로 하고 있는 중개행위와 구별된다.
② 도급은 일의 완성을 보수의 지급요건으로 하는 점에서 중개행위와 같으나, 도급은 일의 완성결과 하자발생에 따라 그 보수를 감액할 수 있다는 점에서 중개행위와 구별된다.
③ 현상광고는 광고로 지정된 행위의 완성을 목적으로 하는 점에서 도급·중개와 같으나, 그 청약을 불특정다수인에 대한 광고의 방법으로 하는 점에서 구별된다.
④ 위임과 중개행위는 비슷하나, 중개행위는 반드시 신임관계를 기초로 한다는 점과 유상을 원칙으로 하지 않는 점에서 구별된다.
⑤ 이 법은 거래당사자 쌍방을 대리하는 행위를 금하나, 민법은 계약이행업무는 쌍방대리가 허용된다는 점에서 구별된다.

40. 다음 중 부동산중개업 등과 관련하여 판례가 취하는 해석 중 가장 타당하지 아니한 것은?
① 중개를 업으로 한다 함은 반복·계속하는 영업으로 알선중개를 하는 것을 의미한다.
② 중개대상물의 권리에는 저당권이 포함된다.
③ 중개대상물로 규정된 건물에는 기존의 건축물뿐만 아니라 장래에 건축될 건물도 포함된다.
④ 중개업자는 매도 등 처분을 하려는 자가 진정한 권리자와 동일인인지의 여부를 부동산등기부와 주민등록증 등에 의하여 조사·확인할 의무가 있다.
⑤ 중개업자의 직거래금지행위에서 중개의뢰인의 범위에 중개대상물의 소유자의 거래를 대리하는 자는 포함되지 아니한다.

41. 현행 공인중개사법상 옳은 것은?
① 중개법인의 겸업제한 위반시 형사처벌제도
② 중개법인의 분사무소설치 승인제도
③ 자격정지·업무정지·과태료처분의 가중감경제도
④ 이중소속금지 위반에 대한 과태료
⑤ 협회에 대한 벌금제도

42. 현행 공인중개사법상 옳지 않은 것은?
① 소속공인중개사의 중개계약서 서명·날인(서식)
② 양벌규정에 따른 중개업자의 벌금
③ 확인·설명서 서식의 4개유형으로의 다양화
④ 소속공인중개사의 자격정지제도
⑤ 이중중개사무소를 설치한 중개업자에 대한 상대등록취소제도

43. 공인중개사 자격취득자 중 중개사무소의 개설등록을 할 수 없는 자는?
① 한정치산선고를 받지 아니한 사실상 한정치산상태에 있는 자
② 파산선고를 받고 복권된 자
③ 중개사무소 개설등록이 취소된 후 3년이 경과된 자
④ 도로교통법 위반으로 벌금형을 받은 자
⑤ 금고 이상의 형의 집행유예를 받고 그 유예기간 중에 있는 자

45. 현행 공인중개사법령상 중개업을 영위하고자 할 때 다음 절차 중 가장 바르게 나열한 것은?

㉠ 중개업등록신청	㉡ 공인중개사 자격취득
㉢ 사무소설치 및 실무교육이수	㉣ 업무보증설정
㉤ 중개업무의 개시	㉥ 등록증 수령

① ㉡ - ㉠ - ㉣ - ㉢ - ㉥ - ㉤
② ㉡ - ㉠ - ㉢ - ㉣ - ㉥ - ㉤
③ ㉡ - ㉠ - ㉥ - ㉣ - ㉢ - ㉤
④ ㉡ - ㉢ - ㉠ - ㉥ - ㉣ - ㉤
⑤ ㉡ - ㉢ - ㉠ - ㉣ - ㉥ - ㉤

46. 중개업의 등록에 관한 설명 중 틀린 것은?
① 업무정지처분을 받은 중개업자는 그 기간 중에 당해 중개업을 폐업하고 다시 중개사무소의 개설등록을 신청할 수 없다.
② 중개사무소의 개설등록을 한 중개업자가 종별을 달리하여 업무를 하고자 하는 경우에는 등록신청서를 다시 제출하여야 한다.
③ 등록신청을 받은 등록관청은 10일 이내에 중개업자의 종별에 따라 구분하여 등록을 하고, 등록신청인에게 서면으로 통지하여야 한다.
④ 등록관청은 중개사무소 등록사항을 공인중개사협회에 다음달 10일까지 통보하여야 한다.
⑤ 등록관청은 등록증을 교부하는 때에는 손해배상책임을 보장하기 위한 보증의 설정여부를 확인하여야 한다.

47. 중개업자의 결격사유에 해당되지 않는 자는?

① 미성년자

② 한정치산자

③ 파산선고를 받고 복권되지 아니한 자

④ 도로교통법 위반으로 벌금형의 선고를 받은 자

⑤ 도로교통법 위반으로 금고형의 집행유예기간 중에 있는 자

48. 다음은 중개업 등록 등에 관한 설명이다. 틀린 것은?

① 법인이 중개사무소를 개설등록하려면 임원(대표포함) 또는 무한책임사원의 과반수가 공인중개사이어야 한다.

② 위의 경우 실무교육을 임원·사원의 전원이 받아야 한다.

③ 중개사무소등록증에는 등록인장을 날인하도록 하여 그 인장을 중개행위시 사용하도록 하고 있다.

④ 특수법인에게는 등록기준을 적용하지 아니한다. 따라서 임원은 실무교육을 이수할 의무가 없다.

⑤ 거짓·부정한 방법으로 등록한 자는 중개업자로 형사처벌의 대상이자 행정처분의 대상이다.

49. 공인중개사법령에 관한 설명으로 옳은 것을 모두 고른 것은? (다툼이 있으면 판례에 의함)

> ㄱ. 중개보조원은 공인중개사가 아니다.
> ㄴ. 부동산중개계약은 모두 요식계약이다.
> ㄷ. 법 제 2조(정의) 제 3호 소정의 '일정한 보수'를 받지 않더라도 중개업이 될 수 있다.
> ㄹ. 중개업자는 다른 중개업자의 법인의 사원은 될 수 없으나 임원은 될 수 있다.
> ㅁ. 공인중개사 자격이 없는 자가 자신의 명함에 '부동산뉴스대표'라는 명칭을 사용하여 중개행위를 한 것은 공인중개사와 유사한 명칭을 사용한 것에 해당한다.

① ㄱ, ㄴ

② ㄱ, ㅁ

③ ㄴ, ㄷ, ㄹ

④ ㄴ, ㄹ, ㅁ

⑤ ㄱ, ㄷ, ㅁ

50. 공인중개사법령상 법인인 중개업자가 할 수 있는 업무를 모두 고른 것은?

> ㄱ. 상업용 건축물의 관리대행　　　ㄴ. 주택저당채권의 발행 및 유통
> ㄷ. 부동산의 이용·개발 상담　　　ㄹ. 간접투자자산운용업법상의 부동산펀드 조성
> ㅁ. 중개의뢰인의 의뢰에 따른 도배·이사업체의 소개 등 주거이전에 부수되는 용역의 알선

① ㄱ, ㄴ, ㄷ　　　　　　　　　② ㄱ, ㄴ, ㄹ

③ ㄱ, ㄷ, ㅁ　　　　　　　　　④ ㄴ, ㄷ, ㄹ

⑤ ㄷ, ㄹ, ㅁ

51. 공인중개사법령상 전속중개계약에 관한 설명으로 옳은 것은?

① 법령은 전속중개계약서에 대한 표준서식을 규정하고 있지 않다.

② 전속중개계약은 당사자 약정으로 유효기간을 정할 수 있기 때문에 법으로 유효기간을 정하지 않고 있다.

③ 전속중개계약을 체결한 때에는 부동산거래정보망 또는 일간신문에 당해 중개대상물에 관한 정보를 중개의뢰인이 비공개를 요청하지 않는 한 공개해야 한다.

④ 전속중개계약을 체결한 중개업자는 중개의뢰인에게 서면으로 업무처리 상황을 보고할 의무는 없다.

⑤ 전속중개계약을 체결한 때에는 당해 계약서를 5년간 보존하여야 한다는 명문의 규정이 있다.

52. 공인중개사법령상 부동산거래정보망에 관한 설명으로 틀린 것은?

① 부동산거래정보망을 설치·운영할 자로 지정받으려는 자는 신청서류를 국토해양부장관에게 제출하여야 한다.

② 거래정보사업자지정신청서에 중개업자의 주된 컴퓨터 설비의 내역을 기재해야 한다.

③ 부동산거래정보망은 중개업자 상호간 부동산매매 등에 관한 정보의 공개와 유통을 촉진시키려는 제도이다.

④ 중개업자가 중개의뢰인과 일반중개계약을 체결한 경우에는 부동산거래정보망에 중개대상물에 관한 정보를 공개할 의무에 대한 명문규정은 없다.

⑤ 거래정보사업자가 승인받아야 하는 부동산 거래정보망의 이용 및 정보제공방법 등에 관한 운영규정에는 가입자에 대한 회비 및 그 징수에 관한 사항을 정하여야 한다.

53. 다음은 전속중개계약의 체결과 이후의 과정을 열거한 것이다. 옳은 것은?

> ㉠ 거래정보망 등에 정보 공개
> ㉡ 중개의뢰인에게 거래정보망 매물등록확인서 제출
> ㉢ 특정한 중개업자에게 전속중개의뢰
> ㉣ 전속중개계약서 2통 작성
> ㉤ 중개업자는 2주일에 1회 이상 중개의뢰인에게 업무처리상황 서면통지
> ㉥ 거래가 완성되어 거래정보사업자에게 거래사실을 중개업자가 통보

① ㉠-㉡-㉢-㉣-㉤-㉥　　　　② ㉢-㉠-㉡-㉤-㉣-㉥

③ ㉢-㉣-㉠-㉡-㉤-㉥　　　　④ ㉡-㉣-㉠-㉢-㉤-㉥

⑤ ㉤-㉣-㉡-㉢-㉠-㉥

54. 공인중개사법령상 중개수수료에 관한 판례의 입장이 아닌 것은?

① 법령상 상한을 초과하는 부동산중개수수료 약정은 그 한도를 넘는 범위 내에서 무효이다.

② 법령상 한도를 초과하는 수수료를 유효한 당좌수표로 받았으나 부도처리되어 중개업자가 그 수표를 반환한 경우에도 이는 위법하다.

③ 권리금은 법령상의 중개대상물이 아니므로 중개수수료에 관한 규정이 적용되지 않는다.
④ 중개사무소를 개설등록하지 아니하고 부동산거래를 중개하면서 그에 대한 수수료를
   약속·요구하는데 그친 행위는 처벌할 수 없다.
⑤ 중개업자가 중개수수료 산정에 관한 지방자치단체의 조례를 잘못 해석하여 법령이 허
   용하는 금액을 초과한 중개수수료를 받은 경우 처벌대상이 되지 않는다.

55. 중개수수료 및 실비에 관한 설명으로 옳은 것은? (다툼이 있으면 판례에 의함)

① 동일한 중개대상물에 대하여 동일 당사자간에 매매를 포함한 둘 이상의 거래가 동일
   기회에 이루어지는 경우에는 매매계약에 관한 거래금액만을 적용한다.
② 교환계약의 경우에는 교환대상 중개대상물 중 거래금액이 적은 중개대상물의 가액을
   거래금액으로 한다.
③ 중개업자의 고의 또는 과실로 인하여 중개의뢰인간 거래 행위가 해제된 경우에도 중
   개수수료의 청구권은 인정된다.
④ 계약금 등의 반환채무이행 보장에 소요되는 실비의 경우에는 매도·임대 그 밖의 권
   리를 이전하고자 하는 중개의뢰인에게 받을 수 있다.
⑤ 일부 중도금만 납부된 분양권을 중개하는 경우 중개수수료는 총 분양가의 프리미엄을
   포함한 금액으로 계산한다.

56. 공인중개사법령상 계약금 등의 반환채무이행의 보장에 관한 설명으로 틀린 것은?

① 예치대상 '계약금 등'에는 계약금, 중도금 또는 잔금이 있다.
② 계약금 등을 중개업자 명의로 금융기관 등에 예치하는 경우, 중개업자는 거래당사자의
   동의 없이 이를 인출할 수 있다.
③ 거래당사자는 반환채무이행의 보장을 위해 계약금 등을 반드시 금융기관 등에 예치해야
   하는 것은 아니다.
④ 중개업자의 명의로 계약금 등을 예치시 예치되는 계약금 등의 안전을 보장하기 위한
   규정을 위반한 경우 업무정지 1월을 명할 수 있다.
⑤ 거래당사자간 계약이행기간 동안의 거래안전을 보장하기 위한 제도이다.

57. 중개수수료에 관한 설명이다. 틀린 것은?

① 주택에 대한 중개수수료 및 한도 등에 관하여 필요한 사항은 국토해양부령이 정하는
   범위 내에서 특별시·광역시 또는 도의 조례로 정한다.
② 중개업자의 고의나 과실은 없었으나 중개의뢰인간의 거래행위가 해제된 경우 중개수
   수료를 반환하여야 한다.
③ 중개업자의 고의나 과실이 있다면, 중개의뢰인간의 거래행위가 해제된 경우 중개수수
   료를 반환하여야 한다.
④ 중개업자는 중개업무에 관하여 중개의뢰인 쌍방으로부터 각각 소정의 수수료를 받는다.
⑤ 중개대상물 주택의 소재지와 사무소의 소재지가 다른 경우에는 그 사무소의 소재지를
   관할하는 시·도의 조례로 정하는 기준에 따른다.

58. 갑은 중개업자 을을 통하여 다음과 같은 조건으로 주택을 임차하였다. 갑이 을에게 지불하여 할 중개수수료는?

> 임차 조건 : 보증금 6천만원, 월세 100만원, 계약 기간 2년
> ※ 임대차 등의 중개수수료율
> 5천만원~1억원 : 0.4%   한도액 : 30만원
> 1억원~3억원 : 0.3%   한도액 : 40만원

① 240,000원   ② 300,000원   ③ 400,000원
④ 480,000원   ⑤ 672,000원

59. 다음은 중개수수료 등에 대한 설명이다. 틀린 것은?
　① 부동산중개에 대한 수수료 요율과 한도액은 대통령령에 명시되어 있다.
　② 중개업자의 고의・과실로 이미 성립된 거래행위가 무효가 된 때에는 중개수수료를 받을 수 없다.
　③ 중개업자는 중개수수료 이외의 별도의 실비를 받을 수 있다.
　④ 거래가 성립된 후 거래당사자 간 사정변경으로 계약이 해제되어도 중개수수료는 반환하지 아니한다.
　⑤ 중개업자가 작성한 중개수수료 영수증은 법정서식이 없다. 그러나 확인・설명서에 기재한다.

60. 공인중개사법상 중개업자가 중개의뢰인에게 청구할 수 있는 중개 보수가 아닌 것은?
　① 중개수수료
　② 권리관계확인 소요비용
　③ 부동산에 대한 거래상담 수수료
　④ 중개대상물의 증명 신청 및 공부열람대행비용
　⑤ 계약금 등 반환채무이행보장소요비용

61. 공인중개사법령상 손해배상책임의 보장에 관한 설명으로 틀린 것은? (다툼이 있으면 판례에 의함)
　① 공탁으로 업무보증을 하는 경우 중개업자가 폐업 또는 사망한 날부터 3년 이내에는 공탁금을 회수하지 못한다.
　② 중개업자가 자기의 중개사무소를 다른 사람의 중개행위의 장소로 제공해 거래당사자에게 재산상의 손해를 발생하게 한때에는 그 손해를 배상할 책임이 있다.
　③ 공제제도는 중개업자가 그의 불법행위 또는 채무불이행으로 인하여 거래당사자에게 부담하게 되는 손해배상책임을 보증하는 보증보험적 성격을 가진 제도이다.
　④ 지역농업협동조합이 부동산중개업을 하는 때에는 1천만원 이상의 보증을 설정해야 한다.
　⑤ 확인・설명의무를 위반하여 중개업자가 중개의뢰인에게 손해를 끼친 경우 중개의뢰인이 중개업자에게 소정의 수수료를 지급하지 않았다면 중개업자는 그에 따른 책임을 지지 않는다.

62. 공인중개사법령의 내용에 관한 설명으로 옳은 것은?

① 휴업기간의 변경신고를 하지 아니한 자의 과태료는 20만원이다.

② 김포시에 주된 사무소가 있는 법인인 중개업자 갑은 공주시에 분사무소를 두려면 공주시에 신고를 하여야 한다.

③ 중개업자 갑이 임차한 중개사무소를 중개업자 을이 공동으로 사용하는 경우 등록관청의 공무원은 임대인의 동의여부를 확인하지 않아도 된다.

④ 다른 법률의 규정에 따라 중개업을 할 수 있는 법인의 분사무소에는 공인중개사를 책임자로 두어야 한다.

⑤ 외국인은 공인중개사자격을 취득하였더라도 국내에서 중개업 개설등록을 할 수 없다.

63. 중개업자의 의무 및 금지행위에 관한 내용으로 틀린 것은? (다툼이 있으면 판례에 의함)

① 중개업자 등이 업무상 알게 된 비밀을 누설한 경우 피해자의 명시한 의사에 반하여 벌하지 아니한다.

② 중개업자는 법령상의 중개대상물의 매매를 업으로 하는 행위를 하여서는 아니된다.

③ 중개업자가 미등기전매를 알선하였으나 중개의뢰인이 이로 인하여 전매차익을 얻지 못한 경우라면 법 제33조(금지 행위) 제7호의 '부동산투기를 조장하는 행위'에 해당하지 않는다.

④ 중개업자는 직접적인 위탁관계가 없더라도 그의 개입을 신뢰하여 거래하게 된 거래상 대방에 대하여 목적물의 하자, 권리자의 진위 등에 일반적인 주의의무를 부담한다.

⑤ 중개업자는 업무상 알게 된 비밀을 누설하여서는 아니되나, 중개대상물의 중대한 하자는 중개의뢰인과의 관계에서는 비밀에 해당하지 않는다.

64. 부동산거래신고에 관한 내용으로 틀린 것은?

① 주택거래신고지역 외의 지역에서 중개업자가 거래계약서를 작성·교부한 때에는 중개업자가 신고를 하여야 한다.

② 부동산거래신고를 받은 시장·군수 또는 구청장은 그 신고 내용을 확인한 후 신고필증을 신고인에게 7일 이내에 교부하여야 한다.

③ 거래당사자는 중개업자로 하여금 거짓된 내용을 신고하도록 요구하여서는 아니된다.

④ 거래대상 부동산의 종류 및 계약대상 면적은 신고사항이다.

⑤ 세무관서의 장은 시장·군수 또는 구청장으로부터 통보받은 신고사항을 국세 또는 지방세 부과를 위한 과세자료로 활용할 수 있다.

65. 공인중개사법령상 부동산 매매계약에 관하여 신고해야 할 사항으로 틀린 것은?

① 매수인 및 매도인의 인적사항

② 계약의 조건이나 기한이 있는 경우에는 그 조건 또는 기한

③ 거래대상 부동산의 소재지 지번 및 지목

④ 거래대상 부동산의 권리관계

⑤ 실제 거래가격

66. 공인중개사법상 부동산거래신고사항이 아닌 것은?

① 계약일·계약금 지급일, 중도금 지급일 및 잔금 지급일

② 거래대상부동산의 소재지·지번 및 지목

③ 거래대상부동산의 종류 및 계약대상면적

④ 실제 거래가격

⑤ 중개업자의 중개에 의한 계약일 경우에는 중개업자의 인적 사항 및 중개사무소 개설
등록에 관한 사항

67. 공인중개사법령상 공제사업에 관한 설명으로 틀린 것은?

① 협회가 공제규정을 변경하고자 하는 때에는 금융감독원장의 승인을 얻어야 한다.

② 공제계약의 내용에서 정한 공제료는 공제사고 발생률, 보증보험료 등을 종합적으로 고
려하여 결정한 금액으로 한다.

③ 협회는 공제사업을 다른 회계와 구분하여 별도의 회계로 관리해야 한다.

④ 회계기준은 공제사업을 손해배상금과 복지기금으로 구분하여 각 기금별로 목적 및 회
계원칙에 부합되는 세부기준을 정한다.

⑤ 책임준비금의 적립비율은 공제사고 발생률 및 공제금 지급액 등을 종합적으로 고려하여
정하되, 공제료 수입액의 100분의 10이상으로 정한다.

68. 공인중개사법령상 협회에 관한 설명으로 틀린 것은?

① 협회는 법인으로 한다.

② 협회는 총회의 의결내용을 지체 없이 국토해양부장관에게 보고하여야 한다.

③ 협회가 그 지부 또는 지회를 설치한 때에는 그 지부는 국토해양부장관에게, 지회는
시·도시사에게 신고하여야 한다.

④ 협회는 회원 300인 이상이 발기인이 되어 정관을 작성하여 창립총회의 의결을 거친
후 국토해양부장관의 인가를 받아 그 주된 사무소의 소재지에서 설립등기를 함으로써
성립한다.

⑤ 협회를 설립하고자 하는 때에는 발기인이 작성하여 서명·날인한 정관에 대하여 회원
600인 이상이 출석한 창립총회에서 출석한 회원 과반수의 동의를 얻어야 한다.

69. 공인중개사법령상 포상금에 관한 설명으로 옳은 것은?

① 거짓으로 중개사무소의 개설등록을 한 자를 신고한 자는 포상금 지급대상이 될 수 없다.

② 포상금은 1건당 30만원으로 한다.

③ 등록관청은 공인중개사자격증의 양도·대여를 사유로 포상금을 지급한 경우 자격증을
교부한 시·도에 그 사실을 통보하여야 한다.

④ 폐업 후 중개업을 한 자를 신고한 자는 포상금 지급대상이 된다.

⑤ 등록관청은 하나의 사건에 대하여 2건 이상의 신고가 접수된 경우에 신고자에게 포상
금을 균등하게 배분하여 지급한다.

70. 공인중개사법령상 당해 지방자치단체의 조례가 정하는 바에 따라 수수료를 납부하여야 하는 것으로 옳게 짝지어진 것은?

> ㄱ. 분사무소설치의 신고를 하는 자
>
> ㄴ. 중개사무소의 개설등록을 신청하는 자
>
> ㄷ. 공인중개사자격증을 교부받는 자
>
> ㄹ. 분사무소설치신고필증의 재교부를 신청하는 자
>
> ㅁ. 중개사무소의 휴·폐업을 신청하는 자

① ㄱ, ㄴ, ㄹ

② ㄱ, ㄴ, ㅁ

③ ㄱ, ㄷ, ㄹ

④ ㄴ, ㄷ, ㅁ

⑤ ㄷ, ㄹ, ㅁ

71. 다음은 협회에 관한 사항이다. 틀린 설명은?
① 협회는 법인으로 비영리법인, 사단법인, 공익법인, 사법인이다.
② 공인중개사인 중개업자는 그 자질향상과 품위유지, 중개업제도의 개선 및 운용에 관한 업무의 효율적인 수행을 위하여 협회를 설립할 수 있다.
③ 협회설립의 원칙에 임의주의·인가주의·복수주의 등이 있다.
④ 협회는 회원 300인 이상이 발기인이 되어 정관을 작성하여 서명·날인 하여야 한다.
⑤ 중개업자 600인 이상이 출석한 창립총회(서울 1백명 이상, 시·도 각각 20명 이상 참여 전제)에서 출석 과반수 동의를 얻어 인가를 받아 성립한다.

72. 공인중개사법령상 절대적 등록취소사유가 아닌 것은?
① 이중으로 중개무소의 개설등록을 한 경우
② 거짓 그 밖의 부정한 방법으로 중개사무소를 개설등록한 경우
③ 등록기준에 미달하게 된 경우
④ 중개사무소등록증을 양도 또는 대여한 경우
⑤ 개인인 중개업자가 사망하거나 중개업자인 법인이 해산한 경우

73. 공인중개사법령상 업무정지와 자격정지의 사유가 모두 될 수 있는 것이 아닌 것은?
① 등록한지 아니한 인장을 사용한 경우
② 거래계약서에 서명·날인하지 아니한 경우
③ 중개대상물 확인·설명서에 서명·날인하지 아니한 경우
④ 업무정지기간 중에 중개업무를 한 경우
⑤ 성실·정확하게 중개대상물의 확인·설명을 하지 아니한 경우

74. 공인중개사법령상 행정처분권자의 처분의 내용과 대상이 잘못 연결된 것은?

① 국토해양부장관 – 시정명령 – 협회공제사업
② 시·군·구청장 – 업무정지 – 공인중개사인 중개업자
③ 시·도지사 – 등록취소 – 중개법인
④ 국토해양부장관 – 지정취소 – 부동산거래정보사업자
⑤ 시·도지사 – 자격정지 – 소속공인중개사

75. 공인중개사법령상 3년 이하의 징역 또는 2천만원 이하의 벌금에 처해지는 것으로 옳게 짝지어진 것은?

> ㄱ. 다른 사람에게 자기의 성명을 사용하여 중개업무를 하게 한 자
> ㄴ. 이중으로 중개사무소의 개설등록을 하거나 2 이상의 중개사무소에 소속된 자
> ㄷ. 탈세 등 관계법령을 위반할 목적으로 이전등기를 하지 아니한 부동산의 매매를
>   중개하는 등 부동산 투기를 조장하는 행위를 한 자
> ㄹ. 중개사무소 개설등록을 하지 아니하고 중개업을 하는 자
> ㅁ. 중개사무소등록증을 다른 사람에게 양도·대여한 자

① ㄱ, ㄴ   ② ㄱ, ㅁ   ③ ㄴ, ㄹ
④ ㄷ, ㄹ   ⑤ ㄷ, ㅁ

76. 서울특별시에 거주하는 자가 경지도지사로부터 공인중개사자격증을 교부받고 인천광역시 내에서 공인중개사로서 중개업을 하다가 중개사법위반으로 징역형을 선고 받은 경우, 그에 대하여 공인중개사자격의 취소처분을 할 수 있는 시·도지사에 관하여 가장 바른 것은?

① 인천광역시장
② 인천광역시장, 서울특별시장
③ 서울특별시장, 경기도지사
④ 경기도지사
⑤ 경기도지사, 인천광역시장

77. 부동산거래정보사업자 지정의 취소요건이 아닌 것은?

① 거짓 기타 부정한 방법으로 지정을 받은 때
② 지정을 받은 날부터 3월 이내에 부동산거래정보망의 이용 및 정보제공방법 등 운영규
   정을 국토해양부장관에게 승인 받지 아니한 경우
③ 중개업자로부터 의뢰받은 내용과 다르게 정보를 공개한 경우
④ 정당한 사유 없이 지정받은 날부터 6개월 이내에 부동산 거래정보망을 설치 운영하지
   아니한 경우
⑤ 법인의 해산 기타 사유로 부동산거래정보망의 계속적인 운영이 불가능한 경우

78. 다음 중 과태료처분대상이 되는 행위는?

① 공인중개사인 중개업자가 자신의 사무소 소재지에 인접한 구의 관할 구역 내의 중개 대상물을 중개하는 행위
② 중개의뢰인의 판단을 그르치게 한 중개보조원의 행위
③ 법인인 중개업자가 부동산 관리대행업을 겸한 행위
④ 업무정지기간 중에 업무를 중지하지 않은 행위
⑤ 폐업신고를 하지 않고 폐업을 한 중개업자의 행위

79. 공인중개사법 위반시 행정처분 및 벌칙사항에 대한 설명으로 옳은 것은?
① 부동산거래내역조사에서 거래대금지급증명자료제출의무를 위반한 경우 임의적 등록취소 사유에 해당된다.
② 중개업자가 비밀준수의무위반시 임의적 등록취소사유이다.
③ 거래정보사업자가 중개업자가 아닌 자의 물건을 공개하였을 경우 1년 이하의 징역 또는 1천만원 이하의 벌금형에 해당한다.
④ 중개업자가 업무보증설정의무위반시 형벌을 과할 수 있다.
⑤ 중개보조원이 법령사항을 위반한 경우 그를 고용한 중개업자에 대하여 행정처분은 과할 수 없다.

80. 지목에 관한 설명으로 틀린 것은?
① 1필지가 2 이상의 용도로 활용되는 경우에는 주된 용도에 따라 지목을 설정하여야 한다.
② 토지가 일시적 또는 임시적인 용도로 사용되는 때에는 지목을 변경하지 아니한다.
③ 물이 고이거나 상시적으로 물을 저장하고 있는 댐·소류지·연못 등의 토지는 지목을 "유지"로 한다.
④ 용수 또는 배수를 위하여 일정한 형태를 갖춘 인공적인 수로의 지목은 "하천"으로 한다.
⑤ 국토의 계획 및 이용에 관한 법률 등 관계법령에 의한 택지조성공사가 준공된 토지는 지목을 "대"로 한다.

81. 지목의 구분에 대한 설명 중 틀린 것은?
① "도시공원법"에 의해 결정고시 된 묘지공원에 납골당이 설치된 부지는 "묘지"로 한다.
② 귤나무를 집단적으로 재배하는 토지는 "과수원"으로 한다.
③ 주차장법의 규정에 의해 설치된 노상주차장은 "도로"로 한다.
④ 물을 정수하여 공급하는 수송시설의 부지는 "수도용지"로 한다.
⑤ 아파트 단일용도의 일정한 단지 안에 설치된 통로는 "도로"로 한다.

82. 2006년에 한 X토지 경매절차에서 갑이 실질적으로 매수자금을 부담하지만 친구인 을의 이름으로 매각받기로 명의신탁약정을 하였고 그 후 매각허가결정에 따라 을은 대금을

완납하고 자신의 명의로 등기를 마쳤다. 옳은 것은?(다툼이 있으면 판례에 의함)

① 갑과을 사이에 명의신탁약정은 유효하다.

② X토지에 대한 소유권을 취득하는 자는 갑이다.

③ 갑이 X토지를 병에게 매도하는 계약은 무효이다.

④ 갑의 지시에 따라 을이 X토지를 매각한 후 그 처분대금을 갑에게 반환하기로 한 약정은 무효이다.

⑤ 을이 X토지를 정에게 처분하였는데 정이 악의라면 정은 소유권을 취득할 수 없다.

83. 2007년 갑은 병의 토지를 매수한 뒤 친구 을과의 사이에 명의산탁약정을 맺었고, 병은 갑의 부탁에 따라 직접 을에게 소유권이전등기를 하였다. 다음 중 옳은 것은?(다툼이 있으면 판례에 의함)

① 병의 갑에 대한 이전등기 의무는 소멸하였다.

② 병은 을에게 이전등기의 말소를 청구할 수 있다.

③ 대내적으로는 갑이 토지의 소유자이나 대외적으로는 을이 소유자이다.

④ 병이 명의신탁 사실을 알지 못한 경우 갑과 병의 매매계약은 무효이다.

⑤ 갑은 명의신탁약정의 해지를 이유로 을에게 진정명의회복을 위한 이전등기를 청구할 수 있다.

공　법

<table>
<tr><td colspan="2" align="center">부동산 공법 용어풀이</td></tr>
<tr><td>지형도면</td><td>지적이 표시된 지형도에 도시관리 계획을 작성 하는 것을 말한다.
(축척 1/500~1/1500)</td></tr>
<tr><td>제1종 전용주거지역</td><td>단독주택중심의 양호한 주거 환경을 보호하기 위하여 필요한 지역</td></tr>
<tr><td>제2종 전용주거지역</td><td>공동주택 중심의 양호한 주거 환경을 보호하기 위하여 필요한 지역</td></tr>
<tr><td>제1종 일반주거지역</td><td>저층(4층 이하) 중심의 편리한 주거 환경 조성</td></tr>
<tr><td>제2종 일반주거지역</td><td>중층(18층 이하) 중심의 편리한 주거 환경 조성</td></tr>
<tr><td>제3종 일반주거지역</td><td>중·고층 중심의 편리한 주거 환경 조성</td></tr>
<tr><td>준주거지역</td><td>주거기능 위주로 이를 지원하는 일부 상업. 업무기능을 보완하기 위하여 필요한 지역</td></tr>
<tr><td>중심상업지역</td><td>도심, 부도심의 상업 및 업무기능의 확충을 위하여 필요한 지역</td></tr>
<tr><td>일반상업지역</td><td>일반적인 상업 및 업무기능을 담당하기 위하여 필요한 지역</td></tr>
<tr><td>유통상업지역</td><td>도시 내 및 지역 간 유통기능의 증진을 위하여 필요한 지역</td></tr>
<tr><td>근린상업지역</td><td>근린지역에서의 일용품, 서비스 공급을 위하여 필요한 지역</td></tr>
<tr><td>보전관리지역</td><td>자연환경보전지역으로 지정하여 관리하기 곤란한 지역
(자연환경보호, 산림보호, 수질오염방지, 녹지공간확보)</td></tr>
<tr><td>생산관리지역</td><td>농림지역으로 지정하여 관리하기가 곤란한 지역
(농업·어업·임업 생산 목적)</td></tr>
<tr><td>계획관리지역</td><td>도시지역으로 편입이 예상되는 지역 또는 자연환경을 고려하여 제한적인 이용 개발을 하려는 지역으로 계획적·체계적 관리가 필요한 지역</td></tr>
<tr><td>전용공업지역</td><td>주로 중화학, 공해성공업</td></tr>
<tr><td>일반공업지역</td><td>환경을 저해하지 아니하는 공업</td></tr>
<tr><td>준공업지역</td><td>경공업, 그 밖의 공업과 주거, 상업, 업무기능 보완</td></tr>
<tr><td>보전녹지지역</td><td>도시의 자연환경, 경관, 산림 및 녹지공간보전</td></tr>
<tr><td>생산녹지지역</td><td>주로 농업적인 생산을 위하여 개발을 유보할 필요가 있는 지역</td></tr>
<tr><td>자연녹지지역</td><td>도시의 녹지 공간 확보, 도시 확산 방지, 장래 도시 용지 공급 등을 위하여 보전이 필요한 지역으로 불가피한 경우 제한적인 개발이 허용되는 지역</td></tr>
<tr><td>환경성검토</td><td>도시 관리 계획이 환경에 미치는 영향 검토</td></tr>
<tr><td>토지적성평가</td><td>도시 관리 계획에 있어 토지의 토양, 입지 활용가능성 등 토지의 적성에 대한 평가</td></tr>
<tr><td>특정용도제한지구</td><td>주거기능 보호나 청소년 보호 등의 목적으로 청소년 유해시설 등 특정시설의 입지를 제한할 필요가 있는 지구</td></tr>
<tr><td>자연취락지구</td><td>녹지지역, 비도시지역(관리, 농림, 자연환경보전지역)의 취락을 정비하기 위하여 필요한 지구</td></tr>
<tr><td>집단 취락지구</td><td>개발 제한 구역, 도시 자연 공원 구역의 취락을 정비하기 위하여 필요한 지구</td></tr>
<tr><td>수인의무</td><td>토지점유자는 정당한 사유없이 정당한 권한 있는 자의 행위를 방해하거나 거부하지 못한다.</td></tr>
</table>

부동산 공법 용어풀이	
대도시	서울특별시, 광역시를 제외한 인구 50만 이상의 시
매수청구	토지거래 불허가 시 시장, 군수, 구청장에게 해당 토지에 관한 권리(소유권, 지상권)의 매수를 청구하는 것
선매제도	토지거래 허가 구역안에서 허가신청이 있는 경우 공익상 이용하기 위한 공공용지를 확보하기 위해서 또는 허가 받아 취득한 토지를 그 용도대로 이용하지 않는 경우에 일정한 공공기관을 선매자로 지정하여 일반인의 사적거래에 우선하여 매수하게 하는 제도(소유권에 한한다)
도시개발구역	도시개발 사업을 시행하기 위하여 도시개발법에 의해 지정·고시된 구역
도시개발사업	도시개발구역 안에서 주거, 상업, 산업, 유통, 정보통신, 생태, 문화, 보전, 녹지 등의 기능을 가지는 단지 또는 시가지를 조성하게 하기 위하여 시행하는 사업
환지방식	대지로서의 효용증진과 공공시설의 정비를 위하여 토지의 교환, 분합, 기타의 구획변경, 형질의 변경이나 공공시설의 설치 변경이 필요한 경우나, 도시개발 사업을 시행하는 지역의 지가가 인근의 다른 지역에 비하여 현저히 높은 경우에 이 방식을 사용한다.
수용 또는 사용 방식	계획적이고, 체계적인 도시 개발 등 집단적인 토지 조성과 공급이 필요한 경우 이방식을 사용한다.
혼용방식	위 두가지 방식을 병용해서 사용한다.
토지상환채권	시행자는 토지 소유자가 원하는 경우 토지 등의 매수대금의 일부를 지급하기 위하여 대통령령이 정하는 바에 따라 사업시행으로 조성된 토지, 건축물로 상환하는 채권(기명식 발행, 지정권자 승인사항)
선수금	시행자는 토지, 건축물 또는 공작물을 공급받는 자. 이용자로부터 당해 대금의 전부 또는 일부를 미리 받을 수 있다.
증환지	시행자는 토지 면적 규모 조정이 필요할 때 작은 토지에 대하여 과소 토지가 되지 아니하도록 면적을 증가하여 환지로 정하는 경우.
감환지	면적이 넓은 토지는 감소시켜 환지를 정하는 경우.
체비지	시행자가 비용으로 충당할 수 있는 토지
보류지	도시개발사업에서 규약, 정관, 시행규정 또는 실시 계획이 정하는 목적을 위하여 일정한 토지는 보류지로 정할 수 있다.
입체 환지	환지의 목적인 토지에 갈음하여 시행자에게 처분 할 권한이 있는 건축물의 일부나 당해건축물이 있는 토지의 공유지분을 부여하는 방식
환지 예정지	공사가 완료되어 환지 처분이 이루어지기 전까지 마치 환지 처분 받은 것 처럼 환지받은 토지를 사용. 수익 할 수 있게 함으로써 재산권의 침해를 최소화하여 사업시행을 원활히 시행할 수 있다.
환지처분	시행자가 환지계획에서 정한자에게 사업이 완료된 후 환지 계획이 정한 바에 따라 종전토지에 갈음하여 새로운 토지를 교부하고, 종전토지에 대한 권리와 새로운 토지에 대한 권리 간에 과부족분은 금전으로 청산할 것을 결정하는 행정처분.
청산금	종전토지에 대한 권리와, 새로운 토지에 대한 권리간에 과부족분을 금전으로 청산하는 것.

부동산 공법 용어풀이

감가보상금	행정청인 시행자는 도시 개발 사업 시행으로 인하여 사업시행 후의 토지가액총액이 사업시행전의 토지가액의 총액보다 감소한 때에는 그 차액에 해당하는 감가 보상금을 토지 소유자 또는 임차권자에게 지급하여야 한다.
도시개발채권	지자체장(시·도지사)이 도시개발사업 또는 도시계획시설사업에 필요한 자금을 조달하기 위해 발행하는 채권
주거환경개선 사업	도시 저소득 주민이 집단으로 거주하는 지역으로서 정비기반시설이 극히 열악하고, 노후불량건축물이 과도하게 밀집한 지역에서 주거 환경을 개선하기 위하여 시행하는 사업
주택 재개발 사업	정비 기반시설이 열악하고, 노후 불량 건축물이 밀집한 지역에서 주거환경을 개선하기 위해 시행하는 사업
주택 재건축 사업	정비 기반시설은 양호하나, 노후불량 건축물이 밀집한 지역에서 주거환경을 개선하기 위하여 시행하는 사업
도시환경 정비사업	상업지역, 공업지역 등으로서 토지의 효율적 이용과 도심 또는 부도심 등 도시기능과 도시 환경을 개선하기 위하여 시행하는 사업.
관리 처분 계획	사업시행자는 분양신청기간이 종료된 때에 이법이 정한 바에 따라 기존 건축물을 철거하기 전에 분양신청 현황을 기초로 관리 처분 계획을 세운다.
신축	건축물이 없는 대지에서 새로이 건축물을 축조하는 것
증축	기존 건축물이 있는 동일 대지 안에서 건축면적, 층수, 연면적 또는 높이를 증가 시키는 것을 말한다.
개축	기존 건축물의 전부 또는 일부 (내력벽, 기둥, 보, 지붕틀 중 3곳 이상)를 철거하고 그 대지 안에서 종전과 동일한 규모 내에서 건축물을 다시 축조하는 것
재축	건축물이 천재지변, 기타 재해에 의해서 멸실 된 경우에 그 대지 안에 종전과 동일한 규모의 범위 안에서 다시 축조하는 것
이전	건축물의 주요 구조부를 해체하지 아니하고, 동일한 대지 안의 다른 위치로 옮기는 것
리모델링	건축물의 노후화 억제 또는 기능향상 등을 위하여 대수선 또는 일부 증축하는 행위를 말한다.
다중주택	연면적 330㎡이하, 층수 3층 이하 단독주택
다가구주택	주택으로 쓰이는 층수 3개층 이하, 주택으로 쓰이는 연면적 660㎡이하, 19세대 이하이면서 공동주택이 아닐 것(단, 1층의1/2 이상을 피로티 구조의 주차장인 경우 층수 제외)
아파트	주택으로 쓰이는 층수가 5개층 이상인 주택
연립주택	주택으로 쓰이는 1개 동의 바닥면적 합계가 660㎡을 초과 하고, 층수가 4개층 이하인 공동 주택
다세대 주택	주택으로 쓰이는 1개동의 바닥면적 합계가 660㎡이하 이고, 층수가 4개층 이하인 주택
기숙사	공동 취사 할 수 있는 구조이되, 독립된 주거 형태를 갖추지 아니한 것
상세시공도면	연면적 합계 5,000㎡이상인 건축공사의 공사감리자가 필요하다고 인정하는 경우에는 공사시공자로 하여금 상세시공도면을 작성하도록 요청할 수 있다.

<table>
<tr><th colspan="2">부동산 공법 용어풀이</th></tr>
<tr><td>도로</td><td>건축법상 도로라 함은 보행 및 자동차 통행이 가능한 4m 이상의 도로로서 예정도로도 포함한다.</td></tr>
<tr><td>건축선</td><td>도로와 접한 부분으로서 건축물을 건축할 수 있는 한계선</td></tr>
<tr><td>국민주택</td><td>국민 주택 기금으로부터 자금을 지원받아 건설되거나, 개량되는 주택으로서 주거전용면적이 1호 또는 1세대당 85㎡이하인 주택을 말한다.</td></tr>
<tr><td>국민주택 등</td><td>국민 주택과 국가, 지자체, 주공, 지방공사가 건설하는 주택 및 공공건설 임대 주택 중 85㎡이하의 주택을 말한다.</td></tr>
<tr><td>부대시설</td><td>주택에 부대되는 시설 및 설비를 말한다.(주차장, 관리사무소, 담장, 주택단지 안 도로 등)</td></tr>
<tr><td>복리시설</td><td>주택단지 안의 입주자 등의 생활복리를 위한 공동시설을 말한다(어린이 놀이터, 유치원, 경노당, 근린생활시설)</td></tr>
<tr><td>간선시설</td><td>도로, 상하수도, 전기시설, 가스시설, 통신시설 등 주택단지 안의 기간시설을 당해 주택단지 밖에 있는 동종의 기간시설에 연결시키는 시설을 말한다. (다만, 가스, 통신, 지역난방 시설의 경우에는 주택단지 안의 기간시설을 포함한다.)</td></tr>
<tr><td>지역주택조합</td><td>동일한 특, 광, 시, 군에 거주하는 주민이 주택을 마련하기 위하여 설립한 조합</td></tr>
<tr><td>직장 주택조합</td><td>동일한 직장의 근로자가 주택을 마련하기 위하여 설립한 조합</td></tr>
<tr><td>리모델링 주택조합</td><td>공동주택의 소유자가 당해 주택을 리모델링하기 위하여 설립한 조합</td></tr>
<tr><td>입주자</td><td>주택을 공급 받는 자, 주택의 소유자, 그 소유자를 대리하는 배우자 및 직계존비속을 말한다.</td></tr>
<tr><td>사용자</td><td>주택을 임차하여 사용하는 자</td></tr>
<tr><td>관리주체</td><td>관리소장, 인계전의 사업주체, 주택관리업자, 임대 주택법의 임대사업자를 말한다.</td></tr>
<tr><td>등록사업자</td><td>연간 단독주택 20호, 공동주택 20세대 이상 또는 연간 1만㎡ 이상 대지 조성사업을 시행하고자 하는 자는 국토해양부 장관에게 등록하여야 한다.</td></tr>
<tr><td>주택상환사채</td><td>주공 및 등록사업자는 대통령령이 정하는 바에 의하여 주택으로 상환하는 사채를 발행 할 수 있다 (국토해양부 장관승인, 등록사업자는 보증 필요) (원칙 : 양도·해약 할 수 없다.)</td></tr>
<tr><td>국민주택사업 특별회계</td><td>지자체는 국민주택사업의 시행을 위하여 국민주택사업 특별회계를 설치, 운용하여야 한다.(필수사항)</td></tr>
<tr><td>투기과열지구</td><td>국토해양부장관 또는 시·도지사가 주택정책심의 위원회 심의를 거쳐 지정한다.</td></tr>
<tr><td>주택공영개발 지구</td><td>국토해양부장관이 주택정책심의 위원회 심의를 거쳐 지정한다.</td></tr>
<tr><td>주택거래 신고지역</td><td>국토해양부 장관이 소득세법규정에 의한 지역 중 주택에 대한 투기가 성행하거나 성행 할 우려가 있다고 판단되는 지역으로 주택정책 심의 위원회 심의를 거쳐 지정한다.(신고대상: 아파트)</td></tr>
</table>

부동산 공법 용어풀이	
농업경영	농업인이나 농업법인이 자기의 계산과 책임으로 농업을 영위하는 것을 말한다.
자경	농업인이 그 소유 농지에서 농작물을 경작하거나 다년생 식물을 재배하는 것을 말한다.
위탁경영	농지소유자가 타인에게 일정한 보수를 지급하기로 약정하고, 농작업의 전부 또는 일부를 위탁하여 행하는 농업 경영을 말한다.
농지의 전용	농작물 경작이나 다년생 식물의 재배외의 용도로 사용하는 것을 말한다.
농지취득 자격증명	농지를 취득하려는 자는 시·구·읍·면장으로부터 농취증을 발급받아야 한다.(군수 X) (예외 : 상속, 상속인에 대한 유증, 농지전용 협의 된 농지소유, 수용, 농업법인 합병, 시효완성, 공유농지의 분할 등)
지구단위계획	도시 계획 수립 대상 지역 일부에 대하여 토지이용을 합리화하고, 그 기능을 증진시키며 미관을 개선하고, 양호한 환경를 확보하며, 그 지역을 체계적, 계획적으로 관리하기 위하여 수립하는 도시 관리 계획을 말한다.
도시계획시설	기반시설 중 도시관리 계획으로 결정된 시설
개발밀도관리 구역	개발로 인하여 기반시설이 부족할 것으로 예상되나, 기반시설을 설치하기 곤란한 지역을 대상으로 건폐율이나 용적율을 강화하여 적용하는 구역 (주, 상, 공 지역 대상. 용적율 50% 강화 적용)
기반시설부담 구역	개발밀도 관리구역 외의 지역으로서 개발로 인하여 도로, 공원, 녹지 등 대통령령으로 정하는 기반시설을 설치하거나, 그에 필요한 용지를 확보하기 위하여 지정 고시하는 구역
기반시설 설치비용	단독주택, 숙박시설 등의 신, 증축 행위로 인하여 유발되는 기반시설을 설치하거나 그 필요한 용지를 확보하기 위해 부과, 징수하는 금액
기초조사	계획수립에 앞서 미리인구, 경제, 사회, 문화, 토지이용, 환경, 교통, 주택 등의 사항에 대하여 조사하는 것
경관지구	경관을 보호·형성하기 위하여 필요한 지구
미관지구	미관을 유지하기 위하여 필요한 지구
고도지구	쾌적한 환경조성 및 토지의 효율적 이용을 위하여 건축물 높이의 최저한도 또는 최고한도를 규제할 필요가 있는 지구
방화지구	화재의 위험을 예방하기 위하여 필요한 지구
방재지구	풍수해, 산사태, 지반의 붕괴 그 밖에 재해를 예방하기 위하여 필요한 지구
보존지구	문화재, 중요시설물 및 문화적 생태적으로 보존가치가 큰 지역의 보호와 보존을 위하여 필요한 지구
시설보호지구	학교시설, 공용시설, 항만 또는 공항의 보호, 업무기능의 효율화, 항공기의 안전운항 등을 위하여 필요한 지구
취락지구	녹지지역, 관리지역, 농림지역, 자연환경보전지역, 개발제한구역 또는 도시자연공원구역의 취락을 정비하기 위한 지구
개발진흥지구	주거기능, 상업기능, 공업기능, 유통물류기능, 관광기능, 휴양기능 등을 집중적으로 개발 정비 할 필요가 있는 지구
특정용도제한 지구	주거기능보호나 청소년보호 등의 목적으로 청소년 유해시설 등 특정시설의 입지를 제한 할 필요가 있는 지구

부동산 공법 용어풀이	
개발제한구역	도시의 무질서한 확산을 방지하고, 도시 주변의 자연환경을 보전하여 도시민의 건전한 생활환경을 확보하기 위하여 도시의 개발을 제한 할 필요가 있거나 국방부 장관의 요청이 있어 보안상 도시의 개발을 제한할 필요가 있다고 인정되면 국토장이 도시관리 계획으로 결정할 수 있다.
도시자연공원 구역	도시의 자연환경 및 경관을 보호하고 도시민의 건전한 여가, 휴식공간을 제공하기 위하여 도시지역 안에서 식생이 양호한 산지의 개발을 제한 할 필요가 있다고 인정하면 도시 관리 계획으로 결정할 수 있다. (시, 도지사, 대도시시장 결정)
수산자원보호 지역	농림수산식품부장관이 도시관리 계획으로 결정
제1종 지구단위 계획	토지이용을 합리화, 구체화 하고, 도시 또는 농·산·어촌의 기능을 증진하며, 미관을 개선하고 양호한 환경을 확보하기 위하여 수립하는 계획
제2종 지구단위 계획	계획관리 지역이나 개발 진흥지구를 체계적, 계획적으로 개발하거나 관리하기 위하여 용도지역의 건축물 그 밖의 시설의 용도, 종류 및 규모 등에 대한 제한을 완화하거나, 건폐율 또는 용적율을 완화하여 수립하는 계획
단계별 집행 계획	도시 계획 결정 고시일 부터 2년 내에 대통령령이 정하는 바에 따라 재원조달계획 보상계획 등을 포함하는 단계별 집행계획을 수립해야 한다 (수립권자: 특,광,시,군)
도시계획상임 기획단	지방자치단체장이 입안할 광역도시계획, 도시기본기획 또는 도시관리 계획을 검토하거나 지방 자치단체장이 의뢰하는 광역도시계획, 도시기본계획, 도시 관리계획에 관한 기획, 지도 및 조사연구를 위하여 해당지방 자치단체의 조례로 정하는 바에 따라 지방도시계획 위원회에 도시계획상임기획단을 둘 수 있다.
토지거래허가 구역	국토장은 국토의 이용 및 관리에 관한 계획의 원활할 수립과 집행, 합리적인 토지 이용 등을 위하여 토지의 투기적인 거래가 성행하거나 지가가 급격히 상승하는 지역과 그러한 우려가 있는 지역으로서 대통령령이 정하는 지역에 대하여 5년 이내 기간을 정하여 토지거래허가구역으로 지정할 수 있다.
광역계획권	인접한 2 이상의 특, 광, 시, 군의 관할 구역 단위로 지정한다.
도시개발채권	시, 도지사가 발행하며, 행정 안전부 장관 승인사항. 상환은 5년부터 10년 사이

공 법

공부자체가 산만하고 학문적인 성격이 없다. 부동산공법과 관련된
400여개의 법 중에서 우리시험범위는
국토계획 및 이용에 관한 법률(12문제), 도시개발법(6문제),
도시 및 주거환경정비법(6문제), 건축법(7문제), 주택법(7문제),
농지법(2문제) 등 5개 법률이다.

각 법률마다 출제되는 곳은 거의 정해져 있다.
산만한 분야지만 80점은 무난하다.
(효율적인 학습이 무엇보다 중요하다)
무조건식 암기는 금물이다. 반드시 해당 법률은 존재 이유가 있다.

시중의 어느 책도 일목요연하게 정리 된 것이 없고, 법률의 나열식
이다. 투자된 시간에 비해 성취도가 비효율적이다. 6과목을 모두
공부하는 학생으로서는 부담이 아닐 수 없다. 출제 예상되는 부분의
일목요연한 정리가 무엇보다 중요하다. 해마다 필요에 따라 일부
법률이 바뀐다.

2009년 국토계획 및 이용에 관한 법률, 주거환경 정비법, 건축법,
주택법, 농지법이 개정되었다.(개정내용 반영)
반복학습이 중요하다.(2차 과목의 아킬레스건이라고 볼 수 있다.)

국토계획 및 이용에 관한 법률

1. 목적

  : 국토의 이용·개발 및 보전을 위한 계획의 수립 및 집행에 관한 사항을 정하여 공공복리의 증진과 국민의 삶의 질을 향상하게 함을 목적으로 한다.

2. 용어의 정의

1) 광역도시계획 : 지정된 광역계획권(국·장, 도지사지정)의 장기발전방향을 제시하는 계획

2) 도시 계획 : 특·광·시·군의 공간구조와 발전방향에 대한 계획
                    (도시기본계획, 도시관리계획)

3) 도시기본계획 : 특·광·시·군의 기본적인 공간구조와 장기발전 방향을 제시하는 종합계획으로 "도시관리계획"의 수립지침이 된다.

4) 도시관리계획 : 특·광·시·군의 개발·정비·보전을 위하여 수립되는 다음의 계획
   (1) 용도지역·지구의 지정·변경에 관한 사항
   (2) 개발제한구역, 도시자연공원구역, 시가화조정구역, 수산자원보호구역의 지정·변경에 관한 사항
   (3) 기반시설의 설치·정비 또는 개량에 관한 사항
   (4) 도시개발사업·정비사업에 관한 사항
   (5) 지구단위계획구역의 지정 또는 변경에 관한 사항

5) 지구단위계획
   도시계획 수립대상지역안의 일부에 대하여 토지이용을 합리화 하고
   기능을 증진시키며 미관을 개선하고 양호한 환경을 확보하며
   해당지역을 체계적·계획적으로 관리하기 위하여 수립하는 도시관리계획

6) 기반시설(세분가능 : 도로, 정류장, 광장〈국토해양부령〉)
   (1) 교통시설 : 도로·철도·주차장
   (2) 공간시설 : 광장·공원
   (3) 유통·공급시설 : 수도·전기·가스
   (4) 공공·문화·체육시설 : 학교·운동장·공공청사
   (5) 방재시설 : 하천·방화설비
   (6) 보건위생시설 : 화장장·장례식장
   (7) 환경기초시설 : 하수도·폐차장

7) 도시계획시설 : 기반시설 중 도시관리계획으로 결정된 시설

8) 광역시설 : 광역적인 정비체계가 필요한 시설

9) 공동구 : 지하 매설물을 공동 수용함으로써 미관개선·도로구조보전 및 교통의 원활한 소통을 위하여 지하에 설치하는 시설

Memo

✓ 세분가능 기반시설
  ① 도로 : 일반도로, 자동차전용도로, 보행자전용도로, 고가도로, 지하도로
  ② 자동차 정류장 : 여객자동차터미널, 화물터미널, 공영차고지, 공동차고지
  ③ 광장 : 교통, 일반, 경관, 지하, 건축물부설광장

10) 도시계획시설사업 : 도시계획시설을 설치·정비·개량하는 사업

11) 도시계획사업 : 도시계획시설사업, 도시개발사업, 정비사업

12) 도시계획사업시행자 : 도시계획사업을 시행하는 자

13) 공공시설 : 도로·교통·공원·철도 등 대통령령이 정하는 공공용 시설

14) 국가계획 : 중앙행정기관이 법률에 의하여 수립하거나 국가의 정책적인 목적달성을 위
하여 수립하는 계획 중 도시기본계획의 내용에 관한사항 또는 도시관리계
획으로 결정하여야 할 사항이 포함된 계획

15) 용도지역·지구·구역 : (용도지역은 중복지정불가)

16) 개발밀도관리구역 : 개발로 인하여 기반시설이 부족할 것으로 예상되나 기반시설 설치가
곤란한 지역을 대상으로 건폐율 또는 용적율을 강화하여 적용하기
위하여 특·광·시·군수가 지정하는 구역(도시관리계획으로 결정
X) (주·상·공지역 대상. 용적율 50% 강화)

17) 기반시설부담구역 : 개발밀도관리구역외의 지역으로서 개발로 인하여 도로·공원·녹
지 등 기반시설의 설치가 필요한 지역을 대상으로 그에 필요한 용
지를 확보하기 위하여 지정·고시하는 구역

18) 기반시설설치비용 : 단독주택 및 숙박시설 등 대통령령으로 정하는 시설의 신·증축행
위로 인하여 유발되는 기반시설을 설치하거나 그에 필요한 용지를
확보하기 위하여 부과·징수하는 금액

19) 국토의 용도구분
(1) 도시지역 : 인구와 산업이 밀집되어 있거나, 밀집이 예상되어 해당지역에 대하여 체
계적인 개발·정비·보전·관리 등이 필요한 지역
(2) 관리지역 : 도시지역의 인구와 산업을 수용하기 위하여 도시지역에 준하여 체계적으
로 관리하거나, 농림업의 진흥·자연환경 또는 산림의 보전을 위하여 농
림지역 또는 자연환경 보전지역에 준하여 관리가 필요한 지역
(3) 농림지역 : 도시지역에 속하지 아니하는 농지법에 의한 농업진흥지역 또는 산지관리
법에 의한 보전산지 등으로써 농림업의 진흥과 산림의 보전을 위하여 필
요한 지역
(4) 자연환경보전지역 : 자연환경·수산자원·해안·생태계·상수원 및 문화재의 보전과
수산자원의 보호·육성을 위하여 필요한 지역

Memo

3. 광역도시계획(비구속적 계획)

1) 광역계획권 지정권자 : 국·장·도지사

2) 중·행·장, 시·도지사, 시장·군수는 국·장, 도지사에 광역계획권의 지정 또는 변경 요청

3) 국·장은 지정·변경하고자하는 때에는 관계 시·도지사, 시장·군수의 의견 청취 후 중앙도시계획 위원회의 심의를 거쳐야 한다.

4) 국·장이 광역계획권을 지정·변경하고자 할 때에는 지체 없이 시·도지사, 시장·군수에게 그 사실을 통보하여야 한다.

   *광역도시계획의 수립절차(재검토규정×)

   (1) 기초조사 실시 : 국·장, 시·도지사, 시·군 (필수사항)

   (2) 공청회 개최 : 주민 및 관계 전문가

   (3) 지방의회 의견청취, 관할 시장·군수의 의견청취(30일내 의견제시)

   (4) 수 립 : 국·장, 시·도지사, 시·군(공동수립)

   (5) 협 의 : 중앙관계행정기관장 협의(30일내 의견제시)

   (6) 심 의 : 중앙도시계획위원회, 지방도시계획위원회

   (7) 승 인 : 국장·도지사

   (8) 송 부 : 관계중앙행정기관장과 시·도지사, 시·군

   (9) 공고, 열람 : 시·도지사 공고, 30일 이상 열람

5) 광역도시계획 수립권자

   (1) 관할 시장, 군수공동수립 : 같은 관할구역

   (2) 관할 시·도지사 공동수립 : 광역계획권이 2이상의 시·도에 걸치는 경우

   (3) 국·장 :

     a. 국가계획과 관련된 광역도시계획이 필요한 경우

     b. 광역계획권을 지정한 날로부터 3년이 경과한 경우 시·도지사로부터 광역도시계획에 대한 승인신청이 없는 경우

   (4) 도지사 : 광역계획권지정한 날부터 3년이 지날 때까지 관할 시장·군수로부터 광역도시계획의 승인신청이 없는 경우

   (5) 국·장, 시·도지사 공동 수립 : 시·도지사의 요청이 있는 경우, 기타 필요하다고 인정되는 때

   (6) 도지사·시장, 군수 공동수립 : 시장·군수 요청 그 밖에 필요한 경우(시장, 군수협의 요청시 도지사 단독수립가능)

6) 광역도시계획의 조정

   (1) 협의가 이루어지지 않을 때 단독 또는 공동으로 국·장(도지사)에게 조정 신청

   (2) 단독 조정신청 받은 경우 기한을 정하여 협의권고 협의 불성립시 직접 조정 할 수 있다.

Memo

✓ 국·장, 국토장 : 국토해양부장관

✓ 중·행·장 : 중앙행정기관장

✓ 주공 : 한국토지주택공사

✓ 지적법 : 측량, 수로조사 및 지적에 관한 법률

✓ 국토장 광역계획권지정 : 의견청취(시·도지사·시장·군수) → 심의 → 지정

✓ 도지사 광역계획권지정 : 협의(국토장) + 의견청취(시장·군수) → 심의 → 지정

✓ 광역도시계획, 도시계획의 기초조사 등 비용은 80% 범위 내에서 국가 보조 가능

4. 도시기본계획(비구속적계획. 5년마다 타당성 검토)

도시기본계획의 수립권자는 오로지 특·광, 시장·군수(국·장, 도지사 X)

1) 도시기본계획은 광역도시계획에 부합해야 되며 내용이 다를 때에는 광역도시계획이 우선
한다.

2) 국가 계획은 국가의 정책적 목적을 달성하기 위한 사업 중 "국토기본법" 규정에 따른
국토종합계획 또는 광역도시계획에 포함된 330만㎡이상인 사업을 추진하기 위하여 도시
기본계획의 내용을 모두 포함한 국가 계획을 수립 할 수 있다.(국무회의 심의사항)

3) 도시기본계획 수립절차(광역도시계획 절차 준용)
  (1) 기초조사 : 필수사항(특·광·시·군)
  (2) 공청회 : 주민 및 관계 전문가
  (3) 지방의회 의견청취(30일이내 의견제시)
  (4) 수립 : 특·광, 시·군
  (5) 협의 : 특·광역시 ▸ 관계행정기관장(30일이내 의견제시)
            시·군 ▸ 관계행정기관장
  (6) 심의 : 특·광역시 ▸ 지방도시계획위원회
            시·군 ▸ 지방도시계획위원회
  (7) 승인 : 특·광역시 ▸ 승인규정이 없다.
            시·군 ▸ 도지사승인
  (8) 송부 : 관계행정기관장과 시,군
  (9) 공고·열람 : 특·광, 시·군 30일 이상

4) 도시기본계획을 수립하지 아니 할 수 있는 경우
  (1) 수도권에 속하지 아니하고, 광역시와 경계를 같이 하지 아니한 시·군으로서 인구
      10만 이하인 시·군
  (2) 관할구역 전부에 대해 광역도시계획이 수립되어 있는 시·군으로 해당 광역도시계
      획에 기본계획의 내용이 모두 포함되어 있는 경우

5) 인접지를 포함하여 도시기본계획을 수립할 수 있다.
  (이 경우 인접지 특·광·시·군수와 협의 해야한다)

Memo

✓ 도지사는 제출된 도시기본계획안이 수립기준에 적합하지 아니한 때에는 시장·군수에게 보완을 요청할 수 있다.

✓ 국가계획은 국토장이 시장·군수 등의 의견을 듣고, 시·도지사와 충분히 협의해야 한다.
  : 도시기본계획에 우선적용

5. 도시관리계획

(구속적계획, 행정쟁송의 대상, 5년마다 타당성검토/도시계획시설은 10년)

1) 도시관리계획 입안절차
    (1) 기초조사실시 : 국·장, 시·도지사. 시장·군수
        필수사항(토지적성 평가, 환경성 검토)
        경미한 사항(생략가능) : ① 지구단위계획예정구역
                       ② 지구단위계획입안 구역이 도심지에 위치하거나, 개발완료 되어
                       나대지가 없는 경우 (2% 이내)
    (2) 의견청취 : 주민 및 지방의회 의견 청취, 주민의견 생략가능(국방상 또는 국가 안전
        보장상 기밀사항(관계중앙행정기관장 요청 시, 경미한 사항)
        지방의회 의견 생략가능 (협의·심의 생략할 수 있는 경미한 사항과 지구
        단위계획으로 결정 또는 변경되는 사항)
    (3) 입안제안(주민, 이해관계자 포함) ▶ 기반시설 설치·정비 또는 개량에 관한 사항
                             ▶ 지구단위계획구역의 지정 및 변경에 관한 사항
    (4) 협 의 : 관계중앙행정기관장, 관계행정기관장
    (5) 심 의 : 중앙도시계획위원회, 지방도시계획위원회
    (6) 결정·고시 : 국·장, 시·도지사, 대도시시장
    (7) 송부·열람 : 특·광·시·군

2) 공고 : 2개 이상 일간신문·인터넷 홈페이지 ▶ 14일 이상 열람
        의견서 제출(열람기간 종료일부터 60일 이내 통보)
        제출된 의견 반영하고, 중요내용에 대해서는 재공고, 열람하여 주민의견 청취

3) 입안기준
    (1) 도시관리계획은 광역도시계획 및 도시기본계획에 부합하여야 한다.
    (2) 입안할 때 도시관리계획도서와 계획설명서 작성
    (3) 종합적으로 고려하여 차등화 되게 입안 해야한다.

4) 도시관리계획입안 특례
    도시관리 계획을 조속히 입안 하여야 할 필요가 있다고 인정되는 때에는 광역도시계획,
    도시기본계획을 수립할 때 도시관리 계획을 같이 입안할 수 있다. (공청회 필수사항)

Memo

✓ 입안제안 : 제안일로부터 60일이내 통보(1회에 한하여 30일 연장 가능)

✓ 기초조사 경미한 경우(대통령령)
  ⅰ) 주·상·공업지역
  ⅱ) 도시관리계획 입안일 5년전 이내 토지적성평가 실시지역(단, 기반시설 등의 여건이
      크게 변화한 경우 제외)
  ⅲ) 지구단위계획 내용에 너비 12m 이상 도로설치 계획이 없는 경우
  ⅳ) 개발제한 구역에서 조정·해제되는 지역에서의 도시관리계획 입안 경우
  ⅴ) 지구단위 계획구역이 도심지에 위치한 경우(상업지역과 그 연접지역)
  ⅵ) 지구단위 계획 구역안의 나대지 면적이 구역면적의 2% 미달지역
  ⅶ) 도시개발법에 의한 도시개발사업 경우

✓ 심의사항 중 도시계획위원회와 건축위원회 공동심의 사항
  ⅰ) 건축물 높이 최고·최저
  ⅱ) 건축물의 배치, 형태, 색채, 건축선
  ⅲ) 경관계획

5) 입안권자(행정청)

  (1) 원칙 : 관할 특·광·시장·군수

           인접한 시·군의 일부·전부를 포함(협의해서 공동입안 혹은 입안자를 정한다)

     협의 불성립 : 같은 도내에 속한 경우 도지사가 입안자를 정한다.

           2이상의 시·도에 거치는 경우 국·장이 입안자를 정하고, 고시한다.

  (2) 예외 : 도지사 : ① 둘 이상의 시·군에 걸치는 경우 직접수립

                ② 도지사가 직접수립하는 계획

         국·장 : ① 둘 이상의 시·도에 걸치는 경우

                ② 국가계획과 관련

                ③ 특·광·시장·군수가 국·장의 조정 요구에 따라 도시관리계획을

                   정비하지 아니한 경우

6) 결정권자 : 원칙 ▶ 시·도지사, 대도시 시장

          예외 ▶ 국·장 : 국·장이 입안한 도시관리계획

                    개발제한구역 / 시가화 조정구역 결정

              농·장 : 수산자원보호구역 결정

         ▶ 시·도지사, 대도시 시장 : 도시 자연 공원 구역 결정

7) 효력발생시기 : 고시된 날로부터 5일 후

  (1) 기 득 권 : 도시관리계획 결정당시 이미 사업에 착수한 자

  (2) 신고의무 : a. 도시관리계획 결정 후 형질 변경

             고시일로부터 3월 이내 신고 / 건축허가 신청

          b. 도시관리계획 결정 전 형질변경

             공사완료 후 1년내 도시관리계획 결정고시가 있는 경우

             고시일로부터 6월이내 건축허가 신청

  (3) 지형도면 작성 : 국·장, 시·도지사, 대도시 시장(축척1/500 ~ 1/1,500)

               시장, 군수 (도지사 승인, 30일 이내)

  (4) 도시관리계획의 실효 : 2년내 지형도면 고시X(2년되는 다음날 실효) 지체없이 고시

                 해야한다.

  (5) 지형도면 작성제외 : 대통령령이 정하는 축척이상의 지형도를 사용하여 도시관리계

                획을 고시하는 경우

  * 지형도면의 고시가 없어도 도시관리계획의 효력은 결정고시일 5일 후부터 발생

Memo

✓ 지적이 표시되지 아니한 지형도에 작성
: 도시지역 외의 지역으로서 해당토지에 도시계획시설이 결정되지 아니한 경우 대통령령으로 정하는 경우에는 지적이 표시되지 아니한 지형도에 도시관리 계획사항을 밝힌 도면을 작성 할 수 있다.

✓ 시가화 조정구역, 수산자원보호구역에서 도시관리계획 결정 당시 이미 사업에 착수한 자는 결정고시일부터 3월내 특·광·시·군수에게 신고해야한다.

6. 용도 지역·지구·구역

1) 용도지역
   (1) 도시지역 : 주거 ▸ 1종전용 : 단독주택 중심 양호한 주거환경
                             2종전용 : 공동주택 중심 양호한 주거환경
                        ▸ 1종일반 : 저층(4층 이하) 편리한 주거환경
                             2종일반 : 중층(18층 이하) 편리한 주거환경
                             3종일반 : 중·고층 편리한 주거환경
                        ▸ 준주거 : 주거 + 상업·업무
                상업 ▸ 중심, 일반, 유통, 근린
                공업 ▸ 전용, 일반, 준
                녹지 ▸ 보전, 생산, 자연
   (2) 관리지역 : 보전, 생산, 계획
   (3) 농림지역
   (4) 자연환경 보전지역

2) 용도지역 지정의 특례
   (1) 공유수면 매립지 : 매립공사의 목적이 이웃한 용도지역과 같을 때
      공사준공 인가일에 이웃한 용도지역으로 지정의제 => 고시 요

   (2) 도시지역으로 지정·고시 의제
      a. 어항구역, 항만구역... 도시지역에 연접된 공유수면 (항만법, 어촌어항법)
      b. 국가, 일반, 도시첨단 산업단지 (산개법)
      c. 택지개발 예정지구 (택지개발 촉진법)
      d. 전원(電源)개발 사업구역 및 예정구역(수력발전소, 송·변전소 X)

   (3) 관리지역 안에서 농업진흥지역으로 지정·고시된 지역 : 농지법 (농림지역)

   (4) 관리지역 안에서 산림중 보전산지로 지정·고시된 지역 : 산지관리법
      (농림지역 또는 자연환경보전지역으로 결정·고시)

3) 건폐율·용적율 제한

$$*건폐율 = \frac{건물면적}{대지면적} \times 100$$

$$*용적율 = \frac{연면적}{대지면적} \times 100 \quad (단, 지하층, 주차장, 주민공동시설 제외)$$

Memo

✓ 용도지역·지구·구역의 지정변경에서

　ⅰ) 중앙도시 계획 위원회 심의 사항
　　ⓐ 중앙행정기관장이 30만㎡이상의 지정·변경
　　ⓑ 지자체장이 5㎢이상의 지정·변경

　ⅱ) 지방도시 계획위원회 심의 사항
　　ⓐ 지자체장의 30만㎡이상 5㎢ 미만의 지정 변경

용도지역	구분	세분		법 (건폐율)	시행령	법 (용적율)	시행령
도시지역	주거	전용	1종	70	50	500	100
			2종		50		150
		일반	1종		60		200
			2종		60		250
			3종		50		300
		준주거			70		500
	상업	중심		90	90	1500	1500
		일반			80		1300
		유통			80		1100
		근린			70		900
	공업	전용		70	70	400	300
		일반			70		350
		준			70		400
	녹지	자연		20		100	100
		생산					100
		보전					80
관리지역		보전관리지역	20			80	80
		생산관리지역	20			80	80
		계획관리지역	40			100	100
농림지역			20			80	80
자연환경			20			80	80

* 건폐율·용적율의 특례

(1) 건폐율   (법)   (시행령)

취락지구(집단취락제외)   60%

개발진흥지구(도시지역 외)   40%

수산자원보호구역   40%

자연공원   80%이하 =>   60%

농공단지(산개법)   70%

공업지역내 (국가, 일반, 도시첨단산업단지)   80%

(2) 용적율

개발진흥지구(도시지역 외)   100%

수산자원보호구역   200%이하 =>   80%

자연공원   100%

농공단지   150%

Memo

✓ 공원 밀집마을지구 150%, 공원집단시설지구 200%

(3) 창고높이제한

  도시지역(녹지지역에 한한다), 관리지역에서는 창고 등 대통령령이 정하는 용도의 건
  축물 또는 시설물을 특·광·시 조례로 높이를 제한할 수 있다.

(4) 건폐율

  a. 강화 : 토지이용의 과밀화방지를 위해 도시계획위원회의 심의를 거쳐 특·광·시의
          조례로 해당 건폐율의 40%이상 범위 안에서 강화할 수 있다.
  b. 완화 : 준주거, 일반상업. 근린상업지역 중 방화지구 건축물로 해당 조례로 80~90%
          범위 내에서 완화 가능(중심상업지역제외)
    ⅰ) 주요구조부가 내화구조일 것
    ⅱ) 도로너비 15m이상, 접한내각 120°이하, 대지둘레의 ⅓이상 도로에 접할 것
    ⅲ) 서로 교차하지 않는 2개 도로에 접한 대지로 그 도로 너비가 8m이상, 도로경계
       선 상호간 간격이 35m이하, 대지둘레⅓이상 도로에 접한 대지
    ※ 자연녹지지역의 기존공장 또는 창고시설 또는 연구소 : 40% 범위 내 최초 건
       축시 허용된 건폐율 (증축하는 경우)
    ※ 보전, 생산관리, 농림지역, 자연환경보전지역에서 농업·임업·어업용, 주민생활
       편익증진을 위한 건축물 : 건폐율 60%이하 범위

(5) 용적율

  a. 임대주택의 추가건설허용 : 20%이하 범위 내(임대의무기간 10년 이상)
  b. 120% 내에서 완화: 준주거, 중심, 일반, 근린상업, 전용, 일반, 준공업지역 안 다음지역
    ⅰ) 공원·광장·하천 등 건축이 금지된 접한도로를 전면도로하는 건축물 및 건축
       이 금지된 공지에 20m이상 접한 건축물
    ⅱ) 너비 25m 이상도로에 20m이상 접한 면적 1,000㎡ 이상인 건축물
  c. 200% 이하 범위 내에서 완화 : 공공시설부지의 기부 체납시
     (상업지역, 주택재개발, 도시환경정비사업, 재건축사업)
  d. 도시지역(녹지지역만 해당), 관리지역에서 창고 등 대통령령으로 정하는 건축물은
     조례로 높이 제한.

4) 용도지역 행위제한 특례
  (1) 지역 미지정 : 자연환경보전지역 규정적용
  (2) 도지지역 미세분 : 보전녹지지역 규정적용
  (3) 관리지역 미세분 : 보전관리지역 규정적용

Memo

✓ 완화
 ⅰ) 계획관리지역의 기존공장, 창고, 연구소(2003년 이전 준공되고, 증축하는 경우 기반시
    설이 충분히 확보된 경우) : 50% 범위 내 조례로 정하는 비율

 ⅱ) 자연녹지 지역안의 유원지 및 공원
    ⓐ 유원지는 건폐율 30% 범위 내 조례로 정하는 비율
    ⓑ 공원은 건폐율 20% 범위 내 조례로 정하는 비율

✓ 도시지역에서의 다른 법령 적용배제
 ⅰ) 도로법(접도구역), 고속국도법(접도구역), 농지법에 따른 농취증(녹지지역제외)

5) 용도지구 (도시계획 조례에 의해 규제)

   (1) 경관지구 : 수변, 시가지, 자연 => 추가세분가능

   (2) 미관지구 : 중심지. 역사문화, 일반 => 추가세분가능

   (3) 고도지구 : 최저, 최고 (도시관리 계획에 의해 규제)

   (4) 보존지구 : 문화자원, 중요시설물, 생태계

   (5) 시설보호지구 : 학교, 공용, 항만, 항공

   (6) 취락지구 : 자연, 집단

   (7) 개발진흥지구 : 주거・산업・관광휴양・유통・복합・특정

   (8) 방화지구

   (9) 방재지구

   (10) 특정용도 제한지구 => 조례로 세분가능

6) 용도구역

구역명	지정권자	행위제한
개발제한구역 • 도시의 무질서한 확산방지 • 자연환경 보전 도시시민의 건전한 생활환경확보 • 보안상(국방부장관 요청)	국・장	개발제한구역에 관한 특례법
시가화 조정구역 • 도시의 무질서한 시가화방지 • 일정기간 개발유보(5년이상 ~ 20년이내) 만료 후 계획적・단계적 개발도모	국・장	국토계획 및 이용에 관한 법률 (벌칙: 3년 3천)
수산자원보호구역 : 공유수면, 인접지역 (수산자원의 보호・육성)	농・장	수산자원 관리법
도시자연공원구역	시・도지사 대도시시장	도시공원 및 녹지 등에 관한 법률

7) 2개이상의 용도지역・용도지구・용도구역에 걸치는 경우

   (1) 원칙 : 하나의 대지가 2이상의 용도지역・지구・구역에 걸치는 경우

     330㎡(도로변 띠모양 상업지역 660㎡)이하인 대지부분을 그 대지중 가장 넓은 면적이
     속하는 용도지역・지구・구역에 속한다.

   (2) 예외 : a. 건축물 일부 ▶ 미관・고도지구에 걸치는 경우

                ▶ 건축물 및 대지전부를 미관・고도지구에 적용

         b. 건축물 일부 ▶ 방화지구에 걸치는 경우

                ▶ 건축물만 방화지구 적용

                 단, 경계부분 방화벽으로 구획 나머지 부분 방화지구 적용

         c. 녹지지역과 걸치는 경우 : 각각의 용도에 따른다.

Memo

7. 지구단위계획

: 도시계획 수립대상 지역안의 일부에 대하여 토지이용을 합리화하기 위한 도시관리계획

1) 제1종 지구단위계획 : 토지이용을 합리화·구체화하고 도시·농·산·어촌의 기능증진, 미관개선으로 양호한 환경을 확보하기 위해 수립되는 계획

2) 제2종 지구단위계획 : 계획관리지역 또는 개발진흥지구를 체계적·계획적 개발을 위해 건축제한을 완화하고 건폐율·용적율을 완화하여 수립하는 계획

3) 지구단위구역 및 계획결정권자(도시관리계획으로 결정)
   국·장(직접 입안시), 시·도지사, 대도시시장

4) 제1종 지구단위계획구역(필수지정구역)
   (1) 정비구역, 택지개발 예정지구 : 완료 후 10년 경과된 지역
   (2) 시가화 조정구역, 공원에서 해제되는 지역 (녹지지역으로 지정, 존치 또는 개발 계획 미수립 지역 제외) ▶ 30만㎡ 이상
   녹지지역 ▶ 주·상·공지역으로 변경 중 30만㎡ 이상

5) 지구단위계획의 내용(필수내용)
   (1) 기반시설의 배치와 규모
   (2) 획지(가로구역) 규모, 조성계획
   (3) 건축물 행위제한(용도제한, 건폐율, 용적율, 높이) : 단, 건축물 배치, 형태, 건축선 제외
   (4) 교통처리계획

6) 지구단위계획 완화규정
   : 건폐율 150%, 용적율 200% 범위 내 완화 (다만, 개발진흥지구(계획관리지역제외)에서는 공동주택 중 A.P.T·연립은 허용되지 않는다)

7) 지구단위 계획 : 도시관리계획 결정·고시일로부터 3년이내 지구단위계획구역에 대한 지구단위계획이 결정·고시되지 않으면 3년이 되는 다음날 실효
   (지체 없이 고시)

8) 지구단위계획구역안에서는 지구단위계획에 적합하게 건축·용도변경 해야 한다
   (다만, 지구단위계획이 수립되지 않았거나, 지구단위계획 범위내에서 시차를 두어 건축 하는 경우는 그러하지 아니하다)

9) 2종지구단위 계획구역이 도시관리계획결정으로 도시지역으로 편입고시되면 1종지구단위
   계획구역으로 지정된 것으로 본다. (이 경우 2종지구단위계획은 1종지구단위 계획으로
   본다.)

Memo

✓ 제2종지구단위 계획구역 중
  계획관리지역(기반시설공급가능, 경관, 미관 등 문화재 훼손이 없을 것)
  ① Apt. 연립주택 건설지역전체 30만㎡ 이상일 것
  ② Apt. 연립주택 건설지역중 다음의 지역은 10만㎡ 이상일 것
    ⅰ) 수도권 정비 계획법에 의한 자연보전권역인 경우
    ⅱ) 초등학교 용지 확보하였거나, 통근가능 위치에 초등학교가 있는 경우 : 교육청 동의
        를 얻은 경우
  ③ ①,②제외는 3만㎡ 이상일 것

  개발진흥지구
  ① 주거, 복합(주거O), 특정 : 계획관리
  ② 산업, 유통, 복합(주거×) : 계획, 생산관리, 농림지역
  ③ 관광·휴양 : 도시 외 지역

8. 도시계획시설

1) 공동구 설치관리
   (1) 공동구에 수용될 시설은 빠짐없이 수용되어야 한다. (위반 시 2년/2,000만원)
   (2) 비용은 공동구점용예정자와 사업시행자가 부담한다.
   (3) 비용을 부담하지 않은 자가 사용할 시 공동구 관리자에게 허가 받아야 한다.

2) 공동구관리는 특·광·시·군수가 관리, 필요시 대통령령이 정하는 기관 위탁관리 가능

3) 도시계획 시설사업 시행(같은 도내 협의하여 결정, 협의X: 도지사 지정, 도·시간협의× : 국장지정)
   (1) 단계별 집행계획(2년 내 수립 : 제원조달 계획·보상계획 포함)
      : 1단계(3년 내), 2단계(3년 후)
   (2) 민간사업 시행 시 : 면적 2/3동의, 소유자 1/2이상의 동의 요건
   (3) 이행담보대상 : 민간 사업자
   (4) 서류·열람 : 실시계획인가 하고자 할때 20일 이상 일반 열람
   (5) 도시계획시설사업 시행자는 공·취법에 의해 수용·사용할 수 있다.
   (6) 타인토지 출입 : 행정청이 아닌 자는 3일 전까지 소유자·점유자·관리인에게 통지
   (7) 장애물 사용·변경·제거 : 행정청은 지자체장에게 통지
                           비행정청 – 허가사항
   (8) 손실보상 : 행위자가 속한 행정청 또는 시행자가 보상
         (협의 불성립시 : 토지수용 위원회 재결)
   (9) 비용부담 (행정안전부장관과 협의(타 시·도, 시·군에 부담 시킬 때)
   a. 지자체 부담 : 1/2을 넘지 못한다
   b. 공공시설 관리자 부담 : 1/3을 넘지 못한다
   (단, 공공시설이 주된 내용인 경우 1/2까지 할 수 있다)

4) 도시계획시설사업 미집행조치

도시계획 시설결정	→단계별 집행	→ 10년 미집행	→ 20년 미집행
	계획 X	지목 대	
	1단계 X	매수청구	20년 되는 날
	가설건축물 건축	3층이하 단독	다음날 실효
	개축·재축	3층이하 1·2종 근생	
	공작물 설치	공작물 설치	

   (1) 10년 미집행 : 6월내 매수결정 통지, 2년내 매수
    원칙: 현금, 예외 : 도시계획시설채권(지자체만 발행) – 상환기간 10년내
          ① 토지소유자가 원하는 경우
          ② 부재부동산, 비업무용토지로서 3천만원 초과하는 경우
    매수지연·매수불가시 : 개발행위 허가
   (2) 20년 미집행 : 20년되는 다음날 도시계획시설결정 실효, 지체없이 고시해야 한다.

Memo

✓ 공동구 부담금 납부통지 : 공사 착수 전 1/3이상 납부 나머지 공사만료일 까지 납부.

✓ 공동구 관리비 연2회 분할납부(필수)

✓ 공동구 안전점검 연1회이상(필수)

✓ 도시계획 시설사업의 실시계획인가 시 20일 이상 일반열람.

✓ 비용부담에서 조사 · 측량 · 설계 · 관리비는 포함하지 않는다.

✓ 공동구 관리자는 5년마다 안전유지관리계획수립

✓ 공동구는 1년에 1회 이상 안전점검필수

✓ 공동구 협의회 구성(임의사항)

✓ 공동구점용 · 사용료는 특 · 광 · 시 · 군 조례

✓ 도시계획시설 비용부담에서 먼저 이익을 받은 다른 지자체와 협의해서 결정하고, 협의불성립 시 같은 도는 도지사, 타 시 · 도는 행정안전부장관 결정

✓ 행정청이 시행하는 도시계획시설 사업은 50%범위 내에서 국가예산보조 또는 융자가능.
행정청이 아닌 자는 $\frac{1}{3}$ 범위 내에서 보조 또는 융자가능

✓ 국가 · 지자체의 도시계획시설사업의 우선지원대상
① 도로 · 상하수도 등 기반시설이 인근지역에 비해 부족한 지역
② 광역도시계획에 반영된 광역시설이 설치된 지역
③ 개발제한구역(집단취락만 해당)에서 해제된 지역

9. 개발행위 허가

1) 대상 : (1) 건축물의 건축
       (2) 공작물 설치
       (3) 물건을 쌓아두는 행위
           (녹지, 관리, 자연환경보전지역 안에서 1개월이상, 농림지역제외)
       (4) 토석의 채취
       (5) 토지분할(건축물이 있는 토지 제외)
       (6) 토지 형질변경(경작을 위한 형질변경 제외)

2) 제외 대상
   (1) 재해복구·재난수습(1월이내 신고)
   (2) 건축법에 의해 신고하고 설치할 수 있는 증·개·재축(신축제외)
   (3) 그 밖의 경미한 사항

3) 허가절차 : 불허가 처분시 반드시 서면으로 통지해야 한다. 조건부 허가 가능

4) 허가기준 :
   ① 개발행위규모에 적합할 것
       ⓐ 도시지역 ┌ 주거지역 : 1만㎡ 미만
                 ├ 상업지역 : 1만㎡ 미만
                 ├ 공업지역 : 3만㎡ 미만
                 └ 녹지지역 ┌ 자연녹지 : 1만㎡ 미만
                           ├ 생산녹지 : 1만㎡ 미만
                           └ 보전녹지 : 5천㎡ 미만

       ⓑ 관리지역 : 3만㎡ 미만
       ⓒ 농림지역 : 3만㎡ 미만
       ⓓ 자연환경보전지역 : 5천㎡ 미만
   ② 도시관리계획 내용에 어긋나지 않은 것
   ③ 도시계획사업에 지장이 없을 것
   ④ 주변환경과 경관에 조화를 이룰 것
   ⑤ 개발행위에 다른 기반시설설치나 용지확보계획이 적절할 것

5) 개발행위 허가제한 지역(도시계획 위원회 심의 거쳐 3년)
   (1) 녹지지역, 계획관리지역으로서 수목이 집단적 생육, 조·수류 서식 보전이 필요한 지역
   (2) 개발행위로 주변환경·경관·미관·문화재 등이 오염, 손상우려 지역
   (3) 도시계획이 크게 달라질 것으로 예상되는 지역
   (4) 지구단위계획구역

(5) 기반시설 부담구역
   * 3, 4, 5 지역은 1회 한하여 2년 추가 가능(최장 5년)

6) 개발행위허가 이행담보(공사비의 20% 범위 내, 보증서 가능)
   (1) 기반시설 설치
   (2) 토지굴착
   (3) 토석발파
   (4) 토석운반, 차량통행으로 주변 환경오염
   (5) 조경필요

Memo

✓ 개발행위허가 없이 할 수 있는 경미한 사항(지체없이 특·광·시·군수에게 통지)

 ⅰ) 사업기간 단축

 ⅱ) 사업면적 5% 범위내 축소

 ⅲ) 관계법령 개정, 변경에 따라 허가받은 사항을 불가피하게 변경하는 경우

✓ 개발행위허가 면적 적용 제외

 ⅰ) 지구단위 계획지역에서 형질변경과 관련된 기반시설 설치가 이루어 졌거나, 동시에
    이루어지는 경우

 ⅱ) 농어촌 정비법에 의한 정비사업, 국방, 군사시설사업

 ⅲ) 초지조성, 농지조성, 영림 또는 토석 채취

 ⅳ) 지목변경없는 토지 복원사업

 ⅴ) 기타 국토해양부령(지구단위계획수립지역, 도시계획시설부지 등)

7) 준공검사대상 : 건축물 건축, 공작물 설치
　　　　　　　　　　토지 형질변경, 토석채취

8) 공공시설 귀속
　(1) 행정청 : 무상귀속
　(2) 비행정청 : 설치비용에 상당하는 범위 내에서 무상귀속
　(3) 공공시설 관리청 의견청취 : 도로・하천 : 국・장
　　　　　　　　　　　　　　그 외 : 기획재정부 장관
　(4) 공공시설 등 귀속시기 : 행정청(공공시설 등 통지한 날)
　　　　　　　　　　　　　　비행정청(준공검사 받은 때)

9) 개발밀도관리구역(용적율 50% 강화) : 지방도시계획위원회 심의
　주・상・공지역의 기반 시설이 부족할 것으로 예상되는 지역
　(1) 지정기준 : 도로・하천 등 경계선을 분명하도록 할 것
　　a. 도로서비스 수준이 낮아 차량통행이 현저히 지체되는 지역
　　b. 도로율이 20%이상 미달되는 지역
　　c. 2년 이내 수도시설 시설용량 초과예상 지역
　　d. 2년 이내 하수도발생량 초과예상 지역
　　e. 2년 이내 학생수 수용능력 20% 초과예상 지역

10) 기반시설 부담구역
　: 개발밀도 관리구역 외의 지역으로서 개발로 인하여 도로・공원・녹지 등
　대통령령으로 정하는 기반시설의 설치가 필요한 지역을 대상으로 지정하는 구역
　(1) 지정대상
　　a. 행위제한이 완화되거나 해제되는 지역
　　b. 용도지역이 변경 해제되어 행위제한이 완화되는 지역
　　c. 개발행위 허가건수, 인구증가율이 20%이상 높은 지역
　(2) 2종 지구단위계획 수립으로 기반시설부담구역의제
　(3) 기반시설부담구역의 지정・고시일로부터 1년이 되는 날 까지 기반시설 설치 계획을
　　　수립하지 아니하면 그 1년이 되는 다음날 구역지정 해제
　(4) 구역지정기준 : 10만㎡이상, 연접개발의 경우 하나의 단위 구역 설정.
　　　지형지물 등 구별을 분명히 할 것
　(5) 기반시설 설치 부과대상 : 200㎡초과 건축물의 신・증축 대상
　(6) 납부 및 체납처분 : 건축허가 받은 날로부터 2월이내 설치비용 부과, 사용승인 신청
　　　시 까지 납부(물납가능, 납부기한 20일전 까지)
　(7) 기반시설비용면탈・경감하고자 하는자 : 3년이하 징역, 설치비용의 3배이하 벌금
　(8) 비용 부담률 : 20/100 (25% 범위 내 가감조정)

Memo

✓ 기반시설 부담구역에서는 심의 전 주민의 의견을 들어야 한다(개발밀도 관리구역×)

✓ 기반시설 설치비용 예정 통지 : 부과시점 기준 30일 이내 예정 통지, 통지받은 날로부터
　　　　　　　　　　　　　　15일 이내 이의 신청, 심사청구(고지 전 심사) 받은 날로
　　　　　　　　　　　　　　부터 15일 이내 결과 통보

✓ 기반시설설치비용 물납 가능 : 납부기한 20일 전까지 제출
　　　　　　　　　　　　　물납신청서 받은 날부터 10일이내 신청인에게 서면통지

✓ 납부기일 연기(1년), 분할납부(2년) 가능

　　사유) ⅰ) 재해나 도난으로 재산에 심한 손실

　　　　　ⅱ) 사업에 뚜렷한 손실

　　　　　ⅲ) 사업에 중대한 위기

　　　　　ⅳ) 납부의무자나 동거가족의 질병이나 중상해

✓ 기반시설 표준비용은 1월1일 기준으로 6월 10일까지 국·장이 고시한다.

✓ 사용승인시까지 납부 않을시 10일 이내 독촉장 발송

10. 토지거래허가 등 (허가권자 : 시·군·구청장)

1) 지정권자 : 원칙 ▶ 국·장

　　　　　　　 예외 ▶ 시·도지사(위임)

2) 지정요건 : 투기성행·우려지역

　　(1) 토지이용계획이 새로이 수립되거나 변경되는 지역

　　(2) 법령의 제정·개정·폐지나 그에 따른 고시·공고 행위제한이 완화되거나 해제되는 지역

　　(3) 법령에 의한 행위제한이 진행중이거나 예정되어 있는 지역과 인근지역

　　(4) 투기우려가 있는 지역(국·장 인정, 관계행정기관장요청)

3) 허가구역내 토지의 소유권, 지상권의 유상이전·예약 포함

　　(7일 이상 공고 15일간 열람 5일후 효력발생)

　　4) 지가동향조사 : 국·장, 시·도지사(필수사항)

　　5) 심의 및 지정 : 중앙도시계획위원회 심의, 심의전 시·도시자, 시장·군수 의견 청취

　　6) 토지거래 허가증 발급 : 농·취·증 의제, 검인 의제

　　7) 허가대상 면적 : 도시지역 ▶ 주거 : 180㎡ 초과

　　　　　　　　　　　　　　　　 ▶ 상업 : 200㎡ 초과

　　　　　　　　　　　　　　　　 ▶ 공업 : 660㎡초과

　　　　　　　　　　　　　　　　 ▶ 녹지 : 100㎡ 초과

　　　　　　　　　　　　　　　　 ▶ 기타 :　90㎡ 초과

　　　　　　　　도시지역 외 농지 :　500㎡ 초과

　　　　　　　　　　　　　　　 ▶ 임야 : 1,000㎡ 초과

　　　　　　　　　　　　　　　 ▶ 기타 :　250㎡ 초과

8) 기준면적 산정특례

　　(1) 일부거래로 1년내 다시 거래 : 전부거래로 간주한다.

　　(2) 허가구역 지정 후 분할 : 최초거래에 한하여 기준 면적 초과거래로 간주한다.

9) 토지이용 의무기간

　　(1) 2년 : 농업·대체취득

　　(2) 3년 : 주거, 축산·임업

　　(3) 4년 : 복지시설, 사업용 토지

　　(4) 5년 : 현상유지, 기타

Memo

✓ 국, 장은 부동산 가격공시 및 감정평가에 관한 법률에 의한 공시지가 및 개별공시지가를 입력한 지가 전산정보자료를 매년 행정안전부 장관에게 제공해야 한다.

✓ 포상금 지급(건당 50만원) : 기소유예, 공소제기, 이행명령

  ⅰ) 부정토지거래계약허가 받은 자

  ⅱ) 허가 받은 목적대로 이용하지 않은 자

✓ 지가동향은 필요한 경우 주공사장에게 매월 1회 이상 제출케 할 수 있다.(국가예산지원가능)

✓ 대토 경우 3년내, 가격은 종전가격 이하이어야 한다.

10) 이행 강제금 (3월이내 이행 명령)

   (1) 방치 : 10% => 반드시 문서계고, 1년 1회, 취득가액

   (2) 임대 :　7%

   (3) 변경 :　5%

   (4) 기타 :　7%

11) 허가배제

   (1) 지자체와 협의 성립된 때

   (2) 공·취·법에 의해 수용된 때

   (3) 경매, 기타

12) 사권구제(이의 신청)

   불허가 처분일부터 1월이내 매수청구 (공시가격) : 소유권, 지상권

13) 선매(감정가 기준, 소유권에 한한다)

   (1) 요건 : 공익사업용 토지

      토지거래계약으로 취득한 토지를 목적대로 이용하지 않은 경우

   (2) 절차 : 허가 신청 1월이내 선매자 지정통지

          → 통지 후 15일 이내 선매조건통지

          → 통지 후 30일 이내 선매협의 조서제출(시·군·구)

          → 통지 후 1월내 선매협의 완료

14) 허가 위반 : 2년이하 징역 토지가격 30/100이하 벌금(공시지가 기준), 효력 무효.

Memo

✓ 처리기간 내 허가증발급, 불허가처분사유통지, 선매사실통지가 없는 경우 기간이 끝난 날의 다음날에 허가가 있는 것으로 본다. 이 경우 지체없이 허가증을 발급해야 한다.

11. 보칙 및 벌칙

1. 시범도시 지정 : 국·장 (중앙도시계획위원회심의 사항)
  1) 지정기준
      (1) 지역균형 발전에 기여할 수 있을 것
      (2) 주민의 호응도가 높을 것
      (3) 주민이 참여 할 수 있을 것
      (4) 재원조달 계획이 적정하고 실현가능 할 것
  2) 지원내용 : 사업계획수립 비용의 80%, 시행에 소용되는 비용 50%(보상비 제외)

2. 행정심판
  ▸ 행정청인 시행자 : 상급행정청에 제기
  ▸ 비행정청인 시행자 : 해당 시행자를 지정한 행정청에 제기

3. 청 문
  1) 개발행위허가 취소
  2) 도시계획시설사업 시행자 지정 취소
  3) 실시계획인가 취소
  4) 토지거래 계약 허가 취소

4. 벌 칙
  1) 3년/3,0000만원 ▸ 개발행위 허가 위반
                  ▸ 시가화 조정구역 행위제한위반
  2) 2년/2,000만원 ▸ 도시관리계획 결정없이 기반시설 설치한 자
                  ▸ 공동구시설에 수용하지 않은 자
                  ▸ 지구단위계획에 위반한 건축자
                  ▸ 용도, 지역·지구 내 건축물 등의 제한규정위반
                  ▸ 부정한 방법으로 토지거래 허가 받은 자
  3) 1년/1,000만원 ▸ 처분 또는 조치 명령에 위반한 자

5. 과태료
  1) 1,000만원 이하 : 허가 받지 않고 공동구점용 사용한 자
                  수인의무 위반한 자
  2) 500만원 이하 : 재해복구, 재난수습 1월 이내 신고하지 아니한 자
                  허위보고 자료제출자

Memo

✓ 기반시설 설치비용 경감목적 또는 면탈목적 거짓계약체결, 자료제출
  : 3년이하 징역 설치비용 3배이하 벌금

✓ 매년 말까지 시범도시 사업추진 실적을 국토장, 지정요청한 중, 행, 장, 시·도지사에게
  제출 (필수사항)

✓ 도시계획위원회(중앙, 지방) : 위원장·부위원장 포함 25인이상 30인이하 임기 2년
  (공무원제외 10인이상)

✓ 타인토지출입 : 비행정청 시행자는 특·광·시·군 허가 3일전까지 소유자·점유자·관리인
  통지

도시개발법

도시개발 구역지정·도시개발 계획수립
↓
시행자 지정
↓
실시계획 인가·고시

1. 목적

도시개발에 관한 필요한 사항 규정, 공공복리증진

2. 지정권자

원칙 : 시·도지사, 대도시 시장(100만㎡ 이상 국·장 승인)

예외 : 국·장 ▶ 국가가 도시개발사업 실시 필요한 때
　　　　　　 ▶ 관계 중앙행정기관장 요청
　　　　　　 ▶ 공공기관장·정부출연기관장이 30만㎡이상 지정제안 시(국가계획과 관련)
　　　　　　 ▶ 2개 이상 시·도·대도시에 걸치는 경우 협의 불성립 시
　　　　　　 ▶ 천재지변 그 밖의 불가피한 사유

1) 지정요청 : (1) 시장·군수·구청장(대도시 시장 제외)
　　　　　　　 (2) (1)요청시 도시계획위원회 자문을 거쳐 시·도지사에 제출
　　　　　　　 (단, 지구단위계획구역에서 이미 결정된 사항일 경우 도시계획위원회 자문✕)

2) 지정제안
　　 (1) 국가, 지자체, 조합이 아닌 자 : 국공유지 제외 면적2/3 사용 승낙서 및 매매계약서
　　　　　　　　　　　　　　　　　 그리고 ½이상 소유한 자 : 수용 사용 방식
　　 (2) 국·장 ← 공공기관장, 정부출연기관장 : 30만㎡ 이상 직접 제안
　　 (3) 2개 이상 시·군·구에 걸치는 경우 면적이 큰 지역의 시·군·구청장에게 제안
　　 (4) 제안수용여부는 3월이내 통보
　　 (5) 민간시행자 제안서 동의요건 : 토지면적 2/3이상의 토지 소유자(지상권자 포함)

3) 동의자 수 산정방법
　　 (1) 소유자, 지상권자 공유 : 1인으로 본다.(단, 구분소유자는 각1인)
　　 (2) 도시개발구역 지정고시/공람·공고일 후 구분소유권을 분할 후 공유자수 증가
　　　　 (추가산입✕)

(3) 지정제안 전 철회자 : 제외

(4) 지정제안 후 소유자 변경 : 기존 토지소유자 기준

(5) 동의·철회 방법 : 인감증명서 첨부

Memo

✓ 도시개발 구역 지정 후 시행방식 변경
　① 수용·사용방식 → 환지방식
　② 혼용방식 → 환지방식
　③ 수용·사용방식→ 혼용방식

3. 지정규모

1) 도시지역 : 주거지역 ▸ 1만㎡ 이상

　　　　　　 상업지역 ▸ 1만㎡ 이상

　　　　　　 공업지역 ▸ 3만㎡ 이상

　　　　　　 녹지지역(생산 : 1만㎡이상 / 자연 : 1만㎡이상)

2) 도시지역 외 : 원칙 : 30만㎡ 이상

　　　　　　　 예외 : 20만㎡ 이상(공동주택 중 A.P.T. 연립주택 계획이 있는 경우)

　　　　　　　　　　　 a. 초등학교 용지 확보(교육청 동의)

　　　　　　　　　　　 b. 도로법에 의한 4차로 이상의 도로 건설시

　 * 주거・상업・공업지역 외의 지역에 지정하기 위한 요건

　　 : 광역도시계획・도시기본계획에 의하여 개발 가능 용도로 지정된 지역에 한해서

　　　 국・장이 정하는 기준에 따라 지정

　　　 (단, 광역도시계획・도시기본계획이 수립되지 아니한 지역의 경우에는 자연녹지・계

　　　 획관리지역에 대하여 도시개발구역을 지정할 수 있다)

3) 지정규모의 제한을 받지 않는 경우

　　 개발진흥지구

　　 국・장이 지정하는 지역

　　 취락지구

　　 지구단위계획구역

4. 도시개발구역 지정절차

1) 기초조사 : (임의적 사항)

2) 공람・공청회 : 필수 사항(경미한 경우 제외)

3) 주민 의견청취 (2개 일간신문, 14일 이상공람)

　　 단, 10만㎡미만 시 인터넷 홈페이지 공고가능

　　 의견제출에 대해서는 공람기간 종료일 30일 이내 통보

4) 공청회 (구역이 100만㎡이상인 경우 필수)

Memo

✓ 생산녹지 경우 생산녹지 지역이 도시개발 지정면적의 30/100이하인 경우에 한한다.

✓ 자연환경보전지역에서는 도시개발구역은 지정할 수 없다.

✓ 도시개발구역의 변경 시 주민의견 청취가 배제되는 경미한 경우.
  ⅰ) 새로 편입되는 토지가 없는 경우의 도시개발 구역의 감소
  ⅱ) 증가된 면적과 감소된 면적의 합이 10% 미만이고, 면적이 3만 3천㎡미만의 증감.

5. 도시개발구역 지정의 효과

1) 도시지역과 제1종 지구단위계획구역으로 의제

2) 지형도면 고시 특례 : 사업시행 기간 중 할 수 있다.

3) 개발행위 허가 : 건축물 건축

        공작물 설치

        물건을 쌓아두는 행위(1개월 이상)

        죽목의 벌채 · 식재

        토지의 형질변경(경작을 위한 형질변경 제외)

        토석 채취

        토지 분할

4) 허가 받지 아니하는 사항

  (1) 재해복구 · 재난수습

  (2) 농 · 임 · 수산업의 생산에 직접 이용되는 것으로 간이 공작물 설치

  (3) 도시개발구역에 영향을 주지 않고 자연경관을 손상하지 아니하는 범위 안에서 토석
     채취

  (4) 도시개발구역에 남겨두기로 결정된 대지 안에서의 물건을 쌓아두는 행위

  (5) 관상용 죽목의 임시식재(경작지 임시식재 제외)

  (6) 경작을 위한 토지의 형질 변경

5) 기득권자 보호 : 지정 · 고시된 날부터 30일 이내 신고사업 계속

6) 국 · 공유지 처분제한

  (1) 국 · 공유지를 개발계획에 따른 처분목적 외 처분불가

  (2) 국 · 공유지는 국유재산법, 지방재정법의 규정에도 불구하고 시행자에게 수의 계약처분
     가능(관계행정기관장과 협의/30일내)

  (3) 임대가능 : 20년 범위내(임대료는 대통령령에 의한다)

Memo

✓ 개발행위 허가 시 시행자가 지정되어 있으면, 그 자의 의견을 들어야 한다.

6. 도시개발구역 지정·해제의 의제

    (1) 사업이 시행되지 않을 경우 : 구역지정 후 3년내 실시계획인가 신청X → 그 다음날

    (2) 지정 후 개발계획 수립 시 : 지정 후 2년 내 개발계획 수립X → 그 다음날

       (단, 면적이 330만㎡ 이상시 5년)

       계획수립 후 3년내 실시계획인가 신청X → 그 다음날

       (단, 면적이 330만㎡ 이상시 5년)

 1) 구역해제의 효과 : 환원 혹은 폐지된 것으로 본다.

   (다만, 공사완료 공고, 환지처분 공고에 의한 경우는 그러하지 아니하다)

7. 개발계획수립 : 원칙 ▸ 지정권자가 구역지정 하고자 할 때 수립

    (지정권자는 직접 또는 관계중앙행정기관장 또는 시장·군수·구청장 또는 도시개발사
    업자의 요청을 받아 개발계획을 변경할 수 있다)

    * 예외 : 도시개발 구역지정 후 개발계획수립

         (1) 자연녹지

         (2) 생산녹지(도시개발구역 면적의 30% 이하인 경우)

         (3) 도시지역 외

         (4) 국·장이 지정하는 구역(자연환경보전지역 제외)

         (5) 당해 도시개발구역에 포함되는 주·상·공지역의 합계가 전체 면적의 30%
            이하인 지역

 1) 개발계획 수립시 동의요건

    (1) 동의 요건 : 환지방식 시행시 ▸ 면적 2/3, 토지소유자 1/2이상 동의

    (2) 시행자가 국가·지자체인 경우 제외

    (3) 시행자가 조합인 경우 : 면적 2/3, 토지소유자 1/2 동의로 의결한 개발계획을 지정권
                자에게 제출한 경우 : 동의 의제

    (4) 동의자수 산정방법

     a. 국·공유지 포함하여 산정할 것

     b. 국·공유지를 제외한 면적에서 동의 받은 후 미달시 국·공유지관리청의 동의를
       받을 것

     c. 토지소유자가 공유인 경우 : 1인을 본다

     d. 공람·공고일 전의 토지 소유자 기준으로 산정할 것

     e. 지정제안 전 또는 개발계획변경 요청받기 전 철회한 자 : 동의자수에서 제외

     f. 구역지정제안 후 개발계획수립 전 변경 또는 개발계획변경 되기 전 소유자 변경
        → 기존토지 소유자 동의서 기준

     g. 동의·철회 경우 : 인감증명 첨부

 2) 개발계획수립 기준 : 330만㎡ 이상시 기능의 상호조화

Memo

✓ 도시개발구역 지정후 개발계획에 포함시킬 수 있는 사항

① 도시개발구역 밖에 기반시설설치비용 부담계획

② 수용·사용의 대상이되는 토지 등의 세목
  (토지, 건축물, 광업권, 어업권, 물에 관한 권리 소유권 외 권리)

8. 실시계획

(1) 환지방식 : 원칙 ▸ 시행자는 토지소유자 혹은 조합으로 한다.

　　　　　　　예외 ▸ 지자체등을 시행자로 지정할 수 있는 경우

　　　　　(이 경우 시행자를 시·도지사, 국·장이 지정한다)

  a. 토지소유자, 조합이 개발계획수립 고시일 부터 6월(6월 연장가능)이내
시행자 지정신청이 없거나 내용이 위법·부당하다고 인정할 때

  b. 지자체장이 집행하는 공공시설에 관한 사업과 병행하여 시행 할 필요가 있다고 인정
한 때

  c. 도시개발구역안의 국·공유지를 제외한 면적1/2이상에 해당하는 소유자와 소유자총
수 1/2이 이상이 지자체등의 시행에 동의한 때

(2) 시행자 변경사유

  a. 실시계획인가 후 2년내 사업에 착수하지 않는 경우

  b. 시행자 지정, 실시계획인가가 취소된 경우

  c. 시행자 부도·파산 등 목적달성이 어렵다고 인정되는 경우

  d. 환지방식의 경우 토지소유자, 조합이 지정·고시일로부터 1년내에 실시계획인가 신
청이 없는 경우(6월 연장가능)

9. 도시개발조합

1) 조합설립인가 : 소유자 7인 이상, 지정권자에게 조합설립인가

2) 동의 요건 : 면적2/3, 토지소유자 총수 1/2이상

3) 조합의 법적 성격 : 공법상 비영리 사단법인

4) 설립등기 : 인가 받은 날로 부터 30일이내 주된 사무소소재지 법원에 설립등기 함으로써
성립

5) 조합원 : 도시개발사업 구역안의 토지소유자(동의여부 상관없이 조합원이 된다)

6) 조합경비 위탁 시 : 수수료 4%

7) 조합원 수 100인 이상 : 대위원회를 둘 수 있다.(임의사항)

Memo

✓ 도시개발구역지정권자는 구역지정의 제안권자에 해당하는 자가 도시개발구역의 지정을 제안한 경우 그 제안자를 우선하여 시행자로 지정할 수 있다.

✓ 대의원회는 총회의 의결사항 중 정관의 변경, 개발계획수립 및 변경 조합임원의 선임. 조합의 합병 또는 해산에 관한 사항을 제외한 총회의 권한을 대행할 수 있다.

✓ 조합원은 면적에 관계없이 평등한 의결권을 가진다.

✓ 시행자가 실시계획인가를 받으려면 서류첨부하여 시·군·구청장을 거쳐 지정권자에게 제출해야 한다. 다만, 국토장, 특별자치도지사, 대도시 시장이 지정권자인 경우 직접제출할 수 있다.

✓ 지정권자는 인가전 국토장은 시·도지자, 대도시시장의 의견을, 시·도지사는 시·군·구청장의 의견을 미리 들어야 한다.

10. 실시계획 작성

1) 시행자는 실시계획을 작성하여야 한다.(개발계획에 부합)

2) 실시계획에는 지구단위계획이 포함되어야 한다.

3) 실시계획인가 : 지정권자(관계기관장 협의 시 30일 이내 의견제시)

4) 실시계획인가고시 효과 : 도시관리계획 결정의제
   (이 경우 종전내용은 새롭게 고시된 내용으로 변경된 것으로 본다)

11. 수용·사용방식

1) 민간시행자 동의요건 : 토지면적의 2/3이상. 총수 1/2이상

2) 토지의 세목을 고시한 때 공취법에 위한 사업시행 인가고시가 있는 것으로 본다.

3) 재결신청기간 : 도시개발사업의 시행기간 종료일까지

4) 토지상환채권
   (1) 토지소유자가 원하는 경우 ▶ 토지 등의 매수대금의 일부를 지급하기 위해
   (2) 분양 토지·건축물의 1/2을 넘지 못한다.
   (3) 민간시행자는 금융기관 등의 지급보증을 받은 경우에 한 한다.
   (4) 지정권자의 승인 필요
   (5) 기명식 증권으로 한다(토지상환채권의 이율은 발행자가 정한다)
   (6) 토지상환채권의 이전 시 채권원부에 기재하고 취득자의 성명, 주소가 토지상환채권에
       기재되지 아니하면 발행자 기타 제3자에게 대항 하지 못한다.

5) 선수금 : 시행자는 선수금을 미리 받고자하는 경우 지정권자의 승인(공사진척율 10%이상)

6) 이주대책 수립의무

7) 시행자는 조성토지 공급계획을 지정권자에게 제출하여야 한다.
   단, 행정청이 아닌 시행자는 시·군·구청장을 거쳐 제출한다.

8) 조성토지 공급방법
   (1) 개발계획에서 정한 용도대로 공급해야 한다.
   (2) 원칙 : 경쟁입찰의 방법에 의한다.
   (3) 예외 : 추첨에 의해 (국·공·단·공)
               330㎡이하의 단독주택용지, 공공택지 및 공장용지
               주택법에 의한 국민주택규모 이하의 주택 건설용지

(4) 수의계약
  a. 학교·공공청사 용지
  b. 실시계획에 따른 시설물 유지관리에 필요한 최소한 용지
  c. 공취법에 의해 수용된 자에게 공급하는 토지
  d. 토지상환채권에 의해 토지를 상환하는 경우
  e. 토지규모·형상 입지에 비추어 이용가치가 현저히 낮은 토지로 인접 소유자에게
     공급 하는 것이 불가피한 경우
  f. 공공시행자가 도시발전을 위하여 복합적이고 입체적인 개발이 필요하여 국토해양
     부령이 정하는 절차에 따라 선정된 자에게 공급

(5) 조성토지 등의 공급가격 : 원칙 ▸ 감정 평가한 금액
  * 특례 : a. 주상복합 경우 ▸ 상업면적에 대해 최고가격 응찰자
                        상업면적 외에서는 감정가격 적용
          b. 학교, 폐기물, 공공청사, 사회복지시설, 공공임대주택
             공공시행자가 국민주택이하 규모로 건설하는 경우, 기타 기반시설은 감정
             평가 가격 이하로 공급할 수 있다.

Memo

✓ 선수금을 받기 위한 요건

   ⅰ) 국가·지자체 공공기관, 정부출연기관, 공동출자법인은 개발계획수립 고시 후 토지면
      적 25/100이상 소유권 확보할 것 (다만, 실시계획인가 받기 전에 선수금을 받으려면
      환경영향평가·교통영향분석, 기반시설투자계획이 구체화된 경우로 한정한다)

   ⅱ) 보증 보험의 보험기간의 개시일은 선수금 받은 날 이전이어야 하며, 종료일은 준공예
      정일부터 1개월 이상으로 할 것.

✓ 감리규정

   도시개발사업 공사비 100억 이상 책임감리

   도시개발사업 공사비 100억 미만 시공감리

12. 환지방식

1) 환지계획작성

  (1) 환지설계

  (2) 필지별로된 환지 명세

  (3) 필지별과 권리별로 된 청산대상 토지명세

  (4) 체비지 및 보류지명세

2) 환지계획 작성기준

  (1) 종전 토지와 환지의 위치 · 지목 · 면적 · 토질 · 수리 · 이용상황 · 환경 기타 종합적 고려

  (2) 토지평가 협의회 심의를 거쳐 결정하되 그전에 공인평가기관으로 하여금 평가하게 함.

  (3) 환지부지정 : 토지소유자의 동의 (이해관계자의 동의 임차권자 등)

                      직권에 의한 부지정 (과소토지)

  (4) 증환지 · 감환지

  (5) 입체환지 : 건축물이 있는 토지의 공유지분을 부여(임차권자등의 동의 X)

  (6) 공공시설용지 : 환지작성 기준 부적용(다른 토지의 환지대상)

  (7) 체비지 · 보류지 : 경비에 충당하거나, 실시계획이 정하는 목적을 위하여 일정한 토지를 보류지로 정할 수 있고 일부를 체비지를 정하여 경비로 충당

3) 환지계획인가 : 시장 · 군수 · 구청장

  (1) 환지예정지 지정(임의적 · 형성적 · 독립적 행정처분)

     통지→공람→의견제출→반영 절차 진행(효력발생시기 통지)

  (2) 환지예정지의 효력발생기간 : 환지예정지 효력발생일 부터 환지처분공고일 까지

4) 환지예정지의 사용 · 수익권(사용수익일 별도 지정가능)

  (1) 임대료 증감 청구 ▶ 임차권자등은 시행자에게 장래에 관하여 임대료 증감청구가능. 계약해지가능, 손실보상 청구

                  ▶ 협의 불성립 시 토지수용위원회 재결신청

                  ▶ 시행자는 토지 및 건축물의 소유자에게 구상

                  ▶ 시장 · 군수 · 구청장에게 부과금 · 연체료 위탁시 4% 지급

  (2) 환지예정지 지정효력 발생일 부터 60일이 경과한 때에는 권리를 포기하거나 계약을 해제할 수 없다.

5) 환지부지정 : 사용·수익을 정지케 할때에는 30일 이상 기간을 두고 미리 통지(소유자, 임차권자)

6) 환지처분 효과

  (1) 권리이전 : 환지처분 공고일 다음날

    (환지예정지 지정에 의하여 이미 처분된 체비지는 당해 체비지를 매입한자가 소유권
    이전등기를 마친 때 이를 취득한다)

  (2) 예외 : 행정상·재판상처분으로 종전토지에 전속 하는 것에 관하여는 영향을 미치지
          않는다. (행사상의 이익이 없는 지역권은 소멸한다)

7) 청산금 : 분할징수, 분할교부가능

  (1) 징수위탁 : 수수료 4% 시·군·구에 납부

  (2) 청산금 소멸시효 : 5년

8) 환지등기 : 환지처분 공고 후 14일 이내 등기촉탁(대항요건)

  (환지처분공고일 이후 환지등기가 있을 때 까지는 다른 등기를 할 수 없다)

Memo

✓ 적응환지 : 환지계획작성기준에 적합하게 작성하여 종전토지와 과부족분이 생기지 않아
         청산이 발생하지 않는 경우

✓ 토지부담율= $\dfrac{\text{보류지면적-시행자에게 무상귀속되는 공공시설면적}}{\text{환지계획구역 면적-시행자에게 무상귀속되는 공공시설 면적}} \times 100$

(토지부담율은 50%를 초과할 수 없다. 단, 지정권자 인정 시 60%, 소유자 전원 동의 시
60% 초과 가능)

✓ 주거용 건물의 이전, 철거는 2개월전 통지

✓ 환지처분은 준공검사(공사완료공고)후 60일 내 실시

✓ 환지처분 공고 후 14일 이내 등기 촉탁

✓ 행정청이 시행자인 경우 감가보상금 발생 시 토지 소유자나 임차권자에게 지급

✓ 감가보상금 : 행정청인 시행자는 도시개발사업 시행 전과 시행 후의 차액에 대하여 토지
  소유자 나 임차권자 등에게 지급해야 한다.

13. 도시개발채권(도시개발특별 회계의 재원)

1) 발행자 : 지자체장(시·도지사)

2) 소멸시효 : 원금5년, 이자2년

3) 매입의무자 : 수용·사용방식에 의하여 시행되는 도시개발사업의 경우
   (도급계약체결자, 민간사업시행자, 국계법에 형질변경 허가 받는 자)

14. 행정형벌

1) 3년/3,000 ▸ 개발행위허가 위반/ 부정한 방법 시행자 지정
   ▸ 부정한 방법으로 실시계획인가 받은 자

2) 2년/2,000 ▸ 실시계획인가 없이 사업시행한 자
   ▸ 조성토지 공급계획 없이 공급한 자
   ▸ 지정권자 사용허가 없이 조성토지를 준공검사 전에 사용한 자

3) 1년/1,000 ▸ 조치 명령에 위반한 자

Memo

✓ 도시개발구역의 시설 설치 비용

ⅰ) 전기시설을 지중선로 설치 요청 시 : 공급자와 요청자 비용부담 각 1/2
   (단, 환지방식인 경우 공급자 2/3, 요청자 1/3)

ⅱ) 도로, 상하수도 : 지자체

ⅲ) 전기, 가스, 통신 : 공급업자

도시 및 주거환경 정비법

* 행정절차 : 정비기본계획 → 정비계획 → 정비구역지정 → 시행자 지정 → 시행 계획 인가
고시 → 분양통지 및 공고 → 관리처분·계획 → 사업시행 → 준공인가 → 소유
권 이전·고시 → 등기

1. 용어의 정의

1) 정비구역 : 정비사업을 계획적으로 시행하기 위하여 지정·고시된 구역

2) 정비사업 : 정비구역 안에서 정비기반시설을 정비하고, 건축물을 개량·건설하는 사업
(단, 재건축은 정비 구역 아닌 곳 포함)
(1) 주거환경 개선사업 저소득층 집단 거주
정비기반시설 극히 열악 => 주거환경 개선사업
노후불량 건축물 과도밀집
(2) 주택 재개발사업 정비기반시설 열악 => 주거환경 개선사업
노후불량 건축물 밀집
(3) 주택 재건축사업 정비기간시설 양호 => 주거환경 개선사업
노후불량 건축물 밀집
(4) 도시환경 정비사업 상·공업지역 => 도시환경 개선사업
도심·부도심 기능회복/효율성 증대

3) 노후·불량 건축물
(1) 건축물이 훼손 일부가 멸실되어 붕괴 그 밖에 안전사고의 우려가 있는 건축물
(2) 주변토지의 이용상황에 비추어 환경이 불량한 곳에 소재하거나,
건축물을 철거하고 새로운 건축, 효용의 현저한 증가가 예상되는 다음의 건축물(시·도조례)
a. 건축법 규정에 면적이 미달되거나 도시계획 시설 설치로 효용을 다할 수 없게 된
건축물
b. 공장의 매연·소음 등으로 위해 초래 (시·도 조례가 정하는 건축물)
c. 준공일 기준으로 40년 동안 보수·보강하는 비용 > 철거 후 새로운 건축물을 건설
하는 비용
(3) 도시의 미관저해, 건축물의 기능적 결함, 부실공사 또는 노후화로 인한 구조적 결함
등으로 인하여 철거가 불가피한 건축물로서 다음에 해당되는 건축물(시·도조례)
a. 준공된 후 20년이 지난 건축물
b. 도시기본계획상 경관에 관한 사항에 저촉되는 건축물
c. 급수·배수·오수설비의 노후화로 수선만으로 기능을 회복할 수 없는 건축물

Memo

✓ 주거환경정비사업 수립 대상지역 :

㉠ 1985년 6월 30일 이전에 건축된 "특정건축물 정리에 관한 특별 조치법"에 의한 무허가, 위법, 노후, 불량 건축물이 밀집되어 주거지로 기능을 다하지 못하거나, 도시미관을 현저히 훼손하고 있는 지역

㉡ 개발제한구역으로 구역지정이전에 노후·불량건축물수가 50%이상인 지역

㉢ 주택재개발사업 정비구역안의 면적 50%, 소유자 50% 이상이 재개발을 원하지 아니하는 지역

㉣ 철거민이 50세대 이상규모 또는 인구가 과도하게 밀집되어있고, 기반시설이 열악한 지역

㉤ 정비기반시설이 현저히 부족하여 재해 발생 시 피난, 구조활동이 곤란한 지역

㉥ 건축대지로서 호용을 다 할 수 없는 과소필지 등이 과다한 지역으로 건축행위 제한 등으로 주거환경이 열악한 지역

✓ 주택 재건축사업 수립대상지역

㉠ 공동주택 기존세대수, 사업 후 예정세대수 300세대 이상 또는 면적 1만㎡ 이상인 지역. 3이상 APT나 연립주택 밀집지역으로 2/3이상 재건축 판정 지역

㉡ 단독주택 200호, 1만㎡이상으로 정비기반시설 추가 설치가 필요없는 지역, (추가 설치비용 정비사업자가 부담하는 경우 포함) 노후불량건축물이 2/3이상이거나, 1/2이상으로 준공 후 15년 이상 경과한 다세대, 다가구 주택이 3/10이상인 지역

4) 정비기반시설 : 기반시설 중 정비사업에 필요한 시설

5) 공동이용시설

6) 대지 : 정비사업에 의해 조성된 토지

7) 주택단지 : 주택 및 부대·복리시설을 건설하거나, 대지로 조성되는 일단의 토지

8) 사업시행자 : 정비사업을 시행자는 자

9) 토지 등 소유자
   (1) 주거환경 개선사업, 주택재개발사업, 도시환경정비사업
      ▶ 정비구역 안에 소재한 토지 또는 건축물의 소유자 또는 지상권자
   (2) 주택재건축사업 ▶ 정비구역 안에 소재한 건축물 및 그 부속토지 소유자
      ▶ 정비구역이 아닌 구역에 소재한 대통령령이 정하는 주택 및 그 부속토지 소유자와
        부대·복리시설 및 그 부속토지 소유자

10) 주택공사 등 : 한국토지주택공사, 지방공사

11) 정관 등 : 조합의 정관
              토지 등 소유자의 자치규약
              시장·군수·구청장·주공 등의 시행규칙

Memo

✓ 정비구역이 아닌 구역에서 주택재건축사업 대상주택

ⅰ) 기존세대수가 20세대 이상인 것, 다만 지형여건 및 주변환경으로 보아 사업시행상 불가피할 경우에는 아파트 및 연립주택이 아닌 주택을 일부 포함 할 수 있다.

ⅱ) 기존세대수가 20세대 미만으로서 20세대 이상으로 재건축하고 자 하는 것, 이 경우 사업계획승인, 건축허가에 포함되어 있지 아니하는 인접대지 세대수는 포함하지 아니한다.

※ 건축법규정에 의한 주상복합 건축물은 제외한다.

2. 정비계획·정비구역

1) 정비기본계획 : 특·광·시장이 10년단위 수립

  (단, 50만 미만의 시장 : 수립의무 X / 수립시 도지사 승인)

2) 타당성 검토 : 5년 마다

3) 수립절차

  특·광·시장 정비기본계획수립 → 14일이상 공람 → 지방의회 의견청취(60일이내 의견 제시 60일 경과 시 의견이 없는 것으로 본다) → 지방도시 계획위원회 심의 → 대도시 시장이 아닌 시장은 도지사승인 → 국·장에게 보고

  (지방도시계획위원회 심의 거치기 전에 관계 행정기관장과 협의)

4) 도시 및 주거 환경정비 기금 설치 : 특·광·시장(필수사항)

5) 정비계획수립과 지정요청

  : 시장·군수는 정비계획을 수립하여 주민설명회 및 30일이상 주민 공람

   지방의회 의견 청취(60일내 의견제시, 60일 경과 시 의견이 없는 것으로 본다)

   정비구역 지정신청(대도시시장은 직접 지정한다)

6) 정비구역 지정권자 : 시·도지사(시장·군수의 지정요청), 대도시시장(지방도시계획위원 회심의) (지정 시 인접지를 포함할 수 있고, 2이상 구역을 분할 하거나 하나의 정비구역 으로 지정할 수 있다)

7) 정비구역의 지정효과

  (1) 제1종 지구단위계획구역으로 지정의제
  (2) 정비구역으로 의제(정비계획을 모두 포함한 지구단위계획을 결정·고시한 경우)
  (3) 주거환경개선구역은 정비구역 지정·고시가 있는 날 부터 2종 일반주거지역으로 결 정·고시된 것으로 본다.
     (단, 정비구역 전부·일부를 수용방식에 의한 경우 3종 일반주거지역으로 결정고시의제)

8) 정비구역안의 개발행위 제한

  (1) 허가사항
    a. 건축물의 건축
    b. 공작물의 설치
    c. 물건을 쌓아두는 행위
    d. 죽목의 벌채 및 식재
    e. 토석 채취
    f. 토지 형질변경
    g. 토지 분할

(2) 허가받지 아니하는 사항
   a. 재해복구·재난수습
   b. 농·임·수산물의 생산에 직접 이용되는 간이 공작물 설치
   c. 경작을 위한 토지형질 변경
   d. 정비구역 개발에 영향을 주지 않고 자연경관을 손상하지 않는 범위내의 토석채취
   e. 정비구역안에 존치하기로 결정된 대지안에서 물건을 쌓아두는 행위
   f. 관상용 죽목의 임시식재(경작지에서의 임시식재 제외)
(3) 기득권자 보호 : 공사 착수한자는 정비구역이 지정·고시된 날로부터 30일 내 신고,
                  사업계속

Memo

✓ 정비기금의 재원
  ⅰ) 도시계획세 중 일정율(10%, 시도조례)이상
  ⅱ) 개발부담금 중 지자체 귀속분
  ⅲ) 재건축부담금 중 지자체 귀속분
  ⅳ) 정비구역 내(재건축 제외) 국·공유지 매각 대금 중 일정율 이상
     (국유지 20%, 공유지 30%)
  ⅴ) 재건축 소형 주택의 임대보증금, 임대료

✓ 토지 등 소유자의 정비계획 입안 제안
  ⅰ) 단계별 정비 사업계획상 정비계획수립시기가 1년이상 경과 시에도 정비계획이 수립되
     지 않은 경우
  ⅱ) 토지 등 소유자가 주공 등을 사업시행자로 요청하고자 하는 경우
  ⅲ) 대도시가 아닌 시·군·구로서 시·도 조례로 정하는 경우

✓ 입안 제안 시 정비계획도서, 설명서 등을 시장·군수에게 제출
  (시·군수는 60일이내 제안자에게 통보 30일 연장 가능)

✓ 정비예정구역에서의 행위제한 : 3년(필요시 1년 연장)
                       ① 건축   ②토지분할

9) 정비사업의 시행방법

(1) 주거환경   • 현지개량   시장·군수   동의요건: 원칙:(토)소유자⅔+(세)½
    개선사업   • 전면철거수용   주공 등   예외 : 세입자 동의 X
              • 환지

* 세입자 동의 생략요건
  a. 세입자가 토지 등 소유자의 1/2이하인 경우
  b. 임대주택이 충분하여건설, 필요가 없다고 시·도지사 인정
  c. 기반시설을 설치하거나, 확대하고, 토지 등 소유자가 스스로 주택을 개량하는 방법
     으로 시행
  d. 환지 공급방식인 경우
  e. 천재지변 등 불가피한 경우 시장·군수가 직접 시행하거나 주공 등을 지정할 수
     있다(지체 없이 토지 등 소유자에게 통보)

(2) 주택재개발   • 관리처분계획   조합   단독
    사업   • 환지   공동(시·군/주공 등/ 건설업자,
                                                등록사업자, 신탁회사, 감정원 :
  * 조합 => 당연설립(필수사항)   조합원 과반수 동의

(3) 주택재건축   • 관리처분계획   조합   단독
    사업   • 환지(×)   공동(시·군/주공 등)
                                                : 과반수 동의

    * 조합 => 당연설립
    * 정비구역 안
    * 정비구역 밖

(4) 도시환경   • 관리처분계획   조합   단독
    정비사업   • 환지   공동(시·군/ 주공 등 건설회사,
                                                등록사업자, 신탁회사, 감정원,
    * 조합 => 임의적 설립(임의사항)   : 조합원 과반수 동의

10) 예외적 시행자 : 시장·군수가 직접 혹은 지정개발자를 지정할 수 있다.
   (1) 천재지변, 그 밖의 불가피한 경우
   (2) 정비사업시행 예정일부터 2년이내 사업시행인가 신청 아니하거나 인가 신청내용이
       위법·부당할 때(주택재건축사업 제외)
   (3) 조합설립추진위원회가 승인 받은 후 3년이내 조합인가 신청아니하거나, 설립인가 얻
       은 날부터 3년이내 사업인가 신청 아니한 경우(이 경우 사업시행자 지정고시일 다음
       날 추진위원회 및 조합설립인가는 취소된 것으로 본다.)
   (4) 지자체와 시행하는 도시계획사업과 병행하여 시행할 필요가 있을 때
   (5) 순환정비 방식에 의할 때
   (6) 사업시행인가 취소 때

(7) 당해 정비구역안의 국·공유지 면적이 1/2이상인 때
(8) 정비구역 토지면적 1/2 이상의 토지소유자와 토지 등 소유자 2/3이상에 해당하는 자가
   시장·군수, 주공 등을 사업시행자로 지정할 것으로 요청한 때
   * 지정개발자의 경우는 (1)(2)에 한 한다(도시환경정비 사업 시 사업비 20% 예치 요구
     가능)
   * 지정개발자 요건
     a. 면적 50%, 토지 등 소유자 50%이상 추천 받은 자
     b. 민관합동 법인으로서 토지 등 소유자 50%이상 추천받은 자
     c. 토지면적 1/3이상 신탁받은 부동산 신탁업자

Memo

✓ 주택의 규모 및 건설비율
  ⅰ) 주거환경 개선 사업
     분양목적 국민주택규모 90/100이하
     임대주택 세대수 전체 30%이하(주거전용 면적 40㎡이하 50%이하)

  ⅱ) 주택 재개발 사업
     분양목적 국민주택 규모 80%이하
     임대주택 전체 17%이하(주거전용면적 40㎡이하 40%이하)

  ⅲ) 재건축사업
     국민주택규모 60%이하(전체 연면적에서 50%이하)

  ※ 단, 조합원 분양주택은 기존 주택의 전용면적에서 10% 확대할 수 있다.)

✓ 정비예정구역의 개발 행위제한 (건축과 토지분할)
  3년 이내 기간(1년 연장 가능) : 도시계획위원회심의 하기 전에 관할구역 시장·군수 의견
  청취, 고시 요

11) 사업대행자 : 정비사업이 지연되거나, 권리관계 분쟁으로 조합 또는 토지 소유자가 정
비사업 추진이 어렵다고 인정 하는 때 시장·군수가 직접 정비사업을 시
행하거나 지정개발자 또는 주공 등으로 하여금 대신하여 정비사업을 시
행하게 할 수 있다.

(1) 사업대행자는 사업대행개시 결정·고시일의 다음날부터 사업대행 완료 고시일까지
자기의 이름 및 사업시행자의 계산으로 사업시행자 업무를 집행하고 재산을 관리한다.

(2) 사업시행자에게 재산상 부담을 가하는 행위를 하고자 하는 때에는 미리 시장·군수의
승인을 얻어야 한다.

(3) 사업대행완료 : 사업대행자는 미리 완료의 뜻을 시장·군수에게 보고 하여야 한다.

(4) 사업대행자는 사업대행 완료고시가 있는 때에는 지체없이 사업시행자에게 업무를
인계하여야 하며, 사업시행자는 정당한 사유가 없는 한 이를 인수해야 한다

(5) 보수 및 비용 상환청구 : 시행자에게 귀속 될 택지 또는 건축물을 압류 할 수 있다.
(비용 지출한 날 이후의 이자 청구가능)

12) 주택재건축사업의 안전진단(공동주택 대상)
(1) 안전진단 제외대상

a. 천재지변 등으로 주택이 붕괴되어 신속히 재건축을 추진할 필요가 있다고 시장·
군수가 인정하는 곳

b. 주택의 구조 안전상 사용금지가 필요하다고 시장·군수가 인정

c. 노후불량 건축물에 관한 기준을 충족한 경우 잔여 건축물

d. 정비구역 내 도로 등 기반시설 설치를 위한 토지 위의 건축물

(2) 신청반려 : 노후불량 건축물에 해당하지 아니함이 명백하다고 인정하는 경우 그 사
유를 명시하여 신청을 반려 할 수 있다

(3) 안전진단 실시여부 결정

a. 시장·군수는 안전진단 신청이 있는 때 한국시설안전공단, 한국기술연구원의 의견
청취를 거쳐 안전진단 실시 여부를 결정하여야 한다. 실시가 필요하다고 결정한
경우 안전진단기관을 결정하여야 한다

b. 시장·군수는 안전진단 신청이 있는 때에는 신청일로부터 30일 이내 국·장이 정
하는바에 따라 실시여부를 결정하여 신청인에게 통보하여야 한다

c. 안전진단비용은 시장·군수가 부담한다. (단, 요청자에게 부담 시킬 수 있다.)

d. 안전진단 결과보고서 작성 : 시장·군수, 재건축사업 시행자에게 제출

e. 시장·군수 시행여부 결정 : 도시계획 및 지역여건 등을 종합적으로 검토

f. 시장·군수는 재건축사업시행을 결정한 경우 지체없이 시·도지사에게 결정내용과
안전진단 결과보고서를 제출하여야 한다.

g. 시·도지사는 적정성 여부의 검토를 의뢰할 수 있다.

h. 국·장은 시·도지사에게 제출받은 자료의 제출을 요청할 수 있으며 필요한 경우 시·도지사로 하여금 안전진단 결과의 적정성여부에 대한 검토 요청할 수 있다.

i. 시·도지사는 검토결과에 따라 시장·군수에게 재건축사업 시행결정 취소 등 필요한 조치를 요구할 수 있으며, 시장·군수는 특별한 사유가 없는 한 이에 응하여야 한다.

Memo

✓ 안전진단 실시대상(필수사항)
  ⅰ) 정비기본계획에 따른 재건축사업의 정비예정구역별 정비계획 수립시기가 도래한 때
  ⅱ) 정비예정구역의 건축물 및 부속토지소유자 10%이상 동의를 얻어 안전진단 실시 요청 때
  ⅲ) 정비구역 아닌 구역에서 재건축사업을 시행하고자 하는 자가 추진위원회 구성 승인 신청 전에 건축물 및 부속토지소유자 10%이상 안전진단 실시 요청 때

✓ 안전진단 실시 여부는 단계별 정비계획 사유로 시기를 조정 할 수 있다.

13) 조합설립 추진위원회(5인이상, 토지 등 소유자 과반수 동의, 시장·군수 승인)
  (1) 업무 : 정비사업자 선정
          개략적인 정비사업 시행서작성
          조합설립인가 작업
          기타(추진위원회 운영규정, 조합정관 초안작성 등)
  (2) 회계장부 : 조합설립 인가일부터 30일이내 조합에게 인계
  (3) 창립총회의사결정 : 과반수 출석, 과반수 동의(단, 조합임원, 대의원은 정관규정)

14) 설립인가
  (1) 주택재개발, 도시환경정비사업 : 토지 등 소유자 3/4, 면적 1/2이상, 시장·군수 인가
  (2) 주택재건축사업
      주택단지 안 : 공동주택 단지안의 각동별 구분소유자 2/3, 면적1/2
                    공동주택단지안의 전체 구분소유자 3/4, 면적 3/4 (시장·군수의 인가)
      주택단지 아닌 곳 : 토지 및 건축물 소유자 3/4, 면적 2/3
  (3) 조합원 지위 이전
    a. 원칙 : 허용
    b. 예외 : 투기과열 지구 내 재건축조합의 조합원지위 양도금지
      〈예외의 예외〉
      ⅰ) 세대원이 근무·생업상 사정으로 세대원전원이 사업구역이 위치하지 아니한
          특·광·시·군으로 이전하는 경우
      ⅱ) 상속주택으로 전원이전
      ⅲ) 기타 ▸ 조합설립인가 2년이내 사업신청 없이 2년 이상 소유
              ▸ 사업시행인가 2년이내 착공없이 2년 이상 소유
              ▸ 착공일 부터 3년이내 준공없이 3년 이상 소유
              ▸ 상속·이혼
              ▸ 국가, 지자체, 금융기관 채무불이행에 따른 경매, 공매시
  (4) 조합
    a. 임원결격사유
        미성년자, 금치산자, 한정치산자
        파선선고 후 복권되지 아니한 자
        금고이상 실형으로 종료 또는 면제된 지 2년이 되지 않는 자
        집행유예기간 중에 있는 자
        이 법에 의해 벌금 100만원 이상 선고, 5년이 지나지 않은 자
    b. 해임 : 조합원 1/10이상 발의, 과반수 출석, 과반수동의
    c. 해임총회는 발의자 대표의 임시사회로 선출된 자가 의장이 된다.
    d. 조합과의 계약·소송은 감사가 조합을 대표한다.
    e. 대의원회 : 조합원 100인 이상(필수)

(5) 조합원 : a. 재개발사업·도시환경 정비사업 : 토지 등 소유자, 재건축사업 : 토지 및
　　　　　　　　건축물 소유자
　　　　　　b. 조합장이 아닌 조합임원은 대의원이 될 수 없다.

15) 주민 대표회의 : 5인이상 25인이하. 시장·군수 승인, 정비구역지정고시 후 구성
　(1) 정비구역의 토지 등 소유자가 시장, 군수 주공 등의 사업시행을 원하는 경우
　(2) 시장, 군수, 주공 등은 주민대표회의 경비일부지원가능
　(3) 업무 : 건축물 철거/주민이주/토지 및 건축물보상/정비사업비 부담/세입자에 대한 임
　　　대주택 공급

Memo

✓ 조합창립총회는 추진위원회 위원장의 직권 또는 토지 등 소유자 1/5이상 요구로 추진위원
　회 위원장이 소집한다.
　(다만, 토지 등 소유자의 소집요구에도 불구하고 위원장이 2주 이상 소집에 응하지 않는
　경우 소집요구한 자의 대표가 소집할 수 있다.)

✓ 조합은 조합장 1인과 이사 3인 이상, 감사(1인 이상 3인 이하)를 정관으로 정한다.

✓ 조합임원은 같은 목적의 다른 조합의 임원 또는 직원을 겸 할 수 없다.

✓ 조합 총회는 조합임원 해임총회를 제외하고 조합장 직권 또는 조합원 1/5이상 또는 대의
　원 2/3이상 요구로 조합장이 소집한다.(총회의결은 조합원 10%이상 출석해야 한다)

16) 사업시행인가
   (1) 재건축 소형주택 공급의무
   (2) 인수자 : 국·장, 시·도지사, 주공 등에게 공급
   (3) 공급가격 : 재건축 소형 주택의 공급가격은 임대주택법에 따른 공공건설 임대주택의
      표준건축비로 하며, 부속 토지는 인수자에게 기부채납한 것으로 본다.
   (4) 사업시행인가 신청 전 동의 : 조합원 과반수 동의 (도시환경정비사업의 경우 3/4동
      의) (사업시행자가 지정개발자인 경우 : 토지면적 50%이상, 소유자 과반수 동의)
   (5) 사업시행 계획서 인가 : 시장·군수(14일 이상 공람, 의견제출)
   (6) 도시환경정비사업 지정개발자 : 정비사업비 20/100범위 내
      시·도 조례 정비사업비 예치(임의규정)
   (7) 건축기준 부적합해도 일부 건축물 존치·리모델링 인가 가능
      ⅰ) 주택단지 범위
      ⅱ) 부대·복리시설 설치기준
      ⅲ) 대지·도로 관계
      ⅳ) 건축선
      ⅴ) 일조 확보를 위한 높이제한
   (8) 사업시행계획서 작성 때 조치 : 존치 또는 리모델링 건축물 소유자 동의(필수)
      집합건물 구분소유자 2/3, 면적 2/3이상 동의
   (9) 순환정비방식(이주대책수립의무)
      ⅰ) 순차정비가능
      ⅱ) 순환용주택 사용·임대가능
      ⅲ) 순환용주택 거주 희망시 관리처분계획에 의해 처분된 것으로 본다
   (10) 사업시행자는 주거환경개선사업·주택재개발사업에 대해 임시수용시설조치(필수적)
        (일시 사용시 국가·지자체 토지는 대부료 면제, 완료 후 30일내 철거·원상회복)
        (일시 사용시 개인 토지 사용시 보상 : 공취법규정 준용, 토지수용 위원회 재결 단, 수용불가)
   (11) 토지의 수용·사용 : 사업시행 인가고시때 공취법에 의한 사업인정·고시 간주
        (사후 현물보상도 가능)
   (12) 재건축 사업 특례
      * 건축법에 의한 분할 제한규정에 미달해도 토지분할 청구가능
      a. 먼저 소유자와 협의
      b. 협의 불성립시 법원에 토지분할 청구
      c. 다음 요건이 충족될 때 동의요건 미달되도 건축위원회 심의를 거쳐 조합설립인가.
        사업시행인가 가능
      ⅰ) 토지 및 건축물 소유자가 전체 1/10이하
      ⅱ) 분할되어 나가는 토지가 건축물의 분할선상 위치 X
      ⅲ) 분할되어 나가는 토지가 건축법 규정에 적합할 것
   (13) 주거환경 개선사업 특례
      a. 국민주택채권 매입규정 X

b. 대지, 도로, 건축물 높이제한 : 시·도조례 따로 적용가능

c. 도시계획시설은 국토해양부령에 의한다

(14) 도시개발법에 의한 환지처분하는 때는 이를 주거환경정비법에서는 "사업시행인가 하는 때"로 본다

(15) 소유자 확인 곤란 시 : 공탁(감정평가업자 2인이상 산술평균)

(16) 조합설립인가일 현재 전체 공유물을 조합소유로 본다(단, 관리처분계획에 명시)

(17) 조합이 시공자 선정 시(시장·군수·주공제외) 시공보증서 제출(공사비 50%이하, 30%이상 보증)

   (착공 신고 시 : 시장·군수가 시공보증서 제출여부 확인)

Memo

✓ 과밀억제권역에서 재건축 시 정비계획상 용적율의 초과건축 시 적용제외규정
  ⅰ) 국·계법의 특·광·시·군 조례의 용적율 제한 규정
  ⅱ) 정비계획에서 정한 허용세대수 제한

✓ 재건축소형주택 건설 의무
사업시행자는 법적상한 용적율에서 정비계획으로 정한 용적율을 뺀 용적율의 30%이상 50%이하로서 시·도 조례로 정하는 비율에 해당하는 면적에 주거전용면적 60㎡이하 소형 주택을 건설해야 한다.

✓ 정비계획상 용적율 초과 건축 시 사업 시행인가 전에 미리 재건축 소형주택 인수자와 협의하여 사업시행 계획서에 반영해야 한다.

✓ 도시환경 정비사업의 경우 인가 받은 사항에 대해서는 규약이 정하는 바에 따라 시공자 선정하여야 한다.

✓ 관계행정기관은 20일 내 의견제출(사업시행 인가 시)

✓ 공공임대주택의 우선공급요청(순환용주택) : 주공 등은 30일 내 시행자에게 통지

  ⅰ) 가능 주택 수 : 공급물량의 1/2이내 (단, 전세가격 급등지역 1/2초과 가능)

  ⅱ) 순환용 주택 공급순위 : 도시근로자 월 소득 평균 70%이하 인자로서 실제 거주자

    ① 1순위 : 정비사업으로 철거되는 주택세입자로서 주택소유하지 않은 자

    ② 2순위 : 정비사업으로 철거되는 주택소유자로서 그 주택 외에는 소유하지 않은 자

17) 관리처분계획 : 사업시행 인가고시가 있는 날 부터 60일이내 분양신청에 관한 내용 통지
　　　　　　　　　(시공자와 계약체결 시 그날로부터 60일)
　(1) 분양신청 기간 : 통지한 날부터 30일 이상 60일 이내(20일 연장가능)
　(2) 분양신청 방법 : 소유권 내역, 등기부등본 혹은 환지예정지 증명원 첨부 시행자에게
　　　　　　　　　제출(신청기간내 발송)
　(3) 도시환경 정비사업의 경우 추가분양 : 토지·건축물 평가액의 10% 시행자에게 추가 납입
　(4) 청산대상 : 해당된 날부터 150일 이내 현금 청산
　　　　　　　　a. 분양신청 아니한 자
　　　　　　　　b. 분양신청 철회한 자
　　　　　　　　c. 인가된 관리처분계획에서 제외된 자
　(5) 관리처분계획인가 : 시행자는 분양신청 기간이 종료 된 때 분양신청 현황을 기초로
　　　　　　　　　관리처분계획을 수립 시장·군수에게 인가를 받아야 한다.(30일내)
　　a. 관리처분계획내용 : ⅰ) 분양설계
　　　　　　　　　　　　ⅱ) 분양 대상자의 주소·성명
　　　　　　　　　　　　ⅲ) 대상자별 분양예정 대지 및 건축물의 추산액
　　　　　　　　　　　　ⅳ) 대상자별 종전토지·건축물 명세 및 사업시행인가가 있는
　　　　　　　　　　　　　 날을 기준으로 한 가격
　　　　　　　　　　　　ⅴ) 대상자의 소유권 외 권리명세
　　　　　　　　　　　　ⅵ) 사업비 추산액·조합원 규모 및 부담시기
　　　　　　　　　　　　ⅶ) 기타(청산대상 토지명세, 폐지되는 기반시설 명세. 보류지 명세)
　　b. 관리처분계획기준
　　　종전토지·건축물의 면적·이용상황·환경 등 종합적으로 고려
　　　대지 또는 건축물의 적정규모 유도
　　　너무 좁은 토지 또는 정비구역지정 후 분할토지 취득자 : 현금청산가능
　　　재해·위생상 위해 방지를 위해 특별히 필요한 때 규모조정·현금보상
　　　건축물의 공유지분 교부가능
　　　분양설계 기준일 : 분양신청기간 만료일 기준
　　　1세대 1주택 공급원칙
　　　예외) 국가·지자체·주공·근로자 숙소·투기과열지구안에 위치하지 아니하는 주
　　　　　택재건축사업의 소유자
　　c. 관리처분계획 인가전 30일 이상 토지 등 소유자 공람
　　d. 인가고시(지체없이 시행자는 분양신청자에게 통지) : 30일 내 결정

Memo

✓ 주택재개발사업, 재건축사업, 도시환경정비사업에서의 예외적 시행자 지정 규정에 따라 시장, 군수가 직접 정비사업을 시행하거나 주공 등을 사업시행자로 지정한 경우 사업시행자는 사업시행자 지정 신고 후 건설업자 또는 등록업자를 시공자로 선정해야 한다.

✓ 주민대표회의는 경쟁 입찰의 방법에 따라 시공자를 추천할 수 있으며, 시장, 군수, 주공은 그자를 시공자로 선정해야 한다.

✓ 건축물을 분양 받을 권리산정 기준일
정비사업으로 인하여 주택 등을 공급하는 경우 정비계획을 포함한 구역지정고시가 있는 날 또는 시 도지사가 투기억제를 위하여 기본계획 수립 후 정비구역 지정 고시 전에 따로 정하는 날(기준일)의 다음날부터 다음 어느 하나에 해당되는 경우에는 해당토지 또는 건축물의 분양 받을 권리는 기준일을 기준으로 산정한다.

① 1필지의 토지가 수필지로 분할되는 경우
② 단독, 다가구가 다세대로 전환되는 경우
③ 동일대지안의 동일인 소유주택과 토지가 각각 분리되어 소유하는 경우
④ 나대지에 건축물을 건축하거나, 다세대, 공동주택을 건축하여 소유자 수가 증가되는 경우

✓ 시공자의 시공보증서 제출 : 총 공사비 50%이하 30%이상 사업시행자가 정하는 금액 (시장·군수는 착공신고 시 보증서 제출여부 확인)

✓ 사업시행자가 손실보상기준이상으로 세입자 주거이전, 영업비 보상 경우 정비구역해당 용적율 25%완화 할 수 있다.

✓ 소유자 확인 곤란한 경우 보상비 공탁 (2개 이상 일간지 2회 이상공고, 30일 경과)

✓ 보상비는 감정평가업자 2인 이상 산술평균 (단, 관리처분계획 변경, 중지, 폐지하는 경우는 사업시행자 및 토지 소유자등 전원 합의)

(6) 관리처분계획 인가·고시 효과 (인가전 30일이상 공람)

  a. 건축물 철거

  b. 종전 권리자 사용·수익 정지(사업시행자 동의시 예외) (관리처분 인가고시부터 소
    유권 이전 고시때 까지)

  c. 인가된 관리처분계획에 따라 공급

  d. 주택법 규정에도 불구하고 시장·군수의 승인을 얻어 사업시행자가 따로 정할 수 있다

  e. 주거환경개선사업에서 주택공급은 시장·군수승인으로 따로 정할 수 있다.

  주택공급순서 1순위 : 당해 정비구역안 토지·건축물 소유자로서 당해 정비구역 거주자

           2순위 : 위의 규정에서 당해 정비구역에 거주하지 않는 자

           3순위 : 기준일 현재 다른 주거환경개선사업을 위한 토지 및 건축물 소
                유자로서 당해 정비구역 안에 거주자

           4순위 : 주거지 상실 이주자로서 당해 시장·군수가 인정하는 자

  f. 청산금 교부·징수 : 분할가능 / 위탁 수수료 4% / 시효 5년

  g. 시장·군수의 준공인가 : 공사완료시

  h. 시행자는 이전 고시 있은 후 지체 없이 등기

(7) 정비사업 전문 관리업 : 시·도지사 등록

  a. 업무 : ⅰ) 조합설립동의 및 정비사업 동의에 관한 업무대행

         ⅱ) 조합설립인가 신청 업무대행

         ⅲ) 사업성 검토 및 정비사업 시행계획서 작성

         ⅳ) 설계자·시공자 선정 업무지원

         ⅴ) 사업시행인가 신청 업무대행

         ⅵ) 관리처분계획 수립업무대행

  b. 업무 병행제한 : 철거·설계·시공·회계감사

  c. 필요적 등록취소 : 허위·부정한 방법으로 등록/ 명의대여
              최근 3년간 2회이상 업무정지 기간 12월 초과시

  d. 등록취소 처분 받기 전 업무는 계속수행

  예외) ⅰ) 처분사실을 안날부터 3월이내 총회·대의원회의 의결·계약해지 때

        ⅱ) 3월이내 사업시행자의 동의를 받지 못한 경우 (총회, 대의원회 의결 요건)

        ⅲ) 필요적 등록취소 사유일 때

  e. 회계감사 : 감사종료 15일 이내 시장·군수 보고, 조합원 공람

       ⅰ) 조합인계전 7일이내

       ⅱ) 사업인가고시일로 부터 20일 이내

       ⅲ) 준공인가 신청일로부터 7일 이내

  f. 회계감사요건 : 조합원 80%이상 동의를 받지 못한 때에는 회계감사를 받아야 한다.

       ⅰ) 조합인계금액 3억 5천이상

       ⅱ) 사업시행인가 고시일까지 7억원 이상

       ⅲ) 준공인가일까지 14억원 이상

(8) 주택재개발사업의 시행방식 전환 (토지 등 소유자 4/5이상 요구)
　　동의요건 : 면적 2/3, 토지 등 소유자 4/5동의
(9) 행정형벌 5년/5천만 ▸ 토지 등 소유자 서면 동의서 위조
　　　　　　3년/3천만 ▸ 시공자선정규정 위반 선정한 자, 선정된 자
　　　　　　　　　　　　거짓·부정한 방법 조합원자격 취득자, 취득하게 한 자
　　　　　　　　　　　　투기과열지구내 주택재건축 조합원 자격 양도·양수
　　　　　　　　　　　　추진위원회 승인없이 정비사업 전문관리업자 선정한 자.
　　　　　　　　　　　　경쟁입찰방법에 의하지 않고 전문관리업자가 선정한 자.
　　　　　　　　　　　　토지 등 서면 동의서 매도, 매수한 자.
　　　　　　2년/2천만 ▸ 정비구역내 개발행위 위반/재건축 안전진단 거짓 작성/ 시장,
　　　　　　　　　　　　군수 승인 없이 조합 설립추진위원회 구성한 자
　　　　　　1년/1천만 ▸ 회계감사 받지 않은자, 정비사업등록증대여,
　　　　　　　　　　　　준공 없이 건축물사용자,

Memo

✓ 건축물을 철거하기 전에 기존건축물에 대한 물건조서, 사진, 영상자료를 만들어 착공 전
　까지 보관하여야 한다(물건조서를 작성할 때 종전건축물의 가격산정을 위하여 연면적, 평
　면도, 주요 마감재료 등을 첨부해야 한다.)

✓ 토지임대부분양주택전환 공급대상
　① 세입자
　② 면적 90㎡미만의 토지를 소유한 자로서 건축물을 소유하지 않은 자.
　③ 바닥면적 40㎡미만의 사실상 주거를 위하여 건축물을 소유한 자로서 토지를 소유하지
　　아니한 자

✓ 정비사업전문관리업의 임의적 등록취소사유(취소 혹은 1년이내 업무정지)
　① 등록기준 미달
　② 고의, 과실로 1/3이상 재산상 손실을 끼친 때
　③ 자료거부, 명령위반
　④ 이법위반 벌금형 선고

✓ 도시분쟁조정위원회(시·군·구에 설치)
　정비사업과 관련된 분쟁 : 60일 이내 조정 (1회 30일 연장가능), 분과 위원회에서 사전심
　사 가능

✓ 회계 감사 필요비용은 시장·군수에게 예치

건축법

1. 목적

: 건축물의 대지, 구조, 설비기준, 용도 등을 정하여 건축물의 안전, 기능 환경, 미관향상, 공공복리 증진

2. 용어의 정의

1) 주요 구조부 : 내력벽, 기둥, 바닥, 보, 지붕틀, 주계단

2) 지하층 : 지표면까지 평균높이가 해당 층 높이의 1/2이상(가중평균)

3) 거실 : 건축물안에 거주·집무·작업·집회·오락·기타 유사한 목적을 위해 사용되는 방

4) 발코니 : 내부·외부의 완충공간

5) 특별건축구역 : 조화롭고·창의적인 건축물의 건축을 통하여 도시경관 창출
　　　　　　　　　　건설기술 수준향상, 건축관련제도 개선을 도모하기 위하여 일부규정을
　　　　　　　　　　배제, 완화, 통합 적용할 수 있도록 특별히 지정하는 구역

6) 초고층건물 : 50층 이상이거나 높이가 200m이상인 건축물

3. 적용대상

1) 대지 : 측량, 수로조사 및 지적에 관한 법률에 의해 각 필지로 구획된 토지
   (1) 2개이상 필지를 하나의 대지로 보는 경우
　　　a. 하나의 건축물이 2필지 이상에 걸쳐 건축하는 경우
　　　b. 지표하 건축물(시장·군수·구청장이 정하는 토지)
　　　c. 사용승인 신청 시 2이상 필지를 하나의 필지로 하는 합필 조건
　　　d. 지적법에 합필이 불가능한 경우(지번지역·축척이 다르고, 지반이 연속X)
　　　　 (다만, 소유자가 다르거나, 소유권 이외의 권리가 다른 경우 제외)
　　　e. 도시계획시설이 설치되는 일단의 토지
　　　f. 사업계획승인 주택법의 일단의 토지
   (2) 한 필지 일부분을 하나의 대지로 보는 경우
　　　a. 도시계획시설이 결정된 일부분의 토지
　　　b. 농지전용허가 받은 일부분의 토지
　　　c. 보전산지 전용허가 받은 일부분의 토지
　　　d. 개발행위 허가 받은 일부분의 토지
　　　e. 분필조건 건축허가

2) 건축물
  (1) 토지에 정착한 공작물 중 지붕과 기둥 또는 벽이 있는 것, 이에 부수되는 시설물
  (2) 지하·고가의 공작물에 설치하는 사무소, 공연장, 점포, 차고, 창고 등
  (3) 건축물로 보지 않는 경우 – 지정·가지정 문화재
     - 철도 부지안의 시설물(역사X)
     - 고속도로 통행료 징수시설, 컨테이너 간이창고

Memo

3) 공작물: 축조신고

  (1) 2m를 넘는 것 : 옹벽, 담장

  (2) 4m를 넘는 것 : 광고판, 광고탑

  (3) 6m를 넘는 것 : 장식탑, 기념탑, 굴뚝, 골프연습장 등 운동시설을 위한 철탑

  (4) 8m를 넘는 것 : 고가수조

  (5) 8m 이하인 것 : 기계식 주차장 또는 철골조립식 주차장으로 외벽이 없는 것

  (6) 제조시설 · 저장시설 · 유희시설 등으로 건축조례로 정하는 것

  (7) 건축물의 구조에 심대한 영향을 줄 수 있는 중량물로 건축조례로 정하는 것

4) 적용대상행위

  (1) 건축

    a. 신축 : 건축물이 없는 대지에 새로이 건축물을 축조하는 것

    b. 증축 : 건축면적 , 층수, 연면적 또는 높이를 증가시키는 것

    c. 개축 : 기존 건축물의 전부 또는 일부를 철거하고 종전과 동일한 규모의 범위 안에서
       건축물을 다시 축조하는 것(내력벽, 보, 지붕틀, 기둥 중 3개 이상)

    d. 재축 : 건축물이 천재 · 지변 등으로 멸실된 후 동일한 규모의 범위 안에서 다시 축조

    e. 이전 : 주요구조부를 해체하지 아니하고 동일한 대지안의 다른 위치로 옮기는 것

    * 개축 및 재축에 있어서 종전 규모 초과 시 전부 ▶ 신축

  (2) 대수선

    a. 보 : 증설 · 해체하거나 / 3개이상 수선 또는 변경

    b. 내력벽 : 증설 · 해체하거나 / 벽면적 30㎡이상 수선 또는 변경

    c. 기둥 : 증설 · 해체하거나 / 3개이상 수선 또는 변경

    d. 지붕틀 : 증설 · 해체하거나 / 3개이상 수선 또는 변경

    e. 방화벽 또는 방화구획을 위한 바닥 또는 벽을 증설 · 해체하거나 수선 · 변경

    f. 주계단, 피난계단, 특별피난계단을 증설 · 해체하거나 수선 · 변경

    g. 미관지구 안에서 건축물의 외부형태(담장포함)를 변경(외부색채변경 X)

    h. 다가구주택 및 다세대주택의 가구 및 세대간 경계벽을 증설 · 해체하거나 수선 · 변경

  (3) 리모델링 : 120/100 비율 완화

    용적률 / 높이 / 일조를 위한 건축물의 높이

Memo

5) 건축물의 용도분류

  (1) 단독주택 ▶ 단독, 다중(330㎡이하, 3층이하)

                다가구(3개층이하, 660㎡이하, 19세대이하)

  (2) 공동주택 ▶ 아파트(주택으로 쓰이는 층수가 5개층 이상인 주택)

                ▶ 연립주택(바닥면적 660㎡ 초과 / 4개층 이하인 주택)

                ▶ 다세대 주택(바닥면적 660㎡이하 / 4개층 이하인 주택)

  (3) 제1종 근생 : a. 소매점(바닥면적 1000㎡ 미만)(1,000㎡이상은 판매시설)

                  b. 휴게음식점(300㎡ 미만)

                  c. 탁구장, 체육도장(500㎡ 미만)

                  d. 의원, 치과의원, 한의원, 조산소, 접골원, 소방서, 보건소(의료시설×)

  (4) 제2종 근생 : a. 일반음식점, 기원

                  b. 휴게음식점(300㎡ 이상)

                  c. 테니스장, 에어로빅장, 볼링장, 당구장, 골프연습장(500㎡ 미만)

                  d. 종교집회장(300㎡미만) (300㎡이상은 종교시설)

                  e. 중개업소(500㎡ 미만) 장의사

                  f. 단란주점(150㎡ 미만)(150㎡이상은 위락시설)

                  g. 사진관, 표구점, 학원(500㎡ 미만)

  (5) 문화 및 집회시설 : 동·식물원(동·식물 관련시설×)

  (6) 의료시설 : 장례식장(×)

  (7) 교육연구시설 : 학원(500㎡ 이상)

  (8) 묘지 관련시설 : 화장장·봉안장

6) 용도 변경(↑허가대상, ↓신고대상, 같은 시설군에서 이동 : 기재사항 변경)

  (1) 자동차 관련시설군 : 자동차 관련시설

  (2) 산업 등 시설군 : 운수·창고·공장·위험물 저장·처리시설·분뇨·쓰레기처리시설·묘지관련시설

  (3) 전기통신 시설군 : 방송통신 시설·발전시설

  (4) 문화집회 시설군 : 문화·집회·종교·위락·관광휴게시설

  (5) 영업 시설군 : 판매·운동·숙박

  (6) 교육 및 복지시설군 : 의료·교육·노유자·수련시설

  (7) 근린 생활시설군 : 제1종 근생, 제2종 근생

  (8) 주거 업무 시설군 : 단독·공동·업무·교정 및 군사시설

  (9) 기타 : 동·식물 관련시설, 장례식장

  (10) 사용승인규정 : 바닥면적 100㎡이상 용도변경

  (11) 건축사 설계 : 바닥면적 500㎡이상 용도변경

7) 건축법 적용대상지역

   (1) 전면적용지역 : a. 국계법, 도시지역, 제2종 지구단위계획구역

                      b. 동·읍지역(섬의 경우 인구 500인 이상)

   (2) 부분적용지역에서 제외되는 규정 : a. 대지와 도로관계

   (건폐율·용적율·높이제한·공개공지×) b. 도로의 지정·폐지·변경

                             c. 건축선 지정

                             d. 건축선에 의한 건축제한

                             e. 방화지구안의 건축제한

                             f. 대지의 분할제한

   (3) 적용완화 : 수면위건축물, 31층 이상, 거실없는 통신시설 등, 전통한옥, 사용승인 15년

                   지난 건축물 등

8) 지방건축 위원회 심의사항

   (1) 조례 제정·개정

   (2) 건축선 지정

   (3) 다중이용 건축물, 바닥면적 합계 5,000㎡ 이상 건축에 관한사항

   (4) 16층이상 건축물

   (5) 미관지구에 대한 사항

   (6) 분양을 목적으로 하는 건축물의 건축에 관한사항

9) 특·광·도 지방건축위원회 심의사항(임의규정)

   : 다중이용 건축물 중 16층 이상 또는 연면적 3만㎡ 이상

10) 중앙 건축위원회 심의사항(임의규정)

   : 50층 이상 또는 높이 200m 이상인 건축물

Memo

4. 건축물의 건축

1) 건축허가의 사전결정 : 교통영향분석 동시신청가능, 사전환경성 검토협의 대상인 경우
　　　　　　　　　　　　환경성 검토 필수사항

  (1) 인·허가 의제 : 국계법 개발행위
　　　　　　　　　　산지 관리법 전용허가, 신고
　　　　　　　　　　농지법 전용허가, 신고 협의
　　　　　　　　　　하천법 전용허가

  (2) 2년내 건축허가신청(필수)

2) 건축허가 대상 : 건축·대수선은 시장·군수·구청장(허가권자)

  (1) 특·광시장 허가 : 21층이상. 연면적 합계 10만㎡이상인 건축물

  (2) 도지사 사전 승인사항

   a. 21층 이상, 연면적 10만㎡ 이상 건축물

   b. 자연환경, 수질보호를 위하여 도지사가 지정·공고하는 구역안에 3층이상 또는
　　　연면적 1,000㎡이상의 건축물

    ⅰ) 공동주택

    ⅱ) 2종 근린생활시설(일반 음식점)

    ⅲ) 업무시설(일반업무시설)

    ⅳ) 숙박시설

    ⅴ) 위락시설

   c. 주거환경·교육환경 등 주변환경 보호상 필요한 지역 : 위락시설·숙박시설

  (3) 위락·숙박시설에 대해서는 건축위원회 심의를 거쳐 건축허가 제한가능(재량적 행위)

  (4) 허가권자는 다른 행정기관의 권한에 속하는 협의사항은 15일 이내 의견제출
　　　(타행정기관) (처리기준이 아닌 사유로 협의 거부할 수 없다)
　　　타 행정관청 처리기준은 국·장에게 통보해야 하며 국·장은 통합고시 해야 한다.

  (5) 건축허가 제한

   a. 국·장 : 국토관리상 필요시, 주무장관 요청 시

   b. 시·도지사 : 지역계획, 도시계획상 필요시(허가 착공을 제한한 경우 국·장 보고필수,
　　　　　　　　　제한 내용이 지나칠 때 해제를 명할 수 있다)

   c. 허가제한시 허가권자(시·군·구)에게 통보해야 하며 허가권자는 지체 없이 공고

   d. 제한기간 : 2년이내 + 1년 연장가능

  (6) 허가 취소
　　　필수 : 1년내 공사착수X (단, 1년 연장가능)
　　　　　　공사완료가 불가능하다고 인정하는 경우

  (7) 건축 복합민원 일괄 협의회 : 회의 개최 후 5일내 허가권자에게 의견제출

  (8) 안전관리 예치금 : 공사비 1%내 (임의규정) (연면적 5,000㎡이상)

Memo

3) 건축신고 : 신고함으로써 허가 받은 것을 본다
  (1) 신고사항 : a. 바닥면적 합계 85㎡이내 증·개축·재축
                b. 국계법(관리·농림·자연환경보전지역) : 연면적 200㎡ 미만
                   3층 미만 건축 (단, 2종 지구단위계획구역 제외)
                c. 대수선 : 연면적 합계 200㎡미만 3층 미만
                d. 주요구조부 해체가 없는 등 대통령령으로 정하는 대수선
                ① 내력벽 면적 30㎡이상 수선   ② 기둥3개 이상 수선
                ③ 보 3개이상 수선   ④ 지붕틀 3개이상 수선
                ⑤ 방화벽 방화구획을 위한 바닥 수선   ⑥ 주, 피난, 특별피난계단 수선
                e. 연면적 합계 100㎡이하 건축물 신축
                f. 높이 3m이하 증축
                g. 표준설계도서에 의한 건축
                h. 공업지역, 2종 지구단위계획구역(산업형), 산업단지 : 2층이하, 연면적
                   500㎡이하 공장
                i. 농업·수산업영위 연면적 200㎡이하 창고, 400㎡이하 축사·작물재배사
  (2) 건축신고 효력상실 : 신고일로부터 1년내 공사 착수X

4) 가설건축물 허가기준(착공신고, 사용승인신청대상) : 3층 이하
  (1) 철근·철골·콘크리트조가 아닐 것
  (2) 존치기간 3년이내(도시계획사업이 시행될 때가지 연장가능)
  (3) 전기·가스등 간선시설 설비를 요하지 않을 것
  (4) 분양목적이 아닐 것
  * 축조신고 대상은 존치기간 2년내로 한다(연장은 만료일 7일전까지 신고)(사용승인
    신청대상X)
  * 시·군·구청장을 존치기간 만료일 30일전 까지 건축주에게 통고의무(연장 시 건축주
    는 허가 혹은 신고) : 허가 대상 14일전까지 허가신청, 신고대상은 7일전까지 신고
5) 건축사에 의한 설계
  (1) 건축허가를 받아야 하거나 건축신고를 하여야 하는 건축물
  (2) 사용승인 후 20년 이상의 기간이 경과된 건축물로서 주택법에 따른 리모델링건축물
  (예외 : 바닥면적 85㎡이내 증·개·재축/연면적 200㎡미만이고, 층수 3층 미만 대수선)

6) 사용승인 : 7일내
  임시사용 승인 기간 : 2년내 (단, 건축물 암반공사 연장가능)

7) 허용오차
  (1) 건축선, 인접 건축물 거리 : 3%

(2) 건폐율 : 0.5%(5㎡ 초과X)

(3) 용적율 : 1%(연면적 30㎡ 초과X)

(4) 높이·너비·길이 : 2% 이내

(5) 두께 : 3% 이내

8) 건축물 소유자·관리자는 1년에 한번이상 정기점검 실시 → 유지·관리(필수)

9) 철거 7일 전 까지 신고, 멸실 30일 이내 신고

Memo

✓ 2년이상 경력자, 감리업무 수행대상
　① 바닥면적 5천㎡이상 건축공사(축사·작물재배사 제외)
　② 연속된 5개층 이상으로서 바닥면적 합계 3천㎡이상
　③ 아파트 공사

✓ 공사감리자 배치 시·변경 시 7일이내 허가권자에게 신고

✓ 건축전산자료 이용자에 대한 지도 감독

　ⅰ) 대상 : 연간 50만건 이상(국·장), 연간 10만 이상 (시·도지사)

　　　연간 5만건 이상 (시·군·구청장)

　ⅱ) 자료제출 : 이용실태 및 안전관리 대책 (15일 이내 제출)

　ⅲ) 통보 : 대상자에게 3일전까지 통보

✓ 건축주변경도 신고대상

5. 대지 및 도로

1) 대지 : (1) 인접 도로면보다 낮아서는 아니된다(배수·방수문제 없다면 가능)

   (2) 습지·매립지의 경우 성토, 지반의 개량 기타 필요한 조치를 해야 한다

   (3) 대지에는 하수관·하수구·저수탱크 등 유사한 시설을 하여야 한다

   (4) 손궤의 우려가 있는 토지는 옹벽을 설치하거나 필요한 조치

        a. 성토·절토 부분의 경사도 1:1.5이상으로서 높이1m 이상인 부분

        b. 옹벽 높이가 3m 이상인 경우 콘크리트구조로 할 것

   (5) 대지안의 조경 : 면적 200㎡이상인 대지에 건축하는 건축물

   (예외) a. 자연녹지지역

        b. 면적 5천㎡ 미만 대지의 공장

        c. 연면적 합계 1,500㎡ 미만 대지의 공장

        d. 산업집적 활성화 및 공장설립에 관한 법률에 의한 산업단지 안의 공장

        e. 염분함유로 조경불가 / 축사 / 가설 건축물

        f. 연면적 합계 1,500㎡ 미만 물류시설(단, 주거지역, 상업지역 제외)

        g. 국계법(관리지역·농림지역·자연환경보전지역)의 건축물

        (제2종 지구단위계획구역 제외)

   (6) 옥상조경 : 옥상면적 2/3인정, 50%초과 불가

2) 도로 : 보행 및 자동차 통행이 가능한 폭 4m 이상의 도로 및 예정도로

   예외 : 막다른 도로 ▶ 길이 10m 미만 2m 이상, 길이 10m이상 35m미만 3m 이상

        길이 35m 이상 6m 이상(읍·면 : 4m)

   (1) 대지가 도로와 접해야 하는 길이 : 2m 이상

   (연면적 2,000㎡이상은 6m이상 도로에 4m이상 접해야 한다)

   (2) 도로의 지정 : a. 이해관계인 동의(허가권자가 지정할 때)

        b. 건축위원회 심의(이해관계인 해외거주 등 동의를 얻기가 곤란할 때/사실상 통행로로 사용하는 경우)

   (3) 도로 폐지 : 이해관계인 동의 필수

3) 건축선

   (1) 의의 : 건축할 수 있는 대지와 도로의 경계선

   (소요너비에 못 미치는 경우 중심선에서 소요너비(4m)의 1/2 물러난 선. 반대편에 하천·철도부지등 일 때는 소요너비 만큼 물러난 선으로 한다 : 대지면적산입×)

   (2) 시·군·구청장 : 4m 범위 내에서 지정건축선 지정가능(대지면적산입○):30일 이상 공고

   (3) 건축물·담장은 건축선의 수직면을 넘어서는 아니된다(지표하 제외)

   (4) 도로면에서 4.5m 이하 : 창문 등의 개폐 시 건축선의 수직면을 넘으면 아니된다

Memo

6. 건축물의 구조 안전확인

1) 구조안전의 확인 ▸ 3층 이상인 건축물

연면적 1,000㎡ 이상인 건축물

3층 미만으로 높이가 13m 이상이거나, 처마높이 9m이상

기둥과 기둥사이의 거리가 10m 이상인 건축물

국토해양부령이 정하는 지진구역안의 건축물

국가문화유산으로 국토해양부령으로 정하는 건축물

※ 지진에 대한 안전 확인 제외 : 사용승인서 받은 후 5년 경과 건축물로서 10%이내 증축 또는 1개층 증축)

2) 구조 기술사의 확인 ▸ 16층 이상인 건축물

기둥과 기둥사이의 거리가 30m 이상인 건축물

다중이용 건축물

외벽의 중심선으로부터 3m이상 돌출된 건축물

3) 건축설비
   (1) 승강기 : 5층 이상으로서 연면적 2,000㎡이상
   (단, 6층으로서 거실 바닥면적 300㎡이내마다 직통계단이 있는 경우 제외)
   (2) 비상용 승강기 : 31m 초과 건축물
   (바닥면적 : 1,500㎡이하 1대/ 그 외 3,000㎡마다 1대 / 면적 6㎡이상)

Memo

✓ 관계전문 기술자 협력 : 연면적 1만㎡이상(창고제외) 또는 에너지 다량소비 건축물로서 국토해양부령이 정하는 건축물(서명, 날인)

✓ 토목분야 기술자 협력 : 깊이 10m이상 토지 굴착, 높이 5m이상의 옹벽공사(서명,날인)

✓ 헬리포트설치 : 층수 11층 이상으로 바닥면적 합계가 1만㎡이상인 건축물

✓ 옥외 피난 계단 : ⅰ) 공연장이나 위락시설 중 주점영업 바닥면적 300㎡ 이상
                 ⅱ) 문화집회시설 중 집회장 경우 바닥면적 1,000㎡ 이상

✓ 관람석 등으로 부터 출구 설치
  ⅰ) 문화 집회시설(전시장 및 동·식물원 제외)
  ⅱ) 종교시설
  ⅲ) 위락시설
  ⅳ) 장례식장

✓ 옥상광장 설치 : 5층 이상(문화, 집회, 종교, 판매, 위락시설 중 주점 영업, 장례식장)

✓ 대지안의 피난 및 소화에 필요한 통로설치
  ⅰ) 단독주택 0.9m 이상
  ⅱ) 바닥면석 500㎡이상 문화 집회, 종교, 의료, 위락, 장례식장 3m 이상
  ⅲ) 그 밖의 용도 1.5m 이상

✓ 아파트 4층 이상인 층의 대피공간 : 공동설치 3㎡이상, 단독설치 2㎡이상

7. 지역·지구안의 건축물

1) 건축물이 지역·지구에 걸치는 경우

  (1) 원칙 : 대지가 이법 또는 다른 법에 의한 지역·지구·구역에 걸치는 경우

       건축물 및 대지전부에 대하여 그 대지 과반이 속하는 지역·지구·구역에 관

       한 규정을 적용한다(녹지지역, 방화지구 제외)

  (2) 예외 : a. 건축물이 미관지구에 걸치는 경우 그 건축물 및 대지 전부 → 미관지구

        b. 건축물이 방화지구에 설치는 경우 그 건축물만 → 방화지구

         (방화벽, 방화구획으로 구획된 경우 → 걸치는 부분만)

        c. 대지가 녹지와 그 밖의 지역·지구·구역에 걸치는 경우

         → 각 지역·지구·구역의 규정적용

         (단, 녹지지역안의 건축물이 미관·방화지구에 걸치는 경우 위 규정준용)

2) 면적

  (1) 대지의 수평투영면적

  (2) 대지면적 불포함 : 소요너비 미달도로, 가각전제(도로 폭 8m, 각도 120°이상 제외)

  (3) 대지면적 포함 : 지정 건축선

  (4) 건축면적 : 외벽 중심선으로 둘러싸인 수평투영면적(아파트는 안목치수 적용)

   예외 : a. 지표면에서 1m이하 제외

      b. 돌출부분이 있을 때 1m 후퇴 / 한옥 2m 후퇴)

      c. 다중이용 건축물의 옥외 피난계단(폭1.5m이하) 건축면적산입 X

  (5) 연면적 : 각 층 바닥면적의 합계 (바닥면적 산정 : 벽, 기둥 구획없는 건축물 지붕끝

    1m 후퇴 수평면적) (용적율 산정제외 : 지하층, 지상주차장, 주민공용시설)

  (6) 대지의 분할 제한 ▶ 주거지역 60㎡

               상업지역 150㎡

               공업지역 150㎡   => 미달되게 분할할 수 없다

               녹지지역 200㎡

               기타   60㎡

  (7) 공개공지 대상 : 일반주거·준주거·상업·준공업(연면적 5,000㎡ 이상)

          ▶ 10% 이하 건축조례로 정한다(용적률 높이 1.2배 완화)

  (8) 높이제한 : 지표면으로부터 해당 건축물의 상단까지 높이

   a. 전면도로 노면차가 있는 경우 가중평균한 수평면

   b. 지표면이 전면 도로보다 높은 경우 고저차의 1/2 높이 만큼 올라온 위치에 해당

     전면도로의 면이 있는 것으로 본다.

   c. 건축물의 대지 지표면과 인접대지 지표면에 고저차가 있을때

   ▶ 평균수평면을 지표면으로 본다. 다만, 전용주거, 일반주거를 제외한 지역에서 공동

    주택을 다른 용도와 복합하는 경우 공동주택의 가장 낮은 부분을 해당 건축물의

    지표면으로 본다.

d. 건축물 옥상에 설치하는 승강기탑, 망루, 옥탑 등은 건축면적의 1/8이하인 경우로서 12m를 넘는 경우에 건축물의 높이에 산입(주택법 85㎡이하 1/6)

(9) 처마높이 : 지표면으로부터 건축물의 지붕틀, 깔도리 또는 기둥의 상단까지의 높이

Memo

✓ 다락(충고 1.5m), 경사진 형태(1.8m), 승강기탑, 계단탑 등 바닥면적 산입×

✓ 용적율 산정 때 연면적 제외 : 지하층, 지상층 주차용, 주민공동시설, 고층건물의 피난안전구역

✓ 공개공지 등에는 연간 60일 이내의 기간 동안 건축조례로 정하는 바에 따라 주민들을 위한 문화행사나 판촉활동을 할 수 있다.(울타리 등 공중이 이용하는데 지장을 주는 행위 금지)

✓ 건축물 높이는 원칙은 전면도로 중심선으로 부터의 높이로 산정한다.

(10) 반자높이 : 방의 바닥면에서 반자까지의 높이(높이가 다른 때 가중평균)

(11) 층고 : 방의 바닥 구조체 윗면으로부터 위층 바닥 구조체 윗면

(12) 층의 구별이 명확하지 않을 때에는 4m마다 1개층

(13) 층수를 달리하는 경우 가장 많은 층수로 한다.

(14) 지표면에 고·저차가 있는 경우 가중평균한 높이의 수평면을 지표면으로 본다.
　　　고·저차가 3m를 넘는 경우 고저차가 3m이내 부분마다 그 지표면을 정한다.

(15) 가로구역별 최고높이제한 : 허가권자가 15일 이상 주민 공람 / 지방건축위원회의
　　　심의를 거쳐야 한다(동일한 가로구역에서도 높이를 다르게 정할 수 있다)

(16) 사선제한 : 최고 높이를 정하지 아니한 가로구역의 경우
　　　　　　　전면도로 반대쪽 경계선의 수평거리의 1.5배를 초과할 수 없다.

(17) 일조등 확보를 위한 건축물 높이제한

　a. 전용·일반주거지역 : 정북방향 인접대지 경계선으로로부터 일정거리
　　　(4m → 1m, 8m → 2m, 8m초과 → 높이의 1/2)

　b. 정남방향 인접대지 경계선
　　　ⅰ) 택지개발 촉진법 : 택지개발 예정지구
　　　ⅱ) 주택법 : 대지조성 사업지구
　　　ⅲ) 지역균형개발 및 지방중소기업 육성에 관한 법률
　　　ⅳ) 산개법 : 국가·일반·도시첨단·농공단지
　　　ⅴ) 도시개발법
　　　ⅵ) 도시 및 주거 환경정비법
　　　ⅶ) 정북방향에 도로·공원·하천 등 건축이 금지된 공지에 접한 경우
　　　ⅷ) 정북방향 대지 소유자와 합의

　c. 공동주택(일반·중심상업지역 제외 / 다세대 제외)
　　　H≦2D 또는 4D(근린상업·준주거)인접대지 경계선
　　　(동지일 기준 9시~15시 사이 2시간 이상 일조확보)
　　　(2층 이하 8m이하 건축물 적용배제 : 해당 지자체 조례)
　　　인동거리 : D≥0.5H(채광창 있을 때) D≥8m(채광창 없을 때)
　　　　　　　　D≥4m(측벽과 측벽사이)

Memo

✓ 가로구역별 건축물 높이 지정 시 고려사항

ⅰ) 도시관리계획 등 토지이용 계획

ⅱ) 해당 가로구역에 접하는 도로의 너비

ⅲ) 상·하수도 간선시설 수용능력

ⅳ) 도시미관 및 경관계획

ⅴ) 해당도시의 장래 발전계획

8. 특별건축구역 : 지정권자 => 국·장

1) 제외지역 : 개·특법/ 자연공원법/ 도로법/ 산지관리법/ 군사시설 보호법

2) 중앙행정기관장, 시·도지사, 특별자치도지사, 시장·군수·구청장의 요청시 필요성·타당성·공공성·피난방재 등의 사항을 검토하고 30일 이내 중앙건축위원회 심의를 거쳐야한다 (직권으로 지정할 수 있다)

3) 특별건축구역 해제
   (1) 지정신청기관의 요청
   (2) 거짓이나 부정한 방법으로 지정 받은 경우
   (3) 5년이내 지정 목적에 부합하는 건축물 착공이 이루어지지 않을 경우
   (4) 특별 건축구역 지정요건을 위반하였으나 시정이 불가능한 경우

4) 특별건축구역 지정·변경이 있을 때 도시관리계획 결정이 있는 것으로 본다.

5) 특별건축구역의 건축물
   (1) 국가·지자체가 건축하는 건축물
   (2) 공공기관이 건축하는 건축물
   (3) 그 밖에 허가권자가 인정하는 건축물

6) 통합적용계획 수립 및 시행 : 문화예술 진흥법
                                            주차장법
                                            도시공원 및 녹지 등에 관한 법률

7) 건축법완화 적용 : 조경, 건폐율, 대지안공지, 높이규정

9. 보칙 및 벌칙

1) 이행강제금 : 1년 2회 문서계고(연면적 85㎡이하 주거용 건축물 부과금액 1/2 범위내 5회내 가능)
   (1) 시가표준액의 50/100 : 건폐율·용적율 위반, 무허가, 무신고 건축물
   (2) 그 외 : 10/100의 범위
   (3) 국고금관리법 시행규칙에 의한다.

Memo

✓ 위반건축물은 영업허가 등의 거부 요청 할 수 있다.

✓ 시·군·구청장은 위반 건축물의 실태조사를 한 후 매년 정비계획을 세워 수립 시행해야
하며 시·도지사에게 경과를 보고해야 한다.

✓ 건축분쟁전문위원회(위원장·부위원장 각 1명 포함한 15명이내)
조정신청은 90일이내. 재정신청은 180일 이내로 한다.
조정은 3명의 위원으로 구성하고, 재정은 5명의 위원으로 구성한다.
재정 신청이 된 사건은 조정에 회부하는 것이 적합하다고 인정하면 직권으로 직접 조정
할 수 있다.

✓ 모니터링 대상 건축물의 건축주 또는 소유자는 5년의 범위 내에서 모니터링 보고서를 허
가권자에게 제출하여야 한다.

주택법

1. 적용대상

: 단독 20호, 공동20세대 이상의 주택건설 사업을 시행하는 경우 또는 1만㎡ 이상의 대지조성사업을 시행하는 경우 주택법 규정에 의해 사업계획승인을 얻어서 시행하여야 한다.

2. 용어의 정의

1) 국민주택 : 국민주택기금으로부터 자금을 지원받아 개량되는 주택으로서 주거전용면적 1호 또는 1세대당 85㎡ 이하인 주택(읍·면 100㎡이하)

2) 국민주택 등 : 국민주택과 국가·지자체·주공 또는 지방공사가 건설하는 주택 및 공공 건설 임대주택 중 85㎡이하의 주택

3) 민간건설 중형 국민주택 : 국민주택 중 국가·지자체·주공·지방공사 외의 사업주체가 건설하는 60㎡ 초과 85㎡ 이하의 주택

4) 민영주택 : 국민주택 등을 제외한 주택

5) 도시형 생활주택 : 150세대 미만의 국민주택규모에 해당하는 주택으로서 대통령령으로 정하는 주택(단지형, 원룸형, 기숙사형)

① 단지형 다세대주택 : 건축 위원회심의를 받은 경우 주택으로 쓰는 층수를 5층까지 가능

② 원룸형 주택 : 세대별 독립·하나의 공간구성. 세대별 12㎡-50㎡이하 지하층 설치(×)

③ 기숙사형 주택 : 취사장, 세탁실, 휴게실 공동사용, 세대별 7㎡-30㎡이하 지하층 설치(×)

※ 하나의 건축물에는 도시형생활주택과 그 밖의 주택을 함께 건축할 수 없으며, 단지형과 그 밖의 도시형생활주택을 함께 건축할 수 없다. 다만, 주거지역과 상업지역에서는 원룸형 주택 또는 기숙사형 주택과 그 밖의 주택(단지형 다세대 주택 제외)을 함께 건축 할 수 있다.

Memo

6) 공공택지 : 공공사업에 의해 개발·조성되는 공동주택이 건설되는 용지(하나의 건축물에
　　　　　　　 도시형 생활주택과 그 밖의 주택건설 X)
　　(1) 수용·사용규정에 의한 국민주택 건설 또는 대지조성사업
　　(2) 택지개발 촉진법에 의한 택지개발사업
　　(3) 산개법에 의한 산업단지 개발사업
　　(4) 국민임대 주택단지 조성사업
　　(5) 도시개발법에 의한 도시개발사업(수용·사용방식에 한한다)
　　(6) 경제자유구역 개발사업
　　(7) 혁신도시 개발사업
　　(8) 행정중심 복합도시 건설사업
　　(9) 공취법에 의한 공익사업으로 대통령령으로 정하는 사업

7) 주택단지 : 별개의 주택단지로 보는 경우
　　(1) 철도·고속도로·자동차 전용도로
　　(2) 폭 20m이상 일반도로
　　(3) 폭 8m이상 도시계획 예정도로

8) 부대시설 : 관리실, 주차장, 담장 등
　 복리시설 : 어린이 놀이터. 경로당, 근·생시설 등
　 간선시설 : 도로, 상·하수도, 전기기설·통신시설 등

9) 주택조합 : 지역, 직장, 리모델링 주택조합

10) 입주자 : 주택을 공급 받는 자, 주택 소유자, 소유자를 대리하는 배우자 / 직계존·비속

11) 사용자 : 임차인

12) 관리주체 : 관리사무소장, 관리업무 인계전의 사업주체, 주택 관리업자, 임대주택법 규
　　정에 의한 임대 사업자

13) 리모델링 : 건축물의 노후화억제·기능향상 등을 위해 대수선 또는 대통령령이 정하는
　　범위 내에서 증축행위
　　(1) 증축범위 : 사용검사일 또는 건축법의 사용 승인일 부터 15년이 경과된 공동주택을
　　　　각 세대의 전용주거면적 3/10이내에서 증축하는 행위를 말한다.

Memo

3. 주택종합계획

1) 국가 등의 업무

  (1) 국민의 쾌적하고 살기 좋은 주거생활이 가능 하도록 할 것

  (2) 주택시장의 원활한 기능발휘와 주택산업의 건전한 발전

  (3) 주택이 공평하고 효율적으로 공급, 쾌적하고 안전하게 관리

  (4) 저소득자·무주택자 우선적으로 공급될 수 있도록 할 것

2) 주거실태조사 : 국·장, 특·광, 시장·군수

                국·장 정기조사 : 인구 총 조사와 함께 실시(필수), 수시조사

3) 최저 주거기준 설정 : 국·장(관계행정기관장 협의·주택정책 심의위원회 심의) 결정

  (1) 가구 구성별 최소주거 면적

  (2) 용도별 방의 개수

  (3) 전용 부엌·화장실 등 필수적인 설비

  (4) 안전성·쾌적성 등을 고려한 주택의 구조·성능 및 환경기준

4) 주택종합계획수립 : 국·장/ 10년 단위, 당해 연도 2월말까지 수립(필수)

  (1) 국토기본법에 의한 국토종합계획에 적합해야한다

  (2) 국가·지자체·주공·지방공사는 주택종합계획이 정하는 바에 따라 주택건설사업, 택지조성사업을 시행 하여야 한다.

  (3) 소관별 계획서 제출을 요청받은 관계중앙행정기관장 및 시·도지사는 매년 12월말까지 다음연도 주택종합계획에 반영할 계획서를 작성하여 국·장에게 제출하여야 한다

  (4) 국·장은 소관별 계획서를 기초로 주택종합계획안을 마련하여 관계중앙행정기관장과 협의하고 주택정책심의 위원회의 심의를 거쳐 확정한다. 지체없이 관계중앙행정기관장 및 시·도지사에게 통보한다

5) 시·도 주택종합계획 : 연도별, 10년단위(필수)

Memo

4. 주택의 건설

1) 사업주체 : 국가, 지자체, 주공, 등록사업자

2) 등록사업자 : 국·장에게 등록

연간 20호 이상의 주택건설 사업을 시행하고자 하는 자 또는 연간 1만㎡이상의 대지조
성사업을 시행하고자 하는 자

(1) 등록의무가 없는 사업주체

　국가·지자체/ 주공/ 지방공사/ 공익법인/ 주택조합/ 근로자를 고용하는 자

(2) 등록기준 : 자본금 ▸ 법인 3억(개인 6억)

　　　　　　　　　　주택건설사업 분야 기술자 1인 / 대지조성사업분야 기술자 1인

　사무실 면적 ▸ 33㎡이상

(3) 결격사유 : a. 행위무능력자

　　　　　　　b. 파산선고 후 복권되지 않은 자

　　　　　　　c. 부정수표단속법 종료·면제된 날부터 2년이 경과되지 않은 자

　　　　　　　d. 부정수표단속법 집행유예 중 인자

　　　　　　　e. 등록이 말소된 후 2년이 경과되지 않은 자

(4) 등록사업자의 시공

　요건 : a. 자본금 5억 이상(자산평가액 10억원)

　　　　b. 건설기술관리법 : 건축 및 토목분야 기술자 3인이상

　　　　c. 최근 5년간 주택건설실적 100호 / 세대 이상

(5) 주택건설시공 기준

　a. 등록사업자 시공기준 : 5층이하

　　(단, 거실바닥면적 300㎡마다 직통계단이 있는 경우 6층)

　　다만, 6층이상 실적이 있거나 최근 3년간 300세대 이상 실적 ▸ 6층이상 가능

　b. 당해 건설공사비(대지 구입비 제외)가 자본금·자본준비금의 10배를 초과할 수 없
　　다.(개인인 경우 자산평가액의 5배)

(6) 공동사업주체

　토지소유자 + 등록사업자 / 조합 + 등록사업자 / 고용자 + 등록사업자(필수)

(7) 주택조합 : 지역, 직장, 리모델링주택조합

Memo

(8) 조합의 설립 : 시장·군수 구청장 인가(신고대상 ▸ 직장주택조합 (단순 공급)
   a. 지역·직장 조합 : 인가신청에 80% 토지사용 승낙서 첨부
                    ▸ 시장·군수·구청장에게 제출
   b. 리모델링 조합 : 리모델링 조합 인가 신청 시 ▸ 전체 및 각 동 2/3
                  동별 리모델링 ▸ 각 동 구분소유자 및 의결권 2/3
                  리모델링 행위 신청 시 ▸ 전체4/5, 각 동별 2/3
                  동별 리모델링 ▸ 구분소유자 및 의결권 4/5
      ㉠ 입주자 대표회의가 시장·군수·구청장의 허가를 받아 리모델링하려면 주택단지
        의 주택 소유자 전원의 동의를 얻어야 한다.
      ㉡ 당해 주택이 사용검사를 받은 후 10년(증축15년)이상 경과하였음을 입증하는 서
        류를 제출해야 한다.
(9) 조합설립신고(예외) : 국민주택을 공급받고자 하는 직장주택조합
(10) 주택조합은 설립인가 당시 사업계획서상 주택건설 예정세대수의 1/2이상 조합원으
    로 구성하되 조합원은 20명 이상이어야 한다.(리모델링 조합×)
(11) 조합원 자격 : 조합인가 신청일
    → 입주가능일까지 무주택자 또는 주거전용면적 60㎡이하 1채소유 세대주일 것
    → 조합설립인가 신청일 현재 6월 이상 특·광·시·군 거주자일 것 : 지역주택조합
      (동일한 국가기관·지자체·법인 근무자일 것 → 지역·직장주택조합)
(12) 지역·직장조합을 설립인가 받은 후에는 당해 조합원 교체나 신규가입 금지
    (리모델링 조합×)
   예외) a. 조합원 추가모집 승인을 얻은 경우
        b. 결원이 발생한 경우 ▸ 조합원 사망
          조합원 탈퇴나, 건설예정세대수 변경으로 조합원수가 1/2미만일 때
          조합원 무자격자 판명, 자격 상실한 경우
          사업계획승인 이후 입주자로 선정된 지위가 양도·증여·판결로 변경된 경우
          (투기과열지구 제외)
(13) 조합원 자격요건 판단 기준일 : 주택조합의 설립인가 신청일 기준
    (단, 상속받은 경우 자격요건을 필요로 하지 않는다)
(14) 사업계획승인 신청 : 2년내(리모델링도 마찬가지)
(15) 주택조합의 등록사업자 소유 토지사용제한(단, 경매·공매로 매입하는 경우 제외)
    : 주택건설회사가 자기토지를 주택조합에 사용하여 분양가 상한제 적용을 회피하는
      경우를 방지하기 위한 규정
(16) 등록사업자는 주택조합과 공동사업하면서 자신의 귀책사유로 조합원에 가한 손해는
    배상하여야 한다.
(17) 투기과열지구의 지역주택조합 구성원을 선정하는 경우 접수 순서에 따라서 조합원
    지위를 인정해서는 안된다

Memo

✓ 토지사용승낙의 비율을 산정할 때 등록사업자의 사용승낙분이 포함되어 있는 경우에는 이를 없는 것으로 본다.

✓ 조합원 추가 모집의 승인과 조합원 추가 모집에 따른 주택조합의 변경인가 신청을 사업계획 승인 신청일까지 하여야 한다.

3) 사업계획 승인

  (1) 사업계획승인 신청대상 : 20호 / 세대, 1만㎡ 대지조성사업

  (2) 승인권자 : a. 시·도지사·대도시시장 : 해당대지 면적 10만㎡이상

    b. 특·광·시장·군수 : 해당대지 면적 10만㎡미만

    c. 국·장 ① 국가·주공이 시행하는 경우

          ② 330만㎡ 이상 규모 중 국·장이 지정·고시하는 지역 안에서 주택건설
            사업 시행하는 경우

          ③ 수도권·광역시 지역 내 긴급한 주택난 해소를 위해 국·장이 지정·
            고시하는 구역

  (3) 사업계획승인 제외대상

    a. 상업지역(유통상업 제외) 준주거 지역 안에서 300세대 미만 주상복합
       (주택 연면적 합계가 90%미만)

    b. 농어촌 주택 개량 촉진법에 의한 농협중앙회가 조달하는 자금으로 시행하는 사업

  (4) 사업계획승인 요건

    a. 대지소유권 확보 원칙(예외 : 국가·지자체·주공)

       ii) 소유권이 아닌 대지사용권원 확보한 경우

       iii) 80%이상 사용권원 확보하고 나머지부분을 매도청구 대상이 되는 대지

    b. 매도청구 : 사전협의 3월 이상

       ▶ 95%이상 확보 : 모든 소유자에게 매도 청구

       ▶ 그 외 : 지구단위계획구역 결정고시일 10년 이전 소유권 취득한 자는 제외

  (5) 승인권자 부당요구 금지 : 기부체납이나 간선시설 설치요구 X

  (6) 승인 여부 통보·고시 : 신청 후 60일 이내 통보

    국·장, 시·도지사는 사업계획승인서 및 관계서류를 지체없이 관할 시·군·구에 송부

  (7) 승인받은 날부터 2년내 착수(정당한 사유 1년 연장가능 : 승인권자에게 착수 신고필수)

  (8) 간선시설 설치

    a. 설치의무 : 100호, 대지조성면적 16,500㎡이상
       (도로, 상·하수도는 주택단지 경계선까지 200m 초과하는 부분 : 지자체 설치의무)

    b. 설치기한 : 사용검사일까지(설치의무통지 받은 날로 부터 1월이내 가능시기 명시하
       여 사업주체에게 통보)

    c. 설치비용 : 국고1/2 보조가능

       전기간선시설 지중선로 설치 시 : 공급자·요청자 50%비율 부담

       (단, 사업지구 밖, 사업지구 안 주택단지 까지 ▶ 공급자 부담)

       사업주체가 자신부담으로 도로·상·하수도 설치 시

       ▶ 설치비 상환을 3년 이내로 한다

Memo

✓ 국가 또는 지자체인 사업주체는 설계와 시공을 분리 발주해야 한다.
(다만, 대통령령이 정하는 대형공사로서 기술관리상 분리발주 할 수 없는 공사에 대해서는
대통령령이 정하는 입찰 방법으로 할 수 있다.)

✓ 등록사업자와 공동으로 사업을 시행하는 주택조합(리모델링조합 제외)의 경우는 95%이상
의 소유권을 말한다.

✓ 착수기간 연장사유
  ⅰ) 문화재 보호법
  ⅱ) 소유권 분쟁
  ⅲ) 사업 계획 승인 조건으로 부과된 사항 이행에 따라 지연되는 경우
  ⅳ) 천재지변
  ⅴ) 주택경기 극도침체로 사업계획승인권자 승인

✓ 국·장이 도시의 건전한 발전과 산업 및 관광의 진흥 또는 특별한 사유가 있는 경우 주
택 규모를 따로 정할 수 있다.

✓ 국장은 주택 수급의 적정을 기하기 위하여 필요한 때에는 건설주택의 75% (주택조합이나
고용자가 건축하는 주택은 100%) 이하의 범위 내에서 국민 주택규모로 건설하게 할 수
있다. 이 경우 주택 건설 비율은 단위사업계획별로 적용한다.

(9) 사용검사 : 신청일로부터 15일 이내

　　a. 시장·군수·구청장 사용검사

　　b. 국·장 사용검사 : 국·장이 사업계획 승인한 경우

　　c. 사업주체 파산으로 사용검사 받을 수 없는 경우 → 시공보증자 → 입주예정자대표
　　　회의가 사용검사

　　d. 임시사용승인 가능 (세대별 임시사용 승인도 가능), 동별 사용검사 가능

4) 사업시행에 대한 특례

　(1) 국·공유지 우선매각·임대 : 2년내 건설 없을 시 환매 또는 임대 계약 취소

　　▶ 국민주택 규모 50%이상 /　주택조합이 건설하는 주택

　(2) 체비지 우선매각 : 국민주택용지로 사용하기 위한 경우 1/2범위 내에서 우선매각 가능

　(3) 매각 방법 : 경쟁입찰(단, 1개업체시　▶ 수의계약)

　(4) 가격 : 감정가

　(5) 국민주택을 건설하는 사업주체는 서류의 교부·열람·무료 가능

　(6) 토지 매수업무 위탁 : 수수료 2/100

5) 공업화 주택 : 국·장 인정

　(1) 혜택 : 설계·시공·감리 규정적용 배제

　(2) 인정취소 : 거짓·부정한 방법/ 1년내 주택건설✕/ 인정받는 기준에 적합✕

Memo

✓ 주택성능등급표시를 입주자 모집공고에 표시해야 한다.
 ⅰ) 소음관련등급　ⅱ) 구조관련등급　ⅲ) 환경관련등급
 ⅳ) 주민공동시설에 대한 생활 환경등급　ⅴ) 화재·소방성능 등 성능 등급

✓ 감리자는 위반사항을 발견했을 때에는 지체없이 시공자 및 사업주체에게 시정 통지하고,
 7일내 승인권자에게 보고해야 한다.

5. 국민주택 기금

1) 재원 : (1) 정부의 출연금, 예탁금

   (2) 공공자금관리 기금법에 의한 예수금

   (3) 재건축 초과이익 환수에 관한 법률에서 국가 귀속분

   (4) 국민주택채권으로 조성된 기금

   (5) 복권 수익금

   (6) 입주자 저축자금중 국민주택을 공급받고자 하는자의 저축자금

   (7) 출자기관 배당수익, 대출자산, 매각자금

   (8) 외국차입 자금

   (9) 국민주택기금 운용수익

   (10) 국민주택사업시행 부대수익

2) 운용·관리자 : 국·장(기획재정부장관과 협의)

3) 국민주택기금 회계기관

   (1) 국·장은 수입징수관, 재무관, 지출관, 출납, 공무원 임명(필수)

   (2) 국·장 및 기금수탁자는 직원 임명시 감사원, 기획재정부, 한국은행에 통지(필수)

   (기금수탁자는 직원 임명시 국·장에게 보고)

4) 대출채권 상각

   (1) 채무자 무자력시 상각가능

   (2) 기금 수탁자는 상각 처리된 채권보전, 추심업무를 수행하다가 기간이 도래한 때에는
   업무정지하고 국·장에게 보고 해야한다.

5) 이익금은 국민주택기금에 적립하고 손실금은 적립금으로 보전
   부족 시 일반회계에서 보전할 수 있다. (임의규정)

6) 국민주택채권 발행(국·장 요청·기획재정부장관 발행) (예탁 결재원 등록발행)

   (1) 제1종 국민주택채권 : 인·허가, 도급계약 체결자(5년 상환)

   (2) 제2종 국민주택채권 : 주거전용 85㎡초과 분양가 상한제 적용주택

   (발행일은 매출한 달의 말일, 20년 초과X)

   1억 초과 시 50%이상 매입, 나머지 잔금 납부 시 매입가능

Memo

✓ 기금수탁자는 자료제공요청권이 있다. 요청 받은 자는 특별한 사유가 없으면 요청에 응하여야 한다. 국민주택기금의 운용·관리 외에는 사용할 수 없으며 비밀을 유지해야한다.

✓ 국민주택기금은 이법에 특별한 규정이 있는 경우를 제외하고, 국가재정법을 적용한다.

✓ 국민주택기금의 여유자금 운용
ⅰ) 국채·공채 등 증권의 매입
ⅱ) 기금 수탁자에의 예치
ⅲ) 국민 주택기금이 매각한 대출자산을 기초로 발행된 주택저당증권 중 한국거래소에 상장되지 아니한 주택저당증권 매입

6. 주택상환사채(국·장 승인)

1) 발행권자 : 주공, 등록사업자(보증필요)

   (1) 등록사업자 기준 : 자본금 5억 이상 / 최근 3년간 주택사업실적 300세대 이상

          발행규모 ▶ 최근 3년간 연평균 주택건설 실적이내

2) 발행방법 : 기명증권(액면 혹은 할인방법)

3) 양도 : 양도·해약(X) ▶ 해외이주 등 부득이한 사유가능

     명의 변경 시 사채원부기재, 채권에 기재하지 않으면 제3자에게 대항할 수 없다.

4) 기간 : 발행일부터 주택공급 체결일까지 3년을 초과할 수 없다.

5) 상법상 사채규정적용(단, 주공/금융기관보증 등록사업자 발행 시 일부상법규정 적용배제)

7. 국민주택사업 특별회계

: 지자체에서 설치운용 → 국·장에게 보고

1) 재원 : (1) 자체 부담금

        (2) 국민주택기금 차입금

        (3) 정부 보조금

        (4) 농협중앙회 차입금

        (5) 국민주택사업 특별회계

        (6) 재건축 초과이익 환수법률에 의한 지방자치단체 귀속분

8. 입주자 저축

1) 청약저축 : 국민주택을 공급받기위하여 가입하는 저축(국민주택기금 재원)(무주택세대주)

2) 청약예금 : 민영주택과 민간건설 중형(60~85㎡)국민주택을 공급받기 위해 가입

3) 청약부금 : 85㎡이하 민영주택과 민간건설 중형국민 주택을 공급받기위해 가입

4) 청약예금·청약부금 : 20세 이상(20세 미만이라도 세대주 가능)

5) 주택청약종합저축 : 국민주택 등과 민영주택을 공급받기 위하여 가입하는 저축(누구든지 가입가능)

Memo

✓ 주택청약종합저축 가입자는 주택의 규모를 선택한 후 2년이 지나면 선택한 주택의 규모를 변경할 수 있다. 다만 주택의 면적을 늘리기 위하여 주택의 규모를 변경한 경우에는 변경한 날로부터 1년이내에는 민영주택 및 민간건설중형 국민주택에 청약할 수 있는 요건을 모두 갖춘 경우에도 그 변경한 규모에 해당하는 주택의 공급을 신청할 수 없다.

✓ 청약예금, 청약부금, 주택청약종합저축의 가입자 명의 변경 사유

ⅰ) 가입자 사망 → 상속인 명의 변경

ⅱ) 가입자 혼인 → 배우자 명의 변경

ⅲ) 배우자 또는 직계 존·비속으로 세대주 변경

9. 대한주택보증 주식회사

: 주택건설에 대한 보증을 행함으로써 주택분양 계약자 보호
주택건설촉진하여 국민의 주거복지 향상(자본금 3억이상, 국가 출자분은 국·장이 행사)

10. 주택의 공급

1) 공급방법

  (1) 일반공급 : 입주자 모집공고일 현재 순위에 의하되 추첨의 방법에 의한다.

  (2) 특별공급 : 국민주택 등 공급에 있어 무주택세대주로서 국가 유공자 또는 유족등에 대하여 건설량의 10% 범위 내에서 특별 공급

  (3) 단체공급 : 입주자 모집공고일 현재, 설립 신고 된 조합원이 20인 이상인 직장주택 조합에게 국민 주택 등의 40%범위 내에서 특별 공급

2) 모집절차

  (1) 공개모집

  (2) 모집 공고 안 승인 신청 : 5일이내 승인여부 결정

  (3) 승인 후 국·장, 전산관리지정기관, 국민주택기금 수탁자, 분양보증기관 등에게 통보

  (4) 일간신문 등 공고

11. 공급질서 교란금지

1) 양도·양수 금지대상

  (1) 주택을 공급받을 수 있는 지위

  (2) 주택상환사채

  (3) 입주자 저축증서

  (4) 무허가 건물 확인서, 건물철거예정 증명서, 건물철거 확인서

  (5) 이주대책 대상자 확인서

2) 위반 시 조치

  (1) 지위를 무효로 하거나, 공급계약을 취소

  (2) 주택의 환매

  (3) 공탁 후 퇴거명령

  (4) 처벌 : 3년징역 / 3천만원 벌금

Memo

✓ 주택의 공급기준에서 국민주택등과(민간건설 중형국민주택 중 분양주택제외)일정한 소속 근로자에게 공급하는 주택은 1세대 1주택이며, 입주 시 까지 무주택세대주이어야 한다.

✓ 주택의 공급기준에서 민영주택과 민간건설 중형국민주택 중 분양 주택은 20세 이상 1인 1주택 기준이다.

✓ 공공택지에서 공급하는 분양가 상한제 적용주택의 분양가격 공시 내용
  ⅰ) 택지비   ⅱ) 공사비   ⅲ) 간접비   ⅳ) 그밖에 국토해양부령이 정하는 내용

✓ 공공택지 외의 택지에서 공급하는 분양가 상한제 적용주택의 분양가격 공시 내용
  ⅰ) 택지비   ⅱ)공사비   ⅲ)간접공사비   ⅳ)설계비   ⅶ) 감리비   ⅷ)부대비
  ⅸ) 그 밖에 국토 해양부령이 정하는 비용

✓ 분양가 상한제 적용위반 사업주체는 2년이하 2천만원 이하 벌금

✓ 주택건설사업에서 완화된 용적율의 30%이상 60%이하 범위에서 시·도조례가 정하는 비율이상으로 임대주택을 공급해야 한다.

✓ 임대주택은 시·도지사가 우선 인수할 수 있으며, 거부시 시·군·구청장은 국·장에게 인수자 지정요청하여야 한다.

✓ 국토장은 시·군·구청장으로부터 인수자 지정 요청을 받은 경우 30일내 인수자를 지정하여 시·도지사에게 통보해야 하며 시·도지사는 지체없이 지정한 인수자와 임대주택 인수에 관해 협의하여야 한다.

12. 저당권설정 등의 제한

: 입주자 모집공고 승인 신청일(주택조합의 경우 사업계획 승인 신청일을 말한다)부터 입주예
정자가 소유권이전등기 신청할 수 있는 날(입주가능일)이후 60일까지 입주예정자 동의없이
저당권, 지상권 등을 설정할 수 없다

  1) 예외 : (1) 입주자에게 주택구입자금 융자 목적으로 국민주택기금이나 주택건설 자금 융자
                   받는 경우
          (2) 금융기관으로부터 주택구입자금 융자
          (3) 사업주체가 파산 등으로 사업주체가 변경된 경우

  2) 형벌 : 2년 / 2천만원

  3) 부기등기 : 주택건설대지에 대해서는 입주자 모집공고 신청과 동시에 건설된 주택에 대
             해서는 소유권보존등기와 동시에 해야한다. (단, 소유권이전등기 신청할 수
             있는 날부터 60일 경과 한때는 그러하지 아니하다)

13. 투기과열지구와 주택공영개발지구

  1) 투기과열지구 : 국·장, 시·도지사는 주택가격의 안정을 위해 주택정책심의 위원회의
                 심의를 거쳐 지정(1년마다 재검토)
  (국·장은 시·도지사의 의견을 들어야 하며 시·도지사는 국·장과 협의해야 한다)

  2) 전매 제한기간 (10년 이내 범위)
    (1) 투기과열지구 내 ▸ 수도권, 충청권 : 5년
                ▸ 그 외 지역 : 1년
    (2) 분양가 상한제 적용 주택
      a. 수도권의 공공택지 내 ▸ 과밀억제권역 : 85㎡이하 5년, 85㎡초과 3년
                  ▸ 과밀억제권역 외 : 85㎡이하 3년, 85㎡초과 1년
                          (투기과열지구 3년)
      b. 수도권의 공공택지 외
        ▸ 과밀억제권역 내 85㎡이하 3년, 85㎡초과 1년(투기과열지구 3년)
        ▸ 과밀억제권역 외 1년(투기과열지구 3년)
      c. 수도권 외 지역 ▸ 공공택지 내 투기과열지구 3년, 그 외 1년
                ▸ 공공택지 외 투기과열지구안의 주택 충청권 3년, 그 외1년
      d. 주택공영 개발지구 ▸ 85㎡이하 5년
                  ▸ 85㎡초과 3년
      ※ 수도권에서 공공 택지 중 50%이상 개발제한구역 해제시 85㎡이하
      ▸분양가격이 인근지역 매매가격 70%이상 7년
      ▸분양가격이 인근지역 매매 가격 70%미만 10년

Memo

✓ 투기과열지구 지정해제 요청을 받은 국토장, 시·도지사는 요청 받은 날로부터 40일이내에 주택정책 심의 위원회의 심의를 거쳐 지자체 장에게 통보해야 한다.

✓ 분양가 상한제 적용주택의 전매제한기간이 3년이내인 경우로 그 기간이 지나기 전에 해당주택에 대한 소유권 이전 등기를 완료한 때에는 그 기간에 도달한 것으로 보며, 다음의 어느 기간이 3년을 초과하는 경우로서 3년이내에 해당주택에 대한 소유권이전등기를 완료한 경우에는 소유권이전등기를 완료한때에 3년이 지난 것으로 본다.

✓ 부기등기를 요하지 않은 예외 경우
 ⅰ) 사업주체가 국가, 지자체, 주공, 지방공사인 경우
 ⅱ) 사업주체가 지적정리가 되지 않아 소유권을 확보할 수 없는 경우 (지적정리 완료된 때 지체 없이 부기 등기)
 ⅲ) 조합원이 주택조합에 대지를 신탁하는 경우
 ⅳ) 당해주택의 입주자로 선정된 지위를 취득한 자가 없는 경우
 (다만, 소유권 보존 등기 후 입주자 모집공고의 승인을 신청하는 경우제외)

✓ 전매허용사유
 ① 세대원전원이전(수도권으로 이전 제외)
 ② 상속주택으로 세대원 전원 이전
 ③ 세대원 전원해외이주 또는 2년이상 체류
 ④ 이혼으로 그 배우자에게 이전
 ⑤ 공취법에 의해 이주대책용 주택을 공급 받은 경우
 ⑥ 경매·공매
 ⑦ 배우자에게 이전

✓ 분양가 심사위원회는 10인이내 구성하되, 민간위원이 6인이상 포함되어야 한다.

3) 전매행위 방지대책(투기과열지구, 분양가 상한제주택, 주택공영개발지구, 입주자로 선정
   된 지위)
   형벌 : 3년, 3,000만원 / 신고자 포상금(1천만원 이하)

14. 주택거래 신고제도

: 국·장이 소득세법 규정에 의한 지역중
주택정책심의위원회 심의를 거쳐 지정한다(A.P.T.에 한한다) : 계약후 15일 내 신고(실거래
신고, 검인의제)

1) 요건 : (1) 지정 하는 날이 속하는 달의 직전월 가격상승률 1.5%이상
         (2) 직전월 소급해서 3월간 3%이상 상승률
         (3) 직전월부터 1년간 매매가격 상승률이 2배이상
         (4) 관할 시장·군수·구청장이 판단하여 지정요청

15. 주택의 관리

1) 관리주체 : (1) 관리사무소장
           (2) 주택관리업자
           (3) 인계전 사업주체
           (4) 임대 사업자

2) 적용대상 : 주택법령에 의해 건설한 공동주택
   예외) 도시 및 주거환경정비법에 의한 도시환경 정비사업으로 건설된 공동주택

3) 의무관리대상 : (1) 300세대 이상 공동주택
             (2) 150세대 이상 승강기 설치된 공동주택
             (3) 150세대 이상 중앙집중식 난방주택
             (4) 건축법에 의한 주상복합 150세대 이상

Memo

✓ 주택거래신고제 위반 취득세 5배 이하 과태료

✓ 하자보수기간
 ⅰ) 10년 : 내력벽·기둥
 ⅱ) 5년 : 바닥·보·지붕틀

✓ 하자보수 보증금 반환
 사용검사일부터 1년경과 10%, 2년경과25%, 3년경과 20%
 4년, 5년, 10년 각 15% 반환

✓ 사업주체의 하자 보수 : 요구받은 날부터 3일 이내 보수 또는 일정 명시하여 통보

✓ 주택정책심의위원회(위원장 국토해양부장관 1인 포함 20인 이내)심의사항

㉠ 최저주거기준 설정

㉡ 주택종합계획 수립

㉢ 택지개발촉진법에 따른 택지개발예정지구의 지정·변경 또는 해제(지정권자가 국토장인
 경우와 택지개발촉진법에 따른 국토장 승인사항 포함)

㉣ 투기과열지구, 주택거래신고지역 지정

㉤ 주택, 건설, 공급, 거래에 관한 중요정책으로 국토해양부장관 심의사항.

농지법

1. 용어의 정의

1) 농지 : 전·답·과수원 그 밖의 법적지목을 불문하고 실제로 농작물 경작지, 다년생 식물
   재배지로 이용되는 토지

2) 농지적용 배제 : (1) 지적법에 따른 지목이 전·답·과수원이 아닌 토지로서 이용기간이
   3년 미만인 토지
   (2) 지적법에 따른 지목이 임야인 토지로서 형질변경 없이 다년생 식물
   재배에 이용되는 토지
   (3) 초지법에 의한 초지

3) 농업인 : (1) 1천㎡ 이상 농지에서 경작·재배 또는 1년 중 90일 이상 농업종사자
   (2) 농지에 330㎡이상 고정식 온실 등에서 재배·경작자
   (3) 대가축2두, 중가축10두 등 1년 중 120일 이상 축산업에 종사한 자
   (4) 농산물 연간 판매액이 120만원 이상인 자

4) 농업법인 : "농어업 경영체 육성 및 지원에 관한 법률" 에 따른 영농조합법인
   요건) 법인대표가 농업인 일 것
   업무 집행권을 가진 1/3이상의 농업인 일 것

5) 자경 : 농업에 상시 종사하거나, 농작업의 1/2이상을 자기의 노동력으로 경작, 재배하는
   것과 농업법인이 농작물을 경작 재배하는 것

6) 위탁경영 : 농지 소유자가 타인에게 일정한 보수를 지급하기로 약정하고 농작업의 전부·
   일부를 위탁하여 행하는 농업경영

Memo

✓ 지적법 → 측량. 수로조사 및 지적에 관한 법률

2. 농지의 소유

1) 농지소유 : 원칙 ▸ 자기의 농업경영에 이용하거나 이용할 자가 아니면 소유하지 못함
   예외) (1) 국가, 지자체
   　　　(2) 초·중등 교육법, 고등교육법에 따른 실습지
   　　　(3) 주말 체험 영농
   　　　(4) 상속
   　　　(5) 8년 자경 후 이농
   　　　(6) 담보농지 취득
   　　　(7) 농지전용허가나 신고 받은 자가 소유하는 경우
   　　　(8) 농지전용협의를 마친농지를 소유하는 경우
   　　　(9) "한국농어촌공사 및 농지관리 기금법"에 따른 농지의 개발사업지구에서의
   　　　　　1,500㎡미만 농지 나 " 농어촌 정비법"에 따른 농지 취득
   　　　(10) 한계 농지 중 평균경사율 15%이상

2) 농지소유상한 : 원칙 ▸ 상속 1만㎡이내
   8년 자경 후 이농 1만㎡ 이내
   주말 체험 영농 세대당 1천㎡미만
   특례 : 농지를 임대·사용대하는 경우 소유상한을 초과할지라도 그 기간에는 농지를 계속
   　　　소유할 수 있다(상속의 경우 2만㎡ 이내)

3) 농지 취득 자격증명(시·구·읍·면장이 발행 / 군수X)
   : 농지 취득 시 발급 받아야 한다
   예외) (1) 국가·지자체
   　　　(2) 상속
   　　　(3) 담보농지
   　　　(4) 농지전용 협의를 마친 농지
   　　　(5) 농업 법인 합병, 공유농지분할
   　　　(6) 시효 완성

4) 농취증의 내용과 발급절차
   (1) 농업경영계획서 내용
   　　a. 농지면적
   　　b. 경영에 필요한 노동력·기계장비 확보방안
   　　c. 소유농지 이용실태
   (2) 농업경영 계획서 제출하지 않는 경우
   　　a. "초·중등교육법" "고등교육법"에 의한 실습지
   　　b. 주말 체험영농
   　　c. 농지전용허가, 신고한 자

d. 농지의 개발 사업지구에 있는 농지로서 1,500㎡ 미만의 농지

e. 한계농지 평균 경사율 15% 이상

f. "공공토지의 비축에 관한 법률"에 의한 계획관리지역과 자연녹지지역 안의 농지
(전용전까지 농어촌공사에 위탁하여야 한다.)

Memo

✓ "한국농어촌 공사 및 농지관리 기금법"에 의한 농지 (세대원 소유총 면적)

ⅰ) 도·농교류 촉진을 위한 1,500㎡미만 농원부지

ⅱ) 농어촌 관광휴양지에 포함된 1,500㎡미만 농지

5) 농지의 처분

　　(1) 농지 처분의무 : 농업경영에 이용하지 않는 사유발생 1년내 처분
　　(2) 시·군·구청장 처분 의무기간 내 처분하지 않을 때 6개월 이내 처분할 것을 명한다
　　(3) 처분명령의 직권유예(3년)
　　(4) 매수청구 : 농어촌공사에 매수청구(기준: 공시지가)
　　(5) 이행 강제금 : 20/100 1년에 1회
　　　　문서계고　▶　이의제기　▶ 비송사건 절차법　▶ 지방세 체납처분

6) 농지의 위탁경영

　사유　▶　병역법 / 3개월 이상 국외여행 /　농업법인 청산중
　질병·취학·선거 등 / 농지이용 증진사업시행계획으로 위탁경영
　농업인이 자기 노동력부족 일부 위탁경영

7) 담보농지 취득 (2회이상 유찰시)

3. 농지의 이용

1) 농지이용 계획수립(농지면적 3천만㎡ 이하 시·군제외)
　　절차 : 공청회 개최 → 심의(시·군·구 농업·농촌 및 식품산업정책심의회)
　　　　　　→ 수립(시·군·구) → 승인(특·광·도) → 고시

2) 농지이용 증진사업(시·군·구. 한국 농어촌공사)
　　내용 : (1) 농지매매·교환·분합 등에 의한 소유권이전 촉진사업
　　　　　 (2) 농지의 장기임대차·장기사용대차에 따른 농지임차권설정 촉진사업
　　　　　 (3) 위탁경영 촉진사업
　　　　　 (4) 농업경영체 육성사업

3) 대리경작 제도(지정권자　▶　시·군·구청장)
　　(1) 지정요건 : 원칙) a. 해당 농지의 효율적으로 경작할 자
　　　　 b. a가 곤란한 경우 생산자 단체, 학교 등에 대리경작 지정
　　(2) 소유권자·임차권자에게 예고하고 결정되면 지정 통지서를 보낸다
　　(3) 지정예고에 대해 이의신청 가능　▶　10일 이내(7일이내 통지)
　　(4) 토지 사용료 : 10/100
　　(5) 대리경작기간 : 기간 정함이 없다면 1년
　　(6) 대리경작 지정 중지 : 대리경작 기간 끝나기 3개월 전까지(신청 받은 후 1월내 통지)

Memo

✓ 농취증 발급 : 4일(농업경영계획서 제외 시 2일) 시·구·읍·면장 (군수×)

✓ 담보농지취득 : 저당권실행에 의한 경매 2회이상 유찰 시 취득

✓ 농지이용 증진 사업의 요건
 ⅰ) 농업경영을 목적으로 농지를 이용할 것
 ⅱ) 농지임차권 설정, 농지소유권 이전, 농업경영 수탁·위탁이 농업인, 농업법인의 경영 규모 확대와 집단화에 기여할 것
 ⅲ) 기계화, 시설자동화 등 농업경영효율화에 기여할 것

4. 농지의 보전

1) 농업진흥지역

    (1) 지정권자 : 시·도지사

    (2) 구분 : 농업진흥구역·농업보호구역

    (3) 농업진흥구역과 농업보호구역에 걸치는 한 필지 토지의 행위제한 특례
      a. 농업진흥구역에 속하는 토지가 330㎡이하 이면 농업보호구역 규정 적용
      b. 한 필지의 토지 일부가 농업진흥지역에 걸쳐 있으면서 농업진흥지역에 속하는 토
        지부분 면적이 330㎡이하이면 농업진흥지역의 행위제한을 적용치 않는다.

2) 농지의 전용

    (1) 농지전용허가 : 농림수산식품부장관 허가

    (2) 농지전용 신고 : 시·군·구 신고

    (3) 농지전용 협의 : 주무장관·지자체장이 농·장과 협의

    (4) 타 용도 일시사용 : 시·군·구청장 허가(농지보전 부담금×)

    (5) 농지전용 허가심사 : 전용심사(시·군·구 10일)
      → 종합심사 의견서(시·도지사 10일) → 허가(농·장)

    (6) 타 용도 일시사용 : 시·군·구청장 허가 ▶ 복구비용 예치가능

    (7) 농지보전부담금 :
      ① 대상 a. 농지전용 허가 받은 자
              b. 농지전용 협의를 거친 농지를 전용하는 자
              c. 농지전용협의를 거친 예정지를 전용하는 자
              d. 다른 법률에 의해 전용허가의제 되는 협의를 거친 농지를 전용하는 자
              e. 농지전용 신고하고 전용하는 자
      ② 분할납부가능 : 3년 (납입보증보험증서 예치)
      ③ 농지보전 부담금 감면 : a.국가·지자체
                         b. 대통령령에 의한 주요 산업시설
                         c. 농지전용신고에 따른 시설이나 대통령령으로 정하는
                           시설설치를 위하여 전용하는 경우
      ④ 부과 기준 : 공시지가 30/100
      ⑤ 납입기간 : 통지서 발행일부터 30일 (60일 연장가능)
      ⑥ 독촉장 발급 : 기한 후 10일 이내에 10일 이내 기간을 정한 독촉장 발급
      ⑦ 가산금 : 5/100
    (8) 용도변경승인 : 5년 내 (시·군·구 승인)

Memo

✓ 농업진흥지역 지정대상 : 녹지지역, 관리지역, 농림지역, 자연환경보전지역(특별시의 녹지지역제외)

✓ 농업진흥지역 지정절차 :
시·도 농어업, 농어촌 및 식품산업정책 심의회→농림수산식품부장관승인
(녹지지역과 계획관리지역은 국토장과 협의)

✓ 농지 임대차와 사용대차는 서면 계약을 원칙으로 한다.

✓ 농지 소유의 세분화 방지
　ⅰ) 일괄적 상속·증여·양도의 지원
　ⅱ) 예외적 분할 사유
① 국계법에 의한 주·상·공지역 또는 도시계획시설 부지에 포함된 분할
② 농지전용허가·신고에 따른 분할
③ 2천㎡ 초과 분할

✓ 농지의 임대, 사용대차 사유
① 국가·지자체
② 상속
③ 8년자경 후 이농
④ 담보농지
⑤ 농지전용허가·신고한 자가 소유하는 경우
⑥ 농지전용 협의
⑦ "한국농어촌 공사 및 농지관리 기금법"에 따른 1500㎡미만 농지 및 농어촌 정비법에 따른 농지 소유
⑧ 평균경사율 15% 한계농지
⑨ 농지 이용증진 사업
⑩ 질병·징집·취학·선거 등 사유
⑪ 60세 이상 5년초과 자경 후
⑫ 주말 체험 영농자에게 임대하거나, 임대하는 것을 업으로 하는 자에게 임대
⑬ 상속, 8년이상 자경 후 이농자가 규정한 소유상한 초과 소유 농지

✓ 묵시적 갱신 : 임대차 종료 3개월 전까지 임대인 이의 제기 없는 경우 같은 조건으로 다시 임대차 한 것으로 본다.

✓ 타용도 일시사용기간(신청일부터 10일내 문서통보)
① 건축법에 따른 허가·신고대상이 아닌 농·수·축산업용 기간시설 : 5년 이내
② 주목적 사업을 위한 현장사무소, 부대시설 : 사업시행에 필요한 기간 내
③ 그 외 경우 : 3년 이내

공법 지문풀이

- 도시기본계획이란 도시의 기본적인 공간구조와 장기발전방향을 제시하는 종합 계획으로서 도시관리계획의 수립에 지침이되는 계획이다.

- 국가 계획이란 중앙행정기관이 법률에 의하여 수립하거나 국가의 정책적인 목적 달성을 위하여 수립하는 계획으로 도시기본계획의 내용에 관한사항, 또는 도시관리 계획으로 결정 하여야 할 사항이 포함된 계획을 말한다.

- 기반시설의 종류
  1. 교통시설 : 도로, 철도, 항만, 공항, 주차장
  2. 공간시설 : 광장, 공원, 녹지
  3. 유통공급시설 : 유통업무설비, 수도, 전기, 가스공급설비, 방송통신시설, 공동구
  4. 공공, 문화체육시설 : 학교, 운동장, 공공청사, 문화시설, 체육시설
  5. 방재시설 : 하천, 유수지, 방화설비
  6. 보건위생시설 : 화장장, 공동묘지, 납골시설
  7. 환경기초시설 : 하수도, 폐기물 처리시설

- 중앙행정기관장, 특, 광, 도, 시, 군수는 국토해양부장관에게 광역계획권의 지정 또는 변경을 요청할 수 있다.

- 국토해양부장관은 광역계획권을 지정 또는 변경하고자 하는 때에는 관계 시, 도지사, 시장, 군수의 의견을 들은 후 중앙도시계획위원회의 심의을 거쳐야 한다.

- 국토해양부장관은 광역계획권을 지정, 변경한 때에는 지체 없이 관계 시, 도지사, 시장, 군 수에게 통보해야 한다.

- 광역도시계획 수립, 변경 시 공청회 개최는 일간신문에 개최예정일 14일 전까지 1회 이상 공고하여야 한다. (필수)

- 광역도시계획 수립권자는 같은 도 내이면 관할 도지사, 2개 이상 특, 광, 도에 걸칠 경우 공동으로 수립한다.(국가계획과 관련, 광역계획권 지정 후 3년 내 계획 미수립시 국토해양 부장관이 직접 수립)

- 시도지사 요청이 있는 경우에는 국토해양부장관, 시·도지사와 공동 수립할 수 있다.

- 광역도시계획 수립 시에는 시, 도의회 및 시장, 군수의 의견을 들어야 한다.(수립 후 30일 이상 일반열람)

- 광역도시계획은 수립단위가 없다.

- 시·도지사가 광역도시계획을 수립한 때에는 국토해양부장관의 승인을 얻어야 한다. (시·

군 요청으로 도지사 단독 수립 제외)

- 광역도시계획 수립 시 시, 도지사가 공동수립에 협의가 이루어지지 않는 경우 공동 또는 단독으로 조정 신청한다.

- 도시기본계획은 수도권에 속하지 아니하고, 광역시와 경계를 같이 하지 아니하는 시 또는 군으로써 인구10만 이하 시, 군은 수립하지 아니할 수 있다.

- 관할구역 전부에 대해서 광역도시계획이 수립 되어 있는 시, 군으로서 당해 광역도시계획에 도시기본계획을 수립하지 아니할 수 있다.

- 도시기본계획수립은 지방의회의 의견을 청취해야하며 5년마다 타당성을 검토하고, 반드시 공청회를 개최해야 한다.

- 도시관리계획은 원칙적으로 시, 도지사, 대도시시장이 결정한다.

- 도시관리계획은 결정 고시일이 있는 날로부터 5일 후 효력이 발생한다.

- 도시관리계획의 내용
  1. 용도 지역, 지구, 구역의 지정 변경에 관한 사항.
  2. 기반시설의 설치, 정비, 개량에 관한 사항.
  3. 도시개발사업, 정비사업에 관한 계획
  4. 지구단위 계획구역의 지정, 변경에 관한 계획과 지구단위계획

- 도시관리계획 입안, 결정절차
  기초조사실시 → 의견청취 → 입안 → 협의 → 심의 → 결정 → 고시 및 송부, 열람

- 인접한 특, 광, 시, 군의 관할구역에 대한 도시관리계획은 협의하여 공동입안 또는 입안할 자를 정한다.

- 시, 도지사가 지구단위계획 구역을 결정할 때, 건축위원회와 도시계획위원회와 공동심의 사항
  1. 건축물의 높이(최고한도, 최저한도)
  2. 건축물의 배치, 형태, 색채, 건축선
  3. 경관계획(단, 건폐율, 용적율×)

- 도시관리계획 결정은 효력발생일로부터 2년이 되는 날까지 지형도면의 고시가 없으면 2년 이 되는 다음날 효력이 상실된다.

- 시가화조정구역, 수산자원보호구역의 지정에 관한 도시관리계획 결정 당시 이미 사업에 착 수한 자는 당해 도시관리계획 결정 고시일로부터 3월내에 신고하면 그 사업을 계속할 수 있다.

- 1㎢ 미만인 경우에 시가화조정구역의 지정은 시, 도지사가 위임받아 지정할 수 있다.

- 하나의 대지가 2이상의 용도지역에 걸쳐있는 경우 330㎡ (예외 660㎡)이하인 부분은 가장 넓은 부분의 행위제한을 적용한다

- 제2종 지구단위계획구역의 지정에 대한 결정 고시가 있는 경우, 해당구역은 기반 시설부담 구역으로 지정, 고시된 것으로 본다.

- 제2종 지구단위계획구역 안에서는 제2종 지구단위계획으로 당해용도지역 또는 개발진흥지 구에 적용되는 건폐율의 150% 및 용적률의 200% 이내에서 완화 적용할 수 있다.

- 도시계획시설사업은 실시계획의 고시가 있는 때 공취법에 의한 사업인정이 있는 것으로 의제된다.

- 도시계획시설채권은 일정요건 만족 시 지방자치단체가 발행할 수 있다.

- 형질변경 시 수반되는 토석채취는 개발행위허가를 받지 아니하나, 토지의 형질변경을 목적 으로 하지 않는 토석 채취는 개발행위허가를 받아야 한다.

- 개발밀도관리구역은 주거, 상업, 공업지역에 지정한다.

- 기반시설부담구역의 지정, 고시일로부터 1년이 되는 날까지 기반시설설치계획이 수립되지 아니하면 1년이 되는 날의 다음날에 기반시설부담구역의 지정은 해제된 것으로 본다.

- 기반시설설치비용은 현금납부를 원칙으로 하되, 물납을 인정 할 수 있다.

- 도시개발법의 사업시행방식 변경은 수용, 사용방식에서 환지 방식으로, 혼용방식에서 환지 방식으로 가능하나, 환지방식에서 수용, 사용방식은 불가능하다.

- 도시개발구역의 면적이 100만㎡ 이상인 때에는 국토해양부장관의 승인을 얻어야 한다(공청 회개최필수)

- 도시개발구역 지정할 때 면적제한규정을 적용하지 않는 경우.
  1. 취락지구 및 개발진흥지구
  2. 지구단위계획구역
  3. 국토해양부장관이 국가균형 발전을 위하여 관계 중앙행정기관장과 협의하여 도시개발 구역으로 지정하고자 하는 지역 (자연환경보전지역 제외)

- 도시개발구역의 지정권자는 특, 광, 도지사, 특별자치도지사, 대도시시장 이다.

- 국가, 지자체, 조합을 제외한 자는 특별자치도지사, 시장, 군수, 구청장에게 도시 개발구역 의 지정을 제안할 수 있다.

- 수용방식을 제안하는 경우 도시개발 구역 안의 국, 공유지를 제외한 토지면적의 2/3 이상의

토지사용승낙서 및 매매계약서를 가지고, 1/2이상을 소유한 자를 말한다.

- 도시개발구역은 국토계획 및 이용에 관한 법률에 의한 도시지역과 제1종 지구단위 계획구역으로 결정, 고시된 것으로 본다.(취락지구와 제2종 지구단위계획구역 제외)

- 허가를 받아야하는 행위로서 도시개발구역 지정 및 고시당시 이미 허가를 받아 사업에 착수한 자는 30일 이내 특, 광, 자치도지사, 시장, 군수에게 신고한 후 이를 계속 시행할 수 있다.

- 환지계획의 인가권자는 특별자치도지사, 시장, 군수, 구청장이다.

- 지구단위계획은 실시계획 작성 시에 포함되어야 하므로, 도시개발 계획의 내용이 되는 것을 아니다.

- 도시개발구역 밖의 지역에 기반시설을 설치하여야 하는 경우에는 당해시설의 설치에 필요한 비용의 부담계획과 수용 또는 사용의 대상이 되는 토지 등이 있는 경우에는 그 세목을 도시개발구역지정 후의 개발계획에 포함시킬 수 있다.

- 조합은 도시개발구역 전부를 환지방식으로 시행하는 경우에 한하여 시행자로 지정받을 수 있다.

- 도시개발법에서 토지 소유자 또는 조합이 시행자가 될 수 있다. (단, 조합설립의무는 없다.)

- 조합설립인가 신청할 때에는 토지면적 2/3 이상에 해당하는 토지소유자의 동의와 소유자 총수 1/2 이상의 동의를 얻어야 한다.

- 도시개발 조합의 조합원은 동의 여부와 관계없이 토지소유자만이 된다.

- 도시개발구역의 지정 시 주민의 의견청취를 위한 공람 공고일 후에 집합건물의 구분소유권을 분할하게 되어 토지소유자 수가 증가하게 된 경우 공람, 공고일 전의 토지소유자수를 기준으로 산정하고, 증가된 토지 소유자수는 소유자 총수에 추가 산입하지 말아야 한다.

- 대의원회는 총회 의결사항 중 정관의 변경, 개발계획수립 및 변경, 조합임원의 선임, 조합의 합병 또는 해산에 관한 사항을 제외한 총회의 권한을 대행할 수 있다.

- 도시개발법의 수용, 사용권은 모든 사업시행자의 권한이다.

- 민간시행자의 수용 등의 요건은 면적 2/3 이상에 해당하는 토지를 소유하고, 소유자 총수 1/2 이상에 해당하는 자의 동의를 필요로 한다.

- 도시개발법에서의 공취법은 이 법에서 따로 규정한 것이 없다면 보충적으로 적용 된다.

- 도시개발법에서는 수용대상이 되는 토지의 세목을 고시한 때에는 공취법에 의한 사업인정 고시로 간주한다.

- 환지방식으로 시행하고 개발계획을 수립할 때 토지면적 2/3이상 및 토지소유자의 총수 1/2 이상의 동의를 얻어야 한다. 환지계획 작성 시에는 별도의 동의 요건이 필요 없다.

- 환지계획의 작성기준은 국토해양부령으로 정한다.

- 환지예정지의 지정의 효력 발생일부터 환지처분 공고일 까지 사용, 수익할 수 있다.

- 환지예정지가 지정되면 시행자는 체비지를 사용, 수익, 처분할 수 있다.

- 환지예정지의 지정이나 사용 또는 수익의 정지처분으로 인하여 이를 사용 또는 수익할 수 있는 자가 없게 된 토지 또는 당해부분은 그 날부터 환지처분공고가 있는 날까지 시행자가 이를 관리한다.

- 시행자는 환지를 정하지 아니하기로 결정 된 토지소유자 또는 임차권자 등에게 기일을 정하여 그 날로부터 당해 토지 또는 당해부분의 사용 또는 수익을 정지시킬 수 있다.

- 지정권자 이외의 시행자는 준공검사를 받은 때, 지정권자가 시행자인 때에는 공사 완료공고 후 60일 내 환지 처분하여야 한다.

- 행정청인 시행자는 체비지, 보류지 처분 때에는 국가, 지자체, 재산처분에 관한 법령이 적용되지 않는다.

- 환지예정지 지정에 의하여 처분된 체비지는 당해 체비지를 매입한 자가 소유권이전등기를 마친 때에 이를 취득한다.

- 시행자는 환지처분 공고 후 14일 이내 등기 촉탁한다.

- 행정청 아닌 시행자가 한 처분에 관해서는 다른 법률에 특별한 규정이 있는 경우를 제외하고는 지정권자에게 행정심판을 제기해야 한다.

- 환지방식에서의 전기지중매설은 공급자 2/3, 요청자 1/3 비율로 부담한다.

- 도시개발채권의 소멸시효는 원금 5년, 이자 2년이다.

- 주택재건축사업은 정비구역이 아닌 곳에서도 시행할 수 있다.

- 주거환경개선사업, 주택재개발사업, 도시환경정비사업의 토지 등 소유자는 정비 구역 안에 소재한 토지 또는 건축물의 소유자 또는 그 지상권자를 가리킨다.

- 정비기본계획을 수립하는 특, 광, 시장은 정비기금을 설치해야 한다.

- 정비구역의 지정 등에 대해서는 제1종 지구단위계획구역의 결정, 고시가 있는 것으로 본다.

- 시장, 군수는 정비계획을 수립하여 주민설명회 및 30일 이상 주민에게 공람하고 지방의회 의견을 들은 후 이를 첨부하여 시, 도지사에게 정비구역지정을 신청한다.

- 사업에 착수한 자는 시, 도지사, 대도시시장이 정비구역을 지정, 고시된 날로부터 30일 이내 시장, 군수에게 신고한 후 이를 계속 시행할 수 있다.

- 주택재개발사업 및 도시환경정비사업의 조합원은 토지 등 소유자로 하지만, 주택 재건축사업의 조합원이 되는 자는 토지 등 소유자로 조합설립에 동의한 자로 국한된다.

- 주택 재개발사업 및 도시환경정비사업의 추진위원회가 조합을 설립하고자 하는 때에는 토지 등 소유자의 3/4이상 및 토지면적의 1/2이상의 토지소유자의 동의를 얻어 시장, 군수에게 인가를 받아야 한다.

- 주택재건축의 경우 동별 구분소유자 2/3 이상 및 면적 1/2이상의 토지소유자 동의(5세대 이하 제외)와 전체 구분소유자 3/4이상 및 토지면적 3/4이상의 동의를 얻어 시장, 군수의 인가를 받아야 한다.

- 주택재건축의 경우 주택단지가 아닌 구역이 정비구역에 포함된 때에는 토지 또는 건축물 소유자 3/4이상 및 토지면적 2/3 이상의 토지소유자 동의를 얻어야 한다.

- 정비사업에서 조합원수가 100인 이상인 때에는 대의원회를 두어야 한다. (필수사항) : 도시개발법은 임의사항

- 재건축사업의 안전진단은 시장, 군수에게 신청한다.

- 시장, 군수는 30일 이내 안전진단실시여부를 결정하여 신청인에게 통보해야 한다.

- 사업시행자가 지정개발자인 경우에는 정비구역안의 토지면적 50%이상 토지소유자의 동의와 토지 등 소유자 과반수의 동의를 받아야 한다.

- 임대료 등 증감청구권은 정비법에는 규정이 없다.

- 주거환경정비사업에는 국민주택채권매입규정이 적용되지 않는다.

- 사업시행인가 고시가 있는 날부터 60일 이내 개략적인 부담금 내역 및 분양 신청기간 등을 토지 등 소유자에게 통지하고 분양의 대상이 되는 대지 또는 건축물의 내역을 해당지역에 발간되는 일간신문에 공고해야 한다.

- 종전의 토지 또는 건축물의 가격은 사업시행인가 고시가 있는 날은 기준으로 한다.

- 기존건축물의 붕괴 등 안전사고의 우려가 있어 소유자의 동의 및 시장, 군수의 허가를 얻어 사업시행 인가 전에 철거된 건축물의 경우에는 시장, 군수에게 허가 받은 날을 기준으로 평가한다.

- 분양설계는 분양신청기간 만료되는 날을 기준으로 한다.

- 종전의 토지 및 건축물은 관리처분계획 인가 고시가 있은 때부터 소유권이전고시가 있는

날 까지 사용하거나 수익할 수 없다.

- 조합이 시장, 군수 , 주공 등이 아닌 자를 시공자로 선정한 경우 시공자는 시공보증서를 조합에 제출해야 한다.

- 시공보증에서 금액을 보증 한다면 총 공사금액의 50%이하 대통령령이 정하는 비율 이상의 범위 안에서 사업시행자가 정하는 금액을 납부할 것을 보증해야 한다.

- 사업시행자는 공사완료고시가 있는 때에는 지체 없이 대지확정측량을 하고 토지의 분할절차를 거쳐 관리처분계획에 정한 사항을 분양 받은 자에게 통지하고 대지 또는 건축물의 소유권을 이전해야 한다. 소유권을 이전할 때에는 그 내용을 당해 지방자치단체 공보에 고시 한 후 이를 시장, 군수에게 보고해야 한다.

- 대지, 건축물을 분양받을 자는 소유권 이전고시 다음날 소유권을 취득한다.

- 등기된 임차권이나 대항요건을 갖춘 임차권만이 소유권을 이전받은 대지 또는 건축물에 설정된 것으로 본다.

- 사업시행자는 이전 고시가 있는 때에는 지체없이 등기촉탁 하여야 한다.

- 정비기반시설 설치를 위해 토지 또는 건축물이 수용된 자는 당해 정비구역 안에 소재하는 대지 또는 건축물로서 매각 대상이 되는 대지, 건축물에 대하여 우선매수 청구할 수 있다.

- 사업시행인가 고시 있은 날부터 3년 이내에 매매계약을 체결하지 아니한 국, 공유지는 국유재산법, 지방재정법이 정하는 바에 의한다.

- 국토해양부장관은 주택 또는 기반시설이 열악한 주거지의 주거환경개선을 위하여 5년마다 개선대상 지역을 조사하고 연도별 재정지원 계획 등을 포함한 노후, 불량 주거지 개선계획을 수립해야 한다.

- 지하층의 규정은 바닥으로부터 지표면까지 평균 높이가 층 높이의 1/2 이상인 경우이다.

- 지하 또는 고가의 공작물에 설치하는 사무소, 공연장, 점포, 차고, 창고등도 건축물에 해당한다.

- 전통건축물도 문화재가 아닌 이상 건축법상 건축물이다.

- 주요구조부란 내력벽, 기둥, 바닥, 보, 지붕틀, 주계단을 말한다.

- 도지사는 건축허가권자가 아니다.

- 건축허가의 제한기간 2년 이내이며, 1회에 한하여 1년 범위내로 연장 할 수 있다.

- 착공신고대상은 허가, 신고 대상건축물과 허가대상 가설 건축물이다. (신고대상 가설건축물은

대상이 아니다.)

- 가설건축물도 허가사항인 경우에는 사용승인신청을 하여야 한다. (신고대상 가설 건축물은 대상이 아니다.)

- 건축허가를 거부하는 경우에는 건축위원회 심의를 거쳐야 한다.

- 철거 7일전 신고, 멸실 30일 이내 신고 한다.

- 도시지역에서는 4m 범위 내에서 건축선을 따로 정할 수 있다. (이 경우 대지면적에 포함한다.)

- 건축법에서는 대지가 2 이상의 용도지역에 걸치는 경우 과반이 속하는 지역의 행위제한을 적용한다.

- 공개공지 제공지역은 일반, 준주거, 상업, 준공업지역에 해당된다.

- 31m를 초과하는 건축물은 비상용 승강기를 설치해야 한다.

- 공동주택에 있어 중심, 일반상업지역에서는 제한을 받지 아니한다.(일조권)

- 전용, 일반주거지역에서는 정북방향 인접대지 경계선으로부터 일정거리를 이격해야 한다.

- 민영주택이란 국민주택 등을 제외한 주택을 만한다

- 공동주택의 주거전용면적은 외벽의 내부선을 기준으로 한다.(안목치수)

- 도시형 생활주택이란 150세대 미만의 국민주택규모에 해당하는 주택으로서 대통령령으로 정하는 주택을 말한다.

- 대통령령이 정하는 증축의 범위 : 15년 이상의 공동주택 주거전용면적 3/10 이상 증축의 의미(주택법)

- 국민주택을 공급받기 위한 직장 주택조합은 설립신고로 성립한다.

- 주택 조합은 설립인가 받은 날로부터 2년 이내 사업계획 승인신청을 하여야 한다. (리모델링 주택 조합은 2년 내 허가신청 해야 한다.)

- 주택 건설사업, 대지조성 사업으로서 해당 대지면적이 10만㎡미만인 경우 특, 광, 시, 군수가 사업계획 승인권자가 된다.

- 사용검사권자는 국토해양부장관, 시장, 군수, 구청장이다.

- 시장, 군수, 구청장은 마감자재 목록표와 영상물 등을 사용검사가 있는 날로부터 2년이상 보관하여야 하며, 입주자가 요구하는 때에 이를 공개하여야 한다.

- 분양가 상한제 적용주택에 있어 사업주체는 일반에게 공급하는 공동주택을 주택법에서 정하는 기준에 따라 산정되는 분양가격 이하로 공급하여야 한다. 단, 도시형 생활주택은 그러하지 아니하다.

- 주택 공급질서 교란 방지에 대한 제재수단으로 주택을 공급받을 수 있는 지위를 무효로 하거나, 이미 체결 된 주택의 공급계약을 취소, 환매, 퇴거를 명하거나 3년 이하 징역이나 3,000만원 이하의 벌금에 처한다.

- 공급질서 교란금지에서 금지되는 양도 또는 양수란 매매, 증여 등 권리변동을 수반하는 일체의 행위를 포함하되, 상속이나 저당으로 인한 경우는 제외한다.

- 사업주체는 사업계획승인을 얻어 시행하는 주택건설사업에 의하여 건설된 주택 및 대지에 대하여 입주자 모집공고 승인 신청일 이후부터 입주예정자가 당해주택 및 대지의 소유권 이전 등기를 신청할 수 있는 날 이후 60일까지의 기간동안 입주예정자의 동의 없이 저당권 등의 설정행위를 하여서는 아니된다.

- 소유권 이전 등기를 신청할 수 있는 날이란 사업주체가 입주예정자에게 통보한 입주 가능일을 말한다.

- 대한주택 보증주식회사의 신탁의 인수에 관하여는 자본시장과 금융투자사업에 관한 법률을 적용하지 아니한다.

- 국토해양부장관은 1년마다 투기과열지구의 지정의 계속 여부를 검토해야 한다.

- 주택 공영개발지구는 국토해양부장관이 주택에 대한 투기가 성행할 우려가 있거나 공공택지 내 주택공급의 공공성을 강화하기위하여 필요한 경우에는 주택정책 심의 위원회 심의를 거쳐 주택공영개발지구를 지정할 수 있다.

- 전매 제한 기간은 최초로 주택공급 계약 체결이 가능한 날부터 진행된다.

- 전매제한 기간이 3년을 초과하는 경우로서 3년 이내에 해당주택에 대한 소유권 이전 등기를 완료한 경우에는 소유권이전등기를 완료 한 때에 3년이 지난 것으로 본다.

- 입주예정자의 동의 없이 대지에 저당권을 설정하였다면 2년 이하의 징역이나 2,000만원 이하의 벌금에 처한다.

- 단계별집행계획은 협의절차를 거쳐 수립, 공고하며(승인절차X), 도시기본계획은 특, 광, 시, 군수가 수립한다.(도시관리계획으로 결정×)

- 도시관리계획의 입안, 결정에서 도시계획시설면적의 5%미만인 경우 기초조사를 생략할 수 있다.

- 도시기본계획은 공청회를 개최하여 주민 및 전문가의 의견을 청취하고, 도시관리 계획은 2 이상의 일간신문과 인터넷 홈페이지에 공고하고 14일 이상 일반이 열람할 수 있도록 하여

열람기간 내 주민의견을 청취한다.

- 도시관리계획의 수립기준은 대통령령이 정하는 바에 따라 국토해양부장관이 정한다.

- 도시관리계획의 주민의견반영은 열람기간 종료 된 날부터 60일 이내 당해 의견을 제출한 자에게 통보해야한다.

- 도시관리계획 입안 때의 계획도는 축척 1/1000 또는 1/5000의 지형도로 작성한다.

- 이미 사업, 공사에 착수한 자는 도시관리계획 결정과 관계없이 그 사업 또는 공사를 계속할 수 있다. 단, 시가화조정구역, 수산자원보호구역은 3월내 신고가 필요하다.

- 토지경계가 행정구역 경계와 일치되는 경우 지형도면을 작성하지 아니하는 것이 아니라, 지적도 사본에 도시관리계획으로 결정한 사항을 명시한 도면으로 갈음할 수 있다.

- 지형도면은 축척 1/500내지 1/1,500지형도로 작성하나, 녹지지역안의 임야, 관리지역, 농림지역, 자연환경보전지역은 축척 1/3,000내지 1/6,000의 지형도로 할 수 있다.

- 용도지역의 행위제한에 대해서는 손실보상을 인정하지 않는다.

- 제1종 전용주거지역에서는 초, 중, 고등학교 건축가능. 단, 대학교 불가

- 숙박시설은 주거지역에서는 허용되지 않는다.

- 자연환경보전지역 안에서는 초등학교시설만 가능하다.

- 시가화조정구역에서는 주택의 신축은 허용되지 않는다.

- 지구단위계획구역에서의 완화적용대상은
  1. 용도지역, 지구안에서의 건축제한, 용적율, 건폐율
  2. 대지의 조경, 공개공지, 도로 관계
  3. 건축물의 높이제한, 일조확보를 위한 건축물의 높이제한
  4. 주차장법

- 지구단위계획구역에서 건축선, 대지의 분할제한은 완화적용대상이 아니다.

- 1, 2종 지구단위계획에 의무적으로 포함되어야 할 내용은
  1. 기반시설의 배치와 규모
  2. 가로구역의 개발, 정비를 위한 토지규모와 조성계획
  3. 건축물의 용도제한, 건폐율, 용적률, 높이의 최고, 최저한도(건축선은 아니다.)
  4. 교통처리계획

- 개발행위허가를 제한하고자 하는 자가 국토해양부장관 또는 시, 도지사인 경우에는 중앙도시계획위원회 또는 시, 도 도시계획위원회의 심의 전에 미리 제한하고자 하는 지역을 관할

하는 시장, 군수의 의견을 들어야 한다.

- 도시계획시설사업의 매수 의무자는 특·광·시·군에 한정되지 않으며 시행자, 설치 관리 의무자가 포함된다.

- 도시계획시설사업의 관계서류사본을 20일 이상 일반이 열람할 수 있도록 하여야 한다.

- 장애물의 제거, 변경의 경우 소유자, 점유자, 관리인의 동의를 요한다.

- 일출 전, 일몰 후 출입하고자 하는 경우 점유자의 승낙을 받은 경우에 한하여 타인 토지 출입이 가능하다.

- 출입과정에서 손실이 발생한 경우 그 보상책임은 시행자 또는 행위자가 속한 행정청에 있다.

- 토지거래허가구역의 재지정에도 중앙도시계획위원회 심의를 거쳐야 하며, 심의전에 시, 도 지사 또는 시장, 군수의 의견을 들어야 한다.

- 재지정하는 경우 지정 공고일에 효력이 발생한다.

- 토지거래허가는 판결 및 화해, 조정, 인낙조서를 받는 경우도 허가를 받아야 한다.

- 계약예정금액은 허가신청서에 포함되나, 허가의 심사기준에는 해당되지 않는다.

- 대체 토지는 3년이내 취득이 가능하며, 종전토지가액이하이어야 한다.

- 토지거래 구역에서 허가목적대로 이용하지 않는 경우 이행강제금 부과대상이다.(과태료가 아니다.)

- 매수청구는 허용되나, 선매요청은 허용되지 않는다.

- 허가신청받은 날부터 2월이내 선매협의를 완료해야 한다.

- 제2종 지구단위계획구역과 취락지구에서 지정된 도시개발 구역은 제1종지구단위 계획구역 으로 의제되지 아니한다.

- 도시개발사업에 있어서 민간사업시행자만이 지정권자의 승인을 얻어 신탁사업자와 신탁계 약을 체결하여 도시개발사업을 시행할 수 있다.

- 도시개발법에서 행정청이 아닌 시행자의 처분에 대하여 지정권자에게 행정심판을 청구할 수 있다.

- 모든 시행자는 실시계획을 작성해야 한다.(실시계획은 개발계획에 부합해야 한다.)

- 환지설계는 평가식을 원칙으로 하되, 면적식 또는 절충식 중에서 적합한 방식으로 할 수 있다.

- 환지계획의 작성에는 동의를 요하지 않는다.

- 환지예정지를 지정하는 경우에 토지소유자 동의는 필요없다.

- 환지예정지 지정에서 주거용 건축물인 경우 철거하고자 하는 날부터 2월전에 통지하여야 한다.

- 환지처분 절차
  공사완료 → 공사완료공고 → 관계서류공람(14일이상) 및 의견청취 → 준공검사 → 환지처분(준공검사 받은지 60일 이내) 공고 → 환지등기(공고후 14일 이내)

- 행정청인 시행자의 경우 감가보상금이 발생할 수 있다. (종전소유자 또는 임차권자에게 지급)

- 지정개발자는 정비구역안의 토지면적 50%이상을 소유한 자로서 토지 등 소유자 50%이상 추천을 받은 자이어야 지정개발자가 될 수 있다.

- 정비사업의 조합설립추진위원회는 토지 등 소유자의 과반수의 동의를 얻어 위원장을 포함한 5인이상의 위원으로 조합설립 추진위원회를 구성하여 시장, 군수의 승인을 얻어야 한다.

- 주택재건축사업의 조합원은 사업에 동의한 자에 한한다.

- 주택재개발사업의 경우 관리처분 계획에 포함되어야 하는 종전의 토지가격은 사업시행인가고시가 있는 날을 기준으로 하여 시장, 군수가 추천하는 2인이상 평가한 금액을 산술평균하여 산정한다.

- 사업시행자는 준공인가 고시가 있는 때에는 지체 없이 대지확정측량을 하고 토지의 분할 절차를 거쳐 관리처분계획에 정한 사항을 분양받을 자에게 통지하고 대지 또는 건축물의 소유권을 이전하여야 한다.

- 정비사업에 관하여 소유권이전고시가 있는 날부터 등기가 있을 때까지는 저당권 등의 다른 등기를 하지 못한다.

- 주택재개발사업에서 시행방식의 전환이 인정된다.

- 건축허가는 대물적 허가이므로 그 이전성이 인정된다.

- 허가대상건축물을 철거하는 경우에는 철거예정일 7일전까지 철거신고서를 시, 군, 구청장에게 제출해야 한다.

- 원칙적으로 도로란 보행 및 자동차통행이 가능한 4m 이상의 도로 및 예정도로를 말한다.

- 최고 높이가 정해지지 아니한 가로구역의 경우에는 건축물의 각 부분 높이가 그 부분으로부터 전면도로 반대쪽 경계선까지 수평거리의 1.5배를 초과할 수 없다.

- 6층 이상으로서 연면적 2천㎡이상인 건축물의 경우 승용승강기를 설치해야 한다.

- 노대 기타 유사한 부분의 바닥면적 산정의 경우 노대면적에서 노대 등이 접한 가장 긴 외벽에 접한 길이에 1.5m를 곱한 값을 공제한 면적을 바닥면적에 산입한다.

- 지표면으로부터 1m이하에 있는 부분은 건축면적에서 제외한다.

- 건축분쟁전문위원회는 15인 이내의 위원으로 구성한다.

- 시, 도지사, 시장, 군수, 구청장은 특별한 이유가 없는 한 조정 등의 신청 사실만을 이유로 당해공사를 중지하게 하여서는 아니된다.

- 건축분쟁조정에서 조정안을 제시받은 당사자는 제시받은 날로부터 15일 이내에 그 수락여부를 조정위원회에 통보하여야 한다.

- 국토해양부장관은 특별건축구역 지정의 필요성, 타당성 및 공공성 등과 피난, 방재 등의 사항을 검토하고 지정 여부를 결정하기 위해서 지정신청을 받은 날로부터 30일 이내에 중앙건축위원회의 심의를 거쳐야 한다.

- 국토해양부장관은 5년 이내 특별건축구역 지정목적에 부합하는 건축물의 착공이 이루어지지 아니하는 경우 특별건축구역의 전부 또는 일부에 대하여 지정을 해제 할 수 있다.

- 최저주거기준은 국토해양부장관이 설정한다.

- 근로자를 고용한 자는 등록사업자와 공동으로 사업을 시행하여야 한다.(필수사항)

- 주택조합의 설립인가를 받은 날로부터 2년 이내 사업계획승인 신청을 하지 아니하는 경우 설립인가가 취소될 수 있다.

- 국민주택을 공급받기 위하여 직장주택조합을 설립하고자 하는 자는 시장, 군수, 구청장에게 신고하여야 한다.(신고사항)

- 국민주택채권은 국토해양부장관의 요청에 의하여 기획재정부장관이 발행한다.

- 국민주택채권은 증권거래법에 의하여 증권예탁원에 등록 발행한다.

- 제2종 국민주택채권의 상환일은 기획재정부장관이 국토해양부장관과 협의하여 정하되, 발행일로부터 20년을 초과할 수 없다.

- 제1종국민주택채권의 이자는 기획재정부장관이 국토해양부장관과 협의하여 정한다.

- 주택상환사채는 주공과 등록사업자가 발행할 수 있다. (국토해양부 장관승인, 기명증권, 상환기간 3년이내)

- 주택법령상 주택건설용 토지의 취득에 대해 체비지 양도가격은 감정가격을 기준으로 하나, 임대주택을 건설하는 경우 국토해양부령이 정하는 경우에는 조성원가를 기준으로 할 수

있다.

- 주택법상 사업계획승인권자는 시, 도지사, 대도시장, 국토해양부장관 (국가, 주공)이다. (10㎡ 미만 :특·광·시·군)

- 주택건설, 대지조성사업이 완료된 경우 사용 검사는 국토해양부장관, 시, 군, 구청장이다.

- 사업계획승인권자는 사업계획을 승인하는 경우에 건축사법 또는 건설기술관계법에 의한 감리자격이 있는 자를 감리자로 지정하여야 한다.

- 사업주체가 100호 이상의 주택을 집단으로 건설하거나 16,500㎡이상의 대지를 조성하는 경우에는 사용검사일까지 일정한 범위의 간선시설을 설치하여야 한다.

- 시공보증자가 없거나 시공보증자가 파산 등으로 시공을 할 수 없는 경우 입주 예정자의 대표회의가 시공자를 정하여 잔여공사를 시공하고 사용검사를 받아야 한다.

- 주택법상 주택공급에 관해서 사업주체는 시장, 군수, 구청장에게 입주자모집승인을 받아야 한다.

- 입주자 모집공고 승인신청일 이후부터 소유권 이전 등기를 신청할 수 있는 날 이후 60일까지 입주예정자 동의 없이 일정한 행위를 하여서는 아니 된다.(저당권 설정 등 X)

- 국토해양부장관이 투기과열지구를 지정하거나 해제할 경우 시, 도지사의 의견을 들어야 하며, 시, 도지사가 투기과열지구를 지정하거나, 해제할 경우 국토해양부장관과 협의하여야 한다.

- 주택거래신고지역은 국토해양부장관만이 지정한다.

- 주택법상 공동주택 관리에 관한 규정은 도시 및 주거환경정비법으로 건설된 공동주택 등에는 적용하지 아니한다.

- 하자보수책임의 주체는 주택법상 사업계획승인을 얻어 건설한 공동주택의 사업주체와 건축법상 건축허가를 얻어 분양을 목적으로 하는 공동주택을 건설한 건축주, 시공자이다.

- 대리경작자의 지정예고 처분에 대하여 10일이내에 이의 신청을 할 수 있다.

- 임대, 사용대하는 경우에는 자기의 농업경영에 이용하지 아니하는 농지라도 그 기간중에는 계속 소유할 수 있다.

- 농지법에 허용된 경우를 제외하고는 농지소유에 관한 특례를 정할 수 없다.

- 도시지역이라도 녹지지역 중 도시계획시설 사업에 필요하지 아니한 농지에 대하여는 농취증을 발급받아야 한다.

- 농지전용허가나 신고를 하는 경우라도 농취증을 발급받아야 한다.

- 국가, 지자체는 농취증을 발급받지 아니하여도 되나, 정부투자기관은 이에 해당되지 아니한다.

- 농지 소유자가 농지에 대한 처분사유가 발생하였을 경우 1년이내 농지를 처분해야 한다.

- 농지전용허가를 받고 농지를 취득한 자가 2년 이내에 목적사업에 착수하지 아니한 때에는 농지를 처분하여야 한다.

- 시장, 군수, 구청장은 농지처분 의무기간 내에 처분대상 농지를 처분하지 아니한 소유자에 대해서는 6월 이내 농지를 처분할 것을 명할 수 있다.

- 농지매수청구는 한국농어촌공사에 한다.

- 시, 군, 구청장은 농지이용계획을 수립 변경한 때에는 특, 광, 도지사의 승인을 얻어 그 내용을 확정, 고시하여야 하며 일반인이 열람할 수 있도록 하여야 한다.

- 대리경작자는 농지의 인근지역에서 농업경영을 하는 농업인 또는 농업법인으로서 그 농지를 효율적으로 경작할 능력이 있는 자를 지정하는 것이 원칙이다.

- 대리경작기간을 따로 정함이 없는 한 1년으로 한다.

- 도시지역안의 녹지지역에서는 농업진흥지역을 지정할 수 있다.

- 농업진흥지역의 지정권자는 시, 도지사이다.

- 60세 이상 고령으로 농업경영에 이용한 기간이 5년을 초과하는 경우, 임대, 사용대 가능하다.

- 농업진흥지역안의 농지로써 3,000㎡ 미만의 농지전용인 경우 시장, 군수, 구청장의 전용 허가를 받는다.

- 농지보전부담금을 3년 이내에서 분할 납입하게 하는 경우 납입보증보험증서 등을 예치하게 하여야 한다.

- 국계법에 의한 도시지역 안에서 주, 상, 공 또는 도시계획시설을 지정 또는 결정할 때에 당해지역 또는 시설예정지 안에 농지가 포함되어 있는 경우에는 미리 농림수산식품부장관과 협의하여야 한다. 다만, 이미 지정된 주, 상, 공을 다른 지역으로 변경하거나 도시계획시설을 결정하는 경우를 제외한다.

- 농업진흥지역 안의 농지는 3천㎡미만, 농업진흥지역 밖의 농지는 3만㎡미만의 전용은 시장, 군수, 구청장이 허가권자이다.

공법 기출문제

1. 「국토의 계획 및 이용에 관한 법률」의 내용으로 옳은 것은?
   ① 도시계획이라 함은 특별시·광역시·시 또는 광역시 관할구역 안의 군에 대하여 수립하는 도시기본계획과 도시관리계획을 말한다.
   ② 지구단위계획이라 함은 도시계획 수립대상지역 전부에 대하여 체계적 관리를 위해 수립하는 도시관리계획을 말한다.
   ③ 개발밀도관리구역이라 함은 개발로 인하여 기반시설이 부족할 것이 예상되나 기반시설의 설치가 곤란한 지역을 대상으로 건폐율 또는 용적율을 완화하기 위하여 지정하는 구역을 말한다.
   ④ 국가계획이라 함은 중앙행정기관이 법률에 의하여 수립하거나 국가의 정책적인 목적 달성을 위하여 수립하는 계획 중 도시기본계획 또는 도시관리계획으로 결정하여야 할 사항이 포함된 계획을 말한다.
   ⑤ 도시계획시설사업이라 함은 기반시설을 설치·정비 또는 개량하는 사업을 말한다.

2. 국토의 계획 및 이용에 관한 법령상 도시기본계획에 관한 설명으로 틀린 것은?
   ① 도시기본계획은 도시관리계획 수립의 지침이 된다.
   ② 도시기본계획의 수립기준 등은 대통령령이 정하는 바에 따라 시·도지사가 정한다.
   ③ 시장 또는 군수가 도시기본계획을 수립하는 때에는 미리 당해 시 또는 군의 의회의 의견을 들어야 한다.
   ④ 특별시장·광역시장이 도시기본계획을수립 또는변경하는 때에는 국토해양부장관의 승인을 얻지 않아도 된다.
   ⑤ 시장 또는 군수는 5년마다 관할구역의 도시기본계획에 대하여 그 타당성 여부를 전반적으로 재검토하여 이를 정비하여야 한다.

3. 국토의 계획 및 이용에 관한 법령상 광역도시계획에 관한 설명으로 틀린 것은?
   ① 광역도시계획은 10년 단위로 수립하여야 한다.
   ② 도지사가 광역도시계획을 수립하는 때에는 국토해양부장관의 승인을 얻어야 한다.
   ③ 광역계획권이 같은 도의 관할구역에 속한 경우에는 관할 도지사가 광역도시계획을 수립할 수 있다.(시장·군수 협의 요청시)
   ④ 광역도시계획을시·도지사가 공동으로 수립하는 경우 그 내용에 관해 서로 협의가 이루어지지 아니하는 때에는 공동 또는 단독으로 국토해양부장관에게 조정을 신청할 수 있다.
   ⑤ 광역도시계획에 관한 기초조사로 인하여 손실을 받은 자가 있는 때에는 그 행위자가 속한 행정청이 그 손실을 보상하여야 한다.

4. 국토의 계획 및 이용에 관한 법령상 도시관리계획에 대한 설명 중 옳은 것은?
① 도시관리계획의 입안권은 시장·군수·구청장의 고유한 권한이다.
② 광역도시계획이수립되어 있는 시·군에서는 도시관리계획을 수립하지 아니할 수 있다.
③ 도심지의 상업지역에 지구단위계획을 입안하는 경우에는 환경성 검토를 실시하지 아니할 수 있다.
④ 도시관리계획의 수립기준은 시·도지사가 정한다.
⑤ 주민은 기반시설의 설치에 관한 도시관리계획의 입안제안권을 갖지 아니한다.

5. 국토의 계획 및 이용에 관한 법령상 도시관리계획의 수립 등에 관한 설명으로 틀린 것은?
① 도시관리계획의 입안권자는 국토해양부장관·특별시장·도지사·시장 또는 군수(광역시의 군수는 제외)이다.
② 주민은 도시관리계획도서와 계획설명서를 첨부하여 기반시설의 설치에 관한 도시관리계획의 입안을 제안할 수 있다.
③ 도시관리계획의 입안을 위한 절차로서 주민의 의견청취에 관하여 필요한 사항은 대통령령이 정하는 기준에 따라 당해 지방자치단체의 조례로 정한다.
④ 시가화조정구역의 지정에 관한 도시관리계획결정 당시 이미 사업에 착수한 자는 당해 도시관리계획결정에 관계없이 그 사업을 계속할 수 있다.
⑤ 도지사가 지구단위계획 중 건축물의 배치에 관한 계획을 결정하는 대에는 도에 두는 건축위원회와 도시계획위원회가 공동으로 하는 심의를 거쳐야한다.

6. 국토의 계획 및 이용에 관한 법령에서 정하고 있는 용도지역에 관한 설명 중 옳은 것은?
① 용도지역의 지정 또는 변경은 도시기본계획으로 결정·고시한다.
② 용도지역은 크게 도시지역, 준도시지역, 농림지역 및 자연환경보전지역으로 구분된다.
③ 자연환경보전지역은 자연환경·수자원·해안·생태계·상수원 및 문화재의 보전과 수산자원의 보호·육성 등을 위하여 필요한 지역이다.
④ 도시지역은 주거지역, 상업지역, 녹지지역 및 보전지역으로 구분된다.
⑤ 주거지역 중 준주거지역은 주택의 층수에 따라 제1종, 제2종 및 제3종으로 세분된다.

7. 국토의 계획 및 이용에 관한 법령상 자연환경보전지역 안에서 건축할 수 있는 건축물은? (단, 도시계획조례로 규정한 사항은 제외)
① 교정 및 군사시설
② 의료시설
③ 종교시설
④ 묘지관련시설
⑤ 교육연구시설 중 초등학교

8. 국토의 계획 및 이용에 관한 법령상 용도지역에 관한 설명으로 틀린 것은?

① 도시지역·관리지역·농림지역 또는 자연환경보전지역으로 용도가 지정되지 아니한 지역에 대하여는 건폐율 규정을 적용함에 있어서 자연환경보전지역에 관한 규정을 적용한다.

② 관리지역이 세부용도지역으로 지정되지 아니한 경우 용적률에 대하여는 계획관리지역에 관한 규정을 적용한다.

③ 관리지역 안에서 「농지법」에 의한 농업진흥지역으로 지정·고시된 지역은 국토의 계획 및 이용에 관한 법률에 의한 농림지역으로 결정·고시된 것으로 본다.

④ 공유수면의 매립목적이 당해 매립구역과 이웃하고 있는 용도지역의 내용과 다른 경우 그 매립구역이 속할 용도지역은 도시관리계획결정으로 지정하여야 한다.

⑤ 「택지개발촉진법」에 의한 택지개발예정지구로 지정·고시된 지역은 「국토의 계획 및 이용에 관한 법률」에 의한 도시지역으로 결정·고시된 것으로 본다.

9. 국토의 계획 및 이용에 관한 법령에서 원칙적으로 정한 용도지역별 용적률의 최대한도가 높은 지역부터 낮은 지역으로 올바르게 나열한 것은?

① 일반공업지역, 준주거지역, 제2종 일반주거지역, 농림지역, 자연녹지지역
② 일반공업지역, 제2종 일반주거지역, 준주거지역, 농림지역, 자연녹지지역
③ 준주거지역, 일반공업지역, 제2종 일반주거지역, 자연녹지지역, 농림지역
④ 일반공업지역, 준주거지역, 제2종 일반주거지역, 자연녹지지역, 농림지역
⑤ 준주거지역, 제2종 일반주거지역, 일반공업지역, 농림지역, 자연녹지지역

10. 다음은 도시관리계획결정으로 용도지구를 세분하여 지정하는 경우에 대한 설명이다. 가장 타당하지 않은 것은? (도시계획조례로 정하는 경우 제외)

① 미관지구는 중심지미관지구·역사문화미관지구·일반미관지구로 지정할 수 있다.
② 고도지구는 최고고도지구·최저고도지구로 지정할 수 있다.
③ 보존지구는 문화자원보존지구·중요시설물보존지구·생태계보존지구로 지정할 수 있다.
④ 취락지구는 자연취락지구·집단취락지구로 세분하여 지정할 수 있다.
⑤ 경관지구는 자연경관지구·도시경관지구로 세분하여 지정할 수 있다.

11. K시에 소재하는 갑의 대지는 제2종일반주거지역과 생산녹지지역에 걸쳐 있으면서, 그 총면적은 1,000㎡이다. 이 경우 제2종일반주거지역의 건축 가능한 최대연면적이 1,200㎡일 때, 갑의 대지 위에서 건축할 수 있는 건물의 최대연면적은? (단, K시의 도시계획조례상 생산녹지지역의 용적률은 50%, 제2종일반주거지역의 용적률은 200%, 기타 건축제한은 고려하지 아니함)

① 1,200㎡　　　　② 1,400㎡　　　　③ 1,500㎡
④ 1,600㎡　　　　⑤ 1,800㎡

12. 지구단위계획에 관한 설명 중 옳은 것은?

① 지구단위계획은 도시계획수립대상지역 전부에 대하여 토지이용을 합리화하기 위한 것이며, 도시관리계획으로 결정한다.

② 계획관리지역 또는 개발진흥지구를 체계적으로 개발하기 위하여 용적률 등을 완화하여 수립하는 계획을 제1종 지구단위계획이라 한다.

③ 제2종 지구단위계획은 농·산·어촌의 기능증진, 미관개선 및 양호한 환경을 확보하기 위하여 수립한다.

④ 택지개발예정지구나 개발제한 구역에서 해제되는 구역은 제2종 지구단위계획구역으로 지정할 수 있다.

⑤ 지구단위계획구역의 지정권자는 국토해양부장관 또는 특별시장·광역시장·도지사, 대도시시장이며, 지정 이후 3년 이내에 지구단위계획이 결정·고시되어야 한다.

13. 국토의 계획 및 이용에 관한 법령상 개발행위허가를 요하는 것은? (단, 도시계획조례로 규정한 사항은 제외)

① 경작을 위한 토지의 형질변경

② 도시계획사업에 의한 개발행위

③ 재해복구 또는 재난수습을 위한 응급조치

④ 토지의 형질변경을 목적으로 하지 않는 토석의 채취

⑤ 조성이 완료된 기존 대지에서의 건축물 그 밖의 공작물의 설치를 위한 토지의 굴착

14. 국토의 계획 및 이용에 관한 법령상개발행위허가에 대한 설명 중 옳은 것은?

① 도시계획사업에 의하여 건축물을 건축하고자 하는 때에는 개발행위허가를 받아야 한다.

② 개발행위허가권자는 개발행위에 따른 기반시설의 설치 등을 할 것을 조건으로 개발행위를 허가할 수 없다.

③ 관리지역 안에서는 도시계획조례에서 정하는 바에 따라 개발행위허가의 규모가 정해지며, 그 상한은 5만㎡이다.

④ 행정청이 아닌 자가 재해복구 또는 재난수습을 위한 응급조치를 한 경우, 당해 행위를 한 자는 1월 이내에 허가권자에게 이를 신고하여야 한다.

⑤ 허가권자가 개발행위허가를 하고자 하는 때에는 개발행위가 시행되는 지역안에서 이미 시행되고 있는 도시계획사업 시행자의 동의를 얻어야 한다.

15. 국토의 계획 및 이용에 관한 법령상 도시계획시설부지의 매수청구에 관한 설명 중 옳은 것은?

① 매수청구할 수 있는 토지의 지목은 대(垈)에 한정된다.

② 도시계획시설결정의 고시일부터 10년 이내에 당해 도시계획시설사업이 시행되지 않으면서 그 사업의 실시계획인가가 행하여진 경우에도 매수청구할 수 있다.

③ 매수의무자는 매수청구가 있는 날로부터 3개월 이내에 매수 여부를 결정·통지하여야

한다.

④ 매수하기로 결정한 토지는 매수결정을 통지한 날부터 1년 이내에 매수하여야 한다.

⑤ 매수청구를 받은 토지의 매수대금으로 채권을 발행하여 지급할 수 없다.

16. 「국토의 계획 및 이용에 관한 법률」상 도시계획시설사업의 시행을 위한 단계별 집행계획의 수립에 대한 설명 중 틀린 것은?

① 단계별 집행계획이 수립되면 당해 지방자치단체가 발행하는 공보에 지체없이 공고하여야 한다.

② 도시계획시설결정의 고시일로부터 2년 이내에 재원조달계획과 보상계획 등을 포함하여 수립하여야 하나 지방재정이 불확실한 경우에는 그러하지 아니하다.

③ 매년 제2단계 집행계획을 검토하여 3년 이내에 도시계획시설사업을 시행할 도시계획시설을 선정하여 이를 제1단계 집행계획에 포함시킬 수 있다.

④ 3년 이내에 시행하는 도시계획시설사업은 제1단계 집행계획에, 3년 후에 시행하는 도시계획시설사업은 제2단계 집행계획으로 구분한다.

⑤ 관계행정기관의 장과 협의는 계획을 수립하기 전에 미리 하여야 한다.

17. 국토의 계획 및 이용에 관한 법령상 토지거래계약에 관한 허가구역(이하 허가구역'이라 함)에 대한 설명 중 틀린 것은?

① 국토해양부장관은 지가가 급격히 상승할 우려가 있는 지역으로서 투기우려가 있다고 인정되는 지역에 대하여 5년 이내의 기간을 정하여 허가구역으로 지정할 수 있다.

② 국토해양부장관은 지정기간이 만료되는 허가구역을 계속하여 다시 허가구역으로 지정하고자 하는 때에는 중앙도시계획위원회의 심의 전에 미리 시·도지사 및 시장·군수 또는 구청장의 의견을 들어야 한다.

③ 허가구역지정의 효력은 허가구역의 지정을 공고한 날로부터 5일 후에 발생한다.

④ 국토해양부장관은 허가구역의 지정사유가 없어졌다고 인정되는 경우 중앙도시계획위원회의 심의를 거치지 않고 해제할 수 있다.

⑤ 허가구역의 해제 또는 축소의 경우에 지체없이 이를 7일 이상 공고하고, 그 공고내용을 15일간 일반이 열람할 수 있도록 하여야 한다.

18. 국토의 계획 및 이용에 관한 법령상 토지거래계약에 관한 허가구역으로 지정된 지역에서 용도지역별로 토지거래계약의 허가를 요하지 아니하는 면적으로 바르게 연결한 것은? (국토해양부장관이 당해 기준면적으로 따로 정하여 공고한 경우를 제외함)

① 주거지역 : 200㎡ 이하

② 상업지역 : 250㎡ 이하

③ 녹지지역 : 100㎡ 이하

④ 도시지역 안에서 주거지역·상업지역·공업지역 및 녹지지역의 지정이 없는 구역 : 180㎡

⑤ 도시지역 외의 지역으로서 농지의 경우 : 1천㎡ 이하

19. 다음 중 국토의 계획 및 이용에 관한 법률상 토지거래계약의 허가를 받을 수 있는 경우에 해당하지 않는 것은?
① 허가구역에 거주하는 농어민 등이 농업·축산업·임업·어업을 영위하기 위하여 필요할 경우
② 토지를 공공사업용으로 수용당한 자가 종전 토지가액을 초과하는 대체토지를 취득하고자 하는 경우
③ 지역주민을 위한 복지시설 또는 편익시설로서 허가권자가 확인한 시설의 설치에 이용하는 경우
④ 토지이용목적이 자기의 거주용 주택용지에 이용하고자 하는 경우
⑤ 토지이용목적이 도시관리계획 기타 토지의 이용 및 관리에 관한 계획에 적합한 경우

20. 국토의 계획 및 이용에 관한 법령상 토지거래허가제에 관한 설명으로 옳은 것은?
① 자기의 거주용 주택용지로 이용하고자 토지거래허가를 신청하는 경우에도 이를 허가해서는 안 된다.
② 도시관리계획 등 토지이용계획이 새로이 수립되는 지역은 토지의 투기적 거래나 지가의 급격한 상승이 우려되지 않아도 토지거래허가구역으로 지정할 수 있다.
③ 국토해양부장관은 관계 시·도지사로부터의 허가구역 지정해제의 요청이 이유 있다고 인정되면 허가구역을 해제할 수 있다.
④ 허가구역 안에서의 토지거래계약을 체결하고자 하는 당사자는 공동으로 시·도지사의 허가를 받아야 한다.
⑤ 국토해양부장관은 토지거래계약허가구역을 지정하기 전에 중앙도시계획위원회의 심의를 거쳐야 한다.

21. 국토의 계획 및 이용에 관한 법령상 도시계획 등에 관한 설명 중 옳은 것은?
① 광역도시계획은 특별시 또는 광역시의 장기발전방향을 제시하는 계획이다.
② 도시기본계획은 광역도시계획수립의 지침이 되는 계획이다.
③ 도시기본계획은 모든 시·군에서 수립하여야 한다.
④ 도시관리계획은 특별시·광역시·시 또는 군의 개발·정비 및 보전을 목적으로 수립하는 계획이다.
⑤ 지구단위계획은 도시계획수립대상지역 전부에 대하여 토지이용의 합리화 등을 목적으로 수립하는 도시관리계획이다.

22. 광역도시계획에 관한 설명 중 옳은 것은 어느 것인가?
> ㉠ 광역도시계획의 수립기준에 대하여는 국토해양부장관이 정하도록 하고 있다.
> ㉡ 광역도시계획을 공동으로 수립할 경우 그 내용에 관하여 서로 협의가 이루어지지 아니하는 때에는 국토해양부장관이 직접 수립할 자는 지정한다.
> ㉢ 광역도시계획은 5년마다 타당성을 검토하여 이를 반영하여야 한다.
> ㉣ 광역도시계획을 경미하게 변경하는 경우에는 기초조사, 주민 및 전문가의 의견 청취, 협의, 심의절차를 생략할 수 있다.

① ㉠　　　　　　② ㉡　　　　　　③ ㉢
④ ㉣　　　　　　⑤ 전부 옳음

23. 도시관리계획의 입안자에 관한 설명 중 옳은 것은 모두 몇 개인가?

> ㉠ 도시관리계획은 특별시장·광역시장·시장 또는 군수가 입안하는 것이 원칙이나
> 　예외적으로 국토해양부장관이나 주민도 입안할 수 있다.
> ㉡ 2 이상 시·도에 걸쳐 용도지역 등을 지정하는 도시관리계획은 국토해양부장관이
> 　입안할 수 있다.
> ㉢ 지역여건상 필요하여 시장·군수와 협의한 경우 인접한 시·군의 전부 또는 일부를
> 　포함하여 입안할 수 있다.
> ㉣ 인접 시·군을 포함하여 입안한 경우 관계시장 또는 군수가 협의하여 공동으로
> 　입안하거나 입안할 자를 정한다.
> ㉤ 위 ㉣의 경우에 관계 시장 또는 군수의 협의가 불성립한 경우, 입안하고자 하는
> 　구역이 같은 도의 경우 도지사의 입안하여야 한다.

① 1개　　　　　　② 2개　　　　　　③ 3개
④ 4개　　　　　　⑤ 5개

24.　「국토의 계획 및 이용에 관한 법률」상 주민은 도시관리계획입안권자에게 도시관리계획의 입안을 제안할 수 있다. 이에 대한 설명으로 가장 적합하지 않은 것은?

① 지구단위계획구역의 지정 및 변경과 지구단위계획의 수립에 관한 사항을 제안할 수
　있다.
② 제안자는 당해 도시관리계획의 입안 및 결정에 필요한 비용의 전부를 부담하여야 한다.
③ 기반시설의 설치·정비 및 개량에 관한 사항을 제안할 수 있다.
④ 도시관리계획입안의 제안을 받은 특별시장·광역시장·시장 또는 군수는 제안일부터 원
　칙적으로 60일 이내에 도시관리계획입안에의 반영 여부를 제안자에게 통보하여야 한다.
⑤ 제안서에는 도시관리계획도서와 계획설명서를 첨부하여야 한다.

25. 국토의 계획 및 이용에 관한 법령상 용도구역 지정에 관한 설명으로 틀린 것은?

① 국토해양부장관은 개발제한구역의 지정을 도시관리계획으로 결정할 수 있다.
② 국토해양부장관은 도시자연공원구역의 지정을 도시관리계획으로 결정할 수 있다.
③ 도시자연공연구역의 지정에 관하여 필요한 사항은 따로 법률로 조정한다.
④ 국토해양부장관은 직접 또는 관계 행정기관의 장의 요청을 받아 시가화조정구역의 지
　정을 도시관리계획으로 결정할 수 있다.
⑤ 농림수산식품부장관은 직접 또는 관계 행정기관의 장의 요청을 받아 수산자원보호 구
　역의 지정을 도시관리계획으로 결정할 수 있다.

26. 국토의 계획 및 이용에 관한 법령에서 정한 용도지역별 건폐율의 최대한도가 높은 지역
부터 낮은 지역순으로 나열한 것은?

| ㉠ 일반상업지역 | ㉡ 근린상업지역 |
| ㉢ 제2종 일반주거지역 | ㉣ 제3종 일반주거지역 |

① ㉠➡㉡➡㉢➡㉣
② ㉠➡㉡➡㉣➡㉢
③ ㉡➡㉠➡㉣➡㉢
④ ㉢➡㉣➡㉠➡㉡
⑤ ㉣➡㉢➡㉡➡㉠

27. 국토의 계획 및 이용에 관한 법령상 각 용도지역에 따른 건폐율과 용적률의 최대한도를
순서대로 바르게 연결한 것은? (단, 도시계획조례로 규정한 사항은 제외)
① 주거지역 : 60% - 500%
② 상업지역 : 90% - 1,200%
③ 녹지지역 : 20% - 80%
④ 계획관리지역 : 40% - 100%
⑤ 자연환경보전지역 : 20% - 60%

28. 국토의 계획 및 이용에 관한 법령상 용도지역 안에서 용적률 최대한도의 범위가 다르게
규정되어 있는 것은? (특별시·광역시·시 또는 군의 도시계획조례는 별도로 고려하지
않는다)
① 보전관리지역
② 생산관리지역
③ 계획관리지역
④ 농림지역
⑤ 자연환경보전지역

29. 대지면적 1천㎡인 대지에 각층 바닥면적이 500㎡인 지하 1층, 지상 5층 건축물을 건축
할 경우에 용적률은? (건축면적을 최대화함)
① 100%
② 150%
③ 200%
④ 250%
⑤ 300%

30. 면적이 500㎡인 대지에 건축물을 건축하고자 하는 경우 국토의 계획 및 이용에 관한 법령상 지
상에 건축할 수 있는 건물의 최대연면적은? (주차장 면적은 제외함)? (다만, 당해 토지의 40%는

제1종 전용주거지역, 60%는 자연녹지지역에 걸쳐 있으며, 조례상 제1종 전용주거지역의 용적률은 80% 이하, 자역녹지지역의 용적률은 50% 이하이다. 그 외의 조건은 고려하지 아니한다)

① 150㎡

② 160㎡

③ 250㎡

④ 310㎡

⑤ 400㎡

31. 그림과 같이 띠 모양으로 지정된 일반상업지역과 제2종 일반주거지역에 걸쳐져 있는 2개의 필지를 하나의 대지로 하여 건축물을 건축하는 경우 괄호 안의 조건을 적용하여 지상에 건축할 수 있는 최대연면적은? (제2종 일반주거지역 건폐율 60%, 용적률 200%, 일반상업지역 건폐율 80%, 용적률 1,000%)

① 4,000㎡

② 7,600㎡

③ 10,000㎡

④ 13,600㎡

⑤ 20,000㎡

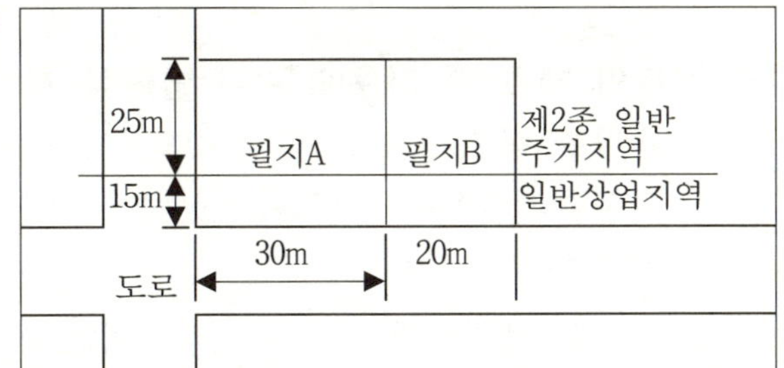

32. 국토의 계획 및 이용에 관한 법령상 시가화조정구역의 지정에 관한 설명 중 틀린 것은?

① 1㎢ 이상의 시가화조정구역 지정에 대한 도시관리계획의 결정권자는 국토해양부장관이다.

② 시가화조정구역은 도시지역과 그 주변지역의 무질서한 시가화방지와 계획적·단계적인 개발을 도모하기 위하여 지정한다.

③ 시가화유보기간은 5년 이상 20년 이내이다.

④ 시가화조정구역의 지정에 관한 도시관리계획의 결정은 시가화유보기간이 만료된 날의 다음 날부터 그 효력을 상실한다.

⑤ 시가화조정구역의 지정에 관한 도시관리계획결정의 실효(失效)에 대하여는 별도의 고시를 요하지 아니한다.

33. 국토의 계획 및 이용에 관한 법령상 지구단위계획 및 지구단위계획구역에 관한 설명 중 틀린 것은?

① 지구단위계획은 제1종과 제2종으로 구분된다.

② 지구단위계획은 도시관리계획으로 결정된다.

③ 「관광진흥법」에 따라 지정된 관광특구에 대하여 제1종 지구단위계획구역을 지정할 수 있다.

④ 계획관리지역에 위치한 산업개발진흥지구에 대하여 제2종 지구단위계획구역을 지정할 수 있다.

⑤ 택지개발예정지구의 경우 그 일부에 대하여 제1종 지구단위계획구역을 지정할 수는 없다.

34. 「국토의 계획 및 이용에 관한 법률」에서 규정하는 도시계획시설부지의 매수청구에 대하여 가장 옳은 것은?

① 도시계획시설결정의 고시일부터 5년 이내에 당해 도시계획시설사업이 시행되지 아니한 토지의 소유자가 매수청구시 매수의무자는 당해 토지를 매수하여야 한다.

② 매수의무자는 특별시장·광역시장·시장 또는 군수로 한정된다.

③ 매수의무자가 매수청구토지를 매수하는 때에는 현금이나 도시계획시설채권 중 임의로 선택하여 지급할 수 있다.

④ 매수의무자는 매수청구가 있은 날부터 2년 이내에 매수 여부를 결정하여야 하며 매수하기로 결정한 토지는 매수결정을 통지한 날부터 3년 이내에 매수하여야 한다.

⑤ 매수청구토지를 매수하지 아니하기로 결정한 경우 매수청구토지의 소유자는 개발행위허가를 받아 3층 이하의 단독주택이나 제1종 및 2종 근린생활시설 등을 설치할 수 있다.

35. 국토의 계획 및 이용에 관한 법률상 개발행위허가의 제한에 관한 설명으로 틀린 것은?

① 보전할 필요가 있는 녹지지역에서는 최장 3년 동안 개발행위허가를 제한할 수 있다.

② 지구단위계획을 수립하고 있는 지구단위계획구역에서는 최장 6년 동안 개발행위허가를 제한할 수 있다.

③ 보전할 필요가 있는 계획관리지역에서는 최장 3년 동안 개발행위허가를 제한할 수 있다.

④ 개발행위허가를 제한하고자 하는 경우 중앙도시계획위원회 또는 지방도시계획위원회의 심의를 거쳐야 한다.

⑤ 개발행위로 미관 등이 크게 손상될 우려가 있는 지역에서는 최장 3년 동안 개발행위허가를 제한할 수 있다.

36. 국토의 계획 및 이용에 관한 법령상 도시계획시설사업에 관한 설명 중 틀린 것은?

① 도시계획시설사업은 도시계획시설을 설치·정비 또는 개량하는 사업을 말한다.

② 시행자는 도시계획시설사업의 효율적 추진을 위해 필요하다고 인정하는 때에는 사업시행대상지역을 2 이상으로 분할하여 시행할 수 있다.

③ 시행자는 도시계획시설사업에 필요한 토지·건축물 또는 그 토지에 정착된 물건을 수용 또는 사용할 수 있다.

④ 도시계획시설에 대한 도시관리계획결정의 고시가 있은 때에는 「공익사업을 위한 토지 등의 취득 및 보상에 관한 법률」에 의한 사업인정 및 그 고시가 있은 것으로 본다.

⑤ 국토해양부장관 또는 시·도지사, 대도시 시장은 시행자에게 기반시설에 필요한 용지 확보 등의 조치를 할 것을 조건으로 실시계획을 인가할 수 있다.

37. 국토의 계획 및 이용에 관한 법령상 과태료부과 대상에 해당하지 않는 것은?

① 공동구에 수용하여야 하는 시설을 공동구에 수용하지 아니한 경우

② 정당한 사유없이 광역도시계획에 관한 기초조사를 방해한 경우

③ 도시계획시설사업의 시행자가 감독상 필요한 보고를 허위로 한 경우

④ 개발행위허가를 받은 자가 소속공무원의 그 개발행위에 관한 업무상황의 검사를 거부
한 경우
⑤ 공동구의 설치비용을 부담하지 아니한 자가 허가를 받지 않고 공동구를 사용하는 경우

38. 국토의 계획 및 이용에 관한 법령상 도시계획시설사업에 관한 측량을 위하여 행하는 토지에의 출입 등에 관한 설명 중 옳은 것은?

① 행정청인 도시계획시설사업의 시행자는 상급행정청의 승인을 받아 타인의 토지에 출입할 수 있다.
② 타인의 토지를 일시 사용하고자 하는 자는 토지를 사용하고자 하는 날의 7일 전까지 그 토지의 소유자·점유자 또는 관리인에게 통지하여야 한다.
③ 타인의 토지에 출입하고자 하는 자는 그 권한을 표시하는 증표와 허가증을 지니고 이를 관계인에게 내보여야 한다.
④ 타인의 토지에의 출입으로 손실이 발생한 경우 그 행위자가 직접 그 손실을 보상하여야 한다.
⑤ 허가를 받지 아니하고 타인의 토지에 출입한 자에 대하여는 1년 이하의 징역 또는 1천만원 이하의 벌금에 처한다.

39. 「국토의 계획 및 이용에 관한 법률」상 토지거래허가에 관한 내용 중 옳은 것은?

① 법률의 제·개정으로 인하여 행위제한이 강화되거나 해제되는 지역에 대하여 토지거래허가구역으로 지정할 수 있다.
② 국토해양부장관이 일정지역에 토지거래허가구역을 지정한 후 허가를 받지 않아도 되는 면적을 「국토의 계획 및 이용에 관한 법률」에서 제시하고 있는 기준면적의 200%의 범위내에서 따로 정했다면, 주거지역에서 허가받지 않고도 토지거래를 할 수 있는 면적은 360㎡ 이하이다.
③ 토지거래계약이라 함은 허가구역 안과 인접지역에 있는 토지의 소유권·지상권을 이전 또는 설정하는 계약행위를 말한다.
④ 토지거래허가구역의 지정 후 당해 토지가 토지거래허가를 받지 않아도 되는 규모이하로 분할된 경우에는 분할된 이후부터 곧바로 토지거래허가를 받지 않고도 거래할 수 있다.
⑤ 토지거래허가구역 안의 토지를 거래함에 있어 그 당사자의 일방 또는 쌍방이 국가 및 지방자치단체이거나 정부투자기관 등 공공단체일 경우 당해 기관장이 시장·군수와 협의할 수 있고, 협의가 성립된 뒤에는 시장·군수의 허가를 얻어야 토지거래를 할 수 있다.

40. 국토의 계획 및 이용에 관한 법령상 토지거래계약 허가와 관련된 선매제도에 대한 설명 중 옳은 것은?

① 토지거래계약 허가를 받아 취득한 토지가 이용목적대로 이용되고 있는 경우 당해토지는 선매협의매수의 대상이 된다.

② 시장·군수·구청장은 토지거래계약 허가의 신청이 있는 날부터 2월 이내에 선매자를 지정하여 토지소유자에게 통지하여야 한다.

③ 선매자로 지정된 자는 그 지정일부터 15일 이내에 매수가격 등 선매조건을 기재한 서면을 토지소유자에게 통지하여 선매협의를 하여야 한다.

④ 선매자가 토지를 매수하는 경우의 가격은 토지소유자의 매입가격을 기준으로 한다.

⑤ 선매협의가 이루어지지 아니한 때에는 토지거래계약에 관한 허가신청에 대하여 불허가 처분을 하여야 한다.

41. 국토의 계획 및 이용에 관한 법령상 국토해양부장관, 시·도지사, 시장·군수 또는 구청장이 처분을 하고자 하는 때에 청문을 실시하여야 하는 경우가 아닌 것은?

① 도시기본계획 승인의 취소

② 행정청이 아닌 도시계획시설사업 시행자 지정의 취소

③ 실시계획인가의 취소

④ 토지거래계약에 관한 허가의 취소

⑤ 개발행위허가의 취소

42. 국토의 계획 및 이용에 관한 법령상 도시계획위원회에 관한 설명중 틀린 것은?

① 국토해양부장관이 도시관리계획을 결정하고자 하는 때에는 중앙도시계획위원회의 심의를 거쳐야 한다.

② 지구단위계획을 수립한 지역 안에서의 개발행위는 지방도시계획위원회의 심의를 거쳐 허가하여야 한다.

③ 시장 또는 군수는 지구단위계획구역으로 지정되어 지구단위계획을 수립하고 있는 지역으로서 도시관리계획상 특히 필요하다고 인정되는 지역에 대해 지방도시계획위원회의 심의를 거쳐 개발행위허가를 제한할 수 있다.

④ 개발밀도관리구역을 지정하고자 하는 경우 지방도시계획위원회의 심의를 거쳐야 한다.

⑤ 지방도시계획위원회의 위원이 당사자 등의 대리인으로 관여하는 경우 심의에서 제척된다.

43. 「도시개발법」상 원칙적으로 도시개발구역을 국토해양부장관이 지정할 수 있는 사항이 아닌 것은?

① 문화체육부장관이 요청하는 경우

② 인접한 시·도 간에 협의가 성립하는 아니한 경우

③ 지방공사의 장이 100만㎡ 이상의 규모로 제안하는 경우

④ 국가가 도시개발사업을 실시할 필요가 있는 경우

⑤ 천재지변의 사유로 긴급한 도시개발사업이 필요한 경우

44. 도시개발구역 안에서 허가를 받아야 하는 행위가 아닌 것은?

① 재난수습을 위한 응급용 가설건축물의 설치

② 토지의 굴착을 수반하는 형질변경

③ 「건축법」상 신고대상인 공작물의 설치

④ 토지거래허가구역 이외의 지역에서의 토지의 분할

⑤ 공예품 소재확보를 위한 죽목의 벌채

45. 「도시개발법」상의 도시개발사업의 관한 사항 중 틀린 것은?

① 도시개발사업이란 도시개발구역 안에서 주거·상업·산업·유통·정보통신·생태·문화·보건 및 복지 등의 기능을 가지는 단지 또는 시가지를 조성하기 위하여 시행하는 사업이다.

② 도시개발구역은 원칙적으로 시·도지사, 대도시 시장이 지정한다.

③ 자연녹지지역 및 도시지역 외의 지역에 도시개발구역을 지정하고자 할 때에는 도시개발구역 지정 후에 개발계획을 수립할 수 있다.

④ 330만㎡ 미만 규모의 도시개발구역을 지정·고시한 날부터 2년이 되는 날까지 개발계획을 수립·고시하지 아니하는 경우에는 그 2년이 되는 날에 도시개발구역의 지정이 해제된 것으로 본다.

⑤ 조합설립의 인가를 신청하고자 하는 때에는 도시개발구역 안의 토지면적 3분의 2 이상에 해당하는 토지소유자와 그 구역 안의 토지소유자 총수의 2분의 1 이상의 동의를 얻어야 한다.

46. 도시개발법령상 개발계획의 수립 등에 관한 설명으로 틀린 것은?

① 자연녹지지역에 도시개발구역을 지정할 때에는 도시개발구역을 지정한 후에 개발계획을 수립할 수 있다.

② 지정권자는 적접 개발계획을 변경할 수는 없고, 관계 중앙행정기관의 장이나 시장·군수·구청장 또는 사업시행자의 요청을 받아 이를 변경할 수 있다.

③ 시행자가 국가나 지방자치단체인 때에는 지정권자는 토지소유자의 동의를 받지 않고 환지방식의 도시개발사업시행을 위한 개발계획을 수립할 수 있다.

④ 문화재보호계획을 변경하는 개발계획의 변경에는 환지방식의 개발계획 수립에 관한 토지소유자의 동의요건이 적용되지 않는다.

⑤ 보건의료시설 및 복지시설의 설치계획도 개발계획에 포함되어야 한다.

47. 도시개발법령상 도시개발계획의 실시계획의 관한 설명으로 틀린 것은?

① 실시계획은 개발계획에 맞게 작성되어야 하고, 지구단위계획이 포함되어야 한다.

② 실시계획 인가신청서를 제출하는 때에는 계획평면도 및 개략설계도도 함께 첨부하여야 한다.

③ 실시계획을 고시한 경우 그 고시된 내용 중 「국토의 계획 및 이용에 관한 법률」에 따라 도시관리계획으로 결정되어야 하는 사항은 같은 법에 따른 도시관리계획이 결정·고시된 것으로 본다.

④ 지정권자가 실시계획을 작성 또는 인가할 때 그 내용에 인·허가 등의 의제사항이 있으면 미리 관계 행정기관의 장과 협의하여야 한다.
⑤ 위 ④의 경우 행정기관의 장은 협의 요청을 받은 날부터 60일 이내에 의견을 제출하여야 한다.

48. 도시개발법령상 환지계획에 관한 설명으로 틀린 것은?

① 필지별로 된 환지명세는 환지계획에 포함되어야 한다.
② 환지계획 작성에 따른 환지계획의 기준 등에 관하여 필요한 사항은 시행자가 정한다.
③ 토지평가협의회의 구성 및 운영 등에 필요한 사항은 해당 규약·정관 또는 시행규정으로 정한다.
④ 행정청이 아닌 시행자가 환지계획을 작성한 경우에는 특별자치도지사·시장·군수 또는 자치구청장의 인가를 받아야 한다.
⑤ 시행자는 환지방식이 적용되는 도시개발구역에 있는 조성 토지 등의 가격을 평가할 때에는 감정평가업자의 평가를 거친 후 토지평가협의회의 심의를 거쳐 결정한다.

49. 도시개발사업을 환지방식으로 시행하는 경우 환지예정지에 관한 설명 중 가장 적합하지 이니한 것은?

① 환지예정지의 효력발생기간은 환지예정지의 지정의 효력발생일로부터 환지처분의 공고가 있는 날까지이다.
② 환지예정지의 종전 토지에 관한 토지소유자 또는 임차권자 등은 수인의무가 발생한다.
③ 체비지의 용도로 환지예정지가 지정된 때에는 도시개발사업에 소요되는 비용을 충당하기 위하여 이를 사용 또는 수익은 가능하나 처분은 금지된다.
④ 당사자는 임차권 등의 목적인 토지에 관한여 환지예정지가 지정된 경우 임대료·지료 기타 사용료 등의 증감을 청구하거나 권리를 포기할 수 있다.
⑤ 시행자는 환지를 정하지 아니하기로 결정된 토지소유자 또는 임차권자 등에게 기일을 정하여 그날부터 당해 토지 또는 당해 부분의 사용 또는 수익을 정지시킬 수 있다,

50. 도시개발법령상 환지처분에 관한 설명으로 틀린 것은?

① 시행자는 환지방식의 도시개발사업 공사 끝낸 때에는 지체없이 공사완료 공고를 관보 또는 공보에 하여야 한다.
② 공사완료 공고를 한 때에는 공사설계서·관련도면 등을 14일 이상 일반에게 공람시켜야 한다.
③ 지정권자인 시행자는 국토해양부장관의 준공검사를 받은 후 60일 이내에 환지처분을 하여야 한다.
④ 환지처분의 공고에는 사업자의 정산내역도 포함되어야 한다.
⑤ 환지계획에서 정해진 환지는 그 환지처분의 공고가 있은 날의 다음 날부터 종전의 토지로 본다.

51. 도시개발법령상 도시개발구역으로 지정 가능한 경우는?
① 광역도시계획 및 도시기본계획이 수립되지 아니한 지역의 2만㎡의 주거지역
② 광역도시계획 및 도시기본계획이 수립된 지역의 1만㎡의 공업지역
③ 국토해양부장관이 국가균형발전을 위하여 필요하다고 인정한 100만㎡의 자연환경보전지역
④ 시·도지사가 계획적인 도시개발이 필요하다고 인정하는 10만㎡의 계획관리지역
⑤ 시장·군수·구청장이 계획적인 도시개발이 필요하다고 인정하는 5,000㎡의 자연녹지지역

52. 도시개발구역의 지정 등에 관한 설명으로 옳은 것은?
① 도시개발구역의 지정은 시·도지사, 대도시 시장만이 행사할 수 있는 권한이다.
② 수용 또는 사용의 대상이 되는 어업권은 도시개발구역 지정 후 도시개발사업계획에 포함시킬 수 있다.
③ 환지방식에 의한 사업은 당해 사업시행공사완료의 공고일에 구역지정이 해제된 것으로 본다.
④ 보육시설계획, 노인복지시설계획은 도시개발사업계획에 포함되지 않는다.
⑤ 도시개발구역이 지정·고시된 경우 당해 도시개발구역은 「국토의 계획 및 이용에 관한 법률」에 의한 도시지역과 제2종 지구단위계획구역으로 결정·고시된 것으로 본다.

53. 도시개발법령상 도시개발구역 또는 도시 및 주거환경정비법령상 정비구역으로 지정·고시된 경우 당해 구역이 제1종 지구단위계획구역으로 결정·고시된 것으로 보지 않는 구역은?
① 취락지구로 지정된 지역에서의 도시개발구역
② 자연녹지지역에서의 도시개발구역
③ 상업지역에서의 도시개발구역
④ 도시환경정비사업 정비구역
⑤ 주택재개발사업 정비구역

54. 「도시개발법」상의 해제'에 관한 사항 중 옳은 것은?
① 도시개발구역이 지정·고시된 날부터 2년이 되는 날까지 도시개발사업에 관한 실시계획의 인가를 신청하지 아니하는 경우에 그 2년이 되는 날 해제된다.
② 도시개발사업의 공사완료공고일에 해제된 것으로 본다.
③ 환지방식에 의한 사업인 경우에는 그 환지처분의 공고일에 해제할 수 있다.
④ 도시개발사업의 준공검사일에 해제된 것으로 본다.
⑤ 도시개발구역지정의 해제는 법정해제사유라고 볼 수 있다.

55. 「도시개발법」상 도시개발구역 안의 토지소유현황이 다음과 같다. 도시개발사업을 위하여 조합설립인가를 신청하고자 하는 때에 동의요건을 갖추기 위해 필요한 최소한의 토지소유자의 수는 몇 명인가?

소유자명	소유필지 수	소유면적(㎡)	소유자명	소유필지 수	소유면적(㎡)
김○○	2	2,000	엄○○	1	1,000
이○○	2	2,000	윤○○	1	1,000
박○○	2	2,000	유○○	1	1,000
최○○	2	2,000	장○○	1	1,000
정○○	2	2,000	강○○	1	1,000
황○○	1	2,000	국토해양부	2	1,000
신○○	1	1,000	서울시	1	1,000
			합계	20필지	20,000㎡

① 5명
② 6명
③ 7명
④ 8명
⑤ 9명

56. 도시개발법령상 도시개발사업의 시행과 관련된 설명 중 틀린 것은?

① 지정권자는 도시개발구역의 전부를 환지방식으로 시행하는 경우에는 도시개발구역안의 토지소유자 또는 이들이 도시개발사업을 위하여 설립한 조합을 시행자로 지정한다.

② 지방공사인 시행자는 도시개발사업에 필요한 토지 등을 수용 또는 사용하는 경우 토지소유자의 일정비율의 동의를 얻어야 한다.

③ 시행자인 국가 또는 지방자치단체는 토지소유자가 원하는 경우에는 토지 등의 매수대금의 일부를 지급하기 위하여 토지상환채권을 발행할 수 있다.

④ 시행자(지정권자가 시행자인 경우 제외)는 토지상환채권을 발행하고자 하는 때에는 토지상환채권의 발행계획을 작성하여 미리 지정권자의 승인을 얻어야 한다.

⑤ 시행자는 도시개발사업의 전부 또는 일부를 환지방식에 의하여 시행하고자 하는 경우에는 환지계획을 작성하여야 한다.

57. 도시개발법령상 토지상환채권에 관한 설명 중 틀린 것은?

① 토지상환채권이란 토지소유자가 원하는 경우 토지 등의 매수대금의 일부를 지급하기 위하여 도시개발사업시행으로 조성된 토지·건축물로 상환하는 채권을 말한다.

② 토지상환채권의 발행규모는 그 토지상환채권으로 상환할 토지·건축물이 당해 도시개발사업으로 조성되는 분양토지 또는 분양건축물의 2분의 1을 초과하지 아니하여야 한다.

③ 토지상환채권은 기명식 증권으로 한다.

④ 토지상환채권의 이율은 발행 당시의 금융기관의 예금금리 및 부동산수급상황을 고려하여 발행자가 정한다.

⑤ 토지상환채권은 도시개발사업 후 조성된 토지로 상환되므로 이전이 불가능하다.

58. 도시개발법령상 환지와 관련한 설명 중 틀린 것은?

① 시행자는 도시개발사업의 필요한 경비 충당을 위해 보류지 중 일부를 체비지로 정할 수 있다.

② 조합인 시행자가 환지계획을 작성한 때에는 특별자치도지사, 시장·군수·구청장의 인가를 받아야 한다.

③ 시행자는 환지를 정하지 아니하기로 결정된 토지소유자에게 결정공고가 있은 날의 다음 날부터 당해 토지를 사용 또는 수익하게 하여야 한다.

④ 환지계획에서 정하여진 환지는 그 환지처분의 공고가 있은 날의 다음 날부터 종전의 토지로 본다.

⑤ 종전의 토지에 관한 임차권자는 환지예정지 지정의 효력발생일부터 환지처분의 공고가 있는 날까지 환지예정지에 대하여 종전과 동일한 내용의 권리를 행사할 수 있다.

59. 도시개발법령상 체비지에 관한 설명으로 틀린 것은?

① 시행자는 도시개발사업의 필요한 경비 충당을 위해 보류지 중 일부를 체비지로 정할 수 있다.

② 시행자는 도시개발사업에 드는 비용을 충당하기 위해 체비지 용도로 지정된 환지예정지를 사용·수익하게 하거나 처분할 수 있다.

③ 이미 처분된 체비지는 그 체비지를 매입한 자가 소유권이전등기를 마친 때에 소유권을 취득한다.

④ 지정권자는 도시개발사업의 조성토지 등(체비지는 제외)이 그 사용으로 인하여 사업시행에 지장이 없는 경우에는 준공 전에 사용허가를 할 수 있다.

⑤ 시행자는 준공 전에 지정권자의 사용허가를 받지 아니하고는 조성토지인 체비지를 사용할 수 없다.

60. 도시개발법령상 다음과 같은 조건에서 환지계획구역의 평균 토지부담률은?

- 환지계획구역면적 : 10만㎡
- 시행자에게 무상귀속되는 공공시설면적 : 2만㎡
- 보류지면적 : 6만㎡

① 20%

② 40%

③ 50%

④ 60%

⑤ 80%

61. 도시개발사업 중 환지방식에 관한 다음 설명 중 맞는 것은?

① 시행자는 환지방식으로 시행하는 경우 조성토지 등의 가격을 평가하고자 할 때 감정평가기관이 평가한 경우에는 토지평가심의회의 심의를 거치지 않을 수 있다.

② 시행자는 면적이 작은 토지에 대하여는 과소토지가 되지 않도록 면적을 증가하여 환지를 정할 수 있으나, 면적이 넓은 토지에 대하여는 그 면적을 감소하여 환지를 정할 수 있다.

③ 토지소유자의 신청이 있는 때에는 당해 토지의 전부 또는 일부에 대하여 환지를 정하지 아니할 수 있다. 다만, 당해 토지에 관하여 임차권자 등이 있는 때에는 그 동의를 얻어야 한다.

④ 시장·군수는 환지계획을 작성한 때에는 도지사의 인가를 받아야 한다.

⑤ 시행자는 토지소유자의 동의가 없어도 환지의 목적인 토지에 갈음하여 시행자에게 처분할 권한이 있는 건축물의 일부와 당해 건축물이 있는 토지의 공유지분을 부여할 수 있다.

62. 도시개발법령상 환지처분에 관한 설명 중 틀린 것은?

① 시행자는 환지방식에 의하여 도시개발사업에 관한 공사를 완료한 때에는 지체없이 이를 공고하고 공사관계서류를 일반에게 공람시켜야 한다.

② 도시개발구역 안 토지소유자 또는 이해관계인은 공사완료 후 공사관계서류를 일반에게 공람시키는 기간 내에 시행자에게 의견서를 제출할 수 있다.

③ 지정권자가 시행자가 아닌 경우에 시행자는 지정권자에 의해 준공검사를 받은 때에는 60일 내에 환지처분을 하여야 한다.

④ 시행자가 환지처분을 하고자 하는 때에는 환지계획에서 정한 사항을 토지소유자에게 통지하고 관보 또는 공보에 의하여 이를 공고하여야 한다.

⑤ 입체환지의 처분을 받은 경우 종전의 토지에 대한 저당권은 환지처분이 공고가 있는 다음 날부터 종전의 토지에 존재하는 것으로 본다.

63. 도시개발법령상 도시개발채권에 관한 설명이다. 가장 타당하지 않은 것은?

① 지방자치단체의 장은 도시개발사업 또는 도시계획시설사업에 필요한 자금을 조달하기 위하여 도시개발채권을 발행할 수 있다.

② 도시개발채권의 소멸시효는 상환일로부터 기산(起算)하여 원금은 7년, 이자는 3년으로 한다.

③ 도시개발채권을 발행할 때에는 미리 국토해양장관과 협의하여야 한다.

④ 도시개발채권의 발행은 행정안전부장관의 승인을 얻어야 한다.

⑤ 도시개발채권의 상환은 발행일로부터 5년 내지 10년의 범위 내에서 정한다.

64. 도시개발법령상 도시개발사업에 필요한 비용에 관한 설명으로 틀린 것은?

① 원칙적으로 시행자가 부담한다.

② 이익을 받은 다른 지방자치단체가 비용의 일부를 부담할 수도 있다.

③ 이익을 받은 다른 공공시설관리자가 비용의 일부를 부담할 수도 있다.

④ 전부 환지방식으로 도시개발사업을 시행하는 경우에는 전기설공급자와 지중선로 설치 요청자가 각각 2분의 1의 비율로 부담한다.

⑤ 시행자가 행정청인 경우에는 그 비용의 전부를 국고에서 보조하거나 융자할 수 있다.

65. 도시 및 주거환경정비법령상의 용어 및 내용에 대한 설명 중 옳은 것은?
① 주택재개발사업은 정비기반시설이 열악하고 노후·불량건축물이 밀집한 지역에서 주거환경을 개선하기 위하여 시행하는 사업이다.
② 주택재건축사업은 건축물소유자·토지소유자·조합이 단독으로 시행하거나 건설업자, 등록사업자와 공동으로 이를 시행할 수 있다.
③ 준공일 기준으로 20년까지 사용하기 위한 보수·보강비용이 철거 후 신축비용보다 큰 건축물은 노후·불량건축물에 해당된다.
④ 주민이 공동으로 사용하는 공동작업장, 공원, 공용주차장 등은 공동이용시설이다.
⑤ 도시환경정비사업에 있어서 토지등소유자는 토지 또는 건축물의 소유자와 임차권자이다.

66. 도시 및 주거환경정비법령상 도시·주거환경정비기본계획(이하 기본계획'이라 함)에 관한 설명으로 옳은 것은?
① 기본계획은 20년 단위로 수립하여야 한다.
② 산업의 유치업종 및 배치계획은 기본계획에 포함되어야 한다.
③ 기본계획의 작성기준 및 작성방법은 특별시장·광역시장 또는 시장이 이를 정한다.
④ 시장은 기본계획을 수립하거나 변경한 때에는 국토해양부령이 정하는 방법 및 절차에 따라 국토해양부장관에게 보고하여야 한다.
⑤ 시장은 기본계획에 대하여 10년마다 그 타당성 여부를 검토하여 그 결과를 기본계획에 반영하여야 한다.

67. 도시 및 주거환경정비법령상 정비사업을 시행하는 절차를 시행순서에 따라 나열한 것은?

㉠ 사업시행계획 인가	㉡ 정비계획 수립 및 정비구역 지정
㉢ 도시·주거환경정비기본계획 수립	㉣ 준공인가
㉤ 관리처분계획 인가	

① ㉠→㉢→㉡→㉤→㉣
② ㉡→㉢→㉠→㉤→㉣
③ ㉢→㉡→㉤→㉠→㉣
④ ㉢→㉡→㉠→㉤→㉣
⑤ ㉢→㉠→㉤→㉡→㉣

68. 도시 및 주거환경정비법령상 아래의 사항을 모두 충족하는 정비사업은?

- 정비기반시설은 양호하나 노후·불량건축물이 밀집한 지역에서 주거환경을 개선하기 위하여 시행하는 사업
- 조합이 시행하거나 조합이 조합원 과반수의 동의를 얻어 시장·군수 또는 주택공사 등과 공동으로 시행하는 사업

① 주택재건축사업
② 주택재개발사업
③ 시장정비사업
④ 주거환경개선사업
⑤ 도시환경정비사업

69. 도시 및 주거환경정비법령상 다음(   ) 안에 들어갈 내용으로 옳은 것은?

주거환경개선사업은 정비구역 지정고시일 현재 토지 등 소유자의 (ㄱ) 이상의 동의와 세입자 세대수(ㄴ)의 동의를 각각 얻어 시장·군수가 직접 시행하거나 주택공사 등을 사업시행자로 지정하여 이를 시행하게 할 수 있다. 다만, 세입자의 세대수가 토지 등 소유자의 (ㄷ) 이하인 경우 등 대통령령이 정하는 사유가 있는 경우에는 세입자의 동의절차를 거치지 아니할 수 있다.

    (ㄱ)   (ㄴ)   (ㄷ)

① 2분의 1 - 과반수 - 2분의 1

② 2분의 1 - 3분의 2 - 3분의 1

③ 3분의 2 - 과반수 - 3분의 1

④ 3분의 2 - 과반수 - 2분의 1

⑤ 3분의 2 - 3분의 2 - 3분의 1

70. 「도시 및 주거환경정비법」상 인가된 관리처분계획에 의한 공사완료에 따른 조치에 관한 다음 설명 중에서 가장 타당하지 않은 것은?

① 정비사업에 관하여 이전의 고시가 있은 날부터 등기가 있을 때까지는 저당권 등의 다른 등기를 하지 못한다.

② 대지 또는 건축물을 분양 받은 자는 이전의 고시가 있는 날은 다음날에 그 대지 또는 건축물에 대한 소유권을 취득한다.

③ 정비구역 안에 있는 토지 또는 건축물에 관하여 설정된 저당권은 저당권 설정자가 지급받은 청산금에 대하여 이를 행사할 수 없다.

④ 청산금을 지급 받을 권리 또는 이를 징수할 권리는 이전고시한 날의 다음날부터 5년 간 이를 행사하지 아니하면 소멸한다.

⑤ 시행자는 이전의 고시가 있은 때는 지체없이 대지 및 건축물에 관한 등기를 촉탁 또는 신청하여야 한다.

71. 도시 및 주거환경정비법령상의 주택재건축사업 등에 관한 설명으로 옳은 것은?

ⓐ 정비기반시설은 양호하나 노후·불량건축물이 밀집한 지역에서 주거환경을 개선하기 위하여 시행하는 사업은 주택재건축사업이다.

ⓑ 주택재건축사업의 추진위원회가 조합을 설립하고자 하는 때에는 주택단지 안의 전체 구분소유자 및 의결권의 3분의 2 이상의 동의를 얻어야 한다.

ⓒ 주거환경개선사업에 따른 건축허가를 받는 때와 부동산등기를 하는 때에는 「주택법」의 국민주택채권의 매입에 관한 규정은 적용하지 아니한다.

ⓓ 투지과열지구에서 조합설립인가 후 주택재건축사업 지역 안의 토지를 매매·증여에 의해 양수한 자는 양도자의 지위를 승계한다.

① ㉠, ㉡   ② ㉠, ㉢

③ ㄴ, ㄷ   ④ ㄴ, ㄹ
⑤ ㄷ, ㄹ

72. 도시 및 주거환경정비법령상 주택재개발사업을 시행하기 위하여 조합을 설립하고자 할 때 다음 표의 예시에서 산정되는 토지등소유자의 수는?

지번	토지소유자	건축물소유자	지상권자
1	A		
2	B, C		D, E
3	F	G	
4	A	A	

① 3인
② 4인
③ 5인
④ 7인
⑤ 9인

73. 도시 및 주거환경정법령상 주택재건축사업에 관한 설명 중 옳은 것은?
① 주택재건축사업은 조합만이 시행할 수 있다.
② 시장·군수가 직접 주택재건축사업을 시행하는 것은 인정되고 있지 않다.
③ 주택재건축사업을 시행하고자 하는 자는 시장·군수에게 당해 건축물에 대한 안전진단을 신청하여야 한다.
④ 시장·군수는 주택재건축사업의 시행여부를 결정할 때 안전진단의 결과만을 검토하여야 한다.
⑤ 주택재건축사업을 시행하기 위하여 조합을 설립하고자 할 때에는 시·도지사의 인가를 받아야 한다.

74. 도시 및 주거환경정비법령에서의 주택재개발사업 및 주택재건축사업과 관련된 관리처분계획 기준에 관한 설명으로 옳은 것은?
① 너무 좁은 토지를 취득한 자라고 하여도 현금청산을 불허된다.
② 분양설계에 관한 계획은 사업시행인가신청일을 기준으로 수립되어야 한다.
③ 2인 이상이 1주택을 공유한 경우에는 2개만의 주택을 공급함이 원칙이다.
④ 투기과열지구 안에 위치하지 아니하는 주택재건축사업에서는 1세대가 2 이상의 주택을 소유한 경우 2 이상의 주택을 공급할 수도 있다.
⑤ 관리처분계획에는 분양대상자가 소유한 소유권 외의 권리명세가 포함되지 아니한다.

75. 도시 및 주거환경정비법령상 정비사업시행을 위한 조치 등에 관한 설명으로 틀린 것은?

① 사업시행자는 주거환경개선사업의 시행으로 철거되는 주택의 소유자에 대하여 당해 정비구역 내·외에 소재한 임대주택 등의 시설에 임시로 거주하게 하거나 주택자금의 융자알선 등 임시수용에 상응하는 조치를 하여야 한다.

② 국가가 사업시행자로부터 위 ①의 임시수용시설에 필요한 건축물의 사용신청을 받았음에도 이미 그 건축물의 매매계약이 제3자와 체결되어 있는 때에는 그 사용신청을 거절할 수 있다.

③ 주거환경개선사업에 따른 건축허가를 받은 때에는 「주택법」상의 국민주택채권 매입에 관한 규정이 적용된다.

④ 정비사업의 시행으로 인하여 전세권의 설정목적을 달성할 수 없는 때에는 그 권리자는 계약을 해지할 수 있다.

⑤ 주택재건축사업을 시행함에 있어 조합 설립 인가일 현재 조합원 전체의 공동소유인 토지에 대하여는 조합 소유의 토지로 본다.

76. 도시 및 주거환경정비법령상 정비사업의 준공인가에 관한 설명으로 틀린 것은?

① 한국토지주택공사인 사업시행자가 다른 법률에 의하여 자체적으로 준공인가를 처리한 경우에는 준공인가를 받은 것으로 본다

② 한국토지주택공사인 사업시행자는 다른 법률에 의하여 자체적으로 처리한 준공인가결과를 시장·군수에게 통보한 때에는 그 사실을 분양대상자에게 지체없이 통지하여야 한다.

③ 준공인가신청을 받은 시장·군수는 지체없이 준공검사를 실시하여야 한다.

④ 시장·군수는 효율적인 준공검사를 위하여 필요한 때에는 건축위원회의 심의를 거쳐 관계 행정기관·정부투자기관·연구기관 등에 준공검사를 실시를 의뢰해야 한다.

⑤ 사업시행자가 아닌 시장·군수는 준공인가 전이라도 완공된 건축물일 사용에 지장이 없는 경우에는 입주예정자가 그 건축물을 사용할 것을 사업시행자에게 대하여 허가할 수 있다.

77. 도시 및 주거환경정비법령상 정비사업전문관리업자에 대한 필요적 등록취소사유는?

① 등록기준에 미달하게 된 때

② 다른 사람에게 자기의 성명을 사용하여 「도시 및 주거환경정비법」이 정한 업무를 수행하게 한 때

③ 국토해양부장관에게 업무감독상 보고를 허위로 한 때

④ 고의 또는 과실로 조합에게 계약금의 3분의 1 이상의 재산상 손해를 끼친 때

⑤ 최근 3년간 2회 이상의 업무정지처분을 받은 자로서 그 정지처분을 받은 기간이 합산하여 6월을 초과한 때

78. 「도시 및 주거환경정비법」에서 규정하는 노후·불량건축물의 정의로서 가장 옳은 것은?

① 건축물의 급수·배수·오수설비 등이 노후화되었으나 대수선하여 그 기능을 회복할

수 있는 건축물

② 공장의 매연·소음 등으로 인하여 위해를 초래할 우려가 있는 지역 안에 있는 건축물

③ 주거환경이 불량한 곳에 소재하는 건축물로서 준공된 후 20년이 지난 건축물

④ 건축물의 기능적 결함 등으로 인하여 철거가 불가피한 건축물로서 도시기본계획상의
경관에 관한 사항에 저촉되는 건축물

⑤ 당해 건축물을 조사일 기준으로 40년 동안 사용하기 위하여 보수·보강하는 데 드는 비
용이 철거 후 새로운 건축물을 건설하는 데 드는 비용보다 클 것으로 예상되는 건축물

**79. 도시 및 주거환경정비법령상 인가받은 관리처분계획에 따라 주택이나 건축물을 공급하는
방법과 환지로 공급하는 방법이 모두 가능한 정비사업을 바르게 열거한 것은?**

㉠ 주거환경개선사업	㉡ 주택재개발사업
㉢ 주택재건축사업	㉣ 도시환경정비사업

① ㉠, ㉡　　　　　　　　　　② ㉠, ㉢

③ ㉠, ㉣　　　　　　　　　　④ ㉡, ㉣

⑤ ㉢, ㉣

80. 다음 중 시장·군수가 직접 정비사업을 시행하는 사유가 아닌 것은?

① 천재지변 그 밖의 불가피한 사유로 인하여 긴급히 정비사업을 시행할 필요가 있다고
인정되는 때

② 정비계획서에 정한 정비사업시행예정일부터 3년 이내에 사업시행인가를 신청하지 아
니하거나 사업시행인가를 신청한 내용이 위법 또는 부당하다고 인정되는 때(주택재건
축사업의 경우를 제외한다)

③ 당해 정비구역 안의 국·공유지면적이 전체 토지면적의 2분의 1 이상인 때

④ 순환정비방식에 의하여 정비사업을 시행할 필요가 있다고 인정되는 때

⑤ 사업시행인가가 취소된 때

**81. 도시 및 주거환경정비법령상 정비사업의 시행을 위한 조합설립추진위원회(이하, 추진위
원회'라 함)에 관한 설명 중 틀린 것은?**

① 추진위원회는 토지등소유자 과반수의 동의를 얻어 위원장을 포함한 5인 이상의 위원
으로 구성한다.

② 추진위원회를 구성한 경우 국토해양부령이 정하는 방법 및 절차에 따라 시장·군수의
승인을 얻어야 한다.

③ 추진위원회는 정비사업전문관리업자를 선정할 수 없다.

④ 추진위원회가 행한 업무와 관련된 권리·의무는 조합이 포괄승계한다.

⑤ 토지등소유자는 추진위원회의 운영에 필요한 경비를 운영규정이 정하는 바에 따라 납
부하여야 한다.

82. 도시 및 주거환경정비법령상 투기과열지구 안에서 주택재건축사업의 경우에는 조합의
    설립인가 후 양도·증여·판결 등으로 인하여 조합원의 권리가 이전하는 경우로서 양도
    자가 다음에 해당하는 때 그 양도자로부터 그 건축물 또는 토지를 양수한 자는 예외적으
    로 조합원이 될 수 있다. 이에 해당되지 않는 것은?
    ① 세대원의 근무 또는 생업상의 사정이나 질병치료·취학·결혼으로 인하여 세대원 전
        원이 당해 사업구역이 위치하지 아니한 특별시·광역시·시 또는 군으로 이전하는 경우
    ② 상속에 의하여 취득한 주택으로 세대원 전원이 이전하는 경우
    ③ 세대원 전원이 해외로 이주하거나 세대원 전원이 2년 이상의 기간 동안 해외에 체류
        하고자 하는 경우
    ④ 조합설립인가일부터 2년 이내에 사업시행인가 신청이 없는 주택재건축산업의 건축물을
        2년 이상 계속하여 소유하고 있는 자가 양도하는 경우
    ⑤ 사업시행인가일부터 5년 이내에 착공하지 못한 주택재건축사업의 토지 또는 건축물을
        5년 이상 계속하여 소유하고 있는 자가 양도하는 경우

83. 관리처분계획의 내용이 아닌 것은?
    ① 분양대상자의 주소 및 성명
    ② 분양대상자별 분양예정지 대지 또는 건축물의 추산액
    ③ 분양대상자별 종전의 토지 또는 건축물의 명세 및 정비구역 지정·고시가 있은 날을
        기준으로 한 가격
    ④ 정비사업비의 추산액 및 그에 따른 조합원 부담규모 및 부담시기
    ⑤ 분양대상자의 종전의 토지 또는 건축물에 관한 소유권 외의 권리명세

84. 도시 및 주거환경정비법령상 관리처분계획의 인가절차 등에 관한 다음 설명 중 틀린 것은?
    ① 사업시행자는 관리처분계획의 인가를 받기 전에 30일 이상 토지등소유자에게 공람하
        게 하고 그 의견을 들어야 한다.
    ② 시장·군수는 관리처분계획의 인가신청이 있은 날부터 30일 이내에 인가 여부를 결정
        하여 사업시행자에게 통보하여야 한다.
    ③ 시장·군수는 관리처분계획을 인가하는 때에는 그 내용을 당해 지방자치단체의 공보
        에 고시하여야 한다.
    ④ 시행시행자는 그 인가·고시가 있은 때에는 지체없이 분양신청을 한 자에게 관리처분
        계획의 인가내용을 통지하여야 한다.
    ⑤ 종전 토지 또는 건축물의 소유자·지상권자·전세권자 등은 시행계획의 인가·고시가
        있은 때부터 소유권이전의 고시가 있은 날까지 종전 토지 등에 대하여 이를 사용하거
        나 수익할 수 없다.

85. 도시 및 주거환경정비법령상 비용부담 및 징수의 원칙에 대한 설명 중 옳은 것은?
① 사업시행자는 토지등소유자로부터 비용과 정비사업의 시행과정에서 발생한 수입의 2분의 1을 징수할 수 있다.
② 부과금 및 연체료의 부과나 징수에 관한 사항은 해당 시장·군수·구청장이 정한다.
③ 시장·군수는 그가 시행하는 정비사업으로 인하여 현저한 이익을 받는 정비기반시설의 관리자가 있는 경우에는 국토해양부령이 정하는 바에 따라 그 관리자에게 이를 부담시킬 수 있다.
④ 강제징수절차는 '독촉⇨압류⇨청산⇨공매' 순으로 이루어진다.
⑤ 정비기반시설의 설치에 소요되는 비용부담의 비율 및 부담방법과 공동구의 관리에 관하여 필요한 사항은 국토해양부령으로 정한다.

86. 건축법령상 제1종 근린생활시설에 해당하는 것은? (단, 동일한 건축물 안에서 당해 용도에 쓰이는 바닥면적의 합계는 400㎡)
① 테니스장
② 부동산중개업소
③ 골프연습장
④ 일반음식점
⑤ 수퍼마켓

87. 건축법령상 건축에 관한 용어 설명 중 틀린 것은?
① 건축물을 그 주요구조부를 해체하여 동일한 대지 안의 다른 위치로 옮기는 것은 '이전'에 해당한다.
② 기존건축물이 있는 대지 안에서 건축물의 높이를 증가시키는 것은 '증축'에 해당한다.
③ 기존건축물이 있는 대지 안에서 건축물의 층수를 증가시키는 것은 '증축'에 해당한다.
④ 건축물이 재해로 멸실된 경우 그 대지 안에 종전과 동일한 규모의 범위 안에서 다시 축조하는 것은 '재축'에 해당한다.
⑤ 기존건축물의 전부를 철거하고 그 대지 안에서 종전과 동일한 규모의 범위 안에서 건축물을 다시 축조하는 것은 '개축'에 해당한다.

88. 건축법령상 증축·개축 또는 재축에 해당하지 아니하는 것으로서 대수선행위로 볼 수 없는 것은?
① 내력벽을 증설·해체하거나 그 벽면적을 30㎡ 이상 수선 또는 변경하는 것
② 건축물의 전면부 창문틀을 해체하여 변경하는 행위
③ 미관지구 안에서 건축물의 담장을 변경하는 행위
④ 기둥을 증설·해체하거나 3개 이상 수선 또는 변경하는 것
⑤ 방화벽 또는 방화구획을 위한 바닥 또는 벽을 증설·해체하거나 수선·변경하는 것

89. 건축법령상 건축물의 용도를 변경하고자 하는 경우 특별자치도지사, 시장·군수·구청장의 허가를 받아야 하는 것은?

① 판매시설을 문화 및 집회시설로 변경시
② 숙박시설을 의료시설로 변경시
③ 종교시설을 운동시설로 변경시
④ 제1종 근린생활시설을 공동주택으로 변경시
⑤ 방송통신시설을 수련시설로 변경시

90. 건축법령상 신고의 대상이 되는 건축 또는 대수선의 예를 든 것 중 틀린 것은?

① 기존 건축물의 바닥면적 중 80㎡의 개축
② 연면적 180㎡인 기존 2층 건축물의 대수선
③ 연면적의 합계가 100㎡인 건축물의 신축
④ 기존 건축물의 높이에서 6m를 더 높게 하는 증축
⑤ 공업지역 안에서 연면적 500㎡인 2층 공장의 신축

91. 다음은 건축법령상 건축허가의 제한에 관한 설명이다. 틀린 것은?

① 국토해양부장관은 국토관리상 특히 필요한 경우에는 시장·군수·구청장의 건축허가를 제한할 수 있다.
② 건축허가를 제한할 경우 그 기간은 2년 이내로 정하는 것이 원칙이다.
③ 시·도지사는 도시계획상 특히 필요하다고 인정하는 경우에는 시장·군수·구청장의 건축허가를 제한할 수 있다.
④ 환경부장관은 환경보전을 위하여 특히 필요한 경우에는 국토해양부장관에게 건축허가의 제한을 요청할 수 있다.
⑤ 시·도지사가 시장·군수·구청장의 건축허가를 제한한 경우에는 그 기간, 대상지역 등을 정하여 사전에 국토해양부장관의 승인을 얻어야 한다.

92. 건축법령상 건축허가 등에 관한 설명으로 틀린 것은?

① 21층 이상의 건축물 등 대통령령으로 정하는 용도 및 규모의 건축물을 광역시에 건축하려면 광역시장의 허가를 받아야 한다.
② 시장·군수는 21층 이상의 건축물의 건축을 허가하려면 미리 건축계획서와 기본설계도서를 첨부하여 도지사의 승인을 받아야 한다.
③ 건축허가나 건축물의 착공을 제한하는 경우 제한기간은 2년 이내로 하며, 2회에 한하여 1년 이내의 범위에서 제한기간을 연장할 수 있다.
④ 허가를 받으려는 자는 허가신청서를 국토해양부령으로 정하는 설계도서를 첨부하여 허가권자에게 제출하여야 한다.
⑤ 허가권자는 허가를 받은 자가 허가를 받은 날부터 1년 이내에 공사를 착수하였으나 공사의 완료가 불가능하다고 인정되는 경우에는 허가를 취소하여야 한다.

93. 건축법령상 건축허가에 관한 설명 중 틀린 것은?
① 특별시장의 허가를 받아야 하는 경우도 있다.
② 허가 전에 미리 다른 행정기관의 장과 협의를 하여야 하는 경우도 있다.
③ 위락시설 또는 숙박시설의 경우 주거환경 또는 교육환경 등을 감안하여 허가를 하지
   아니할 수도 있다.
④ 건축허가에 앞서 도지사의 사전승인을 얻어야 하는 제도은 규제완화차원에서 폐지되
   었다.
⑤ 건축허가를 받으면 다른 관련 법률의 인·허가 등이 의제되기도 한다.

94. 건축법령상 건축통계 및 건축행정 전산화에 관한 설명으로 틀린 것은?
① 건축통계의 작성 등에 필요한 사항은 국토해양부령으로 정한다.
② 허가권자는 건축통계를 국토해양부장관이나 시·도지사에게 보고하여야 한다.
③ 허가권자는 전국 단위의 전산자료를 국토해양부장관의 승인을 받아 그것을 이용하려는
   자에게 무상으로 제공해야 한다.
④ 국토해양부장관은 건축법령에 따른 건축행정 관련 업무를 전산처리하기 위하여 종합
   적인 계획을 수립·시행할 수 있다.
⑤ 허가권자는 건축허가 업무 등의 효율적인 처리를 위하여 전자정보처리 시스템을 이용
   하여 「건축법」에 규정된 업무를 처리할 수 있다.

**95. 건축법령상 1년에 1회 이상 정기점검을 실시하여 건축물·대지 및 건축설비가 건축법령의
   각 규정에 적합하도록 유지·관리하여야 하는 자는?**
① 국토해양부장관
② 시·도지사
③ 시장·군수·구청장
④ 건축지도원
⑤ 건축물의 소유자 또는 관리자

96. 「건축법」상의 도로에 관한 설명 중 틀린 것은?
① 「국토의 계획 및 이용에 관한 법률」·「도로법」 등 관계법령에 의하여 신설·변경에
   관한 고시가 있는 도로는 「건축법」상의 도로에 포함된다.
② 실제로 개설되어 있지 아니한 도시계획상의 도로는 「건축법」상의 도로에 포함되지
   아니한다.
③ 특별자치도지사, 시장·군수 또는 구청장이 건축허가와 관련하여 도로를 정하고자 할
   때에는 이해관계인의 동의가 있어야 한다.
④ 「건축법」상의 도로는 원칙적으로 보행과 자동차의 통행이 가능한 구조이어야 한다.
⑤ 「건축법」상의 도로 중 통과도로의 너비는 원칙적으로 4m 이상이어야 한다.

97. 다음은 건축선에 관한 설명이다. 틀린 것은?

① 건축선은 대지 중 도로와 접한 부분에 있어서 건축물을 건축할 수 있는 선을 말한다.

② 통상은 대지와 도로의 경계선이 건축선이 된다.

③ 시장·군수 또는 구청장은 건축물의 위치정비 또는 환경의 정비를 위하여 건축선을 따로 지정할 수 있다.

④ 건축물 및 담장은 건축선의 수직면을 넘어선 아니된다.

⑤ 지표하의 부분으로서 특별자치도지사, 시장·군수 또는 구청장의 허가를 받은 것은 건축선의 수직면을 넘을 수 있다.

98. 건축법령상 건축물의 건축하거나 대수선하는 경우에는 국토해양부령이 정하는 구조기준 및 구조계산에 따라 그 구조의 안전을 확인하여야 하는 바, 이에 해당되지 않는 건축물은?

① 층수가 5층인 건축물

② 처마높이가 12m인 건축물

③ 높이가 15m인 건축물

④ 연면적이 1,500㎡인 건축물

⑤ 기둥과 기둥 사이의 거리가 8m인 건축물

99. 건축법령상 건축물의 면적 및 높이 등의 산정방법 중 틀린 것은?

① 반자높이가 1.5m 이하인 다락은 바닥면적에서 제외한다.

② 건축물 중 지표면으로부터 1m 이하에 있는 부분은 건축면적에 산입하지 아니한다.

③ 해당 건축물의 부속용도로서 지상층이 주차용으로 사용되는 면적은 용적률 산정에서 제외한다.

④ 공동주택의 지상층에 설치한 기계실의 해당 부분면적은 바닥면적에 산입하지 아니한다.

⑤ 건축물의 높이는 지표면으로부터 해당 건축물의 상단까지의 높이로 한다.

100. 건축법령상 다음과 같은 조건의 건축물의 용적률은 얼마인가?

- 대지면적 : 2,000㎡
- 지하 2층 : 주차장으로 사용, 1,400㎡
- 지하 1층 : 제1종 근린생활시설로 사용, 1,000㎡
- 지상 1층 : 필로티 구조 내 전부를 본 건축물의 부속용도인 주차장으로 사용, 800㎡
- 지상 2, 3, 4, 5, 6, 7층 : 업무시설로 사용, 각 층 800㎡

① 240%

② 280%

③ 290%

④ 330%

⑤ 400%

101. 「건축법」상 건축물이 있는 대지는 일정면적에 미달되게 분할할 수 없다. 조례의 기준이 되는 용도지역별 원칙적인 최소면적 기준으로 옳은 것은?
① 제1종 전용주거지역 : 120㎡
② 제2종 일반주거지역 : 90㎡
③ 근린상업지역 : 150㎡
④ 일반공업지역 : 200㎡
⑤ 자연녹지지역 : 330㎡

102. 건축법령상 일조권에 관한 다음 설명 중 가장 적합하지 않은 것은?
① 모든 건축물에 대하여 정북방향으로 일조권을 적용하여야 하는 대상지역은 전용주거지역 및 일반주거지역이다.
② 공동주택의 채광방향의 일조권 적용대상지역은 중심상업지역을 제외한 모든 지역이다.
③ 정북방향으로의 일조권의 구체적 기준은 대통령령이 정하는 범위 안에서 건축조례에서 정한다.
④ 기숙사는 인접대지경계선으로부터 채광방향으로 일조권을 적용하지 아니한다.
⑤ 택지개발예정지구에서는 정북방향으로의 일조권 적용을 정남방향으로 할 수 있다.

103. 건축법령상 특별건축구역의 관한 설명으로 옳은 것은?
① 「도시 및 주거환경정비법」에 따른 정비구역에는 특별건축구역을 지정할 수 없다.
② 「개발제한구역의 지정 및 관리에 관한 특별조치법」에 따른 개발제한구역에는 특별건축구역을 지정할 수 있다.
③ 특별건축구역 지정신청이 접수된 경우 시·도지사는 지정신청을 받은 날부터 15일 이내에 시·도 건축위원회의 심의를 거쳐야 한다.
④ 특별건축구역에서는 「문화예술진흥법」에 따른 건축물에 대한 미술장식 관련 규정을 개별 건축물마다 적용하지 아니하고 특별건축구역 전부 또는 일부를 대상으로 통합하여 적용할 수 있다.
⑤ 특별건축구역을 지정하는 경우 「국토의 계획 및 이용에 관한 법률」에 따른 용도지역의 지정이 있는 것으로 본다.

104. 「건축법」의 목적과 용어에 관련된 설명으로 옳은 것은?
① 「건축법」은 건축물의 안전·기능·환경 및 미관을 향상시킴으로써 공공복리의 증진에 이바지함을 목적으로 한다.
② '대지'는 「지적법」에 의하여 각 필지로 구획된 토지를 말하므로 필지의 일부는 하나의 대지가 될 수 없다.
③ '건축'이란 건축물의 신축·증축·개축·재축을 의미하여 이전은 포함되지 않는다.
④ '대수선'이란 건축물의 주요구조부에 대한 수선 또는 변경을 의미하며 건축물의 외부 형태의 변경은 일체 포함되지 않는다.
⑤ '도로'란 보행 및 자동차통행이 가능한 일체의 도로를 말한다.

105. 건축법령상 2개 이상의 필지를 하나의 대지로 볼 수 없는 것은?
① 하나의 건축물을 2필지 이상에 걸쳐 건축하는 경우
② 「국토의 계획 및 이용에 관한 법률」의 규정에 의한 도시계획시설에 해당하는 건축물을 건축하는 경우
③ 「주택법」의 규정에 의한 사업계획의 승인을 얻어 주택과 그 부대시설 및 복리시설을 건축하는 경우에 동법의 규정에 의한 주택단지
④ 도로의 지표하에 건축하는 건축물로서 시장·군수·구청장이 해당 건축물이 건축되는 토지로 정하는 토지
⑤ 각 필지의 지번부여지역이 서로 다른 경우로서 토지의 소유자가 서로 다르고 소유권 외의 권리관계는 같은 경우

106. 건축법령상 주요구조부'에 해당되지 않는 것은?
① 내력벽
② 사이기둥
③ 바닥(최하층바닥은 제외)
④ 지붕틀
⑤ 주계단

107. 다음 중 대수선에 해당하는 것은?
① 기초를 해체하여 수선하는 행위
② 커튼월을 해체하여 수선하는 행위
③ 지붕의 기와를 교체하는 행위
④ 방화문을 해체하여 수선하는 행위
⑤ 미관지구 안에서 건축물의 외부형태를 변경하는 경우

108. 건축법령상 건축허가와 그 제한 및 취소에 관한 설명 중 틀린 것은?
① 21층 이상의 건축물을 특별시 또는 광역시에 건축하고자 하는 경우에는 특별시장 또는 광역시장의 허가를 받아야 한다.
② 허가권자는 숙박시설에 해당하는 건축물이 주거환경 등 주변환경을 감안할 때 부적합하다고 인정하는 경우 건축위원회의 심의를 거쳐 건축허가를 하지 아니할 수 있다.
③ 건축허가 또는 건축물의 착공을 제한하는 경우 그 제한기간은 2년 이내로 하되, 1회에 한하여 1년 이내의 범위에서 그 제한기간을 연장할 수 있다.
④ 시·도지사가 시장·군수·구청장의 건축허가 또는 건축물의 착공을 제한하는 경우에는 즉시 국토해양부장관에게 보고하여야 하며, 국토해양부장관은 제한의 내용이 과도한 경우에 그 해제를 명할 수 있다.
⑤ 허가권자는 건축허가를 받은 자가 그 허가를 받은 날부터 2년 이내에 공사를 착수하지 않거나 공사를 착수하였으나 공사의 완료가 불가능하다고 인정하는 경우에는 허가를 취소하여야 한다.

109. 건축법령상 '도로'와 관련된 설명 중 옳은 것은?

① 지형적 조건으로 자동차통행이 불가능하더라도 「건축법」상의 도로로 되는 경우가 있다.

② 「건축법」상 모든 도로는 도로라는 특성상 「도로법」에 의한 신설·변경 고시가 되어야 한다.

③ 주민이 장기간 통행로로 이용하는 사실상의 통로라도 「건축법」상의 도로가 되기 위해서는 이해관계인의 동의가 필수적이다.

④ 건축허가권자가 도로의 위치를 지정·공고할 수는 없다.

⑤ 예정도로인 한 「건축법」상의 도로에 해당될 수 없다.

110. 「건축법」상 공개공지 또는 공개공간을 설치하여야 하는 용도지역이 아닌 것은? (단, 대통령령이 정하는 용도 및 규모의 건축물을 건축하는 경우임)

① 제1종 전용주거지역

② 제2종 일반주거지역

③ 준주거지역

④ 준공업지역

⑤ 중심상업지역

111. 「국가기술자격법」에 의한 구조기술사의 구조계산에 의하여 구조의 안전을 확인하여야 할 건축물은?

① 일반적인 구조안전을 확인해야 되는 기둥과 기둥 사이가 20m 이상인 건축물

② 일반적인 구조안전을 확인해야 되는 10층 이상인 건축물

③ 일반적인 구조안전을 확인해야 되는 3층 이상의 석축건물

④ 일반적인 구조안전을 확인해야 되는 16층 이상인 건축물

⑤ 일반적인 구조안전을 확인해야 되는 높이가 13m 이상인 건축물

112. 건축법령상 건폐율, 용적률 및 높이제한에 관한 틀린 설명만을 고른 것은?

㉠ 건폐율은 대지면적에 대한 건축면적의 비율이다.

㉡ 용적률은 대지면적에 대한 연면적의 비율이다.

㉢ 건폐율·용적률의 최대한도는 「국토의 계획 및 이용에 관한 법률」에 따르되, 「건축법」이 그 기준을 완화 또는 강화하여 적용하도록 규정한 경우에는 그에 의한다.

㉣ 건축물의 높이제한은 법률과 시행령으로 정해지므로, 조례로 정할 수는 없다.

㉤ 240%의 용적률과 60%의 건폐율 최대한도를 적용받는다면, 4층을 초과하는 건축물을 건축할 수 없다.

① ㉠, ㉢ 　　　　② ㉡, ㉢ 　　　　③ ㉢, ㉣

④ ㉣, ㉤ 　　　　⑤ ㉢, ㉤

113. 대지면적이 1,000㎡이며, 용적률이 240%이고, 건폐율을 40%로 건축한다면 최대 층수는?
 ① 3층　　　　　　　　　② 4층　　　　　　　　　③ 5층
 ④ 6층　　　　　　　　　⑤ 7층

114. 건축법령상 지역 및 지구 안에서의 건축제한 등에 관한 설명으로 옳은 것은? (단, 조례로 규정한 사항은 제외)
 ① 건축물이 미관지구에 걸치는 경우에는 그 건축물과 대지의 전부에 대하여 미관지구안의 건축물과 대지 등에 관한 「건축법」의 규정을 적용한다.
 ② 시장은 건축물의 용도 및 형태에 관계없이 동일한 가로구역(도로로 둘러싸인 일단의 지역)안에서는 건축물의 높이를 동일하게 정해야 한다.
 ③ 최고 높이가 정하여지지 아니한 가로구역의 경우 건축물의 각 부분의 높이는 그 부분으로부터 전면도로의 반대쪽 경계선까지의 수평거리의 2배를 넘을 수 없다.
 ④ 3층 이하로서 높이가 12m 이하인 건축물에는 일조 등의 확보를 위한 건축물의 높이제한에 관한 규정을 적용하지 아니할 수 있다.
 ⑤ 정북방향으로 도로 등 건축이 금지된 공지에 접하는 대지인 경우 건축물의 높이를 정북방향의 인접대지경계선으로부터의 거리에 따라 대통령령으로 정하는 높이 이하로 하여야 한다.

115. 주택법령상 주택에 관한 설명 중 가장 옳은 것은?
 ① 공동주택은 아파트, 연립주택, 다세대주택 및 기숙사로 세분된다.
 ② 국민주택은 주거전용면적이 85㎡ 이하인 주택을 말한다.
 ③ 주택이란 세대의 세대원이 장기간 독립된 주거생활을 영위할 수 있는 구조로 된 건축물의 전부 또는 일부와 그 부속토지를 말한다.
 ④ 아파트는 주택으로 쓰이는 층수가 4개층 이상인 주택을 말한다.
 ⑤ 국가·지방자치단체·대한주택공사 또는 지방공사가 아닌 사업주체가 건설하는 주거전용면적 85㎡를 초과하는 국민주택을 민간건설중형국민주택이라 한다.

116. 주택법령상 주택건설사업의 등록을 할 수 없는 자는?
 ① 한정치산자의 선고가 취소된 후 2년이 경과되지 아니한 자
 ② 파산선고를 받은 자로서 복권된 후 2년이 경과되지 아니한 자
 ③ 「주택법」을 위반하여 자격정지 이상의 형의 선고를 받고 그 집행이 면제된 날부터 2년이 경과된 자
 ④ 「주택법」을 위반하여 금고 이상의 형의 집행유예선고를 받고 그 유예기간이 종료된 자
 ⑤ 거짓으로 주택건설사업을 등록하여 그 등록이 말소된 후 2년이 경과되지 아니한 자

117. 주택법령상 주택조합에 관한 설명으로 옳은 것은?
 ① 국민주택을 공급받기 위하여 직장주택조합을 설립하는 경우 관할 시장·군수·구청장의 인가를 받아야 한다.

② 주택조합과 등록사업자가 공동으로 사업을 시행·시공할 경우 등록사업자는 자신의 귀책사유로 사업추진이 지연됨으로 인해 조합원에게 발생한 손해를 배상하여야 한다.

③ 리모델링주택조합은 그 구성원을 위하여 건설하는 주택을 조합원에게 우선 공급해야 하고 직장주택조합에 대하여는 사업주체가 국민주택을 조합원에게 우선 공급해야 한다.

④ 투기과열지구 안에서 관할 시장의 설립인가를 받은 지역주택조합이 구성원을 선정하는 경우에는 신청서의 접수순서에 따라 조합원 지위를 인정한다.

⑤ 시장·군수·구청장은 주택조합이 「주택법」에 의한 명령이나 처분에 위반한 때에는 그 설립인가를 취소해야 한다.

118. 주택법령상 국민주택기금에 관한 설명으로 옳은 것은?

① 한국토지공사는 국토해양부장관의 승인을 받아 국민주택기금에 자금을 예탁하여야 한다.

② 국토해양부장관은 국민주택기금의 운용에 관한 계획을 작성할 때 기획재정부장관의 승인을 받아야 한다.

③ 기금수탁자는 채무자의 무자력으로 인해 국민주택기금의 대출금 회수가 불가능한 경우 국토해양부령이 정하는 바에 의해 대출채권을 상각할 수 있다.

④ 국토해양부장관은 국민주택기금의 결산에서 이익이 생긴 때에는 이익금의 2분의 1 이상을 국민주택기금에 적립하여야 한다.

⑤ 매 사업연도에 국민주택기금의 결산에서 손실금이 생긴 때에는 정부가 일반회계에서 이를 우선 보전한다.

119. 주택법령상 주택상환사채에 관한 설명으로 옳은 것은?

① 등록사업자의 자본금 등이 대통령령이 정하는 기준에 부합하고 금융기관 또는 대한주택보증주식회사의 보증을 받은 때에 한하여 이를 발행할 수 있다.

② 주택상환사채를 발행하려는 자는 주택상환사채발행계획을 작성하여 기획재정부장관의 승인을 얻어야 한다.

③ 주택상환사채는 기명증권으로 하고, 사채권자의 명의변경을 취득자의 성명을 채권에 기재하는 방법으로 한다.

④ 등록사업자의 등록이 말소된 경우 그가 발행한 주택상환사채는 효력을 상실한다.

⑤ 주택상환사채의 발행에 관하여는 「주택법」보다 「상법」 중 사채발행에 관한 규정을 우선 적용한다.

120. 주택법령상 투기과열지구에 관한 설명으로 틀린 것은?

① 주택가격의 안정을 위하여 마련된 제도이다.

② 국토해양부장관이 투기과열지구를 지정하거나 이를 해제할 경우에는 시·도지사와 협의를 하여야 한다.

③ 투기과열지구 안에서 건설·공급되는 주택의 입주자로 선정된 지위의 전매 또는 전매 알선은 10년 이내의 범위에서 대통령령이 정하는 기간 동안 제한된다.

④ 위 ③에 반하는 전매 또는 전매알선을 한 자는 3년 이하의 징역 또는 3천만원 이하의 벌금에 처한다.

⑤ 입주자로 선정된 자의 생업상 사정 등으로 전매가 불가피하다고 인정되는 경우로서 대통령령이 정하는 경우에는 예외적으로 전매가 허용될 수 있다.

121. 주택법령상 사업주체는 사업의 대상이 된 주택 및 대지에 대하여는 일정 기간'동안 입주예정자의 동의없이 저당권 설정 등을 할 수 없는바, 이에 관한 설명으로 옳은 것은?

① '일정 기간'이란 입주자모집공고승인 신청일 이후부터 입주예정자가 소유권이전등기를 신청할 수 있는 날 이후 90일까지의 기간을 말한다.

② 위 ①에서 '소유권이전등기를 신청할 수 있는 날'이란 사업주체가 입주예정자에게 통보한 잔금지급일을 말한다.

③ 사업주체가 저당권설정제한의 부기등기를 하는 경우, 주택건설대지에 대하여는 입주자 모집공고승인신청과 동시에, 건설된 주택에 대하여는 소유권보존등기와 동시에 하여야 한다.

④ 대한주택보증주식회사의 신탁의 인수에 관하여는 「자본시장과 금융투자업에 관한 법률」을 적용한다.

⑤ 대한주택보증주식회사가 분양보증을 하면서 주택건설대지를 자신에게 신탁하게 할 경우 사업주체는 이를 신탁해야 한다.

122. 주택법령상 주택거래신고에 대한 설명 중 틀린 것은?

① 주택거래신고지역 안에서의 주택거래신고는 주택거래계약의 체결일로부터 30일 이내에 당해 주택소재지의 관할 시장·군수·구청장에게 신고하여야 한다.

② 주택거래신고지역으로 지정되기 이전에 체결한 계약 중 「부동산등기특별조치법」상 검인을 받지 아니한 계약도 신고하여야 한다.

③ 신고인이 신고필증을 교부받은 때에는 「부동산등기특별조치법」상 검인을 받은 것으로 본다.

④ 국토해양부장관은 주택거래신고지역의 지정 후 지정사유가 해소된 것으로 인정되는 경우 주택정책심의위원회의 심의를 거쳐 주택거래신고지역의 지정을 해제하여야 한다.

⑤ 주택거래신고지역에서 주택거래를 신고하지 아니한 자에 대하여 당해 주택에 대한 취득세(비과세·면제·감경되는 경우에는 비과세·면제·감경되지 아니하는 경우에 납부하여야 할 취득세액의 상당액)의 5배 이하에 해당하는 금액의 과태료에 처한다.

123. 주택법령상 주택에 관한 정의로서 가장 옳은 것은?

① 5층 건물로서 1층 전부를 피로티 구조로 하여 주차장으로 사용하는 공동주택은 아파트이다.

② 3층 건물로서 주택으로 쓰이는 연면적 420㎡인 공동주택은 다가구주택이다.

③ 국민주택기금의 자금지원을 받아 건설한 주거전용면적이 60㎡인 주택은 국민주택이다.

④ 다세대주택은 국민주택이 될 수 없다.

⑤ 무주택국민을 위해서 건설되는 임대주택은 5층 이상이어야 한다.

124. 주택법령상 간선시설에 해당하는 것은?
① 주택단지 안의 도로
② 주민운동시설
③ 지역난방시설
④ 주차장
⑤ 관리사무소

125. 주택법령상 국민이 쾌적하고 살기좋은 생활을 영위하게 하기 위하여 국토해양부장관이 설정·공고하는 최저주거기준에 포함되어야 할 사항이 아닌 것은?
① 가구구성별 최소 주거면적
② 용도별 방의 개수
③ 전용부엌·화장실 등 필수적인 설비의 기준
④ 주택의 거래가격
⑤ 안정성·쾌적성 등을 고려한 주택의 구조·성능 및 환경기준

126. 주택법령상 주택건설사업의 등록사업자에 관한 설명으로 옳은 것은?
① 사업주체가 한국토지주택공사인 경우에는 등록할 필요가 없다.
② 「임대주택법」에 따른 특수목적법인의 경우 사업자 등록기준 중 인적기준을 강화하여 적용할 수 있다.
③ 토지소유자가 등록사업자와 공동으로 주택건설사업을 시행하는 경우 토지소유자와 등록사업자는 공동사업주체로 추정된다.
④ 리모델링주택조합이 그 구성원의 주택을 건설하는 경우 등록사업자와 공동으로 사업을 시행한다.
⑤ 판례에 의하면 '주택건설공사를 도급받아 시공하고자 하는 자'는 주택건설사업을 시행하고자 하는 자에 해당하므로 등록의무가 있다.

127. 주택법령상 양도·양수 등이 금지된 증서 또는 지위에 해당하지 않는 것은?
① 한국토지주택공사가 발행한 주택상환사채
② 자본금 3억원의 법인으로서 최근 3년간 연평균 200세대의 공동주택 건설실적이 있는 등록사업자가 발행한 주택상환사채
③ 「주택법」에 의하여 건설·공급되는 주택을 공급받고자 하는 자가 미리 입주금의 일부 또는 전부를 저축한 국토해양부령에 따른 입주자저축의 증서
④ 군수가 발행한 무허가건물확인서 또는 건물철거확인서
⑤ 공공사업의 시행으로 인한 이주대책에 의하여 주택을 공급받을 수 있는 이주대책대상자확인서

128. 주택법령상 주택거래신고제도의 내용과 합치되는 것은?

① 주택거래신고지역 내의 단독주택과 공동주택을 대상으로 한다.

② 신고는 주택거래신고지역 내의 주택거래계약을 체결한 당사자가 공동으로 하여야 한다.

③ 신고는 관할 주택소재지의 시·도지사에게 하여야 한다.

④ 신고는 주택거래계약 체결일로부터 3개월 이내에 하여야 한다.

⑤ 신고하지 않은 자는 당해 주택에 대한 취득세의 10배 이하 상당금액의 과태료에 처한다.

129. 주택법령상 주택거래신고지역의 지정요건에 관한 규정에서 다음 괄호에 해당하는 사항을 ㉠, ㉡, ㉢의 순으로 바르게 나열한 것은?

> ㉠ 지정하는 날이 속하는 달의 직전 월부터 소급하여 1년간의 아파트의 매매가격 상승률이 전국의 아파트 매매가격상승률의 (　) 이상인 지역
> ㉡ 지정하는 날이 속하는 달의 직전 월로부터 소급하여 3월간의 아파트의 매매가격 상승률이 (　) 이상인 지역
> ㉢ 지정하는 날이 속하는 달의 직전 월의 아파트의 매매가격상승률이 (　) 이상인 지역

① 1.5배 - 2% - 1.0%

② 1.5배 - 2% - 1.5%

③ 1.5배 - 3% - 1.0%

④ 2배 - 2% - 1.0%

⑤ 2배 - 3% - 1.5%

130. 「농지법」의 적용대상이 되는 농지의 범위로 옳지 않은 것은?

① 농작물의 경작에 이용되고 있는 토지의 개량시설인 양수시설·수로·제방의 부지

② 농작물의 경작에 이용되고 있는 토지에 설치한 고정식 온실 및 비닐하우스와 그 부속 시설의 부지

③ 농작물의 경작에 이용되고 있는 토지에 설치한 농막과 「초지법」에 의하여 조성된 초지

④ 조경 또는 관상용 수목과 그 묘목을 재배하고 있는 「지적법」에 의한 지목이 답인 토지

⑤ 1996년 이후 계속하여 벼를 경작해 온 「지적법」에 의한 지목이 잡종지인 토지

131. 농지법령상 농지소유상한에 관한 설명으로 틀린 것은?

① 지방자체단체가 농지를 임대할 목적으로 소유하는 경우에는 총 1만㎡까지 소유할 수 있다.

② 8년 이상 농업경영을 한 후 이농한 자는 이농 당시 소유 농지 중에서 총 1만㎡까지만 소유할 수 있다.

③ 상속으로 농지를 취득한 자로서 농업경영을 하지 아니하는 자는 그 상속농지 중에서 총 1만㎡까지만 소유할 수 있다.

④ 농지 소유에 관하여는 「농지법」에 정한 경우 외에는 특례를 정할 수 없다.

⑤ 농림수산식품부장관은 농지소유상한을 위반하여 농지를 소유할 목적으로 거짓으로 농지취득자격증명을 발급받은 자를 주무관청에 신고하는 자에게 포상금을 지급할 수 있다.

132. 농지법령상 농지취득자격증명에 관한 설명으로 틀린 것은?
① 국가나 지방자치단체가 농지를 소유하는 경우는 농지취득자격증명을 발급받지 않아도 된다.
② 농지소유상한을 위반하여 농지를 소유할 목적으로 부정한 방법에 의해 농지취득자격
   증명을 발급받은 자는 3년 이하의 징역 또는 1천만원 이하의 벌금에 처한다.
③ 농업법인의 합병으로 농지를 취득하는 경우 농지취득자격증명을 발급받지 않아도 된다.
④ 상속으로 농지를 취득하여 소유하는 경우 농지취득자격증명을 발급받지 않아도 된다.
⑤ 농지소재지를 관할하는 시장·군수·구청장은 농지취득자격증명을 발급할 수 있다.

133. 농지의 대리경작제도에 관한 설명 중 틀린 것은?
① 대리경작자의 지정권은 시장·군수 또는 자치구구청장이 가지고 이를 행사한다.
② 대리경작자를 지정하고자 할 때에는 당해 농지의 소유권 또는 임차권을 가진 자에게
   이를 예고하여야 한다.
③ 지정권자는 인근지역의 농업생산자단체·학교 기타 당해 농지를 경작하고자 하는 자를
   우선적으로 하여 대리경작자를 지정하여야 한다.
④ 대리경작자가 지정된 때에는 당해 농지의 소유권 또는 임차권을 가진 자는 대리경작
   자의 경작을 방해하여서는 아니된다.
⑤ 대리경작기간은 따로 정함이 없는 한 1년으로 한다.

134. 농지법령상 농지전용에 관련된 설명 중 틀린 것은?
① 다른 법률에 의해 농지전용에 허가가 의제되는 협의를 거친 경우는 전용허가를 받은
   것으로 본다.
② 농지를 전용하고자 하는 자는 원칙적으로 당해 농지의 소재지를 관할하는 시·군·구
   청장을 거쳐 농림수산식품부장관의 허가를 받아야 한다.
③ 농지를 농업인 주택부지로 전용하고자 하는 자는 당해 농지의 소재지를 관할하는 시
   장·군수 또는 자치구구청장에게 신고하여야 한다.
④ 도시지역 안에 있는 농지로서 주무부장관 또는 지방자치단체의 장이 농림수산식품부
   장관과 미리 전용협의를 거친 농지나 협의대상에서 제외되는 농지는 전용허가 없이
   전용할 수 있다.
⑤ 농지를 간이농업용 시설의 용도로 일시사용하고자 하는 자는 시장·군수 또는 자치구
   구청장의 허가를 받아야 하며, 농지보전부담금을 농지관리기금 운용·관리자에게 납
   부하여야 한다.

135. 다음은 「농지법」의 농지보전부담금에 대한 설명이다. 틀린 것은?
① 농지보전부담금을 납부하지 않으면 농지전용허가를 취소할 수 있다.
② 농지전용신고를 하고 농지를 전용하고자 하는 경우에도 농지보전부담금을 납입하여야 한다.
③ 농지보전부담금은 국세체납처분 또는 지방세체납처분의 예에 의하여 징수할 수 있다.
④ 농지전용허가가 취소되면 농지보전부담금을 환급받을 수 있다.
⑤ 공용·공공용 목적으로 농지전용을 하는 경우에는 농지보전부담금을 납입하지 아니한다.

136. 농지법령상 농지소유상한에 관한 다음 설명 중에서 가장 타당하지 않는 것은?
① 상속에 의하여 농지를 취득한 자로서 8년 이상 농업경영을 한 후 이농하는 경우에는 소유농지 중에서 2만㎡ 이내의 것에 한하여 소유할 수 있다.
② 상속에 의하여 농지를 취득하여 소유하는 경우 자기의 농업경영에 이용하지 아니하는 농지라도 이를 소유할 수 있다.
③ 주말·체험영농을 하고자 하는 자는 1천㎡ 미만의 농지에 한하여 이를 소유할 수 있다.
④ 주말·체험영농을 하고자 하는 경우에는 세대원 전부가 소유하는 총면적으로산정한다.
⑤ 토지수용에 의하여 농지를 취득하여 소유하는 경우 자기의 농업경영에 이용하지 아니하는 농지라도 이를 소유할 수 있다.

137. 농지법령상 농지취득자격증명을 받아야 하는 경우는?
① 상속에 의하여 농지를 취득하여 소유하는 경우
② 「은행법」에 의하여 설립된 금융기관 등이 담보농지를 취득하여 소유하는 경우
③ 주말·체험영농을 하고자 농지를 소유하는 경우
④ 토지수용에 의하여 농지를 취득하여 소유하는 경우
⑤ 농업법인의 합병으로 농지를 취득하는 경우

138. 농지의 처분의무와 관련된 다음 설명 중 바르지 못한 것은?
① 농지전용허가를 받거나 신고를 하여 농지를 취득한자가 취득한 날부터 2년 이내에 그 목적사업에 착수하지 아니한 때에는 그 사유가 발생한 날로부터 1년 이내에 당해 농지를 처분하여야 한다.
② 농지의 소유상한을 초과하여 농지를 소유한 것이 판명된 때에도 당해 농지를 사유 발생일로부터 1년 이내에 처분하여야 한다.
③ 시장·군수 또는 구청장은 처분의무기간 내에 처분대상농지를 처분하지 아니한 농지의 소유자에 대하여는 6월 이내에 당해 농지를 처분할 것을 명할 수 있다.
④ 농지의 소유자는 농지의 처분명령을 받은 때에는 시장·군수 또는 구청장에게 당해 농지의 매수를 청구할 수 있다.
⑤ 시장·군수 또는 구청장은 농지의 처분명령을 받은 후 정당한 사유 없이 지정기간안에 당해 처분명령의 이행을 하지 아니한 자에 대하여는 당해 농지의 토지가액의 20/100에 상당하는 이행강제금을 부과한다.

139. 농지의 타용도 일시사용에 관한 설명 중 틀린 것은?
① 시장·군수 또는 자치구구청장의 허가를 받아야 한다.
② 타용도 일시사용허가를 신청할 때에는 미리 농지관리위원회의 확인을 받아야 한다.
③ 타용도 일시사용기간은 원칙적으로 기타 경우 3년 이내로 한다.
④ 일정기간 사용한 후 농지로 복구하는 것을 조건으로 하여야 한다.
⑤ 타용도 일시사용을 허가할 때에는 복구비용을 예치하게 할 수 있다.

2009년도 제20회 공인중개사 자격시험 문제지(2차)

문제지 형별	A형	문제수	120문제	시험시간	2시간 30분 (150분)	수험번호		성명	

제1과목 : 공인중개사의 업무 및 부동산 거래 신고에 관한 법령 및 중개실무

※ "공인중개사의 업무 및 부동산 거래 신고에 관한 법령" 은 이하 "공인중개사법령" 으로 약칭한다.

1. 공인중개사법상 명문으로 규정된 목적을 모두 고른 것은?

```
ㄱ. 부동산중개법의 건전한 지도·육성
ㄴ. 부동산중개업의 적절한 규율
ㄷ. 부동산중개업자의 적절한 규율
ㄹ. 부동산 중개업자의 공신력 제고
ㅁ. 공정하고 투명한 부동산거래질서의 확립
```

① ㄱ, ㄹ ② ㄱ, ㅁ ③ ㄴ, ㄷ
④ ㄴ, ㄹ ⑤ ㄷ, ㅁ

2. 공인중개사법령상 중개업 및 중개행위에 관한 설명으로 틀린 것은?(다툼이 있으면 판례에 의함)

① 타인의 의뢰에 의하여 일정한 수수료를 받고 토지에 대하여 저당권의 설정에 관한 행위의 알선을 업으로 하는 경우는 중개업에 해당한다.
② 부동산 중개행위가 부동산 컨설팅행위에 부수하여 이루어진 경우라도 중개업에 해당될 수 있다.
③ 중개행위는 거래당사자간의 매매 등 법률행위가 용이하게 성립할 수 있도록 조력하고 주선하는 사실행위이다.
④ 중개행위에 해당하는지 여부는 진정으로 거래당사자를 위해 거래를 알선·중개하려는 의사를 갖고 있었느냐고 하는 중개업자의 주관적 의사에 의해 결정된다.
⑤ 중개행위에는 중개업자가 거래의 쌍방 당사자로부터 의뢰를 받아 중개하는 경우뿐만 아니라 거래의 일방 당사자의 의뢰에 의하여 중개하는 경우도 포함된다.

3. 공인중개사법령상 중개대상물에 해당되지 <u>않는</u> 것을 모두 고른 것은?(다툼이 있으면 판례에 의함)

```
ㄱ. 완성되지 않았으나 특정 동, 호수를 정하여 분양계약
   이 체결된 아파트
ㄴ. 영업용 건물의 비품, 영업상의 노하우
ㄷ. 콘크리트 지반 위에 볼트로 조립되어 쉽게 분리철거가
   가능하고 3면에 천막이나 유리를 설치하여 주벽이라고
   할 만한 것이 없는 세차장구조물
ㄹ. 아파트에 대한 추첨기일에 신청을 하여 당첨이 되면
   아파트의 분양예정자로 선정 될 수 있는 지위를 가리
   키는 입주권
```

① ㄱ, ㄴ　　②ㄱ, ㄷ　　③ㄴ, ㄹ
④ ㄷ, ㄹ　　⑤ㄴ, ㄷ, ㄹ

4. 공인중개사법령의 내용에 관한 설명으로 옳은 것은?

① 휴업기간 변경신고는 전자문서에 의해서도 가능하다.
② 소속공인중개사는 업무 개시일부터 7일 이내에 중개행위에 사용할 인장을 등록관청에 등록해야 한다.
③ 중개업자가 소속공인중개사를 고용한 때에는 고용일부터 14일 이내 등록관청에 신고해야 한다.
④ 법인인 중개업자의 분사무소 이전신고는 이전 후의 분사무소 소재지 관할 등록관청에 해야 한다.
⑤ 중개업자의 자질과 업무수행능력의 향상을 위한 연수교육은 시·도지사만 실시할 수 있다.

5. 공인중개사법령상 법인이 중개사무소를 개설하려는 경우의 등록기준에 관한 설명으로 옳은 것은?

① 상법상 회사로서 자본금이 3천만원 이상이어야 한다.
② 중개업만을 영위할 목적으로 설립되어야 한다.
③ 대표자는 공인중개사 아니어도 되나 대표자를 제외한 임원 또는 사원의 3분의 1이상 공인중개사이어야 한다.
④ 대표자, 임원 또는 사원 반수 이상 및 분사무소의 책임자가 실무교육을 받았어야 한다.
⑤ 건축물대장에 기재된 건물에 사용권이 있는 중개사무소를 확보해야 한다.

6. 공인중개사법령상 공인중개사에 관한 설명으로 틀린 것은?

① 시·도지사는 시험합격자의 결정 공고일로부터 1개월 이내에 공인중개사자격증을 교부해야 한다.
② 공인중개사자격증교부대장은 전자적 처리가 불가능한 특별한 사유가 없으면 전자적 처리가 가능한 방법으로 작성·관리 해야 한다.
③ 자격증 교부 시·도지사와 사무소 소재지 관할 시·도지사가 다른 경우 자격증 교부 시·도지사가 자격처분에 필요한 절차를 모두 이행한 후 사무소 소재지 관할 시·도지사에게 통보해야 한다.
④ 시·도지사가 공인중개사의 자격취소처분을 한 때에는 5일 이내에 이를 국토해양부장관에게 보고하고 다른 시·도지사에게 통지해야 한다.
⑤ 폐업신고 후 1년 이내에 중개사무소의 개설등록을 다시 신청하려는 자는 시·도지사가 실시하는 실무교육을 받지 않아도 된다.

7. 공인중개사법령상 중개업자가 중개사무소에 게시해야 할 것으로 틀린 것은?

① 사업자등록증 원본
② 보증의 설정을 증명할 수 있는 서류
③ 중개수수료·실비의 요율 및 한도액표
④ 공인중개사인 중개업자의 경우 공인중개사자격증 원본
⑤ 법인인 중개업자의 분사무소의 경우 분사무소설치신고필증 원본

8. 공인중개사법령상 중개업자의 사용인이 될 수 있는 자는?
① 공인중개사자격시험에 응시하여 부정행위로 적발된 후 1
   년이 경과되지 않은 자
② 도박죄로 금고 이상의 형의 집행유예를 받고 그 유예기간
   중에 있는 자
③ 공인중개사법을 위반하여 벌금형의 선고를 받고 1년이 경
   과되지 아니한 자
④ 6월의 업무정지처분을 받고 처분받은 날부터 6월이 경과
   되지 아니한 자
⑤ 공인중개사 자격이 취소된 후 3년이 경과되지 아니한 자

9. 공인중개사법령상 휴업과 폐업에 관한 설명으로 **틀린** 것은?
① 휴업신고를 하지 않고 3월 이하의 휴업을 할 수 있다.
② 휴업은 6월을 초과할 수 없으나 취학의 경우에는 6월을
   초과할 수 있다.
③ 중개사무소의 개설등록 후 3월을 초과하여 업무를 개시
   하지 않을 경우 휴업신고를 해야 한다.
④ 중개업의 휴업·폐업 신고는 직접 방문 외에 전자문서로
   할 수 있다.
⑤ 휴업기간 중에 중개업의 폐업 또는 재개 신고를 할 수 있다.

10. 중개대상물의 확인·설명에 관한 내용으로 **틀린** 것은?
① 중개대상물 확인·설명서 서식은 4종이 있다.
② 중개업자는 권리를 취득하려는 중개의뢰인에게 중개대상
   물 설명시 그 근거자료를 제시해야 한다.
③ 중개업자의 중개대상물의 상태에 관한 자료요구에 매도의
   뢰인이 불응할 경우 중개업자는 이를 매수의뢰인에게 설
   명하고 중개대상물 확인·설명서에 기재해야 한다.
④ 중개대상물 확인·설명서 사본은 중개업자가 3년간 보존
   해야 한다.
⑤ 중개업자는 중개가 완성된 때 중개대상물 확인·설명서를
   작성하여 거래당사자 일방에게만 교부하면 된다.

11. 다음 중 공인중개사법령상 중개업자가 작성하는 거래계
   약서의 필수적 기재사항이 <u>아닌</u> 것은 모도 몇 개 인가?

<table>
<tr><td>ㄱ. 물건의 표시</td></tr>
<tr><td>ㄴ. 거래예정금액</td></tr>
<tr><td>ㄷ. 물건의 인도일시</td></tr>
<tr><td>ㄹ. 권리이전의 내용</td></tr>
<tr><td>ㅁ. 토지이용계획의 내용</td></tr>
<tr><td>ㅂ. 거래당사자의 인적 사항</td></tr>
<tr><td>ㅅ. 권리취득에 따른 조세의 개략적 금액</td></tr>
</table>

① 2개   ② 3개   ③ 4개   ④ 5개   ⑤ 6개

12. 공인중개사법령상 중개업자의 금지행위에 해당하지 <u>않은</u>
   것은?(다툼이 있으면 판례에 의함)
① 중개대상물의 매매를 업으로 하는 행위
② 중개를 의뢰한 거래당사자 쌍방을 대리하는 행위
③ 중개업자가 중개의뢰인의 대리인과 직접 거래하는 행위
④ 전매제한을 받지 않은 아파트 거래를 중개하는 행위
⑤ 중개업자가 무등록 중개업자임을 알면서 자기의 명의를
   이용하게 하는 행위

13. 공인중개사 법령상 중개업자의 겸업제한에 관한 설명으
   로 **틀린** 것은?
① 공인중개사인 중개업자는 공인중개사법령 및 다른 법령에
   서 제한하지 않는 업무를 겸업할 수 있다.
② 법인이 아닌 모든 중개업자는 민사집행법에 따른 경매대
   상 부동산의 매수신청대리를 할 수 있다.
③ 공인중개사인 중개업자는 이사업체를 소개할 수 있다.
④ 공인중개사인 중개업자는 주택법상 사업계획승인 대상이
   아닌 주택의 분양대행을 할 수 있다.
⑤ 법인인 중개업자가 겸업제한을 위반할 경우 중개사무소
   개설등록을 취소할 수 있다.

14. 공인중개사법령상 중개업자에 대한 제재의 내용으로
   틀린 것은?
① 중개업자가 이 법에 대한 1건의 위반행위로 행정처분 외
   에 행정형벌을 받을 수 있다.
② 공인중개사 및 중개업자가 아닌 자도 이 법에 따라 과태
   료 처분을 받을 수 있다.
③ 공인중개사 및 중개업자가 아닌 자도 이 법에 따라 행정
   형벌을 받을 수 있다.
④ 법인이 아닌 중개업자의 소속공인중개사가 결격사유에 해
   당하는 경우 그 사유가 발생한 날부터 2월 이내에 그 사
   유를 해소하지 않는 한 등록관청은 중개업자에게 업무정
   지를 명할 수 있다.
⑤ 중개사무소 개설등록기준에 미달하여 등록이 취소된 경우
   취소된 날부터 3년 이내에는개설등록할 수 없다.

15. 공인중개사법령상 시·도지사의 고유업무에 해당하는
   것은 모두 몇 개인가?

<table>
<tr><td>ㄱ. 실무교육 실시</td></tr>
<tr><td>ㄴ. 공제사업 승인</td></tr>
<tr><td>ㄷ. 공인중개사 자격증 교부</td></tr>
<tr><td>ㄹ. 중개사무소 개설등록업무</td></tr>
<tr><td>ㅁ. 공인중개사시험위원회 관리</td></tr>
<tr><td>ㅂ. 공인중개사 협회 지도·감독</td></tr>
<tr><td>ㅅ. 부동산거래 신고의 처리 업무</td></tr>
</table>

① 2개   ② 3개   ③ 4개   ④ 5개   ⑤ 6개

16. 공인중개사법령상 중개계약에 관한 설명으로 옳은 것은?
① 전속중개계약의 유효기간 내에는 중개의뢰인이 스스로 발
   견한 상대방과 거래계약의 체결 할 수 없다.
② 전속중개계약을 체결한 중개업자는 원칙적으로 중개대상
   물의공법상의 이용제한 및 거래규제에 관한 사항을 공개
   해서는 안된다.
③ 소속공인중개사가 중개의뢰를 접수하여 그 중개업무를 수행
   한 경우 이법 시행규칙 별지서식 중개계약서는 중개업자와
   소속공인중개사가 함께 서명 또는 날인하도록 하고 있다.
④ 이 법 시행 규칙 별지서식 중개계약서의 기재란에는 권리
   이전용과 권리취득용으로 구분되어 있다.
⑤ 중개업자가 국토해양부령이 정하는 전속중개계약서에 의
   하지 아니하고 전속중개계약을 체결한 경우 등록관청은
   등록을 취소할 수 있다.

17. 공인중개사법령상 부동산거래의 신고에 관한 설명으로
　　옳은 것은?
① 거래당사자는 신고서에 반드시 공동으로 서명 및 날인하
　여 공동으로 제출해야 한다.
② 주택법에 따른 주택거래신고지역의 주택에 대하여 중개업
　자가 주택거래계약서를 작성하여 교부한 경우에는 주택
　거래계약의 체결일부터 15일 이내에 중개업자가 신고해
　야 한다.
③ 국토의 계획 및 이용에 관한 법률에 따라 토지거래계약
　허가를 받은 경우는 거래신고를 하지 않아도 된다.
④ 중개업자가 폐업 후 중개행위로 토지의 매매계약을 체결
　한 때에는 그 중개업자가 계약체결일로부터 60일 이내에
　거래신고를 해야 한다.
⑤ 거래신고를 하지 아니한 거래 당사자 또는 중개업자에 대
　한 과태료는 등록관청이 부과한다.

18. 공인중개사법령상 부동산거래정보망의 지정 및 이용에
　　관한 설명을 틀린 것은?
① 거래정보사업자로 지정을 받으려면 그 부동산거래정보망
　의 가입·이용신청을 한 중개업자의 총수는 1천 명 이상
　이어야 한다.
② 부동산거래 정보망을 설치·운영할 자로 지정받으려는 자
　는 공인중개사와 정보처리기사를 각각 2인 이상 확보해
　야 한다.
③ 법인인 중개업자는 거래정보사업자로 지정받을 수 없다.
④ 부동산거래정보망에 가입하지 않은 중개업자가 전속중개
　계약을 체결한 경우 중개의뢰인이 비공개 요청하지 않는
　한 일간신문에 당해 중개대상물의 정보를 공개해야 한다.
⑤ 거래정보사업자가 중개업자로부터 의뢰받은 내용과 다르
　게 정보를 공개한 경우 국토해양부장관은 그 사업장 지
　정을 취소해야 한다.

19. 공인중개사 법령상 중개업자가 중개보조원을 고용한 경우
　　에 관한 설명으로 틀린 것은?(다툼이 있으면 판례에 의함)
① 중개보조원의 업무상 행위는 그를 고용한 중개업자의 행
　위로 본다.
② 중개업자가 중개보조원을 해고한 때에는 이를 신고할 의
　무가 없다.
③ 중개업자는 중개보조원에게 거래계약서와 중개대상물 확
　인·설명서의 작성 등 중요한 업무를 수행하게 해서는
　아니된다.
④ 중개보조원의 행위가 이 법령을 위반하여 업무정지처분의
　사유에 해당하더라도 업무정지처분은 중개업자만 받는다.
⑤ 중개보조원이 중개관련 업무로 공인중개사법을 위반하여
　중개업자가 양벌규정에 따라 벌금형의 선고를 받은 경우
　는 등록의 결격사유에 포함되지 않는다.

20. 공인중개사법령상 손해배상책임과 업무의 보증에 관한
　　설명으로 틀린 것은?(다툼이 있으면 판례에 의함)
① 농업협동조합법에 따라 지역농업협동조합이 부동산중개
　업을 하는 때에는 업무를 개시하기 전에 업무보증을 설
　정하고 등록관청에 신고해야 한다.
② 중개업자는 보증보험금·공제금 또는 공탁금으로 손해배
　상을 한 때에는 15일 이내 보증보험 또는 공제에 다시 가

입하거나 공탁금 중 부족하게 된 금액을 보전해야 한다.
③ 부동산 매매계약 체결을 중개하고 계약체결 후 계약금 및
　중도금 지급에도 관여한 중개업자가 잔금 중 일부를 횡령
　한 경우, '중개업자가 중개행위를 함에 있어서 거래당사
　자에게 재산상의 손해를 발생하게 한 경우'에 해당한다.
④ 중개업자(사용인 포함)가 아닌 사람에게는 이 법령에 따
　른 손해배상책임이 발생하지 않는다.
⑤ 중개보조원이 중개업무에 관하여 고의로 인한 위법행위로
　거래당사자에게 손해를 입힌 경우 중개업자는 이 법령에
　따른 손해배상책임을 지지 않는다.

21. 공인중개사법령상 포상금제도에 관한 설명으로 틀린
　　것은?(다툼이 있으면 판례에 의함)
① 불법중개행위를 한 개설등록 중개업자, 실거래가 신고의
　무위반자는 신고대상이다.
② 하나의 사건에 대해 2인 이상의 공동으로 신고 또는 고
　발한 경우에는 균분 지급을 원칙으로 한다.
③ 포상금을 지급받을 자가 배분방법에 관하여 미리 합의하
　여 포상금의 지급을 신청한 경우에는 그 합의된 방법에
　따라 지급한다.
④ 하나의 사건에 대하여 2건 이상의 신고 또는 고발이 접
　수된 경우에는 최초 신고 또는 고발한 자에게 포상금을
　지급한.
⑤ 등록관청은 포상금 지급을 결정한 날부터 1월 이내에 포
　상금을 지급해야 한다.

22. 공인중개사법령의 내용에 관한 설명으로 틀린 것은?(다
　　툼이 있으면 판례에 의함)
① 중개대상물로 규정한 건축물에는 장래에 건축될 건물도
　포함될 수 있다.
② 중개업자는 그 업무의 효율적인 수행을 위해 다른 중개업
　자와 중개사무소를 공동으로 사용할 수 있다.
③ 변호사는 공인중개사자격이 없더라도 중개사무소 개설등
　록을 할 수 있다.
④ 매매차익을 노린 의뢰인의 미등기전매를 중개한 경우 전
　매차익이 발생하지 않았다 하더라도 이는 이 법에서 금
　지하고 있는 부동산투기를 조장하는 행위에 해당한다.
⑤ 공인중개사인 중개업자는 그 장소의 명칭에 "공인중개사
　사무소" 또는 "부동산중개"라는 문자를 사용해야 한다.

23. 공인중개사법령상 중개수수료 및 실비에 관한 설명으로
　　틀린 것은?
① 중개업자가 소정의 수수료를 초과하여 사례비 명목으로
　금품을 받은 경우 이 법령의 위반행위이다.
② 실비의 한도는 중개대상물의 권리관계 등의 확인 또는 계
　약금 등의 반환채무이행 보장에 드는 비용으로 한다.
③ 중개대상물 소재지와 중개사무소 소재지가 다른 경우 중
　개대상물 소재지를 관할하는 시·도의 조례에서 정한 기
　준에 따라 수수료를 받아야 한다.
④ 중개대상물인 건축물 중 주택의 면적이 2분의 1인 경우
　는 주택의 중개에 대한 수수료 규정을 적용한다.
⑤ 주택임대차의 중개수수료는 의뢰인 쌍방으로부터 각각 받
　되, 그 일방으로부터 받을 수 있는 한도는 거래금액의 1
　천분의 8 이내로 한다.

24. 공인중개사법령상 중개업자에 대한 업무정지처분에 관한
   설명으로 옳은 것은?
① 업무정지기간을 가중처분하는 경우에는 6월을 초과할 수
   있다.
② 등록관청은 법인인 중개업자에게 업무정지를 명하는 경우
   분사무소별로 업무의 정지를 명해야 한다.
③ 부정한 방법으로 중개사무소의 개설등록을 한 경우 3월
   의 업무정지를 명할 수 있다.
④ 업무정지처분은 그 사유가 발생한 날부터 3년이 경과한
   때에는 이를 할 수 없다.
⑤ 등록관청이 업무정지처분을 하고자 하는 경우 청문을 실
   시해야 한다.

25. 공인중개사협회에 관한 설명으로 틀린 것은?
① 협회의 지부 또는 지회 설치는 시·도지사의 허가를 받아
   야 한다.
② 협회는 부동산 정보제공에 관한 업무를 수행할 수 있다.
③ 협회는 총회의 의결내용을 지체없이 국토해양부장관에게
   보고해야 한다.
④ 협회는 공제사업을 다른 회계와 구분하여 별도의 회계로
   관리해야 한다.
⑤ 협회는 공제사업 운용실적을 매 회계연도 종료 후 3개월
   이내에 일간신문 또는 협회보에 공시하고 협회의 인터넷
   홈페이지에 게시해야 한다.

26. 공인중개사법령상 수수료 납부 대상이 <u>아닌</u> 것은?
① 분사무소 설치신고
② 중개사무소 개설등록 신청
③ 소속공인중개사 고용신고
④ 공인중개사 자격증 재교부 신청
⑤ 중개사무소 등록증 재교부 신청

27. 중개업자 甲의 소속공인중개사인 乙은 사적인 일로 丙과 단
   둘이 다투다가 폭행죄로 징역 2년에 집행유예 3년을 선고
   받고, 집행유예기간 중에 있다. 다음 설명으로 옳은 것은?
① 甲은 乙이 丙에게 가한 손해에 대해서도 배상책임을 진다.
② 乙은 집행유예를 선고받았으므로 乙의 공인중개사 자격은
   당연히 취소된다.
③ 乙은 다른 중개업자의 중개보조원이 될 자격이 없다.
④ 乙이 벌금형 이상을 선고받았으므로 甲의 등록은 취소된다.
⑤ 甲은 양벌규정에 의하여 1천만원 이하의 벌금형을 선고받을
   수 있다.

28. 공인중개사법령의 내용에 관한 설명으로 틀린 것은?
① 거래당사자의 중개업자에게 거짓된 부동산거래내용을 신
   고하도록 요구한 경우 과태료 처분의 대상이 된다.
② 소속공인중개사가 자격정지기간 중에 중개업무를 행한 경
   우 자격취소사유가 된다.
③ 공인중개사가 거래계약서에 거래금액을 지나치게 적은 금
   액으로 거짓 기재한 경우 자격취소사유가 된다.
④ 중개업자가 이 법을 위반하여 업무정지치처분을 받은 후
   그 위반행위로 다시 벌금형을 선고받은 경우는 중개사무
   소 개설등록의 취소사유가 된다.
⑤ 중개행위를 한 소속공인중개사가 그 중개대상물 확인·설명서

에 서명 및 날인을 하지 아니한 경우 자격정지사유가 된다.

29. 중개업자가 중개의뢰인에게 입목에 관한 법률상의 입목
   에 대해 설명한 내용으로 틀린 것은?
① 토지소유권 또는 지상권의 처분의 효력은 입목에 미치지
   아니한다.
② 입목을 목적으로 하는 저당권의 효력은 입목을 벌채한 경우
   에 그 토지로부터 분리된 수목에 대하여는 미치지 않는다.
③ 입목의 경매 기타 사유로 인하여 토지와 그 입목이 각각
   다른 소유자에게 속하게 되는 경우에는 토지소유자는 입
   목소유자에 대하여 지상권을 설정한 것으로 본다.
④ 입목에 대한 등기에 관하여 이 법에 특별한 규정이 있는
   경우를 제외하고는 부동산등기법을 준용한다.
⑤ 지상권자에게 속하는 입목이 저당권의 목적이 되어 있는
   경우에는 지상권자는 저당권자의 승낙없이 그 권리를 포
   기하거나 계약을 해지할 수 없다.

30. 중개업자가 대한민국 안의 토지를 취득하고자 하는 외
   국인에게 설명한 내용으로 틀린 것은?
① 외국인이 경매로 토지를 취득한 때에는 취득한 날부터 6
   개월 이내에 이를 신고해야 한다.
② 외국인이 계약에 의하여 토지를 취득하는 때에는 토지취
   득일부터 60일 이내에 이를 신고해야 한다.
③ 토지취득 신고는 전자문서로 신고하는 경우를 제외하고
   외국인인 당사자의 위임을 받은 자가 대리할 수 있다.
④ 외국인이 건물에 대한 권리를 취득할 때에는 외국인 토지
   법이 적용되지 않는다.
⑤ 외국인토지법상 외국인의 범위에는 사원 또는 구성원의
   2분의 1이상이 대한민국 국적을 보유하고 있지 않은 법
   인 또는 단체도 포함된다.

31. 중개업자가 상가건물임대차를 중개하면서 의뢰인에게 상
   가건물임대차보호법 내용을 설명한 것으로 틀린 것은?
① 임차인의 대항력은 건물의 인도와 부가가치세법, 소득세
   법 또는 법인세법에 따른 사업자등록을 신청하면 그 다
   음 날부터 생긴다.
② 임대인이 차임증액청구권을 행사할 때 청구당시 차임의
   100분의 12의 금액을 증액청구하는 것은 허용된다.
③ 임대차가 종료한 경우에도 임차인이 보증금을 돌려받을
   때까지는 임대차 관계는 존속하는 것으로 본다.
④ 임차인이 임대인의 동의 없이 목적건물의 일부를 전대한
   경우 임대인은 임차인의 계약갱신의 요구를 거절할 수
   있다.
⑤ 이 법은 일시사용을 위한 임대차임이 명백한 경우에는 적
   용하지 아니한다.

32. 중개업자가 비거주용 건축물의 중개대상물 확인·설명서를
   작성할 대 조사·확인 방법으로 틀린 것은?
① 소유권 - 등기부등본
② 지목 - 토지대장 등본
③ 용적률·건폐율 상한 - 토지이용계획확인서
④ 공부에서 확인할 수 없는 사항 - 부동산종합정보망 등
⑤ 공시되지 아니한 물건의 권리 사항 - 매도(임대)임대의뢰
   인이 고지한 사항

33. 중개업자가 주택법상의 입주자저축 증서 거래를 의뢰하는
    의뢰인에게 설명한 내용으로 **틀린** 것은?
① 이 증서는 주택법상 양도가 금지된 증서이므로 중개업자
   가 중개할 수 없다.
② 공인중개사법에 따르면 이 증서의 거래를 중개한 중개업
   자는 3년 이하의 징역 또는 2천만원 이하의 벌금에 처해
   질 수 있다.
③ 주택법에 따르면 이 증서의 거래를 알선한 자는 3년 이
   하의 징역 또는 3천만원 이하의 벌금에 처해질 수 있다.
④ 주택법에 따르면 이 증서를 거래한 당사자도 3년 이하의
   징역 또는 3천만원 이하의 벌금에 처해질 수 있다.
⑤ 다른 사람의 입주자저축 증서를 이용하여 주택을 취득하
   였더라도 그 주택의 소유권을 상실하는 경우는 없다.

34. 공인중개사법령상 거래계약서의 작성에 관한 설명으로
    옳은 것은?(다툼이 있으면 판례에 의함)
① 중개행위를 한 소속공인중개사는 거래계약서를 작성할 수
   있고, 이 경우 서명 및 날인은 중개업자만 하면 된다.
② 법인의 분사무소에서 분사무소 소속공인중개사에 의해 중
   개가 완성된 경우 거래계약서에 법인의 대표자가 서명
   및 날인해야 한다.
③ 거래계약서에는 중개대상물 확인·설명서의 교부일자를
   반드시 기재하지 않아도 된다.
④ 중개업자가 거래계약서에 서명과 날인 중 어느 한가지를
   하지 아니한 경우에는 업무정지사유가 된다.
⑤ 거래계약서의 서식은 이 법 시행규칙에서 정하고 있다.

35. 중개업자가 사설 묘지 또는 분묘와 관련있는 토지에 관
    하여 중개의뢰인에게 설명한 내용으로 **틀린** 것은?(다툼
    이 있으면 판례에 의함)
① 개인묘지를 설치하고자 하는 자는 시장·군수·구청장의
   허가를 받아야 한다.
② 개인묘지를 설치한 경우 30㎡를 초과해서는 아니 된다.
③ 장사 등에 관한 법률 시행 후 토지소유자의 승낙을 얻어
   분묘를 설치한 경우 그 분묘의 설치기간은 제한을 받는다.
④ 분묘소유자가 분묘기지권을 시효취득하는 경우 지료를 지
   급할 필요가 없다.
⑤ 분묘기지권은 권리자가 의무자에 대하여 그 권리를 포기
   하는 의사표시를 하는 외에 점유까지도 포기해야만 그
   권리가 소멸하는 것은 아니다.

36. 공인중개사의 매수신청대리인 등록 등에 관한 규칙에 관
    한 설명으로 **틀린** 것은?
① 법원에 매수신청대리인으로 등록된 중개업자가 매수신청
   대리의 위임을 받은 경우 민사집행법이 따른 공유자의
   우선매수신고를 할 수 있다.
② 이 규칙상의 업무정지기간은 1월 이상 2년 이하로 한다.
③ 소속공인중개사도 매수신청대리인 등록을 신청할 수 있다.
④ 매수신청대리인이 되고자 하는 중개업자는 위임인에 대한
   손해배상책임을 보장하기 위해 보증보험 또는 협회의 공
   제에 가입하거나 공탁을 해야 한다.

⑤ 매수신청대리인으로 등록된 중개업자가 수수료를 받은 경
   우 예규에서 정한 양식의 영수증을 작성하여 서명날인한
   후 위임인에게 교부해야 한다.

37. 중개업자가 부동산의 경매에 관하여 설명한 내용으로
    틀린 것은?
① 부동산에 대한 압류는 채무자에게 경매개시결정이 송달된
   때 또는 그 결정이 등기된 때에 효력이 생긴다.
② 부동산의 매각은 호가경매, 기일입찰 또는 기간입찰의 3
   가지 방법 중 집행법원이 정한 매각방법에 따른다.
③ 배당요구에 따라 매수인이 인수해야 할 부담이 바뀌는 경
   우 배당요구를 한 채권자는 배당요구의 종기가 지난 뒤
   에 이를 철회하지 못한다.
④ 기일입찰에서 매수신청의 보증금액은 매수가격의 10분의
   1로 한다.
⑤ 매각허가결정에 대하여 항고를 하고자 하는 사람은 보증
   으로 매각대금의 10분의 1에 해당하는 금전 또는 법원이
   인정한 유가증권을 공탁해야 한다.

38. 중개업자가 다음과 같이 주택의 임대차를 중개하였을
    경우 임차인으로부터 받을 수 있는 중개수수료의 최고
    한도액은?

> 1. 계약기간 : 2년
> 2. 임대보증금 : 1천 5백만원, 월차임 : 30만원
> 3. 주택임대차 중개수수료의 한도 (○○시 조례 기준)
> • 거래금액 5천만원 미만 : 상한요율 0.5%(한도액 20만원)
> • 거래금액 5천만원 이상 1억원 미만 : 상한요율 0.4%
>   (한도액 30만원)

① 16만원　　　　② 18만원　　　　③ 20만원
④ 30만원　　　　⑤ 36만원

39. 중개업자가 주택을 임차하려는 의뢰인에게 주택임대차
    보호법 관련내용을 설명한 것으로 옳은 것은 모두 몇 개
    인가?(다툼이 있으면 판례에 의함)

> ㄱ. 이행지체에 빠진 임대인의 보증금반환의무는 임차권등
>   기명령에 의하여 등기된 임차권등기의 말소의무보다
>   먼저 이행되어야 한다.
> ㄴ. 대항력을 유지하기 위한 요건으로서의 주민등록은 임
>   차인뿐만 아니라 그 자녀의 주민등록도 유효하다.
> ㄷ. 계약기간은 1년으로 정한 경우 임대인이 2년을 주장하
>   더라도 임차인은 1년으로 항변할 수 있다.
> ㄹ. 임차인은 선순위의 저당권자에 의하여 경매가 이루어
>   진 경우 보증금을 모두 변제받을 때까지 임차권의 존
>   속을 주장할 수 있다.
> ㅁ. 임차인이 상속권자 없이 사망한 경우 그 주택에서 가정
>   공동생활을 하던 사실상의 혼인관계에 있는 자는 임차
>   인이 사망한 후 1월 이내에 임대인에 대하여 반대의사
>   를 표시하지 않는 한 임차인의 권리와 의무를 승계한다.

① 1개　　② 2개　　③ 3개　④ 4개　　　⑤ 5개

40. 중개업자가 농지를 거래하고자 하는 의뢰인에게 설명한
    내용으로 **틀린** 것은?
① 농업경영이란 농업인이나 농업법인이 자기의 계산과 책임
   으로 농업을 영위하는 것을 말한다.
② 농지소유자와 농업경영을 하려는 자 사이의 농지에 관한
   임대차계약은 서면 계약을 원칙으로 한다.
③ 농지소유자는 3개월 이상 국외 여행 중인 경우 소유농지
   를 위탁경영할 수 있다.
④ 토지거래허가구역에 있는 농지를 취득하는 경우 토지거래
   계약허가 외에 별도의 농지취득자격증명의 발급을 요한
   다.
⑤ 주말 · 체험영농을 하려는 자는 총 1천㎡ 미만의 농지를
   소유할 수 있되 이 경우 면적 계산은 그 세대원 전부가
   소유하는 총면적으로 한다.

**제2과목 : 부동산공시에 관한 법령
및 부동산관련 세법**

41. 지목을 지적도 및 임야도에 등록하는 때에는 부호로 표기
    하여야 한다. 다음 중 지목과 부호의 연결이 옳은 것은?
① 철도용지 – 철　　　　② 공장용지 – 공
③ 주유소용지 – 유　　　④ 목장용지 – 장
⑤ 양어장 – 어

42. 토지대장의 등록사항에 해당되는 것을 모두 고른 것은?

ㄱ. 토지의 소재	ㄴ. 지번
ㄷ. 지목	ㄹ. 면적
ㅁ. 소유자의 성명 또는 명칭	ㅂ. 대지권 비율
ㅅ. 경계 또는 좌표	

① ㄱ, ㄴ, ㄷ, ㄹ, ㅁ　　　② ㄱ, ㄴ, ㄷ, ㄹ, ㅂ
③ ㄱ, ㄴ, ㄷ, ㅁ, ㅅ　　　④ ㄱ, ㄴ, ㄹ, ㅁ, ㅂ
⑤ ㄱ, ㄴ, ㄹ, ㅂ, ㅅ

43. 지적법에 정의하고 있는 용어에 관한 설명을 **틀린** 것은?
① '토지의 표시' 라 함은 지적공부에 토지의 소재 · 지번 ·
   지목 · 면적 · 경계 또는 좌표를 등록한 것을 말한다.
② '지번부여지역' 이라 함은 지번을 부여하는 단위지역으
   로서 동 · 리 또는 이에 준하는 지역을 말한다.
③ '지목' 이라 함은 토지의 지형에 따라 토지의 종류를 구
   분하여 지적공부에 등록한 것을 말한다.
④ '경계점' 이라 함은 지적공부에 등록하는 필지를 구획하
   는 선의 굴곡점과 경계점좌표등록부에 등록하는 평면직
   각종횡선수치의 교차점을 말한다.
⑤ '토지의 이동' 이라 함은 토지의 표시를 새로이 정하거
   나 변경 또는 말소하는 것을 말한다.

44. 토지의 이동이 있는 때 토지소유자의 신청이 없어 소관
    청이 직권으로 조사 · 측량하여 토지의 지번 · 지목 · 면
    적 · 경계 또는 좌표를 결정하고자 하는 경우 지적법령에
    서 수립하도록 규정한 계획은?

① 토지이용기본계획
② 지적재조사기본계획
③ 토지이동현황조사계획
④ 지적불부합지정리계획
⑤ 시 · 군 · 구 도시관리계획

45. 토지의 조건이 다음과 같을 때 1필지로 할 수 있는 경우는?

○ 지번부여지역안의 토지로서 소유자가 동일하고 지반이 연속된 토지임
○ 주된 용도(과수원)의 토지가 종된 용도(유지) 의 토지를 둘러싸고 있음

① 과수원의 면적이 5,000㎡이고, 유지의 면적이 450㎡인 경우
② 과수원의 면적이 4,000㎡이고, 유지의 면적이 331㎡인 경우
③ 과수원의 면적이 3,000㎡이고, 유지의 면적이 301㎡인 경우
④ 과수원의 면적이 2,000㎡이고, 유지의 면적이 220㎡인 경우
⑤ 과수원의 면적이 1,000㎡이고, 유지의 면적이 100㎡인 경우

46. 지적공부의 열람 및 등본교부 등에 관한 설명으로 **틀린**
    것은?
① 지적공부를 열람하거나 그 등본을 교부받고자 하는 자는 지
   적공부열람 · 등본교부신청서를 소관청에 제출하여야 한다.
② 지적공부를 열람하거나 그 등본을 교부받고자 하는 자는
   열람 및 등본교부 수수료를 그 지방자치단체의 수입인지
   로 소관청에 납부하여야 한다.
③ 지정측량업무에 종사하는 지적기술자가 그 업무와 관련하
   여 지적공부를 열람하는 경우, 그 수수료를 면제 한다.
④ 국토해양부장관은 정보통신망을 이용하여 전자화폐 · 전
   자결제 등이 방법으로 지적공부를 열람 및 등본교부 수
   수료를 납부하게 할 수 있다.
⑤ 토지대장의 열람 및 등본교부 수수료는 1필지를 기본으로
   하되, 1필지당 1장을 추가하는 경우에는 초과하는 매 1장
   당 100원을 가산한다.

47. 지적법령에 의한 중앙지적위원회의 심의 · 의결사항이
    아닌 것은?
① 지적측량기술의 연구 · 개발
② 축척변경계획에 관한 사항
③ 지적기술자의 양성방안
④ 지적측량적부재심사
⑤ 지적기술자의 징계

48. 토지의 분할에 관한 설명으로 **틀린** 것은?
① 토지이용상 불합리한 지상경계를 시정하기 위한 경우에는
   분할을 신청할 수 있다.
② 지적공부에 등록된 1필지의 일부가 관계법령에 의한 형질
   변경 등으로 용도가 다르게 된 때에는 소관청에 토지의
   분할을 신청하여야 한다.
③ 토지를 분할하는 경우 주거 · 사무실 등의 건축물이 있는 필
   지에 대하여는 분할전의 지번을 우선하여 부여하여야 한다.
④ 공공사업으로 도로를 개설하기 위하여 토지를 분할하는 경우에
   는 지상건축물이 걸리게 지상경계를 결정하여서는 아니된다.
⑤ 토지의 매매를 위하여 필요한 경우에는 분할을 신청할 수 있다.

49. 지적공부의 등록사항정정에 관한 설명으로 **틀린** 것은?
① 지적도 및 임야도에 등록된 필지가 면적의 증감없이 경계의 위치만 잘못 등록된 경우 소관청이 직권으로 조사·측량하여 정정할 수 있다.
② 토지소유자가 경계 또는 면적의 변경을 가져오는 등록사항에 대한 정정신청을 하는 때에는 정정사유를 기재한 신청서에 등록사항정정측량성과도를 첨부하여 소관청에 제출하여야 한다.
③ 등록사항정정대상토지에 대한 대장을 열람하게 하거나 등본을 발급하는 때에는 '등록사항정정대상토지'라고 기재한 부분을 흑백의 반전으로 표시하거나 붉은색으로 기재하여야 한다.
④ 등기된 토지의 지적공부 등록사항정정 내용이 토지의 표시에 관한 사항인 등기필증, 등기부등·초본 또는 등기관서에서 제공한 등기전산정보자료에 의하여 정정하여야 한다.
⑤ 등록사항정정 신청사항이 미등기 토지의 소유자 성명에 관한 사항으로 명백히 잘못 기재된 경우에는 가족관계기록사항에 증명서·주민등록등본 등 관계서류에 의하여 정정할 수 있다.

50. 지적법령에 따라 지정정리를 한 때 소관청이 토지소유자에게 통지하여야 하는 경우가 **아닌** 것은?
① 바다로 된 토지에 대하여 토지소유자의 등록말소 신청이 없어 소관청이 직권으로 지적공부를 말소한 때
② 지적공부의 전부 또는 일부가 멸실·훼손되어 이를 복구한 때
③ 지번부여지역의 일부가 행정구역의 개편으로 다른 지번부여지역에 속하게 되어 새로이 지번을 부여하여 지적공부에 등록한 때
④ 등기관서의 등기필통지서에 의하여 지적공부에 등록된 토지 소유자의 변경사항을 정리한 때
⑤ 토지표지의 변경에 관한 등기를 할 필요가 있는 경우로서 토지표시의 변경에 관한 등기촉탁을 한 때

51. 지적측량에 관한 설명으로 **틀린** 것은?
① 토지소유자 등 이해관계인이 지적측량을 하여야 할 필요가 있는 때에는 지적측량수행자에게 해당 지적측량을 의뢰하여야 한다.
② 지적측량은 기초측량 및 세부측량으로 구분한다.
③ 검사측량을 제외한 지적측량을 의뢰하고 하는 자는 지적측량의뢰서에 의뢰사유를 증명하는 서류를 첨부하여는 지적측량수행자에게 제출하여야 한다.
④ 지적측량수행자는 지적측량의뢰를 받은 때에는 측량기간·측량일자 및 측량수수료 등을 기재한 지적측량수행계획서를 그 다음날 까지 소관청에 제출하여야 한다.
⑤ 신규등록·등록전환 및 합병 등을 하는 때에는 새로이 측량하여 각 필지의 경계 또는 좌표와 면적을 정한다.

52. 지적법령에서 규정하고 있는 벌칙에 관한 설명으로 **옳은** 것은?
① 지적법에 의한 신청을 허위로 한 자는 2년 이하의 징역 또는 1천만원 이하의 벌금에 처한다.
② 토지소유자가 정당한 사유없이 지적측량을 위한 업무집행

을 거부하거나 방해한 경우 100만원 이하의 과태료에 처한다.
③ 관계법령에 의한 토지의 형질변경 등으로 등록전환할 토지가 있는 때에는 사유발생일로부터 60일 이내에 등록전환을 신청하여야 하나 이를 게을리 한 자는 50만원 이하의 과태료에 처한다.
④ 과태료처분을 대하여 불복이 있는 자는 그 처분의 고지를 받은 날부터 90일이내에 국토해양부장관 또는 소관청에 이의를 제기할 수 있다.
⑤ 과태료처분을 받은 날부터 이의신청 기간내에 이의를 제기하지 아니하고 과태료를 납부하지 아니한 때에는 국세 또는 지방세체납처분의 예에 의하여 징수한다.

53. 전산정보처리조직에 의한 등기 신청(이하 '전차신청'이라 함)에 관련된 설명을 **틀린** 것은?
① 사용자등록을 한 법무사에게 전자신청에 관한 대리권을 수여한 등기권리자도 사용자등록을 하여야 법무사가 대리하여 전자신청을 할 수 있다.
② 최초로 사용자등록을 신청하는 당사자 또는 자격자대리인은 등기소에 출석하여야 한다.
③ 전자신청을 위한 사용자등록은 전국 어느 등기소에서나 신청할 수 있다.
④ 법인 아닌 사단은 전자신청을 할 수 없다.
⑤ 사용자등록 신청서에는 인감증명을 첨부하여야 한다.

54. 등기의 효력에 관한 설명으로 **옳은** 것은?(다툼이 있으면 판례에 의함)
① 구(舊) '부동산소유권 이전등기 등에 관한 특별조치법'에 의한 소유권이전등기는 추정력이 인정되지 아니한다.
② 소유권이전등기가 경료되어 있는 경우, 그 등기의 명의자는 그 전(前)소유자에 대해서는 적법한 등기원인에 의하여 소유권을 취득한 것으로 추정되지 않는다.
③ 상속인이 자기명의로 소유권이전등기를 하지 않고 그 부동산을 양도하여, 피상속인으로부터 직접 양수인 앞으로 소유권이전등기를 한 경우 그 등기를 효력이 없다.
④ 가등기권리자는 중복된 소유권보존등기의 말소를 청구할 권리가 있다.
⑤ 담보가등기권리자는 그 담보물에 대한 경매절차에서 그 가등기의 순위에 의하여 우선변제를 받을 수 있다.

55. 등기의무자의 권리에 관한 등기필증의 제출에 관한 설명으로 **틀린** 것은?
① 소유권이전등기를 신청하여 등기필정보를 통지받은 자가 그 소유권을 양도하기 위하여 이전등기를 신청할 경우, 등기필정보의 제공으로 등기필증의 제출을 대신할 수 있다.
② 유증을 원인으로 하는 소유권이전등기를 신청할 경우, 등기필증을 요하지 않는다.
③ 소유권보존등기 또는 상속으로 인한 소유권이전등기를 신청할 경우, 등기필증을 요하지 않는다.
④ 등기권리자가 판결에 의하여 소유권이전등기를 신청할 경우, 등기필증을 요하지 않는다.
⑤ 승소한 등기의무자가 단독으로 소유권이전등기를 신청할 경우, 등기필증을 제출하여야 한다.

56. 경매절차에 의한 매각으로 소유권이전등기를 촉탁할 경우, 말소대상이 <u>아닌</u> 등기를 모두 고른 것은?

> ㄱ. 매수인이 인수하지 아니한 최선순위의 근저당권설정등기
> ㄴ. 경매개시결정등기 전에 경료된 예고등기
> ㄷ. 경매개시결정등기
> ㄹ. 경매개시결정등기 후에 경료된 지상권설정등기
> ㅁ. 경매개시결정등기 후에 경료된 예고등기

① ㄱ, ㄴ   ② ㄱ, ㄹ
③ ㄴ, ㅁ   ④ ㄷ, ㄹ
⑤ ㄷ, ㅁ

57. 대지권등기에 관련된 설명으로 <u>틀린</u> 것은?
① 부속건물에 대한 대지권의 표시를 하는 때에는 대지권의 표시 말미에 그 대지권이 부속건물에 대한 대지권인 취지를 기재하여야 한다.
② 대지권에 대한 전세권설정등기는 하지 못한다.
③ 대지권을 등기한 건물의 등기용지에는 그 건물만에 관한 전세권설정등기를 할 수 있다.
④ 건물의 등기용지에 대지권의 등기를 한 경우, 그 권리의 목적인 토지의 등기용지 중 표제부에 대지권이 있다는 뜻을 등기하여야 한다.
⑤ 대지권의 표시란에는 대지권의 목적인 토지의 일련번호를 기재함으로써 대지권의 목적인 토지의 표시를 갈음할 수 있다.

58. 가등기에 관한 설명을 옳은 것은?
① 농지에 대한 가등기신청시 농지취득자격증명을 첨부하여야 한다.
② 판결에 의한 가등기신청시 판결정본과 확정증명을 첨부하여야 한다.
③ 가등기가처분명령에 의한 가등기는 법원이 직권으로 촉탁한다.
④ 해제조건부 청구권에 대해서도 가등기를 할 수 있다.
⑤ 학교법인의 부동산에 대한 소유권이전청구권보전의 가등기를 신청할 경우, 감독관청의 허가서를 첨부하여야 한다.

59. 등기에 관한 설명으로 옳은 것은?
① 가압류가 등기된 부동산에 대하여는 소유권이전등기를 신청할 수 없다.
② 처분금지가처분이 등기된 부동산에 대하여는 소유권이전등기를 신청할 수 없다.
③ 가처분등기에는 청구금액도 기재하여야 한다.
④ 등기된 임차권에 대하여 가압류등기를 할 수 있다.
⑤ 가압류등기는 가압류채권자의 말소등기신청이 있는 경우에만 말소할 수 있다.

60. 말소등기에 관한 설명으로 옳은 것은 모두 몇 개인가?

> ㄱ. 말소등기의 말소등기도 허용된다.
> ㄴ. 등기된 건물이 화재로 없어진 경우, 말소등기를 한다.
> ㄷ. 지상권의 존속기간이 만료된 경우, 토지소유자는 그 지상권자와 공동으로 말소등기를 신청할 수 있다.
> ㄹ. 등기의 일부를 붉은 선으로 지우는 것은 말소등기가 아니다.
> ㅁ. 환매에 의한 권리취득의 등기를 하였을 때에는 환매특약의 등기를 직권으로 말소하여야 한다.

① 1개   ② 2개   ③ 3개   ④ 4개   ⑤ 없음

61. 다음 설명 중 <u>틀린</u> 것은?(다툼이 있으면 판례에 의함)
① 합병으로 소멸된 甲회사의 부동산을 그 합병으로 설립된 乙회사의 명의로 하기 위해서는 등기명의인표시의 변경등기를 한다.
② 실체관계와 부합하지 않는 원인무효의 소유권이전등기가 甲으로부터 乙명의로 경료된 경우, 甲은 乙에게 대하여 그 등기의 말소를 청구할 수 있다.
③ 실체관계와 부합하지 않는 원인무효의 소유권이전등기가 甲으로부터 乙명의로 경료된 경우, 甲은 乙에 대하여 진정명의회복을 등기원인으로 하는 소유권이전등기를 청구할 수 있다.
④ 공동상속인 중의 1인은 공유물의 보존행위로서 상속인 모두를 위하여 상속등기를 신청할 수 있다.
⑤ 시효취득으로 인한 소유권이전등기에 있어서의 등기원인은 취득시효이고 그 등기원인의 연월일은 시효기간의 기산일이다.

62. 등기에 관한 설명으로 옳은 것은 모두 몇 개인가?

> ㄱ. 공유지분은 등기되지 않아도 공유의 성립에는 영향이 없다.
> ㄴ. 상속으로 인한 지상권이전등기는 부기등기로 한다.
> ㄷ. 지상권은 1필 토지의 특정일부에 성립할 수 있다.
> ㄹ. 지역권에서의 승역지는 1필 토지의 전부이어야 한다.
> ㅁ. 전세권이 소멸되었으나 그 등기가 말소되지 않고 있는 건물에는 새로운 전세권의 설정등기를 할 수 없다.

① 1개   ② 2개   ③ 3개   ④ 4개   ⑤ 5개

63. 담보물권의 등기에 관한 설명으로 <u>틀린</u> 것을 모두 고른 것은?(다툼이 있으면 판례에 의함)

> ㄱ. 부동산 유치권의 성립이나 이전에는 그 설정등기나 이전등기를 요하지 않는다.
> ㄴ. 1필 토지의 특정 일부를 객체로 하는 저당권의 설정등기를 신청할 수 있다.
> ㄷ. 저당권으로 담보한 채권을 질권의 목적으로 하 경우, 그 저당권등기에 질권의 부기등기를 하지 않아도 그 질권의 효력이 저당권에 미친다.
> ㄹ. 근저당권설정등기에는 채권최고액과 채무자가 반드시 기재되어야 하지만, 근저당권의 존속기간은 그렇지 않다.
> ㅁ. 근저당권설정등기의 등기원인으로는 그 설정계약이 기재되고 기본계약의 내용은 기재되지 않는다.

① ㄱ, ㄷ   ② ㄱ, ㄹ   ③ ㄴ, ㄷ
④ ㄴ, ㅁ   ⑤ ㄷ, ㅁ

64. 부동산등기특별조치법상 등기신청의무에 관한 설명으로 옳은 것은?(다툼이 있으면 판례에 의함)
① 을의 토지에 대하여 부담없는 증여계약을 체결한 갑은 그 토지를 인도받은 날로부터 60일내 등기신청을 하여야 한다.
② 을의 토지에 대하여 매매계약을 체결한 갑이 잔금지급 전에 병에게 매도하려면, 갑은 병과 계약한 체결한 날로부터 60일내 먼저 갑 명의로 소유권이전등기를 신청해야 한다.

③ 을의 토지에 대하여 매매계약을 체결한 갑이 잔금지급 이
   전에 병에게 매수인의 지위를 이전한 경우, 갑은 먼저
   갑 명의로 소유권이전등기를 신청하여야 한다.
④ 갑이 자기 소유의 건물을 보존등기할 수 있었음에도 불구
   하고 등기하지 않은 채 을과 매매계약을 체결하였다면,
   갑은 보존등기를 할 수 있었던 날로부터 60일내 보존등
   기를 신청하여야 한다.
⑤ 을의 토지에 대하여 매매계약을 체결한 갑이 잔금을 지급
   한 후 병에게 그 토지를 매도하려면, 먼저 갑명의로 소
   유권이전 등기를 한 후 병과 계약을 체결하여야 한다.

65. 납세의무의 성립시기로 옳은 것으로만 묶인 것은?

> ㄱ. 소득세 : 소득을 지급하는 때
> ㄴ. 농어촌특별세 : 과세기간이 종료하는 때
> ㄷ. 재산세 : 과세기준일
> ㄹ. 지방교육세 : 그 과세표준이 되는 세목의 납세의무가
>   성립하는 때
> ㅁ. 수시부과에 의하여 징수하는 재산세 : 수시부과할 사
>   유가 발생하는 때

① ㄱ, ㄴ　　　② ㄱ, ㄴ, ㄹ　　　③ ㄴ, ㄹ, ㅁ
④ ㄷ, ㄹ, ㅁ　　⑤ ㄱ, ㄴ, ㄷ, ㄹ

**66. 부동산 보유 시 부과될 수 있는 조세와 그에 대한 부가세
(附加稅)가 옳게 연결된 것은?**
① 재산세 – 지방교육세
② 종합소득세 – 공동시설세
③ 종합부동산세 – 주민세 소득세할
④ 재산세 – 도시계획세
⑤ 종합부동산세 – 도시계획세

**67. 지방세법상 취득세와 등록세의 과세여부에 관한 설명으
로 옳은 것은?**
① 지방자치단체에의 기부채납을 조건으로 부동산을 취득·
   등기하는 경우, 취득세는 비과세되지만 등록세는 과세된다.
② 존속기간이 1년을 초과하지 아니하는 임시용건축물을 취득·
   등기하는 경우, 취득세는 과세되지만 등록세는 비과세된다.
③ 민법상 이혼을 원인으로 하는 재산분할로 인하여 부동산
   을 취득·등기하는 경우, 취득세는 비과세되지만 등록세
   는 과세된다.
④ 천재·지변으로 인하여 멸실된 건축물을 멸실일부터 3년
   이내에 대체취득·등기하는 경우, 취득세는 비과세되지
   만 등록세는 과세된다.
⑤ 상속으로 인하여 법령이 정하는 1가구 1주택(고급주택 제
   외) 및 그 부속토지를 취득·등기하는 경우, 취득세는 과
   세되지만 등록세는 비과세된다.

68. 지방세법상 취득세와 등록세에 관한 설명으로 틀린 것은?
① 취득세의 과세표준은 원칙적으로 취득당시의 가액으로 하
   되, 연부로 취득하는 경우에는 연부금액으로 한다.
② 부동산에 관한 등록세의 과세표준은 원칙적으로 등기당시
   의 가액으로 한다.
③ 등록세의 기한후 신고시에는 신고불성실가산세의 100분
   의 50을 경감한다.

④ 유상거래를 원인으로 취득하는 주택(별장 및 고급주택 제
   외)에 대한 취득세는 표준세율을 적용하여 산출한 세액
   의 100분의 50을 경감한다.
⑤ 취득세와 등록세는 소액부징수가 적용되지 아니한다.

**69. 지방세법상 취득세 및 등록세를 비교한 내용으로 틀린
것은?**

	구분	취득세	등록세
①	납세의무 성립시기	과세물건을 취득하는 때	재산권 기타 권리를 등기·등록하는 때
②	납세의무 확정방식	신고납부	신고납부
③	조세의 분류	종가세	종가세, 종량세
④	부가세(附加稅)	지방교육세	지방교육세, 농어촌특별세
⑤	면세점	있음	없음

70. 지방세법상 취득세가 과세될 수 있는 것으로만 묶인 것은?

> ㄱ. 보유 토지의 지목이 전(田)에서 대지(垈地)로 변경되어
>   가액이 증가한 경우
> ㄴ. 건축물의 이전으로 인한 취득으로서 이전한 건축물의
>   가택이 종전 건축물의 가액을 초과하지 않는 경우
> ㄷ. 토지를 사실상 취득하였지만 등기하지 않은 경우
> ㄹ. 공유수면을 매립하거나 간척하여 토지를 조성한 경우

① ㄱ, ㄴ　　　② ㄱ, ㄴ, ㄷ　　　③ ㄱ, ㄷ, ㄹ
④ ㄴ, ㄷ, ㄹ　　⑤ ㄱ, ㄴ, ㄷ, ㄹ

**71. 거주자 갑의 A비상장법인 대한 주식보유 현황은 아래와
같다. 2009년 9월 15일 주식 취득시 지방세법상 A법인
보유 부동산 등에 대한 갑의 취득세 과세표준을 계산하
는 경우, 취득으로 간주되는 지분비율은?(다만, A법인
보유 자산 중 취득세가 비과세·감면되는 부분은 없었으
며, 갑과 특수관계에 있는 다른 주주는 없음)**

구　　분	발생주식수	보유주식수
ㄱ. 2005년 1월 1일 설립 시	10,000주	5,000주
ㄴ. 2007년 4월 29일 주식 취득 후	10,000주	6,000주
ㄷ. 2008년 7월 18일 주식 양도 후	10,000주	3,000주
ㄹ. 2009년 9월 15일 주식 취득 시	10,000주	7,000주

① 10%　　　② 20%　　　③ 40%
④ 60%　　　⑤ 70%

**72. 지방세법상 분리과세대상 토지 중 재산세 표준세율이 다
른 하나는?**
① 과세기준일 현재 특별시지역의 도시지역안의 녹지지역에
   서 실제 영농에 사용되고 있는 개인이 소유하는 전(田)
② 1990년 5월 31일 이전부터 관계법령에 의한 사회복지사
   업자가 복지시설의 소비용(消費用)에 공(供)하기 위하여
   소유하는 농지
③ 산림의 보호육성을 위하여 필요한 임야로서 자연공원법에
   의하여 지정된 공원자연환경지구 안의 임야
④ 1990년 5월 31일 이전부터 종중이 소유하는 있는 임야
⑤ 과세기준일 현재 계속 염전으로 실제 사용하고 있는 토지

73. 지방세법상 재산세에 관한 설명으로 틀린 것은?
① 동일한 재산에 대하여 2 이상의 세율이 해당되는 경우에
   는 그 중 높은 세율을 적용한다.
② 국가가 1년 이상 공용에 유료로 사용하는 재산에 대하여
   는 재산세를 부과하지 아니한다.
③ 과세기준일 현재 상속이 개시된 재산으로서 상속등기가
   이행되지 아니하고 사실상의 소유자를 신고하지 아니한
   때에는 법령이 정하는 주된 상속자가 재산세를 납부할
   의무가 있다.
④ 과세대상인 건물을 구분함에 있어서 1구의 건물이 주거와
   주거 외의 용도에 겸용되는 경우, 주거용으로 사용되는
   면적이 전체의 100분의 50이상인 경우에는 주택으로 본다.
⑤ 과세기준일 현재 소유권의 귀속이 분명하지 아니하여 사
   실상의 소유자를 확인할 수 없는 경우에는 그 사용자가
   재산세를 납부할 의무가 있다.

74. 지방세법상 재산세 징수에 관한 설명으로 틀린 것은?
① 납세의무자는 재산세의 납부세액이 1천만원을 초과하는
   경우, 납부할 세액의 전부를 분납할 수 있다.
② 고지서 1매당 재산세로 징수할 세액이 2,000원 미만인
   경우에는 해당 재산세를 징수하지 아니한다.
③ 납세의무자는 재산세의 납부세액이 1천만원을 초과하는
   경우, 당해 지방자치단체의 관할구역 안에 소재하는 부
   동산에 한하여 법령이 정하는 바에 따라 물납할 수 있다.
④ 토지분 재산세의 납기는 매년 9월 16일부터 9월 30일까
   지이다.
⑤ 보통징수방법에 의하여 부과징수 한다.

75. 종합부동산세법상 종합부동산세에 관한 설명으로 틀린
   것은?
① 납세의무자가 거주자인 개인인 경우 납세지는 소득세법상
   납세지 규정을 준용한다.
② 납세의무자가 해당 년도에 납부하여야 할 종합부동산세의
   세부담 상한액은 직전년도에 부과된 종합부동산세액의
   100분의 300이다.
③ 조세특례제한법에 의한 재산세의 감면규정은 종합부동산
   세를 부과함에 있어서 이를 준용한다.
④ 재산세가 분리과세되는 토지에 대하여는 종합부동산세를
   과세하지 아니한다.
⑤ 주택분 종합 부동산세의 납세의무가 과세기준일 현재 1세
   대 1주택자로서 만 70세이고 당해 주택을 3년 보유한 경
   우, 법령에 따라 산출된 세액에서 그 산출된 세액에 법
   령이 정하는 연령별 공제율을 곱한 금액을 공제한다.

76. 소득세법상 농지교환으로 인한 양도소득세와 관련하여
   (   )에 들어갈 내용으로 옳은 것은?

> 경작상의 필요에 의하여 농지는 교환하는 경우, 교환에 의
> 하여 새로이 취득하는 농지를 (ㄱ) 이상 농지소재지에
> 거주하면서 작하는 경우 [새로운 농지의 취득 후 (ㄴ)
> 이내에 법령에 따라 수용 등이 되는 경우 포함]로서 교환
> 하는 쌍방 토지가액의 차액이 큰 편의 (ㄷ)이하이면 농
> 지의 교환으로 인하여 발생하는 소득에 대한 양도소득세
> 를 비과세한다.

	ㄱ	ㄴ	ㄷ
①	3년	2년	3분의 1
②	2년	3년	4분의 1
③	3년	1년	2분의 1
④	3년	3년	4분의 1
⑤	2년	2년	2분의 1

77. 소득세법상 장기보유특별공제에 관한 설명으로 틀린 것
   은?(다만, 양도자산은 비과세되지 아니함)
① 법령이 정하는 1세대 1주택에 해당하는 자산의 경우 10년
   이상 보유시 100분 80의 공제율이 적용된다.
② 법령이 정하는 비사업용토지에 해당하는 경우에는 적용되
   지 아니한다.
③ 법원의 결정에 의하여 양도당시 취득에 관한 등기가 불가
   능한 부동산에 대하여는 적용되지 아니한다.
④ 등기된 토지 또는 건물로서 그 자산의 보유기간이 3년
   이상인 것에 대하여 적용한다.
⑤ 양도소득금액은 양도차익에서 장기보유특별공제를 공제
   한 금액으로 한다.

78. 거주자 甲이 특수관계 없는 자로부터 부동산을 취득하여
   양도한 때 장부 등에 의하여 취득당시 당해 자산의 실지
   거래가액을 확인할 수 없어 취득가액을 추계조사결정 하
   는 경우, 소득세법상 추계방법의 적용순서로 옳은 것은?

> ㄱ. 취득일 전후 3개월 이내 해당 자산과 동일성 또는 유
>   사성이 있는 자산의 매매사례가액
> ㄴ. 양도당시의 실지거래가액 등을 취득당시의 기준시가
>   등으로 환산한 가액
> ㄷ. 취득일 전후 3개월 이내 당해 자산에 대하여 2 이상
>   의 감정평가법인 평가한 것으로 신빙성이 있는 것으로
>   인정되는 감정가액의 평균액
> ㄹ. 기준시가

① ㄱ→ㄴ→ㄷ→ㄹ
② ㄱ→ㄷ→ㄴ→ㄹ
③ ㄴ→ㄱ→ㄹ→ㄷ
④ ㄷ→ㄹ→ㄱ→ㄴ
⑤ ㄹ→ㄷ→ㄴ→ㄱ

79. 소득세법상 양도소득세의 납세의무에 관한 설명으로 틀
   린 것은? (다만, 양도자산은 비과세되지 아니함)
① 거주자는 국내에 있는 토지의 양도로 발생하는 소득에 대
   하여 양도소득세 납세의무가 있다.
② 거주자가 양도일까지 계속하여 국내에 5년 이상 주소 또
   는 거소를 둔 경우 국외에 있는토지의 양도로 인하여 발
   생하는 소득에 대하여 양도소득세 납세의무가 있다.
③ 비거주자는 국내에 있는 토지의 양도로 인하여 발생하는
   소득에 대하여 양도소득세 납세의무가 있다.
④ 비거주자는 국외에 있는 건물의 양도로 인하여 발생하는
   소득에 대하여 양소도소득세 납세의무가 있다.
⑤ 출국일 현재 국내에서 1주택을 보유한 1세대가 해외이주
   법에 따른 해외이주로 세대전원이 출국한 경우 출국일로
   부터 2년이내에 동 주택의 양도로 인하여 발생하는 소득
   에 대하여는 양도소득세가 비과세된다.

80. 거주자 甲이 국내 소재 상시주거용 건물(이하 '주택'
   이라 함)을 임대하고 있는 경우, 소득세법상 설명으로 틀
   린 것은? (다만, 고가주책이 아니며, 부수토지는 고려하
   지 아니함)
① 주택을 임대하면서 받은 보증금의 간주임대료는 과세되지
   아니한다.
② 주택임대로 인하여 발생하는 소득에 대한 총수입금액의
   수입할 시기는 계약에 의하여 지급일이 정하여진 경우,
   그 정하여진 날로 한다.
③ 만일 당해 주택이 국외에 소재하는 경우라면 주택임대로
   인하여 발생하는 소득은 주택 수에 관계없이 과세된다.
④ 주택임대로 인하여 발생하는 소득에 대한 비과세 여부를
   판단함에 있어서 甲과 그 배우자가 각각 주택을 소유하
   는 경우, 이를 합산하여 주택수를 계산한다.
⑤ 주택을 임대하면서 받은 임대료는 사업소득으로 과세한다.

제3과목 : 부동산공법

81. 국토의 계획 및 이용에 관한 법령상 용어에 관한 설명
   으로 옳은 것은?
① "도시계획"은 광역도시계획과 도시관리계획으로 구분한다.
② "공공시설"은 기반시설 중 도시관리계획으로 결정된 시
   설을 말한다.
③ "도시기본계획"은 시·군·구 관할 구역에 대하여 기본
   적인 공간구조를 제시하는 계획이다.
④ "광역도시계획"은 광역계획권의 장기발전방향을 제시
   하는 계획이다.
⑤ "용도구역"은 용도지역의 행위제한을 강화하기 위하여
   시장·군수가 도시관리계획으로 결정하는 지역이다.

82. 국토의 계획 및 이용에 관한 법령상 도시기본계획에 관
   한 설명으로 옳은 것은?
① 도시기본계획의 수립시 주민의 의견은 들어야 되나 관계
   전문가로부터 의견을 들을 필요는 없다.
② 시장·군수는 인접한 시·군의 시장·군수와 협의를 거쳐
   그 인접 시·군의 관할구역 전부를 포함하는 도시기본계
   획을 수립할 수 있다.
③ 「수도권정비계획법」에 의한 수도권의 시로서 인구 10만
   명 이하인 시는 도시기본계획은 수립하지 아니할 수 있다.
④ 도시기본계획의 내용과 국가계획의 내용이 다를 때에는
   도시기본계획의 내용이 우선한다.
⑤ 광역도시계획의 내용과 도시기본계획의 내용이 다른 때에는
   도시기본계획의 내용이 우선한다.

83. 국토의 계획 및 이용에 관한 법령상 개발행위허가에 관한
   설명으로 옳은 것은?
① 허가권자는 허가내용과 다르게 형질변경을 한 자에게 그
   토지의 원상회복을 명할 수 없다.
② 경작을 위해 토지의 형질변경을 하는 경우에는 허가를 받
   아야 한다.
③ 도시계획사업으로 공유수면을 매립하는 경우에는 허가를
   받아야 한다.

④ 도시계획사업에 의하지 않는 개발행위로서 주거지역 내
   면적 9,000㎡의 토지형질변경을 하는 경우에는 허가를
   요하지 아니한다.
⑤ 지구단위계획이 수립된 지역에서는 토석채취량이 3만㎡
   이상이라 하더라도 도시계획위원회의 심의를 거치지 아
   니하고 허가를 받을 수 있다.

84. 국토의 계획 및 이용에 관한 법령상 지구단위계획에 관
   한 설명으로 옳은 것은?
① 취락지구에는 제1종지구단위계획역을 지정할 수 없다.
② 택지개발사업이 끝난 후 5년이 지난 지역에서는 제1종지
   구단위계획을 수립하여야 한다.
③ 목욕장을 불허하고 있는 지구단위계획구역에서는 일반상
   업지역이라 하더라도 목욕장을 건축할 수 없다.
④ 지구단위계획에 의해 제2종일반주거지역을 준주거지역으
   로 변경할 수는 없다.
⑤ 도시개발사업에서 실시계획을 작성하면 지구단위계획이
   결정·고시된 것으로 본다.

85. 국토의 계획 및 이용에 관한 법령상 시가화조정구역에
   관한 설명으로 틀린 것은?
① 시가화조정구역의 변경은 도시관리계획에 의해 이루어진다.
② 시가화유보기간은 5년 이상 20년 이내의 기간으로 한다.
③ 시가화유보기간은 도시관리계획에 의해 정해진다.
④ 시가화조정구역의 지정에 관한 도시관리계획 결정은 시가
   화유보기간이 끝난 날의 다음날부터 그 효력을 잃는다.
⑤ 국방과 관련하여 보안상 도시의 개발을 제한할 필요가 있을 경
   우 도시관리 계획에 의해 시가화조정구역을 지정할 수 있다.

86. 국토의 계획 및 이용에 관한 법령상 허가 또는 승인에
   관한 설명으로 틀린 것은?
① 토지의 형질변경을 수반하는 건축허가신청인 경우에는
   「건축법」상의 허가요건만을 따져 허가해서는 안된다.
② 행정청인 도시계획시설사업의 시행자는 도시계획에 관한
   기초조사를 위하여 필요한 경우 허가 없이 타인의 토지
   에 출입할 수 있다.
③ 토지거래계약에 관한 허가구역 안의 토지에 대하여 무상으로
   지상권을 설정하는 경우 토지거래계약허가를 받아야 한다.
④ 대도시(자치구가 아닌 구가 설치된 시) 시장이 지형도면
   을 작성할 때에는 도지사의 승인을 받지 않아도 된다.
⑤ 광역시장과 도지사가 공동으로 수립한 광역도시계획을 변
   경하려는 경우 국토해양부장관의 승인을 받아야 한다.

87. 국토의 계획 및 이용에 관한 법령상 도시지역으로 결
   정·고시된 것으로 볼 수 있는 경우는?
① 「산업입지 및 개발에 관한 법률」에 따라 농공단지로 지
   정·고시된 지역
② 「어촌·어항법」에 따른 어항구역으로서 농림지역에 연
   접한 공유수면으로 지정·고시된 지역
③ 취락지구로서 「도시개발법」에 따라 도시개발구역으로
   지정·고시된 지역
④ 「항만법」에 따른 항만구역으로 계획관리지역에 연접한
   공유수면으로 지정·고시된 지역
⑤ 「택지개발촉진법」에 따라 택지개발예정지구로 지정·
   고시된 지역

88. 국토의 계획 및 이용에 관한 법령상 처분에 앞서 청문을
  해야 하는 경우만을 모두 고른 것은?

> ㄱ. 개발행위허가의 취소
> ㄴ. 도시기본계획 승인의 취소
> ㄷ. 토지거래계약 허가의 취소
> ㄹ. 지구단위계획구역 지정의 취소
> ㅁ. 도시계획시설사업 실시계획 인가의 취소

① ㄱ, ㄴ, ㄷ   ② ㄱ, ㄷ, ㅁ
③ ㄱ, ㄹ, ㅁ   ④ ㄱ, ㄷ, ㄹ
⑤ ㄴ, ㄹ, ㅁ

89. 국토의 계획 및 이용에 관한 법령상 공유수면(바다로 한정
  함) 매립지의 용도지역 지정에 관한 설명으로 틀린 것은?
① 용도지역이란 도시지역, 관리지역, 농림지역, 자연환경보
  전지역을 말한다.
② 매립목적이 그 매립구역과 이웃하고 있는 용도지역의 내
  용과 같은 경우 그 매립준공구역은 이웃 용도지역으로
  도시관리계획을 입안·결정하여야 한다.
③ 매립목적이 그 매립구역과 이웃하고 있는 용도지역의 내
  용과 다른 경우 그 매립구역이 속할 용도지역은 도시관
  리계획 결정으로 지정하여야 한다.
④ 매립구역이 둘 이상의 용도지역에 걸쳐 있는 경우 그 매
  립구역이 속할 용도지역은 도시관리계획 결정으로 지정
  하여야 한다.
⑤ 매립구역이 둘 이상의 용도지역과 이웃하고 있는 경우 그
  매립구역이 속할 용도지역은 도시관리계획 결정으로 지
  정하여야 한다.

90. 국토의 계획 및 이용에 관한 법령상 벌금의 부과대상으로
  규정되어 있지 않은 자는?
① 도시관리계획의 결정 없이 기반시설을 설치한 자
② 허가를 받지 아니하고 토지거래계약을 체결한 자
③ 부정한 방법으로 개발행위허가를 받고 개발행위에 착수하
  지 아니한 자
④ 기반시설설치비용을 경감하게 할 목적으로 거짓 자료를
  제출한 자
⑤ 지구단위계획에 맞지 아니하게 건축물을 용도를 변경한 자

91. 국토의 계획 및 이용에 관한 법령상 기반시설부담구역의
  지정대상이 될 수 없는 지역은?
① 시가화조정구역에서 해제되어 개발행위가 집중된 지역
② 계획관리지역에서 제3종일반주거지역으로 변경되는 지역
③ 주거지역에서 자연환경보전지역으로 변경되는 지역
④ 전년도 개발행위 허가 건수가 100건이었으나, 전년도 개
  발행위허가 건수가 130건으로 증가한 지역
⑤ 전년도 인구증가율이 5%인 시에 속해 있는 지역으로서
  전년도 인구증가율이 30%인 지역

92. 대지로 조성된 1,000㎡의 토지가 그중 700㎡는 제2종일반
  주거지역, 나머지는 제1종일반주거지역에 걸쳐 있을 때,
  이 토지에 건축할 수 있는 건축물의 최대 연면적은?(다만,
  당해 토지가 속해있는 지역의 제2종일반주거지역 및 제1종
  일반주거지역의 용적률의 최대한도는 각각 150% 및 100%

로 하고, 다른 건축제한이나 인센티브는 고려하지 않음)
① 850㎡   ② 1,000㎡   ③ 1,150㎡
④ 1,350㎡   ⑤ 1,500㎡

93. 도시개발법령상 환지예정지의 지정에 관한 설명으로
  틀린 것은?
① 시행자가 도시개발사업의 시행을 위해 필요한 경우에는 도
  시개발구역의 토지에 대하여 환지예정지를 지정할 수 있다.
② 종전의 토지에 대한 임차권자가 있는 경우 해당 환지예정
  지에 대하여 해당 권리의 목적인 토지 또는 그 부분을
  아울러 지정하여야 한다.
③ 도시개발사업비용을 충당하기 위하여 환지예정지를 체비
  지의 용도로 지정할 수 있다.
④ 종전 토지의 임차권자는 환지예정지 지정 이후에도 환지
  처분이 공고되는 날까지 종전의 토지를 사용하거나 수익
  할 수 있다.
⑤ 환지예정지를 지정한 경우에 해당 토지의 사용에 장애가
  될 물건이 그 토지에 있는 경우 그 토지의 사용을 시작
  할 날을 따로 정할 수 있다.

94. 도시개발법령상 국토해양부장관이 도시개발구역을 지정
  할 수 있는 경우가 아닌 것은?
① 국가가 도시개발사업을 실시할 필요가 있는 경우
② 시장 또는 군수가 요청하는 경우
③ 도시개발사업 시행자가 될수 있는 정부출연기관의 장이
  30만㎡ 이상으로 도시개발구역의 지정을 제안하는 경우
④ 천재지변으로 인해 도시개발사업을 긴급하게 할 필요가
  있는 경우
⑤ 도시개발사업이 필요하다고 인정되는 지역이 2이상의 광
  역시·대도시(자치구가 아닌 구가 설치된 시)의 행정구역
  에 걸치는 때 당해 시장의 협의가 성립되지 않은 경우

95. 도시개발법령상 조합설립인가 신청을 위한 동의에 관한
  설명으로 틀린 것은?
① 조합설립인가를 신청하려면 해당 도시개발구역의 토지면
  적의 3분의 2 이상에 해당하는 토지소유와 그 구역의 토
  지소유자 총수의 2분의 1 이상의 동의를 받아야 한다.
② 동의자 수 산정방법에서 토지소유권을 공유하는 자가
  「집합건물의 소유 및 관리에 관한 법률」에 따른 구분
  소유자인 경우 그들 각각을 토지소유자 1명으로 본다.
③ 조합설립인가를 신청하기 위해 동의를 한 토지소유자는
  조합설립인가 전에는 그 동의의사를 철회할 수 없다.
④ 조합설립인가를 신청하기 위한 토지면적의 산정에는 국·
  공유지가 포함된다.
⑤ 국·국유공지를 제외한 전체 사유 토지면적 및 토지소유
  자에 대하여 법에 따른 동의요건 이상으로 동의 받은 후
  에 그 토지면적 및 토지소유자의 수가 법적동의 요건에
  미달된 경우에는 국공유지관리청의 동의를 받아야 한다.

96. 도시개발법령상 토지상환채권에 관한 설명으로 옳은 것은?
① 토지상환채권은 타인에게 이전하지 못한다.
② 토지상환채권은 기명식 또는 무기명식 증권으로 한다.
③ 토지상환채권의 이율은 발행 당시의 금융기관의 예금금리
  및 부동산수급상황을 고려해서 기획재정부장관이 정한다.

④ 도시개발구역의 토지소유자인 시행자가 토지상환채권을 발행하는 때에는 「은행법」에 따른 금융기관이나 「보험업법」에 따른 보험회사의 지급보증을 받아야 한다.
⑤ 토지상환채권의 발행규모는 그 토지상환채권으로 상환할 토지 및 건축물이 해당 도시개발사업으로 조성되는 분양토지 또는 분양건축물 면적의 3분의 2을 넘지 않아야 한다.

97. 도시개발법령상 도시개발구역의 지정권자가 될 수 없는 자는?
① 광역시장
② 도지사
③ 시장 또는 군수
④ 대도시(자치구가 아닌 구가 설치된 시) 시장
⑤ 특별자치도지사

98. 도시개발법령상 도시개발조합 총회의 권한 중 대의원회가 대행할 수 있는 사항은?
① 정관의 변경
② 개발계획의 수립
③ 개발계획의 변경
④ 조합의 수지예산
⑤ 조합임원의 선임

99. 도시 및 주거환경정비법령상 주택재개발사업을 조합이 시행하는 경우 조합의 구성원이 될 수 있는 자는?
① 정비구역 밖에 소재한 토지의 소유권자
② 정비구역 안에 소재한 건축물의 전세권자
③ 정비구역 안에 소재한 토지의 지상권자
④ 정비구역 안에 소재한 건축물의 임차권자
⑤ 정비구역 안에 소재한 토지의 지역권자

100. 도시 및 주거환경정비법령상 정비사업의 시행방식으로 허용되지 않은 것은?
① 인가받은 관리처분계획에 따라 주택 및 부대·복리시설을 건설하여 공급하는 방법과 환지로 공급하는 방법을 혼용하는 방법에 의한 주택재건축사업
② 정비구역의 일부를 수용하여 주택을 건설한 후 토지 등소유자에게 우선 공급하는 방법과 환지로 공급하는 방법을 혼용하는 방법에 의한 주거환경개선사업
③ 정비구역의 전부를 수용하여 주택을 건설한 후 토지등소유자에게 우선공급하는 방법에 의한 주거환경개선사업
④ 인가받은 관리처분계획에 따라 주택 및 부대·복리시설을 건설하여 공급하는 방법에 의한 주택재개발사업
⑤ 환지로 공급하는 방법에 의한 주택재개발사업

101. 도시 및 주거환경정비법령상 정비구역 안에서의 행위제한에 관한 설명으로 틀린 것은?
① 이동에 용이하지 아니한 건물을 1월 이상 쌓아놓는 행위는 시장·군수의 허가를 받아야 한다.
② 허가권자가 행위허가를 하고자하는 경우로서 시행자가 있는 경우에는 미리 그 시행자의 의견을 들어야 한다.
③ 허가받은 사항을 변경하고자 하는 때에는 시장·군수에게 신고하여야 한다.
④ 허가를 받아야 하는 행위로서 정비구역의 지정·고시 당시 이미 관계법령에 따라 행위허가를 받아·공사에 착수한 자는 정비구역이 지정·고시된 날부터 30일 이내에 시장·군수에게 신고한 후 이를 계속 시행할 수 있다.

⑤ 정비구역 안에서 허가를 받은 행위는 「국토의 계획 및 이용에 관한 법률」에 따른 개발행위허가를 받은 것으로 본다.

102. 도시 및 주거환경정비법령상 조합임원에 관한 설명으로 옳은 것은?
① 토지등소유자의 수가 100명 미만인 조합에는 감사를 두지 않을 수 있다.
② 조합임원이 결격사유에 해당되어 퇴임하더라도 퇴임전에 관여한 행위는 그 효력을 잃지 않는다.
③ 조합장의 자기를 위한 조합과의 소송에 관하여는 이사가 조합을 대표한다.
④ 조합임원은 같은 목적의 정비사업을 하는 다른 조합의 임원을 겸할 수 있다.
⑤ 조합장을 포함하여 조합임원은 조합의 대의원이 될 수 없다.

103. 도시 및 주거환경 정비법령상 서울특별시와 광역시를 제외한 인구 50만 이상 대도시의 시장의 권한에 관한 설명으로 옳은 것은?
① 대도시의 시장은 도지사가 도시·주거환경정비기본계획(이하 '기본계획'이라 함)의 수립이 필요하다고 인정한 경우외에는 기본계획을 수립하지 아니할 수 있다.
② 대도시의 시장이 기본계획을 변경한 때에는 도지사의 승인을 얻어야 한다.
③ 대도시의 시장이 기본계획을 수립하는 때에는 지방도시계획위원회의 심의를 거치기 전에 도지사에게 관계 행정기관의 장과의 협의를 요청하여야 한다.
④ 대도시의 시장은 직접 정비구역을 지정할 수 있는 권한을 가진다.
⑤ 대도시의 시장이 정비계획을 수립하는 때에는 도지사의 승인을 얻어야 한다.

104. 도시 및 주거환경정비법령상 정비사업을 조합이 시행하는 경우에 관한 설명으로 틀린 것은?
① 사업시행인가는 시장·군수가 하되, 정비구역이 아닌 구역에서의 주택재건축사업의 경우에는 도지사의 승인을 얻어야 한다.
② 사업시행자는 사업시행인가를 신청하기 전에 미리 총회를 개최하여 조합원 과반수의 동의를 얻어야 한다.
③ 주택재개발사업의 시행인가를 하는 경우 일반인이 공람하게 하고 토지등소유자에게 공고내용을 통지하여야 한다.
④ 사업시행자가 주택재개발사업의 시행으로 철거되는 주택의 소유자 등을 위해 국가의 시설을 임시수용시설로 사용한 경우 그 사용료는 면제된다.
⑤ 정비사업의 시행으로 그 설정목적을 달성할 수 없게 된 전세권자는 계약을 해지하고 사업시행자에게 전세금반환청구권을 행사할 수 있다.

105. 주택법령상 주택거래신고에 관한 설명으로 틀린 것은?
① 지정하는 날이 속하는 달의 직전월(이하 '직전월'이라 함)로부터 소급하여 3월간의 아파트의 매매가격상승률이 3%이상인 지역은 주택거래신고지역으로 지정할 수 있다.
② 직전월로부터 소급하여 1년간의 아파트의 매매가격상승률이 전국의 아파트매매가격상승률의 2배 이상인 지역은 주택거래신고지역으로 지정할 수 있다.

③ 시장·군수 또는 구청장은 국토해양부장관으로부터 통보
받은 주택거래신고지역 지정 내용을 지체없이 관할등기
소의 장에게 통지하여야 한다.
④ 주택거래신고지역에서 주택거래가액이 7억원인 아파트를
거래하는 경우 당해 아파트에의 입주 여부에 관한 계획
은 신고사항이 아니다.
⑤ 주택거래신고지역으로 지정되기 전에 체결한 아파트거래
계약 중 「부동산 등기 특별조치법」에 따른 검인을 받지
아니한 계약은 주택거래신고의 대상이다.

106. 주택법령상 주택의 규모 및 규모별 건설비율에 관한 설명 중 (ㄱ)과 (ㄴ)에 들어갈 숫자로 옳은 것은?

○ 사업주체가 건설·공급할 수 있는 주택의 규모는 단독
은 주택은 1호당 (ㄱ)㎡ 이하로 하고, 공동주택은 1
세대당 297㎡ 이하로 한다.
○ 국토해양부장관은 주택수급의 적정을 기하기 위하여
필요하다고 인정하는 때에는 사업주체가 건설하는 주
택의 (ㄴ)%(「주택법」 제10조 제2항 및 제3항의 규
정에 의한 주택조합이나 고용자가 건설하는 주택은
100%)이하의 범위안에서 일정 비율 이상을 국민주택규
모로 건설하게 할 수 있다.

	(ㄱ)	(ㄴ)		(ㄱ)	(ㄴ)
①	330	75	②	330	85
③	363	60	④	363	75
⑤	363	85			

107. 주택법령상 주택조합에 관한 설명으로 틀린 것은?

① 국민주택을 공급받기 위하여 직장주택조합을 설립하려는
자는 관할 시·도지사의 허가를 받아야 한다.
② 리모델링주택조합이 아닌 주택조합은 주택건설예정세대
수의 2분의 1 이상의 조합원으로 구성하되, 그 수는 20
명 이상이어야 한다.
③ 주거전용면적 70㎡의 주택 1채를 수요하고 있는 세대주
인자는 국민주택을 공급받기 위하여 설립하는 직장주택
조합의 조합원이 될 수 없다.
④ 지역주택조합의 경우 설립인가를 받은 날부터 2년 이내
에 사업계획승인을 신청하여야 한다.
⑤ 투기과열지구에서 설립인가를 받은 지역주택조합이 구성
원을 선정하는 경우에는 신청서의 접수 순서에 따라 조
합원의 지위를 인정하여서는 아니 된다.

108. 주택법령상 국민주택채권에 관한 설명으로 옳은 것은?

① 국민주택채권의 발행기간은 1년을 단위로 하고, 발행일은
매출한 달의 초일로 한다.
② 주거전용면적이 75㎡인 분양가상한제 적용주택을 공급받
고자 하는 자는 제2종국민주택채권을 매입하여야 한다.
③ 제2종국민주택채권의 원리금은 발행일부터 5년이 되는
날에 상환하여야 한다.
④ 국민주택채권은 증권을 발행하며, 채권자는 그 증권의 교
부를 청구할 수 있다.
⑤ 제 1종 국민 주택채권의 이자는 정해진 이자율에 따라 그
발행일부터 상환일 전일까지 1년단위의 복리로 계산한다.

109. 주택법령상 (ㄱ)과 (ㄴ)에 들어갈 내용으로 옳은 것은?

주택건설사업주체로서 주택조합은 사업계획승인을 받아
시행하는 주택건설사업에 의하여 건설된 주택 및 대지에
대하여는 (ㄱ) 이후부터 입주예정자가 그 주택 및 대지
의 (ㄴ) 동안 입주예정자의 동의 없이 해당 주택 및 대
지에 전세권·지상권 또는 등기되는 부동산임차권을 설정
하는 행위를 하여서는 아니 된다(다만, 그 주택의 건설을
촉진하기 위해 대통령령으로 정하는 경우를 제외함).

① (ㄱ) : 사업계획승인 신청일
　 (ㄴ) : 소유권이전등기를 신청할 수 있는 날 이후 60일까
　　　　지의 기간
② (ㄱ) : 사업계획승인 신청일
　 (ㄴ) : 소유권이전등기를 신청할 수 있는 날까지의 기간
③ (ㄱ) : 사업계획 승인일
　 (ㄴ) : 소유권이전등기를 신청할 수 있는 날 이후 60일까
　　　　지의 기간
④ (ㄱ) : 사업계획 승인일
　 (ㄴ) : 소유권이전등기를 신청할 수 있는 날까지의 기간
⑤ (ㄱ) : 사업계획 승인일
　 (ㄴ) : 소유권이전등기를 하는 날까지의 기간

110. 주택법령상 용어에 관한 설명으로 틀린 것은?

① 주택단지 안의 도로는 부대시설에 속한다.
② 주택에 딸린 주차장은 복리시설에 속한다.
③ 주택단지의 입주자의 생활복리를 위한 근린생활시설은 복
리시설에 속한다.
④ 주택단지의 안과 밖을 연결시키는 전기시설은 간선시설에
속한다.
⑤ 주택단지 안의 관리사무소는 부대시설에 속한다.

111. 주택법령상 주택건설용지의 확보 및 매도청구에 관한 설명으로 옳은 것은?

① 국민주택규모의 주택비율은 40%로 하는 주택의 건설을
위해 국·공유지의 매수를 원하는 자에게 국가 또는 지
방자치단체는 해당 토지를 우선 매각 할 수 있다.
② 조합주택의 건설을 위하 국·공유지의 임차를 원하는 자
에게 국가 또는 지방자치단체는 해당 토지를 우선 임대
할 수있다.
③ 국·공유지를 임차한 자가 임차일부터 1년 이내에 국민주
택규모의 주택을 건설하기 위한 대지조성사업을 시행하
지 아니한 경우 국가 또는 지방자치단체는 임대계약을
취소하여야 한다.
④ 사업주체가 국민주택용지로 사용하기 위하여 도시개발사
업시행자에게 체비지의 매각을 요구한 경우 그 양도가격
은 조성원가로 하여야 한다.
⑤ 인가를 받아 설립된 리모델링주택조합은 그 리모델링 결
의에 찬성하지 아니하는 자의 주택 및 토지에 대하여 매
도를 청구할 수 없다.

112. 건축물의 바닥이 지표면 아래에 있는 층으로서 건축 법령상 지하층에 해당하지 않은 것은?

① 해당 층의 높이가 3m인 경우 바닥에서 지표지면까지 평
균높이가 2m 이상인 것
② 해당 층의 높이가 4m인 경우 바닥에서 지표면까지 평균
높이가 2m 미만인 것
③ 해당 층의 높이가 4m인 경우 박에서 지표면까지 최저높
이가 2m인 것

④ 해당 층의 높이가 3m 경우 바닥에서 지표면까지 최저 높이가 2m인 것
⑤ 해당 층의 높이가 3m인 경우 바닥에서 지표면까지 평균 높이가 1.5m 이상인 것

113. 건축법령상 용어에 관한 설명으로 옳은 것은?
① 기둥 4개를 철거하고 다시 축조하여 건축물의 높이를 늘리는 것은 재축이다.
② 지붕틀 2개를 증설하여 건축물의 연면적을 넓히는 것은 대수선이다.
③ 건축물의 기능향상을 위해 기존건축물이 있는 대지에 건축물의 연면적과 건축면적 및 층수를 늘리는 것은 개축이다.
④ 미관지구에서 재해로 멸실된 담장을 종전과 같이 다시 쌓는 것은 증축이다.
⑤ 건축물의 특별피난계단을 수선하는 것은 대수선이다.

114. 건축법령상 특별시에서 건축물의 용도를 변경하고자 하는 경우에 관한 설명으로 옳은 것은?
① 분뇨 및 쓰레기처리시설을 묘지관련시설로 용도변경 하는 경우 관할 구청장에게 건축물대장 기재내용을 변경을 신청하여야 한다.
② 발전시설을 공장으로 용도변경 하는 경우 특별시장의 허가를 받아야 한다.
③ 운동시설을 수련시설로 용도변경 하는 경우 관할 구청장의 허가를 받아야 한다.
④ 숙박시설을 종교시설로 용도변경 하는 경우 특별시장에게 신고하여 한다.
⑤ 업무시설을 교육연구시설로 용도변경 하는 경우 특별시장에게 건축물대장 기재내용의 변경을 신청하여야 한다.

115. 건축법령상 건축허가의 사전결정에 관한 설명으로 옳은 것은?
① A도(道) B시(市)에서 30층의 건물을 건축하려는 자는 건축허가신청 전에 A도지사에게 그 건축물의 건축이 법령에서 허용되는지에 대한 사전결정을 신청하여야 한다.
② 허가권자는 사전결정이 신청된 건축물의 건축면적이 「환경영향평가법」에 따른 환경영향평가의 대상인 경우 국토해양부장관과 협의하여야 한다.
③ 사전결정신청자가 사전결정을 통지받은 날부터 2년 이내에 법령에 따른 건축허가를 신청하지 않으면 그 사전결정은 효력을 상실한다.
④ 사전결정을 받은 자는 사전결정된 건축물의 입지, 규모, 용도 등에 관하여 공고하여야 한다.
⑤ 사전결정의 신청자는 그 신청시 건축위원회의 심의와 교통영향분석·개선대책의 검토를 동시에 신청할 수 없다.

116. 다음의 그림은 지상3층과 다락의 구조를 갖추고 있는 다세대주택인 건축물이다. 2~3층은 주거전용공간이며, 지붕이 경사진 형태인 다락의 높이는 1.7m, 처마길이는 50㎝이다. 대지면적이 200㎡, 용적률 및 건폐율 한도가 각각 200%, 50%라 할 때 증축 가능한 최대면적은 얼마인가? (다만, 기타 건축제한 및 인센티브는 없는 것으로 함)

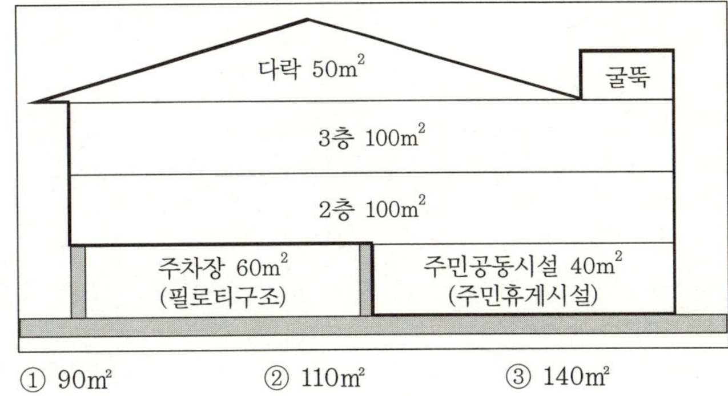

① 90㎡　　② 110㎡　　③ 140㎡
④ 160㎡　　⑤ 200㎡

117. 건축법령상 건축물의 사용승인에 관한 설명으로 옳은 것은?
① 건축주가 건축공사 완료 후 그 건축물을 사용하려면 건축공사 완료 이전에 공사감리자에게 그 건축물 전체의 사용승인을 신청하여야 한다.
② 건축주가 사용승인을 받은 경우에는 「대기환경보전법」에 따른 대기오염물질 배출시설의 가동개시 신고를 한 것으로 본다.
③ 허가권자가 법령이 정한 기간 내에 사용승인서를 교부하지 않은 경우 건축주는 그 건축물을 사용허가나 사용하게 할 수 없다.
④ 건축물의 사용승인 신청을 위해서는 공사시공자가 작성한 감리중간보고서와 공사예정도서를 첨부하여야 한다.
⑤ 사용승인서의 교부 전에 공사가 완료된 부분이 건폐율, 용적률 등의 법정 기준에 적합한 경우 허가권자는 직권으로 임시사용을 승인할 수 있으며 그 기간은 1년 이내로 하여야 한다.

118. 건축법령상 건축물의 주요구조부를 내화구조로 하여야 하는 경우에 해당하지 않는 것은?
① 주점영업의 용도로 쓰는 건축물로서 그 용도로 쓰는 바닥면적의 합계가 300㎡인 경우
② 건축물의 2층이 노인복지시설의 용도로 쓰는 건축물로서 그 용도로 쓰는 바닥면적의 합계가 500㎡인 경우
③ 방송국의 용도로 쓰는 건축물로서 그 용도로 쓰는 바닥면적의 합계가 600㎡인 경우
④ 동물원의 용도로 쓰는 건축물로서 그 용도로 쓰는 바닥면적의 합계가 400㎡인 경우
⑤ 묘지 관련 시설 중 화장장의 용도로 쓰는 건축물로서 그 용도로 쓰는 바닥면적의 합계가 700㎡인 경우

119. 농지법령상 농업에 종사하는 개인으로서 농업인에 해당하지 않는 자는?
① 1년 중 150일을 축산업에 종사하는 자
② 1,200㎡의 농지에서 다년생식물을 재배하면서 1년 중 100일을 농업에 종사하는 자
③ 대가축 3두를 사육하는 자
④ 가금 1,200수를 사육하는 자
⑤ 농업경영을 통한 농산물의 연간 판매액이 80만원인 자

120. 농업경영에 이용하지 아니하는 농지에 관하여 농지법령에 규정되어 있지 않은 것은?
① 처분의무 발생의 통지
② 처분명령의 유예
③ 매수청구권의 행사
④ 대집행
⑤ 이행강제금의 부과

측량 · 수로조사 및 지적에 관한 법률 기출문제 풀이

1. ④
2. ④ 실질적 심사 주의
3. ① 신규등록이라 함은 새로이 조성된 토지 및 등록이 누락되어 있는 토지를 지적공부에 등록 하는 것을 말한다.
4. ③
5. ③
6. ④
7. ④ 축척동일 등기여부동일
8. ③
9. ③ 신규등록, 등록 전환의 경우 원칙적으로 인접 토지의 본번에 부번을 부여하나, 예외적으로 1) 대상 토지가 여러필지일 경우
   2) 대상 토지가 이미 등록된 토지와 멀리 떨어져있는 경우
   3) 대상토지가 그 지번부여지역안의 최종지번의 토지에 인접한 경우에는 그 지번 부여지역의 최종 본번의 다음 순번부터 본번으로 하여 순차적으로 지번을 부여할 수 있다.
10. ⑤
11. ②
12. ③
13. ①
14. ② 토지 이동현황조사 계획을 수립한다.
15. ④ 잡종지
16. ④
17. ④
18. ⑤ 저유소는 주유소 황무지는 임야로 한다.
19. ③ 면적 측정이 필요 없다.
20. ③ 등기접수번호×
21. ⑤ 지적도 도면
22. ⑤ 지적전산자료는 필요한 최소범위에 한하여야 하며 지적 공부의 형식으로 복제하거나, 지적 파일 자체의 제공은 신청 할 수 없다.
23. ④
24. ⑤ 임야대장(고유번호로 지목을 표시 할 수는 없다)
25. ⑤ 경계는 0.1㎜
26. ① 지목은 고유번호로 알 수 없다.
27. ⑤
28. ① 재작성 사유 ㉠ 토지의 빈번한 이동으로 도면의 경계선 식별이 곤란한 경우
   ㉡ 장기간 사용으로 도면이 손상되어 토지 표시가 분명치 않은 경우
29. ① 토지이동이라함은 토지의 표시를 새로이 정하거나, 변경 또는 말소하는 것을 말한다. 그러나 토지 소유권 변동이나 토지 소유자의 주소변경 그리고 개별 공시지가의 변경 등을 토지의 이동에 해당하지 않는다.
30. ③ 신규등록은 등기 촉탁대상이 아니다.
31. ⑤
32. ③ 분할은 필지마다 면적 측정은 해야 한다.
33. ②
34. ⑤ 통지받은 날로부터 90일 이내 신청하지 아니하는 경우 소관청이 직권 말소한다.
35. ②
36. ④ 15일이상 공고 20일내 청산금 통지
37. ⑤ 소유자 정리 결의서를 작성한다.
38. ① 토지의 표시사항은 지적공부가 기준 이므로 등기부에 기재된 토지의 표시가 지적공부와는 부합되지 아니하는 경우에는 공부를 기초로 등기부를 정리한다.
39. ③

40. ④ 신규등록일 경우 토지 소유자에 관한
　　사항은 소관청이 조사 결정하여 지적공
　　부에 등록한다.

41. ④ 주로 공공용 토지로서 국·공유 재산
　　관리와 지적공부관리의 효율화를 위해서
　　합병 신청을 의무화 하고 있다.
　　(단, 과태료×)

42. ② 청산금의 이의 신청을 1월이내
　　소관청에 이의 신청한다.

43. ①

44. ②

45. ① 토지합병, 지적공부재작성, 지목변경은
　　지적측량을 하지 않는다.

46. ⑤ 지적삼각점은 시·도지사 관리

47. ③ 측량기간 5일(동) 7일(읍·면)
　　검사기간 4일(동) 5일(읍·면)
　　기초측량 기준점 15개 기준 4일<4개 초과
　　1일추가>
　　(단, 측량기간과 검사기간이 같다.)

48. ② 손실보상은 관할토지수용위원회 재결
　　→불복시 30일이내 중앙토지수용 위원회
　　이의 신청

49. ①

50. ②

51. ② 지적측량업자 1억, 대한 지적공사 20억

52. ③ 일반측량

53 ③ 지적공부를 복구하지 않는 경계 복원
　　측량이나 지적현황측량은 검사 측량을
　　하지 않는다.

54. ③ 적부심사청구는 시·도지사에게
　　제출하고, 재심사 청구서는 국토해양부
　　장관에게 제출한다.

55. ⑤

56. ③

57. ③ 50만원이하 과태료 처분 대상

58. ② 과태료 처분에 불복하는 자는 60일
　　이내 이의 제기 할 수 있다.

등기법 기출문제 풀이

1. ③ 등기의 효력발생은 등기관이 기재한 때이고, 등기의 완료는 기재하고 교합한 때이다.
2. ② 일부 멸실은 변경등기한다.
3. ①
4. ④
5. ④ 소유권에 대한 처분제한등기는 주등기에 의한다.
6. ④ 등기추정력은 권기등기에만 해당되며, 사실등기에 대한 추정력은 없다.
7. ① 등기의 추정력이란 어떠한 등기가 있으면 그에 대응하는 실체적 권리관계가 존재하는 것으로 추정된다.
8. ⑤ 관할 지정은 상급법원장이 한다.
9. ⑤ 규약상 공용부분에 관한 용지는 표제부만 둔다. (전유부분 표제부에 둔다)
10. ④ 관할 지정은 상급법원장이 한다.
11. ④ 공용부분의 면적은 등기사항이 아니다.
12. ① 미등기 사실증명은 불가하나, 등기사항에 변경이 없다. 기재가 없다는 것은 가능하다.
13. ① 학교는 재단법인 명의로 등기해야 한다.
14. ④
15. ④ 채권자의 채권자도 채권자의 대위권을 다시 대위하여 등기신청할 수 있다.
16. ⑤ 권리 소멸에 관한 약정은 임의적 기재사항이다.
17. ④ 판결서 또는 판결과 동일한 효력을 갖는 조서의 경우에도 검인을 받아야 한다.
18. ①
19. ②
20. ④ 신청서에 기재된 등기의무자의 표시가 등기부와 부합하지 아니할 때 각하 사유가

된다.
21. ④
22. ⑤ 구분건물에 대지권이 있는 경우 그 권리의 표시에 관한 사항은 표시란에 적어야 한다.
23. ② 학교법인 명의로 등기해야 한다.
24. ① 상속인의 등기신청 경우 신청서에 기재한 등기의무자 표시가 등기부상 표시(피상속인)와 부합하지 않아도 각하 사유가 아니다.(상속인에 의한 등기)
25. ② 토기에 대해서는 국가상대 판결로 보존등기 할 수 있으나, 건물은 시·군·구청장을 상대로 해야 한다. (국가×)
26. ④ 유증에 의한 소유권이전은 공동신청이다.(유언집행자와 수증자)
27. ⑤ 등기신청서에 서명할 수 있는 경우는 인감 증명서를 첨부할 필요가 없는 등기신청에 한한다.
28. ②
29. ① 인감증명제출 : 소유권의 등기 명의인이 등기의무자로 등기 신청 할 때.
30. ③ 대장상 소유자로 등록되어 있는 자는 대장에 최초로 소유자 등록되어 있는 자임은 증명해야지, 이전 등록 받은 자는 보존등기신청 할 수 없다.
31. ④ 등기원인은 진정 명의 회복, 원인일자는 없다.
32. ⑤ 근저당권 설정 등기 시 채권 최고액은 채권자, 채무자가 수인인 경우에도 반드시 단일하게 기재하여야 하고 이를 구분하여 기재하지 못한다.
33. ② 시·구·읍·면장의 서면에 의하여 소유권보존 등기를 신청하는 것은 건물

소유권 보존 등기에 대하여만 가능하고,
토지소유권 보존 등기는 불가능 하다.

34. ②

35. ⑤ 지역권은 요역지의 소유권에
수반하므로 요역지 소유권이 이전되면
별도이 이전등기가 없더라도 지역권
이전의 효력이 발생한다.

36. ③ 저당권 설정 등기가 경료되고 소유권이
제3자에게 이전된 후에 피담보채무를 변
제하여 저당권을 말소하는 경우에 판례는
현 소유자와 종전 소유자도 실체법상 저
당권 말소 등기 청구권을 갖는다고 한다.
저당권 설정등기가 경료되고 제3자에게
소유권이전 등기가 된 후에 원인 무효로
인한 저당권 말소의 등기 권리자는 현재
의 소유자인 제3취득자일 뿐이며, 종전
소유자인 저당권 설정자는 저당권 말소
의 등기권리자가 될 수 없다.

37. ⑤ 구분 건물에 대지권이 등기된 경우
대지권의 일체성에 의하여 대지권의 목
적인 토지의 등기 용지에 소유권 또는
저당권에 관한 등기는 하지 못하며, 구분
건물의 등기 용지에도 원칙적으로 건물
만에 관한 소유권이전등기나 저당권 설
정 등기를 하지 못한다.

38. ④ 등기는 신청주의가 원칙이며,
이해관계인의 승낙서가 없는 경우에는
부기등기가 아닌 주등기로 하여야 한다.

39. ③

40. ④ 말소 회복등기는 등기사항의 전부
또는 일부도 대상이 된다.(전부는
주등기, 일부는 부기등기)

41. ⑤

42. ③

43. ⑤ 예고등기의 말소는 법원의 촉탁이나
직권에 의해서 말소된다(당사자 신청×)

44. ③ 사후 보고해야 한다.

45. ③ 가등기 후에 제3자에게 소유권이
이전된 경우 본 등기를 함에 있어서
제3자는 등기의무자나 이해관계인이
아니므로 그의 승낙이 필요없다.

46. ①

47. ① 가등기 상의 권리를 제3자에게
양도하는 경우에는 그 가등기의 이전
등기를 부기등기로 하여야 한다.

48. ④ 권리일부, 보존 등기에 대한 예고
등기 가능하다.
(단, 미등기에 대한 예고 등기×)

49. ② 이의신청서는 등기소에 제출한다.
(이유없다면 3일내 지방법원 송부)

50. ① 건물표시등기 경우 등기명의인이
신청의무를 게을리 하면 과태료 처분
(단, 토지는 대상이 아니다.)

세법 기출문제 풀이

1. ② 9/16~9/30 주택7/16~7/31
2. ①
3. ② 보유, 양도시 납부하는 조세
4. ⑤ 초과 누진세율
5. ② 일반가산금 100만원 ×3%=30,000
중가산금 100만원×1.2%×2개월=24,000
6. ①
7. ② 소멸사유 : 납부, 충당, 부과취소, 제척기간만료, 소멸시효 완성
소멸사유제외 : 부과철회, 결손처분, 납세자사망
8. ① 승계취득만 대상
9. ③ 증여계약일이 취득시기
10. ④ 취득세 2%
11. ① 동일과밀 억제권역내 이전은 중과세대상이 아니다.
그러나 과밀 억제권역내 서울시 이외 지역에서 서울시 내로 전입하는 경우 3배 중과세 대상이다.
12. ①
13. ③ 증여일로 부터 30일내 신고 납부
14. ②
15. ② 승계취득시에만 해당
16. ② 설립시 과점주주 제외
17. ③ 부가가치세는 제외한다.
18. ④
19. ④ 1년 초과하지 않는 임시용건축물 비과세
20. ①
21. ③ 사실상 취득가액
22. ②
23. ④ 건당 3,000원
24. ① 수익사업 제외
25. ②
26. ③
27. ③ 종합합산과세 대상
28. ① 분리과세대상 제외

29. ⑤ 분리과세대상
30. ④ 재산세는 신고가 없으면 주된 상속자
31. ② 과세기준일 6/1 사실상 소유자
32. ② 종합합산대상
33. ③ 취득세는 물납대상×
34. ②
35. ④
36. ③ 일반건축물은 종부세 대상이 아니다.
37. ③ 종부세부담상한은 전년대비 150%
38. ② 6억 공제(1세대 1주택 3억 추가 공제)
39. ② 재산세, 종부세 모두 인별 과세한다.
40. ② 지역권, 지상권대여소득은 기타소득이다.
41. ④ 주거용 건물 개발 및 공급업으로 본다.
42. ④ 사업용 고정자산과 함께 양도하는 영업권이 양도세 대상이다.
43. ③
44. ③
45. ⑤
46. ⑤
47. ⑤
48. ④
49. ⑤
50. ③ 양도가액-취득가액-필요경비-장기보유특별공제=양도소득금액
51. ④
52. ⑤ 세율적용은 해당자산의 취득일부터 양도일까지 한다.
상속자산의 보유기간은 피상속인이 해당 자산을 취득한 날부터 양도일까지 한다.
53. ③
54. ① 고액토지가액의 1/4까지 비과세
55. ②
56. ①
57. ①
58. ③

실무 기출문제 풀이

1. ⑤
2. ① 분양권
3. ① 거래계약의 체결범위에 이행행위를 포함하지 않는다.
4. ①
5. ②
6. ②
7. ② 인장변경등록은 7일이내 등록관청에 등록
8. ② 사용인의 업무상 행위에 대해서는 무과실 책임이다.
9. ④
10. ① 휴업신고는 3월 초과가 대상이다.
11. ①
12. ⑤
13. ③
14. ⑤ 거래 정보업자 사망이나 해산은 청문사유가 아니다.
15. ① 중개대상물상태는 확인·설명사항에 해당된다.
16. ② 중개수수로 50% 범위 내에서 소요 비용지불
17. ③
18. ⑤
19. ②
20. ④
21. ① 권리를 취득하려는 의뢰인에게 설명
22. ⑤ 권리를 취득함에 따라 부담하여야할 조세
23. ③ 거래계약서 거짓 작성은 자격정지 처분 사유이다.
24. ①
25. ①
26. ③ 요구에 불응한 경우 확인설명서에 기재하고 설명해야 한다.
27. ②
28. ④
29. ③ 권리금은 중개수수료 대상이 아니다.
30. ③
31. ② ㉠,㉣
32. ① 나머지는 임의 등록취소 혹은 업무정지 사유이다.
33. ⑤
34. ⑤ 이중등록, 이중소속
35. ⑤ 자격증을 교부한 시·도지사에게 7일이내 반납
36. ③ 대상물×: 법정저당권, 권리금, 법정지상권, 특허권
37. ④ 사실행위
38. ④
39. ④
40. ⑤
41. ③ 1)상대적 취소사유 2)신고제도 4)형사처벌 1년 1천만원 5)과태료 제도
42. ① 소속공인중개사는 당해업무를 행한 경우 서명·날인의무가 있다.
43. ⑤
44. ②
45. ⑤
46. ③ 7일이내 서면 통지
47. ④
48. ① 대표는 공인중개사 이어야 하며, 대표자 외 임원, 사원의 1/3이상 공인중개사이어야 한다.
49. ②
50. ③
51. ③
52. ② 지정 신청자의 컴퓨터 설비

53. ③
54. ⑤
55. ①
56. ②
57. ②
58. ③
59. ① 국토해양부령의 범위내에서 시·도
　　조례로 정한다.
60. ③ 중개보수에는 수수료와 실비가 있다.
61. ⑤
62. ③
63. ③
64. ② 지체없이 교부
65. ④
66. ① 계약금 지급일은 아니다.
67. ① 국토해양부장관 승인 사항이다.
68. ③ (지부:시·도지사, 지회 : 등록관청)
69. ④ ③은 근거규정이 없다.
70. ①
71. ⑤ 등기함으로써 성립한다.(광역시·도 각
　　20명 이상)
72. ③
73. ④
74. ③
75. ④
76. ④
77. ④ 1년내
78. ⑤
79. ③
80. ④
81. ⑤
82. ④
83. ②

공법 기출문제 풀이

1. ④
2. ② 국토해양부 장관이 정한다.
3. ① 수립단위가 없다.
4. ③
5. ④
6. ③
7. ⑤
8. ②
9. ③
10. ⑤
11. ② 녹지지역과 그 밖의 지역이 걸친 경우 각각 적용한다.
12. ⑤
13. ④
14. ④ ⑤의 경우 도시계획사업시행자의 의견을 들어야 한다.
15. ①
16. ②
17. ④
18. ③
19. ②
20. ⑤
21. ④
22. ①
23. ③ ⓛⓒⓔ
24. ②
25. ②
26. ①
27. ④
28. ③
29. ④
30. ④ 하나의 대지가 녹지지역과 그밖의 지역에 걸친 경우 각각 적용한다.
31. ③

32. ⑤
33. ⑤
34. ⑤
35. ②
36. ④ 실시계획 인가고시가 있는 때에는 공취법에 의한 사업인정 고시가 있는 것으로 본다.
37. ① 2년 2천만원 형벌대상
38. ③
39. ②
40. ③
41. ①
42. ②
43. ③ 정부투자기관의 장이 30만㎡이상규모로 제안하는 경우이다.
44. ①
45. ④
46. ②
47. ⑤
48. ② 환지계획의 작성기준은 국토해양부령으로 정한다.
49. ③
50. ③ 지정권자인 시행자는 공사완료공고 한날로부터 60일 이내에 환지 처분해야 한다.
51. ①
52. ②
53. ①
54. ⑤
55. ④ 면적 2/3, 토지소유자 총수 1/2 이상 동의(사유지 먼저 동의 받은 후 국, 공유지 동의 받을 것)
56. ②
57. ⑤

58. ③ 기일을 정하여 그날부터 사용, 수익을 정지 시킬 수 있다.

59. ⑤

60. ③ $\dfrac{보류지면적-무상공공시설면적}{환지계획구역면적-무상공공시설면적} \times 100$

61. ③

62. ⑤

63. ②

64. ④ 환지방식일 경우 전기시설 공급자 2/3 요청자 1/3 부담

65. ①

66. ④

67. ④

68. ①

69. ④

70. ③

71. ②

72. ② 토지소유자, 토지소유자와 지상권자 중 1인, 건축물 소유자

73. ③

74. ④

75. ③

76. ④

77. ②

78. ④

79. ④

80. ②

81. ③

82. ⑤

83. ③ 사업시행인가 고시일 기준

84. ⑤ 관리처분 고시가 있을 때부터 소유권 이전고시가 있는 날 까지 종전토지·건축물을 사용수익 할 수 없다.

85. ⑤

86. ⑤

87. ①

88. ②

89. ①

90. ④

91. ⑤ 승인이 아니라, 보고사항이다.

92. ③

93. ④

94. ③

95. ⑤

96. ②

97. ⑤

98. ⑤

99. ① 층고가 1.5m 이하

100. ①

101. ③

102. ②

103. ④

104. ①

105. ⑤

106. ②

107. ⑤

108. ⑤

109. ①

110. ①

111. ④

112. ④

113. ④

114. ①

115. ③

116. ⑤

117. ②

118. ③

119. ①

120. ②

121. ③

122. ①

123. ③

124. ③

125. ④

126. ①
127. ②
128. ②
129. ⑤
130. ③
131. ①
132. ⑤
133. ③
134. ⑤
135. ⑤
136. ①
137. ③
138. ④
139. ②

2009년도 제20회 공인중개사 자격시험 문제지(2차) 해답

1. ②	34. ④	67. ③
2. ④	35. ①	68. ③
3. ⑤	36. ③	69. ④
4. ①	37. ④	70. ③
5. ⑤	38. ②	71. ①
6. ③	39. ④	72. ⑤
7. ①	40. ④	73. ②
8. ①	**공시법 및 세법**	74. ①
9. ④	41. ①	75. ②
10. ⑤	42. ①	76. ④
11. ②	43. ③	77. ③
12. ④	44. ③	78. ②
13. ②	45. ⑤	79. ④
14. ⑤	46. ②	80. ⑤
15. ①	47. ②	**공법**
16. ④	48. ④	81. ④
17. ②	49. ④	82. ②
18. ⑤	50. ④	83. ⑤
19. ②	51. ⑤	84. ③
20. ⑤	52. ⑤	85. ⑤
21. ①	53. ①	86. ③
22. ③	54. ⑤	87. ⑤
23. ③	55. ②	88. ②
24. ④	56. ③	89. ②
25. ①	57. ④	90. ③
26. ③	58. ②	91. ③
27. ③	59. ④	92. ⑤
28. ③	60. ③	93. ④
29. ②	61. ①	94. ②
30. ②	62. ④	95. ③
31. ②	63. ③	96. ④
32. ③	64. ⑤	97. ③
33. ⑤	65. ④	98. ④
	66. ①	99. ③

100. ①
101. ③
102. ②
103. ④
104. ①
105. ④
106. ①
107. ①
108. ⑤
109. ①
110. ②
111. ②
112. ②
113. ⑤
114. ①
115. ③
116. ⑤
117. ②
118. ④
119. ⑤
120. ④

정석 공인중개사 II

초판 발행 / 2010년 4월 13일
초판 인쇄 / 2010년 4월 13일

저작권자 / 김강주

칠곡법학원 대구시 북구 관음동 1586-15(삼성병원 앞)
　　　　　T. 053)323-6116 F. 053)322-0085

발행처 / **팩토리얼북스**
　　　　대구광역시 중구 남산2동 615-2

정가 **38,000원**
세트 ISBN 978-89-963542-1-5 (94360)
　　　ISBN 978-89-963542-3-9 (94360)

※ 저자와의 협의에 의해 인지를 생략합니다.
　　잘못된 책은 교환해 드립니다.

구 입 안 내 · ☎ 053) 323-6116
　　　　　　　FAX 053) 322-0085
홈 페 이 지 · www.정석120.kr